華文創

尖文庫 EA037

中國歷史文化新論

——高明士教授八秩嵩壽文集

A New Perspective on Chinese History and Culture

二十多位學者共同創作

新課題、新材料、新視野，題旨新穎，具開創之功

強調比較的視野：方法、地域、時間

從新視角審視舊課題，將舊材料提出新檢討

陳俊強——主編

序　言

　　這本論文集共收錄了二十五篇論著，傳遞了二十五份祝福，慶賀我們敬愛的高明士老師八秩嵩壽。

　　高明士老師，一九四〇年生於臺中清水，一九六八年臺灣大學歷史系畢業後，留校擔任助教。一九七三年遠赴日本東京大學深造，一九八三年取得文學博士學位。歷任臺灣大學歷史學系教授、系主任、臺灣大學教育學程中心主任、日本東京大學東洋文化研究所研究員、韓國漢城大學國史學科研究教授。二〇〇四年自臺灣大學歷史學系退休，轉任該系名譽教授。高師數十年來潛心學術，著作等身，論文共一百數十篇，專書十餘種，舉舉大者，有《戰後日本的中國史研究》（1982、1996）、《唐代東亞教育圈的形成》（1984）、《隋唐貢舉制度》（1999）、《東亞教育圈形成史論》（2003）、《中國教育史》（2004）、《中國中古的教育與學禮》（2005）、《中國中古政治的探索》（2006）、《東亞傳統教育與法文化》（2007）、《律令法與天下法》（2012）、《中國中古禮律綜論——法文化的定型》（2014）。此外，高師主編學術論著亦有二十餘種，主要有《中國史研究指南》（1989）、《唐律與國家社會研究》（1999）、《東亞文化圈的形成與發展》（2003）、《唐代身分法制研究——以唐律名例律為中心》（2003）、《東亞傳統家禮、教育與國法研究》（2005）、《中國法制史叢書》（2005-2012）、《唐律與國家秩序》（2013）、《中華法系與儒家思想》（2014）、《天聖令譯註》（2017）等。

　　高師學問博大精深，研究領域寬廣，約而言之，大略以教育與法制為主，旁及政治、社會、思想、文獻。論著不乏細緻考證之作，但卻是小處著手，大處著眼，從東亞視野宏觀統攝，故能小中見大，氣度恢宏。為何重視教育與法制兩大領域？高師以為傳統中華文化博大精深，基本要素在於禮、律，其具體呈現方式，若就學術領域而言，則為教育與法制。禮與律（或曰法），實乃中國傳統文化的精髓。「禮者，禁於將然之前；而法者，禁於已然之後。」二者互為表裡，是控制政治社會秩序的基本原理。高師談禮，強調禮之儀、禮之制、禮

之義。高師談法，直陳隋唐時期確立禮主刑輔、納禮入律令、違禮令則入律的立法原則，進而完成政治的法制化，以及法典的儒家化，並提出「情理平恕」是傳統法文化的核心價值，「天下平」作為至高理想境界，影響至明清法制發展，亦為東亞諸國奉為圭臬。

學界治教育史者多半為教育學者，高師為史學界少數治教育史且聞名遐邇的大家。中國傳統教育最主要的特質為何？高師認為是「儒學教育」、「養士教育」、「成聖教育」三者。官學是落實王朝教育理念之場域，從漢至唐教育最重要的發展，當為確立以孔子、顏淵為先聖、先師之地位、建立「廟學制」、教育獨立於太常寺之外等三事，均反映道統的具體化。其中尤以唐太宗詔令全國官學建置孔廟，確立「廟學制」一事最為重要，標誌教育園地由祭祀空間與教學空間兩者構成，以達天人合一之境，成為傳統「東亞教育圈」最具特色的指標。

古代中國與四鄰的關係，稱為「天下秩序」，其原則原理迥異於今天所謂「國際關係」。國際關係強調尊重彼此主權獨立，國與國之間宣稱平等對待。然而，中國傳統「天下秩序」運作的原則，高師指出就是「禮」，或逕稱為「天下法」。儒家的禮講究身分等級、差異，並不強調平等。因此，「天下秩序」秉持「天無二日，土無二王」的原則，中國天子與萬邦君長永遠是君臣關係，是不對等的。然而，中國天子在與萬邦君長的結合原理中，緣飾以倫理宗法精神，所以中國天子不單是君，也是父；萬邦君長則是臣，也是子。君父／臣子乃是「天下秩序」運作最基本的圖式。

中國皇帝對於天下萬邦的要求簡單而言就是「朝貢」，而只有跟中國最親近的國家才受到「冊封」。中國對外臣君長冊封爵位，外臣君長的義務則是朝貢與從征。在統治原理方面，中國天子對內臣採取「個別人身支配」，對外臣則是「君長人身支配」。王者臨天下非以霸道，而是講求德化，德化包含王化及教化兩個層次，其目的是使各遂其性，各安其土。此外，既講倫理宗法，自然會分別親疏，四裔中最親近的地區是東亞的朝鮮半島、日本及越南，換句話說，這也是最有效實現「天下秩序」的地區。「天下秩序」是同心圓模式，而朝、日、越無異就是同心圓當中「外臣」部分的最內層。

東亞諸國千百年來關係千絲萬縷，晚清光緒初年於吉林省集安縣發現的「好太王碑」（或曰廣開土王碑），乃研究第四、五世紀朝鮮古代史、日本古代史以

及同時代東亞諸國關係的重要史料,向為中、日、韓學者重視。高師在一九九八年赴臺北中央研究院傅斯年圖書館調查館藏「好太王碑」拓本,發現其中著錄僅餘第三面拓本的「傅館乙本」,其失落的第一、二、四等三面拓本其實皆存於傅館,這是學界過去都不清楚的地方。而「傅館乙本」當屬「好太王碑」眾多拓本中較早期的原石拓本,史料價值極高。此外,傅館後來發現的另兩個拓本,高師以為是屬於使用石灰填補技術以後的拓本。

歷史上東亞諸國雖有紛爭衝突,但早在公元七、八世紀的隋唐時代,東亞地區就形成了一個以中國為中心,包括朝鮮半島、日本及越南在內的歷史世界,這個以中國文化為主體的世界,可稱作「東亞世界」。高師繼承東京大學西嶋定生學說,指出「東亞世界」是以「中國文化圈」的形成為基礎,但在西嶋氏的文化圈成立四大共通要素——漢字、儒教、佛教、律令之外,補充「科技」一項,即具備濃厚陰陽五行色彩的天文學、曆學、陰陽學、算學、醫學等科學與技術,由官方特設機構傳授。此外,高師以為東亞文化圈能夠綿延千百年而不墜的根本力量,就是各國共通的公私教育事業。「儒學教育」、「養士教育」、「成聖教育」等特質固然為東亞地區吸收,但其前提必須先從認識漢字入手,所以東亞地區教育的特點,當再加上「漢字教育」一項。這些共通因素的存在,以及「廟學制」的建構,實為「東亞教育圈」的基本內涵,其形成時間與「中國文化圈」相當,是在七、八世紀的隋唐時代。

二〇二〇年,欣逢高師八秩華誕,弟子們都想隆重慶賀一番。但高師為人客氣,總是不想叨擾大家,而且老師是一個標準的學術人,大排筵席或名貴禮品等均非所好,以文賀壽乃最合宜的方式。因此,眾弟子門生就在二〇一九年年初開始籌備這本論文集,由宋德熹、羅彤華、賴亮郡、陳俊強、桂齊遜、陳登武、劉馨珺擔任籌備委員,邀請老師的故舊、弟子、門生、後進等共襄盛舉。各人提交文章長短不一、主題各異,但都是表達對老師的敬意和祝福。歸納起來,論文集大致可分為法制、文獻、政治、社會、人物思想等領域,與高師之研究範疇多所契合。另外,再加上兩篇問學的文章:拜根興〈教誨、指導與鞭策——回顧我與高明士教授的交往〉、陳俊強〈師門雜憶〉,縷述受教於高師的點滴。附錄則是兩年前高師接受澎湃新聞的採訪,讀者可以略窺高師研究之一隅。

　　本論文集名為《中國歷史文化新論》，所謂新論，要而言之，乃指新課題、新材料、新視野等三者。

　　學界討論中國法制，多從儒家化角度出發，周東平〈佛教影響中國傳統法律論綱〉一文別走蹊徑，梳理佛教信仰與法律的關係，指出不論中國傳統法律的表現形式（如義疏體、問答體、法律語言），還是法律實質（如罪的觀念、刑罰的輕緩）都深受佛教的影響，其影響是多元面貌、多層次性，但亦是有限的。唐代士子為應吏部試需要練習書判，從而留下大量判文，但鮮少法制史學者深入研究。劉馨珺〈從唐代「擬判」論法律教育〉探究擬判所見的法律邏輯以及唐代士人與官僚的法律教育，可謂別開生面。皇帝離開宮廷御所，無論到何處，都有車馬、儀衛，但以儀衛為主題的研究非常少。羅彤華〈唐朝皇帝巡幸之儀衛──以大駕鹵簿為中心〉，乃從大駕鹵簿的儀衛部署方式，瞭解皇帝出行的陣仗與安全、供養問題。吐蕃為唐朝重大邊患，但吐蕃史一直是隋唐史研究中的冷僻領域。林冠群為吐蕃史研究翹楚，〈漢史籍中的吐蕃官稱二、三則〉一文發現唐朝對於經常接觸的吐蕃官員，甚至連其最起碼的銜稱都無法辨識清楚，遑論更深層的文化與思維，也就難怪唐朝深受其擾。

　　臺灣民俗信仰中的「家將團」，其臉譜、陣法、「手路」皆為不傳之秘，陣法的圖譜留傳下來或公開的很少，研究上有其難度。賴亮郡〈象徵重建傳統宇宙秩序觀的探討──以台灣當代家將團的八卦陣為例〉可謂少數考察八卦陣，並敘明其陣法在重建傳統宇宙秩序的內在邏輯文章。二十一世紀，氣候變遷、環境保護已成全球性議題，陳俊強〈唐代環境管理法律探析〉考察《唐律疏議》中保護環境資源與應對環境變遷的法律，藉此喚醒人們反省自身生活意涵及其價值，可謂臺灣唐史學界少見的議題。全球化的同時亦掀起反全球化的抗爭，黃俊傑〈朱子學的核心價值及其 21 世紀新意義〉，論證朱子學中「理一分殊」、「仁」與「公共」等三項核心價值，在本世紀「全球化」與「反全球化」潮流激盪的新時代中之新意義。不論朱子學研究抑或全球化議題，都饒富新義，具開創之功。

　　史學研究的推進端看史料的運用與考察的視角，本論文集在史料使用上有值得一談之處。誠如前述，唐代留下大量書判，《文苑英華》收錄超過一千則，但史學界鮮少利用。劉馨珺〈從唐代「擬判」論法律教育〉就是利用這些新的

舊材料。北宋王溥所撰《唐會要》一百卷，是研究唐史不可或缺的基本史籍，但傳世版本脫誤頗多。劉安志〈《唐會要》清人補撰綜考〉，通過比較《唐會要》殿本、四庫本與十數種鈔本，發現清人對《唐會要》進行闕卷補撰、闕目補撰、增目補撰、闕文補撰、條文增補等方面。敦煌文書是二十世紀中國四大考古發現，超過五萬件的文書對中古史研究而言是一大寶藏。雷聞〈唐宋牓子的類型及其功能——從敦煌文書 P.3449+P.3864《刺史書儀》說起〉、辻正博〈P.4745《永徽吏部式》小考〉都是利用法藏敦煌文書的作品。前者從《刺史書儀》中所記載的牓子格式出發，對其起源、類型、特點及其在唐宋政務運行中的功能展開討論；後者則考察《永徽吏部式》中隋朝官員用蔭授官的規定與貞觀年間政策變更的關係。

數十年來唐宋墓誌不斷出土，對於探討門閥、家族等課題大有裨益。宋德熹〈唐代代北胡族家族的婚宦與門風——獨孤氏、竇氏及長孫氏再探〉、劉燕儷〈從北宋的夫妻關係一瞥唐宋之變革〉、翁育瑄〈唐宋傳記書寫初探〉等文章，都是以大量墓誌為素材，考察代北門第、夫妻關係與傳記的書寫。除了中國的碑銘資料以外，嚴茹蕙〈日本古碑所見律令制初期的家族關係〉則是介紹日本七、八世紀山上、金井澤二古碑中女性在家族的地位。漢文文獻以外，林冠群更是利用了《敦煌古藏文卷子》、吐蕃碑銘以及後世《賢者喜宴》等藏文文獻。

部分文章雖非新題，但卻是以嶄新角度重新審視，仍是新意盎然。唐律、唐令研究堪稱汗牛充棟，但岡野誠〈唐令復原方法に関する一考察—唐獄官令第 22 条を中心として—〉乃以《獄官令》第二十二條為例，重新檢討仁井田陞的復原文字與復原方法。「律以正刑定罪，令以設範立制」，二者性質有別。趙晶〈唐代律令關係再探究〉以《唐律疏議》所引唐令檢視律令關係，認為律條本身就包含著獨立於令條的行為模式規定，而並非所有令條都需以律作為強制實施保障的義務性條款。學界談陸贄，主要集中在事功與政治思想，陳登武〈陸贄的國家治理與法律思想〉則是梳理陸贄在國家治理、德刑先後、原情據法等法律思想。同樣的，曹操、唐太宗、武則天的研究更是不在少數，但朱祖德〈論曹操「唯才是舉」及用人評價〉重新探討曹操的「唯才是舉」用人策略；桂齊遜〈貞觀君臣法律思想與法制建設試析〉為學界較全面討論貞觀朝法制改革的文章。古怡青〈製作女皇帝：武則天巡幸與祀典改革〉，指出武則天透過歷次親

享明堂、南郊親祭與宗廟祭祀，逐步奠定皇帝地位。

通覽全書，最引人矚目的是比較視野，包含了方法視野、地域視野、時間視野。方法視野的，如陳惠馨〈從比較法學觀點分析《唐律疏議》〉，從比較法的觀點分析《唐律疏議》與《刑法典萊比錫註釋書》。黃源盛〈法學與史學之間——法史學的存在價值與研究方法〉是重新反思法史學的學科性質、當代存在價值、研究取向與方法。有地域視野的，如前述嚴茹蕙〈日本古碑所見律令制初期的家族關係〉，旨在凸顯日本律令制初期社會實際結構與唐朝律令規定扞格之處。更多的是時間視野，如前述雷聞透過書儀析論唐宋政務運行；劉燕儷比較唐宋之間夫妻關係的異同，觀察唐宋間歷史變革的性質；翁育瑄述論西晉至北宋墓誌書寫方式的流變，探究墓誌的性質與寫作的重心，藉以考察唐宋變遷的時代意義。李如鈞〈宋人對西漢名法官張釋之的評價〉，則細說漢宋之間張釋之的評價，尤其聚焦於宋人對其批評，藉此探討宋代法治思想的時代特色。

本論文集得以順利問世，首先要感謝元華文創慨允出版這本學術論著，當然更該感謝蔡佩玲總經理居間促成此事，並親自參與整稿工作。自邀稿至編輯過程中，事務繁雜，劉馨珺教授在百忙中不辭辛勞，耐心處理，謹致謝忱。最後，祝願高明士老師福壽綿長、日月同輝。

陳俊強　謹識於臺北大學

2020.02.02.午後 02 時 02 分

目　次

政治篇

社會篇

人物思想篇

問學篇

附錄

法制篇

從比較法學觀點分析《唐律疏議》

陳惠馨[*]

一、前言

　　本文從比較法學觀點分析《唐律疏議》與德國著名之《刑法典萊比錫註釋書》（*Strafgesetzbuch. Leipziger Kommentar*）之結構與論述方式；比較重點放在《刑法典萊比錫註釋書》第一冊《導論及第 1-31 條》（Einleitung; §§ 1-31）與《唐律疏議》第一卷第一條「五刑」前之論述[1]。希望透過比較法學視角，呈現唐朝永徽四年（西元 653 年）之《唐律》與《唐律疏議》與當代影響台灣、中國大陸、日本刑法典深遠之德國刑法與刑法註釋書相似與相異之處。

　　本文作者以本文祝賀高明士教授八十大壽。高明士教授從 1990 年代開始帶領臺灣當時各大學歷史系之碩、博士生組成「唐律讀書會」，進行長達二十多年之《唐律疏議》逐條解讀工作。本文作者作為法律人因為參與高明士教授主持的讀書會，因此，持續進行中國法制史之研究；在參與讀書會過程中，高明士教授總會提供參與會議者各種法制史研究相關史料與書籍，如《敦煌吐魯番唐代法制文書考釋》、《天聖令譯註》、《天一閣藏明鈔本天聖令校證》、《文苑英華》等。

---

[*]　政治大學法學院退休教授

[1]　德國各種法規範均有註釋書，主要由法學學者及實務工作者共同完成，本文所引用的刑法註釋書係《刑法典萊比錫註釋書》（*Strafgesetzbuch. Leipziger Kommentar*）總共有 15 冊，是德國權威刑法的註釋書。這套註釋書第一冊為導論及德國刑法第 1 至第 31 條的註釋。（本文以下註解稱之「刑法典萊比錫註釋書」）Rev. by Weigend, Thomas / Dannecker, Gerhard / Werle, Gerhard / et al.，*Strafgesetzbuch. Leipziger Kommentar Band 1Einleitung; §§ 1-31*，（德國、De Gruyter，2011），（*Series:Großkommentare* 大註釋書系列）。註釋書第一冊有 2217 頁。

本文作者透過參與「唐律讀書會」過程中，受益於高明士教授指導之《唐律疏議》特定條文之解讀方法及相關史料的分析角度，更在其邀請下，參與他所主辦各種有關傳統中國法制相關會議並發表論文[2]。而，透過讀書會，有機會跟陳俊強、陳登武、羅彤華、劉馨珺、賴亮郡、桂其遜、古怡青、張文昌等年輕史學研究者，在法制史研究有所交流讓我受益良多[3]。上述之經驗讓本文作者法制史研究視野不限於傳統中國成文律典分析，逐漸發展出運用各種史書、官箴書、審判文件等進行傳統中國法律制度與社會關係之研究[4]。

在高明士教授八秩華誕的祝壽論文集發表論文，深感榮幸。謹以此文向高明士教授及其夫人王月霜女士表達最高的敬意。多年來，本文作者在學術上受教於高老師的啟發；在生活上也受到他們夫妻的照顧，他們對於後輩真誠的對待讓人感佩。

二、法制史研究在當代法學界的困境──邊緣角色

（一）繼受外國法歷程中，被邊緣化的法制史教學與研究[5]

當代台灣、中國大陸與日本等深受傳統中國法制影響的地區，於 19 世紀中葉以來，開始走入繼受（或移植）西歐與美國等地區國家之法律制度，並同時

---

[2] 我在 1989 年發表的第一篇法制史相關論文為〈從外國人在我國法律地位之沿革論我國國際私法的發展（上）（下）〉，收於《法學叢刊》第 133、第 134 期，（台北市：法務部，1989），頁 88-100 及頁 73-88；請參考陳惠馨網頁：http://www3.nccu.edu.tw/~hschen/books.html，上網日期：2019 年 11 月 27 日。2003 年因為高明士教授邀請發表《〈唐律〉「化外人相犯」條及化內人與化外人間的法律關係》一文，主要針對唐律規定進行研究，該文收入高明士主編，《唐代身分法制研究──以唐律名例律為中心》（臺北：五南出版社，2003），頁 1-30。

[3] 他們都在 20 多年間，取得碩、博士學位並在大學教授歷史或法制史相關課程。

[4] 參考高明士，《唐律與國家社會研究》，（台北：五南書局出版社，1999）。

[5] 有關法制史教學與研究的困境，請參考陳惠馨，〈有關法制史教學與研究的一點想像與思考〉收於《傳統個人、家庭、婚姻與國家──中國法制史的研究與方法》，（台北：五南，2007，第 2 版（2005 初版），頁 49-52；李力，《危機、挑戰、出路：「邊緣化」困境下的中國法制史學──以中國大陸地區為主要對象》，收於《法制史研究》第八期，（台北：中國法制史學會、中央研究院歷史語言研究所，2005），頁 263-294。

拋棄自己社會熟悉的傳統法律體制。目前在上述三個地區大學法學專業教育中，有關傳統法律制度之相關課程處於學科邊緣地位。以臺灣各個大學法學院與法律系所為例，開設有中國法制史、臺灣法制史等相關課程者屬於少數；目前僅有臺灣大學、政治大學、東吳大學、輔仁大學及東海大學等開設有法制史相關課程[6]。

　　多數台灣或華人社會法律相關系所學生與教授們，對於自己社會傳統法律制度瞭解有限。目前各大學法律專業課程，例如憲法、民法、刑法、商法、勞動法與智慧財產權法等課程之教學內容，主要以受到德國、美國或日本影響之當代法律制度或法學論述為主。在法學相關課程往往以比較法學觀點，比較分析台灣與德國、美國或日本之法律或法學。因此，比較法學是當代台灣重要之法學教學與研究方法，只是法律相關課堂之比較法學往往以當代德國或美國之法律制度為比較對象；課程內容很少涉及傳統台灣或中國法律制度。有趣的是，大學法學院、系、所也很少開設影響台灣法律制度深遠之德國、美國甚至日本法制發展史課程。整體而言，法制史課程在台灣各大學法學院、系、所是邊緣科目[7]。

（二）缺少歷史觀點的法律人

　　台灣多數法律人並不熟悉台灣法制發展歷程，對於影響臺灣深遠的傳統中國法律制度，不管《唐律》、《大明律》與（大清律例）或者清朝的各部會「則例」等瞭解有限。在法律實踐的各個場域，主要以所謂西方先進國家法律制度作為批評或改革台灣現行法律制度的參考對象。根據本文作者過去 30 年教授「中國法制史」、「清代法制」及「德國法制史」課程之經驗，發現，多數修課

---

[6]　陳惠馨，〈回應與挑戰——評王泰升之「台灣法律史的提出與學科化」〉，收於《中央研究院法學期刊 2019 特刊 1 法律、歷史與台灣：台灣法律史的發展》，（台北：中央研究院法律學研究所，2019）頁 69-82。這個特刊中並有王泰升、邱澎生及顏厥安等教授關於台灣法制史與中國法制史研究與教學討論文章。

[7]　21 世紀以來，台灣逐漸出現德國、美國或日本法制史相關著作；其中多數為翻譯著作。參考陳惠馨，《德國法制史—從日耳曼到近代》，（台北：元照，2007），《德國近代刑法史》，（台北：元照，2016，修訂 2 版）；勞倫斯·傅利曼著，譯者：劉宏恩，王敏銓，《美國法律史》（*A History of American Law*），（台北：聯經出版公司，2016 年）及大野達司，森元拓，吉永圭等著，譯者：謝煜偉，陳宛妤，陳明楷，《近代日本法思想史入門》（台北：商周出版社，2019）等書。

學生基於他們在國中、高中學習中文與歷史的知識，很容易理解《唐律疏議》、清朝《大清律例》、《吏部則例》、《戶部則例》、《禮部則例》及傳統中國相關審判文件，如《刑案匯覽》等之內容，他們原來以為傳統中國社會沒有成文法律制度的存在[8]。課程進行中，他/她們對於傳統中國法律制度的完整性與體系性充滿訝異[9]。當代人以為傳統中國社會沒有成文法律制度的想法或許是受到19、20世紀以來，歐美諸國對於傳統中國法律評價的影響。陳韻如教授提到：

> 在19世紀後半，20世紀初帝國主義的高峰期「傳統中國並不存在（真正意義的）法律」的主張，是歐美諸國在中國治外法權的論述基礎。近代西方學者早期進行的傳統中國法相關研究或論述，事實上乃以西方自身「法的建構」有關。[10]。

法學院的教授或學生們縱使對於傳統中國法律素材充滿興趣，但由於當代華人社會甚至東亞社會法律人想像的「法」主要以西方，尤其是德國、美國關於「法與法學」知識建構為核心，且法律人職業考試之對象主要為當代法律與法學時，法律專業者很難將「研究傳統台灣、中國或外國法制史」作為學術的志業；法制史等相關科目必然成為法學邊緣科目。過去20多年來，在台灣主體性的論述中，台灣史與台灣法制史的教學與研究受到重視，希望未來各種法制史科目（包括中國法制史及外國法制史）在大學法學與史學研究中受到更多關注[11]。

---

[8] 這跟我在1988年德國海德堡馬克斯·普朗克比較公法和國際法研究所（Max Planck Institute for Comparative Public Law and International Law）圖書館初次看到《唐律疏議》的經驗類似。這個圖書館收藏有德國有名的漢學家及法學家Karl Buengel 教授之藏書。當時我已經取得德國法學博士學位，對於當代法律與法學的結構與面貌有比較清楚的認識；初次看到《唐律疏議》時，對於《唐律》及其註釋內容之體系性與系統性非常意外，而讓我更意外的是，我可以毫無困難的理解其內容。

[9] 本文作者在1970年代初在台灣政治大學接受法學教育，並在1988年拿到德國法學博士；在接觸到《唐律疏議》之前，雖然曾經修習2學分之中國法制史課程，但，卻從來沒有看過任何一部傳統中國法典。跟1990年代以來大學法律系學生一樣，我曾經以為傳統中國社會沒有成文法律。

[10] 參考陳韻如，〈「刁婦/民」的傳統中國「（非）法」秩序──預測論、前規則與淡新檔案中的姦拐故事〉，收於《中央研究院法學期刊2019特刊1法律、歷史與台灣：台灣法律史的發展》，同註6，頁376。

[11] 王泰升，〈台灣法律史的提出與學科化〉及〈再論台灣法律史──對評論人的回應〉，收於《中央研究院法學期刊2019特刊1法律、歷史與台灣：台灣法律史的發展》，（台北：中央研究院法律學研究所，2019），頁1-45，頁153-197。

（三）本文的目標：法學觀點的比較法制研究

　　本文選擇以比較法學觀點分析《唐律疏議》名例篇第一篇「疏議」的說明及德國《刑法典萊比錫註釋書》第一冊導論的內容，主要來自於作者作為法學者的研究旨趣。這樣的比較法學分析，主要希望引發華人社會之當代法律人研究《唐律疏議》等傳統中國法律制度之興趣。本文作者認為這樣的比較，可以讓當代法律人更有能力認識來自他國（德國）之刑法體系與刑法學並透過認識傳統中國之法律思維，觀察到當代華人社會法制可以如何融合或調整我們自己社會未來的刑法體制與刑法學；並因此有能力超越百年繼受外國法與法學之狀況，發展出適合自己社會之法律制度。

　　上述的思考是本文作者過去 30 年教授當代法律課程的反思。本文作者在大學進行當代民法親屬編、繼承編、立法學、性別關係與法律等之教學與研究工作，也積極參與臺灣跟婚姻、家庭及性別相關法律之立法；過程中深刻感受到，由於多數人對於影響自己深遠的傳統法律制度瞭解有限，面對社會中各種新的衝突與法律相關問題時，缺少創造性的立法能力。立法者往往從所謂先進國家的法律或法學中，尋找立法或法學參考範式。同樣的，閱讀台灣或中國大陸法學著作，可以發現多數著作，大篇幅的以比較法觀點介紹並分析德國、美國或日本等地相關法律或審判實務觀點，而且多數的論述僅能引述這些地方學者之論述觀點，缺乏寫作者自己的實地觀察觀點。而，由於研究者對於法學繼受國之社會歷史與文化背景的知識有限，因此，僅能進行單一特定法律制度或學說，例如契約、侵權行為等的討論與比較工作。這樣的比較法學研究方法，容易有見樹不見林的困境且往往因為語言、文化理解的落差而有錯誤判斷與評價[12]。

---

[12] 雖然台灣多數法學教授在國外居住多年並取得德國、美國或日本法學博士學位。但要瞭解一個國家法律背後的歷史、文化脈絡以及整體法律制度是困難的。也因此多數法學者在論述外國法律時，主要參考該外國學者之相關著作，缺少具有主體性的觀察觀點。

三、《唐律疏議》與當代德國註釋書

（一）動機與法學比較方法之說明

將《唐律疏議》與德國刑法典註釋書進行比較的想法醞釀多年。在德國攻讀法學博士階段對於德國各種不同法律都有相關之註釋書一事非常好奇。雖然，任何社會在進行審判時，不管是引用法律或引用習俗作為審判基準，都會面臨需要解釋該法律或習俗的需要，因此，解釋或註釋法規範或各種習俗或禮儀等規範是常見的現象。但，針對具有體系性的法典進行解釋或註釋，需要先有成文法典的存在；而，成文法典註釋書的存在往往被認為是一個社會法規範成熟的象徵。本文作者在多年跟德國教授討論為何德國法律註釋書傳統如何產生時，多數教授似乎並未認真想過這個問題，但他們往往認為各種註釋書的存在是德國法學文化特色之一。

基於長年研究中國法制史與德國法制史經驗，本文作者曾經提出，有很大的可能，當代德國刑法典以及法典註釋書的出現，跟《唐律》與《唐律疏議》有關連性[13]。這篇論文比較《唐律疏議》及當代德國刑法註釋書導論之論述與內容，主要呈現，西元七世紀，唐朝存在的《唐律疏議》跟當代德國的法律註釋書有一定的類似性。而，透過細緻的比較也說明《唐律》及《唐律疏議》具有當代法律與法學之結構與特質。

本文的重點不在述說《唐律疏議》如何偉大；重點在於透過比較說明傳統中華法系（以唐律為中心）已經具有當代法律或法學之特質。但作者更希望未來的華人社會在認識並瞭解《唐律疏議》後，共同努力探求為何傳統中華法系會在歷經宋、元、明、清之後，在 1902 年（光緒 28 年）開始，因為變法而從

---

[13] 本文作者在進行《德國近代刑法史》過程中，發現德國最早具有體系性的刑法典是 1751 年《巴伐利亞刑法典》，德國一般刑法教科書常提到的 1532 年卡洛林那法典的體系與結構並不完整，其內容僅有 219 條，且實體法與程序法交叉存在，沒有清楚的體系。參考陳惠馨，〈近代以來德國刑法發展的歷程〉收於《德國近代刑法史》（台北：元照，2016，第 2 版。頁 3-12；陳惠馨，〈《唐律》與 1751 年巴伐利亞刑法典—反思全球化觀點下法律交流與繼受模式〉收於朱勇主編，《中華法系》第 8 卷，（北京：法律出版社，2016，頁 7-32）。

世界法律舞台退出。本文作者認為，傳統中國法律制度在世界法律舞台消失之歷史經驗，對於法學研究具有重要的啟示意義；而這也是本文作者長期以來研究法制史的主要目標。本文希望透過比較、分析《唐律疏議》與德國《刑法典萊比錫註釋書》之內容，找到兩者之相似性與差異性並透過這個比較，找到新的可能視野，理解《唐律疏議》。

（二）當代德國法律註釋書出版之現象

德國法律註釋書的發展盛況主要開始於德國成文法典例如民法典、刑法典之後。雖然德國現行民法典或刑法典僅有一百多年的發展，但德國目前所有重要法律都有註釋書的出版[14]。而，具有法典形式的法律，例如民法典，刑法典、商法典及德國基本法（Grundgesetz）的註釋書則有多個版本的註釋書[15]。德國不同的出版社競相邀請各個大學法學院在相關領域有重要研究成果的教授或者著名的實務工作者撰寫註釋書。

在德國，一個教授被邀請書寫註釋書都代表學術地位的肯定。具有權威的註釋書往往由多個教授共同書寫。以德國刑法典的相關註釋書為例，C. H. Beck 出版的《刑法典及其附屬法》（*Strafgesetzbuch: mit Nebengesetzen*，*Gebundenes Buch*）將在 2020 年發行第 67 版[16]；這個出版社在 2019 年也出版第 78 版的民法典註釋書[17]。近年來開始有學者探討德國註釋書的現象，並甚至認為這可能

---

[14] David Kästle-Lamparter 著，*Welt der Kommentare: Struktur, Funktion und Stellenwert juristischer Kommentare in Geschichte und Gegenwart*（註釋書的世界：結構，功能及價值——法學註釋書的歷史與當代）（Tübingen：Mohr Siebeck, 2016），頁 2，本書作者在書中提到目前到德國法學院圖書館看到的是數量龐大的註釋書，並提到太多的註釋書能夠給予的法律知識是有限的。

[15] David Kästle-Lamparter 著，*Welt der Kommentare: Struktur, Funktion und Stellenwert juristischer Kommentare in Geschichte und Gegenwart*，同前註，頁 2-3。

[16] 這個刑法典註釋書為：*Thomas Fischer*，*Strafgesetzbuch: mit Nebengesetzen Gebundenes Buch*（柏林：2020，C.H. Beck）。

[17] 這本民法的註釋書有稱為 Palandt ，係由 von Otto Palandt 在 1938 年出版，現由 Gerd Brudermüller 等十多個教授繼續負責編輯，Bürgerliches Gesetzbuch: mit Nebengesetzen insbesondere mit Einführungsgesetz (Auszug) einschließlich Rom I-, Rom II und Rom III-Verordnungen sowie Gewaltschutzgesetz Gebundenes Buch，（德國：2019. C.H. Beck），這個註釋書在 1938 年第一次出版，在 1949 年之後每年再版。

是德國法學的危機[18]。德國 David Kästle-Lamparter 教授在他所寫的《註釋書的世界：結構，功能及價值——法學註釋書的歷史與當代》提到目前在德國各大學法學院圖書館看去，書櫃裡都是一整排各類法規的註釋書。至於註釋書的法律效果為何眾說紛紜，有人甚至主張註釋書寫的東西具有法律的拘束力[19]。但在刑法典這樣的觀點很有問題，因為當代德國刑法非常強調罪刑法定主義，註釋書的見解頂多是學說見解，如何可能對於審判具有拘束力[20]。德國刑法典的註釋書多數是順著德國刑法的條文進行逐條的解釋。

（三）德國《刑法典萊比錫註釋書》及第一冊之結構：總共 15 冊

本文將跟《唐律疏議》進行比較的《刑法典萊比錫註釋書》是由德國 De Gruyter 出版社（Verlag）所出版。總共有 15 冊。這 15 冊的內容分布如下：

1、第 1 冊（Band ）導論，主要註釋德國刑法第 1 到第 31 條。

2、第 2 冊註釋德國刑法第 32-55 條；

3、第 3 冊註釋第 56-97B；

4、第 4 冊註釋第 80 到第 109K 條；

5、第 5 冊註釋第 110-145d 條；

6、第 6 冊註釋第 146-210 條；

7、第 7 冊之 1 註釋第 211-231 條；

8、第 7 冊之 2 註釋第 232-241a 條；

9、第 8 冊註釋第 242-262 條；

10、第 9 冊之 1 註釋第 263-266b 條；

11、第 9 冊之 2 註釋第 267-283d 條；

---

[18] David Kästle-Lamparter 著，*Welt der Kommentare: Struktur, Funktion und Stellenwert juristischer Kommentare in Geschichte und Gegenwart*（註釋書的世界：結構，功能及價值——法學註釋書的歷史與當代）（Tübingen：Mohr Siebeck, 2016），頁 2-3。

[19] David Kästle-Lamparter 著，*Welt der Kommentare: Struktur, Funktion und Stellenwert juristischer Kommentare in Geschichte und Gegenwart*，同前註。

[20] David Kästle-Lamparter 著，*Welt der Kommentare: Struktur, Funktion und Stellenwert juristischer Kommentare in Geschichte und Gegenwart*（註釋書的世界：結構，功能及價值——法學註釋書的歷史與當代）（Tübingen：Mohr Siebeck, 2016），頁 2-3。

12、第 10 冊註釋第 284 bis 305a 條；

13、第 11 冊註釋第 306-323 條；

14、第 12 冊註釋第 323a-330d 條；

15、第 13 冊註釋第 331-358 條（這是最後一冊）[21]。

　　這套註釋書的第一冊到第三冊註釋德國刑法總則部分（Strafgesetzbuch (StGB) Allgemeiner Teil），也就是德國刑法第 1 條到第 79B。當代刑法總則之體例與內容，在某個意義類似傳統中國刑律之名例律。在這套註釋書的第一冊，先有導論部分，內容主要針對德國當代刑法與刑法學的 7 個主題進行分析。這 7 個主題的內容跟《唐律疏議》在名例律第一篇第一條「五刑」規定前的註釋有部分類似性。

　　《刑法典萊比錫註釋書》在第一冊在分析刑法第一條之前的「導論」針對德國刑法的七個主題加以討論：1、德國刑法的任務，2、刑法的相關資料與法源（Materien und Rechtsquellen des Strafrechts）3、刑法的起源與修正（Entstehung und Reform des Strafgesetzbuchs），4、刑法的結構與內容概論（Ueberblick ueber Aufbau und Inhalt)，5、刑法的手段：刑罰與保安處分（Die Mittel des Strafrechts: Strafe und Massregeln），6、及歐洲刑法 (Europaeisches Strafrecht)，7、國際刑法（Volkerstrafrecht）等[22]。

四、《刑法典萊比錫註釋書》第一冊導論之內容

　　《刑法典萊比錫註釋書》第一冊導論，以 7 個主題論述德國刑法，限於篇幅本文僅將分析 7 個主題中的 3 個：關於刑法的任務、刑法相關資料與法源、刑法的起源與修正等。

---

[21] 在該出版社網頁雖然稱《刑法典萊比錫註釋書》僅有 13 冊，但實際上是 15 冊，因為第七冊出 7 之 1 及 7 之 2 兩冊，第 9 冊也出 9 之 1 及 9 之 2 兩冊。

[22] Rev. by Weigend, Thomas / Dannecker, Gerhard / Werle, Gerhard / et al（主編），*Strafgesetzbuch. Leipziger Kommentar. Einleitung*; §§ 1-31. Rev.（刑法萊比錫註釋書第 1-31 條），頁 1。

（一）《刑法典萊比錫註釋書》關於刑法任務的描述

這本註釋書以5個重點分析德國刑法的任務。整本註釋書在談各項主題時，總會先列出德國各種跟相關討論有關的重要文獻。例如在談刑法任務時，列出探討法益保護及社會保護、憲法與刑法以及有關積極一般防衛與法益的理論、今日刑法學的方法學基礎以及刑法中的團體法益等等相關文獻[23]。德國《刑法典萊比錫註釋書》討論刑法的任務時，分下面五個重點[24]：

1、刑法主要保護法律共同體重要的利益（Interessen），這些利益有時跟個人有關(例如生命、健康及名譽等)，或者跟總體市民有關，例如民主法治國家整體（Bestand des demokratisches Rechtsstaats），司法功能的運作等。這一段並強調刑法最後手段原則（Ultimaratio），除了要注意比例原則之外，還要注意他是否具有有效的行為控制。

2、用刑法進行制裁必須是確定的個人或一般利益，如果僅是傷害道德標準或者抗議行為都不可以是刑法處罰的對象 。

3、分析不同的立場例如黑格爾認為刑法的任務主要在保護國家法規範的效力，不是保護具體利益，而是要讓國民對於國家公布的法律忠誠的維護 。

4、對於德國刑法發展出來的「法益」（Rechtsgut）概念（Begriff）進行批判。在這本註釋書中認為「法益」一詞並不適合刑事政策上的論證。「法益」一詞並不是法律的概念（Rechtsbegriff）也不是一個特定的刑法概念[25]。這本註釋書認為比較適當的用語不是「法益」而是法律構成要件所要保護的利益（Schutzgut eines bestimmten Straftatbestandes） 。

5、多數的犯罪構成要件需要有一個「結果」為前提，也就是外在世界要有所改變，使得要保護的對象有負面的影響（所謂的結果犯），例如德國刑法第212 條殺人行為必須有人的生命因為這個行為提前結束。或者德國刑法第 263條之詐欺則必需要有一個詐術使得受害人的財產受到損害等等。註釋書中也談

---

[23] 同前註，頁1，限於篇幅，本文將不分析註釋書關於文獻的探討。

[24] 本文在此僅選取五個重點的核心論述加以分析，取自（刑法萊比錫註釋書第1-31條），頁1-4

[25] 台灣多數刑法教科書或研究著作，都會談到「法益」概念，法益通常被分為保護「國家法益、社會法益與個人法益」等，參考王皇玉，《刑法總則》，（台北：新學林，2019，第5版），頁22-30。

到近年來越來越多所謂的抽象危險犯罪被納入刑法領域，例如德國刑法第 316條對於喝酒開車的處罰，在這個犯罪行為中，還沒有發生有人受到生命、健康與財產的具體或真正的損害之前，以刑法制裁，因為根據經驗這樣的開車容易發生侵害他人利益的結果 。註釋書也說明關於立法者能否針對酒駕立法加以處罰具有高度的爭議性。

（二）關於刑法的相關資料與法源的描述

《刑法典萊比錫註釋書》在此部分先介紹各種關於議題的重要文獻，接著分 7 個重點分析這個主題[26]：

1、討論實體刑法內容：說明刑法界定何謂謀殺、竊盜、詐欺等行為，針對德國刑法總則與分則內涵加以論述。

2、說明刑事程序法（Strafverfahrensrecht）也是刑法的範圍，因為國家僅在一個人的犯罪行為經過合法的審判確定後，才可以以刑罰加以制裁。

3、說明刑事執行法也是屬於刑法的範疇，德國在 1976 年訂有刑事執行法（Strafvollzugsgesetz）。

4、說明根據德國基本法第 103 條第 2 項之規定，僅有在行為前，法律有明文規定時，才可以對於人民施以刑罰的制裁，這個法律必須經過國會合法程序立法。

5、再次強調德國基本法有關罪刑法定主義、基本法憲法第一條強調的人性尊嚴，以及第 20 條強調的法治國原則。強調根據法律必須給判處徒刑（包括被判終生監禁的人）有機會回到社會生活。強調國家的刑罰權要受到節制。特別說明刑法必須由聯邦來訂定，德國各邦對於刑法的立法僅給予非常少的權限，例如對於墮胎事項（刑法第 218 條以下）邦有一定的權限決定。邦的權限要由聯邦的法律加以確定，邦的立法限制在兩年徒刑以下以及罰金刑。

6、說明刑法、刑事程序法及刑事執行法之外，還有許多附屬刑法，例如麻醉藥品法（BtMG），道路交通法、經濟法或稅法中有關刑罰的規定[27]。

---

[26] 下面的敘述主要擷取自《刑法典萊比錫註釋書》第一冊導論及第 1-31 條（*Strafgesetzbuch. Leipziger Kommentar. Einleitung*; §§ 1-31），同註 1，頁 8-13。

[27] 在臺灣通常用「特別刑法」來稱呼這些法規，但在德國稱之為附屬刑法（Nebenstrafrecht）。王皇玉，

7、說明德國從 1952 年開始區分秩序違反法與刑法。秩序違反法主要以罰錢為主。其數量比起刑法的罰錢低，而且主要由行政機關進行裁罰。

（三）有關刑法的起源與修正之描述

《刑法典萊比錫註釋書》在介紹關於這個議題討論的重要文獻後，以 8 個重點，說明刑法典的起源與改革：[28]

1、1871 年德國帝國刑法典前身為普魯士刑法典。簡單說明普魯士刑法典主要改革 1794 年普魯士一般邦法典中有關刑法的規定[29]。

2、帝國刑法典本質上受到 1810 年法國刑法典威權精神影響，具有嚴格報復思維。這個法典很快就面臨改革需要，除了因為社會與經濟關係的變遷外，主要還是因為刑法法學與犯罪學發展的影響。刑法學者對於罪責理論與阻卻違法事由的理論發展以及犯罪學不再認為犯罪僅是個人的道德上的失靈，而是心理或/與社會控制的失靈。最主要的改革在於減少自由刑的處罰[30]。在德國帝國時期就開始進行刑法改革的努力，1909 及 1911 年就有刑法修正草案。但一次世界大戰的讓整個修法行動停滯。

3、在威瑪共和時期刑法「現代理論學說」取得社會的共識，1919 年的草案有大幅度的改革建議，1922 年的草案由德國刑法及法哲學家 Gustav Radbruch 以帝國司法部長身分書寫立法理由，1925 年德國刑法已經有了官方草案，但由於第三帝國以及二次世界大戰，德國刑法典在 1969 年才完成。1923 年德國少年法院法將犯罪減刑從 12 歲提高到 14 歲。

4、國家社會主義時期（德國納粹帝國時期）在 1933 年通過「習慣犯罪法」，取消刑法不得類推適用的原則，甚至可以說取消罪刑法定主義原則，如果一個行為沒有明文立法處罰，也可以根據刑法之基本思維以及健康大眾的感受加以

《刑法總則》，（台北：新學林，2018，第 4 版）頁 6，註 2。

[28] 下面的敘述主要擷取自《刑法萊比錫註釋書第一冊導論及第 1-31 條》，同註 27，頁 14-21。

[29] 有關普魯士刑法典與帝國刑法典的發展與內容請參考陳惠馨，《德國近代刑法史》，（台北：元照，2016），頁 227-273。

[30] 在 1882 年百分之 75 的輕犯罪（Vergehen）被處以自由刑，《刑法萊比錫註釋書第一冊導論及第 1-31 條》，同註 17，頁 15。

處罰。

5、二次戰後德國共和國訂定的基本法，基本法第一條人性尊嚴條款及第102條廢除死刑，1953年德國刑法進行改革再度確認罪刑法定原則，一個全面的刑法改革從1954年進行到1959年並在1962年提出一個修法草案，德國要到1969及1975年才完成大修法，主要取消名譽刑與勞動刑，將多數短期自由刑改為罰金刑等等。

6、說明1953年進行德國少年刑法的修改，引入緩刑及緩刑輔助等制度。

7、說明兩德分裂時期，東德（DDR）的刑法與西德不同。

8、說明德國在1998年又有重大修改，這次修改主要是縱火犯罪、偷竊、侵佔以及殺人等的犯罪內容有所修改。

五、《唐律疏議》名例篇第一卷第一條之前「疏議」內容

《唐律疏議》在名例篇第一卷第一條「五刑」之前，「疏議」有一段類似德國《刑法典萊比錫註釋書》導論的論述。下面分析《唐律疏議》這段文字，讓讀者瞭解，雖然相差將近1400年，但兩者討論法律的重點，有高度的相似性。《唐律疏議》這段文字，主要說明《唐律》訂定時，立法的思想背景並說明在唐朝之前，刑法制度之起源與發展過程。本文將這段文字分點說明，希望讀者在閱讀時，可以跟當代德國《刑法典萊比錫註釋書》導論內容進行比較。《唐律疏議》這段文字，可以分為幾個重點加以分析，分別是：有關刑法的意義以及任務、刑法的起源與變遷、負責刑法執行的官吏與審判體系的分工、刑法與經傳的關係及「疏」的功能、刑罰種類與變遷及唐朝刑法與政教、德禮之關係。[31]

---

[31] 本文這段文字主要運用網路上國學導航中《唐律疏議》的文字，由於本文作者主要要進行疏議中論述的分析，因此不對於版本問題加以論述。

（一）《唐律疏議》有關刑法的意義以及任務[32]

> 【疏】議曰：夫三才肇位，萬象斯分。稟氣含靈，人為稱首。莫不憑黎元而樹司宰，因政教而施刑法。其有情恣庸愚，識沈愆戾，大則亂其區宇，小則睽其品式，不立制度，則未之前聞。故曰：「以刑止刑，以殺止殺。」刑罰不可弛於國，笞捶不得廢於家。時遇澆淳，用有眾寡。

分析上面這段文字，其內容包含下面 4 個重點：

1、確認人在萬象之地位，也就是作為有形體的人的重要性。統治者為了教化人民，因此施行刑法（因政教而施刑法），其中負責刑法的單位則為「司宰」。這段文字呼應當代中國大陸學者張中秋教授之對於傳統中國秩序觀的解釋。張教授認為傳統中國特有的自然-社會秩序觀來自於「自然秩序原理」，並強調：「傳統中國的社會秩序觀是一種社會哲學，但他是從有序、和諧的自然觀發展出來，是一種自然-秩序原理。」[33]。

2、訂定刑法的目的主要考量人之「情恣庸愚，識沈愆戾」的差異。人民嚴重時，可能逆亂天下（區宇），輕微者則將違反品式規定，為此有必要建立制度[34]。

3、設定刑法主要在於「以刑止刑，以殺止殺。」，因此，一個國家不可能沒有刑罰，就像家不可以廢除笞捶一樣。刑罰會因為時代的「澆淳」而運用的多或少。

---

[32] 本文所引「疏議」的文字雖是以網路上國學導航之文字，但在解釋上主要參考商務印書館出版，內有元朝泰定四年江西儒學提舉柳贇序的版本，並參考其所附之注文。長孫無忌著，《唐律疏議》，（台北：台灣商務印書館，民 79，台 6 版）「唐律疏議序」及「新看故唐律疏議序」及內文卷內第一，名例一之敘述，頁 1-12。

[33] 參考張中秋〈家禮與國法的關係和原理及其意義〉，收於高明士主編，《東亞傳統家禮、教育與國法（二）家內秩序與國法》，（台北：台大出版中心，2005）頁 12-13。

[34] 在台灣商務印書館出版的，內有泰定四年柳贇序的版本中認為「大則亂其區宇，小則睽其品式」是指「大則為逆亂，小則違法制也」，同前註，頁 2。

從《唐律疏議》上述論述，可以中國傳統刑法之起源與思維，是從人在大自然的位置，強調「以刑止刑，以殺止殺。」。

（二）刑法的起源與變遷

於是結繩啟路，盈坎疏源，輕刑明威，大禮崇敬。易曰：「天垂象，聖人則之。」觀雷電而制威刑，睹秋霜而有肅殺，懲其未犯而防其未然，平其徽纆而存乎博愛，蓋聖王不獲已而用之。古者大刑用甲兵，其次用斧鉞；中刑用刀鋸，其次用鑽笮；薄刑用鞭扑。其所由來，亦已尚矣。昔白龍、白雲，則伏犧、軒轅之代；西火、西水，則炎帝、共工之年。鶉鳩筮賓於少皞，金政策名於顓頊。咸有天秩，典司刑憲。大道之化，擊壤無違。逮乎唐虞，化行事簡，議刑以定其罪，畫象以媿其心，所有條貫，良多簡略，年代浸遠，不可得而詳焉。

上面這段文字重點如下：

1、這段文字再次強調訂定刑法的思想跟大自然現象的關連性，並引用易經說：「天垂象，聖人則之。」。因此，「觀雷電而制威刑；睹秋霜而有肅殺」。也說明刑法主要在於「懲其未犯而防其未然」，主政者在遇到人民違反刑法時，應該以寬平與博愛之心對待。

2、說明（古者）大刑屬於戰爭（用甲兵），其次用斧鉞；中刑用刀鋸，其次用鑽笮；薄刑用鞭扑。

3、論述刑法的歷史，說明從白龍、白雲，伏犧、軒轅、西火、西水，炎帝、共工、少皞，顓頊時代開始就根據天秩而訂定刑憲。到了唐虞時代教化通行，其事減少。這年代「議刑以定其罪，畫象以愧其心」；但，因為年代久遠而不知其具體情形。

（三）堯舜以來，理「刑」官吏、刑法與經傳之關係以及「疏」的功能

堯舜時，理官則謂之為「士」，而皋陶為之；其法略存，而往往概見，則風俗通所云「皋陶謨：虞造律」是也。律者，訓銓，訓法也。易曰：「理財正辭，禁人為非曰義。」故銓量輕重，依義制律。尚書大傳曰：「丕天之大律。」注云：「奉天之大法。」法亦律也，故謂之為律。昔者，聖人制作謂之為經，傳師所說則謂之為傳，此則丘明、子夏於春秋、禮經作傳是也。近代以來，兼經注而明之則謂之為義疏。疏之為字，本以疏闊、疏遠立名。又，廣雅云：「疏者，識也。」案疏訓識，則書疏記識之道存焉。史記云：「前主所是著為律，後主所是疏為令。漢書云：「削牘為疏。」故云疏也。

這段文字有下面幾個重點：

1、說明堯舜以來，理刑之官吏。提到《風俗通》記載「皋陶謨：虞造律」；《易經》記載：「理財正辭，禁人為非曰義。」，《尚書大傳》記載：「丕天之大律。」等，用以說明：「銓量輕重，依義制律之道理。再次引用《尚書大傳》：「丕天之大律。」也就是「奉天之大法。」。這段文字並強調「法」就是「律」。

2、這段文字有針對經、傳的「疏」與律文的「疏」加以說明，並引用《廣雅》、《史記》及《漢書》之記載，說明：「疏者，識也。」「前主所是著為律，後主所是疏為令。」以及「削牘為疏。」說明「疏」主要在於認識法或律。

（四）針對刑罰種類與刑法制度的變遷加以分析

昔者，三王始用肉刑。赭衣難嗣，皇風更遠，樸散淳離，傷肌犯骨。尚書大傳曰：「夏刑三千條。」周禮「司刑掌五刑」，其屬二千五百。穆王度時制法，五刑之屬三千。周衰刑重，戰國異制，魏文侯師於里悝，集諸國刑典，造法經六篇：一、盜法；二、賊法；三、囚法；四、捕法；五、雜法；六、具法。商鞅傳授，改法為律。漢相蕭何，更加悝所造戶、

興、廄三篇，謂九章之律。魏因漢律為一十八篇，改漢具律為刑名第一。
晉命賈充等，增損漢、魏律為二十篇。於魏刑名律中分為法例律。宋齊
梁及後魏，因而不改。爰至北齊，併刑名、法例為名例。後周復為刑名。
隋因北齊，更為名例。唐因於隋，相承不改。名者，五刑之罪名；例者，
五刑之體例。名訓為命，例訓為比，命諸篇之刑名，比諸篇之法例。但
名因罪立，事由犯生，命名即刑應，比例即事表，故以名例為首篇。第
者，訓居，訓次，則次第之義，可得言矣。一者，太極之氣，函三為一，
黃鍾之一，數所生焉。名例冠十二篇之首，故云「名例第一」。

上面這段文字主要說明下面幾個重點：

1、說明三代以來的刑罰變遷：引用《尚書大傳》、《周禮》等記載：「夏刑
三千條。」、「司刑掌五刑」，其屬二千五百。穆王度時制法，五刑之屬三千。並
說明周衰時刑罰重。

2、說明戰國、秦、漢、魏以及晉朝以來刑法的發展。這段文章詳細說明魏
文侯時，里悝，集諸國刑典，造法經六篇。並列出法經六篇內容為：盜法、賊
法、囚法、捕法、雜法及具法。並敘述商鞅改法為律以及漢朝的宰相蕭何改變
里悝的法經六篇，增加戶、興、廄三篇成為九章律。並針對魏因襲漢律改為一
十八篇結構　並將原來的「具律」改名為「刑名」放到第一篇。晉朝則命令賈
充等，增加減少漢朝與魏朝之律改為二十篇的結構。

3、說明第一篇「刑名」如何發展成為「刑名、法例」並在隋、唐成為「名
例篇」被放到《隋律》、《唐律》的第一卷。疏議並說明「名例篇」的意義：「名
是五刑的罪名」，「例是五刑的體例」；強調「五刑」放到名例篇之第一條因為「名
因罪立，事由犯生，命名即刑應，比例即事表」；名例篇的第一卷第一條規定「五
刑」主要要讓人民知道違反《唐律》將會受到的制裁（刑應）。

（五）唐朝負責審判的機構分類以及刑法與德禮的關係

大唐皇帝以上聖凝圖，英聲嗣武，潤春雲於品物，緩秋官於黎庶。今之
典憲，前聖規模，章程靡失，鴻纖備舉，而刑憲之司執行殊異：大理當

其死坐，〔五〕刑部處以流刑；一州斷以徒年，一縣將為杖罰。不有解釋，觸塗睽誤。皇帝彝憲在懷，納隍興軫。德禮為政教之本，刑罰為政教之用，猶昏曉陽秋相須而成者也。是以降綸言於台鉉，揮折簡於髦彥，爰造律疏，大明典式。遠則皇王妙旨，近則蕭、賈遺文，沿波討源，自枝窮葉，甄表寬大，裁成簡久。譬權衡之知輕重，若規矩之得方圓。邁彼三章，同符畫一者矣。

這段文字主要說明：

1、唐朝負責「刑憲」者的機構分工：死罪案件由大理負責定案；流刑案件由刑部負責定案，徒年則由州負責，縣則負責杖罰。

2、這段文字也說明為何需要有「疏議」，主要是希望不會有「觸塗睽誤」，也就是避免對於《唐律》規定理解落差而產生錯誤。接著強調「律疏」功能在於「大明典式」，遠則參考「皇王妙旨」，近則參考「蕭、賈遺文」，要瞭解法規範的設定目標，讓負責審判者知道權衡輕重，就像讓規矩可以協助形成方圓結構並讓法規範的適用可以畫一。

3、說明「刑罰、德禮、政教」三者的關係。疏議提到刑罰、德禮與政教的關係時說道「德禮為政教之本，刑罰為政教之用」，兩者的關係，就如「猶昏曉陽秋相須而成者也。」。由這段文字說明《唐律》的「德禮」與「刑罰」是有交互作用的效果的。唐朝統治及教育人民（政教）所運用的不僅僅是「刑罰」，「德禮」才是政教之本，「刑罰」僅是政教之用。兩者的關係就好像大自然的黃昏與清晨，夏天與秋天一樣，互相影響而運作。

上面這段文字說明唐朝統治人民是「刑罰」與「德禮」並重的。研究《唐律》時，要瞭解他僅是唐朝的「政教之用」，要真正認識唐朝的「政教」必須也要注意到唐朝的「德禮」。也因此分析《唐律》時，必須注意到《唐律》是唐朝「政教」的一環主要運用「刑罰」，而在刑罰之外，必須瞭解唐朝的「德禮」，才是唐朝統治與教育人民的核心。高明士在〈東亞傳統法文化的理想境界——「平」？〉一文，分析傳統中國法文化間的「律、禮、平」關係如下：

《四庫提要》說：「論者謂唐律一準乎禮，以為出入得古今之平。」實是最簡短而具體的說明。其提示律、禮、平三者是《唐律疏議》的基本內涵，而「平」就是禮、律所要達成的目標。這個目標，是建立在群體身分等差秩序下的和諧社會，也是中華法系（或曰東亞法文化圈）的特質之一，而不是西方所強調重視個人權利的人人平等社會[35]。

由上述這段話，可以瞭解《唐律》跟當代台灣學習西方的法律制度的重要差異：在唐朝是要建立「群體身分等差秩序下的和諧社會」，而在當代學習自西方的法律制度則在於「強調個人權利的人人平等社會」。認識唐律如果沒有注意到《唐律》主要立基於「禮」所呈現的倫理等差，身分差別的秩序[36]。而這個由「禮」呈現的身份差序主要根據天地自然之序及儒教倫理之序[37]。而，儒教倫理之序是關於尊卑、貴賤、親疏、長幼、男女等之秩序，其理論依據主要在儒家經典[38]。而當代台灣的憲政法律體系，主要承諾給予人民平等、自由權利，兩者在規範的基本理念有所落差。

六、比較法學觀點——《唐律》與當代德國刑法典

本文一開始就提到將以比較法學觀點分析《唐律疏議》與德國著名之《刑法典萊比錫註釋書》（*Strafgesetzbuch. Leipziger Kommentar*）的結構與論述方式[39]。這樣的比較分析，是當代法學中常運用的法學研究方法。不過在現代社會，法律或法學比較，著重於同時代但處於不同地理空間之不同法規範的比較，例如當代美國或德國特定法律體制與當代台灣相似法律體制的比較。而，本文則

---

[35] 高明士，〈東亞傳統法文化的理想境界——「平」？〉收於《法制史研究》第 23 期，收於《法制史研究》第 23 期，（台北：中國法制史學會、中央研究院歷史語言研究所，2013），頁 1。

[36] 高明士，〈東亞傳統法文化的理想境界——「平」？〉同前註，頁 4。

[37] 同前註，頁 4。

[38] 高明士，〈東亞傳統法文化的理想境界——「平」？〉，同前註，頁 6。

[39] 《唐律疏議》係由立法者所進行的，而《刑法典萊比錫註釋書》係由私人出版社出版。

是將存在不同空間，不同時間之法律制度進行比較；將在西元 653 年的《唐律疏議》的註釋與當代《刑法典萊比錫註釋書》進行比較，希望分析兩著相同與相異之處。

綜合本文所分析之《刑法典萊比錫註釋書》第一冊導論與《唐律疏議》在名例篇第一卷第一條「五刑」前的說明，可以確定《唐律》與德國現行有效的《刑法典》都企圖透過「刑罰」維持社會一定秩序。但，更深入比較兩者的內容，可以發現，兩者雖然都分析自己社會刑法的發展歷程；但，《刑法典萊比錫註釋書》所描述的德國成文刑法是從 1794 年《普魯士一般邦法典》中的刑法規定開始[40]。在註釋中，被提到的德國刑法典主要是 1851 年《普魯士刑法典》以及 1871 年《德國帝國刑法典》。而《唐律疏議》所論述的中國成文刑法的起源卻可以回溯到戰國時期里悝集諸國刑典完成的《法經六篇》，而且這個成文法體系，從秦、漢、魏、晉到唐朝，都一脈相傳，刑法所追求的基本秩序與價值維持不變。本文在進行比較後，暫時有下面幾個結論：

（一）《唐律》與當代德國刑法典主要保護對象有所不同

從《唐律疏議》與德國《萊比錫刑法註釋書》之比較，可以說兩著的差異之一，在於刑法所要保護的對象有所不同。根據《唐律疏議》的說明，唐朝訂定《唐律》時，刑法主要是因為人的「情恣庸愚，識沈愆戾」之差異，為了避免大則逆亂天下，小則違反品式而訂定。刑法的目的主要是應報功能；要「以刑止刑，以殺止殺。」，因此，國家不能沒有刑罰，就像家不能廢除笞捶一樣。

然而，透過德國《刑法典萊比錫註釋書》的說明，當代德國刑法典存在的目的在於保護個別人民的生命、健康與名譽以及社會中共同的某種價值。這個價值必須跟總體市民有關，例如民主法治國家的存在，保護司法功能的運作等等。另外，根據註釋書說明，德國刑法強調刑罰最後手段原則（Ultimaratio），要注意比例原則及對於人民有效的行為控制[41]。

---

[40] 關於德國刑法典的近代發展請參考陳惠馨，《德國近代刑法史》，（台北：元照，2016，2 版），德國最早具有體系性的成文刑法是 1532 年的卡洛林那法典，頁 55-108。

[41] 參考《刑法典萊比錫註釋書》，同註 1，頁 1-4。

（二）德國刑法典與基本法的關係類似於《唐律》跟《德禮》之關係

從德國 2007 年《刑法典萊比錫註釋書）第一冊之內容，可以發現，註釋德國刑法典時，經常跟德國基本法（GG）的重要精神進行連結。常被提到的德國基本法有：第一條有關人性尊嚴的保障，第 20 條法治國原則，第 102 條及第 103 條有關罪刑法定主義的精神以及基本法第104條關於廢除死刑等等規定[42]。除此之外，註釋書也經常提到德國聯邦憲法法院的判決；要求德國刑法運用時要維護的基本價值。註釋書中提到刑法必需要給那些受到終身徒刑宣告的人，有離開監獄的可能，否則違背人性尊嚴保障的精神，因此德國刑法做了修改[43]。

透過《唐律疏議》可以知道唐朝的刑法與德禮有密切關係；因此疏議提到：「德禮為政教之本，刑罰為政教之用」。而兩者關係有如「昏曉陽秋相須而成者」。也因此要認識《唐律》的精神與運作就有必要更深入瞭解唐朝「德禮」的內涵。高明士教授特別強調，禮、德兩個領域研究的重要性[44]。他認為禮是刑律懲罰依據，主要是古典的禮經，也就是《周禮》、《禮記》、《禮儀》等[45]

（三）從刑法第一條規定的內容瞭解法規範設計的考量差異

另外，兩者明顯的差異，在於條文的安排。《唐律》第一條為「五刑」規定。而德國當代刑法典（StGB）第一條則是罪刑法定主義的規定。德國現行刑法典法第一條規定：「行為之處罰，需在其行為時，有法律明文規定」，台灣目前有效的刑法第一條也規定罪刑法定主義原則，其條文為：「行為之處罰，以行為時之法律有明文規定者為限。拘束人身自由之保安處分，亦同。」[46]。兩個刑法第一條的安排說明法律所重視的重點。將「罪刑法定主義」規定放在第一條，

---

[42] 參考《刑法典萊比錫註釋書導論及第 1-31 條》，（*Strafgesetzbuch. Leipziger Kommentar. Einleitung*; §§ 1-31），頁 9-11。

[43] 同前註，頁 9-10。

[44] 高明士，〈教育、法制與禮、律的關係-以隋唐為中心〉收於《東亞傳統教育與法文化》，（台北：台大出版中心，2007），頁 195。

[45] 高明士，〈教育、法制與禮、律的關係-以隋唐為中心〉，同前註，頁 203。

[46] 德國刑法第一條的原文為：Eine Tat kann nur bestraft werden, wenn die Strafbarkeit gesetzlich bestimmt war, bevor die Tat begangen wurde。

提醒國家，要注意處罰人民時，僅能依據國會合法通過的法律為之。而，將「五刑」放到第一個條文則是強調「刑法」的威嚇功能。

（四）「罪刑法定」想像的差異

當代德國刑法典第一條規定「行為之處罰，需在其行為時，有法律明文規定」，在德國及台灣法學界稱之為罪刑法定原則。德文稱之為「沒有刑法就沒有處罰」（德文 Keine Strafe ohne Gesetz）。目前，台灣多數刑法教科書會大篇幅探討「罪刑法定原則」[47]。刑法學者提到「罪刑法定原則」總會說這個原則包含下面幾個精神：習慣法不得作為論罪科刑依據，禁止類推適用，罪刑明確性原則以及禁止類推適用等[48]。多數台灣刑法的教科書中不會特別說明「罪刑法定原則」跟德國刑法發展史的關係。從德國近代刑法的發展歷程可以知道「罪刑法定原則」之所以包含「禁止習慣法」與「禁止類推適用」等原則，是因為德國在 18 世紀末之際才開始發展出成文刑法的制度，在這之前，德國的刑法是包含習慣法，也允許類推適用。罪刑法定原則在德國歷經兩百多年的發展，才逐漸成為刑法罪重要的原則。目前在本文所提到的《刑法典萊比錫註釋書》第一冊討論「罪刑法定原則」就佔了 200 多頁篇幅。從其內容可以看到罪刑法定原則如何在德國 18 世紀末到 21 世紀初的發展[49]。

從 2007 年出版的德國《刑法典萊比錫註釋書》第一冊對於刑法第一條「罪刑法定原則」討論集中在「法定原則」（Gesetzlichkeitsprinzip）並因此引伸討論明確性原則、禁止類推適用原則以及禁止溯及既往原則並進一步深入討論何謂法律明確性原則並區分類推適用禁止與法律解釋的界線等議題；而在討論「法定原則」時，還延伸到討論德國憲法的法治國原則、民主原則及權力分立原則、平等原則等等[50]。

---

[47] 在台灣的刑法學教科書均會探討罪刑法定主義原則。參考王皇玉，《刑法總論》，（台北：新學林，2018），頁 39-53。

[48] 王皇玉，《刑法總論》，同註 46，頁 39-53，有些論文則提到下面四個原則：刑法不溯及既往原則，禁止習慣法原則，禁止類推適用原則及禁止絕對不定刑期原則等。

[49] 在註釋書中關於「罪刑法定原則」的討論非常細緻與深入。例如關於何謂「法定原則」非常深入，《刑法典萊比錫註釋書》第一冊，同註 1，頁 78-143。

[50] 《刑法典萊比錫註釋書》第一冊，同註 1，頁 92-97。

在多數中國法制史出版品中，研究者往往會引《唐律》第十二篇斷獄篇有關「斷罪引律令格式」條跟德國刑法第一條「無刑罰則無犯罪」規定進行比較。學者也探討，《唐律》雜律所規定的「不應得為條」對於「罪刑法定原則」以及法律明確性原則的損害[51]。但，究竟《唐律》「不應得為」條文規定在傳統中國刑律中扮演的角色為何？對於我們在繼受德國當代刑法典時，產生如何的影響，值得未來更深入的討論。《唐律》規定：

> 諸不應得為而為之者，笞四十；事理重者，杖八十。

而《唐律疏議》「疏」則曰：

> 雜犯輕罪，觸類弘多，金科玉條，包羅難盡。其有在律在令無有正條，若不輕重相明，無文可以比附。臨時處斷，量情為罪，庶補遺闕，故立此條。情輕者，笞四十；事理重者，杖八十。

法制史學者在分析「不應得為條」時，往往因為他的處罰較輕，因此認為他跟當代台灣之社會秩序維護法或德國之秩序違反法相類似。但，台灣之社會秩序維護法第 2 條也明文規定：「違反社會秩序行為之處罰，以行為時本法有明文規定者為限。」，德國秩序違反法（Ordnungswidrigkeitengesetz）第 3 條也強調「違反秩序之行為之處罰，需在其行為時，有法律明文規定」。德國《刑法典萊比錫註釋書》認為秩序維護法也有德國基本法的第 103 條有關罪刑法定原則的適用[52]。

本文作者認為《唐律》不應得為條規定之「諸不應得為而為之者，笞四十；事理重者，杖八十。」跟《唐律疏議》所提到的「德禮」有密切關係；在傳統

---

[51] 黃源盛，〈唐律不應得為罪的當代思考〉，收於《法制史研究》第 5 期，（台北：中國法制史學會，2004）頁 1-59；戴炎輝著，《唐律各論》（下）（台北：成文出版社，民國 77 年增定版）頁 722。

[52] 德國秩序違反法第三條原文：Eine Handlung kann als Ordnungswidrigkeit nur geahndet werden, wenn die Möglichkeit der Ahndung gesetzlich bestimmt war, bevor die Handlung begangen wurde。德國《刑法典萊比錫註釋書》第一冊，同註 1，頁 98。

中國社會何為「應或不應」跟「德禮」有一定的密切關係。《唐律》之「不應得為條」讓傳統中國之「德禮」跟《唐律》有密切連結;而讓國家刑罰權被擴張運用。黃源盛教授提到:「所謂『不應得為』,就是『律令無條,理不可為者』,『禮也者,理也』,『禮也者,禮之不可移者也』,理就是禮,『理不可為者』,就是禮不允許做的事。」[53]。《唐律》「不應得為」條一方面強化《唐律》對於社會秩序維護功能,但也因此破壞「罪刑法定原則」強調的法律「明確性原則」。對於一般人民而言,因為「德禮」精神存在於各種「禮」之中,人民並無法明確預見自己那些行為會受到《唐律》的制裁。讓「罪刑法定原則」有了漏洞;無法滿足刑法的施行要注意人民人性尊嚴保障之目標。

七、結論

本文主要從比較法學角度,分析《唐律疏議》與當代德國《刑法典萊比錫註釋書》有關刑法導論的論述。本文作者有幸在取得德國法學博士學位後,偶然間接觸到《唐律》等傳統中國法律之文獻,因此,在進行當代法律與法學的研究與教學生涯中,透過認識傳統中國法律制度,對於法律與法學的想像不再侷限於我們所繼受(移植)的德國或美國法律或法學,並因此享受具有主體性與創造性思考法律與法學的研究視野與樂趣。

本文希望透過比較法學研究角度觀看傳統中國法律制度,邀請對於傳統中國法律制度不熟悉的當代華人社會(以台灣及中國大陸為主)法律人加入法制史研究行列。希望華人社會在思考刑法體制與刑法學之時,可以有超越德國刑法典及刑法學理論之可能,創造性地思考一個可以融合傳統中國與當代思維的刑法規範與刑法學說。德國著名的法理學家 Gustav Radbruch 在其「法學導論」一書中提到「法學家對於法律有三種任務:解釋、結構與體系」[54]。但,要能

---

[53] 〈唐律不應得為罪的當代思考〉,同註 50,頁 39-44(44)。

[54] Gustav Radbruch(1878 年至 1949 年)是德國法學界的重要人物,其《法學導論》一書完成於 1910 年,近年來在國內翻譯成中文出版。關於法學家的三大任務之討論請參考《法學導論》(中譯本)(台北:商周出版社,2000 年 9 月,初版),頁 263-頁 268;另參考陳惠馨,〈有關法制史教學與研究的

夠對於自己社會傳統之法律進行深入的解釋、結構與體系分析則需要法學者與史學者的合作。

　　謹以本文祝賀高明士教授八秩華誕並向高明士老師及師母月霜女士致敬。

一點想像與思考〉收於《傳統個人、家庭、婚姻與國家—中國法制史的研究與方法》,(台北:五南,2007,第 2 版),頁 52-56。

法學與史學之間
——法史學的存在價值與研究方法

黃源盛*

一、引　言

　　問世間「法史」為何物？凡有所學，總愛問：為何要研究？要研究甚麼？怎麼個研究法？近些年來，有關法史學研究的目的與方法屢屢為學界所議論[1]，這說明了這個學科或已接近成熟，同時也似乎感受到較強的危機意識。法史學科的性質在整個法學與史學體系中如何定位？一部二、三千年的中國法史該從哪裡談起？要談哪些？尤其重要的是，「學問始於方法，也終於方法」[2]一門學科的守舊或維新，從某個角度講，就是方法論的因襲或突破，如何能從單純的「知識」，終而能悟其得失取捨之道的「智慧」，這需要長期行深深行的積累。本文之作，是我學習法史四十多年來，對以上諸問的一些省察與心得，適逢對法史學界著有貢獻的高明士教授八十壽誕，乃以之為祝嘏[3]。

---

* 福州大學法學院特聘教授、台灣政治大學法學院兼任教授、中央研究院歷史語言研究所前兼任研究員。

[1] 近些年來，有關這方面的文章有：(一)王志強，〈我們為什麼研習法律史〉，《清華法學》2015 年第 6 期，頁 30-44；(二)舒硯，〈法史經驗談：研究方法與當代價值〉，以訪問錄的形式訪談張偉仁、黃源盛、陳惠馨、高明士、陳登武，收於《中西法律傳統》2015 年第 2 期，頁 3-10、11-27、28-41、42-55、56-67；(三)汪雄濤，〈邁向生活的法律史〉，《中外法學》，2014 年第 2 期，頁 339-356。

[2] 參閱中村宗雄，《學問の方法と訴訟理論》（東京：成文堂，1976），頁 1-3。

[3] 高明士教授以研究傳統中國禮制、教育與法制見長，相關著作等身，尤其為培養紮實的學風，於民國 83 年（1994）籌組「唐律研讀會」並任主持人長達二十餘個年頭，期間耕耘不輟。該研讀會強調跨學科的視野，在成立之初，即邀請法學者與會，促成法學界與史學界的聯盟，建構一個科際整合

　　從學術史的角度觀察，在台灣的歷史學界，法史的研究可說是一門較為晚近才興起的學問，在法學界雖自清末民初起由來已久，不過，多年來，法學界中人常將法史視為「冷僻之物」，學生對於修習法史課程的意義與價值，多少有其疑惑，甚至有畏難和排斥的情緒；每多以為「學而不能求現，所學何用？」時也，勢也！早在數十年前，論者對於法制史教育就有「辦學者既輕其事，教學者益懈其責，修學者至於虛應故事！」的感歎[4]，至今仍未多改善，何以致之？

　　現實如此這般，法史學研究該如何重新體認？要如何避免這個學科被極端「邊緣化」？這須要認清真相，也要勇於承擔與善加對應。

二、法史學的學科性質及其研究對象

　　雖說，法學是一門以「法律」為探討對象的人文社會科學，應以「人」為本來作研究。其實，人類在浩瀚無垠的宇宙中，實在非常渺小。不僅時間方面如此、空間方面如此、就各種萬千流變的史事也是如此。可以這麼講，世間萬象，林林總總，而其成住壞空不離時間、空間與事實三個面向[5]。而從古今中外「法」的歷史演進看來，法規範圍並非僅如西方歷史法學派所言，純為民族歷史、民族精神與民族確信的反映[6]，而仍須顧慮到人類理性的創造，具有發展性與可變性。歷史的演進，根源於時勢的形成與變動，時勢不斷衍化，歷史也就不斷變異；因此，順勢而變與因革損益，自是自然之理。一代之法，緣一代之

的良性互動與交流平台。從結果來看，已締造豐碩的研究業績，培養出不少史學界出身的法史生力軍，居功厥偉。另外，高教授於 1990 年擔任台大歷史系主任時，即力邀筆者到該系開設「中國刑法史」居「中國民法史」等課程，且親率碩博士生十餘人始終與課，這批學生現大都已成為台灣法史學界的菁英。

4　參閱陳顧遠，《中國法制史》（台北：台灣商務印書館，1973），頁 1「序言」。

5　「成、住、壞、空」是佛家用語，乃指世界從形成到毀滅的四個階段；宇宙有成、住、壞、空，人類則有生、老、病、死。

6　德國歷史法學派的創始人薩維尼（Friedrich Carl von Savigny, 1779-1861），認為法律係民族歷史、民族精神與民族確信的反映，法律與民族之間富於有機的聯繫。要立法之前，須由法學家先整理已經存在的法素材，並以此為基礎來建立法體系；之後，法典是根據法學家的學說來制定，而不是單純由立法者憑空抽象的訂立。

政體而生，事為昔人所無者，不妨自我而創。

（一）法史學的學科定性

　　法的歷史，名稱有多種，如法制史、法律史、法文化史等，而我較常以「法史」名之[7]。向來，法史在法學體系中一直被界定為「基礎法學」或「理論法學」的一環，問題是，「基礎法學」也好，「理論法學」也好，它本身即是一種蒐羅式的概念，並無法精確反映法史學在當今法學體系中的性質與地位。

　　關於法史學的性質，以中國法史為例，我們可以從史學與法學這兩個維度來談。首先，就史學的觀點，十九世紀西方世界曾被譽為「史學的世紀」，同時期的中國，乾嘉學派盛行，整個學術界也瀰漫著史學氣息；在當代的人文社會科學領域中，「史學」同樣占了相當重要的位置。而「法史學」作為一個歷史概念的分支學科，正如同政治史、經濟史、社會史、科技史、文化史、宗教史、藝術史、文學史、醫療史等一般，是歷史的一個組成部分，是一門專史、部門史。

　　法史學所涉及的素材，如《秦律》、漢《九章律》、《唐律》、《宋刑統》、《大元通制》、《大明律》、《大清律例》、清末的《欽定大清刑律》、民初的《暫行新刑律》、民國的「六法全書」等，以及歷朝歷代的法制與司法檔案，乃至各家各派的法理思想言論，都是歷史的材料；研究這些史料與探討其它史料並無本質上的太大差異，無疑地，法史學是隸屬於史學的一支。

　　再從法學的觀點，有關中國法史研究的材料固然是歷史的素材，但它們同時也是法學的素材，上面所提到的歷代律典規範、法律制度以及司法實踐、法理哲思等無非也都是傳統中國社會的法文化現象；所以，法史學也是法學的一支。法史學既然主要在探討過去的法律現象與法律文化，不能不依靠有關的歷史材料，包括文獻史籍、歷史檔案、地下文物等。此外，法史研究也與考古發掘的文物密切相關；例如：大陸考古學家在河南孟津小潘溝龍山文化遺址中，發現頗多人類骨架，根據此類骨架，可以證實商周兩代確有斬首、腰斬、活埋與刖刑等刑罰種類。又例如：1975 年湖北省雲夢大澤《睡虎地秦墓竹簡》，以

---

[7]　參閱黃源盛，《中國法史導論》（台北：犁齋社，2016），頁 5-9。

及 1980 年代湖北省江陵縣《張家山漢墓竹簡》的出土,使得世人對秦漢律典能一窺大致的輪廓。因此,依據考古而得的地下資料,以當代科學方法探討古代法制的概況,值得重視。換言之,史料的發現,尤其出土文物的整理,足以開拓研究的範圍,既可證實也可推翻已有的研究成果。

如此說來,法史學既兼具史學與法學的雙重性格[8],就歷史的面向言,法史學無可避免的,必須面對證據取捨與文本詮釋的問題;就法學的面向說,則必須涉入規範與價值的領域;而不可忽視的是,從學科研究內容本身的特性以及研究目的來看,法史學明顯偏重於法學的屬性;因為它涉及法的概念、法的本質、法的作用以及法規範、法制度、法思想、法意識、司法裁判等範疇,而這些都必須置於當時的時空背景中來加以理解,才具有特殊的社會、歷史與法學的脈絡意義。

要言之,法史學本質上係科際整合之學,它既是史學,也是法學。法史學的研究既離不開歷史資料,其有賴於歷史學之處,不言可喻。它無法成為一門獨立的史學,也無法成為一門獨立的法學;史學與法學須兼顧得宜,蓋史學重史實,在客觀地詳其本末;而法史學講過去的法文化現象,貴在能借重史料,運用主觀的價值判斷,去發現、分析問題,然後歸納經驗,論斷得失。法學者與史學者在此一領域的探討,其關注的重點與研究方法或有不同,倘能彼此互通有無,當可收相輔相成之效。

(二)法史學研究的範圍

要論法史研究的目的與方法,有必要先談談法史研究的對象與範圍。理想上,它要盡可能涵蓋法律規範、法律制度、法律思想、司法裁判乃至法律意識等幾個面向。蓋思想是規範與制度的種子,法律規範的背後有制度,制度的背後有思想,法律規範、法律制度與法律思想三者間的關係如影隨形。一般而言,法律規範與法律制度是具像的、是現實的,而任何規範或制度,其所以產生、所以存在、所以發展,可說都有某種思想或理論為其後盾,而思想也因制度與規範獲得落實,三者相成為用。

---

8   參閱(德)Heinrich Mitteis 著,(日)林毅譯,《法史學の存在價值》(東京:創文社,1980),頁 71-100。

　　現實裡，法典固然重要，但至多只是一個法制的設計大綱，就此所作的研究只能見到這法制靜態的架構，那是一種「應然的觀察」，倘未能輔以實證的判牘文書，往往局限於表層的泛泛之論；而審判記錄則是一個法制的運作痕跡，它活生生地以司法判決解決人類現實生活中無窮無盡的紛爭，就此所作的研究，可以見到這法制的動靜兩態的種種細節，它是一種「實然的觀察」，較能得出「科學的」論證；相形之下，審判記錄的研究價值當然是高得多[9]。而所謂「法律的實際運作面」，一般而言，包括法曹的養成、法司的構成、審判的程序、法曹的審判心理、形成判決過程中的各方力量交鋒等，此或可說是屬於「法律文化面」。瞿同祖(1910-2008)曾說過：

> 在中國，無論研究法律史或現行法的人，從不曾想到這嚴重的問題，祇一味注重法典條文，從未想到這條文是否有效？推行的程度如何？與人民的生活有什麼影響？只能說是條文的、形式的、表面的研究，而不是活動的、功能的研究。[10]

　　簡單說，法規範重在實踐，而不只是白紙黑字般的供人觀覽而已。研究法文化，單單研究法規範、法制度、法思想還是不夠的，也要注意它們的落實現象，而其實踐面，最可靠的莫如判牘文書。

　　此外，「法律意識」（legal consciousness）也是不容忽略的，它指的是：「人們理解法律及使用法律的方式」。在此涵義下，我們可以發現，法律意識不僅包含心理層面的「理解」，也包括身體外在行動的「使用方式」。申言之，凡使人民對「法」產生某種「認知」和「態度」，並根據這些認知和態度去決定「行動」，而行動影響國家和社會發展者，凡此均可歸諸於法律意識的作用。傳統中國，各個歷史時期內社會各階層的法律觀念、價值傾向、風俗習慣以及宗教文化傳統等，均多多少少左右著人民的法律意識。研究和瞭解各個時期內各階層的社會觀念以及文化傳統，或將有利於對當時的法律制度與法律規範作更深入的認

---

[9]　參閱張偉仁，《清代法制研究》（台北：中央研究院歷史語言研究所專刊之七十六，1983），頁62-63。

[10]　參閱瞿同祖，《中國法律與中國社會》（台北：里仁書局，1984），導論，頁1。

識。

比較有爭議的是，法史研究當然不必僅拘限於所謂的「正規素材」，因為它只不過是法文化探討對象的一部分而已，僅憑它，顯然無法還原歷史社會的實相。因此，興之所至，或許，可以將觸角延伸到所謂的「非正規素材」，而這部分主要包括民間所保存的各種法律文件，特別是契約文書，如田契、地契、賣身契等。假如還有興致，甚至可擴充到小說、戲曲、家訓、稗官野史、法律名人日記等方面，因為「史」的研究，不應只停留在「靜態面」，它的「動態面」也應顧及。實際上，華人社會的法意識受到非正式的文學、戲劇作品等影響甚深。普羅大眾對司法的認知和態度取向，其實很少受到「正史式」的法律典籍和官方檔案的影響，反而往往來自於文學作品、傳統戲劇、宗教信仰以及約定俗成的習慣和價值觀等所左右。

三、法史學存在的當代價值

法史學所為何來？就法文化而言，中國自有其獨特的一面，直到十九、二十世紀之交，西方的法制與法律因變法修律而大量輸入時為止，兩千多年來，傳統中國法規範與法制度一脈相承，雖間有增損，然在基本精神與原則上始終一貫。因此，為了要真誠地探索現行法制，首先必須對固有法文化有恰如其分的瞭解。假如我們今天從法律史學或法律社會學的立場，關心到近代或現代法律的發展，那麼，對於法律文化變遷中所遺留下來的許多問題，也就不能不抱慎重的態度，希望從傳統法文化生活的敘述中，去尋找一些可供省察的據點。

（一）人性‧規範‧觀念

從歷史發展的軌跡言，或許要問：歷代中國法規範適用於當時的中國社會，傳統法的歷史任務已成過去；晚清之季，為了要撤廢領事裁判權等動因，進行了法制近代化的繼受工程，造成現行法與傳統法之間已截然兩斷；而 1949 年之後的兩岸法制，不是繼受自歐陸、日本、英美，就是移植自蘇聯，尤其目前社會正加速現代化，而舊傳統已明顯褪色，如果還過度重視法制歷史，忽略當今

環境，或致顧慮太多，不將趨於保守不前？有必要再為固有法制與傳統規範多加費神嗎？

這種質疑，乍聽之下似言之成理，細細思量並不盡然，法學是一門「人間學」，不識「人性」，學法何益？法學研究的對象，不是物、不是自然現象；是人、是幽微的人性、是是非善惡的問題，甚至是價值抉擇的問題[11]。而法文化並非只是一堆條文或成串的判決例，它是一套人群的活動，包括辨認社會規範的需要、制訂規範和施行規範等項，所以研究法文化絕不可忽略人的因素。而人也不只是一個生物體，它是一個文化的媒介體，在一個社會裡出生、成長，自然就感染了這個社會的文化。雖然他在一生之中可能對於這個文化或多或少有些損益，但是他的主要功能乃在協助這個文化的傳遞。所以，任何一個人，無論智愚，都有意無意地承受了一部分傳統文化，而又有意無意地將這部分傳遞給了下一代[12]。

而在世代相傳的文化因素中，最持久而普遍的是「觀念」，尤其是經過特別聰慧之人將大眾的經驗和感受分析、結晶而成的觀念，其傳播的時間、空間十分深遠廣大。這類觀念之中，最值得我們注意的，當然是一些對於法文化上重大問題的看法。例如社會權威的基礎是什麼？它與社會大眾有怎樣的關係？法規範是怎樣產生的？它的功能是什麼？它與其他規範（如倫理、道德、習慣、家訓、族規等等）的關係如何[13]？在處理人間層出不窮的糾紛，先賢先哲有哪些法學智慧？這些智慧與當代的「法」之間有無文化上的傳承關係？此外，何以傳統中華法文化綿延兩三千年，卻少有大變動？清末民初以來為何要改變祖制家法？如何變？變得如何？凡此，不都是我們當代人所該關心的嗎？

（二）通古今、明中外、究當前

時人常將科學分為「自然科學」與「人文社會科學」兩大類，前者是以現實世界為認識的對象，後者則以價值判斷為其對象。研究一個法文化問題，免

---

[11] 參閱林東茂，〈法學不是科學〉，《高雄：高大法學論叢》（2010），第 6 卷第 1 期，頁 4。

[12] 參閱張偉仁，同前註 9，頁 2。

[13] 參閱張偉仁，〈傳統觀念與現行法制〉，《台北：台大法學論叢》（1987），第 17 卷 1 期，頁 2。

不了要考察其形成的原因和後果影響。傳統中國法持續發展了兩三千餘年，雖然經過了晚清民國的大變革，但並未因此變成歷史的陳跡，它的許多理論和觀念，還深深烙印在我們的意識型態和行為模式當中，在目前的社會裡還明顯地發生作用。所以研究傳統中國法文化中的問題，有助於推測新法制中同類問題的發展趨向；反過來說，為了推測新法制中某一問題的發展趨向，除了研究為新法制所繼受的西方法制中的同類問題，以及當前的社會、經濟、政治等因素外，還必須研究固有中國法文化中的這類問題才行。

我常癡心地以為，法史研究有三個理想境界，既要通古今之變，進而能明中外之異，如果行有餘力，還希望能究當世之法。古今中外法制上的共同問題相當多，這些問題已困擾了人類社會幾千年，不同的時代、不同的環境裡，人們曾經嘗試透過種種不同的解決方法，這些思考模式值得再回味、再推敲。而自晚清民初法制近代化以來已逾百年，研究法史學，可以了解法規範、法制度與法思想的來龍去脈，既可以通古，也可以知今，免蹈歷史覆轍，並可導引思考當前法制上若干缺失的改進之道。

其實，不管時代怎麼變，人總歸還是人，人性是不會變的；世間事有許多共通之處，研究傳統法制對某些問題的處理，可供現代法制，甚至其他各國法制，在處理同類問題時，作為相互參考的依循。也可以這麼說，為了真摯地瞭解現行法的實際，為了找尋未來法創造轉化的途徑，就必須忠實地探索過去法的歷史。一方面，要透過歷史的比較來發現法律文化在不同發展階段上的共性；另一方面，也要抱持一種冷澈觀照的態度，以分辨法律文化的發展究屬歷史的偶然，還是事理的必然。

（三）傳承・實用・文化

無分古今，法規範源於契應當時的社會問題。而針對過往的法文化現象進行研究，其中一個重要目的，乃寄望能為現行的法律秩序提供某種程度的省思；相較於法理學，法史學的實證性稍加明顯，也較有利於對於現實議題的聯結與深化。也因為任何史學的研究均無可避免地須面對時空的「距離感」問題，而如何克服這種「距離感」，在現實議題中尋求其聯結點可說是一個方法。

法學是一門人文社會科學，法史研究的價值不在實用，而在於文化[14]。古今之間一線牽，現在乃過去所蛻化，又所以孕育未來。法史的研究，可以瞭解源遠流長的歷史中，法規範的實踐力究竟如何？同時經由深刻的發掘史料、整理故舊、詮釋意義，進而可以明白華人社會的法律制度感應力究竟有多少？法界通常將法學分為以理論為主軸的「基礎法學」及以應用為導向的「法釋義學」，歷史雖然不可能再回到繼受歐陸法前與釋義學之間那種共生的、難分彼此的緊密關係，但仍可以對現行各個部門法的釋義學產生影響，這種影響甚至是可以超越國界的。貼切地說，法史研究已不再只是簡單地蒐羅排比已經成為歷史的知識，既無須特別去找尋「古為今用」的借鑑，也不必要標榜承載職業道德教育和培養法律倫理的情操，當然也不是要奢談所謂的「民族感情」，毋寧說，它重視的是法文化自身的歷史性。

無須辯駁，傳統中國法中有許多不合理點，也有許多不合時宜處。而當今社會日益更化，因而與傳統法之間也就漸行漸遠，這是無可擋也不必擋的趨勢。不過，「我們論斷一件事或是一個制度，不能過重主觀，而完全忘卻它的時代性和空間性。我們要是純粹用現代眼光來看，那麼，無論哪一個國家過去的政治、法律、社會和其他一切制度，都有不少不合理的成分，而且有很多難以索解的地方。」[15]事實上，中國固有法在古老的世界五大法系中獨樹一幟，成熟且先進，其特徵果何在？外國學者柯勒（Joseph Kohler）曾說：「歷史並不是一種邏輯過程，它含有很多的不合理和過失之處；無理和野蠻永遠伴隨著智慧和馴良。」一個時代，有一個時代所認為的正義與合理；任何法系的法文化，並無絕對優劣之不同，所不同者，僅為時代及地域而已。

觀今宜鑒古，無古不成今；法史學的探討，除了要以古觀今外，也要以今証古。如果，我們不願意讓法學，尤其是部門法停留在膚淺的「器物」層面；如果，我們希望在理論與實務中多一些批判性，少一些盲從，那麼，法史這門學問儘管不會成為主流學科，而是一門「奢侈的法學」，但仍有存在的價值。所

---

[14] 當代台灣法學院的法學教育，本來就欠缺「文化」的訓練，朱自清在為「中國法律思想史」的學習意義中曾說過：「經典訓練的價值不在實用，而在於文化。」詳見氏著，《經典常談》（上海：三聯書店，1980），頁1。

[15] 參閱居正，《為什麼要重建中華法系》（台北：大東書局，1946），頁60。

謂「知今不知古，謂之盲瞽。」而「知古不知今，謂之陸沈。」每因往事推來
事，假使我們能跳脫純現實功利的思考，或可發現，學習法史，它是一門「養
慧之學」，讓人們在關注法規範世界的同時，除了知識性的知其然，也能智慧型
的知其所以然，進而能到達知其所應然的悟境，應驗了所謂「無用之用，謂之
大用。」的玄妙！

　　尤其，觀念的改變，是很困難的，過去的法律制度或法律思想，對於眼前
的法文化仍有抽刀斷水的關聯性；歷史告訴我們，傳統與當代並非那麼地涇渭
分明，也沒有所謂的楚河漢界；傳統既是一宗包袱，也是一筆資產。要是我們
不對過去的法文化作一番深入的考察與評價，便無法理解中華法系是如何從傳
統過渡到近現代，也就不能從中得到一些有益的借鏡與啟示，更不能為未來的
法制改革獲得機先。

四、法史學的研究取向與方法

　　研究任何一門學科，不單單祇是「知識」或「知道」而已，它是一種持續
實效性的積累，終能培養出「反思」的智慧，並將其形成理論，而使之體系化，
乃至悟其得失之道。嚴格來說，研究方法僅為一種假設的處置程序，由歷史經
驗而獲得效益，它本身並非一成不變。如何研究法史？雖百家說法各陳，但總
不離史料的利用、史實的建構與史觀的詮釋三部曲，也離不開時間、空間、事
實三個維度的觀察，論者曾提出所謂的「歷史想像」：

　　　史學家將自己放入歷史，進入歷史的情況，進入歷史的時間，進入歷史
　　　的空間，然後由此想像當時所可能發生的一切。[16]

　　我頗贊同這種講法，這也符合王夫之（1619-1692）所說的：「設身於古之
時勢，為己所躬逢；研慮於古之謀為，為己之所身任。」[17]法史學既為歷史學

---

[16] 參閱杜維運，《史學方法論》（台北：三民書局，2001），頁471。

的一支，又何獨能例外？至於說到具體的研究方法，當然要強調所謂的「有史有論」、「論從史出」與「史論結合」。

（一）法律史料的選材問題

探討歷史事件猶如法官審判案件，最重材料，需有幾分證據說幾分話，注意史料的發掘，特別是原始檔案文獻，避免逾越「經驗法則」的「自由心證」。一般說來，在史學研究方法上有幾個重要的階段，一為蒐集史料的階段，二為辨證史料的階段，三為消融史料的階段。卓越的史識、客觀的精神、浩闊的想像、細密的心思，與這幾個階段無法分開[18]。

史料是研究的基石，祇有對基本史料有紮實的認識，才可能得出可靠的結論。而史家治史，有意無意間，起步的方法大都是用所謂的「歸納法」。儘量尋覓可能蒐集到的史料，再往下作分析，以得出結論。在此方法下，開發史料、選擇史料，是相當重要的。至於歷史素材有所謂的「直接史料」與「間接史料」，受限於時空因素，一手的直接材料常常是可遇而不可求，但仍不妨盡力求之；退而求其次，二手的間接資料的完整性與可靠性，是萬萬不可輕忽的。

史料的缺乏勢必影響研究的進一步深入，做為法學和歷史學的一門科際整合學科，法史學的研究當然需要奠立在可靠史料的基礎之上，尤其是對材料的發掘。陳寅恪(1890-1969)有言：

> 一時代之學術，必有其新材料與新問題。取用此材料，以研求問題，則為此時代學術之新潮流。治學之士，得預於此潮流者，謂之預流（借用佛教初果之名）。其未得預者，謂之未入流。此古今學術史之通義，非彼閉門造車之徒，所能同喻者也。[19]

旨哉斯言！沒有新材料，難研新問題，更無學術新潮流。如此說來，法史研究第一個要面對的問題，就是如何「選題」和「取材」。困擾的是，天下哪有

---

[17] 引自（明）王夫之，《讀通鑑論》（台北：世界書局，2009），卷末，〈敘論四〉。

[18] 參閱杜維運，同前註16，《史學方法論》，頁255。

[19] 引自陳寅恪，〈陳垣敦煌劫餘錄序〉，《金明館叢稿二編》（上海：三聯書店，2001）。

那麼多的「新材料」？「舊題」是否可以「新寫」？個人認為是可行的，例如關於古代中國法史的研究，史料不足是很普遍的窘境。所幸，還可以透過歷史的延續性，將古代與後世聯繫起來，運用後世材料以詮釋古代法史，或許這也是值得嘗試的方法之一。畢竟，人生而也有限，而法史的材料卻浩瀚無邊；選擇之時，每個課題最好有助於我們對傳統法制大架構、大導向的了解為主要考量。至於取材的工作，可以區分為「有關主題的資料」、「有關背景的資料」以及「有關比較研究的資料」等三個層次。如果，不是為了高深的法史學術研究，祇是為培養法史通識，也祇能適可而止，視其是否為重要問題的發生和演變的決定因素而定取捨。至於蒐集「比較研究」的資料雖要講求精確，也只能在幾個重點上下工夫，並且儘量利用前人既有的研究業績，如此足矣！

或許還要問，史料的價值有無等差？一般來說，法史研究運用新材料優於舊材料，利用直接史料優於間接史料，使用正史素材優於稗官野史，援引歷代的典章律例也優於小說筆記等文學作品，看來史料的來源品類價值還是無法完全等同視之的。

（二）法律史實的建構問題

有了史料之後，接下來，不僅祇是將史事羅列排比就已了事，更要緊的是，要努力恢復歷史的原貌，最好還能歸納出法文化發展軌跡的原理原則來。實際上，歷史研究最重史實中所顯現的學識精妙，而要達此目的，須將錯綜紛雜的史料，修整成有系統易瞭解的史實，這是一種探求其實然面的解說。

理論上，歷史敘事的根本特徵就是記載人類社會過去已經發生的事情，而非其他可能或應當發生的事情，這裡沒有假設存在的餘地。就此而言，歷史敘事是對在時間與空間中活動和展開的「真人實事」的「客觀」記載，其中沒有「虛構」和「想像」得以容身之處。弔詭的是，歷史往往有兩類，一種是「本來面目的歷史」，另一種是「寫出來的歷史」。雖然史家特別強調歷史的客觀性與真實性，但是實際上，歷史敘事乃是基於研究者的記載而「建構」起來的，因此它的實際內容可能並非完全「符合」以往事實本身；個中原因，或是由於認知事物的局限，或是出於主觀意識形態的制約，或是基於特定思想意圖的束縛等。

就此而言，所謂歷史「真實」，其實也是人為所「拼湊」出來的「故事」，故而，這種「真實」是歷史敘事透過語言這個「中介」得以完成的；而對語言來說，往往無法對實際存在的客觀事件予以純明透徹的再現，所謂「言不盡意」乃是人類語言的一個宿命。人們往往也是透過語言這個「中介」進入歷史的，在「閱讀」歷史的過程中，語言的含義並非確定不變。這樣一來，在作者與讀者之間自然也會產生某種互動；與此同時，不僅歷史的意義會有變異，而且歷史的「真實」也會發生變化。

（三）觀點和研究取向問題

探究一個時代的法文化問題，方法是必要的，而方法往往視其目的而定，假如只求表像，可以淺嚐則止，倘若想要澈底，就必須行深融豁；雖然未必對於歷代法制的各種動靜態細節都加查考，但是對於若干重要問題的觀念如何形成、如何演變，必須有所洞悉。而面對紛繁的人與事，構築其史實之後，最好能提出價值判斷，應即對於歷史的過去、現在與未來詮釋其聯想。尤其要留心於下列三個「世界」的探討：

1.現象世界——當時的法文化事實是甚麼？

2.根源世界——法文化的發展過程為甚麼是如此？

3.意義世界——法的歷史現象背後所蘊涵的意義為何？設法聯結歷史的過去、現在與未來，探尋其中奧妙之所在。

有關中國法史學的研究取向，向來諸家各有所偏愛，個人較常採取以「歷史時代」區分為經，以「問題導向」為緯的探討方法，兼採變與不變的「靜態」與「動態」觀察法；盡可能新舊課題包容並蓄並關注新產生或進展中的部門法問題意識。

1、歷史中的「法學」——脈絡化乎？去脈絡化乎？

研究法史，最理想的境地是能「設其身而處其地，揣其情以度其變。」[20]馬端臨（1245-1322）在《文獻通考》「自序」中曾言：「理亂與衰不相因者也。晉之得國異乎漢，隋之喪邦殊乎唐。……典章經制，實相因者也。殷因夏，周因

---

[20] 引自戴名世，《南山集·史論》（台北：華文書局，1970），清光緒二十六年（1900）刻本。

殷。」法制的迭嬗，既各有其歷史背景，我們研究之時，不應忽略其嬗遞蛻變之跡，否則將無以明其原委，觀其會通；蓋凡學術不考其源流，就不能通古今之變；不別其得失，也就無由獲從入之途。論者說過：

> 歷史乃人類過去活動之總記錄、總評價，最忌誇大附會、武斷，以致歷史失真失實，甚至被顛倒歪曲，無法使人獲知其真相；法制史既為專史之一，自未可例外。[21]

因此，我們首先得視「法史」為一歷史的產物，係文化傳統、社會習俗、政治需求與時代思潮所累積下來的思想結晶。研究時，除了原始的檔案文獻以及歷代法制典籍材料外，尚須輔以史家探求出來的歷史事實。亦即以歷史中的法律事實為探討對象，藉之解明法規範與法制度，然後溯源尋流，探究傳統中國法有何特徵？對後世產生何種影響？其所代表的歷史與時代意義各為何等等問題。

至於該如何重新建構法史學研究的態度？這攸關法史學理論的再建立。就法史學來說，「變遷」是研究工作的重點之一；所謂「變遷」，不外是「連續性」與「非連續性」的思考。用另外一種說法，歷史中的「法學」，就是「脈絡化」的研究方法，從歷史脈絡省察人類的法律活動，要將法律文化置於法規範所從出的社會、政治、經濟、文化的脈絡中加以考察。而其中要特別關注的是「脈絡化的斷裂」與「脈絡化的轉換」，以及「原生態的脈絡化」與「再生態的脈絡化」等問題。

以中國法制的歷史來說，從形式上觀察，傳統中國立法史的時代區分，約略可分為四：第一階段，自唐虞以迄周末（2333 BC.－221 BC.）的法典創立期；第二階段，自秦漢以迄南北朝（221 BC.－581 BC.）的法典確立期；第三階段，自隋唐以迄清季（581－1901）的法典發達期；第四階段，自清光緒二十八年以迄宣統三年（1902－1911）的法典變革期。此期間，有變與不變的問題，脈絡化連續與斷裂是值得關注的重點。另外，從法律思想史的角度看，儒法之爭或

---

[21] 參閱林咏榮，《中國法制史》（台北：作者自版，1977），頁 2。

禮刑之爭是中國法史的一條主軸線，它可約略劃分為幾個時期：（一）先秦春秋
戰國儒法之爭的時期，（二）自秦漢到魏晉是法家得勢以及儒法漸趨合流的時期，
（三）隋唐以迄明清是典型的法律儒家化以及「禮刑混同」的時期，（四）晚清
民初以來則是禮法分流，（五）外國法繼受的開展期。從這一條主軸線看來，儒
法思想或禮刑之間的關係，其脈絡化有原生態的面貌，也有再生態的樣姿，值
得細細品味。

2、法學中的「歷史」——宏觀乎？微觀乎？

法學既是一門以「法規範」為主要研究對象的人文社會學科，就應該探究
法規範的一般理則，藉以明瞭社會生活中，法規範的發生、作用和蛻變；探討
其法理的、歷史的以及社會的基礎，並對法規範的概念作分析。而法史學既屬
法律史論，自也應運用法學研究的態度，從法學的角度展開對歷史上法律現象
的研究，從價值探詢和規範、制度、裁判、意識、思想的分析角度分別推進，
期能掌握歷代法制全盤的法文化現象。學者曾說：

> 中國法系之體軀，法家所創造也；中國法系之生命，儒家所賦與也。法
> 家尚霸道，重刑治；刑之始也為兵，刑之變也為律，有其因焉，有其果
> 焉。儒家尚王道，崇禮治；禮之始也為儀，禮之變也為法，有其源焉，
> 有其流焉。儒法之爭、王霸之爭，實即禮刑之爭；終因儒家法學獲勝，
> 奠定禮刑合一之局。……鑑往而知來，溫故以求新，法律史學之研究，
> 非為過去標榜，實為現在借鑑，並為將來取法。[22]

中華法系的特質果如其表？作為法文化主幹的法律規範，傳統律典是一個
時代的法制與法思想的結晶，我們通常會以舊律條文及注疏、案例為研究材料，
力求從條文文義及有關典章法制的記錄，去發現乃至重建舊律的體系；而檢討
歷代所留存下來的律條或案例，其妥當性的程度如何？與當代法學理論有何牽
連？從近現代法學思潮的觀點該如何給予新的評價？為防止陷於主觀和偏見，
應盡可能地把法思想的眼界擴大；對於所要探討的該時代各種法制度與法思想

---

[22] 參閱陳顧遠，《中國文化與中國法系》（台北：三民書局，1977），頁 3-4。

的正謬，也應盡量抱持客觀平和的態度，小心區辨歷史的時空關係，避免以今非古或以古非今；就事實言，對法文化史的論述，一方面在表其所長，另一方面在明其所短，故不應掩其所長，也不應藏其所短，以期能通變古今。

美國法學者 D. 布迪與 C. 莫里斯在合寫的名著《中國帝國的法律》(*Law in Imperial China*) 一書中曾指出，二十世紀初期，中國法律進行了近代化改革，修訂法律大臣沈家本 (1840-1913) 在這一個過程中居於領導的地位，後來雖然也出現了一些法史學的研究者，然而這些研究者率多只是在一定程度上，重覆沈家本的觀點而已；仔細觀察，沈氏之後的學者，其理論價值已微乎其微。[23] 這種見解，我們未必完全贊同，但值得警惕。可以這麼說，法史學理論價值的貧乏，導致對於法史學專業性的質疑，這種專業性的質疑，也惟有透過法史學的教學、研究者共同重新尋繹法史學所應扮演的角色與地位，才能有所改善。

一般來說，法學中的「歷史」研究取向，無非要觀照到規範史的、制度史的、思想史的以及裁判史的研究等各個層面，小題而大作，如是才能深入其裡。值得留意的是，近些年來，中國法史的研究，已不再祇是停留在空泛的文化傳統與法律變遷的「宏觀敘事」上，也能逐漸採用所謂的「微觀實證」研究法，例如透過對契約的分類研究，解析明清時期傳統社會的民事法律行為和民事法律規範；透過對訴訟檔案的發掘和整理，研究明清及晚清民國的司法訴訟；透過舊慣的調查，以探析習慣法與實定法之間所生的差距等[24]。

歷史的精彩處，在變與不變之間！為何變？如何變？變如何？法學中的「法律史」常需藉助法社會學的相關概念和方法，對於傳統中國舊律之常與變，以及舊律如何由傳統邁向近代，分析其不變的原因以及變的動因及其發展軌跡，應注重近代法制蛻變事實的獨特性和個別性。申言之，法史學的研究，固不宜只觀其變與不變，尤要知其何以變與如何變，更要推求其變的因果、變的軌跡。因此，探求歷代中國法制的變革，不應只著眼於皮相的法律形式的觀察，而應

---

[23] Derk Bodde and Clarence Morris, *Law in Imperial China: exemplifyied by 190 Ch'ing Dynasty cases*, Cambridge, Mass.: Harvard University Press, 53-54 (1973).

[24] 舉例來說，有戴炎輝對清治時期台灣淡新檔案的研究、田濤的契約研究和黃岩訴訟檔案研究、里贊的中國西南地區檔案材料中民事訴訟的研究、俞榮根的中國西南地區少數民族習慣法和清水江民間契約的收集整理、黃源盛對民國初期大理院及平政院司法檔案的整編與研究等。

把傳統中國社會秩序的內在結構及其精神淵源，列為討論的重點。

3、科際整合下的「法史」——描述性乎？詮釋性乎？

「不知來，視諸往」，推測一個問題將來的趨勢，不僅是為了弄清楚其來龍去脈，得以見其全貌；主要是為了幫助評斷這問題現有的解答，並設計新的構思，提供給處理同類問題的參考。這兩項工作是一般歷史學者比較不常做的，而從事社會科學研究的人則一向感到有此種需要。我們所要研究的傳統中國法制並不是歷史的陳跡，而是一直還在持續發展的社會現象。尤其，當前社會各方面猶在急遽變化中，傳統法制、晚清民初及 1949 年之後兩岸所各自繼受而來的新法制都在蒙受重大考驗之時，我們應該真誠面對歷史，果真傳統中國法制有甚多優異？或無多特殊法學上的價值？總須用現代眼光作重新評估[25]。

回顧過往的法史學研究，明顯較傾向於史料的「考證」與史實的「建構」，邇來似乎不再祇是滿足於法史狀況的「描述」，而欲探尋諸種法史現象深層根源的「詮釋」，以求其實然面的「解說」（explanation），進而試圖建立其所以然面的「闡釋」（interpretaion）。其實，一切歷史都在描述，也都在解釋；而所有研究法史的人，在探討傳統法文化時，都有權根據某一種意識型態或某一種思想理論加以詮釋。但無論其所根據的理據為何，均應回歸歷史事實，以歷史事實為基礎來解釋歷史，中國法史自也不例外。

雖然法史研究，在描述上，總希望力求科學的、客觀式的，但歷史的詮釋卻往往是主觀的、哲學式的。美國歷史學者葛隆斯基（Donald V. Gawronski, 1936- ）這麼說過：

> 不論史學家有多誠實，他的著作必是自己環境、發育和價值結構的產物，而他對歷史的解釋就是個人信仰和人生觀的結晶，若說這些因素未曾深深地影響其著作是不可能的。[26]

---

[25] 參閱張偉仁，同前註9，《清代法制研究》，頁60。

[26] 轉引自胡旭晟，〈「描述性的法史學」與「解釋性的法史學」〉，收於氏著，《解釋性的法史學》（北京：中國政法大學出版社，2005），頁3-12。

　　這是坦率且中肯之言！而本文前面也一再提及，因為法史學同時具有法學與史學的雙重屬性，法學常牽涉的「價值觀」與「倫理觀」，以及面對歷史文本的「詮釋」問題，都須同時加以考量。不過，法史學的詮釋基點，並不純然是基於法學或是史學的觀點，也可能來自於倫理、宗教、政治、經濟乃至於人類學的考察。歷史學者杜維運（1928-2012）有言：

> 一個最高的敘事與解釋的藝術，是冶兩者於一爐，敘事時，不但敘述一件事，也敘述相關的事；不但敘述一事的外貌，也敘述一事的內蘊；敘述歷史事實的淵源、原因、發展、影響；也敘述歷史整個的演進以及以往、現在、未來三者之間的關係。敘事的範圍擴大了，種種解釋自然融會於其中了。[27]

　　不可迴避地，這其中涉及到一個問題，那就是法史學的研究能否「以今論古」或「以古論今」？或許，受限於學術專攻的分野，世人研究法史學，在史學界往往精於史事而疏於法律，並對社會科學之方法有所忽焉；在法學界則長於法律而短於史事，並對歷史之修養不能備焉，此皆易流於偏而不全之象[28]。於今看來，在研究方法上，法史學已從傳統「國學」與「律學」的範疇進化到當代的「法律史學」。而一個時代有一個時代的學問風貌，為了通古今之變、為了明中外之異，也為了究當世之法，除了歷史文本之外，當盡可能期許「傳統律學」與「當今法學」能兼籌並顧。

　　此外，假如同意前面所提的法史學的研究對象，也有不同的社會問題要面對，包含了法律規範、法律制度、法律思想、司法實踐乃至法律意識等，那麼，在方法上，便不能完全棄現行的其他部門法領域於不顧，以避免陷於孤立的狀態。為此，理應善加運用其他學科的研究概念、範疇、方法以及研究成果，以當今各學門領域的發展趨勢看來，更加突顯歷史研究無法全然孤立的事實。其次，也要用心導引法史學的研究成果「回歸」給其他的部門法領域，而回饋關

---

[27] 引自杜維運，同前註16，《史學方法論》，頁234。

[28] 類似說法，陳顧遠先生早已說過，參閱同上註22，陳顧遠，《中國文化與中國法系》，頁100。

係不僅僅是單純地將成果應用於其他部門法領域的問題，較為理想的方式，乃是在針對法史學研究的同時，也一併澄清了一些其他的問題，例如傳統社會的結構等[29]。

當今「科際整合」儼然已成為學術研究的主流趨勢，詮釋觀點的創新，必須參揉不同專業領域的視野。一般說來，「科際整合」有不同的層次界定；一方面，它可以指涉各種研究社群間的深度合作關係，例如教學與研究團隊的合作默契，這是一種模式；在過去未臻成熟的學術氛圍中，其空間上與時間上較為鬆散，可以預見的是，這種團體的合作關係將會越來越趨密切。另外一層意義，乃是觀點上的，也是實質意義的科際整合，其重心在因應問題的複雜化，未來任何僅囿於一隅的單一觀點，勢已無法全面關照問題的本質，這種科際整合的方式，有時也會補強不同觀點間的侷限性。例如研究民初大理院時期的「原情定罪」問題，往上必須溯及歷代以來的「可矜可憫」，往下則不免論列當今刑事法上的「酌減」；古今相互輝映，當今刑法與傳統舊律互為溝通[30]，如是才能深得其奧。

理論上，法律有其規範的一面，也有其價值的一面。以利益法學的觀點來說，觀察法律的規範面，著重的是法律的社會強制性、抽象與普遍性；同時，法律也包涵了具體、個別性的利益；抽象與普遍的特性乃是法律的形式特徵，而具體、個別性的利益則是法律的實質內容。以科際整合的角度看，融通不同學科的詮釋觀點仍不失為有效提昇法史學研究水準之道，且科際整合的進程必須持續不斷交流與探尋，如此才可能突破傳統法史學的基調，而以新思維賦與法史學新的生命，消弭不同學門間的藩籬，並尋求於學術領域中重新定位此一學門的應有地位。

---

[29] 參閱顏厥安，〈中國法制史與其他法學課程的關係——以法理學為檢討中國法制史的研究對象〉，政治大學法律系、中國法制史學會，《中國法制史課程教學研討會論文集》(1993)，頁 182-196。

[30] 參閱黃源盛，〈從可矜可憫到酌減——民初大理院判決中的原情定罪〉，《高雄：高大法學論叢》(2018)，第 14 卷第 1 期，頁 79-127。

五、結語

　　雖然「學問始於方法，也終於方法」，但要是過度強調方法，尤其執著於某種方法的惟一性，反而把它給僵化了。其實，不管本國法史、外國法史、古代法史、近現代法史，研究的對象與內容或有差異，取向與方法基本上大同小異。一篇好的法史論文或一本優秀的法史學專著，最重要的是看史料紮不紮實，所呈現出來的史實客不客觀，論證是否嚴謹中肯，有沒有學術新意。說穿了，不管歷史怎麼變，太陽底下並沒有太多新鮮的事，法史的研究方法並無新舊之分，也說不上孰優孰劣，應用之妙存乎研究對象、研究材料、研究旨趣之不同而靈動轉變，它是多元而包容的，所謂「法無定法，是為上法」，再怎麼研究都離不開史料、史實、史觀這三部曲，也脫不了「技」、「藝」、「魂」這三個境地。

　　所謂「技」，就是方法，它是一種表達取向，這種能力大致上後天是可以學習的，只要用心就能夠達到一定的程度。說到「藝」，是精神的層次，法制歷史的事實真相要如何發掘？在眾多的史料當中要如何做篩選？史實現象的背後到底要彰明甚麼？要如何表達才能恰到好處？至於「魂」，是神韻、信念、價值、人文的終極關懷！法史的研究，離不開「技」、「藝」，當然也離不開「魂」的境界，目前坊間法史的作品為什麼讀起來大多有索然無味之感，或許就是欠缺文采、欠缺意境、欠缺靈動。其實，一本法史書、一篇法史的文章之所以能夠吸引人，會讀完它，甚至引發反響，那一定不只是「技」的問題，也不純粹是「藝」的問題，還要有神韻、有感動力，這樣才具有生命力。不過，要達到「魂」的境界，只能期待，很難苛求！

　　最近，我常想，世間諸相，飛花墜葉當中，總歸因緣和合，法史學教育與研究的起與落，有其「時」焉，有其「勢」焉；我們對於過往四十多年來，台灣法史學界的教學與研究枯寂一片，對於當前中國大陸法史研究的熱度逐漸退潮，雖不免感到遺憾，但這門學科終究不太可能成為「顯學」，也毋庸過度憂慮，它不會成為「絕學」，我們盼望未來還能看到少數有心人仍持續辛勤來下種，法史園林或將因地果還生！

佛教影響中國傳統法律論綱

周東平*

中國的自然環境具有地理的封閉性、四季變化的明顯性、水旱災害的頻仍性，以及北方遊牧民族的威脅性等特性。在小農經濟模式下，產生農業型政權，形成以世俗性、倫理性為主要特徵的法律體系，從來不存在所謂教權對政權的控制問題，甚至不存在系統的獨立宗教組織。

在此背景下，佛教作為外來宗教在中國的傳播史，是一個不斷適應中國社會並本土化的發展史。而中國對於佛教的接納，則是一種主體性的自覺，是一種主體性的吸納和領受，繼而發展出適合自己的本土佛教思想。由此，佛教對中國的政治、經濟、文化等諸多領域產生深刻影響，傳統法律亦莫能例外，在各個層面上都可以見到佛教的影響。當然，中國傳統文化也制約著其在各個領域包括傳統法律的影響限度。

漢魏以降的中國歷代法律對作為外來宗教、文化的佛教曾多有規範，反之，佛教對中國傳統法律也產生過深遠影響。佛教之所以能夠產生這種影響，首先奠基於佛教與整個中國傳統文化相融合的基礎之上。佛教與中國傳統文化之間的改造是相互的，前者固然影響到後者，但後者對前者的影響更甚，是促使其本土化的主要動力。這就意味著中國傳統文化對佛教的改造，不僅是佛教在中國廣植深耕的基礎，也是佛教能夠影響中國傳統法律文化的基本前提。如果瞭解這一點，我們必須同時承認佛教對中國傳統法律文化的影響畢竟有限。因此，不能基於研究論題或者研究者的傾向而過度誇張佛教對中國傳統法律影響的程度。

如何考察佛教對中國傳統法律的影響，筆者以為需要立足於深刻與有限這兩個層面，並具體從四個主要方面檢視佛教對中國傳統法律的影響。

* 廈門大學法學院教授

一、佛教影響中國傳統法律的途徑

儘管不宜誇大佛教對中國傳統法律的影響，但歷史上，它確曾對中國古代的立法、行政乃至司法等產生深遠影響。具有佛教色彩的法律規範不僅能夠透過立法者、執法者以及司法者滲透於中國傳統法律體系之中，[1]還能透過普通的虔誠佛教徒影響到日常的法律實踐。[2]人能弘道，非道能弘人，佛教之所以能夠通過這些掌握國家權力以及踐行法律的主體影響中國傳統法律，從根本上說是因為佛教的理念或者功能得到他們的認同，進而對這些人的法律思維與法律實踐等產生影響力。

毋庸諱言，佛教所建立起的理論體系與世界構想具有相當大的吸引力。無論是試圖通過佛教獲得靈魂的解脫，還是試圖通過佛教獲得來世的福報，抑或借助佛教獲得自身亟需的特定利益，歷史上相當多的中國人基於自身的文化背景，對外來佛教採取積極的認同態度。這既包括尋常百姓，也包括高居廟堂的朝臣，更不乏宸謨獨斷的君主。由於佛教信仰主體的多元性，佛教對中國傳統法律影響的途徑亦呈現多元面貌，並且最終受制於中國本土的法環境。例如，擁有最高立法權與司法權的中國古代君主，可以對吸收佛教要素進入法律起到重要的推動作用。這與同樣信仰佛教的古代印度的國王是不一樣的。古代印度的國王不是立法者，只是適用「dharma」[3]，即只能對犯罪行為（違反「dharma」的行為）定罪量刑。法對國王或者婆羅門而言，是超世俗的存在。換言之，古代印度的王即使是秩序的維持者，卻不能是價值的創造者。[4]這與反覆強調皇帝

---

1 如歷史上的「十惡」入律，即是適例。參見周東平：〈隋<開皇律>十惡淵源新探〉，載《法學研究》2005 年第 4 期，第 133-137 頁；陳俊強：《皇恩浩蕩——皇帝統治的另一面》，五南圖書出版股份有限公司 2005 年版，第 258-268 頁。

2 如以慈悲爲懷、對刑罰適用持輕緩化態度的著名高僧佛圖澄（232-348 年），頗受十六國時期後趙統治者石勒及其侄兒石虎的器重，在推動刑罰輕緩化方面發揮了獨特的作用。《弘明集》卷十一《答宋文皇帝贊揚佛教事》稱：「又五胡亂華以來，生民塗炭，冤橫死亡者不可勝數。其中設獲蘇息，必釋教是賴。故佛圖澄入鄴，而石虎殺戮減半；澠池寶塔放光，而符健椎鋸用息。……此非有他，敬信故也。」[南朝梁]僧祐：《弘明集校箋》，李小榮校箋，上海古籍出版社 2013 年版，第 581 頁。

3 梵文 dharma，日語譯作「ダルマ」，漢語譯爲「律法」，即具有應遵守的某種規範、應服從的規則的性格。或譯爲法、正義、「正確的生活方式」、攝理、格率、理法、義務等。

4 赤松明彥：《古代インドにおける死刑——サンスクリット文献に見える刑罰の分析を通じて》，

的命令就是法的中國法，存在根本上的差異。又如，在中國權力呈金字塔形結
構下，「世俗的權威」壓制著「宗教的權威」。中國的司法官吏雖然能夠基於
自身的佛教信仰而採取輕緩的刑罰，普通民眾也能夠基於對佛教戒律的遵循而
實現守法的效果，但「宗教的權威」始終難以作為權力的一極。井上光貞在《日
本古代的國家與佛教》(岩波書店 1971 年版)中指出：「在唐朝，國家權力始
終朝著直接統治教界的形態發展，而日本在借鑒中國的基礎上，其國家權力則
通過教界的代表者來實現統治。……這就體現了日本佛教界相對較高的獨立性。」
僅從僧綱、三綱的任命採取選舉的方式看，「可以說在日本律令制之下，僧伽
原有的獨立性、自治性更受重視。」佛教在東亞的傳播過程中，不拜君親論在
中國遭遇的爭議頗為激烈，但在日本並沒有被當成問題來討論。[5]可見同在東亞，
日本「宗教權威」的程度顯然高於中國。更遑論在古代印度世界，中國那樣的
絕對權力中心並不存在。在古代印度法環境下形成的是「權威的三極構造」，
即「司祭」（婆羅門）的「宗教的權威」、「王權」（剎帝利）的「世俗的權
威」與「棄世苦行者」（沙門）的反社會性的「權威」。[6]當然，在中國的某些
情況下，對佛教的信仰也可能轉換成對法律的違反。

　　透過相關研究可以發現，無論是中國傳統法律的表現形式（如義疏體、問
答體、法律語言），還是法律實質（如罪的觀念）都深受佛教的影響。這種影
響之深刻與廣泛的程度，一方面說明中國古代的國家權力能夠達到的深度和廣
度，國家權力在修正歷史傳統方面所具有的相當強的獨斷性，以及權力不受制
約的程度；另一方面，能容納不同價值觀念於一爐，取精用宏，既體現中國傳
統法律體系所具有的彈性，也體現中國傳統法律體系的工具主義色彩——對現
實政治目的具有助益的價值體系，能夠在一定程度上成為新的法律內容。

　　這不僅有助於我們思考佛教影響中國傳統法律的途徑及其可能性，還有助
於我們思考構成中國傳統法律體系的根本性價值究竟在哪裏。例如，法律儒家
化作為中國傳統法律發展的最重要的方向，是儒家理念不斷擴張、禮入於刑的

　　載富谷至編：《東アジアの死刑》，京都大学学術出版会 2008 年版，第 419-459 頁。

[5]　周東平：《論佛教禮儀對中國古代法制的影響》，《廈門大學學報》2010 年第 3 期，第 105 頁注①。

[6]　赤松明彥：《古代インドにおける死刑——サンスクリット文献に見える刑罰の分析を通じて》，
　　載富谷至編：《東アジアの死刑》，京都大学学術出版会 2008 年版，第 419-459 頁。

結果。它之所以能夠長盛不衰，除了社會經濟文化的適應性和儒家知識分子的努力外，究竟在多大程度上仰賴於統治者對儒家工具性的利用？進一步說，儒、法、道、釋作為對中國傳統政治與法律文化影響最為深刻的意識形態，它們究竟在多大程度上為統治者信服，又在多大程度上作為治理工具而存在？這種工具性對我們認識這些理念的終極性究竟有什麼樣的意義？諸如此類的問題，值得進一步的思考。

二、佛教影響中國傳統法律的內容

佛教影響中國傳統法律內容的前提，在於佛教理論體系與中國傳統法律之間的相悖。之所以與中國傳統相悖的內容還能夠被傳統法律所吸納，既說明其顯然不可能絕對違背中國傳統，也說明其具有相當程度的吸引力。當然，還有一部分內容可能因為雖為中土所無，但它們的存在能夠對中國傳統法律體系所欲達成的目的具有加功作用而被利用，如十惡概念、地獄觀念就是這方面的典型。

首先，佛教的忠孝觀顯然與中國傳統法律思想和制度有明顯的差異，因此其影響相對有限。在佛教的平等觀念下，沙門不拜君親有其深厚的理論依據。但尊親重君、三綱入律乃中國傳統文化以及法律制度最為重要的組成部分。法律儒家化的根本就在於建立起儒家理念下的君臣、父子、夫妻關係。因此，佛教為迎合信眾，一方面其忠孝觀念不得不進行中國化的改造；另一方面，其忠孝觀念只在有限程度上影響中國傳統法律，如作為連坐的例外，出家人可不受刑罰株連；[7] 又如髡刑的消失，是佛教忠孝觀對中國傳統法律內容產生影響的重要體現。[8] 但沙門是否致拜君親的爭議，實質上是王法與佛法（俗與聖）誰優先的鬥爭，也是佛教平等思想與儒家忠孝觀念的衝突關係在法制上的反映，其與中國古代正統法律思想之間的衝突，最終以佛教徒努力的失敗而告終。《大明

---

[7]　《唐律疏議·名例律》「除名」條問答云：「緣坐之法，惟據生存。出養入道，尚不緣坐」。

[8]　李俊強：《從佛教史的角度看髡刑的廢除》，載《湘潭大學學報（哲學社會科學版）》2014 年第 2 期，第 151-155 頁。

律》對此做出明確規定（《大明律・禮律》「僧道拜父母」條），佛教徒的法律地位仍然與君親之間存在密切關係。[9]

其次，佛教的其他價值觀念也在一定程度上影響著中國傳統法律的內容。例如，佛教對何為罪的看法有自己鮮明的特點。[10]從整體來看，對於什麼是罪，古今中外的看法往往可以從幾個相似的層面予以總結，但不同的倫理體系各有側重。其一，佛教在罪的產生上將其與戒律聯繫在一起，這樣，不僅不同主體因為受不同戒律的約束會產生不同的罪，而且佛教之罪的內容也與中國傳統法律中的罪有所不同，從而為佛教之罪被中國傳統法律所吸納創造了基本的前提。例如，在業報觀念影響下，佛教主張業與報的分離，它對中國傳統法律中罪、刑難分的意識產生作用，從而推動後者的分離。其二，佛教在罪的後果上採取報應論的觀念，業與報、罪與罰的關係都帶有強烈的個人色彩，亦即罪責應當自負。這與中國古代基於家族主義傳統的家族刑法觀念存在巨大差異。[11]當佛教的影響與族刑等酷刑的削弱呈並向發展之時，佛教的影響就在一定程度上可以被認同、接納。

最後，佛教理念對中國傳統刑罰觀的輕緩化形成強有力的助推。在中國刑罰制度的發展過程中，法家的重刑輕罪思想曾經占據主流，成為國家刑事政策和刑罰制度的指導理念，但刑罰輕緩化一直是此後的發展趨勢。在這方面，最初是深受漢初黃老思想以及漢代以降的儒家觀念的影響。不過，相較於它們，佛教的刑罰觀更為輕緩。因此，隨著佛教勢力的壯大，在從上古刑罰到中古五刑的變遷過程中，刑罰制度難免受到佛教的潛在影響。當然，佛教的刑罰觀或處罰的態度可以從多方面解構，例如可分為佛教針對自身的處罰觀、佛教地獄刑罰觀和佛教世俗刑罰觀等。由於佛教刑罰觀的多元性，不僅可以對中國傳統刑罰的輕緩化起到一定的作用，例如通過與政治有密切關係的高僧、崇佛的君

[9] 周東平：《論佛教禮儀對中國古代法制的影響》，載《廈門大學學報（哲學社會科學版）》2010年第3期，第105-113頁。

[10] 周東平、李勤通：《論佛教之「罪」在中國古代的法律化及其限度》，載《廈門大學學報（哲學社會科學版）》2017年第5期，第126-134頁。

[11] 周東平、姚周霞：《論佛教對中國傳統法律中罪觀念的影響》，載《學術月刊》2018年第2期，第143-160頁。

主等，對世俗法律的輕緩化發揮作用。[12]佛教的發展甚至推動髡刑在中國的消失，並對中國傳統刑罰的執行也產生莫大影響。斷屠月、齋日等不行刑，自魏晉南北朝以來逐漸成為定制；因為佛教所施行的赦免等也不斷出現，尤其極度信仰佛教的君主以此為理由而赦免的，歷代往往多有。最後，佛教還可能以某種特定的方式致使實踐中的刑罰以及刑訊等變得更加殘酷。[13]例如，佛教地獄刑罰觀本來具有教育刑的意義，但其負面作用卻啟發世人尤其官吏對嚴刑的想像與模仿。所以，佛教對民眾法律觀念和訴訟理念的塑造、對中國古代法官司法理念和活動的影響，仍是值得探討的論題。

透過這些分析可知，佛教理念本身的多層性，佛教中國化後在自身內容方面所產生的變遷等，可能會對中國傳統法律產生林林總總甚至矛盾的影響。當然，拙文所論佛教影響中國傳統法律的內容主要集中在刑事法領域。但事實上，中國傳統民事法律、行政法律的內容也受到佛教的影響。例如，佛教的發展促進典權的出現，寺院經濟催生佛教徒的市場交易行為。又如，中國傳統行政法律中原來並無僧官的制度設計，但由於佛教的傳入和昌盛，獨立的僧官制度得到不斷的發展與完善，歷經千餘年而不曾斷絕。因此，隨著佛教對中國社會各個層面影響的加劇，使得中國傳統法律不得不回應這些領域所出現的獨特問題。那麼，新的法律內容的出現也就順理成章了。

---

[12] 歷史上一些刑罰輕緩化的措施，也可能受到佛教的影響。例如，在佛教興盛的隋代，政治固然深受佛教影響，其法律亦莫能例外。史稱：「隋弘釋教，而開皇之令無虐」（[唐]道宣：《廣弘明集》卷14《辯惑篇‧內德論》，收入大正新修大藏經刊行會編：《大正新修大藏經》第五二冊，新文豐出版股份有限公司1986年版，第187頁下），自有其道理。隋文帝詔曰：「好生惡殺，王政之本」（[隋]費房長：《歷代三寶記》卷12，收入中華大藏經編輯局編：《中華大藏經（漢文部分）》第五四冊，中華書局1986年版，第317頁下）；認為：「梟首轘身，義無所取，不益懲肅之理，徒表安忍之懷。」故在制定《開皇律》時，「梟轘及鞭，并令去也」，「其餘以輕代重，化死爲生，條目甚多，備於簡策。」（均見《隋書‧刑法志》）顯然，其法律具有以佛教精神爲基礎的內在性格。參見周東平：《隋<開皇律>與佛教的關係論析》，中國法律史學會編：《中國文化與法治》，社會科學文獻出版社2007年版，第188頁。

[13] 參見王晶波：《佛教地獄觀念與中古時期的法外酷刑》，載《敦煌學輯刊》2007年第4期，第158-162頁。

三、佛教影響中國傳統法律的程度

需要反覆強調的是佛教對中國傳統法律的影響既是必然的，又是有限的。之所以如此強調，很大程度上源於社會科學研究者往往容易對自己所興趣、所專注的領域的功能予以誇大。指明這一點不僅僅是一種自我提醒，也是深入研究後得出的基本結論。透過對既往研究成果的整體檢視，可以發現佛教對中國傳統法律有著深刻的影響，但這些影響不僅有其限度[14]，而且某種程度上呈拋物綫發展。

首先，佛教在影響中國傳統罪觀念時呈現兩面性。佛教的罪觀念深刻地影響著中國傳統法律中的罪觀念，何種行為為罪、何種行為應受刑罰處罰，都需要罪觀念提供正當性基礎予以支援。中國傳統法律發展過程中罪與刑的分離、罪責自負的深化等，都可能受到佛教的影響，甚至某些特定的罪名從形式或者實質上，也能找到佛教的影子。但總的來說，不僅這些影響相對於整個中國傳統法律仍然較小，而且某種佛教的罪觀念之所以能夠對中國傳統法律產生影響，一定程度上是因為其合乎中國傳統法律中的罪觀念，或能起到彌補功效，因此其作用只是助推而非主導。同時更為重要的是，法律對佛教之罪的引入，更多地是將其重心放在規範佛教徒身上。也就是說，佛教之罪對中國傳統法律的影響在相當程度上表現為指導佛教徒的行為。

其次，在佛教術語對中國傳統文化深入影響的同時，法律卻保持著相對的獨立性。通過研究可以發現，法律術語在儘量避開佛教術語。隨著歷史的發展，佛教對中國的影響逐漸深入，而語言是最能體現這種影響程度的標誌之一。搜集、整理隋唐、宋元以及明清三個主要時期法律文本中佛教語言的痕跡，可以發現佛教語言對中國傳統成文法的影響呈逐漸加強趨勢，亦即佛教用語進入成文法的數量與範圍都在不斷增加。但無可否認，佛教語言在進入中國傳統法律的話語體系過程中卻受到某種程度的限制，這可以從多方面得到檢證。一方面，相對於同一時期佛教語言在其他領域的巨大影響，如其在文學等領域的迅速擴

---

[14] 例如，中國古代法律對佛教之「罪」的吸收就存在限度。參見周東平、李勤通：《論佛教之「罪」在中國古代的法律化及其限度》，載《廈門大學學報（哲學社會科學版）》2017 年第 5 期，第 126-134 頁。

張乃至泛濫，佛教語言進入法律的速度與程度是相對有限的；另一方面，在中國近代法律改革的過程中，原先具有佛教色彩的語言不再被法律排斥而大量進入法律。這意味著，中國傳統法律儘管不斷受到外來文化的影響，但仍然無法撼動儒家的底色，尤其法典編纂上更多地受到儒家文化的影響。在傳統儒家知識分子群體及其理論體系中，佛教（尤其尚未完成本土化時期的佛教）在某種程度上是作為「異端」存在的。故佛教對中國傳統法律語言的影響在不斷拓展的同時，也呈現有限性。

最後，隨著歷史的發展，中國傳統法律中的佛教內容呈現拋物綫的發展趨勢。佛教在傳入中國的早期，雖然試圖對中國傳統文化不斷施加影響，不同階層的人也開始信服佛教，但其對法律的影響相對是比較小的。這與古代社會法律變動往往滯後於社會生活、呈現追隨型立法的現象相一致。隨著佛教本土化的深入，以及普通民眾、統治者對佛教崇信程度的加深，尤其經過諸如隋文帝等既在立法史上有深刻影響又是極度虔誠的佛教徒的努力，佛教對法律的影響在隋唐時期達到高峰。但隨著佛教本土化的完成，對傳統法律難以提出新的抗衡點，其對社會治理所具有的多重影響又不斷暴露，加之儒家重振，在與佛教的鬥爭中占據壓倒性上風，佛教對中國傳統法律的影響又在削弱。這不僅體現在國家對佛教控制能力的提高，法律上逐漸禁止佛教的特權，而且也體現在某些層面上國家法律逐漸取代內律成為佛教徒的行為規範。故佛教對中國傳統法律的影響呈現從逐漸增強再到逐漸減弱的趨勢，是一種典型的拋物線軌跡。

總體來說，佛教作為外來文化雖然對中國傳統法律有著深遠影響，但這種影響不能從根本上背離中國傳統價值，只有當佛教理念的某些內容與中國傳統法律文化相吻合的時候，它才更容易產生積極的影響。可以說，這就使佛教對中國傳統法律影響的程度無法逾越根本上的規定性。因此，佛教對中國傳統法律的影響不可能超越必要的限度，更不可能成為傳統法律理念的主流。

四、中國傳統法律對佛教的反作用

佛教對中國傳統法律的影響，也不是以後者對前者的一味接納為基調。儘管中國古代國家針對佛教等宗教，主要採取某種程度上相對自治的法律管理策略。更有相當一部分的立法者以及司法者，或者說更大範圍內的政府官員，乃至普通民眾都是佛教徒，佛教也透過這些群體對中國傳統法律乃至文化產生影響。故佛教在傳入中國以及本土化的過程中，必然會對中國傳統法律秩序產生衝擊。這些衝擊，不僅包括法律史學者所熟知的傳統忠孝法律觀念與佛教平等觀念之類的衝突與鬥爭，也包括在某些時代，由於中國佛教特殊性而導致的佛教徒違法行為的泛濫。這些都構成對中國傳統法律的反面要求。

如果說，佛教與傳統忠孝法律觀的衝突已是某種程度上的老生常談，那麼，佛教對中國傳統法律實踐的積極影響與消極影響的雙重性則較少被關注。這主要體現在以下幾個方面：

佛教戒律與中國傳統法律的異同是前者對後者形成影響的基礎。整體來看，佛教戒律與中國傳統法律的相同性是兩者關係的主流。但佛教戒律在一定程度上否定中國傳統法律中的家族義務與國家義務。相同性有助於佛教徒守法；相異性則會侵蝕人們的守法意識。

佛教對中國傳統社會中民間無訟觀念乃至官員化死為生的司法觀念的變化影響頗大；地獄觀念的效果具有兩面性。

從佛教對中國傳統法律實效的積極性來看，基於佛教理念所具有的高道德標準性，人們很容易認為佛教徒因為規範的嚴格而更可能操行卓越。的確，無論出家還是在家佛教徒，相當一部分教徒在謹守戒律的同時，也能夠遵守法律。但從中國古代的法律實踐來看，一方面，佛教理論成為底層民眾鬥爭的重要思想工具，佛教教義更成為部分謀反行為的理論基礎。自魏晉以降，佛教徒謀反等嚴重犯罪行為就層出不窮，以至於歷代統治者對佛教徒不受控制的集聚行為都採取高度警惕的態度。另一方面，由於佛教徒尤其出家佛教徒所生活的空間具有相對獨立性，佛教僧團組織容易成為藏污納垢的場所，而且由於佛教徒在

政治、經濟等方面所具有的特權，出家也成為某些人試圖分享這些特權而拒絕承擔特定義務的方式。隨著佛教對傳統中國影響的深入，統治者控制佛教的企圖與努力也在不斷增強。

因此，自魏晉南北朝開始，僧官制度就成為以俗制教的重要方式，並為歷代所繼承，成為重要的行政法律制度；[15]沙門是否致拜君親的爭論最終也以佛教的失敗而告終，並體現為具體的法律實踐；僧尼的出家、沙汰等都成為法律管控的對象；佛教徒的諸種特權也呈現衰退趨勢，因而需要承擔更重的法律義務，等等。中國傳統法律之所以接納佛教，既受信仰的影響，也受政治統治需求的影響。因此，當佛教發展後所帶來的弊端逐漸顯現時，作為社會治理工具的法律肯定需要做出回應，以反饋這種新情況。由此可見，中國傳統法律體系在對佛教影響保持相當開放性的基礎上，仍然設定了某種意義上的底線。

通過這些不同的層面，可以深層次地透視佛教與中國傳統法律之間複雜而糾結的關係。佛教理念在經歷中國化後，奠定了影響中國傳統法律的基本前提。而作為推動法律治理的方式，它實際上呈現兩面性，即佛教的忍讓、禁欲、自律等有助於國家對社會成員的控制，但佛教理念與中國傳統法律文化在根本上的不一致，仍然會使得這種控制一不小心就可能失控。[16]因此，佛教對中國傳統法律的影響是建立在整體的宗教管理體制下，體現中國本土法律文明與外來法律文明的深刻衝突。但這種衝突的結果，既非本土戰勝外來，也非外來戰勝本土，而是本土對外來文明的有限接受。亦即中國傳統法律文化既試圖從佛教理念中吸收優秀的成分（從對統治有利的角度講則是有利成分），也企圖排除佛教理念中糟粕的部分。我們從這種歷史發展脈絡中可以發現，中國傳統法律的文明化確實在某些層面上受到佛教的有益影響。同時，國家仍然試圖通過具體的法律規範佛教，將佛教徒變成可以管控的順民，並且，這種管控的程度比

---

[15] 例如，通常認為宋代之後的國家對佛教徒的法律規制，採取的是「僧事俗制」政策。參見郭文：《中國佛教僧制思想史》，南京大學 2013 年博士學位論文，第 136 頁。

[16] 學者也指出：「宋元以來，傳統宗教在傳播過程中，部分思潮與區域化的宗法體系相結合，形成隱蔽獨立的社團組織，給中國傳統社會治理帶來一定困難，社會不穩定時，尤為顯現。」建志棟：《中國古代宗教治理的法律解讀》，載《政法論壇》2019 年第 2 期。

同是信仰佛教的東瀛日本來得更深入。[17]在這種兩面性狀態下，不僅佛教的功能得以體現，法律的功能也得到展現。信仰何以影響法律，法律又何以反控信仰，這就構成佛教與中國傳統法律關係中最為重要的研究主題。

---

[17] 周東平：《論佛教禮儀對中國古代法制的影響》，載《廈門大學學報（哲學社會科學版）》2010 年第 3 期，第 105 頁注①。

唐代環境管理法律探析

陳俊強*

一、前言

　　自 2016 年始，筆者主持臺北大學跨領域、跨校、跨國的整合型研究計畫——「文化‧聚落‧共有財：環境變遷下之永續發展」，負責的課題是「中古中國的環境價值與資源保護」，主要是考察中國中古時期國家與人民對於各種神秘自然力量的認識、態度和情感。在國家的層面，擬從律令格式、帝王詔勅、官員奏議等，觀察和分析國家對於氣候與環境變遷的各種反應，包括思想認識與應對行動。另外，亦擬透過詩歌、文集等材料探討民間的複雜自然觀念與態度。

　　學者指出漢唐之間律典的發展，大致朝著如下的方向：由繁而簡、由嚴而寬、律令為骨幹。而唐高宗永徽四年（653）頒行的《永徽疏議》，標誌著唐律發展已臻完備。[1]《永徽疏議》即今傳之《唐律疏議》，乃有唐一代之根本大憲，堪稱秦漢以來律之集大成者，嗣後亦深深影響後世。唐律可謂總結過去、開啟未來，在中國古代法律史中具有繼往開來之地位。[2]《唐律疏議》共五〇二條，雖沒有專篇規定保護環境資源與應對環境變遷的法律，但仍有若干相關條文散見於各篇。本文旨在探析〈戶婚律〉、〈賊盜律〉、〈雜律〉等篇中關於環境管理的條文，乃整體研究計畫的一小部分。文稿撰寫倉促，疏漏之處尚多，敬祈方家賜教。

---

*　臺北大學歷史學系教授。本文蒙科技部專題計畫補助（計畫編號：MOST 107-2410-H-305-005-MY3），特此誌謝。

[1]　高明士，《中國中古禮律綜論——法文化的定型》（臺北：元照出版公司，2014），頁37-42。

[2]　韓國磐，《中國古代法制史研究》（北京：人民出版社，1993），頁278-292。

二、山野陂湖之利

　　若論環境資源保護措施等事宜，必然首先觸及山林川澤等自然資源的所有權問題。這些資源是公有還是私有？據《唐律疏議·雜律》「占山野陂湖利」條（總405）云：

　　諸占固山野陂湖之利者，杖六十。

　　《疏》議曰：山澤陂湖，物產所植，所有利潤，與眾共之。其有占固者，杖六十。已施功取者，不追。[3]

本條是規定霸占山野陂湖資源的犯罪與刑罰，以防共享的資源為私人侵奪。《疏》文清楚指出山澤陂湖的「所有利潤，與眾共之」，也就是確立這些資源為公有共享。律文所禁者乃霸占自然之物產，而非利用自然之物產。[4]霸占者，科以杖六十之刑；但「已施功取者，不追」，意指該物已經其人或斫伐、或採擇，都是已經施加勞作而取得，則不必追回，即國家認可對於勞動加工成果的合法所有權。

　　山林川澤自古以來應為公有共享的資源，《禮記·王制》云「名山大澤不以封」，目的就是名山大澤要與民同享，不可奪百姓之利。東漢時，陽翟黃綱恃中常侍程璜之勢，求占山澤以自營植。潁川太守种拂憚於程氏貴盛，擔心不答應請求將得罪權宦，但「與之則奪民利」，因而問計於功曹劉翊。翊亦以為「名山大澤不以封，蓋為民也。」[5]最終种拂聽從劉翊之言，拒絕黃綱占山澤之要求。十六國時期的後趙石虎下詔申令「公侯卿牧不得規占山澤，奪百姓之利。」[6]可

3　〔唐〕長孫無忌等撰；劉俊文點校，《唐律疏議》（北京：中華書局，1983），卷二六，〈雜律一〉，「占山野陂湖利」條（總405），頁489。

4　參看戴炎輝，《唐律各論》（臺北，成文出版社，1988），頁654；劉俊文著，《唐律疏議箋解》（北京：中華書局，1996），頁1825；錢大群，《唐律疏義新注》（南京：南京師範大學出版社，2007），頁855-856。

5　〔南朝宋〕范曄撰，《後漢書（點校本）》（北京：中華書局，1965），卷八一，〈獨行·劉翊傳〉，頁2695。按〈劉翊傳〉原作：「恃程夫人權力求占山澤以自營植」，然據同書卷五六〈陳球傳〉：「（程）璜用事宮中，所謂程大人也。」「程夫人」應作「程大人」為是。

6　〔唐〕房玄齡等撰，《晉書（點校本）》（北京：中華書局，1974），卷一〇六，〈石季龍載記〉，頁2770。

見山澤之地自古即不許個人私占，漢晉之時，若是犯禁規占山澤，應有一定的
刑罰。東晉成帝咸康二年（336）下詔云：

> 占山護澤，強盜律論。贓一丈以上，皆棄市。[7]

這道後世稱為〈壬辰詔書〉，規定擅占山澤所得財物達一丈以上即科處死刑，處
罰不可謂不重。然而法令雖嚴，實際上卻是形同虛設。劉宋孝武帝大明初，揚
州刺史西陽王劉子尚上奏云：

> 山湖之禁，雖有舊科，民俗相因，替而不奉，燝山封水，保為家利。自
> 頃以來，頹弛日甚，富強者兼嶺而占，貧弱者薪蘇無託，至漁採之地，
> 亦又如茲。[8]

雖有山湖之禁，但富室豪戶仍是妄顧法令，燝山開墾，封水自利，占奪大片山
林湖澤，造成貧弱者沒有採樵漁獵之地。朝廷原擬重申「壬辰之禁」，但尚書左
丞羊希以為：

> 壬辰之制，其禁嚴刻，事既難遵，理與時弛。而占山封水，漸染復滋，
> 更相因仍，便成先業，一朝頓去，易致嗟怨。今更刊革，立制五條。凡
> 是山澤，先常燝爐種養竹木雜果為林芿，及陂湖江海魚梁鰌螢場，常加
> 功修作者，聽不追奪。官品第一、第二，聽占山三頃；第三、第四品，
> 二頃五十畝；第五、第六品，二頃；第七、第八品，一頃五十畝；第九

7　〔梁〕沈約撰，《宋書（點校本）》（北京：中華書局，1974），卷五四，〈羊玄保附羊希傳〉，頁1536-1537。
　　據〔唐〕杜佑撰；王文錦等點校，《通典》（北京：中華書局，1989）卷一〈食貨典・田賦上〉以及
　　〔宋〕王欽若等編纂，《冊府元龜》（北京：中華書局，1960）卷四九五〈邦計部・田制〉，「占山護
　　澤」作「擅占山澤」。

8　《宋書》，卷五四，〈羊玄保附羊希傳〉，頁1537。又據卷八十〈孝武十四王・豫章王子尚傳〉所載，
　　子尚在孝武帝孝建三年（456）封西陽王，大明三年（459）出任揚州刺史，五年（461）改封豫章王，
　　故此奏議當在大明三、四年間。

品及百姓，一頃。皆依定格，條上賞簿。若先已占山，不得更占；先占
闕少，依限占足。[9]

豪強富室占山封水之事由來已久，歷世相仍，遂成家業，朝廷一旦嚴格執法，
恐會造成極大反彈。羊希於是建議業已焚山開墾栽種竹木雜果，以及陂湖江海
已開闢為魚場等山林湖澤，基於已加勞作而成，朝廷不再追回。羊希同時建議
訂定官人百姓占山的額度，已占者不再追究，不足者可以依限占足。這樣無疑
將違法占山封水就地合法化，而「壬辰之禁」同時亦宣告廢除。嗣後除自身家
業外，違限占山封水者，「水土一尺以上，並計贓依常盜律論。」[10]新法的刑度
應是輕於壬辰舊制。朝廷可能基於違法情況嚴重，不得不承認既成事實，遂容
許已經違法封占山澤者繼續保有利益。可是，朝廷在妥協的同時，亦重申在家
業或限度以外封占山澤者，一律依常盜律論處，即朝廷對於山林陂湖等資源，
仍是維持一貫與民共享的原則。此項大明初年新制，顯然沒有收到預期的效果。
數年後的大明七年（463）七月丙申（二十三日），孝武帝下詔曰：

前詔江海田池，與民共利。歷歲未久，浸以弛替。名山大川，往往占固。
有司嚴加檢糾，申明舊制。[11]

孝武帝此篇〈禁占川澤詔〉無疑反映數年前的新制不僅沒有遏止肆意封占山澤
的亂象，反而促使情況更趨惡化。綜上所述，可知國家禁止霸占公有資源的法
律早見於前代，唐律「占山野陂湖利」條應有其歷史淵源。

本條「占山野陂湖利」條與〈雜律〉「侵巷街阡陌」條（總 404），同樣都
是規範公有空間的使用，宜相提並論。據「侵巷街阡陌」條云：

9 《宋書》，卷五四，〈羊玄保附羊希傳〉，頁1537。
10 《宋書》，卷五四，〈羊玄保附羊希傳〉，頁1537。
11 《宋書》，卷六，〈孝武帝紀〉，頁132。

諸侵巷街、阡陌者，杖七十。若種植墾食者，笞五十。各令復故。雖種植，無所妨廢者，不坐。

《疏》議曰：「侵巷街、阡陌」，謂公行之所，若許私侵，便有所廢，故杖七十。「若種植墾食」，謂於巷街阡陌種物及墾食者，笞五十。各令依舊。若巷陌寬閑，雖有種植，無所妨廢者，不坐。

其穿垣出穢污者，杖六十；出水者，勿論。主司不禁，與同罪。

《疏》議曰：其有穿穴垣牆，以出穢污之物於街巷，杖六十。直出水者，無罪。「主司不禁，與同罪」，謂「侵巷街」以下，主司並合禁約，不禁者，與犯罪人同坐。

本條是懲治侵占里巷、街道、田間小路以及穿牆排污的犯罪，其立法意旨應在保障這些空間的公共使用權和公共衛生。[12]

本條主要分成兩種犯罪，其一是侵占里巷、街道、田間小路，刑罰是杖七十；其二是穿牆排污的犯罪，刑罰是杖六十。關於第一種犯罪，若是「種物」或「墾食」等原因，即百姓為生計才侵占公共空間，情有可原，[13]所以減輕刑度為笞五十。但不管如何，二者都是侵占公共空間，除了判刑以外，亦需恢復原狀。關於第二種犯罪，穿垣排污固然是犯罪，但若是排水則不罰。以上兩種犯罪主司都有責任加以禁制，怠忽職守而不加以禁制者，與觸法者同罪。值得注意的是，侵占巷街阡陌犯罪與穿牆排污犯罪的構成，皆以是否妨廢公眾為成立要件：在巷街阡陌寬曠處種植，並不妨礙公眾，不坐；穿垣並非排污而是出水，亦是不妨廢公眾，無罪。[14]

「侵巷街阡陌」條與「占山野陂湖利」條都是強調公共資源「與眾共之」的精神，山林川澤抑或巷街阡陌等空間，並不屬於國家寡占或私人專有，在這些空間的採捕或通行乃屬人人皆可為之。所以規範重點不是逕自進入或妄加利

---

[12] 參看劉俊文著，《唐律疏議箋解》，頁1822；錢大群，《唐律疏義新注》，頁854。

[13] 錢大群以為「於巷街阡陌種物及墾食者」是百姓以「種植」方式蠶食公共空間，筆者並不同意此一見解。參看錢大群，《唐律疏義新注》，頁854。

[14] 錢大群，《唐律疏義新注》，頁855。

用，而是加以霸占而不給他人使用，影響到他人的權益。山林川澤與巷街阡陌
都是「公」的空間，犯罪者不是侵害到國家或私人的所有權，而是侵害到他人
的使用權。

誠如「占山野陂湖利」條所規定，山澤陂湖所產之物「已施功取者，不追」，
國家認可對於勞動加工成果的合法所有權。對於山野之物若經加功，其歸屬權
在唐律中有更進一步規定，試看《唐律疏議‧賊盜律》「山野物已加功力輒取」
條（總291）：

> 諸山野之物，已加功力刈伐積聚，而輒取者，各以盜論。
> 《疏》議曰：「山野之物」，謂草、木、藥、石之類。有人已加功力，或
> 刈伐，或積聚，而輒取者，「各以盜論」，謂各準積聚之處時價計贓，依
> 盜法科罪。[15]

根據前述「占山野陂湖利」條，可知草、木、藥、石之物本是「與眾共之」，經
人斫伐、採摘，即施加功力，就是有主之勞動成果。倘若有人擅加取用，如同
侵犯他人之私有財產，故計算贓物價值以論罪科刑。[16]所謂盜罪當依〈賊盜律〉
「竊盜」條（總282）所規定：「諸竊盜，不得財笞五十；一尺杖六十，一疋加
一等；五疋徒一年，五疋加一等，五十疋加役流。」[17]

三、非時燒田野

唐律規定百姓焚燒田野須依時而行，據《唐律疏議‧雜律》「非時燒田野」
條（總430）：

---

[15]　《唐律疏議》，卷二十，〈賊盜律〉，「山野物已加功力輒取」條（總291），頁369。

[16]　參看劉俊文著，《唐律疏議箋解》，頁1418；錢大群，《唐律疏義新注》，頁636。

[17]　《唐律疏議》，卷二十，〈賊盜律〉，「竊盜」條（總282），頁358。

諸失火及非時燒田野者，笞五十；非時，謂二月一日以後、十月三十日以前。
若鄉土異宜者，依鄉法。延燒人舍宅及財物者，杖八十；贓重者，坐贓論減
三等；殺傷人者，減鬥殺傷二等。失火及非時燒田野者，笞五十；非時，
謂二月一日以後、十月三十日以前。若鄉土異宜者，依鄉法。
《疏》議曰：「失火」，謂失火有所燒，及不依令文節制而非時燒田野者，
笞五十。其於當家之內失火者，皆罪失火之人。注云「非時，謂二月一
日以後、十月三十日以前。若鄉土異宜者，依鄉法」，謂北地霜早，南
土晚寒，風土亦既異宜，各須收穫總了，放火時節不可一準令文，故云
「各依鄉法」。延燒人舍宅及財物者，各杖八十。「贓重者」，謂計贓得
罪重於杖八十，坐贓論減三等。準贓二十疋以上，即從贓科。「殺傷人
者，減鬥殺傷罪二等」，謂燒殺人者，失火及燒田之人減死二等，合徒
三年；不合償死者，從本殺傷罪減。其贓若損衆家之物者，併累亦倍論。[18]

法律規定不得在二月一日以後、十月三十日以前焚燒田野，違反者科處笞五十
之刑。當然，各地風土殊異，法律容許因地制宜，時間上可以有所調整。不過，
前提必定是「收穫總了」。本條規定只要是非時燒田野，不需計較後果即合笞五
十。若造成財產或人命的損傷，則以損傷程度而科刑：其一，若是延燒到別人
的舍宅和財物，刑罰是杖八十。其二，若受害者財物的損失超過杖八十的刑度，
則以「坐贓論」減三等。「坐贓論」乃依〈雜律〉「坐贓致罪」條，「十疋徒一年，
十疋加一等，罪止徒三年。」[19]若是延燒損及幾家的財物，財物的計算是累而
倍論，即將各家財物損失加總再折半論處。[20]其三，若是造成人命的傷亡者，
則減鬥殺傷罪二等處刑。[21]

焚燒田野須依照一定的時令，可追溯至上古之世，據《周禮·夏官·司爟》：

[18] 《唐律疏議》，卷二七，〈雜律二〉，「非時燒田野」條（總430），頁509-510。

[19] 《唐律疏議》，卷二六，〈雜律〉，「坐贓致罪」條（總389）。

[20] 《唐律疏議》，卷六，〈名例律〉，「二罪從重」條（總45）。

[21] 《唐律疏議》，卷二一，〈鬥訟律〉，「鬥殺傷人」條（總306）。

時則施火令……凡國失火、野焚萊，則有刑罰焉。[22]

司爟職司施火令，鄭玄以為春天田野主用火，焚燒雜草，以除陳生新，但二月後擅放火則有罰也。又據《唐六典》卷七〈尚書工部・虞部郎中員外郎〉：

> 虞部郎中、員外郎掌天下虞衡、山澤之事，而辨其時禁。凡採捕畋獵，必以其時。冬、春之交，水蟲孕育，捕魚之器，不施川澤；春、夏之交，陸禽孕育，餧獸之藥，不入原野；夏苗之盛，不得蹂藉；秋實之登，不得焚燎。[23]

虞部掌理天下山林川澤之利，並屬行時禁。「秋實之登，不得焚燎」，指秋季穀物及果實成熟，不得焚燒田野。其意當是非時焚燒田野有可能火勢蔓延，殃及莊稼禾苗之類。此外，根據《戶部式》：

> 諸荒田有桑棗之處，皆不得放火。[24]

其規定較諸唐律「非時燒田野」條顯得更為嚴格。

在特定時間以外禁止焚燒田野的法令早見於北齊，按北齊文宣帝天保九年（558）春二月己丑（二十六日），下詔曰：

> 限仲冬一月燎野，不得他時行火，損昆虫草木。[25]

---

22 〔漢〕鄭玄注；〔晉〕賈公彥疏，《周禮注疏（十三經注疏本）》（臺北：藝文印書館，1979），卷三十，〈夏官・司爟〉，頁458-2。

23 〔唐〕李林甫等撰；陳仲夫點校，《唐六典》（北京：中華書局，1992），卷七，〈尚書工部〉，頁224。

24 〔宋〕竇儀等詳定；岳純之校證，《宋刑統校證》（北京：北京大學出版社，2015），卷二七，〈雜律・失火門〉「非時燒田野」條附，頁368。另參看霍存福著，《唐式輯佚》，收入楊一凡主編《中國法制史證續編》（北京：社會科學文獻出版社，2009）第八冊，頁238。

25 〔唐〕李百藥撰，《北齊書（點校本）》（北京：中華書局，1972），卷四，〈文宣帝紀〉，頁64。

不得非時焚燒田野的原因，是不欲損害昆蟲草木。類似法律亦見於北宋真宗大中祥符四年（1011）八月五日詔，曰：

> 火田之禁，著在禮經；山林之間，合順時令。其或昆蟲未蟄，草木猶蕃，輒縱燎原，有傷生類。應天下有畬田，依鄉川舊例，其餘焚燒田野，並過十月，及禁居民延燔。[26]

亦是考慮到「昆蟲未蟄，草木猶蕃，輒縱燎原，有傷生類。」是故，唐律「非時燒田野條」或許不僅考慮誤燒莊稼禾苗，亦應顧及草木昆蟲之類，此為一般治唐律學者較少注意。

前引《唐六典》述及虞部之職為掌理天下山林川澤之利，並屬行時禁。非僅「秋實之登，不得焚燎」，舉凡田獵、採捕，都須依照時令：冬春之交，水中不置捕魚之器；春夏之交，原野不投毒獸之藥；夏天苗稼茂盛，不得侵擾踐踏。因此，唐律「非時燒田野」之禁，不宜單獨個別檢視，應置於「採捕畋獵，必以其時」之格局下整體觀察。

中國自古以來的「天人合一」思想，落實在自然資源的開發與生態環境的保護上，就是「與時禁發」的措施。人們應當遵循自然規律，對於自然資源「適時」加以開發與保護。《禮記・月令》就提到人們要順應自然時序配合活動，例如仲春之月：

> 禁止伐木，毋覆巢，毋殺孩蟲、胎夭飛鳥，毋麛毋卵。[27]

春天乃萬物生育的季節，不可伐木，不可覆巢，不可殺害幼蟲、尚未出生或剛出生的飛鳥，不可食用幼鹿和鳥卵。《逸周書》亦云：

26 〔清〕徐松輯；馬泓波點校，《宋會要輯稿・刑法》（鄭州：河南大學出版社，2011），〈刑法二・禁採捕〉，頁362。
27 〔漢〕鄭玄注、〔唐〕孔穎達疏，《禮記正義（十三經注疏本）》（臺北：藝文印書館，1979），卷十四，〈月令〉。

> 春三月山林不登斧，以成草木之長。夏三月川澤不入網罟，以成魚鱉之
> 長。[28]

春天不伐山林，夏天不可捕魚，使草木魚鱉得以生長。「以時禁發」一語，屢見
於先秦諸子，《管子・立政》云：

> 修火憲，敬山澤林藪積草。夫財之所出，以時禁發焉。[29]

類似的觀點亦見於《荀子・王制》，云：

> 脩火憲，養山林藪澤草木、魚鱉、百索，以時禁發，使國家足用，而財
> 物不屈，虞師之事也。[30]

「火憲」即防火的法令，從而養護山林、沼澤、草木等自然資源，唐代楊倞《荀
子注》指出修火憲的目的就是「不使非時焚山澤」。國家在適當時機保護和開發
山林川澤，使得資源可以永續為國家所用。學者以為《唐六典》「凡採捕畋獵，
必以其時」是唐令《雜令》條文，[31]而本條令文至宋代仍然保留。據宋仁宗《天
聖令・雜令》云：

> 諸雜畜有孕，皆不得殺。仲春不得採捕鳥獸雛卵之類。[32]

---

28 黃懷信著，《逸周書校補注譯》（西安：三秦出版社，2006），〈大聚解第三十九〉，頁191。

29 黎翔鳳撰；梁運華整理，《管子校注》（北京：中華書局，2004），卷一，〈立政〉，頁73。

30 〔清〕王先謙撰；沈嘯寰、王星賢點校，《荀子集解》（北京：中華書局，1988），卷五，〈王制〉，頁
    168。

31 〔日〕仁井田陞著；池田溫編集代表，《唐令拾遺補》（東京：東京大學出版社，1997），頁860。

32 天一閣博物館、中國社會科學院歷史研究所天聖令整理課題組，《天一閣藏明鈔本天聖令校證附唐令
    復原研究》（北京：中華書局，2006），〈雜令〉，頁369。

可見唐宋採捕畋獵乃至焚燎的時禁，非僅是遠宗古代聖賢的遺訓，實則是當時律令明文規定。

除了法令以外，唐代帝王經常頒布山林川澤以時禁發的詔敕。玄宗朝屢見重申春日不得獵捕之禁令，如天寶元年（742）正月改元詔曰：

> 禁傷麛卵，以遂生成。自今已後，每年春，天下宜禁弋獵採捕。[33]

天寶五載（746）正月又再下詔重申：

> 永言亭育，仁慈為本，況乎春令，義叶發生。其天下弋獵採捕，宜明舉舊章，嚴加禁斷，宜布中外，令知朕意。[34]

這裡提到的舊章當是春日不得獵捕的禁令。天寶十四載（755）正月復下詔曰：

> 陽和布氣，庶類滋長，助天育物，須順發生。宜令諸府郡至春末已後，無得弋獵採捕，嚴加禁斷，必資杜絕。[35]

除了針對「天下」以外，更常見的是區域性的禁令，如天寶六載（747）正月二十九日，玄宗下詔曰：

> 今屬陽和布氣，蠢物懷生，在於含養，必期遂生。如聞滎陽僕射陂、陳留郡蓬池等，採捕極多，傷害甚廣，因循既久，深謂不然。自今以後，特宜禁斷，各委所縣長官，嚴加捉搦，輒有違犯者，白身決六十，仍罰重役。官人具名錄奏，當別處分。其僕射陂仍改為廣仁陂，蓬池改為福源池。庶弘大道之仁，以廣中孚之化。[36]

33　《冊府元龜》，卷四二，〈帝王部・仁慈〉，頁480-1。

34　《冊府元龜》，卷四二，〈帝王部・仁慈〉，頁480-1。

35　《冊府元龜》，卷四二，〈帝王部・仁慈〉，頁480-2。

36　《冊府元龜》，卷四二，〈帝王部・仁慈〉，頁480-1；〔宋〕王溥撰；上海社科院歷史所古代史研究室

玄宗針對河南地區的「僕射陂」和「蓬池」採捕過多，下詔禁斷。對於違法採捕者，若是百姓就決杖六十，再罰重役；官人則奏聞人君，另行處分。關於禁斷京畿捕獵詔敕，尚見於代宗朝。代宗大曆四年（769）十一月辛未（七日），下詔「禁畿內弋獵」；[37]至大曆九年（774）三月丙午（七日），又下詔：

> 禁京畿內採捕漁獵，自三月至於五月，永為嘗式。[38]

代宗雖謂禁令是「永為嘗式」，但未必一直都能貫徹，是故大曆十三年（778）十月又下詔云：

> 禁京畿內持兵器捕獵。[39]

及至文宗太和四年（830）四月詔曰：

> 春夏之交，稼穡方茂，永念東作，其勤如傷。況時屬陽和，命禁麛卵，所以保滋懷生，仁遂物性。如聞京畿之內及關輔近地，或有豪家，如務弋獵，放縱鷹犬，頗傷田苗，宜令長吏切加禁察，有敢違令者，捕繫以聞。[40]

朝廷雖有禁令，但豪門大家仍是視若無睹，田獵依舊。文宗下詔禁止既有順應時令的考量，亦因狩獵傷害百姓田苗。至開成二年（837）三月壬辰（二十九日）詔曰：

點校，《唐會要》（上海：上海古籍，1991），卷四一，〈斷屠釣〉，頁857。

[37]　《舊唐書》，卷十一，〈代宗本紀〉，頁294。

[38]　《冊府元龜》，卷四二，〈帝王部・仁慈〉，頁481-1。

[39]　《冊府元龜》，卷六四，〈帝王部・發號令〉，頁718-1。

[40]　《冊府元龜》，卷四二，〈帝王部・仁慈〉，頁482-2。

起今月一日至五月十三日，禁京城及畿內採捕禽獸，羅網水虫，以遂生成，永為定制，委臺府及本司，切加禁止。[41]

詔書中的「五月十三日」，宋本《冊府元龜》作「五月三十日」，當是。[42]文宗禁止京畿三月一日至五月間的漁獵採捕，並申明「永為定制」，其實就是代宗大曆九年三月的規定。朝廷雖是一再禁止，但至晚唐懿宗咸通八年（867）五月十八日，皇帝又下詔：

好生之德，宜及禽魚，卵育之時，須加條制。舊敕每年起三月一日至五月末，不許採捕水虫禽鳥，雖有舊敕，尚恐因循。宜令臺府并諸軍司，每及時禁之月，更嚴提撕，勿使違犯。[43]

懿宗詔書中重申「舊敕」的禁令，當為前述自代宗以來的「嘗式」、「定制」。

此外，為了不妨害魚鳥禽獸的繁殖蕃衍，帝王亦會禁止殺害懷孕動物。北魏宣武帝永平二年（509）十一月甲申（十日），詔曰：

詔禁屠殺含孕，以為永制。[44]

同樣的事情亦見於唐太宗朝，不過是針對魚類。史稱貞觀十七年（643）三月，「帝觀漁于西宮，見魚躍焉。問其故，漁者曰：此當乳也。於是中網而止。」[45]鑑於魚躍水面是在排卵，太宗於是停止採捕。又玄宗開元二十一年（733）正月十日制曰：

[41] 《冊府元龜》，卷四二，〈帝王部・仁慈〉，頁483-1。

[42] 《宋本冊府元龜》（北京：中華書局，1989），頁48-2。

[43] 〔宋〕李昉等編，《文苑英華》（北京：中華書局，1966），卷四四一，〈翰林制詔・德音八・雜德音二〉編制〈疏理囚徒量移左降官等德音〉，頁2232-2。

[44] 〔北齊〕魏收撰，《魏書（點校本）》（北京：中華書局，1974），卷八，〈世宗本紀〉，頁209。

[45] 《冊府元龜》，卷四二，〈帝王部・仁慈〉，頁477-2。

獻歲之吉，迎氣方始，教順天時，無違月令。所繇長吏，可舉舊章。諸
有藏伏孕育之物，蠢動生植之類，慎無殺伐，致令天傷。[46]

這些敕詔並非禁止捕獵魚獸，但是為免影響其繁殖繁衍，帝王屢次重申不得殺
傷有孕動物。基於同樣的考量，偶而還有個別帝王會斷食雞蛋，如唐玄宗先天
二年（713），已經退居太上皇的睿宗下詔「今年斷食雞子，雖寒食，百姓亦不
得進。」[47]憲宗元和十年（815）九月，「詔澤潞及鳳翔天藏軍，每進雞子，既
傷物性，又勞人力，宜停進。」[48]

四、災情上報

四時有序，風調雨順，生民自是安和樂利。但一旦四時失序，災害發生，
唐朝法律規定各級官員需將災情上報。按《唐律疏議・戶婚律》「不言及妄言部
內旱澇霜蟲」條（總169）云：

諸部內有旱澇霜雹蟲蝗為害之處，主司應言而不言及妄言者，杖七十。
覆檢不以實者，與同罪。若致枉有所徵免，贓重者，坐贓論。
《疏》議曰：旱謂亢陽，澇謂霖霪，霜謂非時降霜，雹謂損物為災，蟲
蝗謂螟蟲螌賊之類。依令：「十分損四以上，免租；損六，免租、調；
損七以上，課、役俱免。若桑、麻損盡者，各免調。」其應損免者，皆
主司合言。主司，謂里正以上。里正須言於縣，縣申州，州申省，多者
奏聞。其應言而不言及妄言者，所由主司杖七十。其有充使覆檢不以實
者，與同罪，亦合杖七十。若不以實言上，妄有增減，致枉有所徵免者，

---

46 《冊府元龜》，卷四二，〈帝王部・仁慈〉，頁480-1；《唐會要》，卷十上，〈親迎氣〉。

47 《冊府元龜》，卷四二，〈帝王部・仁慈〉，頁479-1。

48 《冊府元龜》，卷四二，〈帝王部・仁慈〉，頁481-2。

謂應損而徵，不應損而免，計所枉徵免，贓罪重於杖七十者，坐贓論，罪止徒三年。既是以贓致罪，皆合累倍而斷。

問曰：有應得損免，不與損免，以枉徵之物，或將入己，或用入官，或不應得損免以此受求得財。各合何罪？

答曰：應得損、免而妄徵，亦準上條「妄脫漏增減」之罪：入官者，坐贓論；入私者，以枉法論，至死者加役流。[49]

本條法律是針對不言災情或妄言災情，以及覆檢災情不實的處罰。《疏》文大致分為四部分：其一，對旱澇等災害的簡單定義；其二，因災損程度而給予不同程度的賦役蠲免；其三，負責申報的相關人員和程序；其四，不言災情、妄言災情、覆檢不實等官員的懲處。

關於第一項，《疏》文對於「旱澇霜雹蟲蝗」等的解釋為「旱謂亢陽，澇謂霖霪，霜謂非時降霜，雹謂損物為災，蟲蝗謂螟蠡蟊賊之類。」關於第二項，災損程度而蠲免賦役狀況，《疏》文引述唐令相關文字加以說明。本條為〈賦役令〉，原令已佚，近年發現的北宋仁宗《天聖令》保留本條唐令的文字：

> 諸田有水旱虫霜不熟之處，據見營之田，州縣檢實，具帳申省。十分損四以上，免租；損六，免租、調；損七以上，課、役俱免。若桑、麻損盡者，各免調。其已役、已輸者，聽折來年。經兩（兩）〔年〕後，不在折限。其應損免者，兼（通）計麦田為分数。[50]

據唐令的規定，災損造成田地收成損失十分之四以上，免租；損失十分之六，免租調；損失達十分之七以上，租調之課與役都一律蠲免。如果桑、麻損毀殆盡，則免調。若是租調已繳或勞役已服，則留待來年再折抵。

關於負責申報的相關人員和程序，據《疏》文的說明，是由里正上報縣司，縣司再上申州司，州司再上申中央的尚書省，即里→縣→州→省。若是災情嚴

49　《唐律疏議》，卷十三，〈戶婚律〉，「不言及妄言部內旱澇霜蟲」條（總169），頁247-248。

50　《天一閣藏明鈔本天聖令校證附唐令復原研究》，〈賦役令〉唐8，頁270。

重者，更需向皇帝聞奏。唐代里正掌「按比戶口，課植農桑，檢察非違，催驅賦役。」[51]而縣令職務之一是針對「蟲霜旱澇，年收耗實，過貌形狀及差科簿，皆親自注定，務均齊焉。」[52]對於所轄區域發生水旱蟲霜等災害，都有責任將災情上報。每歲，尚書省諸司會具錄州牧、刺史、縣令的「殊功異行，災蝗祥瑞，戶口賦役增減，盜賊多少，皆上於考司。」[53]

至於不言災情、妄言災情、覆檢不實等官員的懲處，自然是本條唐律的重點，犯事人員一律杖七十。如果因此導致不當的徵收或蠲免，則按贓數多寡核計刑度。贓數重於杖七十者，即依〈雜律〉「坐贓致罪」條論處。計贓需依「累倍」的原則，即相關人員的犯罪導致數處不當的徵免時，須併計其贓再折半科之。值得注意的是，本條「坐贓論」是指將枉徵之物入官，倘若納為己有則另當別論。《疏》文擬了一道問答說明財物入官或入己的處罰原則，其中包含了兩種不同狀況：一種是倘若百姓應得損免而不給予損免，不當徵收來的財物入官或入己的處罰；另一種是「或不應得損免以此受求得財」，[54]即官員收受賄賂，將不應損免者給予損免。根據答文所云，可知是「準上條『妄脫漏增減』之罪」，即比照〈戶婚律〉「里正官司妄脫漏增減」條處置，「入己者以枉法論，至死者加役流，入官者坐贓論。」[55]至於官人受財枉法的處罰乃根據〈職制律〉「監主受財枉法」條（總138）的規定：「一尺杖一百，一疋加一等，十五疋絞。」[56]只是本條問答所擬的兩種狀況，即便是受財枉法，最高判刑僅止加役流。

[51] 《通典》，卷三，〈食貨三‧鄉黨〉，頁63。

[52] 《唐六典》，卷三十，〈京縣畿縣天下諸縣官吏〉，頁753。

[53] 《新唐書》，卷四六，〈百官志一〉，頁1191。

[54] 「或不應得損免以此受求得財」十二字，目前通行的北京中華書局版《唐律疏議》將其刪去，據卷十三〈戶婚律〉校勘記四所述理由是「答文並無此內容，今據『至正』本、『文化』本、『岱』本、《宋刑統》刪。」（頁259）。另外，新出的岳純之點校《唐律疏議》（上海：上海古籍，2013）〈戶婚律〉本條，亦以「至正本、文化本、湖北本均無『或不應得損免以此受求得財』等字。案，『或不應得損免以此受求得財』一語頗不可解，似為衍文。」（頁207）筆者對於劉俊文與岳純之的刪削是有所保留。答文並非沒有回應，蓋「入私者以枉法論，至死者加役流」的處罰原則，應該也是適用於官員收受賄賂而將不應損免者給予損免的犯罪。此外，這十二字既為「滂熹齋」本所有，而「滂熹齋」本又是年代較早，所以未必是衍文而是後出的「至正」本等的缺漏也說不定。

[55] 《唐律疏議》，卷十二，〈戶婚律〉，「里正官司妄脫漏增減」條（總153），頁235。

[56] 《唐律疏議》，卷十一，〈職制律〉，「監主受財枉法」條（總138），頁220。

災荒直接影響到千萬農民的收成豐歉，也直接損害到國家賦稅徭役。既關繫到人民生計，亦衝擊到政權統治，是以不得不慎重，因此不僅必須上報，更設層層檢核。如果及時申報，如實申報，朝廷減免賦稅負擔，可稍解百姓生活之苦。然而，地方首長有時卻隱匿災情，不為所請。如玄宗天寶十二載（753）水旱相繼，關中大饑，史稱：

> 上憂雨傷稼，（楊）國忠取禾之善者獻之，曰：「雨雖多，不害稼也。」上以為然。扶風太守房琯言所部水災，國忠使御史推之。是歲，天下無敢言災者。[57]

楊國忠隱匿災情，而對上報災情的扶風太守更窮詰審問，造成寒蟬效應，沒有官員再敢上報災情了。又德宗貞元十四年（798），春夏大旱，粟麥枯槁，京師百姓不斷向京兆尹韓皋陳情，但韓皋鑑於「府中倉庫虛竭，憂迫惶惑，不敢實奏。」適逢唐安公主女與右庶子李愬成婚，中使往來其間，百姓遮道投狀，內官遂以災荒事上聞。德宗以「皋奏報失實，處理無方，致令閭井不安，囂然上訴。」將韓皋出為撫州司馬。[58]貞元二十年（804）春夏旱，關中嚴重歉收，時任京兆尹的李實卻是：

> 為政猛暴，方務聚斂進奉，以固恩顧，百姓所訴，一不介意。因入對，德宗問人疾苦，實奏曰：「今年雖旱，穀田甚好。」由是租稅皆不免。[59]

李實隱匿災情，朝廷自然沒有蠲免優恤的措施，百姓照舊繳納賦稅，史稱「人窮無告，乃徹屋瓦木，賣麥苗以供賦斂，京師無不切齒以怒實。」[60]當然，若逢地方州縣長吏遇災不報，但更高層級的節度使也可向皇帝直接稟報實情。憲

---

[57] 《資治通鑑》，卷二一七，〈唐紀二三〉，「唐玄宗天寶十三載九月」條，頁6928。

[58] 《舊唐書》，卷一二九，〈韓皋傳〉，頁3604。

[59] 《舊唐書》，卷一三五，〈李實傳〉，頁3731-3732。

[60] 《舊唐書》，卷一三五，〈李實傳〉，頁3731-3732。

宗元和七年（812）李吉甫擔任淮南節度使，當年五月「江淮旱，浙東、西尤甚，有司不為請，吉甫白以時救恤。」幸好吉甫及時聞奏，史言「帝驚，馳遣使分道賑貸。」[61]

誠如前述唐律之規定，災情是自地方至中央層層上申，也是節級檢核，甚至皇帝還會遣使覆檢具體災情。玄宗開元年間，張無擇擔任和州刺史，史稱：

> 無何，水潦害農，公請蠲穀籍之損者什七八。時李知柔為本道採訪使，素不快公之明直，密疏誣奏以附下為名，遂貶蘇州別駕。[62]

張無擇將和州農損什之七八之情形上報，但時任淮南採訪使的李知柔並不認可，[63]並向玄宗密奏其偏袒附和百姓以博名聲，無擇遂被貶為蘇州別駕。對於地方災情，帝王經常遣使調查確切狀況。[64]據《舊唐書》卷一〇一〈韓思復傳〉云：

> 開元初，為諫議大夫。時山東蝗蟲大起，姚崇為中書令，奏遣使分往河南、河北諸道殺蝗蟲而埋之。思復以為蝗蟲是天災，當修德以禳之，恐非人力所能翦滅。……崇乃請遣思復往山東檢蝗蟲所損之處，及還，具以實奏。崇又請令監察御史劉沼重加詳覆，沼希崇旨意，遂箠撻百姓，迴改舊狀以奏之。由是河南數州，竟不得免。思復遂為崇所擠，出為德州刺史。[65]

---

61 《新唐書》，卷一四六，〈李吉甫傳〉，頁4741。

62 〔唐〕白居易著；朱金城箋校，《白居易集箋校》（上海：上海古籍，1988），卷四一，〈唐故通議大夫和州刺史吳郡張公神道碑銘并序〉，頁2683。

63 《唐會要》卷六九〈縣令〉載開元二十八年（740）六月淮南李知柔奏議，郁賢皓據此以為張無擇任和州刺史當在是年。參看郁賢皓，《唐刺史考全編》（合肥：安徽大學出版社，2000），頁1720。

64 參看么振華，《中國災害志・隋唐五代卷》（北京：中國社會出版社，2019），頁213-216。

65 《舊唐書》，卷一〇一，〈韓思復傳〉，頁3149。

史載開元四年（716）夏，山東、河南、河北蝗蟲大起，朝廷先是遣使者至河南、河北等地滅蝗。[66]由於諫議大夫韓思復對於姚崇的滅蝗措施不以為然，玄宗遂派思復至山東檢核蟲損之情況。思復的回報應是直陳各地災損實況，但若各地仍有嚴重蝗災，則顯示姚崇的滅蝗措施根本無效。姚崇遂改派監察御史劉沼重加覆核，劉沼黨附姚崇以無災情回報。玄宗最終接納劉沼的調查，導致河南數州沒有得到租賦蠲免，而韓思復亦因此被出為德州刺史。類似帝王遣使至各地視察農損之例子甚多，貞元八年（792），德宗以天下大水，遣派中書舍人、京兆尹等至各地宣撫，「其田苗所損，委宣撫使與所在長吏速具聞奏。」[67]

代宗朝京兆尹黎幹與戶部尚書判度支韓滉之爭，正可反映地方各級官員在匯報災損程度之落差。據《舊唐書》卷一二九〈韓滉傳〉云：

> 大曆十二年秋，霖雨害稼，京兆尹黎幹奏畿縣損田，滉執云幹奏不實。
> 乃命御史巡覆，迴奏諸縣凡損三萬一千一百九十五頃。時渭南令劉藻曲
> 附滉，言所部無損，白于府及戶部。分巡御史趙計復檢行，奏與藻合。
> 代宗覽奏，以為水旱咸均，不宜渭南獨免，申命御史朱敖再檢，渭南損
> 田三千餘頃。上謂敖曰：「縣令職在字人，不損猶宜稱損，損而不問，
> 豈有恤隱之意耶！卿之此行，可謂稱職。」下有司訊鞫，藻、計皆伏罪，
> 藻貶萬州南浦員外尉，計貶豐州員外司戶。[68]

京兆尹黎幹奏報因水患農損的情況，但戶部尚書判度支以為奏報不實。代宗乃命御史巡覆，回報京畿各縣農損達 31195 頃，但渭南縣令劉藻卻回報當縣無損，分巡御史趙計復檢亦認可劉藻無災損之結果。這就引起代宗狐疑，蓋京畿水患，不可能唯獨渭南縣無恙。所以再派御史朱敖再度覆核，檢得渭南災損共 3000 餘頃。針對地方奏報，先是派御史覆檢，再派御史趙計再度查核，最後遣御史朱敖三度檢核。或許是因為京畿所在，可以多次派遣官員覆核清楚。渭南令劉

66　《舊唐書》，卷八，〈玄宗本紀〉，頁176；《唐會要》，卷四四，〈螟蜮〉，頁924。

67　《唐會要》，卷七七，〈諸使上〉，頁1675。

68　《舊唐書》，卷一二九，〈韓滉傳〉，頁3600。

藻明顯犯了「不言及妄言部內旱澇霜蟲」條中「應言而不言」之罪,而趙計受命覆檢災損之事但不以實報,則犯了「覆檢不以實」之罪。最後,兩人分別遭到貶官,這與唐律規定的刑罰並不契合。

　　唐律對於不言災情、妄言災情、覆檢不實等官員的懲處是杖七十,刑罰很輕。但若牽涉不當徵收或蠲免時,就要計贓論罪,倘若是錢物入官,最高判處徒三年,刑度甚重。根據「坐贓致罪」條,十疋徒一年,十疋加一等,五十疋就要徒三年。錢財若是入己者,十五疋已是加役流,與死刑僅一線之隔,不可謂不重。如此重刑,能夠有效遏止官員不言或妄言災情嗎?還是,官員易觸法網,甚至罹徒流等重刑,會否適得其反?《冊府元龜》卷六八八〈牧守部‧愛民〉:

> 穆贊代崔衍為宣歙池觀察使,宣州歲饉,贊遂以錢四十二萬貫代百姓之稅,故宣州人不流散。[69]

德宗貞元年間,宣州發生饑荒,但朝廷並無就災情而蠲免宣州的賦稅,穆贊代百姓繳納賦稅,共用錢四十二萬貫。這麼大筆賦稅當是出自公庫,而非穆贊私財。其前任崔衍居宣州十年,為政勤儉,府庫盈溢,[70]宣州有條件付出這大筆財帛的。唐律計贓論罪,而贓物之多寡概以絹數計算。四十二萬貫相當於多少匹絹?有唐一代,平估之法屢有變化,但有兩個時期曾公布具體和統一的上絹價格:開元十六年(728)採李林甫建議,規定天下定贓估,絹每疋五百五十錢計;另一個時期是宣宗大中六年(852),又規定一律取絹價最貴之宋、亳州上絹估,即每疋以九百錢計。[71]若以最高的每疋九百錢計算,則宣州的四十二萬貫約等於絹四十六萬疋,遠超徒三年的五十疋!

　　法律原先的設計是對於有災不報或者妄言災情都會處罰,一般而言,官員當不致無災或遇小災而妄言。可是,倘若制度設計使得官員易觸法網並被科處

69　《冊府元龜》,卷六八八,〈牧守部‧愛民〉,頁8205-2。

70　《舊唐書》,卷一八八,〈孝友‧崔衍傳〉,頁4936。

71　《唐會要》,卷四十,〈定贓估〉,頁850-852。

重刑，那麼官員遇到災荒往往會傾向不向上申報。設若轄境有災不言，皇帝不知有災情，自然不會遣使覆檢。但一旦上奏災情，從上述例子可知皇帝隨時會遣使核查，張無擇和韓思復的例子，都說明上奏災情有一定的風險，反而元和年間有災不請的浙東西官員，卻未見懲處。況且，官員被指上奏災情不實，牽涉到國家財務的損失，即便是一個縣短收的賦稅應該都不會是區區絹五十匹而已。因此，制度的設計造成官員遇災申報有一定的風險，官員的態度因而變得保守苟且。

官員傾向有災不申報的另一個原因，恐怕與中國天人感應的思想有密切關係。玄宗朝韓思復反對宰相姚崇的滅蝗措施，上疏指出「皇天無親，惟德是輔」，所以「望陛下悔過責躬，發使宣慰，損不急之務，召至公之人，上下同心，君臣一德，持此誠實，以答休咎。」[72]天災皆因統治者失德所致，那麼，自己的轄境發生災荒，無疑表示地方首長上干天和。玄宗天寶年間李峴為京兆尹，所在皆著聲績。及至天寶十三載（754），連雨六十餘日，宰臣楊國忠「惡其不附己，以雨災歸咎京兆尹，乃出為長沙郡太守。」[73]可知官員要為災荒負責。更不要說「災蝗祥瑞，戶口賦役增減」，都納入考績項目。誠如白居易〈杜陵叟〉所云「九月降霜秋早寒，禾穗未熟皆青乾。長吏明知不申破，急斂暴徵求考課。」[74]如此當然造成官員不輕言將災情上申了。

德宗貞元十二年（796）二月，虢州刺史崔衍鑑於當州青苗錢重於鄰州數倍，於是上書為百姓請命。其時裴延齡領度支，「方務聚斂，乃詰衍以前後刺史無言者。」崔衍上奏申辯：

> 人困日久，有司不宜以進言為譴。其畧曰：「伏見比來諸州應緣百姓間事，患在長吏因循不為申請，不患陛下不憂恤；患在申請不詣實，不患

---

[72] 《舊唐書》，卷一〇一，〈韓思復傳〉，頁3149。

[73] 《舊唐書》，卷一一二，〈李峴傳〉，頁3343。

[74] 《白居易集箋校》，卷四，〈諷諭四〉，頁223。

朝廷不矜放。有以不言受譴者，未有以言得罪者。是用不敢回顧，苟求自安。」[75]

史稱「上奏切直，為時所稱」，最終朝廷減虢州青苗錢。崔衍所云或許正是點出官員對於民瘼的態度——患在「因循不為申請」、患在「申請不詣實」。

五、結語

本文主要是考察《唐律疏議》中保護環境資源與應對環境變遷的法律。透過〈雜律〉「侵巷街阡陌」條與「占山野陂湖利」條，分析山林川澤等公共資源與巷街阡陌等公共空間的利用與維護。這些空間原則上都是「與眾共之」，公有共享，犯罪者不是侵害到國家或私人的所有權，而是侵害到他人的使用權。所以規範重點不是逕自進入、妄加利用，而是加以霸占而不給他人使用，影響到他人的權益。另外，藉由〈賊盜律〉「山野物已加功力輒取」條，可知國家禁止私人霸占自然之物產，但認可對自然物產的勞動加工成果的合法所有權。對於這些勞動加工成果倘若有人擅加取用，如同侵犯他人之私有財產。

〈雜律〉「非時燒田野」條規定百姓焚燒田野須依時而行，立法意旨非僅考慮火勢會延燒莊稼禾苗，亦是顧及對草木昆蟲之損害。唐律「非時燒田野」之禁，不宜單獨個別檢視，應置於「採捕畋獵，必以其時」之格局下整體觀察，反映中國古代天人合一思想下，朝廷對於自然資源採取「與時禁發」的政策。若是四時失序，遭逢水旱霜蟲之災，既直接影響百姓生計，亦關繫到政權的存亡，是故不得不慎重以對。如遇災情，官員必須如實上報，朝廷亦會層層檢核。〈戶婚律〉「不言及妄言部內旱澇霜蟲」條是針對不言災情或妄言災情，以及覆檢災情不實的處罰。但制度設計造成遇災申報有一定的風險，官員的態度易趨於保守苟且，從而隱匿災情，不為所請。

---

[75] 《冊府元龜》，卷六八八，〈牧守部・愛民〉，頁8205-1。

從唐代「擬判」論法律教育
——以《文苑英華》為主

劉馨珺[*]

一、前言

　　唐代的「擬判」是士子為應付各種考試，如進士及第後，必須到吏部「關試」或是平選常調；報考考科中的「書判拔萃科」與「平判科」；任官的流外與入流。因此產生了試判題庫，如張鷟《龍筋鳳髓判》、白居易的《百道判》，[1]以及《文苑英華》的「唐判」則包含了乾象律曆、歲時、雨雪儺、禮、樂、師學、勤學惰教師歿直講、教授文書……等等，共五十門，1062 道判詞。[2]

　　自 2015-2017 年間，我曾參加「唐律研讀會」有關《文苑英華》「唐判」的討論班，解讀了判七〈師學門〉、判八〈勤學惰教師歿直講門〉、判十〈書數師學射投壺圍棊門〉、判十二〈選舉門〉、判二十〈刑獄門〉、判二十四〈田農門〉、判三十一〈為政門〉共 5 門、49 道。[3]這些擬判固然有其個別的法史問題，如「犯徒加杖判」是必須解釋法律上「無兼丁」的規範；「解桎判」則要考慮「送囚徒」的差使職責。除此之外，本文擬歸納〈師學門〉、〈刑獄門〉和〈為政門〉

---

[*] 嘉義大學教育學系教授

[1] 陳登武，〈再論白居易「百道判」─以法律推理為中心〉，《臺灣師大歷史學報》第 45 期（2011），頁 41-72。

[2] (宋)李昉等奉敕，《文苑英華》（北京：中華書局，1966）卷 503-552，頁 2581-2823。

[3] 三年間，我擔任其中九道判的指導老師，包括判七〈師學門〉「生徒擇塵判一道」、「陳設印綬判一道」、「勤學犯夜判一道」；判二十〈刑獄門〉「犯徒加杖判一道」、「解桎判一道」；〈為政門〉「為人興利判二道」、「教吏為銘箴判二道」。

等三大門類後，就師生關係、地方官的行政和審判官員的法理等方面切入判題與判詞，更進一步探討唐代士人的生活與法律教育。

唐代法律教育史材料不若明清時代豐富，但將《文苑英華》「唐判」綜合歸納判題與判詞後，並且試圖從唐宋啟蒙書流傳中，或可尋繹「典故」所形成的法律教育背景。本文從唐宋代史料著手，一方面就擬判內容探索中古士人的法律推理；一方面觀察日後成為官僚的審判態度；另一方面也理解唐代朝廷與考生所關注的生活法令。本文以唐代擬判為考察的主題，探究擬判所見的法律邏輯；透過唐法律的規定，與判題的類型、以及判詞「典故」運用，從而分析唐代士人與官僚的法律教育，筆者最終希望以法史學的角度，大膽涉入唐代教育史的研究，勇於嘗試與另闢蹊徑。

本文探討的問題聚焦於《文苑英華》「唐判」的判文結構、判題與禮法教育、擬判所見生活法令與典故區域分佈、判詞的內容與知識體系，以及擬判與案判的比較等方面，企望深度探討官員在「獄訟」能力的養成，以及考試制度與實務治理的關聯性。

二、判文的結構所見法律問題

每一道判文中包含「判題」與「判詞」兩結構。判題字數不會太多；判詞則由考生自行發揮。判題中，雖然未必皆涉及當代法條，但也有相當明顯法律問題。究竟「擬判」中所見的法律問題有哪些？本文將以〈刑獄門〉「犯徒加杖判」與「解桎判」為例，檢討「擬判」關乎唐代社會與法規範的核心價值。

(一)「犯徒加杖判」與法規範

「刑獄門：犯徒加杖判」判題與判詞：

> （判題）乙犯徒，訴家無兼丁，縣斷加杖。人告：「其有妻年二十一以上。」

（判詞）對：麗刑務輕，罰懲非死。若膚受之訟，則哀敬難原。乙何人哉？有恥未格，不化厥訓，自貽伊咎，當從傅氏之策。若赴驪山之徒，謂無兼丁，則合加杖。而有配偶，應是克家。來訟無稽，未宜易法；縣且失律，豈曰能官。人之糾謬，斯謂不宜。[4]

此判文所見法律問題有五點：（1）如何理解「縣斷加杖」？（2）如何處理「乙訴家無兼丁」不實？（3）如何理解「人」告？（4）縣有沒有「訊囚察辭理」的問題？（5）如何理解縣衙父母官的審判？

關於「無兼丁」的規範，自唐至宋元是有明確的法律條文（參見表1），最基本的法源是根據《唐律疏議》「犯徒應役家無兼丁」（總27條）：

諸犯徒應役而家無兼丁者，（注：妻年二十一以上，同兼丁之限。婦女家無男夫兼丁者，亦同。）徒一年，加杖一百二十，不居作；一等加二十。若徒年限內無兼丁者，總計應役日及應加杖數，準折決放。盜及傷人者，不用此律。（注：親老疾合侍者，仍從加杖之法。）[5]

此律的行為主體有二大類，包括犯徒應役者、犯流至配所應役者，若是單丁，則得易以加杖，而不必居作的「單丁易刑」。本條律的主旨有二：一是徒役必須食私糧，若家無兼丁則無力供辦，而導致刑罰不能實施；二是單丁是唯一的勞動力，因此單丁服役則家口生計無著落，恐出現更大的社會問題。[6]判詞中，沒有使用歷史典故，對於「無兼丁」的法條亦沒有深究，但從「無兼丁，則合加杖」，可見擬判者具備法律知識。

---

[4] 《文苑英華》卷522〈刑獄門〉「犯徒加杖判」，頁2673。

[5] (唐)長孫無忌等撰，《唐律疏議》（台北：弘文館，1986）卷3〈名例律〉「犯徒應家無兼丁」（總27條），頁72。

[6] 劉俊文，《唐律疏議箋解》（北京：中華書局，1996），頁280。

表 1　唐—元「無兼丁」相關法律規範

編號	法條名	類別	頁數
1	11 應議請減贖章	議請減贖	36
2	27 犯徒應役家無兼丁	犯徒應役	72
3	28 工樂雜戶及婦人犯流決杖	工樂雜戶婦人犯徒	75
4	29 犯罪已發已配更為罪	流至配所應役者	80
5	45 二罪從重	配徒一年	124
6	47 官戶部曲官私奴婢有犯	犯徒者，準無兼丁例加杖	131
7	《唐六典》卷 5	免征行番上	156
8	南宋高宗／紹興十九年	免役	《宋會要》〈食貨一四之三〇〉
9	刑法三／盜賊	無兼丁再犯，親終後服刑	《元史》頁 2656
10	刑法四／詐偽	偽造鈔至死不適用	《元史》頁 2667
11	刑法四／恤刑	親年七十以上，死罪許陳陳奏裁	《元史》頁 2689

　　本判詞的推理層次，就地方官而言，乙訴家無兼丁是否屬實，是縣官的職責。判詞中並未舉出乙若訴不實可能觸犯「以身事自理訴，而不實者，杖八十」的刑罰。[7]而縣衙對於「人告」的處理原則，就實務而言，縣官若對「乙所訴無

7　《唐律疏議》卷 24〈鬥訟律〉「邀車駕撾鼓訴事不實」（總 358 條），頁 447。

兼丁」沒有進行查證，轄下的里正做為地方安全的第一線，（表2）可能會有「知冒戶情」相關的「徒二年」刑罰。[8]但從判詞「來訟無稽」，則指出知縣審判首重證據調查，不可輕信，又進一步指出「縣且失律，豈曰能官」，也責備縣官是偷懶失職的無能之官。至於有人舉發乙，糾正縣判，從「斯謂不宜」可見寫判詞者也認為「人」亦有不妥之處。

表2　《唐律疏議》里正相關罪刑

編號	法條名	刑	頁數
1	146 監臨之官家人乞借	止從「在官非監臨」，各減監臨之官罪一等。	228
2	151 里正不覺脫漏增減	罪止徒三年	233
3	152 州縣不覺脫漏增減	「知情者，各同里正法」，其州縣知情，得罪同里正法，里正又同家長之法，共前條家長脫漏罪同。	234
4	153 里正官司妄脫漏增減	二口加一等。贓重，入己者以枉法論，至死者加役流；入官者坐贓論。	235
5	161 相冒合戶	徒二年	240
6	168 盜耕人墓田	笞三十	246
7	169 不言及妄言部內旱澇霜蟲	杖七十	247
8	170 部內田疇荒蕪	笞三十至徒一年	248
9	171 里正授田課農桑違法	笞四十以上	249

---

8 《唐律疏議》卷12〈戶婚律〉「相冒合戶」（總161條），頁240。

10	174 輸課稅物違期	百戶之內，里正為從。	252
11	228 征人冒名相代	笞五十以上	303
12	262 造畜蠱毒	知而不糾，流三千里。	337
13	301 部內人為盜及容止盜	笞五十以上	379
14	360 強盜殺人不告主司	失職官司，一日徒一年，竊盜，各減二等。（一日杖九十）	449
15	361 監臨知犯法不舉劾	說明：里正是被糾彈對象。	449
16	461 丁夫雜匠亡	故縱者：一日笞三十，十日加一等，罪止徒三年。	534
17	467 容止他界逃亡浮浪	笞四十以上	539
18	483 監臨自以杖捶人	諸監臨之官因公事，自以杖捶人致死及恐迫人致死者，各從過失殺人法；若以大杖及手足毆擊，折傷以上，減鬥殺傷罪二等。	560

(二)「解桎判」與法規範

「刑獄門：解桎判」的判題與判詞：

（判題）得甲送徒，道解桎梏，恣所過。御史糾，訴云：「剋期俱至，無違者。」

（判詞）對：法在安人，刑忌留獄。苟信不繼，則噬膚而莫懲。如得其情，則緩死而無逸。惟彼甲者，奉詔送徒，解其桎梏，遵大易之利用。申其甲庚，係小子而且格。奉命為信，義則乖於守官。推誠於物，仁或昭其恤下。與其刑茲無赦，利武人之貞，曷若感而遂通，資文明以悅。

從唐代「擬判」論法律教育

且虞廷作法，人不敢欺。鍾離縱徒，剋期而至。有叶良吏，無瀆簡罍。
欲依驄馬之糾，恐越鵜鳩之法。[9]

此判文所見法律問題有四點：（1）如何理解「甲送徒」？（2）如何處理「道解
桎梏」？（3）如何理解「恤刑」？（4）如何理解御史與地方官的權責？

關於「送徒解桎梏」的規範至少有五項，首先，奉使部送官物及囚徒、畜
產之屬，如果「闕事者」，得處罰徒一年。[10]第二，如果部送過程中，給予囚徒
錐、刀之屬的金刃及繩、鋸之類，而得逃亡者，雖無殺傷，與物者亦徒二年。[11]
第三，若押送囚徒過程中，脫去刑具，則違犯「囚應禁不禁」（總469條），其
刑度如《疏》議曰：「流罪不禁及不枷、鏁若脫去者，笞五十；死罪不禁及不枷、
鏁、杻若脫去者，杖六十。」[12]依律，甲所押送的囚徒當屬流罪以上，所以得
罪笞五十或杖六十。第四，如果「流囚在道，徒囚在役，身嬰枷鎖」是服刑的
狀態。[13]換言之，押囚使臣有職責為這些已定罪的囚人配戴合法的刑具。（表3）
第五，如果有延遲押送囚徒時，也違犯「徒流送配稽留」（總492條）：

　　諸徒、流應送配所，而稽留不送者，一日笞三十，三日加一等；過杖一
　　百，十日加一等，罪止徒二年。（注曰：不得過罪人之罪。）[14]

甲也必須面臨笞三十至徒二年的罪刑。綜合本判題包含了部送囚徒、解脫刑具
和公務稽留的法律規範。

---

[9] 《文苑英華》卷522〈刑獄門〉「解桎判」，頁2673。

[10] 《唐律疏議》卷11〈職制律〉「奉使部送雇寄人」（總133條），頁216-217。本條《疏》議曰：「奉使
有所部送」，謂差為綱、典，部送官物及囚徒、畜產之屬。而使者不行，乃雇人、寄人而領送者，使
人合杖一百。「闕事者」，謂於前事有所廢闕，合徒一年。其受寄及受雇者，不闕事杖九十，闕事杖
一百，故云「減一等」。

[11] 《唐律疏議》卷29〈斷獄律〉「與囚金刃解脫」（總470條），頁546。本條律文：諸以金刃及他物，
可以自殺及解脫，而與囚者，杖一百；若囚以故逃亡及自傷、傷人者，徒一年；自殺、殺人者，徒
二年；若囚本犯流罪以上，因得逃亡，雖無傷殺，亦準此。

[12] 《唐律疏議》卷29〈斷獄律〉「囚應禁不禁」（總469條），頁545-546。

[13] 《唐律疏議》卷24〈鬥訟律〉「囚不得告舉他事」（總352條），頁441。

[14] 《唐律疏議》卷30〈斷獄律〉「徒流送配稽留」（總492條），頁569。

表 3　合法的禁繫獄具[15]

種　類	規　　　　　格／罪刑			用　途
枷[16]	長：五尺以上、六尺已下 頰長：二尺五寸以上、六寸已下 闊：一尺四寸以上、六寸已下 徑：三寸以上、四寸已下			束頸
	二十五斤／大辟	二十斤／流	十五斤／杖	重量／罪刑
杻	長：一尺六寸已上、二尺已下 廣：三寸 厚：一寸			束手
鉗	重：八兩已上、一斤已下 長：一尺已上、一尺五寸已下			束頸
鎖	長：八尺已上、一丈二尺已下			腳鐐
盤枷	重止十斤			束頸

　　判題的「解桎梏」不僅有法律規範問題，而且官吏恣意放縱囚犯活動，有提高罪囚的再度做案的機率，以及影響犯罪事實的調查。[17]然而，判詞中完全沒有針對法條論述，乃是以「鍾離縱徒」的歷史典故，朝向恤刑仁政發揮。東漢鍾離意的事蹟：

　　　　舉孝廉，再遷，辟大司徒侯霸府。詔部送徒詣河內，時冬寒，徒病不能
　　　　行。路過弘農，意輒移屬縣使作徒衣，縣不得已與之，而上書言狀，意

---

[15] 轉引自拙著，《明鏡高懸——南宋縣衙的獄訟》（台北：五南圖書公司，2005），頁 188-189。

[16] 王闢之，《澠水燕談錄》卷5〈官制〉：「舊制，枷惟二等，以二十五斤、二十斤為限」。

[17] (宋)沈俶，《古今說海》（明嘉靖陸楫輯清道光西山堂重刊陸氏儼山書院本），頁 8-2。

亦具以聞。光武得奏，以見霸，曰：「君所使掾何乃仁於用心？誠良吏也！」意遂於道解徒桎梏，恣所欲過，與剋期俱至，無或違者。[18]

比較判題「恣所過」、「剋期俱至，無違者」等用詞，幾乎與《後漢書》的記載一致，判詞的書寫應該是符合判題主旨，並呼應漢光武帝得奏書後，尚且稱讚鍾離意為仁心的良吏。由此判文可知，考題與對答不在乎當代法條的理解，而是考生是否熟記歷史「吏掾」典範。

三、判題與禮法教育——以〈師學門〉為例

目前歸納〈師學門〉的 11 條判題，（參見表 4）法禮相關的爭議有四大類：（1）教師聚徒是否聚眾而危害社會安寧與國家安全？（表 4，編號 1、3、8）（2）學生日常行為是否違犯尊師禮儀？（表 4，編號 7、9）（3）士人如何看待公人的基本禮儀與身分展示？（表 4，編號 2、5、6）（4）士人求學仕官應有分際為何？（表 4，編號 4、10、11）等等攸關士子學習、教師授業應注意的生活教育。

表 4　〈師學門〉所見法禮

編號	判名	判題	法禮	爭議
1	申公杜門	申公杜門不出，聚遠方眾百餘人。里中興訟。	「在市人眾中驚動擾亂」條（總 423 條）	興訟
2	坐於左塾	里胥坐於左塾，隣長怒而逐之。縣科無禮，隣長訴非失。	「不應得為」條（總 450）「違令」條（總 449）	科無禮

---

[18] (劉宋)范曄撰；(唐)李賢等注；(晉)司馬彪補志；楊家駱主編，《後漢書》(台北：鼎文書局，1981)卷 41〈鍾離意本傳〉，頁 1407。

3	聚徒教授	甲聚徒教授,每春秋享時,以素木、瓠葉為俎豆。	「謀叛」條(總251)	人告甲
4	蜀物至京	得盧江人使計吏多賫蜀物至京,分遺博士。巡使問其故,云:「官長勸人,非為己也。」	「有事以財行求」條(總137)	巡使問
5	生徒擢塵	曲阜縣申:孔禮教授生徒,仲春欲祭遺門,令生徒顏恭炊飯,及有塵落甑中,恭官召先食有塵之飯,恭友仲勇譖恭於禮失,恭云:「不知將祭。」州科罪,省斷雪。	「大祀不預申期及不如法」條(總98)	縣申州斷
6	陳設印綬	甲陳其車馬印綬,諸生非之。曰:「稽古之力,豈無前事。」	「偽寫官印文書」條(總363)	諸生非之
7	為其師掃	甲為鄉學生,為其師掃,或詰之失禮。訴云:「有近賓將至。」	失禮	無罪
8	掘窖試之	甲訓弟子五百人,業將成,乃掘窖試之,令甲泣下方遣,或人告為妖,甲不伏。	「知謀反逆叛不告」條(總340)	人告
9	去師之妻	甲受業於乙,乃去乙之妻,同門以為失弟子之禮。郡欲科罪,甲云:「行古之道也。」所由不能定。	「妻無七出而出之」條(總189)	同門告、郡欲科

10	請益不退	戊待先生，視日早暮，不請退。鄉大夫責之。詞云：「方及請益。」	《儀禮·士相見禮》	鄉人責之
11	勤學犯夜	長安令杜虛有百姓王丁犯夜，為吏所拘。虛問其故，答云：「從師授書，不覺日暮。」虛曰：「鞭撻甯越，以立威名，非政化之本。」使吏送歸家。御史彈金吾郎將不覺人犯夜。訴云：「縣令送歸，非金吾之罪。」	「宮內外行夜不覺犯法」條（總168）	御史彈金吾郎

茲舉「生徒擢塵判」（表4，編號5）為例，判題與判詞：

（判題）曲阜縣申：孔禮教授生徒，仲春欲祭遺（壝）門，令生徒顏恭炊飯，及有塵落甑中，恭官召先食有塵之飯，恭友仲勇譖恭於禮失，恭云不知將祭。州科罪，者（省）斷雪。

（判詞）對：曲阜境帶龜蒙，地鄰鳧繹。淹中禮樂，仲尼之盛德不渝；闕里詩書，洙泗之英規尚在。孔禮家承道學，業崇詞林，黃金滿籯，白珪無玷。泮宮刷羽，方宣鳳德之儀；沂水騰鱗，再起龍蹲之教。壇花啟杏，設絳帳而橫經；市葉抽槐，據緇帷而闡教。經來斯講，式崇函丈之規；龍見而雩，大備嚴禋之禮。顏恭躬忝胄子，跡齒顊門。叨承俎豆之間，竊聽絃歌之末。爰崇奠祭，乃肅粢盛。方執爨於吳樵，忽飛塵於范甑。師乃未飯，豈可先嘗。神且將歆，寧宜預食。不恭之罰，罪合寘於嚴科。無禮之刑，理或存於宥過。州司忽罰，頗涉深文。臺局寬刑，實遵平典。[19]

此判文的禮法問題有三點：（1）如何理解「顏回拾塵」典故的禮法思想？（2）如何審理「祭祀」之罪？（3）為何判詞不使用孔門典故？

　　本判題的案發地點為曲阜，有三位當事人：一是孔禮是教師令學生顏恭炊飯；二是顏恭食有落塵的飯；三是仲勇舉發顏恭的禮失。從假設地點與當事人的姓氏為孔、顏、仲，不禁聯想孔子及其門人顏回、仲由。關於「顏回拾塵」的記載，最早見於《呂氏春秋》[20]與《論衡》[21]，但卻是以孔子親見顏淵掇食甑飯。一般認為此一典故出自《孔子家語》。[22]相較於《呂氏春秋》的記載，《孔子家語》增添仲由和顏回一起炊飯，以及子貢望見顏回的舉動，並以所飯告孔子。此典故所論聚焦於四點：（1）諸生關係與品行問題：藉由子貢問「仁人廉士，窮改節乎？」闡示仁義是不可更改的志節。（2）師生關係與信任感：孔子聽到顏回的回答後，也同意「吾亦食之」，並且告訴諸生「吾之信回也，非待今日也。」老師應該對自己的學生有信心。（3）人神關係與追查真相：孔子托言夢見祖先欲祭祀，要顏回「子炊而進飯，吾將進焉」。祭祀、敬神是生徒基本的儀禮，不得有絲毫的「不淨與不敬」。（4）禮法關係與真相大白：顏回誠實以對，沒有否認掇食甑飯，但以有埃墨墮飯中，飯不可以給老師吃，丟掉太可惜，所以自己吃，並且堅持「不可祭祀」。禮是最重要的生活法則。

　　這是有關祭祀法令的判題，唐代規定：「凡祭祀之名有四：一曰祀天神，二曰祭地祇，三曰享人鬼，四曰釋奠於先聖先師。……州縣社稷、釋奠為小祀。」[23]若著眼於曲阜縣的「仲春祭」、「壝門」[24]，應是指州縣社稷的春祀。[25]雖然唐律有言：「禮者，敬之本；敬者，禮之輿」。[26]強調禮的實踐精神在於「敬」。但

---

[20] （戰國）呂不韋著；陳奇猷校，《呂氏春秋》（上海：上海古籍出版社，2002），頁1064。

[21] （漢）王充，《論衡》卷26〈知實篇〉（明程榮何允中刊本），頁11-1。

[22] （魏）王肅注，《孔子家語》卷5〈在厄〉，頁49。

[23] （唐）李林甫等撰，《唐六典》卷4〈禮部尚書〉，頁121-122。

[24] 《唐律疏議》卷27〈雜律〉「毀大祀丘壇」（總436條），頁513。壝門，謂丘壇之外，擁土為門。

[25] 《唐六典》卷4〈禮部尚書〉，頁122：「凡州、縣皆置社稷，如京、都之制，仲春上戊，州、縣官親祭。」

[26] 《唐律疏議》卷1〈名例律〉「十惡」（總6條），頁10。

是祭祀不如法的刑律則有大中小祀之分，[27]小祀是減大祀四等，依法推算刑度，可得小祀「一事有違，合笞三十；一事闕少，合杖六十；一坐全闕，合杖七十。」本判題中，顏恭若以不潔之飯祭祀，也只是合笞三十的微罪；或顏恭將祭祀飯食光，則應判以黍、稷一事有闕，杖六十而已。

　　本判題涉及審判程序，顏恭「擢塵食祭飯」一案依律斷罪是「笞三十或杖六十」，唐代規定的審判流程：

> 依《獄官令》：「杖罪以下，縣決之。徒以上，縣斷定，送州覆審訖，徒罪及流應決杖、笞若應贖者，即決配徵贖。其大理寺及京兆、河南府斷徒及官人罪，并後有雪減，並申省，省司覆審無失，速即下知；如有不當者，隨事駁正。若大理寺及諸州斷流以上，若除、免、官當者，皆連寫案狀申省，大理寺及京兆、河南府即封案送。若駕行幸，即準諸州例，案覆理盡申奏。」[28]

不論笞三十或杖六十，都不必送州衙覆。但從判題「縣申、州罪、省雪」，以及判詞有言：「州司忽罰，頗涉深文。臺局寬刑，實遵平典。」此案恐怕是依《獄官令》的「并後有雪減，並申省，省司覆審」。而曲阜縣既不在大理寺及京兆、河南府轄區，顏恭應該具有「官人」身分，所以才必須「申省」覆審。關於官人犯罪必須經由中央層級的審理，在唐宋《獄官令》皆有明文。[29]

　　判題中，仲勇是顏恭的友人亦是舉發者，判題以「譖」而不用「告」，頗有「誣陷」的負面語彙。若從《孔子家語》故事而論，顏回與仲由炊飯，仲由是最接近現場的人。因此，判題以「譖」稱仲勇的提訴，暗指同儕提告的行為在師學的場合中，是非常不合宜。此外，判詞對答卻完全不使用「顏回拾塵」的典故，而以「忽飛塵於范甑」闡發擢塵的行為，此一典故源「甑中生塵范史雲」：

27　《唐律疏議》卷9〈職制律〉「大祀不預申期及不如法」（總98條），頁187。

28　《唐律疏議》卷30〈斷獄律〉「應言上待報而輒自決斷」（總485條），頁561。

29　高明士主編，《天聖令譯註》〈獄官令卷第二十七〉「宋令2條」（賴亮郡解讀），頁460。

遭黨人禁錮，遂推鹿車，載妻子，捃拾自資，或寓息客廬，或依宿樹蔭。
如此十餘年，乃結草室而居焉。所止單陋，有時糧粒盡，窮居自若，言
貌無改，閭里歌之曰：「甑中生塵范史雲，釜中生魚范萊蕪。」[30]

范冉的故事是指士人身處困境時，怡然自若，言貌不改。雖然判詞使用的典故
完全與判題主旨無關，但或許是出自正史，而非《呂氏春秋》與《論衡》的雜
家類，[31]所以更容易受到考生的青睞。

四、擬判所見生活法令與典故區域——從「為人興利判」談起

擬判中經常出現與庶民生活相關的情境，以考核士人是否能貼近百姓的日
常問題，以及可否成為治理地方的典範。茲舉「為政門・為人興利判」為例：

（判題）南陽太守好為人興利，作均水刻石立於田畔。採訪使奏煩擾。
訴云：「以防忿爭。」

（判詞一）對：樂都既康，太守成式。念為耒之功，而無鹵莽；開均水
之法，以防忿爭。故經界不正，人將生心；土田陪敦，職競用力。規子
木偃瀦之政，思桓公障谷之盟。春鍤星繁，溝塍綺錯。孫叔敖之霸全楚，
意在陂塘；邵信臣之典南陽，名因溉灌。興利除害，而人不爭。雖歎之
荐(薦)及，因京坻之有望。俾知涯分，無廢函活。何使司之不明，而劾
奏之非允。昔鄧晨開夢，理鴻隙而條源；何敞效能，流鮦陽而刻石。揆
今度古，自合激揚；糾謬繩愆，妄云煩擾。以茲獲戾，不亦太(過)乎？

（判詞二）韓極對：自(字)物必制，嘉謨克獲。飭勸耕桑，領符臥理。
出入阡陌，其敢寧居。且通溝之攸在，亦堰陂而斯尚。鄉亭之中，曾未
刻石；水門之下，初欲成雲。化可比於文翁，恩實多於邵(召)父。使臣

---

[30] 《後漢書》卷81〈獨行列傳〉「范冉本傳」，頁2689。

[31] (清)永瑢等編撰，《四庫全書總目提要》子部卷117〈雜家類・雜學〉「呂氏春秋二十卷」，頁2458。《四
庫全書總目提要》子部卷120〈雜家類・雜說〉「論衡三十卷」，頁2511。

以飲水(冰) 察俗，煩擾致詞；太守以均水利人，約束尤當。疆場有理，
知薄言之足稱；忿爭不生，何簡書之妄奏。比(此) 而無爽，自可明徵。[32]

本判題直接出自西漢召信臣遷南陽太守，「為民作均水約束，刻石立於田畔，以
防分爭」的故事。[33]所謂為人興利，是指解決農村的水利資源問題，本文從此
判文延伸討論唐朝中期之前的「生活」相關規範，進而觀察中古以前「法」與
「社會」的關聯。

一是均水的方式與法令由來：在註 12「偃瀦」中，是討論儲水的方法。根
據所引《周禮‧稻人》：「稻人，掌稼下地。以瀦畜水，以防止水，以溝蕩水，
以遂均水，以列舍水，以澮寫水。」如何理解「均水」的工程建設：

「遂」是田頭第一道小溝，即農渠或毛渠。從灌溉渠系支分下來的水，
通過「遂」才直接配水到田。[34]

完整的水利設施，包括以「築水庫或築攔河壩作為水源工程」(以瀦畜水)；「築
隄修建總渠」(以防止水)；「分出支渠平緩」(以溝蕩水)；「均平地配水到田頭小
溝」(以遂均水)；然後「四圍築起田塍關住稻田水層」(以列舍水)。若有餘水和
發大水時，則由「小溝排水入川」(以澮寫水)。其間大小堰閘斗門之制，不言
自在其中。兒寬（？-B.C.103）已有「開六輔渠，定水令以廣溉田」。[35]

二是開渠相關規範：除了〈為人興利〉之外，尚有判二十三〈田農門〉「屯
田不開渠判一道」；判二十五〈田稅溝渠門〉「無失（夫）修隄堰判四道」、「修
河堤（隄）不溉田判一道」；判二十六〈堤堰溝渠陂防門〉「清白二渠判六道」、
「開渠判一道」、「毀瀘龍泉判六道」，共 19 道。判題容包含「甲乙爭屯田以不
開渠訴訟」，「無夫修隄與興徭役」、「縣主修河隄為郡守詰不以修溝渠」、「縣令

---

[32] 《文苑英華》卷 533〈為政門‧為人興利判〉，頁 2725-26。

[33] （漢）班固撰，《漢書》（台北：鼎文書局，1986）卷 89〈循吏傳‧召信臣本傳〉，頁 3642。

[34] （後魏）賈思勰原著；繆啟愉校釋；繆桂龍參校，《齊民要術校釋》（北京：農業出版社，1982）卷 2
〈水稻第十一〉「注」，頁 101。

[35] 《漢書》卷 58〈兒寬傳〉，頁 2630。關於六輔渠在何處？根據注家討論，是指鄭國上流南岸。

被追究清白二渠斗門未修之責」、「刺史開渠借貸與處分」、「重修溝渠利益訴訟」
等等，行為主體有庶民之間、縣令與郡守、縣令失職、刺史與富民，以及庶民
與富民等多方面的群體糾紛。

　　三是宵禁的法令：「師學門：勤學犯夜判」是有關觸犯夜禁，置於〈師學門〉，
頗有強調「勤學」可以免夜犯之罰，或許顯示唐代對「士人」身分給予法律優
免。不過，根據判題：

> 長安令杜虛：有百姓王丁犯夜，為吏所拘。虛問其故，答云：「從師授
> 書，不覺日暮。」虛曰：「鞭撻宵越，以立威名，非政化之本。」使吏
> 送歸家。御史彈金吾郎將，不覺人犯夜。訴云：「縣令送歸，非金吾之
> 罪。」

本判可深入討論問題有二大類，一是犯夜的法律規範，包括「禁」什麼？還有
什麼身分的人有特殊禁嗎？二是長安城治安問題，是長安令的職責？還是宮城
守衛？另外，唐代也有「宵禁」的特別規定：

> 神龍之際，京城正月望日，盛飾燈影之會。金吾弛禁，特許夜行。貴遊
> 戚屬，及下隸工賈，無不夜遊。車馬駢闐，人不得顧。王主之家，馬上
> 作樂以相誇競。文士皆賦詩一章，以紀其事。作者數百人，惟中書侍郎
> 蘇味道、吏部員外郭利貞、殿中侍御史崔液三人為絕唱。……文多不盡
> 載。[36]

可知中宗神龍年間（705-707），因元宵節慶，特許夜行，京城王公百姓莫不出
行夜遊，盛況非凡。

　　四是城市生活法令：判四十三〈關門道路門〉的道路類有「廬樹判二道」、
「道路判一道」、「徑踰判一道」、「科木作道判一道」、「穿墻出水判一道」、「開

---

[36] （唐）劉肅撰；許德楠，李鼎霞點校，《大唐新語》（北京：中華書局，1984）卷 8〈文章第十八〉，頁
127。

溝向街判一道」、「染甕灑塵判一道」、「街內燒灰判一道」、「造橋判一道」、「縣令不脩橋判一道」、「私僱船渡人判四道」、「不修橋判一道」，共 16 道。若細究判題與對判，或可看出考題重視的城市秩序及官府公權力，以「開溝向街判」為例：

> 丁開溝向街流惡水，縣令責情杖六十。訴違法既有文，不合責情並仰依法正斷。
>
> 惟丁門接通衢，美非仁里，異汾澮而流惡，成閭閻之致沼，遂使軒車曉一作晚度，將墜於曳輪，銅墨風行，有聞於箠令。雖禮律之目，彼此或殊，小大之情，得失斯在，而法有恒禁，政貴移風，故議事之刑，則符令典，妄情之訴，期於自息。[37]

此題的丁破壞街道溝渠，並且傾流污水。就《唐律》而言，丁的觸犯〈雜律〉「侵巷街阡陌條」(總 404 條)：「諸侵巷街、阡陌者，杖七十。若種植墾食者，笞五十。各令復故。雖種植，無所妨廢者，其穿垣出穢污者，杖六十；出水者，勿論。主司不禁，與同罪。」[38]縣令杖丁六十是符合「穿垣出穢污」的刑度，但丁卻控訴縣令「不合責情」，違法審判。此判不僅有城市居民與生活法令現象，也引發「責情杖」與「決杖」的問題討論。[39]此外，當後世城市人口密度愈來愈高時，城市法令亦多有增減，而唐判所關注的問題，或可成為城市發展史的基底。如宋代官府注意「侵街」在於違建問題，甚至有地方官實施「侵街錢」罰鍰。[40]

　　進一步舉〈為政門〉「為人興利判」之典故的空間分佈，（參見表 5）第一道判詞有「孫叔敖之霸全楚」，語出《淮南子・人間訓》：「孫叔敖決期思之水而

---

[37] 《文苑英華》〈開溝向街判〉卷 545〈開溝向街判〉，頁 2783-1。

[38] 《唐律》卷 26〈雜律一〉「侵巷街阡陌條」（總 404 條），頁 488-489。

[39] 2017 年 10 月 15 日，「唐律研讀會」：《宋刑統》解讀，王信杰《《宋刑統》研讀報告：總 2 條「杖刑伍」》（未出版），頁 6-7。

[40] (宋)李燾，《續資治通鑑長編》（以下簡稱《長編》，北京：中華書局，1984）卷 297〈元豐二年四月辛酉〉條，頁 7234。

灌雩婁之野，莊王知其可以為令尹也。」與《通典‧水利田》：「後漢章帝建初中，王景為廬江太守。郡部安豐縣有楚孫叔敖所起芍陂，先是荒廢，景重修之，境內豐給。」從《水經注疏》則可確認方位：「守敬按：雩婁在《春秋》為楚地。昭五年，楚子懼吳，使薳啟疆待命於雩婁。《史記‧吳世家‧集解》服虔曰，雩婁，楚之東邑。《淮南子》孫叔敖決期思之陂，灌雩婁之野。亦楚地之確證。然則《左傳》侵吳，及雩婁，師未出楚境，知吳有備而還。非謂雩婁為吳地也，當作縣故楚地。酈氏故吳之說，即就《左傳》言也。」也就是集中在河南省信陽市。

表5　〈為政門〉典故運用的地理分佈

編號	判名	典故	地點	今地	緯度	經度
1	為人興利	南陽太守召信臣	南陽	河南省-南陽市-宛城區	33.001	112.5444
2	為人興利	孫叔敖霸全楚	期思	河南省-信陽市-淮濱縣	32.3465	115.4896
3	為人興利	孫叔敖霸全楚	雩婁	河南省-信陽市-固始縣	31.8835	115.8672
4	為人興利	孫叔敖霸全楚	芍陂	安徽省-六安市-壽縣	32.289446	116.680266
5	為人興例	鄧晨開夢理鴻隙	鴻隙陂	河南省-周口市-商水縣	33.5952	114.5684
6	為人興利	何敞效能流鮦陽	鮦陽	安徽省-阜陽市-臨泉縣	33.0987	114.9929
7	為人興利	化可比文翁	蜀郡	四川省-成都市-成華區	30.6501	104.0864
8	教吏	(張廣漢)問羊	潁川	河南省-許昌	34.1617	113.4762

	為蚝筐	知馬		市-禹州市		
9	教吏為蚝筐	（張敞）抱鼓稀嗎	京兆尹	陝西省-西安市-未央區	34.3194	108.8835
10	不拘文法	（汲黯）臥理淮陽	淮陽	河南省-周口市-淮陽縣	33.7331	114.8916
11	不拘文法	（龔遂）行歌渤海	渤海	河北省-滄州市-滄縣	38.2137	117.0484
12	告糴	（任延）民常告糴交趾	九真	越南-北部-清化省	19.8715	105.7254
13	刺史求青牛	已見秦彭	山陽	山東省-菏澤市-巨野縣	35.1447	116.1128
14	刺史求青牛	始叶朱暉	南陽	河南省-南陽市-宛城區	33.001	112.5444
15	縣令增貲	比績劉平	全椒	安徽省-滁州市-全椒縣	32.0972	118.2734

目前歸納〈為政門〉的判詞所使用的典故後，就地區出現的次數而言，有三種情況：一是有七次的河南省。（表5，編號1、2、3、5、8、10、14）；二是有三次的安徽。（表5，編號4、6、15）；一是有一次的四川省（表4，編號7）、陝西省（表5，編號9）、河北省（表5，編號11）、越南北部（表5，編號12）、山東省（表5，編號13）。若再仔細推究，這些典範事例是來自廣義的中原地區居多。（參見圖一）

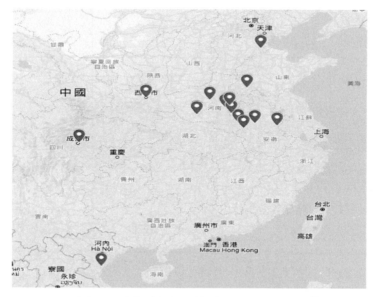

圖一　〈為政門〉判詞典故分佈示意圖[41]

五、判詞的內容與知識體系

　　《文苑英華》的「唐判」是考試產物，是要測試考生「文理優長」，所謂「文理」是否包含「法理」？換言之，從這些「唐判」如何理解唐朝考生的法律知識？

　　一是《經》與《史》：從「為人興利判」中，考生從「南陽太守」、「為人興利」、「均水」等關鍵詞語，就必須立刻聯想《漢書·循吏傳》中的「召信臣」。對判中，就會出現「邵信臣之典南陽」（第一道）、「化可比於文翁，恩實多於召父」（第二道）。進一步延伸作答，則引用《經》的故事，而有「規子木偃瀦之政，[42]思桓公障谷之盟」（第一道），包括《左傳·襄公二十五年》和《春秋公羊傳·僖公三年》的典故，以及其他史書如「昔鄧晨開夢，理鴻隙而條源；何

[41] 由 107 年度科技部補助專題計畫助理嚴茹蕙繪製。計畫編號：MOST107-2410-415-016

[42] 子木即是商瞿，孔子七十二門人之一。註 11 引《左傳》可知「楚蒍掩書土田法以授子木之事」。

敞效能，流銅陽而刻石」（第一道）引《後漢書》的鄧晨、翟方進、何敞故事[43]；第二道則限於《史記》、《漢書》的故事，亦不會從近人的事例著眼。[44]直到晚清，《經》、《史》仍是讀書人最重要的知識來源，如曾國藩的日課中有「剛日讀經，柔日讀史」之說，其讀書有兩條門徑可尋，「是修身不外讀經；其二是經濟不外讀史」。[45]

二是蒙求小學：考生如何準確明快使用「典故」，以目前的資料庫搜尋，尚且有無法確定若干故事的出處，如「師學門：生徒攫塵判」對「方執爨於吳樵」一例，[46]那麼究竟唐人的教育提供基礎訓練為何？小學啟蒙書籍流傳，其教育作用不可忽略，以李瀚《蒙求》影響廣遠：

> 《事偶韻語一卷》舊本題錢塘凌緯撰，不詳時代。是書凡五言絕句一百首，前有自序云：唐李瀚蒙求，約四言成編，誠便記覽。自後文士，往往效而為之。……[47]
> 《性理字訓一卷》湖北巡撫採進本，舊本題宋程端蒙撰，程若庸補輯。……端蒙所作凡三十條，若庸廣之。……規仿李瀚蒙求，而不諧聲韻。不但多棘脣，且亦自古無此體裁。疑端蒙游朱子之門，未必陋至於此，或村塾學究所託名也。[48]

---

[43] 參見註 25-28。

[44] 關於「均水」，(元)袁桷《延祐四明志》卷 1〈風土〉「王深寧先生四明七觀」：「唐薛大鼎治新溝，漢召信臣作均水約束」。薛大鼎（?-654）累徙滄州。無棣渠久廢塞，大鼎浚治屬之海，商賈流行，里民歌曰：「新溝通，舟檝利。屬滄海，魚鹽至。昔徒行，今騁駟。美哉薛公德滂被！」

[45] 2016 年 2 月 24 日，〈遼寧日報〉，「曾國藩讀書法：學如富貴在博收」。
http://ln.people.com.cn/BIG5/n2/2016/0224/c339841-27796620.html

[46] 2016 年 10 月 24 日，朱丹寧「師學門：生徒攫塵判」解讀報告，（未出版）註 34 無解。愚以為或許蔡邕焦尾琴由來有關。《後漢書》卷 60〈蔡邕傳〉，頁 2004。吳人有燒桐以爨者，邕聞火烈之聲，知其良木，因請而裁為琴，果有美音，而其尾猶焦，故時人名曰「焦尾琴」焉。「方執爨於吳樵」意指以最好的柴火煮飯。

[47] 《四庫全書總目提要》〈史部〉卷 98「事偶韻語一卷」，頁 1849。

[48] 《四庫全書總目提要》〈子部〉卷 95「性理字訓一卷」，頁 1960。

《蒙求》「自李瀚以下，仿其體者數家，大抵雜採經傳事實，隸以韻語，以便童子之記誦。」[49]其書有596句，二千三百八十四字，書中典故有五百九十二人，被廣泛運用於詩、詞、賦，[50]唐判中的典故亦可從中尋得，如「師學門：生徒擢麈判」對「忽飛麈於范甑」，語出「范冉生麈」。[51]

　　三是援法依理：擬判中，如何反映考生的法學素養？從敦煌文明判集、麟德安西判集、白居易的「百道判」確實有「行盜，理合計贓」、「計理雖合死」、「法意本欲防奸」、「按雜律云：諸不應得為而為之者，笞」等與律法相關，但判詞仍著重說理，甚少引律法原文，通常只引述律意，或法意。[52]從「為人興利判」思考何以廉訪使奏南陽太守「煩擾」。本案主「均水刻石立於田畔」，除了有「均水約束」是否依當地鄉原體例的問題外，[53]還有是否觸犯「長吏輒立碑」的問題。根據《唐律》規定：

> 諸在官長吏，實無政迹，輒立碑者，徒一年。若遣人妄稱己善，申請於上者，杖一百；有贓重者，坐贓論。受遣者，各減一等。[54]

採訪使負責查奏地方官考課事務，文宗大和三(829)年，朝廷重申官觀察使的考課功能，對於刺史在任政績尤異，「所陳善狀，並須指實而言」，包括增加戶口、墾闢田疇、荒地及復業戶、營田課徵、是否供應本軍本道的米糧斛斗等等，都必須詳列細目數字，並依定考核查對。[55]就政策的推行而言，判題是符合律令

---

[49] 《四庫全書總目提要》卷136〈子部〉「純正蒙求三卷」，頁2811。

[50] 顏維材、黎邦元註譯，《蒙求註釋》(太原市：山西人民出版社，1987) 顏維材撰〈前言〉。

[51] 《蒙求註釋》「范冉生塵89」，頁92。

[52] 高明士，〈唐律中的「理」─斷罪的第三法源〉(《臺灣師大歷史學報》第45期，2011，頁1-40)，頁33。又，高師亦同意拙著〈論宋代獄訟中「情理法」的運用〉於官員「援法據理」則指出讀書人辨識道理的能力，以及據理者的義理能夠闡明「天理」。然而，愚亦強調宋人主張「凡事既到官，官府只有依程序與法規處理。」亦是一種法理。

[53] 高橋芳郎，〈第四章宋代浙西デルタ地帶における水利慣行〉，收入氏著《中国の法制と社会》(日本東京：汲古書院，2002)，頁111-148。

[54] 《唐律》卷11〈職制律〉「長官輒立碑」條，頁127。

[55] 王溥，《唐會要》卷68，〈刺史上〉，頁1203。

105
從唐代「擬判」論法律教育

規定。[56]對判「揆今度古,自合激揚;糾謬繩愆,妄云煩擾。以茲獲戾,不亦太(過) 乎?」(第一道)、「疆場有理,知薄言之足稱;忿爭不生,何簡書之妄奏。比(此) 而無爽,自可明徵。」(第二道)考生(未來的審判官員)不明確指出法律,並不代表不知,而是向來實判中「援法據理」[57]的「法理」是官員原情息爭的最後一道防線。[58]

六、擬判與案判的比較

唐判研讀過程中,解讀者對於「試判與案判之間的關係」充滿興趣並且試圖解答,但終究未成體系。[59]其問題膠著於「身言書判=試判≠案判」,若要更進一步突破,解讀者除了要具備唐宋考試制度背景知識外,[60]應該著重於下列五項:1.唐朝的判和考試相關,即便是取州縣案牘疑議,也是選舉(考題)而且這些考題都有變更。2.目前留下來的「唐判」,究竟有無「實際案例的判決文」,我個人認為尚未見到。3.敦煌文書中的判,可能是實際案件的「判」決過程文書。4.判決文書編輯成書,恐怕要到北宋末年迄南宋。5.至於參與擬判的官員則可從「檢法官」的研究成果著手。

本文以〈刑獄門〉與《名公書判清明集》[61](以下簡稱《清明集》)比較為例。(參見表6)目前歸納〈刑獄門〉的判文,在二十八道判詞中,有十道是由白居易撰寫,占三分之一以上(36%)。此外,比較《清明集》的實判後,來自於五項門類,分別是〈官吏門〉有11件(表6,編號5、10、12、13、14、15、16、17、18、19、21);〈人品門〉有6件(表6,編號7、11、23、26、27、28);

拙著,〈從「生祠立碑」論唐代地方信息法制化〉,《法制史研究》(2009)第十五期,頁1-58。

[57] (宋)黃榦,《勉齋集》卷33〈謝文學訴嫂黎氏立繼〉,頁33。

[58] 拙著,〈論宋代獄訟中「情理法」的運用〉,《法制史研究》(2002)第三期,頁95-137,收入《宋史研究集》第33輯。收入中國人民政法大學主編,《百年回眸—法律史研究在中國》一書中(2009.12)。

[59] 2016年1月30日,陳胤豪《文苑英華·判·師學門·勤學犯夜判》解讀報告(未出版),頁29-35。

[60] 徐道鄰,《中國法制史論集》(台北:志文出版社,1975)〈宋朝的法律考試〉,頁188-229。

[61] (宋)不著編人,陳智超等點校,《名公書判清明集》(北京:中華書局,1987)。

〈懲惡門〉有 7 件（表 6，編號 1、2、6、8、9、20、24）；戶婚門有 3 件（表 6，編號 3、4、22）；人倫門有 1 件（表 6，編號 25）。其中，〈人品門〉以「公吏」居多，是屬衙門業務範疇，可列入「官吏門」一併討論。初步觀察結果，唐判〈刑獄門〉試驗考生如何在歧異的審判中表達意見？從官吏、公吏的類別居多而論，以管束官府官人員為主，略可推知刑獄審判重點在於行政事務的合理運作。

表 6　〈刑獄門〉與《清明集》比較

編號	判名	擬判方式	門類	處理方式
1	流人降徒	贊成大理寺，認為刑部深文	〈懲惡門〉「妄訴·訴以弟及弟婦致死誣其叔」	照赦勿論。書擬官奪俸一月，追吏人問。
2	奇請他比議	贊成御史台，不應除去	〈懲惡門〉「妄訴·以劫奪財物誣執平人不應末減」	羊六勘杖一百，編管五百里。
3	誘人致罪	兩造應依實狀科罪	〈戶婚門〉「孤幼·鼓誘卑幼取財」	卑幼孫某杖一百，誘者詐取財，從盜論。
4	因丑致罪	所由不知如何科罪是失職。應科減二等。	〈戶婚門〉「爭業·乘人之急奪其屋業」	張光瑞仍從輕杖一百。
5	詐稱官銜	辛詐官領薪有罪	〈官吏門〉「頂冒·頂冒可見者三」	只是頂冒一節，黥配有餘。
6	犯徒加杖	縣以為乙無兼丁減刑，處理不當，應改正。	〈懲惡門〉「告訐·資給誣告人以殺人罪」	父決脊杖，送五百里州軍編管，子決脊杖十三

7	解桎	御史所糾太過嚴刻	〈人品門〉「公吏・責縣嚴追」	其為縱囚則一，決脊杖十二，寄配鄰州。
8	刑罰疑赦	有司赦之有理	〈懲惡門〉「妄訴・妻自走竄以劫掠誣人」	今事既虛妄，乃以疑是二字脫籠官司。
9	告密	越關告密，告密縱使非虛，越關無宜首免	〈懲惡門〉「匿名書・匿名榜連粘曉諭」	連粘原榜在前，自我警惕。
10	贓賄	縣丞所言應查明，否則恐有疑獄	〈官吏門〉「儆飭・倉官自擅侵移官米」	今當職未忍遽行按劾，請以原物還之。
11	吏犯徵贓	所由對，御史所舉非當	〈人品門〉「公吏・治州吏不照例襯被」	俗語云：打殺鄉胥手，勝齋一千僧。
12	主簿取受	州將使下僚知恥	〈官吏門〉「儆飭・縣官無忌憚」	蕭主簿候對移。
13	尉用官布	縣尉雖已還官布仍觸法網	〈官吏門〉「儆飭・杖趙司理親隨為敷買絲」	杖打趙司理的親隨。
14	未上假借	丁有罪	〈官吏門〉「儆飭・任滿巧作名目破用官錢」	未標示姓名，書之以示來者，所作名色，謂之送還行李。
15	乾沒稍食	乙雖有罪，任依輕典	〈官吏門〉「澄汰・贓污狼籍責令尋醫」	監稅人世祿入官，悖繆贓污狼籍，限兩取尋醫狀申。

16	取錢授官	刑部所斷合宜	〈官吏門〉「受贓·贓污」	追赴官司,受贓黃權簿勘契何年到任。
17	受囚財物	尚書省刑部所駁正確	〈官吏門〉「對移·對移贓污」	縣丞為監官,乃與吏作套取財,姑對移本縣主簿。
18	脫枷取絹	罪不至合徒與除名	〈官吏門〉「徼餉·獄官不可取受」	縣尉留會於几格間,瓜田李下之忌。
19	免罪不謝白居易	贊成乙不必謝丁	〈官吏門〉「申徼·咨目呈兩通判及職曹官」	存心以公。傳曰:公生明,私意一萌,則是非易位。
20	子行盜白居易	甲教導無方,大言不慚,贊成誚者所言	〈懲惡門〉「告訐·叔告其姪服內生子及以藥毒父」	叔父告 ,從輕決竹篦。
21	冒名事發白居易	贊成法司,勿許真拜	〈官吏門〉「頂冒·冒解官戶索真本誥以憑結斷」	且從輕勘下杖一百。
22	請不用赦白居易	不要全廢	〈戶婚門〉「爭業·妄訴田業」	從輕決竹篦十下。
23	失囚判白居易	甲失職應罰	〈人品門〉「公吏·罪惡貫盈」	受帖一百,聊示薄罰。
24	遇毒白居易	查明案情,無妄罪人	〈懲惡門〉「假偽·假偽生藥」	勘杖六十,枷項本鋪前,示眾三日。
25	被妻毆白居易	妻已傷婦德,但亦難從縣責	〈人倫門〉「夫婦·妻背夫悖舅斷罪聽離」	杖六十,聽離。

26	稽緩制書	甲失職，應依法判，法直所斷太重	〈人品門〉「公吏·州吏故違安所錄匣」	二吏各決臀杖二十，刺面配一千里，且申司所照會。
27	刺史違法白居易	支持景的作法	〈人品門〉「公吏·辦公吏攤親隨受略」	知錄辦監司公吏有失職之處。
28	私發制書白居易	查明封泥，是否為樞密大事	〈人品門〉「公吏·受贓」	決脊杖二十，刺配二千里。

關於擬判對未來官僚的可能期許，茲舉「刑獄門：受囚財物判」（表6，編號17）判文為例：

> （判題）丁受囚財，增其語。贓輕減罪，省司較議，非當鬻獄。
> （判詞）對：鬻獄賈直，實誠魯史；舞文巧詆，用存漢策。小大之察，必惟其情；輕重之權，固茲無濫。眷彼丁者，職在監臨。貨以藩身，見魯豹之裂帶；貪而速戾，同叔魚之敗官。且無屬厭，難以末減。省司忠告，實謂平反。[62]

判題假設出丁為官員，受罪囚財物，而在判決過程增添語詞。丁所受是輕贓，所以減罪判定。不過，中央尚書刑部仍上書奏議，[63]指出丁是觸犯「受賄枉斷官司」的不當行為。判詞對答使用二個典故，闡明丁具監臨官職貪貨是不可減刑。典故一是「魯豹裂帶」精神，[64]闡明官員為了國家利益，寧死也不願意賄

---

[62] 《文苑英華》卷522〈刑獄門〉「受囚財物判」，頁275-276。

[63] 較議之意為評論駁議；駁議則是上書名稱之一。根據(漢)蔡邕《獨斷》卷上：「凡群臣上書於天子者有四名，一日章，二日奏，三日表，四日駁議……其有疑事，公卿百官會議，若臺閣有所正處，而獨執異議者，曰駁議。駁議曰：某官某甲議以為如是，下言臣愚戇議異。」

[64] (清)阮元審定，盧宣旬校，《春秋左傳》（《重栞宋本左傳注疏附校勘記》，台北：藝文印書館，1965，清嘉慶二十年(1815)南昌府學刊本）卷41〈昭公傳元年〉，頁699。

賂的決心。典故二是「叔官敗官」的鑑戒，[65]舉證官員貪貨，不僅敗壞司法審判，亦招致殺身之禍。

判題「丁受囚財，增其語」涉及「監臨主司受財而枉法」的規範，可判處「一尺杖一百，一疋加一等，十五疋絞」的刑度。[66] 此律溯源自《尚書·呂刑》：「五過之疵」中的「惟貨」，即是「行貨枉法」，此類行為屬官員貪贓受賄，最嚴重的瀆職罪性質。[67]判詞對曰「省司忠告，實謂平反」，顯然完全同意刑部的駁議，並且認為已糾正罪囚應得罪刑。不過，判詞既未引用唐代現行法，亦未討論「丁」的的罪罰，究意是考生不宜論斷官員刑罰？抑是不同歷史時期的執法有差異？[68]比較南宋《清明集》的判詞：

> 縣丞身為監官，乃與吏作套取財，甚至鹽米之類亦責民戶納錢。今見劉仁送獄，恐蹤跡敗露，乃敢突然申來，欲取劉仁下縣，可謂狼藉無忌憚之甚，姑對移本縣主簿，仍仰僉廳連呈州院，勘到縣丞與劉仁同取受情節，其催租一節，牒通請別選委清勤官吏，仍嚴與約束，毋令擾民，限只今申。[69]

判語中敘明四點：1.縣丞是監臨主司。2.已由州院勘鞫與吏人劉仁取受民財的情節。3.縣丞所主管的催租職務，另委其他官吏擔任。4.縣丞姑且對移本縣主簿。在《清明集》對移縣官仍不見姓名，只有共同犯罪的吏人具名其中，此一情況與唐代擬判以「丁」為官員代稱，頗有類似之處。雖然「對移」只是對官員的從輕處罰，卻被視為改善縣政的重要制度。[70]「對移」刑罰雖不及官員直接受

---

[65] 《春秋左傳》卷47〈昭公傳十四年〉，頁821。晉邢侯與雍子爭鄐田，久而無成。士景伯如楚，叔魚攝理。韓宣子命斷舊獄，罪在雍子。雍子納其女於叔魚，叔魚蔽罪邢侯。邢侯怒，殺叔魚與雍子於朝。宣子問其罪於叔向，叔向……乃施邢侯，而尸雍子與叔魚於市。

[66] 《唐律疏議》卷11〈職制律〉「監主受財枉法」（總138條），頁220-221。

[67] 《唐律疏議箋解》，頁865。尚書呂刑的五疵之過，包括惟官、惟反、惟內、惟貨、惟來。

[68] 《唐律疏議箋解》，頁866-867。劉俊文舉「唐太宗貞觀處理滄州刺史受財枉法」案與「唐穆宗長慶處理遂寧縣令龐驥貪贓枉法」案，唐後期以「哀矜」廢法，而流於吏治腐敗。

[69] 《清明集》卷2〈官吏門·對移〉「對移贓污」，頁57。

[70] 拙著，《明鏡高懸—南宋縣衙的獄訟》，頁425-434。

肉刑杖罪的身體痛楚，但若以讀書人好面子的心態而言，即使是「對移」二字，都可能造成無法抹滅的恥辱。

七、結語

在唐代，身言書判試已制度化且施行甚久，也有相當數量的考試「擬判」保存。但隨政治更革，漸失其實，五代及宋初雖襲唐制，但已難接其源流，真宗因大赦之慣例，復用身言書判之名，以對選人施簡拔之恩，無論銓選機構、考試對象及方式，都與唐代大相逕庭。[71]本文從小問題抽引推求法史學的解釋，仍然亟需解讀更多「唐判」，加強歸納分析，並嘗試跨學科的研究，從而建構政治史、文化史與社會史的立體面相，整合史學、法學與教育學的研究取向。

從《文苑英華》的「擬判」推究唐代法律教育，就〈刑獄門〉的判文結構與法律問題而言，判題與判詞都包含三項以上的法律規範，但擬判者不必引用嚴密的法條論證，考生只要熟記典故，就符合考題意旨。就〈師學門〉的判題與禮法教育而言，包括教師聚眾與社會安全、學生日常儀禮、士人與公人的禮儀，以及士人求學仕宦的分際等四項。士人若涉審判，其身分與官人相同，而且禮是最重要的生活法則。就〈為政門〉擬判所見生活法令而言，均水和開渠的判文是與農村社會習習相關，以庶民、地方官與富民等多方面群體糾紛的情境，考核士子的為官能力。宵禁和關門道路的判文則與城市居住有關，以各種公共議題呈現考試重視城市秩序與官府公權力。

就判詞與考生的知識體系形成而言，《經》、《史》與蒙求小學的教育來源，判詞即使未能明確指出法律，不見得考生的法律知識就顯薄弱，歷來官員審案，法條運用是最後手段。就擬判與案判的比較而言，兩類判詞中往往不會明確指出官員罪刑，甚至對官員士人多有禮遇的處置，顯示「士人」在傳統法律中的特別身分。至於刑獄試判重點在於行政事務的合理運作，試題考驗士子如何在歧異審判中表達意見。

---

[71] 曹家齊，〈宋代身言書判試行廢考論〉，收入氏著《宋史研究雜陳》（北京：中華書局，2018）頁28-61。

　　附記：高明士老師是帶領我涉入法制史和接觸日本學術界的導師。自 1994年，我加入了老師所主持的「唐律研讀會」後，關懷的領域不僅擴及到法制史，研究時代也上溯至唐代，不再只局限宋代。本文原載於《역사문화연구》（歷史文化研究）第 73 輯（韓國首爾：韓國外國語大學校　歷史文化研究所，2020.02），謹以此小文慶賀高明士老師八秩壽誕。

文獻篇

唐令復原方法に関する一考察
—唐獄官令第 22 条を中心として—

岡野　誠[*]

中文摘要

關於唐令復原方法的一考察
—以唐《獄官令》第 22 條為中心—

仁井田陞著《唐令拾遺》(1933 年)，是從和漢龐大的書籍，蒐集早已散逸的唐令，復原了唐令 30 卷的條文與體系，誠是貴重的研究成果。就此成果而言，世界的研究者都予以認同。

筆者對於仁井田氏在學問上的業績，給予高度評價，而今敢就《唐令拾遺》的唐令復原方法方面，試圖對仁井田氏所提出的基本資料與筆者所指出參考資料當中的令文語句，再予檢討。同時對於《唐令拾遺補》（1997 年）、《天一閣藏明鈔本天聖令校證》（2006 年），有關唐令復原方法的特色與問題點，也同樣加以檢討。

為比較檢討這三者的復原方法，以期問題明確化，筆者乃限定在唐《獄官令》第 22 條（「犯罪未發」條，《唐令拾遺》776 頁）復原方法的議論。同條在論及中國法制史上的「禁止依據事後法追溯處罰」時，一定會被引用的重要條文。

透過本稿的檢討，筆者可獲得如下的結論。

《唐令拾遺》是將開元七年及開元二十五年《獄官令》第 22 條，復原為同文。但根據私見，採用基本資料與參考資料，直接可能復原的唐令，其實只有

---

[*]　日本明治大學名譽教授；公益財團法人東洋文庫研究員。

開元二十五年《獄官令》第 22 條。復原的主要根據,是《宋刑統》卷三〇「制
勅斷罪」條所引旁照法,再加上《天聖‧獄官令》宋令第 28 條,並參照《慶元
條法事類》卷七三《斷獄令》。

　　筆者所復原的唐令方案,即:「二二〔開二五〕諸犯罪未發及已發未斷決,
逢格改者,若格重,聽依犯時;格輕,聽從輕法。」此案與《唐令拾遺》同條
相較,刪除「聽依犯時」之後的「格,若」二字。

　　由於《開元二十五年令》與《養老‧獄令》第 31 條幾乎一致,因而間接有
可能復原作為《養老令》母法的《永徽令》該當條。此即前述開元二十五年《獄
官令》第 22 條私案的「格輕」之前,加上一個「若」字。這個字,當是永徽、
開元間,根據「刊定」而被刪除。

　　關於《唐令拾遺》的復原方法,原則上重視《大唐六典》,一直採取有可能
復原《開元七年令》這樣的立場。但因前述開元二十五年《獄官令》第 22 條私
案,與《大唐六典》卷六所引唐令的文字,有 71% 的一致率,所以可證明《開
元七年令》當中,確實存在對應於開元二十五年《獄官令》第 22 條的條文,只
是要復原全部條文的字句是有困難。

　　就整體復原方法而言,因為在《宋刑統》旁照法所引的唐令,以及《天聖
令》所附唐令,都存在的場合,或者存在於其中之一的場合,通常都認為此等
資料價值極高,而應該優先採用《開元二十五年令》來復原。即使該當條文存
在於天聖宋令的場合,也比照所附唐令,而達成這個任務的可能性甚高。這種
復原方法,若以《唐令拾遺》平等處理其採用基本資料作為復原方式的原則時,
則筆者的復原方法可視為例外。(高明士教授譯)

はじめに

　唐代法制史の研究において、常に参照すべき重要文献として『唐律疏議』と仁井田陞著の『唐令拾遺』とがある。『唐律疏議』それ自体の成立過程は今一つ不明ながら、唐代の刑法典『律』12巻とその公的注釈書である『律疏』30巻を材料に、唐滅亡後編纂されたものであることは、ほぼ事実と思われる[1]。

　この『律』に対して『令』30巻の方は早くに亡逸し、長い間その令文を通覧することができなくなっていた。日本ではすでに江戸時代からその復原が試みられたが、近代に至り東京大学法制史講座を拠点とする宮崎道三郎、中田薫、仁井田陞の三代の碩学のたゆまぬ研鑽の結果、ついに仁井田陞著『唐令拾遺』（1933）として結実したのである。

　『唐令拾遺』に対して、筆者（以下本稿では、「筆者」および「引用者」は岡野を指す）は常に利用者・受益者の立場にあり、これまでその復原方法について逐一検討を加えるというような作業は特にしてこなかった。

　この度獄官令中の一ヶ条を引用するに際し、念のためその復原方法を確認したところ、一字一句極めて厳密に検討・復原されていると称される『唐令拾遺』においても、まだ再検討の余地があることが分かった。

　具体的に言うならば、筆者が関心を懐いている条文は、以下の唐獄官令第22条（「犯罪未発条」、『唐令拾遺』p.776）である[2]。

　　諸犯罪未発、及已発未断決、逢格改者、若格重聴依犯時格、若格軽聴従軽法。

　この条文は中国法制史においては「事後法における遡及処罰の禁止」（不遡及の原則）について議論する時、必ず引用される重要な条文である[3]。

　『唐令拾遺』の同条に関しては、他に若干の参考資料も存在し、また池田温編集代表『唐令拾遺補』の刊行や「天聖令」残巻の発見以後においては、研究状況に注目すべき変化も生じてきている。

　ただし本稿は唐令復原についての新方法を提唱したり、新条文の発見の公表を目的とするものではない。あくまで『唐令拾遺』（1933）→『唐令拾遺補』（1997）→『天一閣蔵明鈔本天聖令校證』（2006）各における獄官令第22条を検討の対象とし、それぞれの復原方法について考察するものである。

　肝心な獄官令第22条の内容に関する私見は、行論の都合上本稿とは切り離し、別稿において明らかにしたいと考える。

第一節　令文復原のための基本資料と参考資料

第一項　令文復原のための基本資料の再検討

　『唐令拾遺』の唐獄官令第 22 条（以下において**獄 22** と略記することがある）の復原唐令の後には、仁井田陞氏が復原に用いた基本資料を四種六件に分けて掲げ、各資料間の文字の異同について対校を行っている（なお仁井田氏は「復旧」の語を用いるが、筆者は「復原」に統一する。意味において相違はない）。今『唐令拾遺』に従って、その四種六資料の名称のみを示せば、

　　　一　　唐六典巻六、刑部郎中員外郎条
　　　二 1　唐名例律巻四、犯時未老疾条（名 31 問答）
　　　　 2　宋刑統名例律巻四、同上
　　　三 1　唐断獄律巻三〇、赦前断罪不当条（断 20 疏）
　　　　 2　宋刑統断獄律巻三〇、同上
　　　四　　宋刑統断獄律巻三〇、旁照法

となる（1、2 および（　）内の条文番号は引用者が加えた）。紙幅の都合上ここでは基本資料自体の再録は省略し、後にまとめて掲げることとする。

　そこでまず仁井田氏が、唐獄官令第 22 条を復原するに当り、典拠として挙げた四種六資料につき、逐一再検討することとしたい。その際仁井田氏が『唐令拾遺』を著述する際に、直接参照した資料（ただし今日の時点で、参照価値が相対的に低下した資料については省略する）に加えて、出版時以降に利用可能となった文献をも検討の対象とする。

　行論の必要上、本稿で用いる主な文献を以下に掲げることとする。

　　〔唐令拾遺関係〕
　　仁井田陞著『唐令拾遺』東方文化学院東京研究所、1933
　　　　同　著『唐令拾遺』縮印覆刻版、東京大学出版会、1964、同版第 2 刷、1983
　　仁井田陞原著、栗勁・霍存福・王占通・郭延徳編訳『唐令拾遺』長春出版社、1989
　　仁井田陞著、池田温編集代表『唐令拾遺補』東京大学出版会、1997
　　〔大唐六典〕
　　玄宗撰、李林甫注『大唐六典』三〇巻、明正徳 10 年（1515）刊
　　広池千九郎訓点、内田智雄補訂『大唐六典』広池学園事業部、1973
　　李林甫等撰、陳仲夫点校『唐六典』中華書局、1992

〔唐律疏議〕

長孫無忌等奉勅撰『故唐律疏議』三〇巻、岱南閣叢書、嘉慶 12 年（1807）刊

律令研究会編『訳註日本律令』II、III、東京堂出版、再版 1999（初版 1975）

戴炎輝編著『唐律通論』国立編訳館、三版 1970（初版 1964）

戴炎輝著『唐律各論』上下、成文出版社、増訂版 1988（初版 1965）

長孫無忌等撰、劉俊文点校『唐律疏議』中華書局、第 2 刷 1993（初版 1983）

岳純之点校『唐律疏議』上海古籍出版社、2013

〔宋刑統〕

天一閣旧蔵明鈔本『重詳定刑統』三〇巻

『重詳定刑統』三〇巻、国務院法制局、1918

『重詳定刑統』三〇巻、呉興劉氏嘉業堂、1922

竇儀等撰、呉翊如点校『宋刑統』中華書局、1984

薛梅卿点校『宋刑統』法律出版社、1999

竇儀等詳定、岳純之校證『宋刑統校證』北京大学出版社、2015

〔天聖令〕

天一閣博物館・中国社会科学院歴史研究所天聖令整理課題組校證『天一閣蔵明鈔本天聖令校證—附唐令復原研究』上下、中華書局、2006

〔慶元条法事類〕

『（静嘉堂文庫蔵）慶元条法事類』古典研究会、1968

〔日本養老令〕

『律・令義解』〈新訂増補国史大系 22〉吉川弘文館、2000（初版 1939）

井上光貞・関晃・土田直鎮・青木和夫校注『律令』〈日本思想大系 3〉岩波書店、1976

　唐令復原のための基本資料とは、当該令文を引用（全文・一部）あるいは論及する資料をさす。その資料としての外形は、版本（木版本）・鈔本・排印本（活字本）およびそれらの影印版等である。本節では文字に異同の無い場合は、原則として通行本を掲げることとする。

　なお『唐令拾遺』における基本資料は仁井田氏に従って「一・二1・二2」等で示し、令文復原のための典拠小番号は「(一)・(二)・(三)」等で示す。また筆者の整理番号は「〔一〕・〔二1〕・〔二2〕」等で示すこととする。すなわち仁井田氏の基本資料と筆者整理のそれは対応しているが、元来存在した基本資料間の対校を示す注は削っている。また引用資料の句読点の位置は、特に断らない限り原文のままである。中文著作の句読点の形式は日本語方式に変えてあるが、「；」のみはそのままとしている。

〔一〕『大唐六典』巻六

　『大唐六典』巻六、刑部郎中員外郎条につき、広池本『大唐六典』（p. 148）には、

　　　凡有罪未発、及已発未断、而逢格改者、若格重則依旧条、軽従軽法。

とある。南宋版『大唐六典』残巻は巻六を欠いており、明正徳刊本は前掲の令文と同じである。また陳仲夫点校本（p. 191）も同文。

〔二1〕『唐律疏議』巻四

　『唐律疏議』巻四、犯時未老疾条（名31問答）につき、『訳註日本律令』Ⅱ（p. 123）には、

　　　又依獄官令、犯罪逢格改者、若格軽聴従軽。

とある。その底本である岱南閣叢書本『唐律疏議』も同文に作る。また戴炎輝編著『唐律通論』（p. 311）、劉俊文点校『唐律疏議』（p. 85）、岳純之点校『唐律疏議』（p. 66）も同文である。

〔二2〕『宋刑統』巻四

　『宋刑統』巻四、犯時未老疾条につき、天一閣本『重詳定刑統』鈔本、巻四、名例律老幼疾及婦人犯罪門犯時未老疾条には、

　　　又依獄官令、犯罪逢格改者、若格軽、聴従軽。（句読点は引用者）

とある。これは前掲〔二1〕の『唐律疏議』巻四所引の令文と同文である。

　ただ法制局本『重詳定刑統』巻四（6b）では、「聴従軽」を「則従軽」とするが、「則」字は誤りである。

　また嘉業堂本『重詳定刑統』、呉翊如点校『宋刑統』（p. 59）、薛梅卿点校『宋刑統』（p. 68）、岳純之校證『宋刑統校證』（p. 59）はいずれも天一閣本と同文である。

〔三1〕『唐律疏議』巻三〇

　『唐律疏議』巻三〇、赦前断罪不当条（断20疏）につき、『訳註日本律令』Ⅲ（p. 863）には、

　　　故令云、犯罪未断決、逢格改者、格重、聴依犯時、格軽、聴従軽法。（句読点を一部変
　　　更、引用者）[4]

とある。その底本である岱南閣叢書本『唐律疏議』も同文とする。

　戴炎輝著『唐律各論』（下冊、pp. 802〜803）は、

　　　故令（獄官令二二―拾遺七七六頁）云：犯罪未断決、逢格改者、格重、聴依犯時格；

格軽、聴従軽法。（下線は引用者）
とする。下線を付けた「格」一字は、『唐令拾遺』に拠ったものと思われるが、後述するようにこの一字は『唐令拾遺』の衍字の可能性がある。

また劉俊文点校『唐律疏議』（p.566）、岳純之点校『唐律疏議』（p.481）では、ともに『訳註日本律令』Ⅲ（p.863）と同文である。

〔三２〕『宋刑統』巻三〇

『宋刑統』巻三〇、赦前断罪不当条につき、天一閣本『重詳定刑統』鈔本、巻三〇、断獄律官司出入人罪門赦前断罪不当条には、

　　故令云、犯罪未断決、逢格改者、格重、聴依犯時、格軽、聴従軽法。（句読点は引用者）
とあり、これは前掲〔三１〕の『唐律疏議』巻三〇所引の唐令と同文である。

また法制局本『重詳定刑統』、嘉業堂本『重詳定刑統』、呉翊如点校『宋刑統』（p.490）、薛梅卿点校『宋刑統』（p.555）、岳純之校證『宋刑統校證』（p.409）も同文である。

〔四〕『宋刑統』巻三〇、断罪引律令格式門制勅断罪条旁照法

まず天一閣本『重詳定刑統』鈔本、巻三〇、断獄律断罪引律令格式門制勅断罪条の旁照法に、以下のようにある[5]。

　　准獄官令、諸犯罪未発、及已発未断決、逢格改者、若格重、聴依犯時、格軽、聴従軽
　　法。（句読点は引用者）

また法制局本『重詳定刑統』、嘉業堂本『重詳定刑統』、呉翊如点校『宋刑統』（p.485）、薛梅卿点校『宋刑統』（p.550）、岳純之校證『宋刑統校證』（p.405）も同文である。

この令文（唐の「開元25年令」と考えられる）は、前掲〔一〕の『大唐六典』巻六所引唐令に文字の改変が目立ち、また〔二１〕の『唐律疏議』巻四ならびに〔二２〕の『宋刑統』巻四所引唐令および〔三１〕の『唐律疏議』巻三〇ならびに〔三２〕の『宋刑統』巻三〇所引唐令がいずれも唐令の節略文であるのに対して、より本来の唐獄官令第22条の文言を示すものと言える。〔四〕と『唐令拾遺』所引の四、さらには『唐令拾遺』獄22との字句上の相違については次節で検討する。

第二項　参考資料の追加

『唐令拾遺』の獄官令第22条には、特に参考資料は記されていない。そこで筆者は、以下の諸史料を、参考資料として掲げたい。

〔参考一〕「天聖令」巻二七、獄官令宋 28

　北宋の「天聖令」の明鈔本残巻は、1998 年に戴建国氏によって、寧波の天一閣博物館において発見され、翌年論文として公表された新資料である⁽⁶⁾。そのため仁井田氏は勿論参照することができなかった。その獄官令**宋 28**（清本 p. 417。以下において**宋 28** と略記することがある）は、

　　諸犯罪未発及已発未断決、逢格改者、若格重、聴依犯時；格<u>軽</u>者、聴従軽法。（下線は
　　引用者）

と記す。この**宋 28** に最も近い内容をもつものは、前掲〔四〕の『宋刑統』巻三〇、旁照法所引の唐獄官令であり、その相違点として、**宋 28** では下線を施した「者」一字が多い。

〔参考二〕『慶元条法事類』巻七三、断獄令

　『慶元条法事類』巻七三、刑獄門検断（p. 498）に、

　　断獄令
　　諸犯罪未発、及已発未論決、<u>而改法者</u>、法重、聴依犯時、法軽、従軽法。<u>即応事已用
　　旧法理断者、不得用新法追改。</u>（句読点、下線は引用者）

　唐**獄 22** が南宋慶元令にも影響を及ぼしていることについては、すでに仁井田陞氏の論文「宋代以後における刑法上の基本問題」（p. 292）に指摘がある⁽⁷⁾。

　仁井田氏は、この慶元断獄令の意義について、「多少の修正を施したほかは──つまり旧法によって裁判してしまった場合、それをさらに新法によって改めることができないとしたほかは──唐令を踏襲した。」と解釈される。

　ただし同論文によれば、それより早い北宋の元豊年間（11 世紀末）、農奴を殺害した地主が、裁判継続中に法律が変わったために軽い裁判時法の適用を受け、死刑を免れている事案がある（pp. 292～293）。

　なお慶元断獄令では、唐**獄 22**（本稿第二節第一項の〔A〕参照）の「未断決」を「未論決」に、また「逢格改」を「而改法」に改め、「格」字の使用を止めて「法」字を用いていることに注意すべきである。

〔参考三〕日本「養老令」巻二九、獄令犯罪未発条（獄 31）

　『律・令義解』所収『令義解』巻十（p. 321）に、

　　凡犯罪未発、及已発未断決、逢格改者、若格重、聴依犯時、<u>若格軽</u>、聴従軽法。（下線
　　は引用者）

とある。これを前掲〔四〕の『宋刑統』巻三〇旁照法所引の獄官令と比較すると、「養老令」

では『宋刑統』巻三〇所引獄官令の「諸」字を「凡」字に、「格軽」を「若格軽」としている点が異なっている。

　次節で述べるように、これらの参考資料は、「開元 25 年令」獄官令第 22 条および「永徽令」当該条を復原するに際して参照価値が高い。

第二節　唐獄官令第 22 条の復原方法

第一項　『唐令拾遺』並びに正誤表

　次に本条の復原の歴史を、三つの時期に分けて見てゆこう。以下引用の都合上、複数の復原令文の初めに〔A〕〜〔F〕の符号を付す。

　まず仁井田陞著『唐令拾遺』(1933) 所収の獄官令第 22 条は、以下の形式と内容で復原されている (p. 776)。

　　〔A〕二二〔開七〕〔開二五〕諸 (四) 犯罪 (一)(二)(三)(四) 未発、及已発 (一)(二)(三)(四) 未断決、(一)(四)(三) 逢格改者、(一)(二)(三)(四) 若格重聴依 (三)(二) 犯時格、(一)(二)(三)(四) 若格 (一)(二)(三)(四) 軽聴従軽法、(一)(二)(三)(四)（下線は引用者）

　ちなみに「二二」は仁井田氏が付けた復原唐獄官令の条文番号、「〔開七〕・〔開二五〕」は、復原条文がそれぞれ「開元 7 年令」、「同 25 年令」に相当することを示す。また「(一)・(二)・(三)・(四)」等の典拠小番号は、仁井田氏が復原条文の後に掲げた基本資料の番号を指し、その番号の資料によって当該語句が復原されていることを示す（例えば〔A〕の文頭の「諸 (四)」は、「諸」字が基本資料の四（本稿では〔四〕を参照）にのみ現れ、他の基本資料には存在しないことを意味する）。

　これらの復原典拠を示す小番号の一部は、すでに出版時に「唐令拾遺正誤表」により訂正が施されている。すなわち筆者が下線を付けた「若格 (一)(四)」の (四) は衍字のため削除されている。

　また 1964 年の縮印覆刻版に付された「唐令拾遺正誤表補遺」では「格重聴依 (三)(四)」を「格重聴依 (一)(二)(三)」と改め（(一) を補入）、「犯時格、(一)(二)(三)(四)」を「犯時格、(三)(四)」と訂正している（(一) を削除）。

　さらに基本資料の四、『宋刑統』巻三〇、断獄律に関しても、前述の「正誤表」において、「依犯時格、格軽」を「依犯時格、軽」と、二つの「格」字のうち下線を付けた後の「格」一字を衍字として削っている。ただしこの補正については些か問題があり、次項の滋賀説との関連で再度取り上げる。

第二項 『唐令拾遺補』による補正

　『唐令拾遺』に対しこれまで多くの研究者によって行われてきた補訂作業を集大成した成果として、仁井田陞著、池田温編集代表『唐令拾遺補』(1997) の出版を挙げなければならない[8]。本書は第一部に唐令に関連する仁井田氏の論文 12 本を収め、第二部は「唐令拾遺補訂」と称して、『唐令拾遺』の復原令文の編纂年次、語句、句切（句読点の位置）の訂正、基本資料の訂補、新条文、参考資料、関連研究の追加等を行っている。全体に極めて詳細かつ徹底した補訂作業と評価することができる。そして第三部の「唐日両令対照一覧」では、上欄に新たに補訂された唐令を掲げ、下欄に対応する「養老令」（一部「大宝令」を併せて表示）を並べ、さらに関連する研究文献、備考を付して、唐令復原研究の現状を提示する。これまた大変有用な資料集となっている。

　『唐令拾遺補』第二部「唐令拾遺補訂」の「獄官令二二〔開七〕〔開二五〕（補訂）2 行」(821 頁) に、

　　　格重聴依(三)(四)犯時格、(一)(四)(三)→格重聴依(一)(四)(三)犯時格、(三)(四)（下線は引用者）

と記す。これらは前項で紹介した仁井田氏の「正誤表補遺」(1964) の二ヶ所を再録したもの。

　　　若格(三)(四)軽→若格(二)軽（下線は引用者）

こちらも仁井田氏の「正誤表」(1933) によったものであるが、訂正前の小番号 (三) は (二) の単純な誤記・誤植である。

　第二部の「典拠資料正誤」(p. 829) における「二二〔開七〕〔開二五〕776 頁基本資料四〔宋刑統〕11～12 行」の

　　　犯時格、格軽→犯時格、軽（下線は引用者）

も、前項の仁井田氏の「正誤表」(1933) の訂正を、そのまま採録している。

　その結果第三部「唐日両令対照一覧」に「唐獄官令二二〔開七〕〔開二五〕」として掲げられた獄22 全文は、以下の如く句読点を除けば〔A〕と同文である (p. 1434)。

　　〔B〕諸犯罪未発、及已発未断決、逢格改者、若格重、聴依犯時格。若格軽、聴従軽法。

　この〔B〕に関して、滋賀秀三氏は『唐令拾遺補』に対する書評の中で、以下の如き異論を述べている (pp. 265～266)[9]。

　　　（前略、引用者）傍点を付した「格」字（『拾遺』p. 776 ならびに『拾遺補』p. 821、p. 1434 の「若格重聴依犯時格、若格軽聴従軽法」、引用者）は削除すべきである。『拾遺』が基礎資料の四として引く宋刑統の原文には「若格重聴依犯時格軽聴従軽法」とあるのに、傍線部を『拾遺』基礎資料四は「犯時格、格軽」として「格」字を重複さ

せる。それは同書の単純誤写・誤植である。結果として復原唐令は日本養老獄令第31条と完全に同文となる。

この見解は池田温氏によっても是認されている⁽¹⁰⁾。

〔四〕に関して天一閣本、法制局本、嘉業堂本『重詳定刑統』は同文であることから、仁井田氏所引の基本資料四『宋刑統』の「格重聴依犯時格、格軽聴従軽法。」中、下線を付けた「格」一字は衍字となる。そのため滋賀氏の修正案は、仁井田氏引く基本資料四の『宋刑統』に対する訂正としては確かに正しいと言える。ただし「格」一字を除くのみで、**獄22**の復原唐令が正確なものとなったかについては疑問が残る。

再度確認するならば、仁井田氏は基本資料四『宋刑統』巻三〇、旁照法につき、

犯時格、<u>格</u>軽→犯時格、軽（下線は引用者）

と、後方の「格」一字を削っている。そしてすでに見た如く『唐令拾遺補』（p.829）でもそれを踏襲した。

これに対して滋賀氏の見解は、仁井田氏の『宋刑統』の引き方に誤りがあるとして、

犯時<u>格</u>、格軽→犯時、格軽（下線は引用者）

と改め、前方の「格」一字を削るのである。

実は仁井田氏が「犯時格、軽」と句切ることは、**獄22**の基本資料の三1『唐律疏議』巻三〇、赦前断罪不当条、ならびに三2『宋刑統』巻三〇、同条の「犯時格、軽」にも見られることから、仁井田氏自身「犯時格」（犯時の格）と訓まれていたことが覗える。これらはいずれも句切を改めなければならない（『唐令拾遺』p.776。本稿〔三1〕・〔三2〕では訂正して表示）。

以下この問題を滋賀説とは別の角度から考えてみたい。前節第一項で掲げた〔三1〕『唐律疏議』（断20疏）の後半は「格重、聴依犯時、格軽、聴従軽法。」と二字、四字、二字、四字の句切になっている。〔三2〕の『宋刑統』所引令文も同じである。

このことは基本資料〔四〕の『宋刑統』旁照法所引の令文でも、その後半を「若格重、聴依犯時、格軽、聴従軽法。」のように二字、四字、二字、四字を基本とし、それら全体の前に仮定を示す「若」字を付けた形式となっている。

前節第二項に〔参考一〕として掲げた北宋の天聖獄官令**宋28**の後半は、「若格重、聴依犯時、格軽者、聴従軽法。」となっており、前掲〔四〕の『宋刑統』所引の令文（或いはその系統の令文）に拠りつつ、「若格重」が「若」字の挿入によって三字となったことに対応して、「格軽者」の方も「者」字を加えて三字にして句調を整えたものであろう。

〔参考二〕の南宋の『慶元条法事類』巻七三、断獄令の「法重、聴依犯時、法軽、従軽法。」は文末の「従軽法」の前に「聴」一字が略されたか脱していると考えれば、句切が理解できる。

　また年代的には遡るが、日本の養老獄令31においても「若格重、聴依犯時、若格軽、聴従軽法。」とあり、三字、四字、三字、四字に作っている。これも句調を整える別の方法である[11]。

　これらの事例から明らかなように、**獄22**の基本資料三1・三2に関する仁井田氏の「犯時格、軽」の句切は、「犯時、格軽」に正すべきであろう。

　従って先に紹介した滋賀氏の見解に、上述の句切の観点を加えて、四『宋刑統』旁照法所引令文中の「犯時格、格軽」を「犯時、格軽」と訂正すべきである。

　このように四の語句を改めることから、復原唐令**獄22**本文〔A〕も「犯時、格軽」と改めることとなるが、そうなると次に続く「若格」二字の存在自体が果して正しいか否か疑わしくなってくる。復原唐令のこの「若格」二字については、滋賀氏は肯定され、池田氏も特に否定されていないので、それを正しい令文の一部と認められているものと思われる。

　今後の議論に資するため、〔A〕の『唐令拾遺』**獄22**復原唐令に対するこれまでの仁井田氏の訂正（三ヶ所）と滋賀氏の訂正（一ヶ所）を併せ、加えて引用の都合上復原された各語句の頭にa〜iの符号を付けて表示することとする。

　　　〔C〕二二〔開七〕〔開二五〕a諸^{（四）} b犯罪^{（三）（二）} c未発、及已発^{（二）（四）} d未断決、^{（一）（三）} e逢格改者、^{（一）（二）（三）（四）} f若格重聴依^{（二）（三）} g犯時、^{（三）（四）} h若格^{（二）} i軽聴従軽法、^{（一）（二）（三）（四）}（下線は引用者）

　周知の如く『唐令拾遺』における唐令の復原に際し仁井田氏が採用した方法は、基本資料中の「唐令」・「篇目＋令」・「令」といった文字に着目することである。今問題となっている**獄22**について言えば、〔二1〕の『唐律疏議』巻四と〔二2〕の『宋刑統』巻四には「依獄官令」とあり、〔三1〕の『唐律疏議』巻三〇と〔三2〕の『宋刑統』巻三〇には「令云」とあり、〔四〕の『宋刑統』には「准獄官令」とあるのがそれらに当たる。〔一〕の『大唐六典』にはそうした文字がないが、これは『大唐六典』そのものが、多くの篇目にわたる唐の令・式を大量に引用しているという資料の基本的性格から、別格の扱いを受けているものと考えられる[12]。

　そこで改めて前掲の修正後の**獄22**の令文〔C〕の典拠小番号を見てみると、最も多く用いられているのは（四）であって、h「若格」を除くすべての語句の復原に使用されていることが分かる。その意味では、四種の基本資料のうち、本条復原資料としては四（本稿では〔四〕）が最も重要ということになる。

　仁井田氏は**獄22**の復原に当たり、四種六件の基本資料を平等に扱っているが、一の『大唐六典』は所引の令文に多くの文飾・省略が加えられており、二・三の『唐律疏議』と『宋刑統』所引の令文はいずれも節略文であるのに対して、四の『宋刑統』旁照法所引の令文は、ほぼ**獄22**令文全体と考えられることから、仁井田氏が採られた方法とは異なるが、本

来四を基礎とし必要に応じて一・二・三を補正資料として用い唐令を復原するという方法が存在しうるのではないかと思われる。ただしこの方法は、基本資料中に四のような信頼度の高い資料が存在する場合に限られる。

さらにh「若格」の二字は（二）のみによって復原されているが、正確に言えば「若」一字は二1・二2のみにあり、その後の「格」字は二1・二2・三1・三2・四に存在するので、この「若」一字が「開元25年令」獄22に存在したとする根拠は意外に弱く、さらに考察すべき問題となる。養老獄令31との関連についても次項において併せて検討する。

獄22の修正令文〔C〕に関して、もう一つ問題を指摘することができる。〔C〕のうち下線を付けたb句の（一）、d句の（一）、f句の（一）、i句の（一）と（二）は、基本資料の〔一〕と〔二〕それぞれの該当箇所に引き当てると、実は全文一致とは言い難い。例えばb「犯罪」は、〔一〕の『大唐六典』では「有罪」となっていて、一致率（復原率と言うことも可能）は50％である。d「未断決」は、〔一〕では「未断」とするので66％、c「若格重聴依」は、〔一〕では「若格重則依」とするので80％、i「軽聴従軽法」は、〔一〕では「軽従軽法」で80％、〔二1〕の『唐律疏議』、〔二2〕の『宋刑統』では「軽聴従軽」で共に80％となり、要するにここに指摘した（一）および（二）は、全文一致ではなく部分一致であることに注意する必要がある。全文一致でない要因は、仁井田氏が『大唐六典』を特別に重視して、「開元25年令」復原と同時に「開元7年令」をも復原しようとすることから来るものと考えられる(13)。

第三項　『天聖令』の発見と唐令の復原

第一節第二項で述べたように、1998年に北宋の『天聖令』の明鈔本残巻が発見され、2006年には『天一閣蔵明鈔本天聖令校證』上下として刊行された(14)。本書の刊行を契機として、唐令復原に対する学界の関心はさらに高まったと言える。

本書の検討に入る前に、関連する事柄の一つとして、中国における『唐令拾遺』の翻訳・出版に触れておきたい。

1989年栗勁・霍存福・王占通・郭延徳四氏の編訳により、仁井田陞原著『唐令拾遺』の中国語版が刊行された。本書は中国の読者に合せて、原著（底本として1983年刊行の覆刻版第2刷を使用）の体裁に対し、「日唐両令対照表」・「唐日両令対照表」・「唐令拾遺採択資料索引」の削除や『唐令拾遺補』編纂に関わる池田温氏の二論文の漢訳掲載等種々の変更を加えている。今問題としている獄22に限って言えば、以下のように記している(p.709)。

〔D〕二十二〔開元七年〕〔開元二十五年〕諸犯罪未発及已発未断決、逢格改者、若格重、
聴依犯時格；若格軽、聴従軽法。

句読点の位置は、訳書では変更がある。ここで注意すべきは、原著にあった令文復原の
典拠を示す小番号をすべて削除していることである。このため仁井田氏が、令文の各語句
を具体的にどのような方法で復原したのかが、読者に伝わらなくなってしまった。つまり
本訳書の利用者は、復原唐令を唐令そのものと誤解して用いる可能性が生じたことになる。

次に四種六件の基本資料は、「引拠」として同様に記されるが、原著にあった基本資料の
字句の間に挿入された資料間の字句の相違を示す互注は、文字を小さくして「引拠」の後
に〔1〕～〔8〕としてまとめられている。ただし数えてみると原著には 13 の互注が記入さ
れているが、そのうち 8 ヶ所を採り、他は採録していない。この選択の基準も不明である。

復原令文中の小番号を削っているので、原著にある二つの正誤表の取り扱いがよく分か
らないが、「引拠」の四の『宋刑統』所引令文の問題箇所が「聴依犯時格；軽」となってい
るので、仁井田氏の補正（結果的には正しくないが）は参照されているものと推測する。

初めに述べた『天聖令』に話を戻す。『天聖令』残巻は、現在 10 巻 12 篇目及び喪服年月
（巻 21 田令、22 賦役令、23 倉庫令、24 厩牧令、25 関市令、捕亡令附、26 医疾令、仮寧
令附、27 獄官令、28 営繕令、29 喪葬令、喪服年月附、30 雑令）を伝えている。各巻とも
初めに当時の現行法である宋令を掲げ、その後に宋令としては採用されなかった唐令（開
元 25 年令）をまとめて附載するという独自の形式をとっている。

『天一閣蔵明鈔本天聖令校證』上冊には、三本の序論、凡例そして残巻全体の影印本が
収められる。また下冊には、校録本、清本、その後に「唐令復原研究」が付されている。

唐獄 22 に対応する獄官令宋 28 の校録本（p.332、校注はなし）、清本（p.417）は、先に
〔参考一〕に引用した通りである。

「唐令復原研究」中、獄官令については、雷聞氏の詳細な論文「唐開元獄官令復原研究」
がある。

今天聖獄官令宋 28 の部分を見ると、以下のように記している（p.622、行論上ここに宋
28 を再掲）。

宋 28　諸犯罪未発及已発未断決、逢格改者、若格重、聴依犯時；格軽者、聴従軽法。

〔E〕復原 34 諸犯罪未発及已発未断決、逢格改者、若格重、聴依犯時；若格軽、聴従軽
法。（共に下線は引用者）

以下雷氏の按語が続くが、そのうち氏の見解を二つに分けて紹介する（番号は引用者）。

1.「聴依犯時」下、『唐令拾遺』有「格」字、但『天聖令』「宋 28」条和『養老令』第
31 条均無、拠刪。

2.本条『天聖令』与『養老令』幾乎完全相同、唯『天聖令』「格軽者」、『養老令』作「若

格軽」、与『唐律疏議』巻四「犯時未老疾」条所引「獄官令」同、『唐令拾遺』已正確
復原。

　雷氏の見解１に関わることとして、すでに第二項で紹介したように、『唐令拾遺』獄22
の基本資料四の『宋刑統』巻三〇に誤記・誤植があり、「聴依犯時格、」の「格」字を削る
必要がある、という滋賀氏の指摘が存在する。

　雷氏はこの滋賀説には言及しないが、天聖獄官令宋28と養老獄令31を用いて指摘した
「格」字の不存在は、結果として滋賀説に一致する。

　２の見解として天聖獄官令宋28と養老獄令31は、二ヶ所を除いて全て一致する。不一
致の箇所は、宋28の「諸」字を獄令31が「凡」字とすることと、宋28の「格軽者」を獄
令31は「若格軽」と作っていることである。雷氏は、『唐令拾遺』獄22の基本資料の〔二
１〕『唐律疏議』巻四（名31問答）を援引して、「若格軽」を「開元25年令」の正しい語
句と認定し『唐令拾遺』の復原に賛同する。

　この見解に対して、筆者は賛成できない。北宋『宋刑統』巻三〇所引の令文〔四〕では
「格軽」とし、北宋の天聖獄官令宋28では「格軽者」、南宋の『慶元条法事類』断獄令で
も「法軽」に作る。これらにはいずれもｈ句に含まれる「若」字が存在しないことから、
「開元25年令」には本来この「若」一字がなく、その影響が北宋・南宋の令文にも表れて
いると考えられるのである[15]。

　このように記すと、ただちに次のような反論が来ることが予想される。「養老令」に「若
格軽」とあり、基本資料〔二１〕の『唐律疏議』巻四、〔二２〕の『宋刑統』巻四所引唐令
にも「若格軽」とあり、いずれにも「若」字が存在することをどのように考えるかと。確
かにこれは無視しがたい事実である。しかし「養老令」と『唐律疏議』『宋刑統』所引唐令
の文字が一致するのは、「養老令」の母法である「永徽令」（その後の「永徽令」を基に刊
定した諸令を含む可能性はあるが、「開元25年令」までには至らない）の文字の在り方を
示すものではなかろうか。それではなぜ「開元25年律疏」に拠ると言われる『唐律疏議』
や『宋刑統』に、「開元25年令」と異なる「永徽令」の文字が出現するのだろうか。

　先に拙稿「新たに紹介された吐魯番・敦煌本『唐律』『律疏』断片」で述べた如く、本来
改訂されるべき「永徽律疏」の文言が「開元律疏」にそのまま残存し、それが後代の『宋
刑統』や『唐律疏議』に変更されることなく引き継がれる例が無いとは言えないのである。
筆者は前掲拙稿中にそうした一事例を掲げ論証している[16]。このように考えることが可
能であれば、獄22の令文は、「永徽令」と「開元25年令」で、僅か「若」一字に違いがあ
ったことになろう。

　従って雷氏の見解の１は、論証方法に無理があり、偶々滋賀説と同じ結論になっている
が、滋賀説がもつ問題点を解決するには至っていない。また見解の２に対しては、論証方

法が不十分であり筆者は賛成し難い。すなわち雷氏の〔E〕復原34のうち、下線を施した「若」一字は、「開元25年令」の本条に含めるべきではない。

　このことに関連して一言付け加えたい。『天一閣蔵明鈔本天聖令校證』出版以後、中国においてその「唐令復原研究」の復原唐令を唐令そのものと誤解して用いている若手研究者の議論を見ることがある。『唐令拾遺』の復原唐令はあくまで基本資料や参考資料を基に、一定の原則に従って、語句ごとに復原され、それらをつなぎ合わせたものである。従って「唐令復原研究」は唐令復原の作業としては必ずしも十分とは言い難く、その結論にも疑問が少なくない。現時点で復原唐令を用いる場合は『唐令拾遺』を基本とし、『唐令拾遺補』等で修正を加えながら使用すべきと考える。

　本節の議論に立ち戻れば、前掲の四種六件の基本資料と三件の参考資料から直接復原可能な唐令は、実は「開元25年令」のみであり、間接的方法によりほぼ同一内容と推定される令文として「永徽令」がある。その差異である「若」一字は、存在しなくとも令文としての意味が通る（何故ならば先行する「若格重」に「若」字があるから）ことから、永徽・開元間に実施されたいずれかの刊定の際に削られたと考えられる。

　参考のために記せば、筆者が想定する「開元25年令」獄22の文言は、〔E〕から下線部の「若」一字を削ったものとなり、全28字である。これに対し〔一〕の『大唐六典』所引唐令中同一文字は全20字である。一致率は71%であることから、仁井田氏が『大唐六典』を主たる論拠として復原しようとした「開元7年令」は、その存在自体は確実であるものの、令文全体の語句を正確に再現することは現時点では困難と言わざるをえない。

　なお本稿で取り上げた獄 22　とは直接関連しないが、仁井田氏とは異なる方法により唐令復原を試みた研究者として菊池英夫氏の名前を逸することはできない。その学説は、唐令が後の詔勅文中に全文あるいは部分的に引用されることに着目したものである。その学説と評価については、すでに池田温氏による詳しい検討結果が公表されているので、本稿では重ねての検討を省くこととする (１７)。

小結

　以上の検討から導かれることは、以下の４項である。

　1.私見によれば、基本資料〔一〕～〔四〕、参考資料〔参考一〕～〔参考三〕を用いて直接復原可能な唐令は、開元25年獄官令第22条のみである。その主たる根拠は〔四〕の『宋刑統』巻三〇、制勅断罪条所引旁照法であり、これに加えて天聖獄官令宋28と『慶元条法

事類』巻七三、断獄令を参照した。

　その復原条文全体を示すならば、

　　〔F〕二二〔開二五〕諸犯罪未発、及已発未断決、逢格改者、若格重、聴依犯時、格軽、聴従軽法。

　　諸そ罪を犯して未だ発せず、及び已に発するも未だ断決せざるに、格の改むるに逢わば、若し格重くば犯す時に依るを聴し、格軽からば軽法に従うを聴す。

となる。〔A〕の『唐令拾遺』獄22（p.776）と比べると、結果として「聴依犯時」の後の「格、若」の二字が除かれることとなる[18]。

２．〔F〕の「開元25年令」と〔参考三〕の「養老令」が殆んど一致することから、「養老令」の母法である「永徽令」該当条を間接的に復原することができる。それは〔F〕の条文中の「格軽」の前に「若」一字を加えたものとなる。この一字は永徽・開元間の「刊定」により削られたと考えられる。

３．仁井田氏の『唐令拾遺』は、原則として『大唐六典』を重視し、一貫して「開元７年令」をも復原できるという立場をとる。今上記〔F〕の復原唐令獄22と〔一〕の『大唐六典』の文字の一致率を調べると、71％となる。

　従って「開元７年令」中に「開元25年令」獄22に対応する条文が確かに存在したことは証明できるが、条文全体の字句を復原することは困難である[19]。

４．『宋刑統』の旁照法所引の唐令および「天聖令」所附唐令が存在する場合、一般にこれらの資料価値は高いと考えられるので、優先的に用いて「開元25年令」を復原すべきである。該当条が天聖宋令に存在する場合も、所附唐令に準ずる役割を果たす可能性が高い。これらは『唐令拾遺』が採る基本資料を平等に扱う方式に対して、その例外となる。

　本稿から導かれることは以上の通りである。すでに述べたように、仁井田氏が『唐令拾遺』において採用した方法は、唐令であることが確実な逸文を、和漢の厖大な書籍から拾い集め、それらを綴り合せるというものであった。この厳密な方法の成果として、今日我々は最も確実な唐令遺文を見ることができるようになった。

　考えうる次の方法は、資料中「唐令」・「篇目＋令」・「令」という語句を持たないものの、「養老令」等と比較し、明らかに唐令と見なしうる事例の収集であり、この作業は『唐令拾遺補』の補訂において見るべき成果をあげたと言える[20]。

　「天聖令」発見後は、その所附唐令および宋令を活用し、従来の研究成果と総合・再検討する形で、中国・台湾・日本等において新たな唐令復原の方法が模索されつつある。

　本稿は獄22という唐獄官令の僅か一ヶ条をめぐる考察ではあるが、その模索の一助となりえたならば誠に幸いである。

注

(1) 『唐律疏議』（『故唐律疏議』とも言う）を唐の『律疏』と同一視する見解があるが、両者は内容的に共通性を有するものの全く別ものである。『律疏』30 巻は唐の法典である『律』12 巻の公的注釈書である。これに対して『唐律疏議』は、後代（宋末元初か）に唐の『律』と『律疏』を材料として作成された法律書であって法典ではない。このことについては拙稿「西域発見唐開元律疏断簡の再検討」（『法律論叢』第 50 巻第 4 号、1977）pp. 53～54、同「新たに紹介された吐魯番・敦煌本『唐律』『律疏』断片―旅順博物館及び中国国家図書館所蔵資料を中心に―」（土肥義和編『敦煌・吐魯番出土漢文文書の新研究』（東洋文庫、修訂版 2013（初版 2009））pp. 84～85 参照。

(2) 『唐令拾遺』の獄官令第 22 条の、典拠小番号を含めた全体は、行論の都合上、本稿第二節第一項に〔A〕として掲げる。ここでは復原唐令の本文のみを示す。

(3) 一例として、仁井田陞「唐律における通則的規定とその来源」（同『補訂中国法制史研究　刑法』東京大学出版会、1981（初版 1959、論文初出 1940）pp. 247～248 を挙げることができる。

(4) 令文「聴依犯時格、軽」を「聴依犯時、格軽」に改め、「格重」と「格軽」それぞれの後に点を付した。

(5) 『宋刑統』に含まれる旁照法には、令・式・格・制勅・起請・その他があり、王応麟の『玉海』巻六六の記述によれば、全 177 条存在したという。ただし天一閣旧蔵『重詳定刑統』には残闕部分があるため、現在確認できるのは凡そ 165 条であり、そのうち令は 46 条となる。拙稿「宋刑統」（滋賀秀三編『中国法制史―基本資料の研究―』東京大学出版会、初版第 2 刷 1994（初版1993））pp. 284～286 参照。

(6) 戴建国「天一閣蔵明抄本『官品令』考」（『歴史研究』1999 年第 3 期、のち同『宋代法制初探』黒竜江人民出版社、2000 に再録）。その発見の学術的意義について、池田温「（研究ノート）唐令と日本令（三）唐令復原研究の新段階―戴建国氏の天聖令残本発見研究―」（『創価大学人文論集』第 12 号、2000）、拙稿「明鈔本北宋天聖令残巻の出現について」（『法史学研究会会報』第 7 号、2002）参照。

(7) 仁井田陞「宋代以後における刑法上の基本問題―法の類推解釈と遡及処罰―」（同、前掲『補訂中国法制史研究　刑法』）

(8) 本書については、拙稿（書評）「唐令研究の新段階」（『東方』220 号、東方書店、1999）pp. 20～23 参照。

(9) 滋賀秀三評「仁井田陞著（池田温編集代表）『唐令拾遺補―附唐日両令対照一覧―』（『法制史研究』第 48 号、1999）

(10) 池田温「(研究ノート) 唐令と日本令 (二)　『唐令拾遺補』の訂補」(『創価大学人文論集』第 11 号、1999) pp. 149～150 参照。

(11) 唐令の編纂ごとに、意味のある条文改訂の他に、意味上の変更を伴わない形式的な字句の修正 (文字の追加、削除、同義の別字への変更、誤字・俗字の訂正等) があった。これらを合せて「刊定」と称した。筆者はかつて唐律の刊定に関して検討したことがあるが、そこでは「者・以・及・而・之・各」などの文字を実例として挙げている。拙稿「近刊の景宋刊本律附音義について」(『法律論叢』第 53 巻第 1・2 合併号、1980) p. 103 参照。

(12) 唐令復原における『大唐六典』の役割・問題点については、池田温「(研究ノート) 唐令と日本令 (一)」(『創価大学人文論集』第 7 号、1995) p. 153、戴建国、前掲「天一閣蔵明抄本『官品令』考」(同『宋代法制初探』) p. 65 参照。

(13) 極論ではあるが、全文一致を求めるためには、復原令文を一文字ずつに分けて、その一字の典拠を基本資料中に探るという方法がありうる。ただしこの方法では極めて煩雑となり、その結果を表示した復原令文は使用しにくいものとなることが予想される。従って数文字ずつ句切る仁井田方式を基本としつつ、必要に応じて一文字ずつに分け、全文一致を目指すべきかと思う。

(14) 本書の構成、評価等については、拙稿「北宋の天聖令について―その発見・刊行・研究状況―」(『世界史の研究』第 215 号〈歴史と地理　第 614 号〉、山川出版社、2008) pp. 29～38 参照。

(15) 雷聞氏は開元獄官令の復原を目的とし、初めに養老獄令 31 と天聖獄官令宋 28 を比較するが、もしその共通部分を「開元令」であると考えているならば合理的ではない。また〔二 1〕『唐律疏議』巻四「若格軽」を「開元令」の字句と考える点も、本稿の観点とは異なる。

　　さらに雷氏は「開元 7 年令」と「開元 25 年令」を同文であったと考え、両者を区別することなく「開元令」の復原を目標に掲げていることも腑に落ちない。このことについては、高明士等評「評『天一閣蔵明鈔本天聖令校證　附唐令復原研究』」(『唐研究』第 14 巻、2008) pp. 550～551 (陳俊強分担執筆「九、獄官令」) 参照。

(16) 拙稿、前掲「新たに紹介された吐魯番・敦煌本『唐律』『律疏』断片」pp. 96～108 参照。

(17) 菊池英夫氏の関連論文は、菊池英夫「唐代史料における令文と詔勅文との関係について―「唐令復原研究序説」の一章―」(『北海道大学文学部紀要』第 21 巻第 1 号、1973)、同「唐令復原研究序説―特に戸令・田令にふれて―」(『東洋史研究』第 31 巻第 4 号、1973)、同「日唐軍制比較研究上の若干の問題―特に「行軍」制を中心に―」(唐代史研究会編『隋唐帝国と東アジア世界』汲古書院、1979) である。これらに対する池田温氏の分析と評価は、池田、前掲「(研究ノート) 唐令と日本令 (一)」pp. 153～156 参照。

(18) すでに明らかにしたようにこの「格」一字の削除は滋賀説に私見を加えたものに基づき、「若」一字の削除は私見による。

(19) 私見によれば「開元 25 年令」**獄 22** と「永徽令」該当条は、僅か一字の違いがあるだけでほぼ同文と考えられる。このことに加え、〔一〕の『大唐六典』と〔F〕の一致率 71% という事実を考え合せれば、「開元 7 年令」の該当条もほぼ同文の可能性が高い。しかしこれはあくまで推測であって、証明とは言い難い。

(20) 『唐令拾遺補』の利用に当っては、池田温、前掲「（研究ノート）唐令と日本令（二）　『唐令拾遺補』の訂補」を参照のこと。

〔附記〕高明士先生の八十歳の寿をお祝いし、長きにわたる学恩に感謝して小稿を献呈する。先生の今後益々のご健勝とご健筆を心よりお祈りする。

　なお石野智大氏（明治大学文学部兼任講師）の本稿初稿に対するご教示により、少なからぬ誤記等を補正することができた。ここに記して感謝の意を表する。

P.4745《永徽吏部式》小考

辻　正博　著*

梁辰雪　譯**

　　本論文探討編號為 Pelliot chinois 4745（以下簡稱為 P.4745）的法國國家圖書館藏寫本殘卷，特別是寫卷正面記載文獻的內容。

一、 P.4745 的概況

　　首先依據目錄記載[1]和調查記錄[2]對該寫本進行簡要介紹。又，寫本的高清圖版可以在法國國家圖書館畫像數據庫 Gallica[3]閱覽 。

　　P.4745 寬 27.5cm，長 21.5cm，正面楷書共 9 行（首尾殘闕），每行 14-15 字，縱書墨筆，有烏絲欄。天頭 3.3cm，目錄中沒有地腳的記載，但根據調查記錄，與天頭尺寸相當。用紙上潢，纖維均勻，簾紋細密難以盡數。紙背左側中央有方形朱印 1 枚（一邊約 5.5cm），印文僅存右側部分，雖不清晰但可釋讀為「涼州都」。據以上的信息，可以判斷這是一份官方文書。

---

* 日本京都大學大學院人間・環境學研究科教授

** 日本京都大學大學院人間・環境學研究科博士研究生

[1] M. Soymié (ed.), *Catalogue des manuscrits chinois de Touen-houang : fonds Pelliot chinois de la Bibliothèque nationale*, Volume V, Tome 2, École française d'Extrême-Orient, Paris, 1995. pp.351-352.

[2] 2019 年 8 月 6 日起兩日間，筆者在法國國家圖書館的古文書閱覽室中，調查閱覽了包括 P.4745 在內的法藏敦煌文獻。在此謹向批准閱覽申請的該圖書館手稿部中文處主任蒙曦女士致以謝意。

[3] https://gallica.bnf.fr/ark:/12148/btv1b83016696?rk=21459;2，讀取 2019.3.24。

又，紙背是擬題為《觀心論》的禪宗文獻。[4]天頭地腳與正面一致，但字體更近行書而非楷書。

寫卷正面文獻的釋文如下（下文除特別注明外，「P.4745」均指 P.4745 正面）：

（前殘）

1　長史、司馬、司錄、上總管從四品，中總管

2　正五品，下總管從五品。

3　隨（隋）勳官、散官及鎮將副五品以上并

4　五等爵，在武德九年二月二日以前

5　身亡者子孫，並不得用蔭當。雖身在

6　其年十二月卅日以前不經參集并

7　不送告身經省勘校奏定者，亦准此。

8　隨官文武職事五品以上，在貞觀五

9　□□□□□ 前省司勘定符下者

（後殘）

根據格式可以明確以上內容由三條條文構成，但第 1 行-第 2 行的條文前半部分殘闕，第 8-9 行的後半部分殘闕。因此，筆者將第 3-7 行的條文作為主要的探討對象（以下稱第 1 行-第 2 行為 P.4745（a），第 3 行-第 7 行為 P.4745（b），第 8 行-第 9 行為 P.4745（c））。

---

[4]　關於《觀心論》，參見篠原壽雄〈北宗禪と南宗禪〉（《敦煌佛典と禪（講座敦煌 8）》，東京，大東出版社，1980）。

二、先行研究

對 P.4745 的研究，以池田溫、岡野誠〈敦煌‧吐魯番發見唐代法制文獻〉（《法制史研究》27，東京，法制史學會，1977.3）和瀧川政次郎〈ペリオ氏將來の唐貞觀吏部格斷簡〉（《國學院法學》15-1，東京，國學院大學法學會，1977.7）為嚆矢，兩文基本同時介紹與探討了這份寫卷。

池田、岡野論文除對寫本進行錄文之外，又加以如下評價：①紙縫背面右半的印章似為涼州都督府印，與永徽職員令、開元公式令所見「涼州都督府印」並不一致。[5]②就條文內容來看，應為初唐吏部式（或格）。

瀧川論文基於 1968 年在收藏機構的實物調查，對寫本進行了錄文，並在詳細分析其內容的基礎上，認為寫本是《貞觀吏部格》。

之後對 P.4745 進行研究的是劉俊文氏。劉氏在《敦煌吐魯番唐代法制文書考釋》（北京，中華書局，1989）中，對這份寫本進行了考證，並命名為「貞觀吏部式斷片」。劉氏的說法又為霍存福《唐式輯佚》（《中國法制史考證續編》第8 冊，北京，社會科學出版社，2009）所承襲。

三、P.4745 定名考

先行研究均將 P.4745 視為唐初的法典，但瀧川氏認為是《貞觀吏部格》，劉俊文氏認為是《貞觀吏部式》（池田、岡野論文，以其為唐初的吏部式（或格），採取了謹慎態度而未做斷言）。[6]問題在於，P.4745（1）究竟是格還是式，（2）

---

5 關於朱印的這一看法，也為後文中劉俊文的專著所承襲。P.4745 與永徽職員令、開元公式令相同，已經在 Gallica 上已經公開了高清圖版。但是朱印的痕跡未必清晰，以此作為判定寫本中抄寫法典編纂時期的決定因素，或許存在困難。

6 此外，坂上康俊氏也讚同劉氏之說。坂上康俊，〈有關唐格的若干問題〉，戴建國主編，《唐宋法律史論叢》（上海，上海辭書出版社，2007），頁 66。同〈唐格に關する二三の問題〉（小口雅史編，《在ベルリン‧トルファン文書の比較史的分析による古代アジア律令制の研究》（平成 17 年度-平成 19 年度科學研究費補助金（基盤研究（B）研究報告書），2008），頁 37。

是何時制定的法典，（3）是關於什麼的法典。下文將對分別對這三個問題進行探討。

（一）「格」還是「式」

關於唐格的格式，坂上康俊氏曾做出過重要的提示。[7]在律令的規定上，唐代的格必須明確記錄原敕發佈的年月日。唐格的標準形式，是如戶部格殘卷（大英圖書館藏，S.1344）、吏部格殘卷（柏林國立圖書館藏，Ch.3841）、戶部格殘卷（中國國家圖書館藏，BD9348＋BD10603）那樣，以「敕」字開始，保留有敕發佈時的官名與地名，末尾記載原敕發佈的年月日。[8]若遵從這一觀點，那麼 P.4745 便不是格。

關於唐式的格式，岡野誠氏詳細分析了「敦煌發現唐水部式」（P.2507），得出以下結論：

> 《水部式》的條文，大致有甲、乙二種。甲種規定是全國通行的內容，以「諸」字頂格書寫，乙種規定是地方性的特殊的內容，大都以固有名詞（河渠・堰・關津・橋梁・中央官衙・府州縣鎮名）頂格書寫。[9]

但是這一觀點是以《唐水部式》為依據得出的，[10]而如《令集解》賦役令 12 春季條中《古記》引《開元式》：[11]

---

[7] 注 6，坂上論文。

[8] 散頒刑部格殘卷（P.3078＋S.4673），以「一」開始逐條書寫，未記載敕的發佈年月日，與通常的格式不符，故而認為並非是如實抄寫原本，而是保存者為自己利用之便而自己抄寫的。參照滋賀秀三，《中國法制史論集—法典と刑罰》（東京，創文社，2003），頁 77-78。

[9] 岡野誠，〈敦煌發見唐水部式の書式について〉《東洋史研究》46-2（京都，東洋史研究會，1987.9），頁 80-81。滋賀秀三也持有同樣觀點（前引著作，頁 78）。

[10] 《唐水部式》之外，（北宋）竇儀，《宋刑統》（天一閣舊藏明抄本《重詳定刑統》）所引式（卷 12 所引《禮部式》、《主客式》，卷 27 所引《戶部式》，卷 29 所引《刑部式》等）及《白氏六帖事類集》卷 12、胥吏第四二所引《吏部式》以「諸」字開始，而日本的《延喜式》大部分條文是以「凡」字開始。另一方面，律疏（《宋刑統》）參照的式文，大部分開頭無「諸」字。

[11] 黑板勝美、國史大系編修會編，《新訂增補國史大系 令集解》（東京，吉川弘文館，1985）卷 13，賦役令，頁 406。

一，依令，孝義得表其門閭，同籍竝免課役。即孝義人身死，子孫不住，
與得孝義人同籍，及義門分異者，並不在免限。

一，依令，授官應免課役，皆待蠲符至，然後注免，雜任解下應附者，
皆依解時月日據徵。即雜補任人，合依補時月日蠲免。（以下省略）

各條文以「一」開始逐條書寫（條文開頭並沒有「諸」字），這樣的事例也需要
注意。

總之需要承認，以其格式來判斷是否為唐式，就現在情況而言還存在一定
困難。因此，僅就格式無法判斷 P.4745 是否為唐式。但是如前所述，由於寫本
紙縫背面加蓋有官印，可以認為該寫本是由王朝官方製作的，內容為唐初制定
的法典，但確非律、令、格。就以上諸點可以認為，P.4745 應為唐式。

（二）《貞觀式》還是《永徽式》

雖然 P.4745 為唐式，但依照劉俊文氏的說法比定為《貞觀吏部式》，還存
在一些問題。

滋賀秀三氏詳細研究過《舊唐書·刑法志》的文本，通過將其與《大
唐六典》卷 6 尚書刑部、尚書員外郎條的對應內容進行比較，發現前者文
本中被故意地混入了後者的內容。[12]這些混入的內容中，有關於《貞觀式》
的記載。滋賀氏以此論證《貞觀式》並不存在，明確唐代的式是以《永徽
式》開始的。[13]

承襲滋賀之說的樓勁氏，在近年發表的論文中，批判了將 P.4745 比定
為《貞觀吏部式》的說法。[14]既然從文獻材料中無法確定貞觀式的存在，也就
不能將 P.4745 視為貞觀式。

---

[12] 具體而言是《舊唐書·刑法志》「以尚書省諸曹為之目」至「其刪定格令同」，共 242 字為故意混入
的《大唐六典》的內容。

[13] 滋賀秀三，〈漢唐間の法典についての二三の考證〉（1958 年初次發表。後收入《中國法制史論集
——法典と刑罰》，東京，創文社，2003），頁 422-429。

[14] 樓勁，〈唐太宗貞觀十一年立法研究——以《貞觀式》有無之懸疑為中心〉，《文史哲》（濟南，山
東大學文史哲編輯部，2014 第 6 期），頁 66。

　　除《舊唐書·刑法志》之外，關於唐式編纂的可靠記載，僅有《大唐六典》卷 6 尚書刑部、刑部郎中員外郎條：

> 皇朝《永徽式》十四卷，《垂拱》《神龍》《開元式》並二十卷，其刪定與定格令人同也。[15]

唐代最初編纂的式為《永徽式》14 卷，P.4745 若為唐初的式，只能是《永徽式》。問題在於，這一結論是否與寫本內容存在矛盾，這點留待後文討論。

　　（三）是否為《吏部式》

　　自劉俊文氏將 P.4745 比定為《吏部式》以來，學者均沿襲這一觀點。[16]但劉氏將寫本判定為《吏部式》的依據，僅是《故唐律疏議》詐偽律 2 疏中對「式」的簡略引用[17]：「依式，周、隋官亦聽成蔭。」劉氏也僅寫作「此件所載或即是吏部式文」。[18]

　　《大唐六典》卷 2 尚書吏部、吏部郎中條有如下記載：

> 凡敘階之法，有以封爵，有以親戚，有以勳庸，有以資蔭，有以秀孝，有以勞考。（原注省略）[19]

其中記載了針對有爵位的人、恩蔭的人、有勳官的人、科舉及第者的散官敘授基準，以及經由考課的散官進階規定。這與 P.4745 的內容有所重合。式的篇目中有尚書 24 曹之名，可見於《大唐六典》卷 6 尚書刑部、刑部郎中員外郎條：

---

[15] （唐）李林甫等，《大唐六典》（日本·柏，廣池學園事業部，1973）卷 6，頁 139。

[16] 前引坂上康俊，《有關唐格的若干問題》，頁 66。同〈唐格に關する二三の問題〉，頁 37。霍存福，《唐式輯佚》，頁 157-159，等。

[17] 《宋刑統》直接繼承了唐的「律疏」。本來應該引用《宋刑統》卷 25〈詐偽律〉偽造寶印符節條疏中所引式，但非常遺憾明抄本這部分缺字。故此處不得已引用《故唐律疏議》的這一部分。

[18] 《敦煌吐魯番唐代法制文書考釋》，頁 308。

[19] 《大唐六典》卷 2，頁 31-32。

凡《式》三十四有三篇。

亦以尚書省刑（當作「列」）曹及祕書、太常、司農、光祿、太僕、太府、少府及監門、宿衛（當作「諸衛」[20]）、計帳為其篇目，凡三十三篇，為二十卷。（下略）[21]

《吏部式》中有關於恩蔭的規定據 P.2504《唐天寶職官表》[22]中《文部[23]（吏部）式》的記載可知，《吏部式》中有對恩蔭的規定：

諸婦人不因夫而別加邑號者，子孫聽准正三品用蔭。

就此來看，劉氏將 P.4745 比定為《吏部式》的觀點並無問題。那麼，《故唐律疏議》詐偽律 2 疏文中所引的「式」，也可以認為是《吏部式》（以下稱為「律疏所引《吏部式》」）。

四、隋朝官員的用蔭授官
—— 貞觀年間的政策變更與《永徽吏部式》

基於上述考察，可以將 P.4745 比定為《永徽吏部式》，但仍存在一些問題，如 P.4745 所載條文與律疏所引《吏部式》的關係。

P.4745（b）的條文規定：隋朝勳官、散官、有爵位的人，若在武德九年（626）二月二日之前死亡，其子孫便不能成為用蔭（由恩蔭而授予散官）的對象。在世而在武德九年十二月末前未在尚書省參集、及未將告身送至尚書省者，其子

---

[20] 參照注 9 中引岡野誠論文，頁 66 及頁 82 注（12）。

[21] 《大唐六典》卷 6，頁 139。

[22] 劉俊文氏擬題為「唐天寶令式表殘卷」，《敦煌吐魯番唐代法制文書考釋》，頁 355。

[23] 天寶 11 載（752）「吏部」改稱「文部」，至德 2 載（757）恢復舊稱。《敦煌吐魯番唐代法制文書考釋》，頁 374。

孫同樣不能成為用蔭對象。這一規定，可以說是對隋朝官員用蔭加以了嚴格的限制。與此相反，律疏所引《吏部式》承認北周、隋朝官員以恩蔭敘官。

　　律疏所引《吏部式》被認為是《永徽式》，[24]但若是如此，便和乍看上去方針有所不同的 P.4745（b）條文同為《永徽吏部式》，問題就變得略顯複雜。

　　（一）P.4745 所載條文制定的背景

　　P.4745 所載條文規定，隋朝的勳官、散官、有爵位的人，即使在世，如果未於武德九年十二月末日在尚書省履行必要的手續，便不能通過用蔭敘官。與此相關，史料中有如下記載：

　　　　貞觀元年，上問中書令房玄齡曰：「往者周隋制敕文案，並不在。」玄齡
　　　　對曰：「義寧之初，官曹草創，將充故紙雜用，今見並無。」太宗曰：「周
　　　　隋官蔭，今並收敘，文案既無，若為憑據。」因問中書侍郎劉林甫曰：「蕭
　　　　何入關，先收圖籍，卿多日在內，何因許行此事。」林甫對曰：「臣當時
　　　　任起居舍人，不知省事。」上謂公卿曰：「為長官不可自專，自專必敗。
　　　　臨天下亦爾，每事須在下量之。至如林甫，即推不知也。」[25]

貞觀元年時，即使想要憑藉「周、隋官蔭」進行收敘，由於隋末戰亂「周隋制敕文案」盡失，憑據（可以作為憑據的公文書）全無。P.4745 所載條文中，令用蔭敘官的申請者提出必要的材料，或許是為了防止偽造以隋官用蔭。

---

[24] 據岡野誠氏的研究，《宋刑統》所收的律，可以上溯至《周刑統》與《大中刑法統類》，律疏刊定於開元二十五年（737）。《宋刑統》的律疏是永徽四年（653）編纂完成，開元二十五年刊定（修改）的。岡野誠，〈宋刑統〉（滋賀秀三編，《中國法制史─基本資料の研究》，東京，東京大學出版會，1993），頁 281-318。楊廷福著、岡野誠譯注，〈唐律疏議の製作年代について〉，《法律論叢》52-4（東京，明治大學法律研究所，1980），頁 178-180。律疏所引《吏部式》，若有周官、隋官的用蔭規定，自然會保留「開元律疏」中對《永徽式》的引用。

[25] （北宋）王溥，《唐會要》（舊鈔本）卷 56，起居郎起居舍人。「並不在」3 字，武英殿聚珍版本作「並丕在」，文意不通。

（二）隋朝舊臣在唐朝待遇的變化

這裏稍微轉換一下角度，來看看隋舊臣在唐代受到的待遇。

唐剛成立時，極力延攬人才，將以往敵對勢力出身的文武官員也納入麾下。[26]和宇文化及一同謀殺隋煬帝的裴虔通這樣的人，也歸順唐朝，被任命為地方長官並賜予爵位。[27]

然而，貞觀初年，全國平定前後，風向開始轉變，隋朝的舊臣，尤其是背叛隋煬帝的重臣，逐漸被排除出唐代的官僚體系。貞觀二年（628）六月，裴虔通被除名、削爵，並配流嶺南。[28]以此為開端，翌月任唐代地方長官的牛方裕、薛世良等，與裴虔通一樣被除名、配流。[29]貞觀七年發佈詔敕，將宇文智及（宇文化及之弟）、裴虔通等人的子孫作為「隋朝弒逆子孫」，[30]逐出官界，對這些人的反對到達頂峰。對這些人的整肅持續至貞觀十五年（641），才恢復「周隋二代名臣及忠節子孫」名譽并實行赦

---

[26] 參照布目潮渢，〈唐朝創業期における三省六部の人的構成〉（1966 年初次發表。後收入《隋唐史研究》（京都，東洋史研究會，1968）。此外，還有以「隋資」任用地方官之例。（後晉）劉昫等，《舊唐書》（北京，中華書局，1975）卷 78，〈張行成傳〉，頁 2703：「王世充僭號，以為度支尚書。世充平，以隋資補宋州穀熟尉。」

[27] （唐）魏徵等，《隋書》（北京，中華書局，1973）卷 85，〈裴虔通傳〉，頁 1894：「裴虔通，河東人也。（中略）與司馬德戡同謀作亂，先開宮門，騎至成象殿，殺將軍獨孤盛，擒帝於西閣。化及以虔通為光祿大夫、莒國公。化及引兵之北也，令鎮徐州。化及敗後，歸於大唐，即授徐州總管，轉辰州刺史，封長蛇男。」

[28] 《舊唐書》卷 2，〈太宗本紀〉，頁 34：「〔貞觀二年六月〕辛卯，上謂侍臣曰：『君雖不君，臣不可以不臣。裴虔通，煬帝舊左右也，而親為亂首。（中略）但年代異時，累逢赦令，可特免極刑，除名削爵，遷配驩州。』」

[29] 《舊唐書》卷 2，〈太宗本紀〉，頁 35：「〔貞觀二年〕七月戊申，詔：『萊州刺史牛方裕、絳州刺史薛世良、廣州都督府長史唐奉義、隋武牙郎將高元禮，並於隋朝俱蒙任用，乃協契宇文化及，構成弒逆。宜依裴虔通，除名配流嶺表。』」

[30] （北宋）宋敏求，《唐大詔令集》（明鈔本）卷 114 禁錮、禁錮隋朝弒逆子孫詔〈貞觀七年正月〉：「宇文化及弟智及、司馬德戡、裴虔通、孟康、元禮、楊覽、唐奉義、牛方裕、元敏、薛良、馬舉元、武達、李孝本、李孝質、張愷、許弘仁、令狐行達、席德方、李覆等，大業季年，咸居列職，（中略）爰在江都，遂行弒逆，罪百閻趙，釁深梟鏡，雖事是前代，歲月已久，而天下之惡，古今同棄，宜從重典，以勵臣節。其子及孫，並宜禁錮，勿令齒敘。（下略）」

免[31]。

在這樣的背景下思考 P.4745 所載條文與律疏所在條文，可以得出以下的結論。

P.4745（b）條文的規定可能是制定於貞觀初年。以武德九年二月二日作為期限的理由雖然不明，但當年六月四日發生「玄武門之變」，而十二月末日為申告期限，[32]很難想像事前（武德九年二月二日）對此事做出過通知，督促相關人員提交申請。

這裏應該注意的是 P.4745（c）的條文。這一條文也做出了限制隋官用蔭的規定，但與 P.4745（b）條文相比，還有一些細微的不同。雖然其文意由於寫本文字殘闕而無法完全確定，但在隋代有文武職事五品以上者，貞觀五年某月某日以前向尚書省提出申請並獲得許可的人，應該是得到了用蔭的許可。也即是說，相對於 P.4745（b）的條文中不符合條件便不能用蔭的規定，P.4745（c）條文表示符合條件便可以用蔭。這種趨勢應該可以視為是對律疏所引《吏部式》的繼承。

另一方面，承認對周官、隋官用蔭的律疏所引《吏部式》，應該是制定於貞觀十五年之後，也即對隋朝舊臣清洗和壓制結束之前後。高宗龍朔二年（662），弒殺煬帝的宇文化及子孫申請由恩蔭敘官，以「以道理已成，無復疑滯」為由，逼迫朝廷一事[33]說明，其後這一規定仍具有效力。

---

[31] （唐）吳兢，《貞觀政要》（原田種成校訂明治書院「新釋漢文大系」本，東京，明治書院，1978）卷 8，〈論赦令第三二〉，頁 675-676：「貞觀十五年，詔曰：『朕聽朝之暇，頗觀前史，每覽名賢佐時，忠臣徇國，何嘗不想見其人，廢書欽歎。至於近代以來，年載非遠，然其胤緒或當見存，縱未能顯加旌擢，無容棄其遺裔。其周隋二代名臣及忠節子孫，有貞觀已來，犯罪流者，宜令所司具錄奏聞。』於是，多從赦宥。」

[32] 翌日（正月朔日）改元為貞觀。

[33] （唐）劉肅，《大唐新語》（北京，中華書局，1984）卷 11，〈懲誡第二十五〉，頁 169：「楊昉為左丞時，宇文化及子孫理蔭，朝庭以事隔兩朝，且其家親族亦衆，多為言者。所司理之，至於左司。昉未詳其案狀，訴者以道理已成，無復疑滯，勃然逼昉。昉曰：『適朝退未食，食畢當詳案』。訴者曰：『公云未食，亦知天下有累年羈旅訴者乎』。昉遽命案立，批之曰：『父殺隋主，子訴隋賞，生者猶配遠方，死者無宜更敘。』時人深賞之。」

五、結語

　　由於唐王朝在其間對隋朝舊臣施行了嚴酷的清洗與壓制政策，P.4745（b）及 P.4745（c）的條文與律疏所引《吏部式》，內容相差懸殊，但他們其實是隨當時政策變化而依次制定的。最終，這些條文又都被收入了《永徽式》中。後世法典（甚至其他典籍材料）中不提及或引用 P.4745 所載條文，或許是因為其內容具有的時代性（導致的特殊性）。換一個角度而言，P.4745 是保存至今的、為數不多的，在取捨過程中消失的法典資料的重要證明。

　　附記：本論文是以如下學會發表的研究報告為基礎修改而成的：2019 年 4 月 17 日—18 日劍橋大學 St John's College 舉辦的 International Conference on Dunhuang Studies, Cambridge 2019，同年 5 月 31 日—6 月 1 日國立臺北大學三峽校區人文學院‧法律學院舉辦的「第三屆中國法律與歷史國際學術研討會」，及同年 7 月 20 日—21 日強羅靜雲莊（箱根）舉辦的「日本古代国家における中国文明の受容とその展開—律令制を中心に—」研究會。在此對學會上給予本文意見的諸位同仁，致以誠摯的謝意。

　　本研究受到 JSPS 科研經費 17H01643、18H00708、15H05160 的資助。

《唐會要》清人補撰綜考

劉安志[*]

一、引言

　　北宋王溥所撰《唐會要》一百卷，是研究唐代乃至中國古代歷史不可或缺的基本史籍，惜宋刻本不存，僅以鈔本傳世，故脫誤頗多。清乾隆三十八年（1773）四庫開館，館臣對徵集來的《唐會要》鈔本進行加工整理，形成武英殿聚珍本（以下簡稱殿本）和四庫全書本（以下簡稱四庫本[1]）兩個版本。清同治年間刻印的江蘇書局本（以下簡稱局本），係殿本之加工整理本，校勘頗爲精良。今天廣爲中外學人所使用的《唐會要》版本，一是 1955 年出版的中華書局本，此本係用商務印書館國學基本叢書原紙重印，源自殿本，並據局本進行了一定校勘[2]；二是 1991 年出版的上海古籍出版社點校本（以下簡稱上古本），[3]該本以局本爲底本，校以殿本、上海圖書館所藏四種《唐會要》鈔本，以及其他唐宋史籍，被認爲是整理精良的本子。然而，據筆者初步考察，經清人加工整理而成的《唐會要》，實際存在著對所據鈔本進行增刪改補等方面的問題，不少內容已非王溥《唐會要》原貌。[4]那麼，值得進一步追問的問題是，現存通行本《唐會要》中，哪些內容並非王溥《唐會要》原文而爲清人後來補撰的呢？對此，

---

[*]　武漢大學歷史學院暨中國三至九世紀研究所教授

[1]　《唐會要》（文淵閣四庫全書本），冊 606-607。

[2]　後文引述時所言殿本，即指此本。

[3]　該本 1991 年由上海古籍出版社出版後，又於 2006 年推出新一版。本文據新一版。

[4]　參見劉安志，〈清人整理〈唐會要〉存在問題探析〉，《歷史研究》（北京，2018.2），頁 178—188。

中日學者曾有過積極探索，並取得了若干重要進展，[5]但有待進一步解決的問題依然不少。有鑒於此，筆者擬依據所掌握的十數種明清時期《唐會要》鈔本，對所提問題展開較為全面深入的探討，盡可能找出通行本《唐會要》中清人補撰的內容，以期為今後的《唐會要》整理及相關歷史研究提供些許參考與幫助。

迄今所知，國內外所藏明清時期的《唐會要》鈔本，已達十六種之多。其中，中國國家圖書館藏三種，分別編號為 10521（殘存四十卷。以下簡稱國圖A本）、03873（以下簡稱國圖B本）、04216（以下簡稱國圖C本）。中國科學院圖書館藏二種，分別編號為 011（以下簡稱中圖A本）、1033（以下簡稱中圖B本）。北京大學圖書館藏一種（以下簡稱北大本）。上海圖書館藏四種，分別是傅增湘舊藏本（以下簡稱上圖傅藏本）、彭元瑞手校本（以下簡稱上圖彭校本）、王宗炎校本（以下簡稱上圖王校本）、殘鈔本（僅存卷一至卷九，以下簡稱上圖殘鈔本）。浙江圖書館（以下簡稱浙圖本）、江蘇鎮江圖書館（缺卷一至卷九，以下簡稱鎮圖本）、廣東省立中山圖書館（以下簡稱廣圖本[6]）各收藏一種。臺北圖書館藏二種，一為「清康熙鈔本」（即浙江汪啓淑家藏本，以下簡稱臺北A本[7]），一為舊鈔本（殘存八十六卷，以下簡稱臺北B本）。日本東京靜嘉堂文庫藏一種（以下簡稱靜嘉堂本）。這十六種鈔本中，除國圖A本為明鈔本外，其餘多為清代前期鈔本。其中國家圖書館、北大圖書館、上海圖書館、臺北圖書館、日本靜嘉堂所藏《唐會要》諸鈔本，中日學者此前有過不同程度的介紹與研究。[8]據筆者初步考察，這些鈔本殘闕情況並不一致，大致存在三種

5　古畑徹，〈《唐會要》の諸テキストについて〉，《東方學》78（東京，1989），頁82─95。羅亮譯、劉安志校漢譯文，〈《唐會要》的諸版本〉，《山西大學學報》（太原，2017.1），頁66─73。黃麗婧，〈《唐會要》闕卷後人偽撰考〉，《江淮論壇》（合肥，2012.7），頁177─183。吳玉貴，〈《唐會要》突厥、吐谷渾卷補撰考〉，《文史》（北京，2015.5），頁167─219。劉安志，〈《唐會要》「補亡四卷」考〉，《魏晉南北朝隋唐史資料》33（上海，2016.7），頁211─241。

6　現已影印收入《中國古籍珍本叢刊：廣東省立中山圖書館卷》24─25冊（北京，國家圖書館出版社，2015）。

7　現已影印收入《原國立北平圖書館甲庫善本叢書》420─421冊（北京，國家圖書館出版社，2014）。

8　貝塚茂樹、平岡武夫，〈唐代史料の集成について〉，《學術月報》7─6，（日本，1954）。平岡武夫，《唐代の行政地理》（京都：京都大學人文科學研究所，1955），頁19。島田正郎，〈在臺北·國立中央圖書館藏鈔本·唐會要について〉，《律令制の諸問題──滝川博士米壽記念會論集》（東京，汲古書院，1984），頁669─689。古畑徹，〈《唐會要》の諸テキストについて〉，《東方學》78（東京，1989），頁82─95。鄭明，〈《唐會要》初探〉，《中國唐史學會論文集》（西安，三秦出版社，1989），頁167

以上的傳鈔系統，有的據武英殿本補足了殘闕內容，如國圖 B 及 C 本、廣圖本
等。關於此點，擬另文探討。總之，依據這些鈔本，可以考證並清理出那些屬
於清人補撰的內容。

　　通過比較《唐會要》殿本、四庫本與諸鈔本之異同，可以發現清人對《唐
會要》的補撰，主要體現在闕卷補撰、闕目補撰、增目補撰、闕文補撰、條文
增補等幾個方面。以下將依次逐個展開分析與討論。

二、闕卷補撰

　　所謂「闕卷補撰」，指鈔本在傳鈔過程中出現整卷乃至數卷殘闕脫漏，清人
參據相關史籍進行補撰。關於《唐會要》一書在後世的脫誤情況，明末清初大
儒朱彝尊（1629－1709）即曾指出：

> 今雕本罕有，予購之四十年，近始借鈔常熟錢氏寫本。惜乎第七卷至第
> 九卷失去，雜以他書，第十卷亦有錯雜文字。九十二卷缺第二翻以後，
> 九十三、九十四二卷全闕。安得收藏家有善本借鈔成完書？姑識此以
> 俟。[9]

朱氏所見常熟錢氏鈔本，卷七至卷九、卷九三至卷九四諸卷已佚。而今存《唐
會要》諸鈔本中，第十卷與此前三卷文字，皆非《唐會要》原文，據陳尚君先
生考證，實為後人據《白虎通義》、《馬氏南唐書》、《唐文粹》、《翰苑集》等書
所補。[10]朱氏所言「第十卷亦有錯雜文字」，是否存在誤記，尚不清楚。不過，
清乾隆三十八年（1773）四庫開館後，經館臣整理形成的四庫本和殿本《唐會

　　－182。周殿傑，〈關於〈唐會要〉的流傳和版本〉，《史林》（上海，1989.10）。古畑徹，〈〈唐會要〉の
流傳に關する一考察〉，《東洋史研究》57-1（京都，1998），頁 96-124。榎本淳一，〈北京大學圖書
館李氏舊藏〈唐會要〉の倭國·日本國條について〉，《工學院大學共通課程研究論叢》39－2（東京，
2002）。又收入氏著《唐王朝と古代日本》附論二（東京，吉川弘文館，2008），頁 185－196。

9　（清）朱彝尊，《曝書亭集》（上海，世界書局，1937），卷 45，〈唐會要跋〉，頁 545。

10　陳尚君，〈所謂〈全本唐會要〉辨偽〉，《國學茶座》1（濟南，山東人民出版社，2013），頁 76－79。

要》，則改以「補亡四卷」取代上述文字。而此「補亡四卷」，乃沈叔埏（1736－1803）據秦蕙田《五禮通考》所補。[11]全書百卷中，除此四卷標明據他書補撰外，其餘皆無。

日本古畑徹先生根據靜嘉堂本與臺北 A、B 本殘闕情況，率先指出，殿本卷九二（第二目「內外官職田」以後）、卷九三乃四庫館臣據《冊府元龜》等書補撰，卷九四則據四庫本卷九三、卷九四增補而成。[12]黃麗婧、吳玉貴二位先生則進一步考證確認，殿本卷九四、四庫本卷九三與卷九四乃後人據朱熹《資治通鑑綱目》補撰。[13]殿本所補，乃四庫館臣所為，這是可以肯定的。但四庫本卷九三《北突厥上》與卷九四《北突厥下》、《西突厥》、《西（沙）陁突厥》、《吐谷渾》之記載，是否同為四庫館臣所補，尚待求證。經核查諸鈔本，筆者發現，國圖 B 本、中圖 A 本、浙圖本卷九四記北突厥、西突厥等事，與四庫本卷九三、卷九四完全相同，與殿本則存有差異。這幾種鈔本中，「玄」、「弦」、「弘」、「曆」諸字，既不避乾隆皇帝諱，也不避康熙皇帝諱。另外，中圖 B 本卷九三為《北突厥》、《西突厥》，卷九四為《西陁突厥》、《吐谷渾》，分卷形式與四庫本相近，該鈔本「玄」、「弘」缺筆，「曆」作「歷」，已避康熙、乾隆諱，其抄寫時間明顯晚於前揭諸本。國圖 C 本、廣圖本卷九四則全同殿本，當據殿本抄寫而成。綜合諸種情況，可知國圖 B 本、中圖 A 及 B 本、浙圖本四種鈔本，與四庫本存在著某種密切關聯，它們當屬同一系統的鈔本。尤其是中圖 B 本與四庫本，同分為二卷，關係至為密切。從國圖 B 本、中圖 A 本、浙圖本不避康熙、乾隆諱看，有關此卷的補撰，應當早在康熙之前就已完成了。另外，國圖 B 本、臺北 B 本卷七至卷十四卷同樣也不避「玄」、「弘」諱，其補撰時間也在康熙以前。

又四庫本卷九二《內外官職田》殘存四條佚文，其是否為《唐會要》原文，有待考證。查諸鈔本，這四條內容又見於中圖 A 本、浙圖本兩種鈔本，為便於說明問題，茲列表分析如下。

---

[11] 劉安志，〈《唐會要》「補亡四卷」考〉，《魏晉南北朝隋唐史資料》33（上海，2016.7），頁 211－241。

[12] 古畑徹，〈《唐會要》の諸テキストについて〉。

[13] 參見黃麗婧，〈《唐會要》闕卷後人偽撰考〉；吳玉貴，〈《唐會要》突厥、吐谷渾卷補撰考〉。

版本序號	中圖 A 本、浙圖本	四庫本
一	天寶元年冬十一月准禮依時刻三嚴又其時所設宮懸懸而不作鑾駕進發不明皷吹至祀日太廟饗禮畢鑾駕欲發及南郊行事[14]鑾駕還宮之時然後各有三嚴皇帝既還大次停一刻滇田一畝五品以上田各得十畝四品以上田各得十二畝五品以下各得田八畝四品以下各得田十一畝一品各得田三十畝二品各得田廿五畝三品各得田廿畝六品以下得田七畝六品以上各得田八畝七品各得田五畝七品以下附內閣殿宇敕俸以上俱內官	（原闕）五品以上田各得十畝四品以上田各得十二畝五品以下各得田八畝四品以下各得田十一畝一品各得田三十畝二品各得田二十五畝三品各得田二十畝六品以下得田七畝六品以上各得田八畝七品各得田五畝七品以下附內閣殿宇敕俸以上俱內官
二	正[15]觀元年秋七月敕刺史頒行天下凡屬外任官員田依職授田凡一品各得田四十畝二品各得田三十畝三品各得田廿五畝四品各得田廿[16]畝五品田同四品六品各得田十八畝七品各得田十五畝七品以下附一品內受俸銀四兩穀十二担[17]	貞觀元年秋七月敕刺史頒行天下凡屬外任官員田依職授田凡一品各得田四十畝二品各得田三十畝三品各得田二十五畝四品各得田二十畝五品田同四品六品各得田十八畝七品各得田十五畝七品以下附一品內授俸銀四兩穀十二擔

[14] 中圖 A 本無「鑾駕進發不明皷吹至祀日太廟饗禮畢鑾駕欲發及南郊行事」二十五字。

[15] 中圖 A 本作「貞」。

[16] 中圖 A 本作「二十」。

[17] 中圖 A 本作「擔」。

三	景龍四年春三月敕旨頒行天下凡屬文武官員五品以下各加田五畝五品以上各加田四畝	景龍四年春三月敕旨頒行天下凡屬文武官員五品以下各加田五畝五品以上各加田四畝
四	長慶元年十月敕司馬兼中書令合屬內官各依舊外再加田五畝七品以下仍舊	長慶元年十月敕司馬兼中書令合屬內官各依舊外再加田五畝七品以下仍舊

考中圖 A 本、浙圖本第一條「准禮依時」至「停一刻須」一段文字，實摘抄自《唐會要》卷一八《緣廟裁製下》：

> 元和元年十二月，禮儀使高郢奏：「……伏請勒停，準禮依時刻三嚴。又其時所設宮懸，懸而不作，鑾駕進發，不鳴鼓吹。至祀日，太廟饗禮畢，鑾駕欲發，及南郊行事，鑾駕還宮之時，然後各有三嚴。皇帝既還大次，停一刻須槌一鼓為一嚴，三刻須槌二鼓為再嚴，五刻須槌三鼓為三嚴。往例儀注，皆準此禮。」[18]

其後依官品得田之記載，不見於唐宋史籍，且所記邏輯紊亂，條理不清。如先記五品、四品得田，次記一、二、三品得田，再記六、七品及七品以下得田，前後順序顛倒，不合唐制規定。最後一句「七品以下附內閣殿宇敕俸以上俱內官」，更是不知所云，因為「內閣」一稱，明代才開始出現，其非《唐會要》原文，大致可定。再看第二條所記，同樣未見其他史籍記載，尤其最後一句「七品以下附一品內授俸銀四兩穀十二擔（担）」，可明其非《唐會要》原文。因為唐代官員俸祿有祿米、職田與永業田、俸料之類，未見以擔（担）為計算單位的「穀」，以及以兩為計算單位的「俸銀」，此處「俸銀」與「穀」當屬清代之制。第三條「景龍四年春三月敕旨」，亦未見相關史籍記載，所記「五品以下各加田五畝」、「五品以上各加田四畝」，在加田數上，品高官員反而比品低官員少，這與唐制明顯不合。又第四條同樣不見唐宋史籍記載，尤其是「司馬兼中書令」

---

18 《唐會要》（殿本），頁 365；另參上古本，頁 422。

一類官銜，更是令人費解！總之，上述四條佚文，絕非《唐會要》原文，應該可以肯定。值得注意的是，浙圖本卷九三《諸司諸色本錢下》尾存二行墨書題識：「據曝書亭跋，此卷已全闕，書賈欲足其數，襍以他書，殊可恨也！」該本卷九二《內外官職田》後，尚有《諸司諸色本錢上》目，與中圖 A 本同，所記內容皆抄自本卷《內外官料錢下》，同樣不是《唐會要》原文。從四條佚文所記帶有明清之制特色看，其當爲清人所妄補！

筆者曾考證指出，四庫本《唐會要》所據底本爲江淮馬裕家藏本，殿本《唐會要》所據底本爲浙江汪啓淑家藏本（即臺北 A 本）。[19]雖然馬裕家藏本迄今尚未發現，但四庫本卷九二《內外官職田》四條佚文俱見於中圖本、浙圖本，說明這四種鈔本同屬一個傳抄系統。而浙圖本最後抄寫時間在乾隆五年（1740）或此前的乾隆某年，[20]可知四條佚文早在四庫開館前就已被補撰，其非四庫館臣所爲。又臺北 A 本（汪啓淑家藏本）卷九二《內外官職田》殘闕不存，這與四庫本存在四條佚文明顯不同，其不爲四庫本之底本，似可斷言。不過，殿本整理者在汪啓淑家藏本基礎上，據《冊府元龜》等書補撰《內外官職田》時，把四庫本的第三、四條佚文也補入其中，導致這兩條內容查無所據，這是需要特別指出並加以說明的。[21]

值得一提的是，清人不僅對上揭闕卷進行補撰，還隨意增改了卷次目錄，這與原鈔本目錄並不吻合。如四庫本、殿本卷七至十目錄、子目如下：

版本 卷數	四庫本	殿本
卷七	《封禪上》	《封禪》

[19] 劉安志，〈武英殿本與四庫本〈唐會要〉非同本考〉，《魏晉南北朝隋唐史資料》35（上海，2017.7），頁 213－230。

[20] 曹海花、劉安志，〈浙江圖書館藏清鈔本〈唐會要〉述略〉，《魏晉南北朝隋唐史資料》38（上海，2018.11），頁 213-220。

[21] 《唐會要》卷 92《內外官職田》：「景龍四年三月，勅旨頒行天下，凡屬文武官員五品以下，各加田五畝；五品以上，各加田四畝。……其年（長慶元年）十月勅旨，兼中書令合屬內官，各依舊外，再加田五畝，七品以下仍舊。」（殿本，頁 1669、1672；上古本，頁 1980、1982）推測殿本整理者見四庫本「司馬兼中書令」一語不通，遂刪除其中「馬」字。

卷八	《封禪下》	《郊議》
卷九上	《郊祭》	《雜郊議上》
卷九下	《齋戒》、《陳設》、《省牲器》、《鑾駕出宮》、《奠玉帛》、《進熟》、《鑾駕還宮（上辛雩祀並同）》[22]	《雜郊議下》
卷十上	《親拜郊（正月祈穀）》、《親迎氣》、《后土（方丘）》、《后土（社稷）》	《親拜郊（正月祈穀）》、《親迎氣》、《雜錄》、《后土（社稷）》
卷十下	《籍田》、《九宮壇》、《皇后親蠶》	《藉田》、《藉田東郊儀》、《九宮壇》、《皇后親蠶》

再看諸鈔本目錄，卷七爲《封禪》，卷八爲《郊議上》，卷九爲《雜郊議下》，卷十爲《親拜郊》、《雜錄》、《親迎氣》、《后土》、《藉田》、《藉田東郊儀》、《九宮壇》、《皇后親蠶》，其與四庫本、殿本的差異是十分明顯的，說明清人並未嚴格遵照原鈔本目錄進行補撰，整理工作存在某些率意性。又如諸鈔本卷九二目錄爲《內外官料錢下》、《內外官職田》、《諸司諸色本錢上》，卷九三爲《諸司諸色本錢下》，卷九四爲《北突厥》、《西突厥》、《沙陀突厥》、《吐谷渾》，四庫本、殿本則對原目進行了拆分和調整，具體如下表：

版本 卷數	四庫本	殿本
卷九二	《內外官料錢下》、《內外官職田》	《內外官料錢下》、《內外官職田》
卷九三	《北突厥上》	《諸司諸色本錢上》、《諸司諸色本錢下》

---

[22] 按「齋戒」等條，實乃補撰者照抄秦蕙田《五禮通考》而不加細查。其實，這些條目屬「皇帝冬日至祀圓丘儀」中的文字，以之作爲本卷子目，實在有些不倫不類，這也反映了補撰者工作的粗疏。

卷九四	《北突厥下》、《西突厥》、《西[23]陁突厥》、《吐谷渾》	《北突厥》、《西突厥》、《沙陀突厥》、《吐谷渾》

　　由上可見，四庫本把《北突厥》分爲上下兩部分，並單列《北突厥上》爲一卷，前置於卷九三中，導致原目卷九三《諸司諸色本錢下》不見蹤影；殿本則把原目卷九二《諸司諸色本錢上》後移至卷九三中，這些都與原鈔本目錄不合，值得注意。

三、闕目補撰

　　所謂「闕目補撰」，指鈔本並非整卷闕失，而是其中有些子目及其相關內容散佚不存，清人據相關史籍予以補撰。今傳殿本《唐會要》，無論目錄還是內容，皆前後相對完整，而四庫本篇首目錄闕失，故無法判斷其正文子目及相關內容是否完整無闕。不過，從諸鈔本情況看，有的篇首目錄雖有明確記載，然在正文中卻看不到與之相對應的子目和內容，這些文字顯然已經佚失不存了。如卷四九，諸鈔本篇首記有《像》、《僧道立位》、《僧尼所隸》、《雜錄》、《燃燈》、《病坊》、《僧籍》、《大秦寺》、《摩尼寺》等九目，然正文僅存《像》、《雜錄》、《僧道立位》、《僧尼所隸》四目，其後無《燃燈》、《病坊》、《僧籍》、《大秦寺》、《摩尼寺》五目及相關內容。四庫本正文殘闕情況同諸鈔本，而殿本則前後完整無闕，然《僧尼所隸》之後的《燃燈》等五目，每目記事多者三條，少者二條，內容極簡略，這與其他諸卷記事明顯不同。不僅如此，殿本除《摩尼寺》第二條有「庚子」紀日外，其餘諸條皆無具體時日，也與其他諸卷體例不合。因此，殿本《燃燈》等五目所記，是否爲《唐會要》原文，就值得考慮了。筆者曾考證指出，《燃燈》第一條所記，乃清人據《舊唐書·睿宗紀》和《文苑英華》卷六二〇《諫安福門酺樂表》所補，非王溥《唐會要》原文。[24]其餘諸條，亦是清人據唐宋等史籍所補撰，茲續作考證如下。

---

[23] 四庫本子目作「西」，小目作「沙」，「西」乃「沙」之誤抄。

[24] 劉安志，〈清人整理〈唐會要〉存在問題探析〉。

《燃燈》第二、三條內容：

> 開元二十八年，以正月望日御勤政樓，讌羣臣，連夜燒燈，會大雪而罷。
> 因命自今常以二月望日夜爲之。
> 天寶三載十一月敕：「每載依舊正月十四、十五、十六日開坊市門燃燈，
> 永爲常式。」[25]

按殿本上揭二條記事，均僅見於《舊唐書》卷九《玄宗紀下》：「（開元）二十八
年春正月……壬寅，以望日御勤政樓讌羣臣，連夜燒燈，會大雪而罷。因命自
今常以二月望日夜爲之。……（天寶三載）十一月癸卯，還京。癸丑，每載依
舊取正月十四日、十五日、十六日開坊市門燃燈，永以爲常式。」[26]比較二者
所記，內容基本相同，據此不難推知，殿本當抄自舊紀。

其後《病坊》僅存二條記事，內容如下：

> 開元五年，宋璟奏：「悲田養病，從長安以來，置使專知。國家矜孤恤
> 窮，敬老養病，至於安庇，各有司存。今驟聚無名之人，著收利之便，
> 實恐逋逃爲藪，隱沒成姦。昔子路於衛，出私財爲粥，以飼貧者，孔子
> 非之，乃覆其饋。人臣私惠，猶且不可，國家小慈，殊乖善政，伏望罷
> 之。其病患人，令河南府按此分付其家。」
> 會昌五年十一月，李德裕奏云：「恤貧寬疾，著于《周典》；無告常餒，
> 存于《王制》。國朝立悲田養病，置使專知。開元五年，宋璟奏悲田乃
> 關釋教，此是僧尼職掌，不合定使專知，玄宗不許。至二十二年，斷京
> 城乞兒，悉令病坊收管，官以本錢收利給之。今緣諸道僧尼盡已還俗，
> 悲田坊無人主領，恐貧病無告，必大致困窮。臣等商量，悲田出於釋教，
> 並望改爲養病坊，其兩京及諸州，各於錄事耆壽中，揀一人有名行謹信
> 爲鄉里所稱者，專令勾當，其兩京望給寺田十頃，大州鎮望給田七頃，

25　《唐會要》卷49，殿本，頁862；上古本，頁1010。

26　《舊唐書》（北京，中華書局，1975），卷9，頁212、218。

其他諸州望委觀察使量貧病多少給田五頃，以充粥食。如州鎮有羨餘官錢，量予置本收利，最爲稔便。」敕：「悲田養病坊，緣僧尼還俗，無人主持，恐殘疾無以取給，兩京量給寺田拯濟。諸州府七頃至十頃，各於本置選耆壽一人勾當，以充粥料。」[27]

按《病坊》第一條記事，僅略見於《冊府元龜》卷三一三《宰輔部・謀猷第三》：

> 宋璟爲相，開元五年……十一月庚戌，璟與紫微侍郎蘇頲奏曰：「悲田養病，從長安已來，置使專知。且國家矜孤恤窮，敬老養病，至於按此，各有司存。今遂聚無名之人，著收利之使，實恐逋逃爲藪，隱沒成姦。昔仲繇仕衛，出私財爲粥，以飼貧者，孔丘非之，乃覆其饋。人臣私惠，猶且不可，國家小慈，殊乖善政，伏望罷之。其病患人，令河南府按此分付其家。」不許。[28]

稍加比較即可發現，二者除少數文字略有差異外，其餘基本相同。復據宋高承《事物紀原》卷七《貧子院》載：「按《唐會要》曰：『開元五年，宋璟、蘇頲奏：悲田院養病，從長安以來，置使專知。所稱悲田，乃關釋教，此是僧尼職掌。』」[29]可知《唐會要》原本所記，確有開元五年（717）宋璟與蘇頲關於悲田的奏文，其與《冊府》記載是相吻合的。然殿本所記，上奏者僅宋璟一人，再聯繫到四庫本與諸鈔本此條皆闕的情形，則殿本此條當據《冊府》補撰，其非《唐會要》原文，應該是可以大致判定的。

再看《病坊》第二條記事，前半段李德裕奏文，見於《冊府元龜》卷三一四《宰輔部・謀猷第四》：

---

[27] 《唐會要》卷49，殿本，頁863；上古本，頁1010-1011。

[28] 《冊府元龜》（北京，中華書局，1960），卷313，頁3690上—下。

[29] 《事物紀原》（北京，中華書局，1989點校本），卷9，頁360。

李德裕爲相，會昌五年……十一月，又奏云：「臣等聞恤貧寬疾，著於
《周典》；無告常餼，存於《王制》。國朝立悲田養病，置使專知。開元
五年，宰臣宋璟、蘇頲奏：所稱悲田，乃關釋教。此是僧尼職掌，不合
定使專知，請令京尹按此分付其家。玄宗不許。至二十二年十月，斷京
城乞兒悉令病坊收管，官以本錢，收利給之。今緣諸道僧尼盡已還俗，
悲田坊無人主領，必恐貧病無告，大致困窮。臣等商量，緣悲田出於釋
教，並望改爲養病坊。其兩京及諸州各於子錄事耆壽中，揀一人有名行
謹信爲鄉閭所稱者，專令勾當。其兩京望給寺田十頃，大州鎮望給田七
頃，其他諸州望委觀察使，量貧病多少，給田五頃，以充粥食。如州鎮
有羨餘官錢糧，與置本收利，最爲穩便。若能如此，方圓不在給田之限。」
從之。[30]

後半段武宗敕文，見於《舊唐書》卷一八上《武宗紀上》：「（會昌五年）十一月
甲辰，敕：『悲田養病坊，緣僧尼還俗，無人主持，恐殘疾無以取給，兩京量
給寺田賑濟。諸州府七頃至十頃，各於本管選者壽一人勾當，以充粥料。』」
[31]殿本當據《冊府》、舊紀補撰此條。

《病坊》之後的《僧籍》，總存三條記事：

天下寺五千三百五十八，僧七萬五千五百二十四，尼五萬五百七十六，
兩京度僧、尼，御史一人涖之。每三歲，州縣爲籍，一以留州縣，一以
上祠部。
新羅、日本僧入朝學問，九年不還者，編諸籍。
會昌五年，敕祠部檢括天下寺及僧尼人數，凡寺四千六百，蘭若四萬，
僧尼二十六萬五百人。[32]

---

[30] 《冊府元龜》卷314，頁 3703-3704。

[31] 《舊唐書》卷18上，頁 607。

[32] 《唐會要》卷49，殿本，頁 863-864；上古本，頁 1011。

按第一、二條文字，皆僅見於《新唐書》卷四八《百官志三》：

> 崇玄署……新羅、日本僧入朝學問，九年不還者編諸籍。……天下觀一
> 千六百八十七，道士七百七十六，女冠九百八十；寺五千三百五十八，
> 僧七萬五千五百二十四，尼五萬五百七十六。兩京度僧、尼、道士、女
> 官，御史一人涖之。每三歲州縣爲籍，一以留縣，一以留州；僧、尼一
> 以上祠部……[33]

只是順序前後相反而已。值得注意的是，有關唐代僧尼的造籍，高承《事物紀
原》卷七《僧帳》明確記載：「（《唐會要》）又曰：舊制，僧尼簿三年一造，
其籍一本送祠部，一本留州縣。又開元十七年八月十日，敕僧尼宜依十六年舊
籍。」[34]這與上揭殿本所記相比，文字表述既不一樣，前後順序也不相同，可
見殿本所記並非《唐會要》原文，其直接摘抄自《新唐書》，亦很明顯。又上
揭第三條內容，見於《舊唐書》卷一八上《武宗紀上》：「（會昌五年）夏四
月……敕祠部檢括天下寺及僧尼人數，大凡寺四千六百，蘭若四萬，僧尼二十
六萬五百。」[35]殿本抄自舊紀，也可斷定。

其後《大秦寺》總存二條記事：

> 貞觀十二年七月，詔曰，道無常名，聖無常體，隨方設教，密濟羣生，
> 波斯僧阿羅本遠將經教，來獻上京，詳其教旨，玄妙無爲，生成立要，
> 濟物利人，宜行天下所司，即於義寧坊建寺一所，度僧廿一人。
> 天寶四載九月，詔曰，波斯經教，出自大秦，傳習而來，久行中國，爰
> 初建寺，因以爲名，將欲示人，必修其本，其兩京波斯寺，宜改爲大秦
> 寺，天下諸府郡置者，亦准此。[36]

---

[33] 《新唐書》（北京，中華書局，1975），卷48，頁 1252。

[34] 《事物紀原》卷7，頁389。

[35] 《舊唐書》卷18上，頁604。

[36] 《唐會要》卷49，殿本，頁 864；上古本，頁 1011－1012。

按第一條內容，僅見於《大秦景教流行中國碑》：

> 貞觀十有二年，秋七月，詔曰：「道無常名，聖無常體；隨方設教，密
> 濟羣生。大秦國大德阿羅本遠將經像，來獻上京。詳其教旨，玄妙無爲；
> 觀其元宗，生成立要；詞無繁說，理有忘筌；濟物利人，宜行天下。所
> 司即於京義寧坊造大秦寺一所，度僧廿一人。」[37]

兩相比較，除殿本改「大秦國大德阿羅本」爲「波斯僧阿羅本」、「經像」爲
「經教」並文字有節略外，其餘完全與碑文相同。據《四庫全書總目》卷一二
五《子部雜家類存目》載：

> 《西學凡》一卷附錄《唐大秦寺碑》一篇（兩江總督採進本），明西洋
> 人艾儒略撰。儒略有《職方外紀》，已著錄。是書成於天啟癸亥，《天
> 學初函》之第一種也……末附唐碑一篇，明其教之久入中國。碑稱「貞
> 觀十二年，大秦國阿羅本遠將經像，來獻上京，即於義寧坊敕造大秦寺
> 一所，度僧二十一人」云云。[38]

則四庫館臣有可能據兩江總督採進本《西學凡》補撰上揭文字。第二條內容，
見於《冊府元龜》卷五一《帝王部・崇釋氏一》：「天寶四載九月，詔曰：『波斯
經教，出自大秦，傳習而來，久行中國，爰初建寺，因以爲名，將欲示人，必
脩其本，其兩京波斯寺宜改爲大秦寺，天下諸府郡者，亦宜准此。』」[39]又《通
典》卷四○《職官》「視流內」條杜佑自注亦有類似記載[40]，然「天寶四載九月」
作「天寶四年七月」、「諸府郡」作「諸州郡」，文字頗有差異，殿本當據《冊府
元龜》補撰此條。

---

[37] 艾儒略，《西學凡》附《景教流行中國碑頌並序》，《四庫全書存目叢書》（605），子部第九十三
冊（濟南，齊魯書社，1995），頁 640。又《全唐文》（北京，中華書局，1983），卷 916，〈景教流
行中國碑〉，頁 9546。

[38] （清）永瑢等，《四庫全書總目》（北京，中華書局，1965），頁 1080－1081。

[39] 《冊府元龜》卷 51，頁 575 下。

[40] 《通典》（北京，中華書局，1988），卷 40，頁 1103。

最後《摩尼寺》總存三條記事：

> 貞元十五年四月，以久旱，令摩尼師祈雨。
> 元和二年正月庚子，迴紇請于河南府、太原府置摩尼寺，許之。
> 會昌三年敕：「摩尼寺莊宅錢物，並委功德使及御史臺、京兆府差官檢點，在京外宅修功德迴紇，並勒冠帶，摩尼寺委中書門下條疏奏聞。」[41]

按第一條，見於《冊府元龜》卷一四四《帝王部・弭災二》：「（貞元十五年）四月，以久旱，令陰陽術士陳混嘗、呂廣順及摩尼師祈雨。」[42]而《舊唐書》卷一三《德宗紀下》同記此事，僅稱「令陰陽人法術祈雨」，[43]並未言及摩尼師，可知殿本當據《冊府》補撰此條。又上揭第二條，見於《舊唐書》卷一四《憲宗紀上》：「（元和二年正月）庚子，迴紇請于河南府、太原府置摩尼寺，許之。」[44]按《冊府元龜》卷九九九《帝王部・弭災二》作「憲宗元和二年正月庚子，迴紇使者請于河南府、太原府置摩尼寺三所，許之」，[45]多出「使者」「三所」四字，知殿本當據舊紀補撰。第三條，見《舊唐書》卷一八《武宗紀》：「（會昌三年二月）制曰：『……應在京外宅及東都修功德迴紇，並勒冠帶，各配諸道收管。其迴紇及摩尼寺莊宅、錢物等，並委功德使與御史臺及京兆府，各差官點檢收抽，不得容諸色人影占。如犯者並處極法，錢物納官。摩尼寺僧委中書門下條疏聞奏。』」[46]殿本當據此補撰，並作一定調整和刪削，導致文義不通，令人費解！如「在京外宅修功德迴紇，並勒冠帶，摩尼寺委中書門下條疏奏聞」一語，即是如此。

---

[41] 《唐會要》卷49，殿本，頁 864；上古本，頁 1012。

[42] 《冊府元龜》卷 144，頁 1754。

[43] 《舊唐書》卷 13，頁 390。

[44] 《舊唐書》卷 14，頁 420。

[45] 《冊府元龜》卷 999，頁 11724 下。

[46] 《舊唐書》卷 18，頁 593－594。

綜上所考，可知殿本卷四九《燃燈》、《病坊》、《僧籍》、《大秦寺》、《摩尼寺》五目相關記載，實乃四庫館臣據《冊府元龜》、《舊唐書》等書所補，其非《唐會要》原文，是可以肯定的。

四、增目補撰

所謂「增目補撰」，指鈔本原無此目，清人據己意進行增補，所補文字，或拆分鈔本上一目錄的內容，或依據史籍予以補撰，今人無法辨其真假。大致而言，四庫本並無「增目補撰」的問題，殿本則存在兩例：一是卷九六《渤海》目。按四庫本與諸鈔本皆無《渤海》目及相關記載。日本學者古畑徹先生通過比較殿本與四庫本及其他三種鈔本之差異，率先指出殿本卷九六《渤海》目乃四庫館臣所增補，並非《唐會要》原目。[47]今查四庫本與十數種《唐會要》鈔本，均只有《靺鞨》目，並無《渤海》目。且《渤海》相關記載，又見於四庫本與諸鈔本《靺鞨》目，可知其爲四庫館臣拆分《靺鞨》目內容而來，並據其他史籍增補「先天中，封渤海郡王」之類的文字[48]。按王溥《五代會要》卷三〇有《渤海》目，推測殿本整理者當據此判定《唐會要》原有此目，遂在原底本《靺鞨》目後增補《渤海》一目，並拆分《靺鞨》目文字補撰此目內容。二是卷九九《南詔蠻》目。按殿本卷九九有《南詔蠻》目，其上目爲《南平蠻》目。而四庫本僅有《南詔蠻》目，並無《南平蠻》目，二本存在差異。經核查諸鈔本，目錄與子目均作《南平蠻》，正文小目則多誤作《南正蠻》，但其後均無《南詔蠻》，這是可以肯定的。比較四庫本《南詔蠻》與諸鈔本《南平蠻》之差異，不難發現，二者內容相同，只是標目有異而已。再看諸鈔本《南平蠻》與殿本《南平蠻》、《南詔蠻》之異同，知殿本《南詔蠻》所記，除「南詔蠻，本烏蠻之別種也」至「復敗於大和，寇陷嶲州及會同軍」一段文字外，[49]其餘

---

[47] 古畑徹〈《唐会要》の靺鞨·渤海の項目について〉，《朝鮮文化研究》第 8 號（2001），頁 1–25。

[48] 《唐會要》卷 96，殿本，頁 1724；上古本，頁 2042。

[49] 《唐會要》卷 99《南詔蠻》：「南詔蠻，本烏蠻之別種也。姓蒙氏，蠻謂王爲詔，其先有六詔，各有君長。蒙舍龍世長蒙舍州。高宗時，細奴邏來朝。開元二十六年，封其子皮邏閣越國公，賜名歸

皆與諸鈔本《南平蠻》略同，爲何會出現這種差異？「南平蠻」與「南詔蠻」
是何關係？按《太平寰宇記》卷一七八《四夷七・南平蠻》載：

> 南平蠻。北與涪州接，部落四千餘戶。山有毒草及沙虱、蝮蛇，人並樓
> 居，登梯而上，號爲「干欄」。其王姓朱氏，號爲劍荔王。唐貞觀三年，
> 遣使入朝，以其地隸渝州。按即南詔蠻是也。……自後朝貢不絕，以至
> 會昌年中。[50]

按《太平寰宇記》所記，與四庫本及諸鈔本《唐會要》略同，並無殿本「南詔
蠻」中「南詔蠻，本烏蠻之別種也」至「復敗於大和，寇陷嶲州及會同軍」一
段文字，可見其與《唐會要》原本之密切關係，二者或出自同一史源。上引「按
即南詔蠻是也」一語，可明「南平蠻」與「南詔蠻」爲同一個民族，故歸並在
一起敍述。從諸鈔本所記情況看，《唐會要》原目應爲《南平蠻》，其後並無專
門的《南詔蠻》，四庫本整理者當改原底本「平」（或訛爲「正」）爲「詔」，殿
本整理者則於《南平蠻》之後，增補《南詔蠻》目，把《南平蠻》內容一分爲
二，並據相關史籍補加如上「南詔蠻，本烏蠻之別種也」至「復敗於大和，寇
陷嶲州及會同軍」一段文字。按此段文字不見於四庫本與諸鈔本，而《舊唐書》
卷一九七《南詔蠻傳》則有相似記載，[51]殿本整理者當據此補撰，其非《唐會
要》原文，也是可以斷定的。

義。其後以破西洱蠻功，敕授雲南王，歸義漸強，五詔浸弱。劍南節度使王昱受其略，迸六詔爲南
詔。歸義日以驕大，每入觀，朝廷亦加禮。天寶七載，歸義卒。其子閣邏鳳立，與節度使鮮于仲通
不相得，雲南太守張虔陀復私其妻。九載，因發兵反。鮮于仲通爲南詔所敗。自是南詔北臣吐蕃。
十二載，復徵天下兵，俾李宓將之，復敗於大和，寇陷嶲州及會同軍。」殿本，頁 1763–1764；上
古本，頁 2092。

50　《太平寰宇記》（北京，中華書局，2007），頁 3401–3402。

51　《舊唐書》卷 196，頁 5280–5281。比較其與殿本之異同，可以發現，二者相似度極高，殿本整理
者當據《舊唐書》相關內容補撰此條。

五、闕文補撰

　　所謂「闕文補撰」，指鈔本卷中有脫誤和闕失，且所闕字數多少不等，清人則據相關史籍予以補足。相較而言，四庫本在闕失脫誤之處，多標「闕」、「缺」、「原闕」、「原缺」等字樣，其整理工作尚稱嚴謹。而殿本除卷三《內職》末小字標注「此條原本有闕」六字外，[52]其餘皆完整無闕，然這些完整無闕的內容，是否皆為《唐會要》原文，就需要考證清楚了。限於篇幅，這裡不可能對殿本存在的「闕文補撰」問題進行全面清理，僅略舉數例加以討論和說明。如殿本卷三《皇后》所記「穆宗皇后韋氏。會昌時，追冊為皇太后，諡曰宣懿，武宗母也」一段文字，[53]四庫本與其他諸鈔本（國圖 A 本除外，詳後）皆僅存「武宗母也」四字，並接抄於上條「皇后蕭氏」後，中間明顯存在脫漏。而國圖 A 本（即明鈔本）此處未有脫漏，明確記載：「皇后韋氏。開成五年二月追尊，諡曰宣懿皇太后。五月二十五日忌。武宗母也。」復據《舊唐書》卷一八《武宗本紀》、《冊府元龜》卷三一《帝王部‧奉先四》，開成五年（840）二月，武宗追諡其母韋氏為宣懿皇太后。[54]可見國圖 A 本所記，才是真正的《唐會要》原文！殿本記「會昌時，追冊為皇太后」，明顯有誤。再看《新唐書》卷七七《后妃傳下》相關記載：「穆宗宣懿皇后韋氏，失其先世。穆宗為太子，後得侍，生武宗。長慶時，冊為妃。武宗立，妃已亡，追冊為皇太后，上尊諡。」[55]從「追冊為皇太后」一語看，殿本當據此補撰，「會昌時」三字，則是整理者所妄加，與史實已大相逕庭了！

　　又殿本《唐會要》卷三一《輿服上‧裘冕》前後內容完整，然四庫本顯慶元年（656）九月十九日條「降王一等又云」後殘闕，下標「原闕」二字，其後接抄「天下禮惟從俗」。[56]國圖 A 本則出現錯簡，「降王一等又云悉與」後，接

52　《唐會要》，殿本，頁 33；上古本，頁 37。

53　《唐會要》，殿本，頁 30；上古本，頁 34。

54　《舊唐書》，頁 584；《冊府元龜》，頁 333。

55　《新唐書》，頁 3507。

56　《唐會要》，四庫本，頁 422－423。

抄「宰相二十三人……，使相十一人……」，其後相繼述懿宗、僖宗、昭宗事，至「諡曰聖穆景天」，接抄「禮唯從俗」一語，此處明顯錯入卷二《帝號下》的內容。國圖B本未有錯簡，「降王一等又云悉與」後空闕十數行，其下接抄「禮惟從俗」，與四庫本情況完全相同。而上圖傅藏本、臺北A及B本、靜嘉堂本等，皆出現與國圖A本同樣的錯簡情況，錯入文字一模一樣，其間傳抄源流關係不難推知。因此，殿本所記相關內容，是否爲《唐會要》原文，就需要考慮了。值得注意的是，國圖A本卷二《帝號下》宣宗條下「年號一（大中十三年）」至「文孝皇帝廟號昭宗」之間，正好錯入三頁多（每頁十行，每行二十四字左右）有關服飾討論的內容，與殿本所記雖有相近之處，然詳略不同，差異頗大，茲舉一例比較如下。按殿本儀鳳二年（677）條記：

> 儀鳳二年，太常博士蘇知機又上表，以公卿以下冕服，請別立節文，敕下有司詳議，崇文館學士校書郎楊炯議曰……。[57]

而國圖A本此條前尚有龍朔二年（662）司禮少常伯孫茂道的奏文，且蘇知機的上表，也有詳細的內容，這些都與殿本所記不同，具體內容如下：

> 龍朔二年九月二十二日，司禮少常伯孫茂道奏稱：「准令諸臣九章服，君臣冕服，章數雖殊，飾龍名袞，尊卑相亂。望諸臣九章衣以雲及麟代龍，升山爲上，仍改冕名。」當時紛義不定。至儀鳳二年十一月六日，太常博士蘇知機上表：「去龍朔中，司禮少常伯孫茂道奏請諸臣九章服，與乘輿服章數殊，飾龍名袞，尊卑相亂。望諸臣九章衣以雲及麟代龍，升山爲上，仍改冕名。當時竟未施行。今請制大明冕十二章，乘輿服之，加日、月、星、辰、龍、虎、山、火、麟、鳳、玄龜、雲、水等象。鷩冕八章，三公服之。毳冕六章，三品服之。黻冕四章，五品服之。」詔下有司詳議，崇文館學士楊炯奏議曰……[58]

57　《唐會要》卷31，殿本，頁566-567；上古本，頁661。

58　參見拙文〈《唐會要》抄本所見佚文考〉，樓勁、陳偉主編《秦漢魏晉南北朝史國際學術研討會論文

按上揭文字，原鈔本錯訛頗多，已據相關史籍進行了訂正。據此記載，不僅多出龍朔二年條，而且內容詳實，有明確的月日，其為《唐會要》卷三一《裘冕》中的原文，應可肯定。再看《舊唐書》卷四五《輿服志》的相關記載：「儀鳳年，太常博士蘇知機又上表，以公卿以下冕服，請別立節文，敕下有司詳議，崇文館學士校書郎楊炯議曰……」[59]以之與殿本相比較，除「儀鳳年」與「儀鳳二年」有異外，其餘文字完全相同。據此不難推知，殿本所記，實為四庫館臣據《舊唐書・輿服志》所補撰，其非《唐會要》原文，當可斷言。綜合言之，殿本「降王一等又云」後，「悉與王同」至「天下禮惟從俗」大段記載，皆據舊志補撰，並非《唐會要》原文。

六、條文增補

所謂「條文增補」，指《唐會要》原書無，後人據相關史籍進行增補。殿本這方面的問題比較突出。不過，其所增補的條文，也並非無中生有，而是事出有因的。

按殿本、四庫本《唐會要》卷一一《明堂制度》所記，起「貞觀五年（631）太宗將造明堂」條，止「開元五年（717）正月（玄宗）幸東都」條，然諸鈔本開元五年條後，尚記有不少與明堂制度無關的內容，且大致存在三種情況：一是起「貞觀元年上宴群臣」條，止「有驍衛大將軍長孫順德受人餽絹事覺」條，如北大本、上圖王校本等；二是起「貞觀元年上宴群臣」條，止「上謂侍臣曰」條，如國圖 B 本、中圖 A 本、浙圖本[60]等，且國圖 B 本「玄」字不避諱；三是「上謂侍臣曰」條之後，又有記載邊疆民族問題的若干內容，如國圖 C 本、中圖 B 本、廣圖本、鎮圖本、臺北 A 及 B 本、靜嘉堂本等，且國圖 C 本、廣圖

集》(北京，中國社會科學出版社，2018)，頁 460−461。

[59] 《舊唐書》卷45，頁 1946−1947。

[60] 按國圖 B 本、中圖 A 本「上謂侍臣曰」條末句為「何必擇才也」，而浙圖本此句中闕數行，後記 2 行文字：「條，上怪其能，以問。對曰：『此非臣所能，家客馬周為具草耳。』上即召見與語，甚悅，除監察御史。上以常何為知人，賜絹三百足。」這與國圖 B 本、中圖 A 本略有不同，然可視為同一系統鈔本。

本、臺北 B 本「玄」字不避諱。由此不難看出諸鈔本實存在三種以上的傳鈔系統。無論哪種情況，諸鈔本所記內容均與明堂制度無關，這是可以肯定的。值得注意的是，國圖 B 本卷末記有 2 行草書題識：「此卷自貞觀元年上宴群臣下，皆述太宗之事爲，多與明堂制度不合，亦不識其何處刺取也。」另外，國圖 C 本「上以選人多詐冒資蔭」條後，貼有一雙行文字紙箋：「自此至卷末，張本俱無，皆雜記太宗時事，與明堂無關，似應從芟。此必他門誤入，宜細查之。」[61] 據此可知，清人已注意到這些文字並非《唐會要》卷一一《明堂制度》中的內容，但是否爲該書其他卷目的內容，其認識是不一樣的。今存四庫本《唐會要》並沒有見到鈔本中的這些文字，說明整理者並不認爲它們是《唐會要》原文，最後全部予以刪除。然殿本其他卷目則多次見到此類文字，可明殿本整理者的基本判斷，即這些記載多屬《唐會要》原文。問題是，殿本整理者的這一判斷是否準確可信呢？

經核查，諸鈔本的這些條文，極有可能是後人據《資治通鑑》等史籍補錄的，如鈔本第一條：

> 貞觀元年，上宴群臣，奏《秦王破陳樂》（太宗爲秦王時，破劉武周，軍中作此樂曲。後更號《神功破陳樂》。貞觀七年，更名《七德舞》，蓋取《左傳》「武有七德」之義），上曰：「朕昔受委專征，民間遂有此曲。雖非文德之雍容，然功業由茲而成，不敢忘本。」封德彝曰：「陛下以神武平海內，豈文德之足比。」上曰：「戡亂以武，守成以文。文武之用，各隨其時。卿謂文不及武，斯言過矣。」德彝頓首謝。[62]

試比較《資治通鑑》卷一九二貞觀元年（627）春正月條所記：

> 丁亥，上宴群臣，奏《秦王破陳樂》，上曰：「朕昔受委專征，民間遂有此曲，雖非文德之雍容，然功業由茲而成，不敢忘本。」封德彝曰：「陛

---

[61] 這兩條題識文字的釋讀，曾得到王素先生、劉濤先生的指教與幫助，謹此鳴謝！

[62] 《唐會要》卷 11，臺北 A 本，頁 990 下。

下以神武平海內，豈文德之足比。」上曰：「戡亂以武，守成以文，文武之用，各隨其時。卿謂文不及武，斯言過矣。」德彝頓首謝。[63]

從中不難看出，除雙行夾注外，二者正文完全相同。按鈔本雙行夾注文字，當取自王幼學《綱目集覽》：「《破陳樂》：太宗爲秦王時，破劉武周，軍中作此樂曲舞，用樂工百二十八人，披銀甲執戟而舞。後更號《神功破陳樂》。貞觀七年，更名《七德舞》。七德者，取《左傳》『武有七德』之義。」[64]

又鈔本第二條「制『自今中書、門下及三品以上入閣議事，皆命諫官隨之，有失輒諫』」[65]，第三條「上以選人多詐冒資蔭，敕令自首，不首者死。未幾，有詐冒事覺者，上欲殺之。大理少卿戴胄奏：『據法應流。』上怒曰：『卿欲守法而使朕失信乎？』對曰：『敕者出於一時之喜怒，法者國家所以布大信於天下也。陛下忿選人之多詐，故欲殺之，而既知其不可，復斷之以法，此乃忍小忿而存大信也。』上曰：『卿能執法，朕復何憂！』胄前後犯顏執法，言如湧泉，上皆從之，天下無冤獄」[66]，第四條「上令封德彝舉賢，久無所舉。上詰之，對曰：『非不盡心，但於今未有奇才耳！』上曰：『君子用人如器，各取其所長，古之致治者，豈借才於異代乎！正患己不能知，安可誣一世之人！』德彝慚而退」[67]，皆見於《資治通鑑》卷一九二貞觀元年春正月諸條。[68]

又鈔本倒數第二條，起「尚書兵部」，止「未有如此若是之大者也」，實錄自于公異《破朱泚露布》。[69]最後一條起「晉侯方圖秦」，止「戎狄皆附」，則鈔自李華《言醫》。[70]

63　《資治通鑑》（北京，中華書局，1956），卷192，頁6030。

64　《御批資治通鑑綱目》卷39上《集覽》，《景印摛藻堂四庫全書薈要》（臺北，世界書局，1985），第445頁。

65　《唐會要》卷11，臺北Ａ本，頁990下。

66　《唐會要》卷11，臺北Ａ本，頁991上。

67　《唐會要》卷11，臺北Ａ本，頁991上。

68　《資治通鑑》卷192，頁6031－6032。

69　《唐文粹》（長春，吉林人民出版社，1998），卷30上，頁355－357。按《文苑英華》卷648作《西平王李晟收西京露布》，且文字與鈔本有異，可知鈔本上的內容，並非據《文苑英華》所補。

70　《唐文粹》卷45，頁504－506。

　　按國圖 B 及 C 本、廣圖本、臺北 B 本「玄」字皆不避諱，可知這些條文的補撰，當發生在康熙以前，這與同書卷九四《北突厥》等的補撰時間是一致的。

　　再看殿本諸卷所補文字，均能在諸鈔本卷一一《明堂制度》中找到源頭。如殿本卷二八《祥瑞上》貞觀二年（628）九月條：

> 其年九月，上曰：「比見羣臣屢上表賀祥瑞。夫家給人足而無瑞，不害爲堯、舜；百姓愁怨而多瑞，不害爲桀、紂。後魏之世，吏焚連理木，煮白雉而食之，豈足爲至治乎？」嘗有白鵲構巢於寢殿上，合歡如腰鼓，聲相應和，左右稱賀。上曰：「我嘗笑隋帝好祥瑞，瑞在得賢，此何足賀！」命毀其巢，縱散飛於野外。[71]

按殿本此條，不見於四庫本及其他諸鈔本，尤其是國圖 A 本（即明鈔本）此卷尚存，亦無相關記載，足證其非《唐會要》原文。又上揭文字，略見於《通鑑》卷一九三貞觀二年九月丙午條，[72]然無「聲相應和」四字。查諸鈔本卷一一《明堂制度》補撰內容，「聲相應和」四字爲雙行夾注，可知殿本此條當據鈔本補撰，並插入卷二八《祥瑞上》中。

　　又殿本卷五一《識量上》貞觀二年「上與侍臣論周秦修短」條：

> （貞觀）二年，上與侍臣論周秦修短，蕭瑀對曰：「紂爲不道，武王征之；周及六國無罪，始皇滅之，得天下雖同，失人心則異。」上曰：「公知其一，未知其二。周得天下，增修仁義；秦得天下，益尚詐力。此修短之所以殊也。蓋取之或可以逆得，而守之不可以不順故也。」瑀謝不及。[73]

按殿本此條，同樣不見於四庫本及其他諸鈔本，《通鑑》卷一九二略同[74]，然繫
於貞觀元年六月戊申，且「人心則異」前無「失」字，「守之不可以不順故也」
前無「而」字。查諸鈔本卷十一《明堂制度》補撰內容，有「失」、「而」二字，
殿本明顯據鈔本而來，並插入卷五一《識量上》中。又諸鈔本此條繫於貞觀元
年，殿本作「二年」，當係整理者疏誤所致。

又殿本同卷《識量上》貞觀二年「有上書請去佞臣」條：

> 其年，有上書請去佞臣者，上問佞臣爲誰，對曰：「願陛下與羣臣言，
> 陽怒以試之。彼執理不屈者，直臣也；畏威順旨者，佞臣也。」上曰：
> 「君自爲詐，何以責臣下之直？朕方以至誠治天下，卿策雖善，朕不取
> 也。」[75]

按殿本此條，同樣不見於四庫本及其他諸鈔本記載，《通鑑》卷一九二略同，[76]
然繫於貞觀元年五月，且文字多出殿本不少。查諸鈔本卷一一《明堂制度》後
補撰內容，與殿本所記完全一樣，可知上揭內容實據鈔本而來，殿本整理者將
之插入卷五一《識量上》中，並誤貞觀元年爲二年。

又殿本卷五二《忠諫》貞觀元年條：

> 其年，上以瀛州刺史盧祖尚才兼文武，命鎮交趾，祖尚拜而出，既而悔
> 之，辭以疾。上遣杜如晦等諭旨，祖尚固辭。上怒，斬之。他日，與羣
> 臣論齊文宣帝何如人，魏徵曰：「文宣狂暴，然人與之爭事，理屈則從
> 之。」上曰：「然向者盧祖尚雖失大臣之義，朕殺之，以爲太暴，由此
> 言之，不如文宣矣。」命復其官蔭。徵容貌不逾中人，而有膽略，善回
> 人主意，每犯顏苦諫，或逢上怒甚，徵神色不移，上亦爲之霽威。徵嘗
> 謁告上塚，遽言於上曰：「人言陛下欲幸南山，外皆嚴裝已畢，而竟不

74　《資治通鑑》卷192，頁6036。

75　《唐會要》卷51，殿本，頁886；上古本，頁1039。

76　《資治通鑑》卷192，頁6035-6036。

行，何也？」上笑曰：「實有此心，畏卿嗔，故中輟耳。」上嘗得佳鷂，
自臂之，望見徵來，匿懷中，徵奏故久，鷂竟死懷中。[77]

按殿本此條，同樣不見於四庫本及其他諸鈔本記載，《通鑑》卷一九三略同，然
繫於貞觀二年十月，且文字多出殿本不少。查諸鈔本卷一一《明堂制度》後補
撰內容，除「遽」作「還」、「徵奏故久」作「徵奏故久不已」外，其餘與殿本
完全一樣，可知殿本此條實據鈔本而來，整理者將之插入卷五二《忠諫》中。

又殿本卷五五《省號下·諫議大夫》貞觀二年條：

（貞觀）二年，上問魏徵曰：「人主何爲而明，何爲而暗？」對曰：「兼
聽則明，偏信則闇。昔堯清問下民，故有苗之惡得以上聞；舜明四目，
達四聰，故共、鯀、驩、苗不能蔽也。秦二世偏信趙高，以成望夷之禍；
梁武帝偏信朱異，以取臺城之辱；煬帝偏信虞世基，以致鼓城閣之變。
是故人君兼聽廣納，則貴臣不得雍蔽，而下情得以上通也。」上曰：「善。」
上又謂侍臣曰：「人言天子至尊，無所畏憚。朕則不然，上畏皇天之鑒
臨，下憚羣臣之瞻仰，兢兢業業，猶恐不合天意，未副人望。」魏徵曰：
「此誠至治之要，願陛下慎終如始，則善矣。」[78]

按殿本此條，亦不見於四庫本及其他諸鈔本記載，《通鑑》卷一九二繫於貞觀二
年正月丁巳[79]，中間尚有太宗謂黃門侍郎王珪語，其餘略同。查諸鈔本卷一一
《明堂制度》補撰內容，所記與殿本完全相同，可知殿本此條實據鈔本而來，
整理者將之插入卷五五《省號下·諫議大夫》中。

又殿本卷五七《左右僕射》貞觀二年條：

---

[77] 《唐會要》卷52，殿本，頁904–905；上古本，頁1059–1060。

[78] 《唐會要》卷55，殿本，頁949；上古本，頁1114。

[79] 《資治通鑑》卷192，頁6047。

貞觀二年敕:「尚書細務,屬左右丞,惟大事應奏者,乃關左右僕射。」
房玄齡明達吏事,輔以文學,不以求備取人,不以己長格物,與杜如晦
引拔士類,常如不及。至於臺閣規模,皆二人所定,上每與玄齡謀事,
必曰:「非如晦不能決。」及如晦至,卒用玄齡之策。蓋玄齡善謀,如
晦能斷故也。二人深相得,同心徇國,故唐世稱賢相者,推房杜焉。[80]

按殿本此條,不見於四庫本與其他諸鈔本記載,且其後貞觀三年(629)三月十
日條,又有「因敕尚書,細務屬於左右丞,惟枉屈大事合聞奏者,關於僕射」
之類記載,[81]前後重複,不當出現如此混亂!《通鑑》卷一九三繫於貞觀三年
三月丁巳,[82]與《唐會要》貞觀三年三月十日條相合。查諸鈔本卷十一《明堂
制度》補撰內容,此事繫於貞觀二年,所記文字與殿本完全相同,可知殿本此
條實據鈔本而來,整理者將之插入卷五七《左右僕射》中。

　　總體而言,四庫館臣在整理殿本時,認爲所據鈔本卷一一一《明堂制度》後
人補撰內容爲《唐會要》原文,遂摘取其中幾條補入殿本一書中,導致其與四
庫本出現若干差異,這是需要特別指出的。上述殿本增補的條文,並非《唐會
要》原文,也是可以肯定的。

結語

　　以上參據十數種《唐會要》鈔本,並結合四庫本,圍繞闕卷補撰、闕目補
撰、增目補撰、闕文補撰、條文增補等五個方面,對武英殿本《唐會要》進行
了較爲全面細緻的調查與分析,大致清理出該書中那些清人補撰的內容,確認
它們並非《唐會要》原文,這對今後《唐會要》的整理不無借鑒與參考意義,
同時也可提醒我們,《唐會要》中那些清人補撰的文字,不可輕易視之爲可靠的

---

[80]　《唐會要》卷57,殿本,頁990;上古本,頁1161。

[81]　《唐會要》卷57,殿本,頁990;上古本,頁1161。

[82]　《資治通鑑》卷193,頁6063。

第一手文獻資料，而運用於相關歷史問題的研究中去。

　　當然，以上討論的，主要是清人對《唐會要》整卷、整條、整段文字的補撰，至於正文中幾字乃至十數字不等的補闕，更是數不勝數，每卷皆有，拙文《清人整理〈唐會要〉存在問題探析》曾對此有所揭示[83]，但僅是冰山一角而已，還需要我們花更多的時間和精力予以逐一清理，還王溥《唐會要》一個本來的基本面目！

　　附記：本文原載《中華文史論叢》2019年第1輯。謹以此小文慶賀高明士先生八秩誕辰，恭祝先生福如東海、壽比南山！學術之樹常青！

後學　劉安志　謹拜

---

[83] 劉安志，〈清人整理〈唐會要〉存在問題探析〉，《歷史研究》（北京：2018.2）。

唐宋牓子的類型及其功能
——從敦煌文書 P.3449+P.3864《刺史書儀》說起

雷聞*

　　在唐代的官場運作中，應用著眾多公文種類，除了《公式令》中規定的表、狀、箋、啟、符、移、關、牒等之外，還存在不少令外的文種如帖、牓等，各種公文具有不同的等級與功能，共同組成了一個互補銜接的官文書體系，維護著唐帝國的日常行政運轉[1]。中唐之後，隨著政治形態的演進，又出現了敕牒、堂帖等一些新的公文類型[2]，而「牓子」作爲「奏狀」的一種簡易形式[3]，也在日常政務中發揮著重要作用，其使用一直延伸到五代與兩宋。本文試從法藏敦煌文書 P.3449+P.3864《刺史書儀》中所記載的牓子格式出發，對其起源、類型、特點及其在唐宋政務運行中的功能做一些初步討論。

---

* 中國社會科學院古代史研究所、敦煌學研究中心研究員。

[1] 關於唐代的官文書研究，最成體系的是中村裕一先生的著作：《唐代制敕研究》，東京：汲古書院，1991 年；《唐代官文書研究》，京都：中文出版社，1991 年；《唐代公文書研究》，汲古書院，1996 年。另參拙撰《關文與唐代地方政府內部的行政運作——以新獲吐魯番文書爲中心》，《中華文史論叢》2007 年第 4 期，123-154 頁；《唐代帖文的形態與運作》，《中國史研究》2010 年第 3 期，89-115 頁；《牓文與唐代政令的傳佈》，《唐研究》第 19 卷，北京大學出版社，2013 年，41-78 頁。以及赤木崇敏的系列論文：《唐代前半期の地方文書行政——トゥルファン文書の檢討を通じて》，《史學雜誌》第 117 編第 11 號，2008 年，75-102 頁。中文本《唐代前半期的地方公文体制——以吐魯番文書爲中心》，收入鄧小南、曹家齊、平田茂樹主編《文書·政令·信息溝通：以唐宋時期爲主》，北京大學出版社，2012 年，119-165 頁。同氏《唐代官文書體系とその變邊——牒·帖·狀を中心に》，收入平田茂樹、遠藤隆俊編《外交史料から十～十四世紀を探る》，汲古書院，2013 年，31-75 頁。

[2] 參看劉後濱《唐代中書門下體制研究——公文形態、政務運行與制度變遷》，濟南：齊魯書社，2004 年，281-293、341-354 頁。另參王孫盈政《唐代「敕牒」考》，《中國史研究》2013 年第 1 期，89-110 頁。葉煒《唐後期同時上呈皇帝、宰相類文書考》，鄧小南主編《田餘慶先生九十華誕頌壽論文集》，中華書局，2014 年，533-544 頁。

[3] 在唐宋文獻中，「牓」有時寫作「榜」，本文引用典籍時均以原文爲準，行文則均以用前者。

一、《刺史書儀》中的「牓子」及其奏狀性質

關於 P.3449+P.3864《刺史書儀》，當以周一良、陳祚龍等先生的研究發其端[4]，後來唐耕耦、陸宏基先生在《敦煌社會經濟文獻真跡釋錄》中據陳氏的研究進行錄文，擬題爲《書儀小冊子》[5]。趙和平先生則對這件文書的性質、年代進行了深入研究，認爲它是後唐時期刺史專用的書儀[6]。在稍後出版的《敦煌表狀箋啟書儀輯校》中，趙先生又對這件文書進行了詳細的解題和錄文，並直接將其定名爲《刺史書儀》[7]。

《刺史書儀》爲冊頁形式，收錄各種公私文範 78 種，其中「牓子」格外引人矚目。早在 1982 年發表的《敦煌寫本書儀考（之一）》中，周一良先生就敏銳地注意到 P.3449 書儀寫本中這一不見於《唐六典》的文書名稱，他對其中兩通牓子進行了錄文，並結合傳世文獻簡要分析了牓子的性質和功能，指出：「牓子起初大約是作簡單記錄的便條紙片之類。可能晚唐以後，才流行用牓子這樣的紙條向皇帝『謝恩』或報到。」[8] 這個論斷爲進一步的研究指明了方向。後來，張小豔女史又從語言學的角度，對 P.3449《刺史書儀》中的「牓子」做了解讀，對其性質則基本沿襲了周先生的看法[9]。

爲了方便討論，我們先將《刺史書儀》中關於牓子的相關部分錄文如下[10]：

---

[4] 周一良《敦煌寫本書儀考（之一）》，原刊《敦煌吐魯番文獻研究論集》第一輯，中華書局，1982
年；此據周一良、趙和平《唐五代書儀研究》，中國社會科學出版社，1995 年，53-70 頁。陳祚龍《看
了周作敦煌寫本書儀考（之一）以後》，《敦煌學》第六輯，1983 年，31-68 頁。

[5] 唐耕耦、陸宏基編《敦煌社會經濟文獻真跡釋錄》第五輯，北京：全國圖書館文獻縮微複製中心，
1990 年，355-387 頁。

[6] 趙和平《後唐時代刺史專用書儀——P.3449+P.3864 的初步研究》，收入周一良、趙和平《唐五代書
儀研究》，222-230 頁。

[7] 趙和平《敦煌表狀箋啟書儀輯校》，江蘇古籍出版社，1997 年，166-212 頁。

[8] 周一良《敦煌寫本書儀考（之一）》，見周一良、趙和平《唐五代書儀考》，54-55 頁。

[9] 張小豔《敦煌書儀語言研究》，北京：商務印書館，2007 年，90-92 頁。需要指出的是，此書對 P.3449
錄文略誤，如文書中的「伏候敕旨」均誤作「伏惟敕旨」。

[10] 錄文參看趙和平《敦煌表狀箋啟書儀輯校》，170-172 頁、194 頁。此處錄文沒有按照原來冊頁的行
款，而是依據文意來排列。此外，「只半張紙，切須鉸剪齊正，小書字」、「依前半張」等語，原
爲大字，但實爲牓子格式的說明文字，而非牓子式本身的內容，所以在此改爲小字，以示區別。文

受恩命後於東上閤門祗候　謝恩牓子

　　具全銜厶乙

右臣蒙　恩，除授前件官，謹詣　東上閤門祗候　謝，伏候　敕旨。

　　　　厶日月（月日）下具全銜　厶乙狀奏。

　　辭牓子。依前半張。

　　具全銜臣厶

右臣謹詣　東上閤門祗候　辭，伏候　敕旨。

　　　月日　狀奏。

　　又有著蒙恩者一本。

　　具銜

右臣蒙　恩，除授前件官，謹詣　東上閤門祗候　辭，伏候　敕旨。

　　　　月日具全銜　厶乙　狀奏。

得替到　京朝見牓子

　　具銜臣厶

右臣得替到　闕，謹詣　東上閤門祗候　見，伏候　敕旨。

　　　月日具銜臣厶狀奏。

　　《刺史書儀》實際收錄了三類功用不同的牓子：一是授官之後的「謝恩牓子」，二是「辭牓子」（包括授官之後的「辭牓子」），三是得替到京之後的「朝見牓子」。雖然功能略異，但遞交牓子的地點都是在東上閤門，且格式基本一致。至於一些細微的差異，很可能只是在書儀抄寫時的疏漏所致，比如「辭牓子」最後一句「月日狀奏」，應該就是「月日具全銜臣厶狀奏」的簡寫，授官後辭牓子第一行的「具銜」，應爲「具全銜臣厶」之略，而「謝恩牓子」第一行的「具全銜厶乙」，在「厶乙」之前，應該也脫漏了一個「臣」字，因爲

《刺史書儀》中的三類牓子都是上給皇帝的,「臣」字恐不可脫。我們可將後唐時期牓子的書式復原如下:

　　　牓子式

> 　　具全銜臣厶。
> 右臣云云。　伏候　敕旨。
> 　　　　月日具全銜臣厶狀奏。

　　　《刺史書儀》中的三類牓子,區別僅在於在東上閣門「祗候謝」、「祗候辭」、「祗候見」的不同,格式則基本相同。值得指出的是,後唐在制度上大多沿用唐制,以示正統,而唐代官文書一般使用黃麻紙,規格比較固定,紙高在 26-26.5 釐米之間,長在 45.5-48.5 釐米之間,若如《刺史書儀》所言,牓子「只半張紙,切須鉸剪齊正」,則其高約 26 釐米,寬約 24 釐米,接近正方形。唐代官文書通常一紙約寫 14 行,然則「半張紙」當在 7 行左右,對於以禮儀性內容為主的後唐牓子來說,半張紙顯然已足夠了。

　　　周一良先生曾指出:「大體是古代的刺發展成唐代的門狀,又由門狀簡化成牓子。牓子和名刺或名紙在用紙的尺寸規格上也許有所不同,內容似乎並無區別。」[11] 顯然認為牓子與古代的名刺具有淵源關係。這種具有名刺或拜帖性質的「牓子」在唐代頗為常見,如《北夢瑣言》記載:「唐王潛司徒,與武相元衡有分。武公倉卒遭罹,潛常於四時爇紙錢以奉之。王後鎮荊南,有染戶許琛,一旦暴卒,翌日卻活,乃具牓子詣衙,云要見司徒。」[12] 可見一個普通百姓拜見節度使,也要使用牓子。在五代時,除了前述《刺史書儀》中作為官文書的三類牓子之外,民間也行用牓子,在日本駒澤大學所藏五代禪僧應之《五杉練若新學備用》卷中就收錄有一通《牓子樣》,其格式與《刺史書儀》中的牓子明顯不同,應是五代釋門乃至民間日常使用的牓子格式[13]。

---

[11] 周一良《敦煌寫本書儀考(之一)》,見周一良、趙和平《唐五代書儀考》,57 頁。

[12] 《北夢瑣言》卷一二《王潛司徒燒紙錢》條,賈二強點校,中華書局,2002 年,261 頁。

[13] 關於《五杉集》,參看樸鎔辰《應之的〈五杉練若新學備用〉編纂とその佛教史的意義》,《印度學佛教學研究》第 57 卷第 2 號,2009 年,51-57 頁;山本孝子《應之〈五杉練若新學備用〉卷中所收

本文主要討論作爲官文書的「牓子」及其功能。在某種程度上，它們可以說是「奏狀」的一種簡化格式。先來看司馬光的《司馬氏書儀》所載北宋「奏狀式」：

奏狀式

某司。自奏事，則具官，貼黃，節狀內事。

　　某事云云。　若無事因者，於　此便云右臣。

右云云。　列數事，則云右謹件如前。謹錄奏

聞，謹奏。取旨者，則云伏候　勅旨。

　　乞降付去處。貼黃在年月前。

年月　　日，具位臣姓名有連書官，即依此列位狀奏。

在「奏狀式」之後，還有具體說明：「右臣下及內外官司陳敘上聞者，並用此式。在京臣寮及近臣自外奏事，兼用劄子。前不具官，事末云取進止。用牓子者，惟不用年，不全幅，不封，餘同狀式。皆先具檢本司官畫日親書，付曹司爲案。（原注：本官自陳事者，則自留其案。）」[14]

也就是說，北宋時的牓子與奏狀區別有三：其一，牓子只標月日而不用寫年份；其二，牓子用紙「不全幅」，這與《刺史書儀》中「謝恩牓子」所云「只半張紙，切須鉸剪齊正，小書字」完全相合；其三，「不封」，即外面不用封皮密封。此外，牓子基本上只是官員個人與皇帝溝通的文書，而正式的奏狀則

<hr>

書儀文獻初探——以其與敦煌寫本書儀比較爲中心》，《敦煌學輯刊》2012 年第 4 期，55-56 頁。最近，《五杉集》已得到系統整理與研究，見王三慶《中國佛教古佚書〈五杉練若新學備用〉研究》上下冊，臺北：新文豐出版股份有限公司，2018 年，「牓子樣」見 607 頁。山本孝子對書儀中的牓子有簡要梳理，見《書儀に見られる「牓子」》，《敦煌寫本研究年報》第 13 號，京都大學人文科學研究所中國中世寫本研究班，2019 年，277-288 頁。

[14] 司馬光《司馬氏書儀》卷一，《叢書集成初編》本，上海：商務印書館，1936 年，2-3 頁。需要指出的是，在《慶元條法事類》卷一六《文書式》中，也收錄了南宋時期的「奏狀」式，與《司馬氏書儀》所載幾無二致。戴建國點校，收入楊一凡、田濤主編《中國珍稀法律典籍續編》第一冊，黑龍江人民出版社，2002 年，347-348 頁。

有「某司」和「自奏事」兩種情況，即機構與官員個人都可使用奏狀。這些區別顯然都不是原則性的，以此「奏狀式」與上文復原的「牓子式」相比，不難看出二者只是正式與簡易的差異，而性質則完全一致，結尾也都是「狀奏」二字。可以說，作爲官文書的牓子是奏狀的簡易形式[15]，從《刺史書儀》所載後唐時期的牓子到《司馬氏書儀》提到的北宋牓子，可謂一脈相承。

二、陸贄文集中的《奏草》與「牓子」

那麼，作爲簡易版奏狀的牓子，起源於何時呢？

目前我們在唐代文獻所見最早的奏狀性質的牓子，應該是德宗朝名臣陸贄所使用者。陳振孫《直齋書錄解題》卷二二曰：「《陸宣公奏議》二十卷。唐宰相嘉興陸贄敬輿撰，又名《牓子集》。」[16] 是直接將《牓子集》作爲《陸宣公奏議》的別名。同書卷一六又記載了《陸宣公集》二十二卷，曰：「唐宰相嘉興陸贄敬輿撰。權德輿爲序，稱《制誥集》十三卷、《奏草》七卷、《中書奏議》七卷。今所存者，《翰苑集》十卷、《牓子集》十二卷。序文又稱別集文、賦、表、狀十五卷，今不傳。」[17] 二者的記載顯然有矛盾，頗疑前者所云《陸宣公奏議》二十卷爲「十二卷」之誤，也就是後者所載《牓子集》之卷數。晁公武《郡齋讀書志》則記載：「《陸贄奏議》十二卷、《翰苑集》十卷。……舊有《牓子集》五卷、《議論集》三卷、《翰苑集》十卷。元祐中，蘇子瞻乞校正進呈，改從今名，疑是裒諸集成此書。」[18] 在卷數上有所出入。點校者在解題中也認爲《奏議》十二卷又名《牓子集》[19]。

---

[15] 從《司馬氏書儀》卷一所載的「表式」來看，開頭有「臣某誠惶誠懼」，結尾有「誠惶誠懼頓首頓首」等套話，格式顯得非常嚴格，這與牓子的格式差距極大。因此，雖然我們可以籠統地說牓子具有表狀的性質，但嚴格說來，牓子只是「奏狀」的簡易形式，與「表」沒有關係。關於唐代的奏狀，參看吳麗娛《試論「狀」在唐朝中央行政體系中的應用與傳遞》，《文史》2008 年第 1 期，119-148 頁；收入鄧小南、曹家齊、平田茂樹主編《文書・政令・信息溝通：以唐宋時期爲主》，3-46 頁。

[16] 陳振孫《直齋書錄解題》卷二二，徐小蠻、顧美華點校，上海古籍出版社，1987 年，634 頁。

[17] 《直齋書錄解題》卷一六，474 頁。

[18] 《郡齋讀書志校證》，晁公武撰，孫猛校證，上海古籍出版社，1990 年，867-868 頁。

[19] 同上書，868 頁注一。

　　在王素先生整理的《陸贄集》中，將全書分爲三個部分：一是陸贄任翰林學士期間草擬的詔令，稱爲《制誥集》或《翰苑集》；二是他當宰相前撰寫的奏議，稱爲《奏草》或《議論集》；三是他當宰相時期所撰寫的奏議，稱爲《牓子集》或《中書奏議》，後兩部分性質相同，後人又合稱爲《奏議》或《中興奏議》[20]。不過，將《牓子集》認爲是陸贄在當宰相時所撰奏議，恐有未安之處。

　　我們可以來看一個具體的例子。按蔡絛《鐵圍山叢談》卷一云：「國朝禁中稱乘輿及后妃多因唐人故事，……內官之貴者，則有曰『御侍』，曰『小殿直』，此率親近供奉者也。御侍頂龍兒特髻衣襴，小殿直皁軟巾裹頭，紫義襴窄衫，金束帶，而作男子拜，乃有都知、押班、上名、長行之號。唐陸宣公《牓子集》『諫令渾瑊訪裹頭內人』者是也，知其來舊矣。」[21] 然則陸贄關於所謂「裹頭內人」的奏議當收在《牓子集》中。

　　此事詳見《資治通鑑》卷二三一：興元元年（784）六月，「上命陸贄草詔賜渾瑊，使訪求奉天所失裹頭內人。贄上奏，以爲：『今巨盜始平，疲瘵之民，瘡痍之卒，尚未循拊，而首訪婦人，非所以副惟新之望也。謀始盡善，克終已稀；始而不謀，終則何有！所賜瑊詔，未敢承旨。』上遂不降詔，竟遣中使求之。」[22] 應該是陸贄反對在剛剛平定朱泚叛亂、收復宮闕之時，就先令大將渾瑊去訪求之前走失的「裹頭內人」，於是以牓子的形式來「上奏」，比起表、狀等文書，這種形式更加便捷、私密。幸運的是，陸贄關於此事的奏文保存在《陸贄集》卷一六《奏草六》中，題爲《興元論賜渾瑊詔書爲取散失內人等議狀》[23]。可以看出，陸贄在擔任翰林學士期間撰寫的《奏草》正屬於《牓子集》的內容[24]。

---

[20] 見《陸贄集》的點校說明，王素點校，中華書局，2006 年，4 頁。

[21] 蔡絛《鐵圍山談叢》卷一，馮惠民、沈錫麟點校，中華書局，1983 年，7-8 頁。

[22] 《資治通鑑》卷二三一，中華書局，1956 年，7437-7438 頁。

[23] 《陸贄集》卷一六，501-507 頁。

[24] 當然，《牓子集》也可能同時包含了《奏草》和《中書奏議》，因爲今本《陸贄集》除《制誥》十卷外，尚有《奏草》六卷和《中書奏議》六卷，正合十二卷。

事實上，權德輿所撰《陸宣公全集序》說：「公之秉筆內署也，榷古揚今，雄文藻思，敷之爲文誥，伸之爲典謨，俾標狡向風，懦夫增氣，則有《制誥集》一十卷。覽公之作，則知公之爲文也。潤色之餘，論思獻納，軍國利害，巨細必陳，則有《奏草》七卷。覽公之奏，則知公之爲臣也。其在相位也，推賢與能，舉直錯枉，將幹璇衡而揭日月，清氛沴而平泰階。敷其道也，與伊、說爭衡；考其文也，與典謨接軫。則有《中書奏議》七卷。覽公之奏議，則知公之事君也。」[25] 是將陸贄的文章分爲《制誥集》、《奏草》、《中書奏議》三類。從前後文意來看，權德輿顯然是將《制誥集》與《奏草》都繫於他「秉筆內署」之時，只不過《奏草》的內容是他「潤色之餘，論思獻納，軍國利害，巨細必陳」的成果，《興元論賜渾瑊詔書爲取散失內人等議狀》應該正是其中之一篇。以陸贄事無巨細、知無不言的風格以及當時他與德宗的親密關係來看，他用靈活便捷的「牓子」隨時與德宗溝通，是完全合乎情理的。事實上，從現存《陸贄集》卷一一到卷一六的六卷《奏草》的內容來看，絕大多數都發生在德宗幸奉天和興元時期，當時陸贄正是翰林學士的身份。

可以看出，目前所見具有奏狀性質的牓子可能最初出現於陸贄擔任翰林學士之時，方便他隨時與德宗皇帝溝通之用。不過，其篇幅可能不一定必然簡短，只是與正式的奏狀相比，它可能在傳遞途徑上更爲便捷，無需經過中書門下的處理[26]。由於《陸贄集》中所收的《奏草》諸文可能已刪去前後一些格式化的詞句，如文末的月日和落款，我們已經無從看到最初的牓子格式，僅能進行一些推論。

仍以前引《興元論賜渾瑊詔書爲取散失內人等議狀》這條確定出自《牓子集》的材料爲例，開頭稱：「右德亮承旨，並錄先所散失內人名字，令臣撰詔書以賜渾瑊，遣於奉天尋訪，以得爲限，仍量與資裝，速送赴行在者。」文末則稱：「所令撰賜渾瑊詔，未敢承旨，伏惟聖裁。謹奏。」[27] 還有一種情況，

---

[25] 權德輿《陸宣公全集序》，收入《陸贄集》附錄卷二，816-817 頁。

[26] 據劉後濱先生研究，在中書門下體制建立之後，「奏狀」取代奏抄成爲了中晚唐政務文書的主體，有時百官百司的奏狀需要經過中書門下才能送到皇帝之手，而皇帝出付中書的奏狀亦須中書門下進行覆奏或商量處分。氏著《唐代中書門下體制研究》第七章第一節《奏狀與中書門下的商量處分》，263-281 頁。顯然，牓子是無需經過中書門下的審核而直接呈報皇帝的，之後也無需經過覆奏的環節。

[27] 《陸贄集》卷一六，501、506 頁。

德宗就一些具體的事情向陸贄諮詢,陸贄進行回答,比如《奉天論尊號加字狀》,開頭先引述德宗的口敕,徵詢陸贄對自己在尊號中加一兩字是否合適,陸贄則認爲:「竊以尊號之興,本非古制。行于安泰之日,已累謙沖;襲乎喪亂之時,尤傷事體。」堅決予以反對[28]。又如《奉天論解蕭復狀》[29],開頭先引述了冀寧口傳的聖旨,詢問他對蕭復人品的看法,而陸贄就結合自己與蕭復的多年交往,爲其力辯。再比如著名的《奉天赦書》,最初是中書所擬,在發佈之前,德宗先派宦官拿給陸贄審看,而陸贄則明確表示赦書不夠有誠意,希望在這種國家危亡之際,赦書必須能夠打動人心。在文章結尾他說:「應須改革事條,謹具別狀同進。」[30] 可見,除了這篇回答皇帝的狀文之外,對赦書的具體修改意見陸贄還另有別狀陳述。毫無疑問,這種用以答復由中使口宣的皇帝旨意或疑問的狀文,正是奏狀性質的牓子的早期形態。由於陸贄是當時德宗最親近的翰林學士,因此,他使用的這些答覆皇帝口敕的牓子在體式上應該較爲隨意,且它能直達皇帝,甚至直接面呈皇帝,而無需經過中書門下。

三、唐代「牓子」的使用者及其內容

作爲簡化版的奏狀,唐代牓子的使用者似乎主要是翰林學士與宰相這樣的近臣。

先來看翰林學士。如前所述,目前所見最早的奏狀性質的牓子是陸贄在任翰林學士期間與德宗溝通時所使用的。文宗時,翰林學士王起也多用牓子。據《舊唐書·王起傳》記載:「(王起)大中元年卒於鎮,時年八十八,廢朝三日,贈太尉,諡曰文懿。《文集》一百二十卷,《五緯圖》十卷,《寫宣》十卷。起侍講時,或僻字疑事,令中使口宣,即以牓子對,故名曰《寫宣》。」[31] 按《舊傳》的記載:「文宗好文,尤尚古學。鄭覃長於經義,起長於博洽,俱引

---

28 《陸贄集》卷一三《奏草》三,406-407 頁。

29 《陸贄集》卷一四《奏草》四,429-432 頁。

30 《奉天論赦書事條狀》,《陸贄集》卷一三《奏草》三,412-415 頁。

31 《舊唐書》卷一六四《王播傳附王起傳》,中華書局,1975 年,4280-4281 頁。

翰林,講論經史。起僻於嗜學,雖官位崇重,耽玩無斁,夙夜孜孜,殆忘寢食,書無不覽,經目靡遺。轉兵部尚書。以莊恪太子登儲,欲令儒者授經,乃兼太子侍讀,判太常卿,充禮儀詳定使。……三年,以本官充翰林侍講學士。」也就是說,王起是在文宗開成三年(838)成為翰林侍講學士,他用牓子來回答文宗在讀書中的「僻字疑事」,應該也發生在這一時期。

與陸贄在牓子中「軍國利害,巨細必陳」的內容不同,王起給文宗皇帝所上牓子所回答的大抵是一些小問題[32],之所以有此差異,可能與陸贄和王起在國家政務體制中扮演的角色差異造成的。陸贄擔任翰林學士時,恰逢朱泚叛亂,因此成為德宗最為倚重的「內相」,在軍國大政上多所建言。到了文宗時期,作為「翰林侍講學士」的王起主要是陪著皇帝講論經史,故牓子的內容也就大不相同了。此外,據《新唐書·王起傳》載:「帝嘗以疑事令使者口質,起具牓子附使者上,凡成十篇,號曰《寫宣》。」[33] 可見,牓子由中使直接帶給皇帝,非常便捷。

再來看宰相。據孫光憲《北夢瑣言》記載:

> 唐大和中,閹官恣橫,因甘露事,王涯等皆罹其禍,竟未昭雪。宣宗即位,深抑其權,末年嘗授旨於宰相令狐公。公欲盡誅之,慮其冤,乃密奏牓子曰:「但有罪莫舍,有闕莫填,自然無遺類矣。」後為宦者所見,於是南北司益相水火。洎昭宗末,崔侍中得行其志,然而玉石俱焚也已。[34]

文中的「令狐公」當指宣宗朝宰相令狐綯,從這條材料來看,牓子的內容雖然很簡短,通常僅半張紙的篇幅,但討論的問題也可能非常重要,從「密奏」之語觀之,則這通牓子似乎應該有密封,否則早就被傳遞文書的宦官所知,而不用等到以後才發現。前述《司馬氏書儀》記載北宋牓子與奏狀的區別之一就是

---

[32] 當然,從《新唐書》卷一六七《王播傳附王起傳》的記載來看,文宗之前曾「數訪逮時政」(中華書局,1975年,5118頁),所以也不排除有些政務方面的疑問,需要王起用牓子來作答覆。

[33] 《新唐書》卷一六七《王播傳附王起傳》,5118頁。

[34] 孫光憲《北夢瑣言》卷五,《令狐公密狀》條,95頁。

牓子「不封」，但看來在唐代，如果涉及機密之事，牓子應該也是可以密封的。

我們可以再舉一例。據《唐會要》記載：「天祐二年（905）十二月敕：『漢宣帝中興，五日一聽朝，歷代通規，宜爲常式。今後每月，只許一、五、九日開延英，計九度。其入閣日，仍于延英日一度指揮。如有大段公事，中書門下具牓子奏請開延英，不拘日數。』」[35] 可見，唐末宰相可以按照需要，入牓子奏請皇帝臨時開延英議事，這在當時可能已成爲一種常態。

除了翰林學士與宰相之外，唐代文獻也偶見其他官員使用牓子的例子，但並非上於皇帝者。如《唐語林》就記載了一則故事：

> 杜牧少登第，恃才，喜酒色。初辟淮南牛僧孺幕，夜即遊妓舍，廂虞候不敢禁，常以榜子申僧孺，僧孺不怪。逾年，因朔望起居，公留諸從事從容，謂牧曰：「風聲婦人若有顧盼者，可取置之所居，不可夜中獨遊。或昏夜不虞，奈何？」牧初拒諱，僧孺顧左右取一篋至，其間榜子百餘，皆廂司所申。牧乃愧謝。[36]

案牛僧孺節度淮南在文宗大和六年（832）十二月到開成二年（837）五月之間[37]，然則此事與王起以牓子答覆文宗疑問的時間略同。值得注意的是，此處的牓子是由藩鎮屬官系統中的左右廂虞候呈報給節度使的，內容都是關於杜牧違反夜禁規定遊妓館的小報告。通常情況下，左右廂虞候給節度使的正式報告應該使用上行的「牒」，但在這則故事中，他們用的是榜子，且數量多達百餘，這可能意味著左右廂虞候與節度使之間的關係，類似於宰相、翰林學士等近臣與皇帝之間的關係，故也可以用牓子這種相對隨意便捷的文體來溝通。但無論如何，唐代奏狀性質的牓子，目前依然只看到宰相與翰林學士在使用。

---

[35] 《唐會要》卷二四《朔望朝參》，上海古籍出版社，1991 年，547 頁。

[36] 《唐語林校證》卷七，中華書局，1987 年，621-622 頁。據周勛初先生考證，此條可能出自唐末五代丁用晦的《芝田錄》。

[37] 吳廷燮《唐方鎮年表》卷五《淮南》，中華書局，1980 年，729-730 頁。

四、晚唐文獻中的「內牓子」

　　除了奏狀性質的牓子之外，晚唐文獻中還出現過一種「內牓子」，與作為上行文書的牓子相反，這種內牓子卻是秉承皇帝旨意的下行文書。

　　晚唐裴庭裕《東觀奏記》中記載了一則故事：

> 杜悰通貴日久，門下有術士李（失名），悰待之厚。悰任西川節度使，馬植罷黔中赴闕，至西川，術士一見，謂悰曰：「受相公恩，久思有效答，今有所報矣！黔中馬中丞，非常人也，相公當厚遇之。」悰未之信。術士一日密於悰曰：「相公將有甚禍，非馬中丞不能救！」悰始驚信。發日，厚幣贈之，仍令邸吏爲植於都下買宅，生生之計無缺焉。植至闕，方知感悰，不知其旨。尋除光祿卿，報狀至蜀，悰謂術士曰：「貴人至闕，作光祿卿矣！」術士曰：「姑待之。」稍進大理卿，又遷刑部侍郎，充諸道鹽鐵使，悰始驚憂。俄而作相。懿安皇太后崩後，悰，懿安子婿也，忽一日，內牓子檢責宰相元載故事。植諭旨，翌日延英上前萬端營救。植素辨博，能回上意，事遂中寢。[38]

　　按《舊唐書·宣宗本紀》，懿安皇太后崩於大中二年（848）六月己丑，由於宣宗認為她對憲宗之死負有責任，故對郭太后始終心存不滿[39]。作為郭太后之婿，杜悰很可能在她死後受到牽連。所謂「內牓子檢責宰相元載故事」，正是準備以大曆十二年（777）三月代宗查處權相元載的方式來處理杜悰。這裏的「內牓子」應該是宣宗皇帝發給宰相的文書，故馬植能夠提前「諭旨」，並於次日的延英奏對時大力回護杜悰。可惜的是，我們對這種「內牓子」的格式一無所知，推測其與上行的牓子一樣，具有體制簡易、傳遞便捷的特徵，而不是正式行下的制敕，用於皇帝與宰相直接的隨時溝通。由於是內部溝通使用的文體，故外人不得而知，當「事遂中寢」時，朝野上下未必知道此事，這也顯示了內牓子

---

[38] 裴庭裕《東觀奏記》上卷，收入田廷柱點校《明皇雜錄　東觀奏記》，中華書局，1994 年，89 頁。

[39] 參看孫永如《唐穆敬文武宣五朝中樞政局與懿安皇后郭氏》，史念海主編《唐史論叢》第六輯，陝西人民出版社，1995 年，110-133 頁。

在政務運行中的靈活性。

此外，《通鑑考異》懿宗咸通十年（869）六月條曾引《玉泉子聞見錄》云：

> 徐公商判鹽，以〔劉〕瞻爲從事。商拜相，命官曾不及瞻。瞻出於羈旅，以楊玄翼樞密權重，可倚以圖事，而密陷閣者謁焉。瞻有儀表，加之詞辯俊利，玄翼一見悅之，每玄翼歸第，瞻輒候之，由是日加親熟，遂許以內廷之拜。既有日矣，瞻即復謁徐公曰：「相公過聽，以某辱在門館，幸遇相公登庸，四海之人孰不受相公之惠！某故相公從事，窮餓日加，且環歲矣，相公曾不以下位處之，某雖不佞，亦相公之恩不終也。今已別有計矣，請從此辭。」即下拜焉。商初聞瞻言，徒唯唯而已。迨聞別有計，不覺愕然，方欲遜謝，瞻已疾趨出矣。明日，內牓子出，以瞻爲翰林學士。[40]

從這條材料來看，劉瞻之所以能夠當上翰林學士，是走了樞密使楊玄翼的門路。作爲宰相的徐商也只是到了第二天「內牓子出」，才知道劉瞻的學士之命。與上條材料中「內牓子檢責宰相元載故事」一樣，這裏的內牓子也是皇帝直接發給宰相的。雖然《考異》對《玉泉子》本條故事的真實性不以爲然，不過關於「內牓子」在當時使用的情況，應屬可信。

《通鑑考異》在咸通十三年（872）五月條引《續寶運錄》的一條記載也涉及到「內牓子」：

> 內作使郭敬述與宰臣韋保衡、張能順頻於內宅飲酒，潛通郭妃，荒穢頗甚。每封進文書於金合內，詐稱果子，內連郭妃、郭敬述，外結張能順、國子司業韋殷裕，擬傾皇祚，別立太子。事泄，遽加貶降。五月十四日，內牓子貶工部尚書嚴祈郴州刺史，給事中李覘勤州刺史，給事中張鐸滕州刺史，左金吾大將軍李敬仲儋州司戶。國子司業韋殷裕，敕京兆府決

---

[40] 《資治通鑑》卷二五一，8145 頁。

痛杖一頓處死，家資、妻女沒官（後略）。[41]

可見，與《玉泉子》類似，在《續寶運錄》中也記載了懿宗以「內牓子」來進行人事任免之事，雖然司馬光認為其書「雜亂無稽」，但晚唐內牓子的行用本身則是無可置疑的。

值得一提的是，晚唐文獻中還有所謂「承旨牓子」，如昭宗乾寧三年（896），「二月，承旨牓子：『凡中書覆狀奏錢物，如賜召征促，但略言色額，其數目不在言內，但云並從別敕處分。中書覆狀，如云中書門下行敕，其詔語不得與覆狀語同。』」[42] 所謂「承旨」，即翰林學士承旨，據李肇《翰林志》記載：「元和已後，院長一人別敕承旨，或密受顧問，獨召對揚，居北壁之東閣，號為承旨閣子。」頗疑此處的「承旨牓子」也即「內牓子」，是皇帝發給翰林院承旨學士的，其內容則是要規範中書覆狀的格式。

從這些非常有限的材料來看，內牓子與牓子在行用範圍上有高度的重合度，作為官文書的牓子至遲從德宗開始出現，是宰相與翰林學士上給皇帝奏狀的簡化版，而內牓子則與之相反，是皇帝下給宰相、翰林學士等近臣的詔敕性質的文書，最晚出現於宣宗大中之初。由於有關內牓子的材料太少，我們只能推測它的格式與下發途徑較詔敕簡易，這與上行的牓子之特點是一致的。

五、五代「牓子」使用範圍的擴大及其功能的程式化

五代時期的牓子大底沿襲了唐末舊制，《五代會要》即曰：「內中有公事商量，即降宣頭付閣門開延英，閣門翻宣，申中書，並牓正衙門。如中書有公事敷奏，即宰臣入牓子，奏請開延英。」[43] 宰相入牓子奏開延英，顯然是沿襲了唐末之制[44]。後唐清泰二年（935）七月，曾下詔：「舊制五日起居，百僚俱

[41] 《資治通鑑》卷二五二，8163頁。

[42] 《唐會要》卷五七《翰林院》，1153頁。

[43] 《五代會要》卷六《開延英儀》，上海古籍出版社，1978年，91頁。

[44] 北宋錢易《南部新書》乙亦載有這條材料，黃壽成點校本將其與前面一條即「政事堂有後門，蓋宰相

退，宰相獨升，若常事自可敷奏。或事應嚴密，不以其日，或異日聽於閣門奏
牓子，當盡屏侍臣，於便殿相待，何必襲延英之名也！」[45] 可見宰相如果需要
臨時與皇帝商談政務，必須像晚唐一樣，先在東上閣門入牓子進行申請。

　　《五代會要》還記載了後梁時期的一則牓子：「梁中書門下奏請輟朝牓子
（原注：檢年月不獲）：某官薨（原注：次日入狀贈官）。右，臣等商量，請
輟今月某日朝，以便宣行。謹錄奏聞，謹奏。」[46] 雖然這則牓子無法確定具體
年月，但仍可看出，後梁的牓子以「謹奏」結尾，與前引陸贄《牓子集》中的
格式完全一致，而與後唐《刺史書儀》所載三類牓子均以「狀奏」結尾區別明
顯。如前所述，北宋的牓子與《刺史書儀》所載牓子均以「狀奏」結尾。這是
否表明，後梁與後唐之際，正是牓子的格式與使用發生變化的轉折時期？——
後梁承襲唐制，而後唐已開宋制之先河。

　　後唐的改制還表現在牓子使用者範圍的擴大，《五代會要》的下述記載非
常關鍵：

　　　　清泰三年（936）三月，閣門奏列內外官吏對見例：「應諸州差判官、
　　　　軍將貢奉到闕，無例朝見，以名銜奏放門見，賜酒食得迴。詔進牓子，
　　　　放門辭。臣今後欲祇令朝見，餘依舊規。應[除]諸道兩使判官、推官、
　　　　巡官，無例中謝，奏遇（過），[放]謝放辭。如得替歸京，無例朝見。
　　　　臣欲今後除兩使判官許中謝門辭，其書記已下新除授及得替，並依舊規。
　　　　應文武朝官除授，文五品、武四品已上並中謝，已下無例對謝。以天成
　　　　四年（929）正月勅：『凡升朝官新授，並中謝。』欲准此例。應諸道
　　　　節度使差判官、軍將進奉到闕朝見，得迴詔下，牓子奏過，令門辭。應
　　　　諸道都押衙、馬步都虞候、鎮將得替到京，無例見，或在京授任，無例

　　時過舍人院，諮訪政事，以自廣也。常衰塞之，以示尊大」誤合爲一條（中華書局，2002年，23頁），
　　這可能會使讀者誤爲在陸贄之前的代宗時就有了奏狀性質的牓子。而梁太濟先生則正確將其分爲
　　兩條，並分別考證了二者的不同史源，指出前者出自《舊唐書·常衰傳》，而後者出自《五代會要》。
　　見氏著《南部新書溯源箋證》，上海：中西書局，2013年，72-73頁。

[45] 《資治通鑑》卷二七九，9132頁。此詔全文收入《全唐文》卷一一三，題爲《答盧文紀請對便殿詔》，
　　中華書局，1983年，1157頁。

[46] 《五代會要》卷六《輟朝》，96頁。標點略有改動。

中謝，進牓子放謝、辭。應諸道商稅鹽麴諸色務官在京差補，亦放謝、辭。得替歸京，亦無見例。在京商稅鹽麴、兩軍巡使，即許中謝。應新除令、錄，並中謝，次日放門辭，兼有只（口）宣誡勵。應文武兩班差弔祭使及告廟祠祭，祇于正衙辭見，不赴內殿。諸道差進奏官到闕得見後，請假得替，進牓子，放門辭。已前六件，望准舊例施行。」從之。[47]

這裏對內外官特別是各路地方官員對見皇帝的各種情形進行了新的規定，主要有六種情況：1、諸州判官軍將到京後，需要進牓子，放門辭；2、諸道兩使判官許中謝門辭，書記以下的官員只需進牓子、放門辭；3、諸道節度使下判官軍將等，到京也無需中謝，而是進牓子，放謝、辭；4、諸道商業使職官員，也放謝、辭，在京者則許中謝；5、新除縣令與錄事參軍許中謝；6、文武官員擔任祠祭使職，只需要去正衙（中書門下）辭見，不得赴內殿辭。而諸道進奏官在朝見之後如需請假，也可進牓子，放門辭。不難看出，諸道節度使、財政使職及諸州縣官員，能夠中謝，自然是一種待遇，如果不能入內殿中謝，也需要進牓子，表明自己已經到京，根據具體情況，或是得官之後的申謝，或是授官之後的辭行，或是抵京之後的報到。這恰好正是 P.3449+P.3864《刺史書儀》中的「謝恩牓子」、「辭牓子」及「朝見牓子」的具體行用情境。作爲地方高官，刺史自然是需要中謝或門辭的，為此需要先去東上閣門進牓子。

顯然，後唐時期，有資格用牓子與皇帝溝通的官員範圍擴大許多，最爲引人矚目的是各類地方官也加入了這一行列，而在唐代，我們目前只看到翰林學士與宰相等近臣可用牓子與皇帝溝通。隨之而來的，卻是牓子內容的弱化，其功能則日益程式化。唐後期爲了加強中央與地方的關係，外官上任之前的中謝禮儀受到進一步重視[48]。不過，地方官數量太大，不太可能人人都有資格中謝，於是牓子就發揮了重要作用。如果說唐代的翰林學士與宰相可以用牓子與皇帝

---

[47] 《五代會要》卷六《雜錄》，99-100 頁。個別文字及標點據《冊府元龜》卷一○八《帝王部·朝會》二補、改，中華書局，1982 年，1289-1290 頁。

[48] 參看吳麗娛《晚唐五代中央地方的禮儀交接——以節度刺史的拜官中謝、上事爲中心》，收入盧向前主編《唐宋變革論》，黃山書社，2006 年，250-282 頁。另參氏著《唐禮摭遺》第十四章第二節，商務印書館，2002 年，546-582 頁。

商討國是或解答讀書中的疑問,那麼後唐時期的牓子卻只是一個程式化的常務,用以讓那些沒有資格中謝的地方官感受到他們與皇帝的個人聯繫。

吳麗娛、葉煒等先生曾經討論過晚唐時期在中書門下體制之下,諸州往往在給皇帝上奏狀的同時,要以申狀呈報中書門下宰相機構,「這一方面是強調皇帝對政事的知情與掌控,另一方面也是表明宰相對於重要政務的知會處理」[49]。這一點在後唐時期得到延續,也體現在 P.3449+P.3864《刺史書儀》上。刺史授官之後,要前往東上閣門向皇帝呈交謝恩牓子,同時還需要向中書門下遞交「正衙謝狀」。同樣,在刺史赴任之前的辭行,以及任滿回京後的朝見之時,同樣也需要在東上閣門呈牓子,並前往宰相正衙辭、謝等。如吳麗娛先生所言,《刺史書儀》所記載的兩種公文,正代表了面對皇帝和朝廷的兩種表達[50]。必須指出,作爲簡化版奏狀的牓子雖然在後唐之後日益程式化,但在王朝的日常政治生活中卻有著不容忽視的意義,它們與藩鎮、諸州刺史的謝上表一樣,維繫並展示展示著地方官員與皇帝的關係[51]。

六、宋代政務運行中的牓子

歐陽修《歸田錄》卷二記載:「唐人奏事,非表非狀者謂之牓子,亦謂之錄子,今謂之箚子。凡群臣百司上殿奏事,兩制以上非時有所奏陳,皆用箚子,中書、樞密院事有不降宣敕者,亦用箚子,與兩府自相往來亦然。若百司申中書,皆用狀,惟學士院用諮報,其實如箚子,亦不書(一作出)名,但當直學士一人押字而已,謂之諮報(原注:今俗謂草書名爲押字也),此唐學士舊規也。唐世學士院故事,近時墮廢殆盡,惟此一事在爾。」[52]顯然,歐陽修認爲

---

[49] 參看吳麗娛《下情上達:兩種「狀」的應用與唐朝的信息傳遞》,杜文玉主編《唐史論叢》第 11 輯,三秦出版社,2009 年,65-70 頁。另參前引葉煒《唐後期同時上呈皇帝、宰相類文書考》。

[50] 參看吳麗娛《敦煌書儀與禮法》第九章第三節《唐後期五代中央地方的禮儀交接》,甘肅教育出版社,2014 年,425-437 頁。

[51] 關於唐代的謝上表,參看張達志《唐代後期藩鎮與州之關係研究》第一章第四節《論謝上表》,中國社會科學出版社,2011 年,83-95 頁。

[52] 歐陽修《歸田錄》卷二,李偉國點校,收入《澠水燕談錄 歸田錄》,中華書局,1981 年,29 頁。

唐代的牓子是「奏事非表非狀者」，而宋代的劄子就是唐代的牓子。不過，這種說法卻未必準確，首先，如前所述，唐宋時期進呈皇帝的牓子正是簡化版的奏狀；其次，宋代的劄子和牓子是同時存在的兩種不同的公文種類，上行的劄子與牓子一樣，都屬於「奏狀」的變體[53]。在南宋《慶元條法事類》卷一六所引《文書式》中，就在「奏狀」式之下，對劄子和牓子的格式特點進行了明確區分：

> 其用劄子者，前不具官，不用右，不用年。改狀奏爲劄子，事末云「取進止」。（在京官司例用劄子奏事者，前具司名。）用牓子者，唯不用年，不全幅，不封，餘同狀式。[54]

可見，雖然牓子與上行的劄子都是奏狀性質的文書，但二者在格式和使用上還是有所區別的，並不是同一種公文的不同名稱。下面我們就簡要分析一下宋代牓子的使用情形。應該說，宋代的牓子全面承襲了後唐以來的基本格式與類型[55]，當然也有新的發展。

（一）宋代牓子的使用者

在使用者方面，有宰相、樞密使、翰林學士及朝廷各司的官員，也有各個系統的地方官。真宗景德二年（1005），起居舍人知制誥李宗諤在論及中書、門下兩省與御史臺不存在統屬關係時，列出了八條理由，其中第五條曰：「又，

---

[53] 宋代的劄子名目繁多，既有上行的奏事劄子，也有下行的「御前劄子」、「中書劄子」、「樞密院劄子」等，參看李全德《從堂帖到省劄——略論唐宋時期宰相處理政務的文書之演變》，《北京大學學報》2012 年第 2 期，106-116 頁。張禕《中書、尚書省劄子與宋代皇權運作》，《歷史研究》2013 年第 5 期，50-66 頁。以上兩文均收入鄧小南主編《過程‧空間：宋代政治史再探研》，北京大學出版社，2017 年，3-21 頁、22-49 頁。另參平田茂樹《宋代地方政治管見——以劄子、帖、牒、申狀爲線索》，收入戴建國主編《唐宋法律史論集》，上海辭書出版社，2007 年，232-246 頁。

[54] 《慶元條法事類》卷一六《文書式》，347-348 頁。

[55] 《宋史》卷四三九《文苑一‧宋白傳》記載：「至道初，爲翰林學士承旨。二年，遷戶部侍郎，俄兼秘書監。真宗即位，改吏部侍郎，判昭文館。先是，白獻《擬陸贄牓子集》，上察其意，欲求任用，遂命知開封府以試之，既而白倦於聽斷，求罷任。」中華書局，1977 年，12999 頁。不過，在宋代，像唐代陸贄《牓子集》那樣對軍國大政進行議論的牓子極其罕見，絕大多數牓子還是禮儀性的。事實上，宋白所做《擬陸贄牓子集》本身也不是實際行用的牓子。

御史臺止奏南衙文武百官班簿，門下、中書兩省各奏本省班牓子，此不相統攝五也。」[56] 可見中書、門下兩省是各自奏上牓子的。另外，《續資治通鑑長編》卷三五二神宗元豐八年（1085）三月甲午條注引二月三日門下省《時政記》曰：「二月二十九日癸巳寒節假，三省、樞密院詔（詣）內東門進牓子，入問聖體。……三月一日甲午寒節假，三省、樞密院詣內東門進牓子，入問聖體。皇太后垂簾，宰臣已下起居，皇太子立於簾外，與王珪等相見。」[57] 然則三省與樞密院均需詣內東門進請安牓子。

馬端臨《文獻通考》卷五四記載：「宋翰林學士無定員。凡他官入院未除學士，謂之直院。學士俱闕，他官暫行文書，謂之權直。凡奏事用榜子，關白三省、樞密院用諮報，不名。」[58] 顯然，與唐代一樣，宋代翰林學士與皇帝的日常溝通依然使用牓子來進行。

除了宰相與翰林學士之外，宋代牓子的使用者還包括其他諸司的官員。元豐八年三月乙卯，三省、樞密院言：「……禮部、御史臺、閣門奏討論故事，詳定御殿及垂簾儀，每朔、望、六參，皇帝御前殿，百官起居，三省、樞密院奏事，應見、謝、辭班退，各令詣內東門進牓子。」[59] 然則在皇帝御前殿時，除了百官起居、三省與樞密院奏事之外，另一個環節就是那些應朝見、謝恩、辭的官員進牓子，這些官員通常是地方官。使用牓子的還有太常寺等，書畫學士米芾在論書法時就稱：「或撰列珍圖名箚，必經天鑒，以判工拙，難從外勘，當欲乞於內東門司具狀投進。或非時宣取，乞依太常寺例，用榜子奏報。」[60] 另外，宋神宗熙寧十年（1077）二月乙酉，詔：「軍頭司無引見公事，毋得入殿門。見勾當官非都知、押班、閣門使副，有合奏事，即具榜子以聞。」[61] 這是禁軍軍將進呈牓子的例子。

[56] 李宗諤《論兩省與臺司非統攝疏》，收入曾棗莊、劉琳主編《全宋文》卷一九八，上海辭書出版社，2006年，第10冊，57頁。參看《續資治通鑑長編》卷六〇，中華書局，1995年，1338頁。

[57] 《續資治通鑑長編》卷三五二，8418頁。

[58] 馬端臨《文獻通考》卷五四《職官考》八，上海師範大學古籍研究所、華東師範大學古籍研究所點校，中華書局，2011年，1586頁。《宋史》卷一六二《職官志》二「翰林學士院」條略同，3812頁。

[59] 《續資治通鑑長編》卷三五三，8462頁。

[60] 米芾《寶晉英光集》卷八《論書學》，《景印文淵閣四庫全書》第1116冊，141頁。

[61] 李燾《續資治通鑑長編》卷二八〇，6860頁。

（二）宋代牓子的類型與功能

　　宋代牓子基本上與 P.3449+P.3864《刺史書儀》中的後唐牓子類似，有謝、辭、見三種基本類型。據《宋史・禮儀志》曰：「應正衙見、謝、辭臣僚，前一日於閤門投詣正衙牓子，閤門上奏目，又投正衙狀於御史臺、四方館。」[62] 可見從後唐到宋朝，這三類牓子的使用一以貫之，其中尤以朝見牓子的應用最爲廣泛。一個有名的例子是，太祖開寶九年（976）二月，大將曹彬平江南回京，「詣閤門進牓子，云：『奉敕差往江南句當公事回。』時人嘉其不伐。」[63] 在這則「朝見牓子」中，曹彬僅以「句當公事回」來表述其平定江南的大勛，自然是一種謙遜之詞。再舉一例，據洪皓《進金國文具錄箚子》曰：「臣所編金國行事，以其仿中國之制而不能力行，徒爲文具，故號爲《文具錄》。謹繕寫成二冊，本欲今日朝見進呈，爲臣連日抱病，不曾前期投下牓子，不獲俯伏闕庭投進，干冒宸嚴，臣無任戰慄俟命之至。」[64] 可見，如果不提前投下朝見牓子，則無法見到皇帝，洪皓最後是以箚子的形式，向宋高宗進獻了所撰《金國文具錄》一書。有意思的是，南宋初金國使者到臨安之後，「明日，臨安府書送酒食，閤門官入位，設朝見儀，投朝見牓子。又明日，入見。」[65] 然則這些金國使臣也需要先投朝見牓子，約好時間，才能在次日入見宋帝。

　　南宋名臣魏了翁曾有詩描述入牓子請求御前奏事的過程：「晨將牓子關賓閤，輦出房時已奏知。陛對臣僚才下殿，朱衣絲履上東墀。」原注曰：「上未御殿時，先以牓子至閤門，云具姓名乞直前奏事。閤門既奏知訖，直前官仍隨班如常日起居侍立，只候宰執臣僚對畢，徑至榻前奏事，畢，回殿上立位。」[66] 這應該是宋代應用最爲廣泛的一種牓子類型了，而「晨將牓子關賓閤，輦出房時已奏知」之語，更顯示了牓子的便捷與高效。

---

[62] 《宋史》卷一一七《禮志》二〇，2770 頁。

[63] 《續資治通鑑長編》卷一七，364 頁。

[64] 洪皓《鄱陽集》卷四，《景印文淵閣四庫全書》第 1133 冊，416 頁。

[65] 李心傳《建炎以來朝野雜記》甲集卷三《北使禮節》，徐規點校，中華書局，2000 年，97 頁。

[66] 魏了翁《記立蟻所見三首（其一）》，潛說友《咸淳臨安志》卷一五《賦詠》，《宋元方志叢刊》第 4 冊，中華書局，1990 年，3499 頁。

　　除了辭、謝、見三種基本功能之外，宋代的牓子也出現了其它功能，如請安、請假、報喪等。試略舉數例：

　　問安。如前所述，《續資治通鑑長編》卷三五二神宗「元豐八年（1085）三月甲午」條注引門下省《時政記》記載了兩次「三省、樞密院詣內東門進牓子，入問聖體」的情況。同書卷五二○記載：元符三年（1100）正月己卯，哲宗駕崩，徽宗被擁立登基，原注引《曾布日錄》云：

> 余呼[梁]從政，令召管軍及五王。從政云：「五王至，當先召端王入。即位訖，乃宣諸王。」少選，引喝內侍持到問聖體牓子，云：「諸王皆已來，唯端王請假。」遂諭從政速奏皇太后，遣使宣召。[67]

這兩條材料中提到的都是「問聖體牓子」，是三省、樞密院及諸王在內東門呈進的請安牓子，均由宦官進行傳遞。

　　請假。曾慥《類說》引錢惟演《金坡遺事》中一則關於楊億的故事：「楊大年性剛，頻忤上旨。母在陽翟有疾，遂留請假榜子與孔目吏，中夕奔去。上憐其才，終優容之，止除少分司，仍許只在陽翟。」[68] 陳均《九朝編年備要》卷八的記載更爲詳細：

> （楊億）自翰林學士罷爲太常少卿，分司西京。……億嘗入直，被召賜坐，徐出文槀數篋以示億，曰：「卿識朕書跡乎？皆朕自起章，未嘗命臣下代作也。」億皇恐不知所對，億出，即謀奔遁。億有別墅在陽翟，會母疾，億留謁告榜子與孔目吏，中夕亡去，朝論喧然，以爲不可。上亦謂王旦等曰：「侍從臣安得如此自便？」旦曰：「億得罪，賴陛下矜容，不然，顛躓必矣。然近職不可居外地，今當罷之。」上終愛其才，踰月弗下。洎億稱疾請解官，乃有是命。[69]

67　《續資治通鑑長編》卷五二○，12364 頁。

68　王汝濤等《類說校注》卷二二《習（留）請假榜子》，福建人民出版社，1996 年，688 頁。

69　陳均《九朝編年備要》卷八「楊億罷」條，《景印文淵閣四庫全書》第 328 冊，185-186 頁。

作爲翰林學士，楊億頻忤上意，故心不自安，竟然以母疾爲由，擅自奔亡，只留下請假牓子（也稱「謁告牓子」）給孔目吏，故真宗頗爲不悅。

報喪。江少虞《皇朝類苑》記載了一則故事：「天禧三年（1019）七月十六日，夜降熟狀，以殿前都指揮使忠武軍節度使曹璨移領河陽，同中書門下平章事。五更三點，麻捲入，本家奏璨卒牓子亦至，其麻遂不宣，明日卻付院架閣。」[70] 可見作爲高級將領，曹璨卒後，其家人要第一時間進牓子向皇帝報喪，而學士院所起草的曹璨出任使相的詔書卻與牓子同時報上，後者只能束之高閣了。

宋代的牓子特別是那些辭、謝、見牓子的數量應該很大，因此，神宗熙寧四年（1071）二月，「同知大宗正丞李德芻言：『欲乞自今後皇親應有內外親族吉凶吊省合出入事件編成則例，更不逐旋奏知及日申本司，只令勾當使臣置歷鈔上，赴大宗正司簽押，其牓子每月類聚奏聞。』從之。」[71] 可見，對於這些宗室所上的那些內容無關緊要的牓子，只需每月分類後統一奏聞即可，無需隨時由閣門使上報給皇帝。對於宗室出身的官員來說，他們所上的辭、見、謝三種牓子上「不著姓」[72]，和其它官員稍有區別。

宋人程俱曾記載了一件趣事：「真宗嘗出尚書內省文簿示近臣，皆諸司奏知牓子，覆而書之，曰：『官中文簿，不費好紙，此先朝舊制。』乃知惜費之旨也。」[73] 由於牓子所論絕大多數是謝恩、辭京及朝見三種禮儀性的文字，均非要務，因此每件牓子不過半張紙而已。既便如此，宋真宗仍令人將其裝訂起來，拿背面作爲尚書內省的文簿來使用，可見其節儉程度。當然，這些應該都是從閣門使那裏收集來的已廢棄的牓子。

從前引材料來看，宋代牓子的上呈渠道，除了晚唐五代以來的閣門之外[74]，

---

[70] 江少虞《皇朝類苑》卷三〇《學士草麻》，京都：中文出版社，1981 年，190 頁。

[71] 《續資治通鑑長編》卷二二〇，5345 頁。

[72] 據李心傳《建炎以來繫年要錄》卷六引趙子崧《中外遺事》記載，宣和七年（1125）八月御筆：「宗室外官除見、辭榜子外，餘依熙寧法著姓。」中華書局，1956 年，147 頁。

[73] 程俱《北山小集》卷二八《進故事》引《三朝寶訓》，《四部叢刊續編》第 62 冊，上海書店，1985 年，葉 9。

[74] 關於唐代的閣門，參看松本保宣《唐代の閣門の樣相について——唐代宮城における情報伝達の一出 その二》，《立命館文学》608 號，2008 年，73-92 頁。另可參看吳羽《唐宋宮城的東、西上閣

「内東門」也成爲一個重要的地點。從閤門上呈的，稱爲「正衙牓子」[75]，官員所上的牓子需要通過閤門上奏給皇帝，閤門使因此獲得很大權力。趙冬梅先生曰：「對於那些有穩定奏事權的官員來說，閤門一般只能起到單純的禮儀性作用。對於沒有穩定奏事權的官員來說，閤門卻有可能成爲一道權勢的門檻。……閤門實際控制著視朝中一般官員及時見到皇帝的關鍵。」[76] 是爲的論。至於内東門，則是北宋宮城中處於内廷與外庭之間的一道門，密近皇帝寢宮，由宦官充任的内東門司負責，屬於入内内侍省[77]。從這裏呈遞牓子的，大多應當是與皇帝關係親近的宰執、近臣或皇親等。

七、結　語

　　行文至此，我們可以大致梳理出作爲官文書的牓子在唐、五代與宋朝的發展脈絡。雖然具有拜帖功能的牓子在唐宋社會始終行用，但目前所見具有奏狀性質的牓子，可能最初出現於陸贄擔任翰林學士期間，在涇原兵變前後紛繁複雜的局面下，方便他隨時與德宗皇帝溝通之用。陸贄有所謂的《牓子集》，而今天《陸贄集》中的六卷《奏草》應即其中的遺存。從内容來看，其中既有對國家大政方針的總體規劃，也有對一些具體問題的仔細剖析，還有對德宗一些疑問的解答或辯駁。這些牓子長短不一，其共同點或許在於其體式的簡易與傳遞途徑的便捷。德宗一般派中使口宣疑問，陸贄的答覆也往往由中使直接帶回。從陸贄開始，唐代的翰林學士用牓子與皇帝溝通成爲慣例，如王起就是以牓子回答文宗讀書中的疑問。而宰相也常常使用牓子，如中書門下需以牓子奏請開

　　門與入閤儀》，武漢大學三至九世紀研究所編《魏晉南北朝隋唐史資料》第 29 輯，待刊。承蒙吳羽先生惠示大作未刊稿，謹此致謝。

[75] 如前引《宋史》卷一一七《禮志》二○曰：「應正衙見、謝、辭臣僚，前一日於閤門投詣正衙榜子。」2770 頁。

[76] 趙冬梅《試論通進視角中的唐宋閤門司》，收入鄧小南主編《政績考察與信息渠道——以宋代爲中心》，北京大學出版社，2008 年，206 頁。

[77] 參看王化雨《北宋宮廷的建築佈局與君臣之間的溝通渠道：以内東門爲中心》，《國學研究》第 21 卷，北京大學出版社，2008 年，351-378 頁；同氏《宋朝宦官與章奏通進》，《歷史研究》2008 年第 3 期，143-147 頁。

延英等。翰林學士與宰相之外的其他官員是否能使用牓子上奏皇帝,尚不清楚,至少目前尚未發現相關材料。從晚唐宰相令狐綯奏論宦官事而未被立即發現的例子來看,唐代的牓子在需要的時候也可以密封,這與宋代牓子「不用年,不全幅,不封」的情形有所不同。

通過對 P.3449+P.3864 後唐《刺史書儀》中三類牓子式的分析,並結合北宋《司馬氏書儀》及南宋《慶元條法事類》所載的「奏狀式」,我們可以說牓子是奏狀的一種簡化形式,在格式上,它要比奏狀簡易,比如在結尾處「不書年」,只需標月日即可;在傳遞方式上,無需經過中書門下的審核而直接遞交到皇帝之手,無需經過中書門下的覆奏與處理的環節。至於在晚唐文獻中所見的「內牓子」,則是皇帝下給宰相、翰林學士等近臣的詔敕類文書,與牓子雖有上行、下行之別,但在行用範圍與文書特點上卻存在共性。在中晚唐的日常行政文書中,無論是牓子還是內牓子,其特點都是簡單的內容與快捷的傳遞方式,這對於上行的奏狀、下行的制敕顯然都是重要的補充。此前我們曾指出唐代帖文具有「體既簡易,降給不難」的靈活性,有助於提高各級官府的日常行政效率[78],現在看來,在中晚唐的皇帝與宰相、翰林學士等近臣之間,簡便快捷的牓子和內牓子也發揮了重要的日常溝通功能。

五代後唐時期應該是牓子的格式與功能發生變化的轉捩點,而《刺史書儀》中的牓子恰好是這一時期變化的真實反映。《刺史書儀》收錄了謝恩、辭、朝見等三類功用不同的牓子,它們都需要在東上閤門進呈給皇帝。從篇幅來看,後唐的三類牓子都只有半張紙,完全無法容納更多的內容,因此具有更多禮儀性的功能。與唐代相比,後唐牓子的另一個變化是使用者範圍的擴大,包括刺史在內的各類地方官也加入到使用牓子的行列,而牓子本身則因此變得更加禮儀化了,一些低品的外官沒有資格中謝,只能通過遞交牓子來顯示自己與皇帝的個人聯繫。

宋代的牓子基本上繼承了後唐的餘緒,特別是謝、辭、見三種基本類型完全與《刺史書儀》所載完全相同,但也發展出了一些新的功能,如問安、請假、報喪等。除了閤門的正衙牓子之外,宋代的另一些牓子是通過內東門呈上的。

---

[78] 參看前引拙文《唐代帖文的形態與運作》。

當然，如同後唐一樣，宋代的牓子更加具有禮儀性，而無太多的實際內容。在宋代日常政治生活中，同樣具有奏狀性質但篇幅更大、內容更具體的箚子被廣泛使用，發揮了更大的作用。但無論如何，即使是禮儀性的文書，牓子在宋代仍然具有其意義。

【附記】本文初稿曾提交敦煌研究院與中國敦煌吐魯番學會聯合舉辦的「2015 敦煌論壇：敦煌與中外關係國際學術研討會」（2015 年 8 月 14-16 日）。2017 年，又提交給北京大學人文社會科學研究院主辦的「第八期菊生學術論壇：7 至 16 世紀信息溝通與國家秩序」工作坊（2017 年 11 月 4-5 日），得到吳麗娛、張禕、葉煒等先生的多方指教，謹此致謝。

唐代律令關係再探究
——以《唐律疏議》所引唐令為中心

趙晶*

一、前言

關於中古以降的律、令關係，傳統史志多有概括性的描述，如「違令有罪則入律」[1]、「律以正罪名，令以存事制，二者相須為用」[2]、「凡律以正刑定罪，令以設範立制」[3]。無論何種表述，其定性完全一致，就是令設定行為模式，律規定違令者所需承擔的刑責。

《唐六典》卷六<尚書刑部>「刑部郎中員外郎」條載，開元時期《律》「一十有二章」、「大凡五百條」，而《令》「二十有七」、「大凡一千五百四十有六條」。[4]因律條少而令條多，唐代立法者為避免出現「令有禁制而律無罪名」的情況，特意設計了一個兜底性條款，「諸違令者，笞五十」，[5]即所謂「違令罪」，[6]從立法上做到天衣無縫。但問題是，是否每一條令文都設定了行為模式

---

* 中國政法大學法律古籍整理研究所副教授；德國明斯特大學漢學系暨東亞研究所洪堡學者。

[1] （唐）房玄齡等，《晉書》（北京，中華書局，1974）卷30<刑法志>，頁927。

[2] （唐）歐陽詢撰，汪紹楹校，《藝文類聚》（上海，上海古籍出版社，1999）卷45<刑法部·刑法>，頁980。

[3] （唐）李林甫等撰，陳仲夫點校，《唐六典》（北京，中華書局，1992），頁185。

[4] 《唐六典》，頁180、183-184。

[5] （唐）長孫無忌等撰，劉俊文點校，《唐律疏議》（北京，中華書局，1983）卷27<雜律>「違令」條，頁521。

[6] 相關討論，可參見趙晶，<從「違令罪」看唐代律令關係>，《政法論壇》2016年第4期（北京，2012），頁283-191。

（「禁制」），且需有相應的律條作為保障其實現的罰則後盾？

《令集解‧官位令》引「或云」來回答「律令誰先誰後」的問題時，有如下論述：「令有律語，律有令語，以此案之耳，謂共制。但就書義論，令者教未然事，律者責違犯之然，則略可謂令先萌也。」[7]在日本明法家看來，令的制定在律之先，且因為「違令有罪則入律」的配合關係，律、令會共用一些法律術語或規範表述，即所謂「共制」。以唐制為例，最直接的表現之一，就是律、令篇名之間存在相同或相近的關係。菊池英夫曾嘗試論證唐代律篇與令篇的命名、排序、編纂等都是有意識的立法行為，並非隨意為之，[8]那麼這種立法編纂意識是僅就律、令各自為政，還是通盤考慮律、令雙方的對應關係？即違反了某一令篇之下的令條，是否可依循「共制」關係，找到相應的律篇及其律條？

想要解明上述兩個問題，須逐一對唐令條文進行細緻的規範剖析，並確定其對應的律條，從而在令篇與律篇之間建立起關聯性。錢大群為說明唐代律、令之間的性質與關係，依據《唐令拾遺》、《唐令拾遺補》的復原成果，曾將唐令與唐律之間的相應條文列為一表。[9]雖然他並未予以任何解釋與歸類，但這一思路足資借鑒。可惜的是，唐令的原始文本早已不存，目前所復原的條文究竟是否為唐令原文，也有一定的爭議，所以較有操作性的辦法是，僅聚焦於《唐律疏議》所引唐令之文，作出初步的分析。

以下將分〈名例〉與分則兩個部分，從《唐律疏議》中逐一析出明確冠以「令」名的條款，參考其本身的記載以及《天聖令》及《唐令拾遺》、《唐令拾遺補》等，確定其所屬的令篇。其中，「復原 XX」是指根據《天聖令》復原的唐令，而「復舊 XX」則指沒有《天聖令》為根據而由《唐令拾遺》、《唐令拾遺補》復原的唐令。[10]

---

[7] 黑板勝美，《新訂增補國史大系 令集解》（東京，吉川弘文館，2000）卷 1〈官位令〉，頁 7。

[8] 菊池英夫，〈唐令復原研究序說──特に戶令、田令にふれて〉，《東洋史研究》第 31 卷第 4 號(京都，東洋史研究會，1972)，頁 545-555。

[9] 錢大群，《唐律與唐代法制考辨》(北京，社會科學文獻出版社，2009)，頁 432-490。

[10] 所據文本分別如下，不再一一標注頁碼：(唐) 長孫無忌等撰，劉俊文點校，《唐律疏議》(北京，中華書局，1983)；天一閣博物館、中國社會科學院歷史研究所天聖令整理課題組，《天一閣藏明鈔本天聖令校證 附唐令復原研究》(北京，中華書局，2006)(以下簡稱為「《天聖令校證》」)；仁井田陞，《唐令拾遺》(東京，東方文化學院東京研究所，1933 年)；仁井田陞著，池田溫編集代表，《唐令拾遺補》(東京，東京大學出版社，1997 年)。

二、名例

〈名例〉所引唐令的情況，可勒為表 1。

表 1　<名例>所引唐令

唐律條目	唐令條目
6.十惡	<祠令>復舊 2
	<軍防令>復舊 29
	<獄官令>復原 28
7.八議	<公式令>復舊 33
8.八議者（議章）	<獄官令>復原 43
12.婦人有官品邑號	<封爵令>復舊 5
15.以理去官	<選舉令>復舊 27
	<官品令>復舊 1 丙
16.無官犯罪	<公式令>復舊 36
18.除名	<戶令>復舊 45
20.免所居官	<田令>復舊 25 （但雜戶授田未見於《天聖令·田令》）

21.除免官當敘法	<賦役令>復原 24
	<選舉令>復舊 25
	<軍防令>復舊 19
24.犯流應配	<獄官令>復原 19
	<獄官令>復原 13
25.流配人在道會赦	<公式令>復舊 44
	<獄官令>復原 23、24
26.犯死罪應侍家無期親成丁	<獄官令>復原 15
	<賦役令>復原 23
28.工樂雜戶及婦人犯流決杖	<雜令>復原 42
31.犯時未老疾	<獄官令>復原 34
33.以贓入罪	<獄官令>復原 56
	<賦役令>復原 14
34.平贓及平功庸	<關市令>復舊 7、<關市令>復原 17
35.略和誘人等赦後故蔽匿	《唐令拾遺》、《唐令拾遺補》所復原諸<職員令>
	<公式令>復舊 38

36.會赦應改正徵收	<封爵令>復舊 2 乙
	<戶令>復舊 14
41.公事失錯自覺舉	<公式令>復舊 39
44.共犯罪有逃亡	<賦役令>復原 31
51.稱乘輿車駕及制敕	<公式令>復舊 3
55.稱日年及眾謀	<戶令>復舊 24

依據表 1 考究律令關係，我們不難發現：在<名例>的律疏中，被引之令皆被用於解釋律文，這自然與<名例>作為通則性規定而不立罰則相關。有關這一點，錢大群雖已指出，但失之宏闊。[11]筆者將唐令的解釋功能細分為如下五種類型：

（一）定義

如《唐律疏議》卷一<名例>「十惡」條（總第 6 條）引<祠令>、<軍防令>的目的，分別在於定義律文中出現的專有名詞「大祀」、「府主」，即「大祀者，依<祠令>：『昊天上帝、五方上帝、皇地祇、神州、宗廟等為大祀』」、「府主者，依令『職事官五品以上，帶勳官三品以上，得親事、帳內』，於所事之主，名為『府主』」。[12]

類似之例，還有卷一「八議」條（總第 7 條）所引<公式令>，卷二「婦人有官品邑號」條（總第 12 條）所引<封爵令>、「以理去官」條（總第 15 條）所引<官品令>，卷三「流配人在道會赦」條（總第 25 條）所引<公式令>、「工樂雜戶及婦人犯流決杖」條（總第 28 條）所引<雜令>，卷四「略和誘人等赦後故蔽匿」條（總第 35 條）引<公式令>，卷五「公事失錯自覺舉」（總第 41

---

[11] 錢大群，《唐律與唐代法制考辨》，頁 432。

[12] 《唐律疏議》，頁 10、15。

條）引<公式令>，不再一一細列。

（二）參照

所謂「參照」，是指所引令文雖非針對律所指向的規範對象，但二者原理相似，故而參照令文以說明律文。這在<名例>中有一例，即《唐律疏議》卷四<名例>「以贓入罪」條（總第 33 條）疏議載：

> 問曰：收贖之人，身在外處，雖對面斷罪，又牒本貫徵銅，未知以牒到本屬為期，即據斷日作限？
> 答曰：依令：「任官應免課役，皆據蠲符到日為限。」其徵銅之人，雖對面斷訖，或有一身被禁，所屬在遠，雖被釋放，無銅可輸，符下本屬徵收，須據符到徵日為限。若取對面為定，何煩更牒本屬。[13]

雖然令文所規範的任官者免除勞役以蠲符到達之日為限，與本條律文所處理的贖銅之限應以何時為起算點完全屬於兩個領域，然因原理相同之故，疏議引此令文以解釋律文之立法目的。

（三）解決律令衝突

律、令就同一事項規定了不同的行為模式，引令之後通過法意闡述以解釋律令矛盾的原因。屬於這種類型的也僅一例，即《唐律疏議》卷六<名例>「稱日年及眾謀」條（總第 55 條）載：

> 問曰：依<戶令>：「疑有奸欺，隨狀貌定。」若犯罪者年貌懸異，得依令貌定科罪以否？
> 答曰：令為課役生文，律以定刑立制。惟刑是恤，貌即奸生。課役稍輕，故得臨時貌定；刑名事重，止可依據籍書。律、令義殊，不可破律從令。或有狀貌成人而作死罪，籍年七歲，不得即科；或籍年十六以上而犯死

---

13 《唐律疏議》，頁 91。

刑，驗其形貌，不過七歲：如此事類，貌狀共籍年懸隔者，犯流罪以上及除、免、官當者，申尚書省量定。須奏者，臨時奏聞。[14]

律、令所規範的對象有別，對於課役而言，<戶令>依據長相確定年齡的模式自然可行，但律所規範的刑名較令所規定的課役為重，所以只能依據戶籍登記來確定年齡，不能「破律從令」。

（四）違令入律的指引

雖然<名例>並不規定具體的犯罪行為及其相應的罰則，但在<名例>的律疏所引令文中，同樣體現出對「違令入律」的指引，只不過是將「違令」的罰則指向<名例>以外的具體律條。此類共見以下兩例：

1.《唐律疏議》卷四<名例>「略和誘人等赦後故蔽匿」條（總第 35 條）載：

署置官過限及不應置而置，
疏議曰：在令，置官各有員數。員外剩置，是名「過限」。案<職制律>：「官有員數，而署置過限及不應置而置。」……[15]

「置官各有員數」的相關規定在唐令的各篇<職員令>中，如 P.4634+4634C$_2$+4634C$_1$+S.1880+S.3375+S.11446<永徽東宮諸府職員令>殘卷載：

1 掌贊唱行事。亭長四人，掌固六人。
2 司經局
3 洗馬二人，掌經史圖籍，判局事。 書令史二人，行書署文案。餘局書令史准此。 書
（後略）[16]

---

[14] 《唐律疏議》，頁 141。

[15] 《唐律疏議》，頁 93-94。

[16] 劉俊文，《敦煌吐魯番唐代法制文書考釋》（北京，中華書局，1989），頁 181。

令既然承擔「設範立制」的功能,那麼它是從正面規定了各部門置員的數量;若是出現超出令所設定的置員額度的現象,則依據律進行處罰。<名例>的這一律疏就將罰則指引至《唐律疏議》卷九<職制>「置官過限及不應置而置」條(總第91條)。[17]

2.《唐律疏議》卷四<名例>「會赦應改正徵收」條(總第36條)載:

> 注:謂以嫡為庶、以庶為嫡、違法養子,
>
> 疏議曰:依令:「王、公、侯、伯、子、男,皆子孫承嫡者傳襲。無嫡子,立嫡孫;無嫡孫,以次立嫡子同母弟;無母弟,立庶子;無庶子,立嫡孫同母弟;無母弟,立庶孫。曾、玄以下准此。」若不依令文,即是「以嫡為庶,以庶為嫡」。又,准令:「自無子者,聽養同宗於昭穆合者。」若違令養子,是名「違法」。即工、樂、雜戶,當色相養者,律、令雖無正文,無子者理准良人之例。[18]

此處所引兩令皆是有關立嫡和養子的正面規定,一旦有所違犯,其各自指向的罰則有別:前者指向《唐律疏議》卷一二<戶婚>「立嫡違法」條(總第158條)所規定的「諸立嫡違法者,徒一年」;[19]後者則較為複雜,《唐律疏議》卷一二<戶婚>「養子捨去」條(總第157條)載:「即養異姓男者,徒一年;與者,笞五十。其遺棄小兒年三歲以下,雖異姓,聽收養,即從其姓」,[20]亦即除了收養三歲以下被遺棄的異姓小兒外,但凡收養非「同宗」的異姓男者,都要被處以一年的徒刑。然該處罰僅涉及<戶令>所定「同宗」之人,若被收養者雖系同宗卻不合昭穆,又該如何處理?律條並無專門罰則,按照「令有禁制而律無罪名」的規定,應當被處以違令罪,適用《唐律疏議》卷二七<雜律>「違令」條(總第449條)。[21]

---

17 《唐律疏議》,頁182。

18 《唐律疏議》,頁96-97。

19 《唐律疏議》,頁238。

20 《唐律疏議》,頁237。

21 《唐律疏議》,頁521。

（五）一般意義上的說明

凡未能劃歸上述特殊類型者，皆屬此列，即引用令文就是為了能更好地理解律意。

二、分則

《唐律疏議》分則各篇所引唐令的情況，可勒為表 2。需要說明的是，在表 2 中，筆者以各種不同的形式，來表示引令對律條的不同作用：「*定義*」，用斜體表示；「**參照**」，用加粗底線表示；「指示與律不同的法律效果」，用底線表示；「一般性說明」，用下劃波浪線表示；「體現『違令有罪則入律』的對應關係」，則用不加任何其他標記的正體。

表 2　分則各篇所引唐令

律篇	唐律條目	唐令條目
衛禁	64.無著籍入宮殿	<宮衛令>復舊 2
	68.應出宮殿輒留	<宮衛令>復舊 2
	84.關津無故留難	<關市令>復原 7
	86.人兵度關妄隨度	<關市令>復原 9
	87.齎禁物私度關	<關市令>復原 13
職制	92.貢舉非其人	<選舉令>復舊 19
		<考課令>復舊 38

94.在官應直不直	<公式令>復舊 37
96.之官限滿不赴	<假寧令>復原 27
98.大祀不預申期及不如法	*<祠令>復舊 2*
	<祠令>復舊 37
	<祠令>復舊 38
	<祠令>復舊 1
102.合和御藥有誤	<醫疾令>復原 23
107.監當主食有犯	<三師三公台省職員令>復舊 6
109.漏泄大事	<雜令>復原 9
111.稽緩制書官文書	<公式令>復舊 39
	<公式令>復舊 38
114.制書官文書誤輒改定	<公式令>復舊 42
118.事直代判署	<公式令>（？）[22]
123.驛使稽程	<公式令>復舊 21
125.文書應遣驛不遣	<公式令>復舊 30、32
	<儀制令>復舊 8

---

[22] 仁井田陞將此條列為唐《公式令》第 12 條的參考資料，故而存疑。參見仁井田陞，《唐令拾遺》，頁 568。

	127.增乘驛馬	<公式令>復舊 21
	128.乘驛馬枉道	<廄牧令>復原 52
	131.用符節事訖稽留不輸	<公式令>復舊 24
戶婚	157.養子捨去	<戶令>復舊 14
	158.立嫡違法	<封爵令>復舊 2 乙
	159.養雜戶等為子孫	<戶令>復舊 39
	160.放部曲奴婢還壓	<戶令>復舊 42
		<戶令>復舊 43
	161.相冒合戶	<賦役令>復原 22
	162.同居卑幼私輒用財	<戶令>復舊 27
	164.占田過限	<田令>復原 14
	166.妄認盜賣公私田	<田令>復原 20
	169.不言及妄言部內旱澇霜蟲	<賦役令>復原 12
	171.里正授田課農桑違法	<田令>復原 18
		<田令>復原 27
		<田令>復原 28
	172.應復除不給	<賦役令>復原 17

173.差科賦役違法	<賦役令>復原 30	
	<賦役令>復原 2、31	
182.同姓為婚	<u><戶令>復舊 30</u>	
189.妻無七出而出之	*<戶令>復舊 35*	
191.奴娶良人為妻	<u><戶令>復舊 46</u>	
192.雜戶官戶與良人為婚	<u><戶令>復舊 39</u>	
	<廄牧令>復原 15	
	<廄牧令>復原 13	
196.牧畜產死失及課不充	<u><廄牧令>復原 12</u>	
	<廄牧令>復原 6 <廄牧令>復原 7	
197.驗畜產不實	<廄牧令>復原 40	
198.受官羸病畜產養療不如法	<廄牧令>復原 53	
202.官馬不調習	<廄牧令>復原 23（補）	
207.畜產觝蹹齧人	<雜令>復原 41	
208.監主借官奴畜產	<u><廄牧令>復舊 12、復原 32（？）</u>[23]	

（廄庫）

---

[23] 仁井田陞將此條復原為唐《廄牧令》第 12 條，《天聖令》殘卷所存《廄牧令》中並無類似表述，唯復原 32 與之相近，但宋家鈺並未將此二條視為同文，故而存疑。參見宋家鈺，<唐開元廄牧令的復原研究>，《天聖令校證》，頁 500（續表）。

	222.出納官物有違	<祿令>復舊 2
擅興	224.擅發兵	<軍防令>復舊 10
	226.應給發兵符不給	<公式令>復舊 22
		<公式令>復舊 25
		<公式令>復舊 24
		<公式令>復舊 29
	228.征人冒名相代	<軍防令>復舊 1
	239.遣番代違限	<軍防令>復舊 35
		<軍防令>復舊 32、36
	240.興造不言上待報	<營繕令>復原 3
	243.私有禁兵器	<軍防令>復舊 25
		<軍防令>復舊 26
賊盜	273.盜制書及官文書	<公式令>復舊 43
	274.盜符節門鑰	<公式令>復舊 23 乙
	283.監臨主守自盜	<封爵令>復舊 1
	292.略人略賣人	<戶令>復舊 45
	293.略和誘奴婢	<捕亡令>復原 9

	326.妻毆詈夫	<封爵令>（？）[24]
鬥訟	330.妻妾毆詈夫父母	<戶令>*復舊9*
	352.囚不得告舉他事	<獄官令>復原36
	359.越訴	<鹵簿令>復舊1乙
		<公式令>復舊40
詐偽	362.偽造御寶	<公式令>*復舊18 丙*
	364.偽寫符節	<公式令>復舊22
	370.詐假官假與人官	<選舉令>復舊17
	371.非正嫡詐承襲	<封爵令>復舊2乙
雜律	397.受寄物輒費用	<廄牧令>復原52
	403.舍宅車服器物違令	<營繕令>復原6
		<儀制令>復舊21
		<衣服令>復舊26、27
		<儀制令>復舊22乙
		<喪葬令>復原29
		<喪葬令>復原32
	406.犯夜	<宮衛令>復舊7

---

[24] 仁井田陞懷疑其為《內外命婦職員令》或《儀制令》，筆者則認為可能出自《封爵令》，參見趙晶，<從「違令罪」看唐代律令關係>，頁 188-189。

407.從征從行身死不送還鄉	<軍防令>復舊 22	
	<喪葬令>復原 14	
408.應給傳送剩取	<廐牧令>復原 41	
409.不應入驛而入	<雜令>復原 46	
417.校斛斗秤度不平	<關市令>復原 19	
	<雜令>復原 2、3、1	
420.私作斛斗秤度	<關市令>復原 19	
424.失時不修隄防	<營繕令>復原 30	
435.棄毀亡失神御之物	*<祠令>復舊 2*	
443.毀人碑碣石獸	<喪葬令>復原 32	
446.亡失符印求訪	*<公式令>復舊 38*	
	<公式令>復舊 39	
449.違令	<儀制令>復舊 29	
捕亡	451.將吏捕罪人逗留不行	<捕亡令>復原 1
	456.鄰里被強盜不救助	<捕亡令>復原 2
斷獄	469.囚應禁不禁	<獄官令>復原 45
		<獄官令>復原 45

473.囚應給衣食醫藥而不給	<獄官令>復原 61
	<獄官令>復原 60
474.議請減老小疾不合拷訊	*<戶令>復舊 9*
476.訊囚察辭理	<獄官令>復原 38
477.拷囚不得過三度	<獄官令>復原 38
482.決罰不如法	<獄官令>復原 58
485.應言上待報而輒自決斷	<獄官令>復原 2
488.赦前斷罪不當	<獄官令>復原 34
492.徒流送配稽留	<獄官令>復原 20
	<獄官令>復原 15
493.輸備贓沒入物違限	<獄官令>復原 56
496.立春後秋分前不決死刑	<獄官令>復原 10
499.斷罪應斬而絞	<獄官令>復原 9

　　根據表 2，分則《律疏》所引之令於各自律條之作用，可析為以下兩大類：

（一）解釋性

1.定義

　　承擔定義功能的令文在分則各篇中為數不少，如卷九<職制>「大祀不預申期及不如法」條（總第 98 條）所引<祠令>復舊 1、2，卷一三<戶婚>「占田過限」條（總第 164 條）所引<田令>復原 14，卷一四<戶婚>「妻無七出而出之」

條（總第 189 條）所引<戶令>復舊 35，卷一九<賊盜>「監臨主守自盜」條（總第 283 條）所引<封爵令>復舊 1，卷二二<鬥訟>「妻妾毆詈夫父母」條（總第 330 條），卷二九<斷獄>「議請減老小疾不合拷訊」條（總第 474 條）所引<戶令>復舊 9，卷二五<詐偽>「偽造御寶」條（總第 362 條）所引<公式令>復舊 18 丙，卷二七<雜律>「棄毀亡失神御之物」條（總第 435 條）所引<祠令>復舊 2、「亡失符印求訪」條（總第 446 條）所引<公式令>復舊 38、39。

2.參照

一如<名例>，所引令文雖非針對律所指向的規範對象，但二者原理相似，故而參照令文以說明律文。屬於此類者僅以下一例，即《唐律疏議》卷一二<戶婚>「養雜戶等為子孫」條（總第 159 條）載：

> 諸養雜戶男為子孫者，徒一年半；養女，杖一百。官戶，各加一等。與者，亦如之。
> 疏議曰：……雜戶養官戶，或官戶養雜戶，依<戶令>：「雜戶、官戶皆當色為婚。」據此，即是別色準法不得相養。律既不制罪名，宜依「不應為」之法：養男從重，養女從輕。……[25]

《疏議》本是為了解決「雜戶養官戶」、「官戶養雜戶」這些非律條正文所管轄的違法養子行為，而所引<戶令>則是規定不同身份等級者之間不得通婚。二者規範的對象不同，但原理一致，故而引令以明律。

3.指向另一種非刑罰的法律效果

對於某種違法行為，律規定了相應的刑罰，而所引之令指向刑罰之外的其他法律效果，這樣的引令模式在分則中存在以下三例：

（1）《唐律疏議》卷一○<職制>「乘驛馬枉道」條（總第 128 條）載：

> ……經驛不換馬者，杖八十。無馬者，不坐。
> 疏議曰：……「經驛不換馬者」，至所經之驛，若不換馬者，杖八十。

---

[25] 《唐律疏議》，頁 238。

因而致死，依<廐牧令>：「乘官畜產，非理致死者，備償。」……[26]

律文所懲罰者乃是「經驛不換馬」的行為，而所引<廐牧令>乃是針對官畜「非理致死」的處理，前者是科刑，後者是要求賠償，兩者指向不同的法律效果。
　　（2）《唐律疏議》卷一三<戶婚>「妄認盜賣公私田」條（總第166條）載：

諸妄認公私田，若盜貿賣者，一畝以下笞五十，五畝加一等；過杖一百，十畝加一等，罪止徒二年。
疏議曰：……盜貿易者，須易訖。盜賣者，須賣了。依令：「田無文牒，輒賣買者，財沒不追，苗子及買地之財併入地主。」[27]

律文對盜賣行為科以刑罰，而令文則是有關盜賣行為發生後，所涉財產（價金和標的物）該如何處理的規範。[28]
　　（3）《唐律疏議》卷一四<戶婚>「奴娶良人為妻」條（總第191條）載：

諸與奴娶良人女為妻者，徒一年半；女家，減一等。離之。其奴自娶者，亦如之。主知情者，杖一百；因而上籍為婢者，流三千里。
疏議曰：……其所生男女，依<戶令>：「不知情者，從良；知情者，從賤。」[29]

律文對奴娶良人之女為妻等行為進行科刑，而所引<戶令>則處理違法娶妻後，所生子女該劃歸哪一身份階層的問題。

---

[26] 《唐律疏議》，頁211。

[27] 《唐律疏議》，頁245-246。

[28] 關於此條律、令之文的法意，可參見趙晶：<唐代律令用語的規範內涵——以「財沒不追，地還本主」為考察對象>，《政法論壇》2011年第6期（北京，2011），頁37-50；後收入氏著《<天聖令>與唐宋法制考論》（上海，上海古籍出版社，2014），頁114-136。

[29] 《唐律疏議》，頁269-270。

4.一般性說明

凡未能劃歸上述特殊類型者，皆屬此列。

（二）違令有罪則入律

在分則各篇中，除了上述承擔解釋性功能的唐令之外，疏議引令的主要目
的在於說明律文所維護的行為模式，這是律、令關係的主要內容，由此亦可窺
見律篇與令篇的對應關係。

如《唐律疏議》卷二六<雜律>「舍宅車服器物違令」條（總第 403 條）載：

> 諸營造舍宅、車服、器物及墳塋、石獸之屬，於令有違者，杖一百。雖
> 會赦，皆令改去之；墳則不改。
> 疏議曰：營造舍宅者，依<營繕令>：「王公已下，凡有舍屋，不得施重
> 拱、藻井。」車者，<儀制令>：「一品青油纁，通憶，虛偃。」服者，<
> 衣服令>：「一品袞冕，二品鷩冕。」器物者，「一品以下，食器不得用
> 純金、純玉。」墳塋者，「一品方九十步，墳高一丈八尺。」石獸者，「三
> 品以上，六；五品以上，四。」此等之類，具在令文。若有違者，各杖
> 一百。……[30]

<營繕令>、<儀制令>、<衣服令>、<喪葬令>分別規定了不同身份者所享有的舍
宅、車、服、器物、墳塋、石獸的待遇，這是一種行為模式（含標準性條款，
詳下），若違反這種行為模式，行為人將受到本條律文規定的處罰。本條律文屬
於<雜律>，其所對應的令文則分屬於四篇不同的唐令，在這個意義上，稱其為
「雜律」倒是實至名歸，但<雜律>與<雜令>未在這一法律關係上形成對應關
係。

又如，《唐律疏議》卷三○<斷獄>「應言上待報而輒自決斷」條（總第 485
條）載：

---

[30] 《唐律疏議》，頁 488。

諸斷罪應言上而不言上，應待報而不待報，輒自決斷者，各減故失三等。

疏議曰：依〈獄官令〉：「杖罪以下，縣決之。徒以上，縣斷定，送州覆審訖，徒罪及流應決杖、笞若應贖者，即決配征贖。其大理寺及京兆、河南府斷徒及官人罪，並後有雪減，並申省，省司覆審無失，速即下知；如有不當者，隨事駁正。若大理寺及諸州斷流以上，若除、免、官當者，皆連寫案狀申省，大理寺及京兆、河南府即封案送。若駕行幸，即准諸州例，案覆理盡申奏。」若不依此令，是「應言上而不言上」；……[31]

此處〈獄官令〉規定了各級官司的管轄許可權，若超越自身管轄許可權而作出判決，則根據本條律文所定罰則科刑。而且相應於這條〈獄官令〉，規定罰則者是〈斷獄律〉，兩者屬於名實相副的對應關係。

上述兩種律、令的對應關係分別是一條律文對應多條令文、一條律文對應一條令文，除此之外，還存在一些特殊的對應現象。

1.在一條律疏中，所引之令對於其所在的本節律條僅起到說明作用，對下一節律條而言，卻是對應的行為模式。此類情形只有一例，筆者也將其列入「違令有罪則入律」的律令關係中，即《唐律疏議》卷一二〈戶婚〉「養子捨去」條（總第 157 條）載：

諸養子，所養父母無子而捨去者，徒二年。若自生子及本生無子，欲還者，聽之。

疏議曰：依〈戶令〉：「無子者，聽養同宗於昭穆相當者。」既蒙收養，而輒捨去，徒二年。……

即養異姓男者，徒一年；與者，笞五十。其遺棄小兒年三歲以下，雖異姓，聽收養，即從其姓。[32]

律疏所引〈戶令〉規定的是無子收養的對象問題，對於其所在的第一節律文而言，

---

[31] 《唐律疏議》，頁 561-562。

[32] 《唐律疏議》，頁 237。

起到的僅是說明作用；但對於第二節懲罰收養異姓的律文而言，這條要求收養「同宗」的令文則符合「違令有罪則入律」的原理。

2.在一條律疏中，所引之令的部分段落屬於排除律文適用的例外規定，部分段落則是律文所定罰則對應的行為模式，因此也被筆者列入「違令有罪則入律」的類型中。此例有二，分舉如下：

（1）《唐律疏議》卷九<職制>「之官限滿不赴」條（總第96條）載：

> 諸之官限滿不赴者，一日笞十，十日加一等，罪止徒一年。即代到不還，減二等。
> 疏議曰：依令，之官各有裝束程限。限滿不赴，一日笞十，……其有田苗者，依令「聽待收田訖發遣」。無田苗者，依限須還。[33]

《天聖令·假寧令》唐6規定：

> 諸外官授訖，給假裝束。其去授官處千里內者四十日，二千里內五十日，三千里內六十日，四千里內七十日，過四千里外八十日，並除程。其假內欲赴任者，聽之。若有事須早遣者，不用此令。舊人代至，亦準此。若舊人見有田苗應待收穫者，待收穫訖遣還。若京官先在外者，其裝束假減外〔官〕之半。[34]

可見，此段疏議所引的兩段唐令節文皆出自<假寧令>唐6。令文主體條款規定的「之官各有裝束程限」恰是律文所針對的行為模式，而令文的注文規定的是例外情況，若符合「有田苗應待收穫」這一條件，那麼行為人可以不遵循這一程限。

（2）《唐律疏議》卷一〇<職制>「制書官文書誤輒改定」條（總第114條）載：

---

[33] 《唐律疏議》，頁186-187。

[34] 《天聖令校證》，頁326。

> 諸制書有誤，不即奏聞，輒改定者，杖八十；官文書誤，不請官司而改
> 定者，笞四十。知誤，不奏請而行者，亦如之。輒飾文者，各加二等。
> 疏議曰：……依〈公式令〉：「下制、敕宣行，文字脫誤，於事理無改動
> 者，勘檢本案，分明可知，即改從正，不須覆奏。其官文書脫誤者，諮
> 長官改正。」……[35]

疏議引用的〈公式令〉可以分為兩段：前一段事關制敕，即文字雖有脫誤，但不
影響文意，在不改動原意的情況下，可自行修正，無需覆奏，這就成了排除律
條適用的例外規定；後一段針對官文書，若有脫誤而須改正者，應事先請示長
官，這一行為模式正是律文規制的對象。

3.某條令文被多次引用，既承擔某條律文的定義功能，又提示另一條律文
所對應的行為模式，如此則以後者作為與令文相對應的律文。如〈公式令〉復舊
38、39在《唐律疏議》卷二七〈雜律〉「亡失符印求訪」條（總第446條）中起
到類比性的說明作用：

> 諸亡失器物、符、印之類，應坐者，皆聽三十日求訪，不得，然後決罪。
> 若限內能自訪得及他人得者，免其罪；限後得者，追減三等。……
> 官文書、制書，程限內求訪得者，亦如之。
> 疏議曰：官文書及制書，「程限內求訪得者」，謂曹司執行案，各有程限，
> 〈公式令〉：「小事五日程，中事十日程，大事二十日程。徒罪以上獄案，
> 辯定後三十日程。」其制、敕皆當日行下，若行下處多，事須抄寫，依
> 〈公式令〉：「滿二百紙以下，限二日程；每二百紙以上，加一日程。所
> 加多者，不得過五日。敕書，不得過三日。」若有亡失，各於此限內訪
> 得者，亦得免罪；限外得者，坐如法。……[36]

但同樣是這兩條〈公式令〉，在《唐律疏議》卷九〈職制〉「稽緩制書官文書」條

---

[35] 《唐律疏議》，頁200。

[36] 《唐律疏議》，頁519-520。

（總第 111 條）中的功能就與上述有所不同：

> 諸稽緩制書者，一日笞五十，謄制、敕、符、移之類皆是。一日加一等，十日
> 徒一年。
> 疏議曰：制書，在令無有程限，成案皆云「即日行下」，稱即日者，謂
> 百刻內也。寫程：「通計符、移、關、牒，滿二百紙以下給二日程。過
> 此以外，每二百紙以下加一日程。所加多者，總不得過五日。其赦書計
> 紙雖多，不得過三日。軍務急速，皆當日並了。」成案及計紙程外仍停
> 者，是為「稽緩」，一日笞五十。……其官文書稽程者，一日笞十，三
> 日加一等，罪止杖八十。
> 疏議曰：「官文書」，謂在曹常行，非制、敕、奏抄者。依令：「小事五
> 日程，中事十日程，大事二十日程，徒以上獄案辯定須斷者三十日程。
> 其通判及勾經三人以下者，給一日程；經四人以上，給二日程；大事各
> 加一日程。若有機速，不在此例。」……[37]

以上律文規定的罰則都針對違反令文所定程限的行為，故而屬於「違令有罪則
入律」的情形。

　　不過，此處尚有需要作延伸討論之處。上引<公式令>復舊 38、復舊 39 的
條文[38]之所以能用於類比說明《唐律疏議》第 446 條，是因為其中含有「程限」
的標準（如「小事五日程」之類），而這種標準性規範與法律規範其實迥為二事。

　　法律規範所涉及的行為模式包含明確的權利、義務內容，而標準性規範卻
與行為模式無涉，故而現代法學學者將「例如所謂的工業標準（產品、材料、
工序和功效的工業規範）、勞動規範（計時工資中的『一般報酬』）、成績規範（體
育競賽參加者的最低成績要求；『限制/limit』）」歸類為「在品質、成績、安全
或類似方面的一致標準」，這是法律規範、社會規範等之外的另一種規範形式。

---

[37] 《唐律疏議》，頁 196-197。

[38] 仁井田陞，《唐令拾遺》，頁 595、598。

³⁹因此，標準性規範本身並不具備行為模式，它必須依賴於相應的法律規範而發揮效力。如 2011 年 4 月 6 日，中華人民共和國衛生部、中華人民共和國工業和信息化部、中華人民共和國農業部、國家工商行政管理總局、國家品質監督檢驗檢疫總局聯合發佈公告規定：「嬰兒配方食品中三聚氰胺的限量值為 1mg/kg，其他食品中三聚氰胺的限量值為 2.5mg/kg」。這僅是一條標準性規範，只有依附於《中華人民共和國食品安全法》第 27 條「食品生產經營應當符合食品安全標準，並符合下列要求……」這種包含著義務性行為模式的法律規範，才能與相應的行政罰則及《刑法》條款相對應，標準性規範本身不能獨立構成一種行為模式。

若暫且以這種規則分類意識反觀上述唐律與唐令的條文，我們也不難發現個中聯繫：<公式令>復舊 38 是要求內外百司在時限之內了結所受理之事，而復原 39 是要求相關人員在相應時限內抄完制敕、官文書等。這些都是蘊含行為模式的法律規範，但其中的「程限」、「鈔程」等具體內容則是一種標準性規範。標準性規範既然不蘊含特定的行為模式，那麼自然能用於說明《唐律疏議》第 111 條有關制書、官文書稽程的律條，也能說明《唐律疏議》第 446 條有關亡失符印而求訪的時限。但是，對於<公式令>復舊 38、39 所蘊含的行為模式而言，只有《唐律疏議》第 111 條有關制書、官文書稽程的罰則才是與之對應的條款。

以上是屬於一條唐令之中同時包含法律規範與標準性規範的立法模式，在這樣的模式下，即使不剝離這兩種性質迥異的規範，依據「違令有罪則入律」的原則亦可準確地找出相應的唐律律條，並以此展現令篇與律篇之間的對應關係，即違反上述兩條<公式令>，則根據《唐律疏議》第 111 條進行處罰，由此可勾連起<公式令>與第 111 條所屬的<職制律>之間的關係。屬於此種情況的，還有《唐律疏議》卷九<職制>「貢舉非人」條（總第 92 條）所引<考課令>復舊 38、「大祀不預申期及不如法」條（總第 98 條）所引<祠令>復舊 38，卷一〇<職制>「增乘驛馬」條（總第 127 條）所引<公式令>復舊 21，卷一三<戶婚>「里正授田課農桑違法」條（總第 171 條）所引<田令>復原 18、「差科賦役違

³⁹ 參見伯恩·魏德士著，丁小春、吳越譯，《法理學》（北京，法律出版社，2003），頁 50。

法」條（總第 173 條）所引<賦役令>復原 2、31，卷一五<廄庫>「牧畜產死失
及課不充」條（總第 196 條）所引<廄牧令>復原 13，卷二六<雜律>「舍宅車服
器物違令」條（總第 403 條）所引<儀制令>復舊 21、22 乙、<衣服令>復舊 26、
27、<喪葬令>復舊 29、32、「應給傳送剩取」條（總第 408 條）所引<廄牧令>
復原 41，卷二九<斷獄>「決罰不如法」條（總第 482 條）所引<獄官令>復原
58，卷三○<斷獄>「輸備贓沒入物違限」條（總第 493 條）所引<獄官令>復原
56。這些律、令篇目之間就可因此建立起「違令有罪則入律」的對應關係。

　　還需說明的是，在上述這些相互對應的律、令條文中，有的唐令兼具行為
模式與相關標準，如在《唐律疏議》第 92 條所引<考課令>復舊 38 中，「負殿
皆悉附狀」是規定行為模式的文句，「每一斤為一負」、「二斤為一負」、「各十負
為一殿」則是標準性條款。[40]這種令文雖然含有標準性條款，但不影響其作為
法律規範的性質，依然可被計入「違令有罪則入律」。

　　然而，存在爭議的是，有的唐令僅有標準性條款，對行為模式的規定則由
律文完成，如《唐律疏議》第 173 條所引<賦役令>復原 2、31 本身僅明確了「丁」
的賦役標準，如「租二石」、「役二十日」等，並不明定行為模式，而《唐律疏
議》第 173 條則規定了「每年以法賦斂，皆行公文，依數輸納」的「應當為」
的行為模式，[41]由此可見其規範的對象為負責徵收賦斂的官員。對<賦役令>復
原 2、31 而言，既然這兩條令文僅作為標準性條款對「以法賦斂」進行說明，
那麼為何筆者還是將它們列入「違令有罪則入律」的類型中？

　　筆者的考慮有三：其一，任何類型化的努力皆會遭遇邊界不明的交叉地帶，
事實上標準性條款本身也暗含了不得混淆、違反這一標準的規範意圖，這就帶
有行為模式的印記；其二，本文所對話的唐代立法者在處理類似問題時，一般
會在考慮立法目的的基礎上進行擴大解釋，而並非拘泥於表面文字；[42]其三，
此處對於令文的規範定性，乃是為了解釋一條令文出現在數條內容不同的律文
之中（上述<公式令>復原 38、39）、數條旨趣各異的令文出現在一條律文之中

---

[40] 具體條文表述，參見仁井田陞，《唐令拾遺》，頁 343。

[41] 《唐律疏議》，頁 251-252。

[42] 參見趙晶，<從「違令罪」看唐代律令關係>，頁 186-187。

（如下文將要處理的<關市令>復原 19，<雜令>復原 1、2、3）的特殊現象。若並不屬於這兩種現象，則可相對靈活地把握令文的規範性質，亦即對於<賦役令>復原 2、3 而言，至今並未發現其他令文規定了與此賦斂標準相關的行為模式，所以依據律疏本身所言「如有不依此法而擅有所徵斂……皆從『坐贓』科之」，[43]將其歸入「違令有罪則入律」的類型，應可成立。至於《唐律疏議》第 403 條所引<儀制令>、<衣服令>、<喪葬令>，雖然屬於數條令文處於一條律疏之中的情況，但這些令文旨趣相同，即涉及不同品級的官員所享受的待遇標準，故而也未被排除。

　　既然上文已經涉及「一條令文出現在數條內容不同的律疏之中」、「數條旨趣相同的令文處於一條律疏之中」，那麼以下將處理「數條旨趣各異的令文出現在一條律疏之中」的情況。如《唐律疏議》卷二六<雜律>「校斛斗秤度不平」條（總第 417 條）載：

> 諸校斛斗秤度不平，杖七十。監校者不覺，減一等；知情，與同罪。
> 疏議曰：「校斛斗秤度」，依<關市令>：「每年八月，詣太府寺平校，不在京者，詣所在州縣平校，並印署，然後聽用。」其校法，<雜令>：「量，以北方秬黍中者，容一千二百為龠，十龠為合，十合為升，十升為斗，三斗為大斗一斗，十斗為斛。秤權衡，以秬黍中者，百黍之重為銖，二十四銖為兩，三兩為大兩一兩，十六兩為斤。度，以秬黍中者，一黍之廣為分，十分為寸，十寸為尺，一尺二寸為大尺一尺，十尺為丈。」……[44]

在這條疏議中，<關市令>復原 19 是設定行為模式的法律規範，而<雜令>復原 1、2、3 只是一種標準性的技術規範，[45]只能起到說明性的作用，即定義「校法」。因此，從「違令有罪則入律」的角度出發，與《唐律疏議》第 417 條所屬<雜律>相對應的律篇只能是<關市令>而非<雜令>。

---

[43] 《唐律疏議》，頁 252。

[44] 《唐律疏議》，頁 497。

[45] 有關這四條令文的具體條文，參見《天聖令校證》，頁 540、749。

4.同一條令文，因違法行為的情節輕重而指向不同層級的罰則，即存在一條令文對應兩條（或兩條以上）律文的情況。屬於這一類型的共有四例：

（1）《唐律疏議》卷一二<戶婚>「立嫡違法」條（總第158條）載：

> 諸立嫡違法者，徒一年。即嫡妻年五十以上無子者，得立嫡以長，不以長者亦如之。
> 疏議曰：……依令：「無嫡子及有罪疾，立嫡孫；無嫡孫，以次立嫡子同母弟；無母弟，立庶子；無庶子，立嫡孫同母弟；無母弟，立庶孫。曾、玄以下准此。」無後者，為戶絕。[46]

《唐律疏議》卷二五<詐偽>「非正嫡詐承襲」條（總第371條）載：

> 諸非正嫡，不應襲爵，而詐承襲者，徒二年；……
> 疏議曰：依<封爵令>：「王、公、侯、伯、子、男，皆子孫承嫡者傳襲。」以次承襲，具在令文。其有不合襲爵而詐承襲者，合徒二年。……[47]

上引第158條所稱「依令」的條款與第371條所引<封爵令>乃是同一條令文的不同段落。這條<封爵令>所設定的立嫡承爵的行為模式，衍生出兩種違法行為：立嫡違法與詐承襲爵，「詐承襲者，系承襲人自詐承襲之謂。立嫡違法，乃被承襲人生前自立嫡而違法，被立者宜解為不坐」。[48]換言之，一條令文涉及立嫡者與被立者兩類主體，<戶婚律>針對的是立嫡者的違法行為，而<詐偽律>針對的是不具備立嫡資格但卻想要通過欺詐手段而被立嫡之人。

（2）《唐律疏議》卷二六<雜律>「校斛斗秤度不平」條（總第417條）載：

---

[46] 《唐律疏議》，頁238。

[47] 《唐律疏議》，頁463。

[48] 戴炎輝，《唐律各論》（台北，成文出版有限公司，1988），頁600。

> 諸校斛斗秤度不平，杖七十。監校者不覺，減一等；知情，與同罪。
> 疏議曰：「校斛斗秤度」，依〈關市令〉：「每年八月，詣太府寺平校，不
> 在京者，詣所在州縣平校，並印署，然後聽用。」……[49]

同卷「私作斛斗秤度」條（總第 420 條）載：

> 諸私作斛斗秤度不平，而在市執用者，笞五十；……
> 疏議曰：依令：「斛斗秤度等，所司每年量校，印署充用。」其有私家
> 自作，致有不平，而在市執用者，笞五十；……
> ……其在市用斛斗秤度雖平，而不經官司印者，笞四十。[50]

兩條律疏都引用了〈關市令〉復原 19，[51]所設定的行為模式也涉及負責校量的官
司和申請校量的平民這兩類主體。官司校量不如法，依照《唐律疏議》第 417
條處罰；申請校量者不經官司校量、署印而自為校量的，依照《唐律疏議》第
420 條科刑。

　　（3）《唐律疏議》卷一六〈擅興〉「遣番代違限」條（總第 239 條）依據被
違法役使之人是否因此逃跑，分別為違反〈軍防令〉所定「苦令均平，量力驅使」
的行為設計了「役使防人不以理，致令逃走」罪與違令罪兩種刑責。[52]
　　（4）《唐律疏議》卷一六〈擅興〉「私有禁兵器」條（總第 243 條）依據違
法保有所擽禁兵器的時間長短，分別為違反〈軍防令〉所定「闌得甲仗，皆即輸
官」的行為設計了違令罪、亡失罪、私有禁兵器罪三種刑責。[53]
　　就（3）、（4）兩種情況而言，所引〈軍防令〉對應的律篇分別是本律所屬的
〈擅興〉與違令罪所屬的〈雜律〉。
　　此外，這種類型尚有另外一例變種，即本律所指向的行為模式與疏議所引

49　《唐律疏議》，頁 497。
50　《唐律疏議》，頁 499。
51　具體復原的令文，可參見《天聖令校證》，頁 540。
52　詳見趙晶，〈從「違令罪」看唐代律令關係〉，頁 187。
53　詳見趙晶，〈從「違令罪」看唐代律令關係〉，頁 185。

令文規定的行為模式並不完全一致，如《唐律疏議》卷一四<戶婚>「雜戶官戶與良人為婚」條（總第 192 條）規定了雜戶、官戶不得與良人通婚的罰則，而疏議所引<戶令>規定工、樂、雜戶、官戶「當色為婚」，本條律文所未涵蓋的各色賤民之間「異色相娶」的行為，不能適用本條律文，只能採用違令罪，所以這一<戶令>分別對應了<戶婚>與<雜律>兩篇。

四、結論

在以「違令有罪則入律」為標準逐一考察《唐律疏議》所引唐令條文之後，筆者擬就令條的類型與律、令篇目之間的關係作一總結。

（一）令條的類型

並非每一令條都規定了行為模式，所以並非每一令條都擁有以罰則為後盾、保障它實施的律條。以此為標準，令條可劃分為以下兩大類。

1.不屬於「違令入罪」的類型

（1）定義性條款：上述《唐律疏議》所舉大量承擔定義功能的令文，其本身不設置任何行為模式，故而不可能存在「違令」的可能。

（2）標準性條款：標準性條款只能依附於相關的規定行為模式之令才能發生「違令有罪則入律」的法律效果，其本身不構成獨立的行為模式。

（3）授權性條款：所謂的授權性條款，是指提示行為人「可以為」某些行為的令文，並不強制性地要求行為人「必須為」或「禁止為」某些行為，因此具有任意性，任由行為人自主判斷、自由選擇。故而此類令文也不存在「違令」的可能。如唐<祠令>復舊 39 規定：「諸散齋有大功以上喪，致齋有周以上喪，並聽赴，……其在齋坊病者聽還……」。[54]其中「聽」這一法律術語便蘊含了授權性的意味。

此外，授權性條款的另一種類型，規定的是行為人有權要求他人為某些行

---

[54] 仁井田陞，《唐令拾遺》，頁 207。

為，即有權要求獲得利益。如<田令>唐 1 規定「諸丁男給永業田二十畝，口分田八十畝……」，[55]其中丁男有權獲得永業田、口分田乃是授權性條款，至於具體畝數為何乃標準性條款。當然權利的反面便是義務，這一條<田令>對於丁男而言是授權性條款，但對負責授田的官員來說便是存在「違令」可能的義務性條款。

2.屬於「違令入罪」的類型

除去上述三種不存在「違令入罪」可能的規則，只有規定了「必須為」或「禁止為」某些行為的令條才能發生「違令有罪則入律」的效果，筆者暫且稱其為「義務性條款」。

以《唐律疏議》卷九<職制>「大祀不預申期及不如法」條（總第 98 條）為例，疏議所引<祠令>規定「二十日以前，所司預申祠部，祠部頒告諸司」，如若違反，則構成「大祀不預申期及不頒所司」之罪，依律「杖六十」；<祠令>又規定「散齋之日，齋官晝理事如故，夜宿於家正寢」、「致齋者，兩宿宿本司，一宿宿祀所。無本司及本司在皇城外者，皆於郊社、太廟宿齋」，若不依令而宿，則將被分別依律科以「一宿笞五十」、「一宿杖九十」、「一宿各加一等」的刑罰。[56]

（二）「違令有罪則入律」規則下的律篇與令篇的對應關係

桂齊遜曾經按照「違令有罪則入律」的原則，將三十三篇唐令逐一對應《唐律疏議》的律篇，但其所據標準不明。[57]筆者以上述對《唐律疏議》所引令文的討論為據，進行再次歸納。

---

[55] 《天聖令校證》，頁 254。

[56] 《唐律疏議》，頁 187-189。

[57] 桂齊遜，<唐代律令關係試析——以捕亡律令關於追捕罪人之規範為例>，劉後濱、榮新江主編，《唐研究》第 14 卷(北京，北京大學出版社，2008)，頁 228；<唐宋變革期的一個面向——從「律令格式」到「敕令格式」>，浙江大學宋學研究中心編，《宋學研究集刊》（第二輯）(杭州，浙江大學出版社，2010)，頁 221。

表 3　「違令有罪則入律」原理下律篇與令篇的對應關係

律篇	令篇	
	桂齊遜文	本文（數字表示對應該律篇的令條數）
衛禁	宮衛令	宮衛令（2）、關市令（3）
職制	官品令、三師三公台省職員令、寺監職員令、衛府職員令、東宮王府職員令、州縣鎮戍岳瀆關津職員令、內外命婦職員令、祠令、學令、選舉令、封爵令、祿令、考課令、衣服令、儀制令、鹵簿令、樂令、公式令、假寧令、喪葬令	祠令(2)、戶令（1/2）、選舉令（1）、考課令（1）、儀制令(1)、公式令(9)、假寧令(1)、雜令(1)
戶婚	戶令、田令、賦役令、喪葬令	戶令(3+1/2+1/3？)、封爵令(1/2)、田令（3）、賦役令（4）
廐庫	倉庫令、廐牧令、關市令	祿令（1）、廐牧令（4）、雜令（1）
擅興	軍防令、營繕令	軍防令(3+1/2+1/2+1/3)、公式令（1）、營繕令（1）
賊盜		捕亡令(1)
鬥訟		公式令(1)
詐偽		封爵令（1/2）
雜律	醫疾令、雜令	戶令（1/2+1/2+2/3？)、宮衛令（1）、軍防令（1+1/2+1/2+2/3）、衣服令（1）、儀制令（2+1)、公式令（1）、廐牧令（1）、關市令（2）、獄官令（1）、營繕令（2）、喪葬令（2）、

		雜令（1）
捕亡	捕亡令	捕亡令（2）
斷獄	獄官令	獄官令（11）

首先，筆者需對表 3 所列數字進行必要的說明：

1.如上所論，<封爵令>復舊 2 乙內包含數種行為模式，其分別由<戶婚律>與<詐偽律>科罪量刑，故而在兩個律篇中各自統計為半條（1/2）。

2.表中標記有粗體底線者，皆涉及《唐律疏議》所定違令罪。[58]其中，數量標示為 1 者，指違反該條令文僅科以<雜律>違令罪；標示為 1/2、1/3、2/3 者，指根據情節輕重，將對違反該條令文的行為分別科以不同的刑罰，如 1/3、2/3 是指這一令文所規定的行為模式，將分別由三條律文分別進行保障，其中一條律文在<擅興律>篇，另外兩條律文在<雜律>篇。至於<戶婚律>、<雜律>所引<戶令>，「1/3？」、「2/3？」意為目前尚難確斷此條令文是否為<戶令>。

其次，通過表 3，筆者大概有以下初步的推論：

1.依據《唐律疏議》所引唐令展開這種律、令對應關係的分析，雖在樣本上多有遺漏，但較桂齊遜的歸類而言，或能見到一些新的律、令篇目之間的關聯性：如<衛禁律>與<關市令>，<職制律>與<戶令>、<雜令>，<戶婚律>與<封爵令>，<廄庫律>與<祿令>、<雜令>，<擅興律>與<公式令>，<賊盜律>與<捕亡令>，<鬥訟律>與<公式令>，<詐偽律>與<封爵令>，<雜律>與<戶令>、<宮衛令>、<軍防令>、<衣服令>、<儀制令>、<公式令>、<廄牧令>、<關市令>、<獄官令>、<營繕令>、<喪葬令>等。

2.無論從顧名思義的層面理解，還是依據實際統計結果，<捕亡律>與<捕亡令>、<斷獄律>與<獄官令>是最為純粹的一一對應關係；<廄牧令>之於<廄庫律>、<戶令>、<田令>、<賦役令>之於<戶婚律>，<軍防令>、<營繕令>之於<擅興律>，<宮衛令>、<關市令>之於<衛禁律>皆有較為明確傾向的對應性；從比重上言，<雜律>與<雜令>之間的同名關係最名實不符。只不過，若從「雜」字

---

[58] 詳見趙晶，<從「違令罪」看唐代律令關係>，頁 183-191。

予以考慮，單就<雜律>本身的冠名而論，確實符合「雜」的特性，而且<雜律>之中的「違令罪」更是讓<雜律>具備了與每一令篇建立對應關係的平臺。

3.相對而言，<職制律>與<雜律>所針對的令篇數最多；而<戶令>、<公式令>、<雜令>所對應的律篇最多，即各自對應三篇律；<宮衛令>、<關市令>、<儀制令>、<封爵令>、<廄牧令>、<軍防令>、<營繕令>、<捕亡令>、<獄官令>各自對應兩篇律；<祠令>、<選舉令>、<考課令>、<假寧令>、<田令>、<賦役令>、<祿令>、<衣服令>、<喪葬令>各自僅針對一篇律。

4.律篇與令篇雖然存在因篇名而有所對應的情況，但並不存在絕對的一一對應關係，即便是上表統計中對應關係最純粹的<捕亡律>與<捕亡令>，若將目前《天聖令·捕亡令》與<捕亡律>逐條對比，如《天聖令·捕亡令》宋 5、7、9 等皆無法從<捕亡律>中檢得相應律條；而<捕亡律>「從軍征討亡」條、「宿衛人亡」條、「浮浪他所」條、「在官無故亡」條等也皆無對應的<捕亡令>存在。由此可見，律篇與令篇的形成及各自條文歸屬的確定乃是兩條並行的立法軌道，立法者並沒有十分明確的法律意識要將律篇與令篇通過篇名建立起「違令有罪則入律」的對應關係。

總而言之，律作為規定罰則的法典，其保障的行為模式並非僅規定於令中，甚至於律條本身就包含著獨立於令條的行為模式規定；而令作為規定行為模式的法典，並非所有條文都是需以律作為強制實施之保障的義務性條款，對於律條而言，令條還有定義、參照、指示刑罰之外其他法律效果、解決律令條文衝突、提示「可以為」這種授權性行為模式等廣泛的功能與意義。

附記：筆者與高明士老師的通信始於 2009 年 11 月 18 日，目的是為《中國古代法律文獻研究》約稿，而老師於 20 日覆函，由此開始長達 10 年的「隔空」（郵件）教誨。無論是未刊稿還是已刊稿，老師只要收到拙文，都會擲下評論意見，開示修改或深化思考的方向。2012 年 5 月 31 日，我以自由行的方式赴台，作博士畢業旅行，於 6 月 3 日晚在春天素食餐廳首次拜見老師，得以面請教益。此後每次赴台，老師皆曾撥冗賜見，分享讀書閱世的人生經驗。其實，相比於老師主持的長達20餘年、跨越校際與科際、惠澤後學無數的唐律研讀會，這只是他不問師承、門戶的教育實踐的一個縮影而已。老師在東京大學留學時

廁身律令研究會,長期治學的重心之一是律令制,主持的唐律研讀會又曾精讀《唐律疏議》與《天聖令》,「律令」是一以貫之的關鍵詞。拙文以此為題眼,擬為老師的既往研究做一註腳,謹此頌壽。又,拙文完成於筆者在德國明斯特大學漢學系擔任洪堡學者期間,受到德國洪堡基金會資深學者資助項目(Humboldt Research Fellowship for Experienced Researchers)的支持,一併申謝。

政治篇

唐朝皇帝巡幸之儀衛
——以大駕鹵簿為中心

羅彤華[*]

一、前言

　　唐制，天子出行曰「駕」，行幸所稱為「車駕」，皆有衛有嚴，道路有鹵簿、鼓吹。之所以如此慎重，蓋「慎重則尊嚴，尊嚴則肅恭」，故「儀衛所以尊君而肅臣也」也。[1]皇帝巡幸依不同目的與行程遠近，而有不同等級的羽葆、華蓋、旌旗、車馬與兵衛。最盛大的儀衛是大駕鹵簿，法駕、小駕在導駕、車隊、衛隊、鼓吹上分別做遞減。[2]天子服乘的車輿有八等，五輅供祭祀、鄉射、行道、巡狩、畋獵等用，另三等車供耕籍、臨幸、拜陵之用。[3]車馬、儀衛都施於鹵簿內，以是知鹵簿的規模相當可觀。皇帝離開宮廷御所，無論到何處，都有車馬、儀衛，楊復恭應答昭宗之詢問曰：「凡曲江、溫湯若畋獵曰大行從，宮中、苑中曰小行從。」[4]顯然皇帝到遠處與近處的鹵簿是有區別的。

　　鹵簿之名自秦漢以來已有之，蔡邕《獨斷》：「天子出，車駕次第謂之鹵簿。」[5]《漢官儀》：「天子車駕次第謂之鹵簿，有大駕、法駕、小駕。」[6]唐封

---

[*] 政治大學歷史學系退休教授

[1] 《新唐書》（臺北：鼎文書局，新校標點本，1976），卷二三上〈儀衛上〉，頁 481；杜佑撰，王文錦等校點，《通典》（北京：中華書局，1988），卷一〇八〈序例下〉，頁 2809。

[2] 《新唐書》卷二三下〈儀衛下〉，頁 508。

[3] 《舊唐書》（臺北：鼎文書局，新校標點本，1976），卷四五〈輿服志〉，頁 1932-1933。

[4] 《新唐書》卷二〇八〈宦者下·楊復恭傳〉，頁 589。

[5] 蔡邕，《獨斷》（四部叢刊本，臺北：臺灣商務印書館，1981），卷下，頁 14。

演《封氏聞見記》說明的更詳盡:「輿駕行幸,羽儀導從謂之鹵簿。……鹵,大
楯也。……鹵以甲為之,所以捍敵。……甲楯有先後部伍之次,皆著之簿籍。
天子出則按次導從,故謂之鹵簿耳。儀衛具五兵,今不言他兵,但以甲楯為名
者,行道之時,甲楯居外,餘兵在內。」[7]以此可知,皇帝出行之車駕與儀仗隊
伍,謂之鹵簿。唐代鹵簿不只皇帝出行有,皇太后皇后、皇太子太子妃、親王
等皆有鹵簿,王公以下,職事四品以上、散官二品以上、爵郡王以上及二王后,
依品給。國公准三品給。若京官職事五品之婚葬,並尚公主、娶縣主,及職事
官三品以上,有公爵者嫡子婚,並准四品給。此外,內外命婦也應有鹵簿。[8]是
則「鹵簿者,君臣皆得通稱也」。[9]而且,鹵簿不只出行用之,婚葬也得有之。
再者,皇帝車駕鹵簿有甲楯,但皇后、公卿、命婦之鹵簿不必有甲楯。[10]然本
節所論為皇帝出行之鹵簿。

　　為了皇帝的安全,凡其所在,必有儀衛以護其周全。通常皇帝為祭祀、親
征、巡狩等關乎國家安危與境況的大事出行,會備大駕鹵簿,以示莊嚴,並展
現天子威儀。皇帝大駕出動被視為一種禮制,[11]行前一般會先有一些儀式,如
皇帝要齋戒,有司陳設神位,用牲牢供祭祀。而在鑾駕出宮後到所在,還有奉
玉帛、進奠於神座,禮成而焚瘞之等程序,鑾駕才還宮。[12]大駕出行的目的不
同,禮制上還是會有些差異。然本文不討論這些禮儀,而是以皇帝車駕為中心,

6　《後漢書》(臺北:鼎文書局,新校標點本,1975),卷十下〈皇后紀〉引《漢官儀》,頁442。

7　封演著,趙貞信校注,《封氏聞見記校注》(北京:中華書局,2005),卷五〈鹵簿〉,頁38。

8　蕭嵩等撰,池田溫解題,《大唐開元禮》(東京:汲古書院,1972),卷二〈序例中〉,頁20-28;仁井
田陞著,栗勁等編譯,《唐令拾遺》(長春:長春出版社,1989),卷十九〈鹵簿令〉,頁447-457。

9　孫承澤著,《春明夢餘錄》(四庫全書本,臺北:臺灣商務印書館,1986),卷七〈正殿〉,頁83。

10　司馬光,《資治通鑑》(臺北:世界書局,1974),附錄《通鑑釋文辯誤》卷八,頁117。

11　皇帝無論因郊祀、巡狩、講武、田獵等活動而出行,都有相關禮儀,其中尤以吉禮、軍禮最常見,
可參考:李蓉,《隋唐軍事征伐禮儀》(北京:國防工業出版社,2015);丸橋充拓著,張樺譯,《唐
代軍事財政與禮制》(西安:西北大學出版社,2018),第三部唐代軍事禮制研究。Wechsler, Howard J.,
Offerings of Jade and Silk : Ritual and Symbol in the Legitimation of the T'ang Dynasty, New Haven : Yale
University Press, 1985. 第五章郊祀與第八章巡狩。

12　相關儀式以冬至祭天程序及神位配置為例,可參考:妹尾達彥,〈唐長安城的禮儀空間—以皇帝禮儀
的舞臺為中心—〉,收入:溝口雄三等著,孫歌等譯,《中國的思維世界》(南京:江蘇人民出版社,
2006),頁481-482;Xiong, Victor Cunrui, *Sui-Tang Chang'an : A Study in the Urban History of Medieval
China,* Ann Arbor : Center for Chinese Studies, University of Michigan, 2000, pp.153-158, Fig. 6.2.

從其儀衛上觀察護衛皇帝的佈陣形式，以瞭解大駕鹵簿的規模與格局。再者，皇帝巡幸未必當日能回來，宿衛者要如何確保皇帝居處的安全，勢必要費心規畫，以免發生意外。大駕鹵簿參與的人數多，如果行程遠，時日久，則物資的供給相當可觀，一定要事先籌謀，才不致匱乏。本文就以皇帝巡幸時大駕鹵簿的儀衛為研究主體，兼及居處安全與供養問題。

以儀衛為主題的研究非常少，較多的是顯示在唐墓的墓道或過洞、天井的儀衛圖、狩獵出行圖等壁畫，其中又以「號墓為陵」的懿德太子墓的規格最高，儀衛圖的種類最齊全，而章懷太子墓的狩獵出行圖的儀衛最具特色。[13]至於皇帝出行之鹵簿研究，秦漢方面較多，[14]南北朝也有，[15]唐朝則除了介紹大駕鹵簿次第與帝王巡幸外，[16]也注意儀仗用樂。[17]本文則擬從大駕鹵簿的儀衛部署方式，瞭解皇帝出行的陣仗與安全、供養問題。

二、大駕鹵簿之陣勢

皇帝巡幸，排場最大的是大駕鹵簿，《唐六典》鼓吹署條註曰：「凡大駕鹵簿一千八百三十八人，分為二十四隊，列為二百一十四行。」[18]令人質疑的是

---

[13] 相關各圖及說明可參看：《唐墓壁畫珍品》（西安：三秦出版社，2011；北京：文物出版社，2002）；《獨具魅力的唐墓壁畫》（西安：陝西人民出版社，2006）；《中國墓室壁畫全集—隋唐五代》（石家莊：河北教育出版社，2011）；《昭陵文物精華》（西安：陝西人民美術出版社，1991）。

[14] 周作明，〈秦漢車馬駕御賜馬制度管見〉，《廣西師範大學學報》1988年2期；彭衛，楊振紅，《中國風俗通史》秦漢卷（上海：上海文藝出版社，2002），頁291；田丸祥幹，〈漢代における三駕鹵簿の形成〉，《国学院大学大学院紀要》文学研究科43（2011），頁171-198；目黑杏子，〈前漢武帝の巡幸--祭祀と皇帝権力の視点から〉，《史林》94卷4号（2011），頁577-610。

[15] 徐錚，〈車駕次第，羽儀導從—一件北朝時期的「大王出由」紋錦枕套〉，《東方博物》2011年3期；田丸祥幹，〈魏晋南朝の礼制と三駕鹵簿〉，《古代文化》64卷3号（2012），頁418-435。

[16] 趙芳軍，〈唐代御駕出行禮儀述論〉，《濮陽職業技術學院學報》21卷5期（2008）；拜根興，〈試論唐代帝王的巡幸〉，《南都學壇》（哲學社會科學版）1997年1期；張琛，〈唐代巡幸迎謁制度研究〉，《唐史論叢》27輯（2018）。

[17] 孫曉暉，〈唐代鹵簿鼓吹〉，《黃鐘》（武漢音樂學院學報）2001年4期；曾美月，〈唐代鼓吹樂研究〉，《樂府新聲》（瀋陽音樂學院學報）2009年2期。

[18] 李林甫等撰，陳仲夫點校，《唐六典》（北京：中華書局，1992），卷十四〈太常寺‧鼓吹署〉，頁408。

參與大駕鹵簿的人數。有學者統計，大駕鹵簿約 1.1 萬人，其中樂工 2143 人，歌手 96 人。[19]宋代大駕鹵簿的規模，不同時期的人數總在二萬人上下。[20]即以唐代大駕鹵簿的前後左右廂步甲隊（各）四十八隊，隊各三十人計已有 2880 人；黃麾仗左右廂各十二部，部各十二行，行引十人計，則有 2880 人，僅此兩項已遠超過《唐六典》所載了。

　　唐代的大駕鹵簿在《通典》、《大唐開元禮》、《新唐書》裏都有描述，但詳略有出入。大駕鹵簿可分為五個部分（見文末附表）：導駕、引駕（前部鼓吹）、車駕、後部鼓吹、後衛部隊。導駕有萬年縣令先導，依次有京兆牧、太常卿等六人，〈鹵簿令〉謂之「六引」。[21]導駕裡還可分三隊：清遊隊、旗隊、車隊。負責督導的應是金吾衛，各隊之領隊或檢校者分別是金吾大將軍、金吾折衝都尉或果毅都尉。金吾衛之職，《唐六典》曰：「凡車駕出入，則率其屬以清遊隊建白澤旗、朱雀旗以先驅，又以玄武隊建玄武旗以後殿。」[22]金吾衛在導駕裡承擔的正是先驅之責，而鹵簿後衛部隊為後殿的也恰是玄武隊玄武旗。《唐六典》的說明適可與鹵簿行次相對應。金吾衛為先驅，目的在偵察探看前路狀況，[23]《新唐書》謂其掌「烽候、道路、水草之宜」，[24]也就是為皇帝車駕安排好適當、平穩的路徑，並排除所有不該出現的人、物與可能的障礙，以確保車駕的安全與前行之順利，如天子親祠，車駕赴祠祭所，「州縣及金吾清所行之路，不得見諸凶穢及縗絰者」[25]，就顯示金吾有清道之先驅作用。

　　導駕中所陳列之鐵甲伏飛、虞候伏飛、外鐵甲伏飛，具領於金吾衛，皆帶弓箭橫刀，甲騎具裝，[26]是有武力，可護駕之先頭部隊。但虞候伏飛與外鐵甲

---

[19] 曾美月，〈唐代鼓吹樂研究〉，頁 51。

[20] 伊沛霞撰，段曉琳譯，〈大駕鹵簿：皇家勝景和北宋開封的視覺文化〉，《歷史文獻研究》40 輯（2017），頁 132 註 2。

[21] 《唐律疏議》（臺北：弘文館出版社，1986），卷二十四〈鬥訟律〉「越訴」（總 359 條）疏議，頁 448。

[22] 《唐六典》卷二五〈諸衛府‧左右金吾衛〉，頁 638。

[23] 關於金吾先驅後殿的職責，可參看：田頭賢太朗，〈金吾衛の職掌とその特質—行軍制度との関係を中心に—〉，《東洋學報》88 卷 3 号（2006），頁 5-8。

[24] 《新唐書》卷四九上〈百官志〉，頁 1284-1285。

[25] 《舊唐書》卷二一〈禮儀志〉，頁 819。

[26] 鐵甲伏飛，《新唐書》卷二三上〈儀衛上〉有之，但《通典》、《大唐開元禮》無。各伏飛的裝束，《新

侫飛，分別引到步甲隊、黃麾仗，而步甲隊、黃麾仗是後衛部隊的主力陣勢，這似乎意謂著前驅與後殿之間有著前後呼應，機動巡察的動態關係。以次是車隊，指南車指方向，置於最前，甚為合理；記里鼓車也是一個機械裝置，記里程數。各車的形製、駕士等情形，唐代沒有留存大駕鹵簿圖以供比對，但中國國家博物館所藏宋代的〈大駕鹵簿圖書〉可以參照。[27]

　　大駕鹵簿的第二個駕次是引駕，有引駕十二重為前導。這個駕次最重要的就是由鼓吹令指揮的前部鼓吹隊。鼓吹隊的規模極大，不僅鼓吹樂器的種類多，數量多，樂工還並騎橫行，每鼓皆二人夾，可以想見方其一時俱發，則聲勢驚人，極為壯觀。鼓吹本是古之軍聲，振旅獻捷之樂。其後各朝施於鹵簿、殿庭，做為儀仗之樂。[28]由於皇帝鹵簿的規模大，前後距離太長，用人員傳呼既費力，又聽不真切，為使整個車駕隊伍行動一致，於是用鼓吹來傳遞特定訊息，所謂「鑾駕動，警蹕，鼓傳音」、「鳴鐘鼓者，所以聲告內外」、「小鼓九曲，上馬用一曲，嚴警用八曲。長鳴一曲三聲，上馬，嚴警用之」，皇帝入，解嚴，「叩鉦，將士皆休」。[29]這是說用鼓來傳遞起駕信號，以鉦來傳遞解嚴信號，小鼓、長鳴等傳遞嚴警、上馬信號，該種聲告內外的作法，讓鼓吹部隊起著通知時間、催促、警戒的作用，也因為音聲洪亮、威嚴，有著提振士氣，驅邪避邪的用意。[30]

　　在前部鼓吹隊之後，接著還有太史局隊、鈒戟前隊、幡幢隊、鈒戟後隊與馬隊。太史局隊有「殿中侍御史二人導」。[31]殿中侍御史之職「掌駕出於鹵簿內糾察非違」，或「監其隊伍」。[32]是其在前引導、監察太史局隊。太史局隊由太史令率領，負責一路上天相、時辰的觀測。其後的鈒戟前、後隊，則在護衛太史局隊、幡幢隊、馬隊，並有左右衛、左右武衛的將軍或果毅監領與押陣。整

　　唐書》描述的也較詳盡。

27　伊沛霞撰，段曉琳譯，〈大駕鹵簿：皇家勝景和北宋開封的視覺文化〉，頁140-141。

28　孫曉暉，〈唐代的鹵簿鼓吹〉，頁62。

29　《新唐書》卷二三上〈儀衛上〉，頁490、496；《通典》卷一二二〈嘉禮・皇帝納后〉，頁3128；郭茂倩編，《樂府詩集》（北京：中華書局，1979），卷二一〈橫吹曲辭一〉，頁310。

30　曾美月，〈唐代鼓吹樂研究〉，頁52；趙芳軍，〈唐代御駕出行禮儀述論〉，頁117。

31　《新唐書》卷二三上〈儀衛上〉，頁491。

32　《通典》卷二四〈職官典・御史臺〉，頁673、374。

李勣墓鎏金鞘銅柄木劍圖

個隊伍在此呈現前引後押的形勢。幡幢隊置於其間，意在以旌旗飄飄，炫人眼目。御馬二十四疋左右並列，一則可壯聲勢，再則為大駕之備用馬匹。

大駕鹵簿的第三個駕次是全隊的核心，皇帝的車輅就在其中，所以儀仗與護衛極為周嚴。皇帝車駕的前導有大批文官，主要是中書、門下兩省之侍臣，以及御史臺官。文官隊之後有陣勢龐大，由左右衛將軍領導的班劍儀刀隊。班劍意為「木劍無刃，假作劍形，畫之以文，故曰班也」。[33]李勣墓曾出土一把班劍，劍為木質，劍柄及劍鞘外均有紋飾。[34]儀刀亦「以木為之，以銀裝之，具刀之儀而已」。[35]可見班劍儀刀隊旨在表現皇帝威儀，軍容壯盛，並不真是保衛皇帝的禁衛軍。

《新唐書》對班劍儀刀隊的描述頗為詳盡，左右廂各十二行，分別由十二衛的親勳翊衛組成，每行人數自 53 人遞增為 75 人，每行最後 3～14 人陪後門。在班劍儀刀隊左右廂之次，還有左右衛、左右驍衛郎將、中郎將所領之三衛，甲騎具裝，佩橫刀，分佈在其內外。[36]橫刀具殺傷力，且由其甲騎具裝，非執羽儀來看，是皇帝真正的護衛隊。

皇帝乘的玉輅在全隊的中間，前有護衛隊，左右有大將軍夾侍，後有千牛將軍等隨從。另個引人注目的是玉輅之後有「牙門」，《新唐書》謂之「衙門旗」，旗內外有監門校尉檢校，這似乎比照朝會時百官入殿前，監門校尉的執門籍。而牙門之後與兩側，還有約三百人的衛隊。玉輅後置門，有方便人員出入，或

33　《資治通鑑》卷九二晉明帝太寧元年條胡注引李周翰語，頁 2911。

34　陝西歷史博物館，昭陵博物館，《昭陵文物精華》（西安：陝西人民美術出版社，1991），頁 13；昭陵博物館，〈唐昭陵李勣（徐懋功）墓清理簡報〉，《考古與文物》2000 年 3 期，頁 9-10。

35　《資治通鑑》卷二四五文宗開成元年條胡注，頁 7924。《唐六典》卷十六〈衛尉寺〉：「刀之制有四：一曰儀刀，二曰鄣刀，三曰橫刀，四曰陌刀。」註曰：「今儀刀蓋古班劍之類，……裝以金銀，羽儀所執。鄣刀蓋用鄣身以禦敵。橫刀，佩刀也，兵士所佩。……陌刀，長刀也，步兵所持，蓋古之斷馬劍。」可知儀刀為儀仗所用，而後三種刀都是真正的兵器，供殺伐之用。

36　《新唐書》卷二三上〈儀衛上〉，頁 492。

隨時通報訊息的意涵，以免有狀況時傳遞者任意穿越整齊部隊，打亂大駕的行進。

再後跟著的是頗為龐大的繳扇車馬隊。這個隊伍由殿中省主管，殿中少監總督其事，尚輦、尚乘局官員與諸司供奉官從屬之。凡聽朝，殿中監、少監率其屬執繳扇以列於左右；凡行幸，則侍奉於仗內。[37]由監門校尉檢校門籍，殿中省掌繳扇來說，朝會與行幸的典儀有許多是相通的。繳扇車馬隊後有為數不多的麾仗隊，算是該駕次最後的總結。本駕次自文官前導，到各隊在後扈從，兼具儀隊與衛隊，是行列最嚴整的一個駕次。

大駕鹵簿第四個駕次是後部鼓吹，同樣由殿中侍御史監其隊伍。後部鼓吹看似規模不如前部鼓吹，但有由金吾所領的大角百二十具，橫行十重，聲勢也很可觀。接著後部鼓吹隊的是輦輅車隊。少府監左尚署掌供天子之五輅、五副、七輦、三輿、十有二車。這些輦輅車分批施於鹵簿內，皇帝既已乘玉輅，其他四輅[38]、五副、輦輿、屬車等並陳於此，應為儀仗之用。負責檢校輦輿的有殿中省的尚輦直長、太僕寺的乘黃令，都各盡其職，各安其位。車隊最後有黃鉞車、豹尾車壓陣。門下省符寶郎於車駕行幸時，奉寶以從於黃鉞車內。[39]最後一車懸豹尾，豹尾以前比省中，[40]意謂之前一如皇帝在宮中，需警戒以備不虞。

大駕鹵簿最後一個駕次是由諸衛組成的後衛部隊。該駕次總共有六隊，左右威衛所領衛隊掩在豹尾車後，有 200 人；左右領軍所統步甲隊有 2880 人；檢校黃麾仗的十衛軍將，也統黃麾仗 2880 人；此外，叟仗隊少說 1000 人；諸衛馬隊不下 1920 人；玄武隊也不下 50 人。如再加上軍將、執旗者、夾者、從者，總計約 9000 人。六隊中的衛隊、步甲隊、馬隊、玄武隊，依《新唐書》所記，被甲、持戟刀楯弩或佩橫刀，[41]是具戰鬥力的禁衛軍。僅黃麾仗隊與叟仗隊則不然。黃麾仗是朱漆竿上有金龍首，並繡有龍雲紋路的旗旛，[42]沈佺期〈上之

---

[37] 《新唐書》在繳扇車馬隊中有後持鈒隊，《通典》、《大唐開元禮》無。

[38] 《新唐書》卷二三上〈儀衛上〉有木輅，《通典》、《大唐開元禮》無。

[39] 《通典》卷六三〈禮典‧嘉禮八〉，頁 1770。

[40] 《後漢書》卷二九〈輿服志〉，頁 3649。

[41] 《新唐書》卷二三上〈儀衛上〉，頁 494-495。

[42] 王圻著，王思義編輯，《三才圖會》(上海：上海古籍出版社，1988)，〈儀制三‧國朝儀仗圖上〉「黃

回〉詩:「黃麾搖盡日,青幰曳松風。」[43]可見是一種壯大氣勢的儀仗隊。考古發現的殳有兩類,一是有刃的兵器,一是無刃的禮器。[44]大駕鹵簿中的殳仗隊,執殳、執叉者皆著花襖、冒,與行縢、鞋韈,主帥執儀刀,皆非戎服勁裝,也

秦始皇兵馬俑
三號坑銅殳

未佩戴武器。[45]則此殳仗隊依然在禮制中供儀仗之用。該駕次最後一隊,是由金吾所領的玄武隊。前引《唐六典》言,金吾衛於車駕出時,率清遊隊、朱雀隊為前驅,玄武隊為後殿,印證大駕鹵簿的行次,確實如此。

大駕鹵簿最後列有牙門(衙門),左右廂各開五門。這個牙門在玄武隊前,置於殳仗行內。左右廂所開各門,分別在十衛所領之步甲隊或黃麾仗前後。《唐六典》:「凡車駕巡幸,所詣之所,計其應啟閉者,先發而請其管鑰,及至,即開闔如京城之制。」[46]顯然宮城門的開闔之節,也適用於車駕巡幸時,而且不只車駕所至之處門有啟閉,車駕行徑中亦置牙門。隊伍最後的門,與玉輅之後的門,目的不盡相同。隊伍最後的門似代表整個大駕鹵簿止於此,任何人都不得擅自出入。玉輅之後的門,則意在方便向皇帝報告訊息,讓皇帝即時掌握最新狀況。但這兩種牙門的共通處是都有執銀裝刀的

黃麾圖

麾」,頁 1864。

[43] 沈佺期、宋之問撰;陶敏、易淑瓊校注,《沈佺期宋之問集校注》(北京:中華書局,2001),《沈佺期集校注》卷四〈上之回〉,頁 226。

[44] 沈融,〈中國古代的殳〉,《文物》1990 年 2 期,頁 70-73。秦漢以後流行杖殳,宮廷儀仗也一直使用著,見:楊琳,〈兵器殳的歷史演變〉,《南方文物》2014 年 4 期,頁 165。

[45] 《新唐書》卷二三上〈儀衛上〉,頁 486。

[46] 《唐六典》卷八〈門下省〉城門郎條,頁 250。

監門校尉，往來檢校諸門，並有左右衛等率隊護衛，或有金吾衛循仗檢校，糾察仗內不法。[47]

唐代的大駕鹵簿共有五個駕次，二十四個隊伍，總人數可能如宋代規模，在二萬人上下。雖然規模如此龐大，但部伍嚴整，秩序井然，不僅內外層次分明，前後調度機動性強，而且各隊依循著前驅後殿、前引後押、前導後從的原則排列，並將儀仗隊與禁衛軍交錯相間，仗內與衛隊左右重疊，既表現皇帝車駕之壯盛威儀，也護衛天子之人身安全，可以說宮廷防衛體系除了用於宮中，還整套置於皇帝行幸時，故所謂的宮廷防衛，非獨讓兵士防護皇帝周全，也包含用儀仗宣示至尊無上的皇權，二者共同構成無比強大的威赫力量。

唐朝雖未留下大駕鹵簿圖，但敦煌莫高窟156窟有一幅張議潮統軍出行圖，是為慶祝收復河西，攻克涼州而繪製。[48]張議潮的名銜是「河西節度使檢校司空兼御史大夫」，這幅統軍出行圖可視為張議潮出行時之鹵簿，包含儀衛、旗隊、樂舞、節度使坐騎、子弟軍親兵，以及後備供給等幾個部分。從張議潮出行之鹵簿組成上看，與大駕鹵簿的結構極為相似，只是大駕鹵簿較為肅穆，而張議潮出行圖的歡樂氣氛較明顯，多了對舞情節。[49]

張議潮統軍出行圖-1

張議潮統軍出行圖-2

皇帝行幸之勝景，唐人頗有描述，張說〈大唐開元十三年隴右監牧頌德碑〉：「皇帝東巡狩，封岱嶽，輦輅既陳，羽衛咸備，大駕百哩，煙塵一色。其外又

---

[47] 《新唐書》卷二三上〈儀衛上〉，頁493、496。

[48] 榮新江，《歸義軍史研究—唐宋時代敦煌歷史考索》（上海：上海古籍出版社，1996），頁68。

[49] 中國敦煌壁畫全集編輯委員會，《中國敦煌壁畫全集》卷八晚唐（天津：天津人民美術出版社，2001），圖2、圖4。

有閑人萬夫，散馬千隊，……行如動地，止若屯雲。」[50]又〈大唐祀封禪頌〉：「六甲按隊，八陣警蹕」，「千旗雲引，萬戟林行」，「萬方縱觀，千里如堵」。[51]大駕綿延百里，應該包含皇帝鹵簿之外徵調的隨行兵將。當千旗萬戟展示於萬民之前，豈不在宣揚皇家威望？皇帝行幸動用的人數頗難估算，也因所幸之處與行幸之目的而有差異，開元二十年（732）冬玄宗校獵上黨，「勒兵三十萬，旌旗亙千里」，[52]即使有誇大之嫌，也會讓所動員之兵將在軍事訓練中，感受到強大的帝國秩序。[53]會昌元年（841）入唐求法僧圓仁親眼目睹皇帝祀南郊，「諸衛及左右軍廿萬眾相隨」，[54]如此的規模，讓圓仁感到無比的震憾，而記錄下來。懿宗好宴遊，「每行幸，內外諸司扈從者十餘萬人」，[55]無論所載是否為實際參與的人數，光是這等氣勢，在視覺效果上就已達到震懾人心的作用了。

唐前期大駕鹵簿中護衛皇帝安全的主要是南衙諸衛，北衙禁軍在現有的鹵簿資料中幾乎不見其參與，僅龍朔二年置羽林軍後有了些許的改變，史書言其「若大駕行幸，則夾馳道而為內仗」，[56]這是以皇帝親信的身分，居於內仗，隱身在衛軍之間。當府兵之制漸壞，衛軍難以盡其宿衛之責時，禁軍遂逐漸擴充，玄宗幸新豐及同州，蘇頲所為敕書曰：「發日唯量將飛騎萬騎行，更不須別遣兵馬。」[57]或許一時間衛軍點簡不足，玄宗乾脆完全用禁軍。中晚唐隨著宦官勢力的增長，禁軍由其統領之後，鹵簿的結構必然發生變化，不僅皇帝幾次倉促出逃之隨從者以禁軍為主，就連平時出行之護衛，禁軍也占極重的分量，如穆

---

[50] 張說撰，熊飛校注，《張說集校注》（北京：中華書局，2013），卷十二〈大唐開元十三年隴右監牧頌德碑〉，頁 624。

[51] 《張說集校注》卷十二〈大唐祀封禪頌〉，頁 609。

[52] 《全唐文》卷四一玄宗〈后土神祠碑序〉，頁 446。

[53] 軍禮與帝國秩序的關係，丸橋充拓有詮釋，見：丸橋充拓著，張樺譯，《唐代軍事財政與禮制》，頁 273-290。

[54] 圓仁著，白化文、李鼎霞、許德楠校注，《入唐求法巡禮行記校注》（石家莊：花山文藝出版社，2007），卷三會昌元年正月八日條，頁 364。

[55] 《資治通鑑》卷二五〇懿宗咸通七年條，頁 8117。

[56] 《唐六典》卷二五〈左右羽林軍〉，頁 643。

[57] 《全唐文》卷二五四蘇頲〈幸新豐及同州敕〉，頁 2573。

宗在元和十五年出幸華清宮，獨「中尉、神策六軍使帥禁兵千餘人扈從」，[58]竟全是禁軍。而前述圓仁所記之武宗親祀南郊，「諸衛及左右軍廿萬眾相隨」，雖然禁、衛軍對舉，相信禁軍的比重會壓過衛軍。

鹵簿縱長之外，橫寬也很驚人。如班劍儀刀隊，左右廂各十二行，每行53～75人，二十四人並橫行；後衛部隊，左右威衛所率掩後二百人，五十人為一行，並橫行；黃麾仗隊，廂各十二部，部各十二行，至少也是左右廂並二十四人橫行。鼓吹隊常是百二十具為一隊，每鼓二人夾，工人並騎橫行，在編排上也絕不會少於數十人一行的架勢。以皇帝祀南郊而言，自承天門出，穿越廣三百步的橫街，再經廣百步的承天門街、朱雀門街，[59]達明德門外之圓丘。如一步以1.475公尺計，[60]承天門街、朱雀門街都寬約150公尺，[61]足可讓五十人或更多人橫行通過。自高宗龍朔三年（663）政權核心移到大明宮，並於天寶十載（751）定下太清宮—太廟—南郊之系列性親祭順序，[62]意謂大駕鹵簿自丹鳳門街出，至盡頭東轉至大寧坊西南隅的太清宮，祭畢後西行，再沿皇城南行至皇城東南隅的太廟，祭畢再向西行至朱雀門街，南行出明德門至圓丘。丹鳳門街是最寬的街道，百二十步，約176～177公尺；出丹鳳門街後，連通安福、延喜門，即通化、開遠門街，廣百步；而長安城的縱十一街，亦各廣百步，約150公尺。[63]顯然皇帝一系列親祭，大駕鹵簿要通過這些街道是不成問題的。即以

[58] 《資治通鑑》卷二四一憲宗元和十五年條，頁7786-7787。

[59] 徐松撰，李健超增訂，《增訂唐兩京城坊考》（西安：三秦出版社，1996），卷一〈西京‧皇城〉，頁14，卷二〈西京‧外郭城〉，頁50。

[60] 陳夢家，〈畝制與里制〉，收入：丘光明等編，《中國古代度量衡論文集》（鄭州：中州古籍出版社，1990），頁240；胡戟，〈唐代度量衡與畝里制度〉，收入：《中國古代度量衡論文集》，頁317。

[61] 朱雀大街考古實測寬約150-155公尺。見：肖愛玲等著，《隋唐長安城》（西安：西安出版社，2010），頁102-103。

[62] 金子修一著，肖聖中等譯，《古代中國與皇帝祭祀》（上海：復旦大學出版社，2017），頁20-21、45-54、141-145；又，金子修一著，徐璐，張子如譯，《中國古代皇帝祭祀研究》（西安：西北大學出版社，2018），頁255-261。妹尾達彥，〈唐長安城的禮儀空間—以皇帝禮儀的舞臺為中心〉，頁476-487。Wechsler, Howard J., *Offerings of Jade and Silk: Ritual and Symbol in the Legitimation of the T'ang Dynasty*, pp.107-141. 則談到郊祀祭昊天上帝，以及宗廟之祖先崇拜，都是一種政治性象徵。

[63] 宋敏求撰，《長安志》（宋元方志叢刊，北京：中華書局，1990），卷六〈宮室四‧東內大明宮〉，頁104；趙彥衛撰，傅根清點校，《雲麓漫鈔》（北京：中華書局，1996），卷八，頁140；肖愛玲，《隋唐長安城》，頁102-104；平岡武夫，《唐代の長安と洛陽》（地圖編）（京都：同朋社，1985），頁10-11，

皇帝親祭太廟來說，使用規模不如大駕的法駕，要通過承天門街及同樣廣百步的太府寺南街[64]（皇城第六橫街）入太廟，[65]自然也可輕易到達。

唐前期皇帝移駕洛陽也有一段時間，如要舉行親祭，鹵簿自應天門出，經端門，過天津橋御道，延定鼎門街直抵郊壇。定鼎門街廣百步，[66]大駕鹵簿當可順利通行，但天津橋可能不那麼寬，車駕也只能縮編後魚貫前行。至於天寶十載後的系列親祭，因皇帝不再移幸東都，故只有哀帝被遷往洛陽，在朱全忠監視下行之，[67]或許情勢較寒酸些吧！上陽宮在東都皇城右掖門南之西，提象門為宮之正南門，[68]神龍元年（705）則天勅十日一朝，盧懷慎上表曰：「應天去提象纔二里餘，騎不得成列，車不得方軌。……頃三衛仗中路相失，當時驚動聖聽。……願陛下備法駕，用羽儀，然後出朝，亦天下大禮也。」[69]宮間路徑不見得寬敞，連皇帝車駕還曾發生過三衛仗脫隊的情形，可見盛大禮儀時之鹵簿，必須搭配著設計好的路線與道途，才能彰顯皇帝威儀與車駕的不凡氣勢。

皇朝禮儀，早已排定時程，如果皇帝確實要出行，大約四十日前便開始準備。[70]以祭祀之儀來說，通常大駕發動時間訂在晝漏上水五刻，即今之六時十二分。[71]其前要擊鼓三嚴，侍中版奏中嚴、外辦，意思是皇帝外出，設鼓角以

第一圖（長安城圖）；《增訂唐兩京城坊考》卷一〈西京・皇城〉，頁14。

[64] 《雲麓漫鈔》卷八：「皇城縱五街，橫七街，百司居之。北附宮城，南直朱雀門，皆有大街，各廣百步。」

[65] 皇帝親祭太廟的路線及用法駕，見：《唐文拾遺》卷二十顏真卿〈元陵儀注〉：「應用法駕鹵簿黃麾大仗，……從承天門向南至太府寺南街，向東入太廟三門。」

[66] 《增訂唐兩京城坊考》卷五〈東京・外郭城〉，頁262。

[67] 金子修一著，肖聖中等譯，《古代中國與皇帝祭祀》，頁21，51-53。

[68] 《增訂唐兩京城坊考》卷五〈東京・上陽宮〉，頁253。

[69] 《唐會要》（臺北：世界書局，1974），卷二四〈受朝賀〉，頁456；《全唐文》卷二七五盧懷慎〈諫十日一朝西宮表〉，頁2793。

[70] 《舊唐書》卷四四《職官志》太僕寺乘黃署：「若有大禮，則以所御之輅進內。……凡將有事，先期四十日，尚乘供馬如輅色，率駕士預調習指南等十二車。」但也有不少實例是下詔不足一個月即舉行禮典，關於詔敕發佈親祭與實際親祭的相隔時間，金子修一做了分析，見：金子修一著，徐璐、張子如譯，《中國古代皇帝祭祀研究》，頁73-78。

[71] 《新唐書》卷二三上〈儀衛上〉，頁489；《通典》卷一〇九〈禮典・吉禮一〉，頁2827。一刻為14.4分鐘，夜五更而盡，晝漏自卯時起，故晝漏上水五刻即今時六時十二分。

警嚴,並戒備宮禁。[72]此時,諸衛與侍臣皆已準備好,依陣勢隨從鑾駕前行。鑾駕動,稱警蹕。事情完成後鑾駕回宮,同樣要擊鼓三嚴,鼓吹振作。直至皇帝入宮後,侍中版奏請解嚴,將士才各還其所。在禮制上,皇帝無論因何事出宮,都有警嚴之制,諸衛、侍從等奉迎如常儀。只是此等耗繁、鋪張的規模,連皇帝都嫌拘束,也未必適合各種場景。如高宗不喜乘輅而乘輦,玄宗則不論遠近騎於儀衛內,[73]大概就嫌玉輅空間狹窄,令人感到悶氣,但置身儀衛內,仍不失安全與尊嚴。在某些險峻的山路,盛大的儀仗是根本無法通過的,如則天太后應胡僧邀車駕觀葬舍利,狄仁傑諫止曰:「山路險狹,不容侍衛,非萬乘所宜臨也。」[74]又御幸玉泉寺,以山道險,欲御腰輿,王方慶奏:「今山阿危峭,隥道曲狹,……陛下奈何親踐畏塗哉?」[75]玄宗幸東都,次崤谷,因「馳道隘狹,車騎停擁」,河南尹、知頓使並失於部伍,而遭玄宗責難。[76]可見地形地勢影響車駕行進甚大,就算是馳道也未能都築於寬敞處。

禮典固然排場大,但行事煩瑣又制式化,總沒有輕車簡從,微服出行,說走就走的隨興感。如太宗辟人,只從兩騎幸故未央宮,途中遇不及解佩刀之衛士,[77]好在無不軌意圖。則天避暑三陽宮,張說諫曰:「陛下往往輕行,警蹕不肅,……卒然有逸獸狂夫,驚犯左右,豈不殆哉!」[78]玄宗在華清宮,乘馬出宮門,欲幸虢國夫人宅,陳玄禮曰:「未宣敕報臣,天子不可輕去就。」玄宗為之迴鑾。又欲夜遊,玄禮奏:「宮外即是曠野,須有備預。」玄宗又不能違。[79]比起禮典的慎重其事,皇帝可能更喜歡輕鬆適意的自在感,就算輕騎而行,無警蹕,無備預,似乎也無所謂,反倒是侍臣與宿衛者擔心發生不測而勸止之。再者,皇帝有時會甩開侍從,微服外遊,或私幸大臣宅第,想體驗一下民間生

---

[72] 《資治通鑑》卷二二八德宗建中四年條胡注:「設鼓角以警嚴。一曰設卒以警備嚴衛。」

[73] 《舊唐書》卷四五〈輿服志〉,頁1933。

[74] 《資治通鑑》卷二〇六則天久視元年條,頁6546。

[75] 《新唐書》卷一一六〈王方慶傳〉,頁4224。

[76] 《舊唐書》卷九六〈宋璟傳〉,頁3032。

[77] 《唐會要》卷二七〈行幸〉,頁515。

[78] 《舊唐書》卷九七〈張說傳〉,頁3050。

[79] 《舊唐書》卷一〇六〈陳玄禮傳〉,頁3255。

活的愜意與從容,並給臣下一些驚喜。如中宗與皇后上元夜微行觀燈,因幸中
書令蕭至忠第;中宗又數微服幸武三思第與胡僧慧範舍。[80]這種隨興出行的方
式,既不驚動扈從者,也不影響人民作息,有其方便性,也有隱密性,即使維
安上難免不周,但在無旌旗、儀衛遮蔽下,讓皇帝眼界更開闊,更瞭解外在風
情,或許才是他著迷此道的原因。

三、行在宿衛與供養

　　皇帝車駕行進中有儀衛守護,中途停頓或到目的地,同樣有宿衛或宿直,
如宮禁之制。《資治通鑑》胡注:「天子行幸所至,宿次之地,宿衛將士外設環
衛,近臣宿直各有其次,與宮禁無異,故行宮內亦謂之禁中。」[81]行在所雖有
將士環衛,但畢竟少了宮城的障蔽,故另有帳幕與排城的設計,殿中省尚舍局
就專掌之:「凡大駕行幸,預設三部帳幕,有古帳、大帳、次帳、小次帳、小帳,
凡五等。古帳八十連,大帳六十連,次帳四十連,小次帳三十連,小帳二十連。
凡五等之帳各三,是為三部。其外置排城以為蔽捍焉。」[82]五等三部帳,各以
帷幕連結成幾重,外加排城,使行在所固若金湯。這個設計可能與貞觀十三年
(639)阿史那社爾率犯九成宮御營有關。他只陰結部落四十餘人,便踰第四重
幕,幸賴宿衛官奮擊乃退之。自此太宗遣造漆盾,於三衛幕外,編以為城,於
盾而綵畫為獸頭,咸外向,令馬騎見之,不敢進,遂為永式。[83]太宗所造之幕
外漆盾,即是排城,《唐六典》注:「排城連版為之,每版皆畫辟邪猛獸,表裏
漆之。」[84]顯慶三年(658)有司奏請造排車七百乘以運載排城,高宗以為勞煩,

80　《舊唐書》卷七〈中宗紀〉,頁149。

81　《資治通鑑》卷二五六僖宗光啟二年條注,頁8329。

82　《唐六典》卷十一〈殿中省・尚舍局〉,頁329。

83　《唐會要》卷三二〈乘車雜記〉,頁584;又,卷七三〈安北都護府〉,頁1314;《舊唐書》卷一九四
　　上〈突厥上〉,頁5161。

84　《唐六典》卷十一〈殿中省・尚舍局〉,頁329。

乃於舊頓築牆為固。[85]由此可見車駕行進時，行在所的防護措施絕不能馬虎，但要輸運這麼多的帳幕與城版，所耗費的人力資源與車馬，恐怕是大駕鹵簿之外另個沉重的負擔。至於高宗令於舊頓築牆，大概也只限於離宮別院才有可能，宿次途中停頓處，應該很難快速的築起圍牆。

皇帝行幸，無處不需人力，也正因調集太頻繁或遷延時日多，可能會引起民間的反彈與不安，如貞觀十五年（641）太宗將幸洛陽，行及溫湯，衛士崔卿等憚於行役，冀上驚而止，乃夜射行宮，矢及寢庭，以大逆論。[86]按唐律「向宮殿射」條，箭力及御在所者斬。[87]行宮及所至之處，並同正宮殿法。[88]衛士崔卿等矢及寢庭，即是箭入御在所，雖然此處以大逆論罪，但與斬刑並無二致。[89]皇帝講武或校獵，動用軍力更勝於大駕鹵簿之人數。開元元年（713）玄宗講武於驪山下，徵兵二十萬，旌旗連亙五十餘里，但以軍容不整，欲立威，斬知禮儀事唐紹。[90]皇帝講武甲仗侍從如常儀，此次徵兵二十萬，規模之大比於實際戰陣。唐紹因整軍不肅而被斬，不免有殺雞儆猴，威赫士兵的寓意。同樣用軍法，但處置可有不同，貞觀十六年（642）太宗校獵於驪山，見圍有斷處，曰：「吾見其不整而不刑，則墮軍法。」乃託以道險，引轡入谷以避之。[91]太宗存不忍之心，不願用軍法論處軍將與士兵，但他們就算此次能逃過一劫，也不保證在其他時候或其他皇帝出行時，仍有如此之幸運。再者，車駕行經處，雖有衛士在駕前攘辟左右，清道止行人，卻可能仍有百姓想橫越長長的隊仗而衝撞車駕，此時依律法，入隊仗間之犯者處以徒刑。[92]唐判有一條曰：「右衛狀稱，駕幸西京，訴事人梁璬衝三衛仗，遂被翊衛張忠以刀斫折右臂，斷璬徒，不伏。」

85　《唐會要》卷三二〈乘車雜記〉，頁584。

86　《資治通鑑》卷一九六太宗貞觀十五年條，頁6165。

87　《唐律疏議》卷七〈衛禁律〉「向宮殿射」（總73條），頁162。

88　《唐律疏議》卷八〈衛禁律〉「闌入行宮營門」（總77條），頁167-168。

89　《唐律疏議》卷十七〈賊盜律〉「謀反大逆」（總248條），頁322-323

90　《資治通鑑》卷二一〇玄宗開元元年條，頁6687。

91　《資治通鑑》卷一九六太宗貞觀十六年條，頁6182。

92　《唐律疏議》卷七〈衛禁律〉「車駕行衝隊仗」（總74條），頁164。

[93]車駕行衝隊仗，唐律確實判徒刑，梁璇不服的可能是翊衛張忠斫其臂，有行事過當之嫌。然從判詞謂張忠「方申禦侮之勞」，「式展干城之效」來看，梁璇的申訴未能被接受，而其不服的怨氣也只能自己吞下。

　　皇帝出行，一切用度比照宮廷，因此人力、物力皆需盡心籌畫，方能供擬無缺。太宗曾欲行封禪之禮，魏徵諫曰：「近泰山州縣，凋殘最甚。若車駕既行，不能令無使役，此便是因封禪而勞役百姓。」[94]太宗竟因此停止其行。後，太宗欲幸同州校獵，劉仁軌上表曰：「玄黃互野，十分纔收一二，盡力刈穫，月半猶未訖功。……今既供承獵事，兼之修理橋道，縱大簡略，動費一二萬工，百姓收斂，實為狼狽。」[95]甚至連宗廟之享，也因不欲增加百姓負擔而減少親祭次數，馬周上書曰：「伏惟陛下踐祚以來，宗廟之享，未曾親事。伏緣聖情，獨以鑾輿一出，勞費稍多，所以忍其孝思，以便百姓。」[96]無論車駕因何而動，都會影響百姓之農事與役力，尤其是唐前期皇帝頻繁往來於兩京之間，就連隨駕之士卒與僚屬，都深感疲憊不堪，楊齊哲諫則天冬行曰：「聖躬得無窮於車聲乎？士卒得無弊於暴露乎？扈從僚屬，俶裝而不濟；隨駕商旅，棲泊而非寧，東周之人，咸懷嗟怨。」[97]皇帝將行只需一聲令下，卻讓宿衛士卒與侍從僚屬困於衣裝不給，則很難想像這個鹵簿隊伍，在百姓面前呈現的是怎樣的面貌？開元末衛府卿李昇奏：諸衛行從甲仗袍襖等，「多有汙損，逾限不納」，或「所由便奏勒留」，「以此淹久，便長姦源」，「望自今以後，每事了，限五日內送納武庫」。[98]以此知甲仗袍襖不修整，不僅影響車駕隊伍之外觀，也讓行從宿衛有凍餒之患，而這樣的宿衛士卒能否擔負起護衛皇帝安全的重責大任，令人有些疑慮。

[93] 張鷟撰，田濤、郭成偉校注，《龍筋鳳髓判校注》（北京：中國政法大學出版社，1995），卷三〈左右衛〉，頁108。

[94] 《唐會要》卷七〈補封禪〉，頁81。

[95] 《舊唐書》卷八四〈劉仁軌傳〉，頁2790。

[96] 《舊唐書》卷七四〈馬周傳〉，頁2614。

[97] 《全唐文》卷二六○楊齊哲〈諫幸西京疏〉，頁2535。

[98] 《唐會要》卷六五〈衛尉寺〉，頁1139。

　　皇帝行幸最難的是糧食供頓問題。元稹曾言天寶車駕周行各處的情形是：
「物議喧囂，財力耗頓，數年之外，天下蕭然。」[99]可見行幸之糧食備預，是
極重要而又最不易達成的事。通常政府有一定法規，所司準式而行，如玄宗〈行
幸東都詔〉：「凡厥有司，式遵乃事，至於行從兵馬，供頓貯積，務在撙節，勿
使煩勞。……東都宮殿，應須修理，量加補葺，不得煩人。……所過州縣，無
費黎元，亦不得輒有差科，傍求進獻。」[100]人員配置與宮殿修整，說是不得煩
人；糧食貯積與食宿安排，明言不得干擾百姓，妄有科喚。又，〈北路幸長安制〉：
「所司準式，緣頓支供，一事以上，並同常處官物，不須科斂百姓。其遞運及
行從官寮等，務從減降。所在公私，不得輒有進獻。」[101]依所司法式，所有供
給支應皆當出自官物，不宜徵自黎元，一切務在節省，無得勞費。然事實上，
詔書只有宣示性作用，官府所須之人員與物用，無不出自百姓，史載玄宗「車
駕東巡，縣當供帳，時山東州縣皆懼不辦，務於鞭扑」。[102]李林甫對緣頓所須，
抑配百姓的補救辦法是：「假令妨農，獨赦所過租賦可也。」[103]只是這小小的稅
務放免，恐怕難抵民戶之凋耗困弊，否則也不致如元稹所形容的「物議喧囂」、
「天下蕭然」了。前引楊齊哲疏曾曰：「隨駕商旅，棲泊而匪寧。」看來行幸用
度不只徵斂農民，連商賈也要參與濟辦。太府寺兩京諸市署：「車駕行幸，則立
市於頓側互市，有衛士五十人，以察非常。」[104]皇帝宿次旁立互市，似是借由
與民交易購置所需物品，頗有後來宮市的意味。

　　大駕鹵簿，要讓百姓看到的是威儀壯盛的景緻，但鹵簿所需的後勤補給，
才是支撐其持續前進的重要力量。張議潮統軍出行圖比大駕鹵簿的五個駕次，
更清楚的展示馱運的情形，連其夫人宋氏出行圖也備有駱駝載運出行物品，[105]以

---

[99] 元稹，《元稹集》（臺北：漢京文化公司，1983），卷三四〈兩省供奉官諫駕幸溫湯狀〉，頁398。

[100] 宋敏求編，《唐大詔令集》（臺北：鼎文書局，1978），卷七九〈行幸東都詔〉，頁451。

[101] 《唐大詔令集》卷七九〈北路幸長安制〉，頁454。

[102] 《舊唐書》卷八八〈韋恆傳〉，頁2874。

[103] 《新唐書》卷二二三上〈姦臣上・李林甫傳〉，頁6344。

[104] 《新唐書》卷四八〈百官志〉，頁1264。

[105] 《中國敦煌壁畫全集》卷八晚唐，圖5、圖15。

此想見長途跋涉的大駕鹵簿，沿線州縣、百姓供頓之外，皇帝出行時有司的備
運必不可少。

張議潮統軍出行圖-3

張議潮宋氏夫人出行圖

安史亂後，唐朝國力衰弱，官物供給不足，除了要求地方進獻或徵及百姓
外，竟將腦筋動到從行者身上，德宗貞元六年（790）有事於南郊太廟，詔：「行
從官吏將士等，一切並令自備食物。……其儀仗禮物，並仰御史撙節處分。」[106]
這可能是唐後期皇帝的一次系列性親祭，只到長安城南郊，時日也不多，各方
面都比不上遠程的巡幸，卻要求從行之官吏、將士自備食物，儀仗等也力求撙
節，可見府庫空虛不充的情形頗為嚴重，儀仗禮器等也無力重新置辦。這樣的
大駕鹵簿隊伍，比起前述的開元盛世，應該遜色許多。只是有些皇帝不知民生
疾苦，也不知減省用度，仍一味虛耗國庫，逞自身巡幸之樂。穆宗長慶四年（824）
三月賜教坊樂官綾絹三千五百疋，又賜錢一萬貫，以備行幸。[107]皇帝鹵簿有鼓
吹隊伍，這些賞賜是給教坊樂官的，數量不可謂不多。但最奢侈的是懿宗，「所
欲遊幸即行，不待供置，有司常具音樂、飲食、幄帟」，「每行幸，內外諸司扈
從者十餘萬人，所費不可勝計」。[108]皇帝任性而為，有司不及準備，只好常供以
備不虞。然喜歡隨興遊逸的皇帝或許不只懿宗一人，而有司處於緊張狀態下可
能也是常態。

皇帝在宮苑中的行幸，只是宿衛兵將或伶工、飲宴的移動，其範圍不出宮
中，這是人力、物力的調度問題，不需有大量的增置與採辦。可是離開宮苑，

[106] 《全唐文》卷五三德宗〈令郊廟從行官吏等自備食物詔〉，頁576。

[107] 《唐會要》卷三四〈雜錄〉，頁631。

[108] 《資治通鑑》卷二五○懿宗咸通七年條，頁8117。

尤其是離開長安城的遠行，宮中除了依然要有人宿衛外，還要新增兵力，籌集糧用與各項物件，以保障車駕行進中的安全，與置頓處的用度不缺。前述大駕鹵簿儀衛所顯示的氣勢，不過是遠行隊伍最顯眼的一個部分，其他如帳幕、排城的運載，糧食、物用的押送，以及隨隊防備盜匪、亂民劫掠的將士，同樣是皇帝行幸中不可忽略的環節。由於行幸中的變數多，不可預知的狀況多，有司需各盡其職的早做籌謀，並善為應變。至於身繫皇帝安全，護衛整個隊伍順利行進的宿衛兵將，在指揮連絡，前後巡防，偵察警戒，執捕姦非方面，有極重要的功能。行在如同宮禁，他們就負擔行在宿衛的角色。

皇帝出行的人數，少則萬餘人，多則數十萬人。然而，皇帝的出行如果是避難，即使美其名為巡幸、出狩，[109]也很難擺出如前述之侈大排場，或真用巡狩等禮典。由於是倉促出逃，皇帝來不及事先調遣兵將扈從，也來不及預先準備儲積供擬，故一路行來，其狼狽、驚險之狀，可以想見。如玄宗倉皇出奔，僅少數兵士及皇子、宦官、宮人從行，途中還靠百姓所獻麥豆糲飯充飢，[110]及至蜀郡，扈從官吏軍士到者僅一千三百人，宮女二十四人而已。[111]避難期間還曾發生馬嵬之變，玄宗被逼殺掉楊國忠，縊死楊貴妃，則軍士說是護駕，也不無要脅之意，這與做為行在宿衛之期待，顯有落差。廣德元年（763）吐蕃犯京畿，代宗出幸陝州，時官吏逃散，禁軍不集，無復供擬，扈從將士不免凍餒，直至魚朝恩大軍迎奉，形勢才轉危為安。[112]建中末發生涇原兵變，德宗幸奉天時，因倉促變起，羽衛不集，右龍武將軍李觀時上直，領衛兵千餘人扈從；[113]右龍武軍使令狐建方教射軍中，聚射士四百人隨駕為後殿。[114]德宗避難走駱谷道，[115]道路險阻，儲供無素，從官乏食，[116]其窘迫艱難之狀可知。

---

[109] 如《唐會要》卷九一〈內外官料錢上〉興元元年十二月詔：「自巡幸奉天，轉運路阻絕，百官俸料，或至闕絕，至是全給。」又，卷八七〈轉運鹽鐵總序〉：「中和元年，黃巢犯闕，車駕出狩興元府。」其實都是皇帝外出避難。

[110]《資治通鑑》卷二一七肅宗至德元載條注，頁6972。

[111]《舊唐書》卷九〈玄宗紀〉，頁234。

[112]《資治通鑑》卷二二三代宗廣德元年條，頁7151；《舊唐書》卷一八四〈宦官·魚朝恩傳〉，頁4763。

[113]《舊唐書》卷一四四〈李觀傳〉，頁3913。

[114]《舊唐書》卷一二四〈令狐建傳〉，頁3530；又，卷十二〈德宗紀〉，頁337。

[115] 德宗避難的去程路線，可參考：古怡青，《唐朝皇帝入蜀事件研究—兼論蜀道交通》（臺北：五南出

　　唐末期皇帝更是可憐，完全身不由己，有多少侍從人員，還得看奸宦與權臣臉色。僖宗兩次出奔逃難，一次在廣明元年（880）避黃巢之進逼，僅田令孜率神策兵五百護送，中人西門匡範統右軍以殿。[117]第二次出奔在光啓元年（885）十二月底，是被田令孜脅持南行。時中夜出幸，隨駕者黃門衛士數百人而已。[118]帝將次梁、洋，命神策軍使王建為清道斬斫使，建以長劍五百前驅奮擊，乘輿乃得前。[119]僖宗的兩次出幸，外有亂兵進犯，內有奸宦威逼，而宿衛行在的禁軍也為數不多，他在位期間有半數歲月在逃難中度過，返京後不到一個月即駕崩，其惶懼不安的心情，可以想見。至於昭宗，情況也好不到哪去，朱全忠迫其遷都於洛陽，是時惟諸王、小黃門、打毬供奉內園小兒共二百餘人從之，然朱全忠仍慮此輩為變，乃盡以汴卒為侍衛，[120]昭宗也終於被弒。

　　皇帝只要巡幸，無論在宮苑或外出遠行，正常情形下都有大批儀衛侍從，既壯其聲勢，也護其安全，同時也有宣揚國威，兼隆人主之美意。然中期以後，皇帝數度迫遷，行在宿衛多闕，能安然回京者已算是萬幸，而因此殞命者實大勢不可為也。吾人從皇帝儀衛陣勢之榮枯多寡，便依稀可知皇帝所處之情境。

四、結論

　　皇帝出行依不同目的與行程遠近，有不同等級的鹵簿。以排場最大的大駕鹵簿言之，分為五駕次，二十四隊。最前面的導駕由金吾衛負責督導，承擔的是清道的先驅之責。其次的引駕即前部鼓吹部隊，是用鼓吹來傳遞特定訊息，使整個車駕隊伍行動一致。第三個駕次是皇帝車駕，也是整個鹵簿的核心，隨之者有儀式性的班劍儀刀隊，也有甲騎具裝可實戰的護衛隊。第四個駕次是後

版公司，2019），頁 148-159。

[116] 《舊唐書》卷一三三〈李晟傳〉，頁 3665。

[117] 《新唐書》卷二二五下〈逆臣傳‧黃巢傳〉，頁 6458。

[118] 《舊唐書》卷一七九〈孔緯傳〉，頁 4649。

[119] 《資治通鑑》卷二五六僖宗光啓二年條，頁 8331。

[120] 《舊唐書》卷二十上〈昭宗紀〉，頁 779。

部鼓吹與儀式用的輦輅車隊。最後一個駕次是由諸衛組成的後備部隊，是最具戰鬥力的禁衛軍。整體來說，皇帝的儀衛其實包含三大部分，一是儀式性的隊伍，在以規模宏大，數量驚人的旌旗與禮器，讓人產生目眩神迷的視覺效果；另一是搭配著響徹雲霄，聲傳百里的鼓吹部隊，發揮著震天動地的音聲作用；其三是披甲執銳的勁旅，持著戰陣所用具殺傷力的武器，成為保護皇帝的強大武裝力量。前二者雖然不持刀兵，但旗幟飄揚，氣勢磅礡，讓人在心理產生無形的壓力，而震懾不肖者，使其不敢蠢動或生異心。至於執弓矢，具甲騎的禁衛隊，則與之交錯重疊，參雜其間，形成可機動調遣，足以護衛皇帝安全的武裝部隊。

皇帝的大駕鹵簿，依循著前驅後殿、前引後押、前導後從的原則行進，並讓儀仗隊與禁衛軍前後佈列，左右相間，以達到宣揚皇家威望，保護行幸安全的雙重目的。然而，制式化的鹵簿規模合乎警嚴之制，卻未必適於各種崎嶇的地形地勢，也未必能讓皇帝感受輕車簡從的隨興與自在，故皇帝出行常在安全與適意間拉扯，在威儀與隱密間權衡，宿衛者只能順從皇帝的願望，儘其所能地做好防衛的工作。

皇帝車駕遠行還有宿次之地的防衛問題。自太宗時已有帳幕與排城的設計，但所耗費的人力與車馬，是鹵簿之外另個沉重的負擔。至於糧食物用之供頓所需，宮殿橋道之修整科配，無不出自百姓，而途中防盜匪亂民劫掠，又要增置兵力，這除了影響民間的農事與人工，就連隨駕士卒也有勞弊凍餒之患，因此皇帝出行時間愈久，行程愈長，動用資源愈多，防衛的效能與車駕的安全性難免會打折扣。再者，如果皇帝是因事變而倉促出奔避難，則什麼排場也沒有，連扈從兵將都少得可憐，又談何皇帝威儀與宿衛安全！

皇帝出行，自殿院間的近程移動，到遠至東都、諸州府或離宮，都有鹵簿。然動用到大駕鹵簿，必是規模盛大之巡幸，也必行承天景命之禮典，至於護駕之儀衛，則務求彰顯皇帝威儀，並保其安全無虞，故由大駕鹵簿的發動，無異更增皇帝的神聖性與威赫性。

附表　唐大駕鹵簿排列次序表

駕次	隊伍	行　次			備　註
		文武官員	旗隊,車隊,馬隊,騎隊,衛隊	鼓　吹	
導		萬年縣令→京兆牧→太常卿→司徒→御史大夫→兵部尚書			自縣令以下,並正道威儀,各乘輅。其鹵簿,各依本品給之。
駕	清遊隊		清遊隊,白澤旗二		分左右。金吾折衝二人,各領四十騎,分左右。
		金吾大將軍二人			分左右。自龍旗以前檢校。
		金吾果毅二人	虞候佽飛四十八騎		領虞候佽飛四十八騎,分左右,引到黃麾仗。
			外鐵甲佽飛二十四騎		並行,分左右廂,各六重,引到步甲隊。
	朱雀隊	金吾折衝都尉一人	朱雀旗		一騎執,二騎引,二騎夾。金吾折衝都尉一人,領四十人。
			龍旗十二		各一騎執。每一旗前,二人,騎,為二重,引前;每旗後,亦二人,護後。副竿二,分左右。金吾果毅二人騎領。

車隊		指南車→記里鼓車→白鷺車→鸞旗車→辟惡車→皮軒車		並駕四馬，駕士各十四人，匠一人。自皮軒車後，金吾果毅一人檢校。
引駕		引駕十二重			重二人，並行正道。
	前部鼓吹隊	鼓吹令二人			
				掆鼓十二面，金鉦十二面→大鼓百二十面→長鳴百二十具→鐃鼓十二面→歌簫笳各二十四→大橫吹百二十具，節鼓二面，笛、簫、桃皮觱篥各二十四→掆鼓十二面，金鉦十二面→小鼓百二十面→中鳴百二十具→羽葆鼓十二面，歌簫笳各二十四	自前掆鼓以下，工人皆自副並騎，分左右，橫行。每鼓皆二人夾。每隊皆有主帥五人以上統領。

太史局隊	殿中侍御史二人			
		黃麾		一人執。二人騎夾。
	太史令一人			
		相風輦		輦士八人。
	司辰一人，典事一人，刻漏生四人		捆鼓金鉦各一	分左右。
		行漏輿		匠一人，輦士四十人。
鈒戟前隊	左右武衞果毅各一人	鈒戟前隊		騎分左右。
幡幢隊		五色繡幡一→金節十二→罕畢各一→朱雀幡一→左青龍幢，右白武幢→導蓋一，又一		
鈒戟後隊		稱長一		
		鈒戟		各百四十四人，分左右。

馬隊	左右衞將軍各一				
		御馬		二十四疋。分左右。	
	尚乘奉御二人			分左右。	
		左青龍旗，右白武旗		各一。	
	左右衞果毅各一人			各領三十五人，騎分左右。	
車駕	文官隊	通事舍人八人→侍御史二人→御史中丞二人→（御史二人）→拾遺二人→補闕二人→起居郎一人→起居舍人一人→諫議大夫二人→給事中二人→中書舍人二人→黃門侍郎二人→中書侍郎二人→左散騎常侍二人→右散騎常侍二人→侍中二人→中書令二人			騎分左右。自通事舍人以下，皆一人步從。

		香蹬一		
班劍儀刀隊	左右衞將軍各一人			分左右。
		班劍儀刀		左右廂各十二行。
	左右衞郎將各一人			領散手翊衞三十人，在副杖稍翊衞內。
	左右驍衞郎將各一人			各領翊衞二十八人。在散手外，均布曲折至後門。
大駕	左右衞供奉中郎將四人			領親勳翊衞四十八人。在三衞仗內。
		玉輅		青質玉飾，駕青騮六，祭祀、納后則乘之。太僕卿御，駕士四十一人，千牛將軍一人陪乘。
	左右衞大將軍各一人			夾玉輅。
	千牛將軍一人→中郎將二人→千牛備身			分左右。騎在玉輅後。
		御馬二疋		

監門隊	左右監門校尉各一人			在後門內檢校。
		牙門		二人執，四人夾。
	左右監門校尉各十二人			騎。監當後門，十二行仗頭各一人。
衛隊		左右驍衛翊衛各三隊		每隊三十五人。各大將軍、將軍、郎將一人領。
		左右衛夾轂廂各六隊		隊三十人。每隊各折衝一人果毅一人檢校。
繳扇車馬隊		大繖二→孔雀扇各四		在牙門後。分左右。
		腰轝一		
		小團扇四→方扇十二，花蓋二		
	尚輦奉御二人	大輦一		
	殿中少監一人			騎從。
	諸司供奉官二人			分左右。
		御馬二十四疋		分左右。

	尚乘直長二人			分左右。
		大繖二→孔雀扇八,夾繖→小扇十二→朱畫團扇十二→花蓋二→俾倪十二→玄武幢一		
	麾仗隊	絳麾二→細矟十二→後黃麾一		
後部鼓吹隊	殿中侍御史二人			騎分左右。
後部鼓吹	金吾果毅一人		大角百二十具	金吾果毅一人,領橫行十重。
			羽葆鼓十二面,歌簫笳→鐃鼓十二面,歌簫笳→小橫吹百二十具,節鼓二面→笛、簫、篳篥、笳、桃皮篳篥	後部鼓吹,各有工人。

輦輅車隊		芳輦一→小輦一→小輿一		有主輦二百人、六十人，奉輦十二人。
	尚輦直長二人			分左右。
		左右武衛五牛旗輿五		各八人執。左右威衛隊正各一人檢校。
	乘黃令一人→丞一人			騎分左右，檢校玉輅等。
		金輅		赤質以金飾，駕赤騮六。
		象輅		黃質以象飾，駕黃騮六。
		革輅		白質，鞔之以革，駕白駱六。各駕士三十二人。
		五副輅→耕根車→安車→四望車→羊車→屬車十二		駕馬或牛，各有駕士。耕根車，耕籍則乘之。安車，臨幸則乘之。四望車，拜陵、臨弔則乘之。
	門下省、中書省、祕書省、殿中監等局官各一人			並騎分左右。
		黃鉞車→豹尾車		各駕二馬，駕士十二人。

	衛隊	左右威衛折衝都尉各一人			領掩後二百人。各五十人為一行，並橫行。
後衛部隊		左右領軍將軍各一人			各二人執㦸稍步從。
	步甲隊		前後左右廂步甲隊四十八隊		前後各二十四隊。隊引各三十人。
	黃麾仗隊		左右廂黃麾仗 左右領軍黃麾仗	廂各獨揭鼓十二重	左右廂黃麾仗，廂各十二部，部各十二行。行引十人。左右領軍黃麾仗，首尾廂各五色繡幡二十口。廂各獨揭鼓十二重，重二人，在黃麾仗外。
		左右衛將軍各一人，驍衛、武衛、威衛、領軍衛各大將軍一人			檢校黃麾仗。
	殳仗隊		殳仗		左右廂各十八（千？）人。廂別二百十五人執殳，二百十五人執叉，每殳一叉一相間。
	馬隊		諸衛馬隊		左右廂各二十四隊。從十二旗，隊別主帥以下四十人，每隊皆折衝果毅一人檢校。
	玄武隊		玄武隊玄武旗		金吾折衝一人，領五十騎，分執稍弩。

		牙門一		玄武隊前，大戟隊後，當正道執殳仗行內置。
		牙門左右廂各開五門		第一門在左右威衞黑質步甲隊後，白質步甲隊前。第二門在左右衞步甲隊後，左右領軍黃麾仗前。第三門在左右武衞黃麾仗後，左右驍衞黃麾仗前。第四門在左右領軍衞黃麾仗後，左右衞步甲隊前。第五門在左右武衞白質步甲隊後，黑質步甲隊前。

說明：1.本表根據《通典》卷一○七製成，並依其各行次排列。另可參考：《大唐開元禮》卷二，《新唐書》卷二三上。

2.本表之駕次與隊伍，除了個人的想法外，也參考：朱筱新，〈古代帝王出行的儀仗〉，《百科知識》5（2013）；孫曉暉，〈唐代的鹵簿鼓吹〉，《黃鐘》（武漢音樂學院學報）2001 年 4 期。

3.《通典》以「次」開頭者，本表分行次陳列；如無，則視為同一列。為省篇幅，同性質陳列在一起者，用→表示，不再分行。

漢史籍中的吐蕃官稱二、三則

林冠群*

一、前　言

　　唐蕃往返互動近二百餘年，雙方除卻唐德宗貞元三年（西元 787 年）之「吐蕃平涼劫盟」，李唐斷絕與吐蕃外交關係達 16 年（787-803）外，[1]其餘時間雙方使節來往頻仍，從未間斷。作為李唐強鄰的吐蕃，經常給予李唐歷朝歷代君臣以壓力、困擾與磨難。

　　面對如是不斷造成威脅與製造麻煩的強鄰，究竟李唐對於吐蕃內部的中央職官與地方官員等，是否瞭解清楚？或是出乎吾人意料，竟然一知半解？按漢史籍於提及吐蕃來使或吐蕃作戰將領之官銜時，一般均載以「大臣」、「首領」、「重臣」、「大將」等銜稱，對於如此泛稱，吾人無法據以研判李唐對吐蕃來者之真實身份，是否理解真切。然而仍有少數例子，漢史籍不但具體載明其職稱，且加以說明解釋，本文擬針對載記於兩唐書〈吐蕃傳〉、《資治通鑑》、《冊府元龜》等少數例子，與吐蕃傳世文獻，包括《敦煌古藏文卷子》、吐蕃碑銘以及後世藏文文獻《賢者喜宴》所記載的吐蕃官稱，作比較研究，以之作為論斷李唐究竟對強鄰吐蕃，是否充分理解之判準。

---

* 中國文化大學講座教授、中正大學歷史系兼任教授、中國藏學研究中心特邀研究員、陝西師範大學中國西部邊疆研究院兼職教授。

[1]　林冠群，《玉帛干戈 —— 唐蕃關係史研究》（臺北：聯經出版事業公司，2016），頁 464-466。

二、漢史籍中的吐蕃宰相官稱

　　唐蕃雙方接觸面較大的場合，除了大規模的作戰以外，就是唐蕃兩次的和親與歷次的會盟。據《資治通鑑》於唐中宗景龍三年（709）十一月乙亥條記載：「吐蕃贊普遣其大臣尚贊咄等千餘人逆金城公主。」[2]上引文顯示吐蕃迎婚使團人數高達千餘人，如此大陣仗的實際面對面接觸，唐蕃雙方理當賦予相當的重視。對吐蕃而言，其所派出的迎婚使團團長與副團長之層級，定然非同小可，以表現蕃方的誠意與重視程度。相對地，嫁出公主的李唐亦必須弄清楚吐蕃來使之身分及銜稱等，以判定對方的重視程度，以及據以決定安排接待的等級等等。唐蕃雙方的會盟過程亦復如此。是以，吾人可檢視相關的史籍如何載記吐蕃迎婚使節團，或來唐商談會盟細節的帶隊正副長官官稱。

　　《舊唐書·吐蕃傳》記載：「景龍三年十一月，又遣其大臣尚贊吐等來迎女，……。」[3]《新唐書·吐蕃傳》記載：「帝以雍王守禮女為金城公主妻之，吐蕃遣尚贊咄名悉臘等逆公主。」[4]上引兩唐書記載極為簡略，僅載及人名，身分則從略。《資治通鑑》則記載：「吐蕃贊普遣其大臣尚贊咄等千餘人逆金城公主。」[5]司馬光為釐清吐蕃迎婚使的身分，於《通鑑考異》引《文館記》及譯者所云如下：「吐蕃使其大首領瑟瑟告身贊咄、金告身尚欽藏以下來迎金城公主。」、「贊咄，猶此左僕射；欽藏，猶此侍中。」[6]上引文中之「尚欽藏」並未出現於兩唐書的載記之中。另吐蕃於玄宗開元元年（713）要求與李唐和盟，李唐同意，雙方展開會談。《新唐書·吐蕃傳》載其事云：

[2]　宋·司馬光，《資治通鑑》（臺北：逸舜出版社，1980）卷209，中宗景龍三年（709）十一月乙亥條，頁6637-6638。

[3]　後晉·劉昫，《舊唐書》（臺北：鼎文書局點校本，1979）卷196上，〈吐蕃傳上〉，頁5226。

[4]　宋·歐陽修、宋祁等，《新唐書》（臺北：鼎文書局點校本，1979）卷216上，〈吐蕃傳上〉，頁6081。

[5]　宋·司馬光，《資治通鑑》卷209，中宗景龍三年（709）十一月乙亥條，頁6637-6638。

[6]　宋·司馬光，《資治通鑑考異》（台北：台灣商務印書館，1986）景印文淵閣四庫全書版，卷12，唐紀四，景龍三年十一月條，頁311-131,311-132。

> 玄宗開元二年（714），其相坌達延上書宰相，請載盟文，定境於河源，
> 丏左散騎常侍解琬蒞盟。帝令姚崇等報書，命琬持神龍誓往。吐蕃亦遣
> 尚欽藏、御史名悉臘獻載辭。[7]

由上引文得知，蕃方主持與李唐和盟事宜者為宰相坌達延，以及未載明身分的
「尚欽藏」、御史名悉臘。從上述不論是和親或和盟，「尚欽藏」均參與其中，
不數次穿梭於蕃唐之間。《冊府元龜》則載其身分云：「景龍二年（708）六月丙
寅，吐蕃使宰相尚欽藏及御史名悉獵來獻，⋯⋯」。[8]綜合上述漢史籍所載得知，
唐方知悉吐蕃所遣迎婚使及主持和盟事宜者，包括有大首領瑟瑟告身尚贊咄、
宰相坌達延、宰相金告身尚欽藏、御史名悉獵等，並將尚贊咄於吐蕃之官職比
擬為李唐尚書省之左僕射，宰相尚欽藏之官職比擬為李唐門下省之侍中。上述
唐人對吐蕃三位來使以及主盟事宜者之身分與官職的理解，是否真確？

　　按吐蕃於西元699年廢除獨相制，於700年開始試行眾相制，於705年正
式實施眾相制。[9]上引漢史籍所載事件時間介於西元708-714年間，此期間正是
吐蕃施行眾相制未久。漢史籍記載了尚贊咄、坌達延、尚欽藏等均同時擔任為
吐蕃宰相，此意味著當時李唐瞭解吐蕃實施眾相制，但實際上對吐蕃內部人員
的真實身分，與應比擬為李唐體制的何種官員，卻值得探討。

　　先就坌達延而言，其全名為坌達延贊松（dBon da rgyal btsan zung）。據《敦
煌古藏文卷子》〈吐蕃大事紀年〉於706年記載，dBon da rgyal btsan zung(坌達
延贊松)與大論乞力徐(Blon che khri gzigs)主持集會議盟。[10]坌達延贊松相繼於
707、711、712、713、714年，參與了蕃廷集會議盟，作重要決策。[11]甚至於

---

[7]　宋・歐陽修、宋祁等，《新唐書》卷216上，〈吐蕃傳上〉，頁6081。

[8]　宋・王欽若、楊億，《冊府元龜》（臺北：大化書局，景明崇禎十五年刻本，1984）卷981，〈外臣部・
　　盟誓〉，頁11526。

[9]　林冠群，《唐代吐蕃宰相制度之研究》（臺北：聯經出版事業股份有限公司，2015），頁238-241。

[10]　Ariane Spanien & Yoshiro Imaeda , Ariane Spanien & Yoshiro Imaeda, Fonds Pelliot Tibetain in Choix de
　　Documents Tibetains conserves a la Bibliotheque Nationale Paris,1978,1979. vol.2. I.O.750, pl.585. 第106
　　行。vBon字等同於dBon字。

[11]　Ariane Spanien & Yoshiro Imaeda , op. cit. I.O.750, pl.585. 第109-110行；第128-129行。Pl.586 第133-134
　　行，第137-138行，，第143-144行。

714 年，領軍寇唐之臨洮、渭源等地(今甘肅岷縣)，此在漢藏雙方史冊上均有載記。[12]坌達延出現在〈吐蕃大事紀年〉的載記，其排序均在吐蕃最高層級的官員－大論（Blon che，又作大相）之前，例如〈吐蕃大事紀年〉馬年(706)記載：「於那瑪爾由坌達延贊松與大相乞力徐二人主持集會議盟。」羊年(707)載：「夏季會盟由坌達延與大相乞力徐二人於贊普牙帳召集之。」豬年(711)載：「幾地區諸部，由坌達延贊松與大相乞力徐二人集會議盟。」[13]當時吐蕃眾相制的體制，係由原有的大論（大相）擔任眾相會議的首席宰相，坌達延的排名高於位居首席宰相的乞力徐，而且李唐也知悉坌達延的地位，據《冊府元龜》卷九八○〈外臣部・通好〉記載：

> （開元）七年(719)六月，吐蕃遣使請和……不許。大享其使，因賜其束帛，用脩前好，以雜彩二千段賜贊普，五百段賜贊普祖母，四百段賜贊普母，二百段賜可敦，一百五十段賜坌達延，一百三十段賜論乞力徐，一百段賜尚贊咄，及大將軍大首領各有差。

上引文所載之「可敦」，係當時贊普墀德祖贊(Khri lde gtsug btsan 704-754) 娶自西突厥的元配。[14]上引文所載顯然將唐廷贈給吐蕃的禮品數量多寡，按照贈予對象地位的高低加以排序，而且區分了三個層次，其一為可敦以上的王室成員，包括贊普、贊普祖母、贊普母及贊普元配等，其二為介於王室成員與吐蕃官僚

---

12 〈吐蕃大事紀年〉於虎年(714)記載：「坌達延與大論乞力徐二人領軍攻打臨洮。」(I.O.750, pl.586 第145-146 行)。詳見王堯、陳踐譯註，《敦煌本吐蕃歷史文書(增訂本)》（北京：民族出版社，1992），頁 151。宋・司馬光，《資治通鑑》卷 211，玄宗開元二年(714)八月乙亥（二十日）條記載：「吐蕃將坌達延、乞力徐帥眾十萬寇臨洮，軍蘭州，至于渭源。」，頁 6704。

13 以上請參閱王堯、陳踐譯註，《敦煌本吐蕃歷史文書(增訂本)》，頁 149-150。

14 《敦煌古藏文卷子》〈吐蕃大事紀年〉於西元 708 年記載，吐蕃於該年春為贊蒙可敦舉行葬禮(dpyid btsan mo kha dun gyi mdad btang bar)。詳見 Ariane Spanien & Yoshiro Imaeda , op. cit. I.O.750, pl.585.第119 行。另唐中宗景龍四年(710)正月，中宗下親送金城公主制中云：「頃者贊普及祖母、可敦、酋長等，屢披誠款，積有歲時，思托舊親，請崇舊好……」。見後晉・劉昫，《舊唐書》卷 196 上，〈吐蕃傳〉，頁 5227。西元 710 年所提及之可敦應為西突厥為持續與吐蕃保持姻親關係，繼前一位西突厥公主於 708 年謝世後，將另一位西突厥公主嫁給當時仍年幼的吐蕃贊普墀德祖贊。詳見林冠群，《唐代吐蕃史研究》（臺北：聯經出版有限公司，2011），頁 434。

之間的層級,其三則為首席宰相乞力徐所領導的群僚。介於王室與官僚之間究屬何等身分?有關於此,吾人可參酌《賢者喜宴》Ja 章所著錄,西元 779 年墀德松贊(Khri lde srong btsan 798-815)所頒之興佛證盟詔書,詔書中有著共同起誓人員的名單,包括王室成員及其他各層級的大小臣工,[15]該名單所載顯示出三大層級,計有一、Jo mo mched bro stsald pa(贊普妃姐妹與誓者)[16];二、rGyal phran bro stsald pa(藩國國王與誓者);三、Chab srid kyi blon po bkav chen po la gtogs pa(宰相同平章事)及其以下各級官僚等。亦即,第一層級為王室成員,第三層級為吐蕃官僚,介於二者之間者,是為吐蕃藩國國王的層級。經比對結果,吾人得知坌達延排序在王室成員之後,吐蕃官僚之前,顯然坌達延的身份是為吐蕃藩國國王的身份,並非宰相。

按坌達延贊松家族長期與蕃廷有著密切關係,在坌達延贊松之前,已有於 653 年至 659 年活躍於吐蕃政壇的達延莽布杰 (Da rgyal mang po rje),於 687 年至 694 年坌達延墀松 (dBon da rgyal khri zung) 效命於蕃廷等,[17]大陸學者周偉洲、美國學者 Christopher I.Beckwith 及英國學者 F.W.Thomas 等均認為彼等係出自吐谷渾,[18]為吐谷渾諸部中,反唐親蕃的一部,受吐蕃的倚重,吐蕃王室可能與其家族聯姻,因此獲有「dBon」(漢音譯為「坌」,字義為甥)的頭銜。蕃廷還授予地位高於首席宰相的 rgyal phran(藩國國王)頭銜,令其參與吐蕃中央政務,並領軍對唐作戰。[19]由此得知,坌達延的身份並非吐蕃宰相,而是地位高於吐蕃首席宰相之上的藩國國王,且為吐蕃王室的姻親。就此而言,李唐確實瞭解坌達延於當時吐蕃官場上的地位,但卻懵懂其真實身份而誤認其為宰相。

---

[15] dPav bo gtsug lag vphreng ba , Chos vbyung mkhas pavi dgav ston(賢者喜宴)part 4, New Delhi. 1962.ff.129b. 第 7 行-130b. 第 5 行。

[16] 所謂「Jo mo mched(贊普妃姐妹)」,係指所有贊普妃子而言,彼此以姐妹相稱。

[17] 詳見林冠群,《唐代吐蕃史研究》,頁 696-697。

[18] 請參閱周偉洲,〈吐蕃與吐谷渾關係史述略〉文刊《藏族史論文集》(成都:四川民族出版社,1988),頁 314。Christopher I.Beckwith , The Tibetan Empire in Central Asia , New Jersey, 1987. p.57. F.W.Thomas , Tibetan Literary Texts and Documents concerning Chinese Turkestan , part II , Documents:3 The Nob Region. London, 1951. p.5.

[19] 詳見林冠群,《唐代吐蕃史研究》,頁 698。

次就尚贊咄而言,尚贊咄全名為 Zhang btsan to re lhas byin (尚贊咄熱拉金),姓沒盧 (vBro),其似為當時贊普墀都松 (Khri vdus srong 676-704) 母親墀瑪蕾之兄弟。[20]當墀都松剷除獨攬政權的噶爾氏家族,廢止獨相制,施行眾相制之時,於 701 年開始提拔外戚入朝擔任眾相,尚贊咄即為首位以王室外戚身份,入朝擔任眾相者。[21]按吐蕃所實施的眾相制,係以原有的大論,擔任首席宰相,由其召開宰相會議,宰相會議的成員即為眾相,所有擔任眾相者的官銜一律為 Chab srid kyi blon po chen po bkav la gtogs pa,字義為「詔命所立政事大臣」,李唐則譯之為「宰相同平章事」,人數歷朝不一,3 至 13 人皆有。[22]眾相平時並未實際負責任何行政業務,類似今天的不管部部長或政務委員,臨時依實際需要派付任務,如前往各地主持盟會、清查戶口、徵調賦稅、征發兵員或帶兵征戰等。[23]反觀唐制的眾相制,是為三省制,分為中書、門下、尚書,各有職司。中書省就國家重大事務以及任免重要職司之官員等,為皇帝草擬詔旨,是為決策機構,長官為中書令,副官為中書侍郎;門下省就中書省所發下的詔敕,負責覆審,有認為不當者,可加以封駁,是為審議機構,長官為侍中,副官為黃門侍郎;門下發出的制敕,概由尚書省發至中央各部門及地方州縣,或根據制敕精神,制定政令,下達有關部門,是為執行機構,長官為尚書令,副官為左右僕射,但因尚書令未實際任命,左右僕射遂為實際主掌尚書省者,上述三省長官俱為宰相。[24]爾後皇帝為控制相權,遂以他官加銜方式,進入政事堂平章政事。比較上述蕃唐眾相制,即知上文所提及之《通鑑考異》引用譯者云:「贊咄,猶此左僕射」,亦即,將尚贊咄於吐蕃所出任的「宰相同平章事」一職,比擬為李唐「尚書省左僕射」,雖然二者同屬群相的概念,但實際上二者差距甚大,原因在於尚贊咄抵唐時當中宗景龍三年 (709),按當時李唐相制,「尚書省左僕

---

[20] H.E. Richardson , Ministers of the Tibetan Kingdom , *Tibet Journal* No.1, 1977. p.15.

[21] 林冠群,《唐代吐蕃宰相制度之研究》,頁 238。

[22] 詳見林冠群,《唐代吐蕃史研究》,頁 735-736。

[23] 林冠群,〈唐代吐蕃政治制度之研究〉文刊同氏著,《唐代吐蕃史論集》(北京:中國藏學出版社,2006),頁 85。

[24] 宋·歐陽修、宋祁等,《新唐書》卷 46,〈百官一〉,頁 1182。另見何永成、甘懷真、高明士、邱添生編著,《隋唐五代史》(臺北:里仁書局,2006),頁 143-147。

射」已非宰相，必須再加上「同中書門下三品」之頭銜，才能參與議政，方具宰相身份，如是，譯者所云之「贊咄，猶此左僕射」不但失真，也不貼切。若以唐初的「尚書省左僕射」視之，亦不妥當，因為當時左僕射位居群相之首，而尚贊咄並非吐蕃之首席宰相，首席宰相另有其人。另方面漢史籍載記也漏失了尚贊咄身為當時吐蕃主政者墀瑪蕾之兄弟的身份，就此而言，當時吐蕃派出尚贊咄此號人物出任迎婚使，已充份顯現吐蕃當局對迎娶金城公主的重視程度，可惜史籍並未適當地加以呈現。

復就尚欽藏而言，尚欽藏全名為 Zhang khri bzang stag tsab（尚欽藏達則），是為王室外戚身份於西元 704 年入蕃廷任職眾相，直至 721 年去世止。[25]據〈吐蕃大事紀年〉所載，其僅於 704 年主持冬盟，其餘事跡闕載。[26]但漢史籍則記載其於西元 708、709、714 年頻繁出使李唐，主要任務在於和親及和盟事務上。《通鑑考異》引用譯者云：「欽藏，猶此侍中」，如前所云，侍中為主掌審覈皇帝詔命機構的長官，吐蕃並不存有如是機構，將吐蕃之宰相同平章事比擬為李唐之侍中，顯示出當時甚至是專門處理吐蕃事務的「譯者」，對吐蕃官員的職稱及其實質的內涵，似乎都處於一知半解的狀態。同樣地，吐蕃於憲宗元和十四年（819）興兵攻打鹽州，《舊唐書・吐蕃傳》載其事云：

（元和十四年）十月，吐蕃節度論三摩及宰相尚塔藏、中書令尚綺心兒共領軍約十五萬眾，圍我鹽州數重……。[27]

上引文中之「宰相尚塔藏」，全名為 Tshes pong zhang lha bzang klu dpal（蔡邦尚塔藏噓律鉢），出自王室外戚蔡邦氏。「中書令尚綺心兒」全名為 vBro zhang khri sum rje stag snang（沒盧尚綺心兒達囊），出自王室外戚沒盧氏。另《冊府元龜》

---

[25] 林冠群，《玉帛干戈 —— 唐蕃關係史研究》，頁 284。

[26] 詳見王堯、陳踐譯註，《敦煌本吐蕃歷史文書(增訂本)》，頁 149-151。王堯、陳踐二氏將 Zhang khri bzang stag tsab 譯作「尚墀桑達乍布」，實則與「尚欽藏」同一人，因為在讀音上 khri 與 bzang 合讀時，一般二字之間會以鼻音 n 聯結，而讀成「欽藏」。

[27] 後晉・劉昫，《舊唐書》卷 196 下，〈吐蕃傳〉，頁 5262。

記載尚綺心兒的職銜為：「都元帥尚書令」。[28]吾人查對尚綺心兒與尚塔藏二人
當時於吐蕃所任的官職，據《敦煌古藏文卷子》P.T.16、IOL Tib J751〈德噶玉
采祈願文〉所載，尚綺心兒擔任 chab srid kyi blon po chen po blon chen po 一職，
漢譯為「政事大臣首席宰相」，尚塔藏則與首席宰相尚綺心兒並列出現，其應為
副大論。[29]據立於穆宗長慶三年（823）之〈唐蕃長慶會盟碑〉碑銘所載，當時
擔任吐蕃天下兵馬大元帥為尚綺心兒，天下兵馬副元帥為尚塔藏，[30]另白居易
曾為憲宗撰擬〈與吐蕃宰相尚綺心兒等書〉，書中內容未載及寫成時間，但書中
提及：「所送鄭叔矩及路泌神柩，及男女等，並已到此」[31]一事，吐蕃歸還鄭、
路二人棺柩，《資治通鑑》繫於憲宗元和五年（810）五月庚申。[32]由是得知，
尚綺心兒達囊至少於西元810年至823年期間，均由其擔任首席宰相之職務。
尚塔藏則為副首席宰相。吾人比較《舊唐書·吐蕃傳》所載：「宰相尚塔藏、中
書令尚綺心兒」，與二人實際於吐蕃所擔任的官職，即知上述《舊唐書·吐蕃傳》
與《冊府元龜》所載吐蕃官員的銜稱，可謂「只知其一，不知其二」。理由如下：
其一，尚塔藏是為眾相兼任副首相及天下兵馬副元帥，而非一般的宰相；其二，
吐蕃並未設立有類似李唐中書省、尚書省的機構，以各該機構主官中書令、尚
書令加以比擬，易造成誤解；其三，《舊唐書·吐蕃傳》為表達尚綺心兒身為吐
蕃眾相之首，比擬以「中書令」，《冊府元龜》則比擬以「尚書令」，但實際上依
李唐體制的演進，隋唐之際，尚書令確為首席宰相，但為時甚短，尚書令即成
虛銜，為其副官左右僕射所取代，[33]左僕射成為群相之首，然為時亦短，於貞
觀二十三年（649）以後，左右僕射亦不再具宰相身份，必須加銜方為宰相，此
於上文已述。另李唐宰相會議所在之政事堂，於高宗永淳元年（682）遷徙至中

---

28 宋·王欽若、楊億，《冊府元龜》卷660、〈奉使部〉敏辯二，頁7900。

29 詳見 Ariane Spanien & Yoshiro Imadea, *Fonds Pelliot Tibetain in Choix de Documents Tibetains conserves a la Bibliotheque Nationale Paris*, 1978,1979. P.T.16.pl.9. 第2行。

30 詳見王堯編著，《吐蕃金石錄》（北京：文物出版社，1982），頁14-15。

31 唐·白居易，〈與吐蕃宰相尚綺心兒等書〉收入《白氏長慶集》（台北：台灣商務印書館，1986）景印文淵閣四庫全書版，卷56，〈翰林制誥三〉，頁1080-604、1080-605。

32 宋·司馬光，《資治通鑑》卷238，憲宗元和五年（810）五月庚申條，頁7676。

33 黃利平，〈隋唐之際三省制的特點及尚書令的缺職〉文刊《唐史論叢》1987年1期，頁207-209。

書省，由於「中書令」有出令之權，遂為群相之首，然至唐中葉（約西元 762 年）以後，「中書令」也逐漸成為虛銜。因此不論「尚書令」或「中書令」確曾具李唐首席宰相的身份，但皆有階段性，特別是於憲宗元和十四年（819）所載尚紇心兒為「中書令」，「中書令」於當時之李唐早已成為虛銜，例如《資治通鑑》記載戰功彪炳的渾瑊，於德宗貞元十五年（799）去世，其頭銜為「中書令、咸寧王」，[34]顯然「中書令」確為榮譽性質的虛銜，以如此頭銜比擬吐蕃首席宰相的身份，實難以適切地表達出來。更何況尚綺心兒於吐蕃所任官職為首席宰相兼天下兵馬大元帥，若以「中書令」加以比擬，則其身兼吐蕃天下兵馬大元帥的職銜，完全沒有顯現出來。是以，吾人可確定中土的史官對於吐蕃的宰相職銜與內涵，似乎處於一知半解的情況。

三、吐蕃贊普身邊人員的「曩骨」銜稱

　　唐蕃於玄宗開元年間，雙方於邊界激烈攻防。唐玄宗銳意開邊，對於吐蕃之挑釁或入侵，一律採取積極反擊的政策，並主動出擊。玄宗開元十六年（728）、十七年（729），吐蕃相繼於瓜州、安西、青海等地失利。吐蕃為穩住不利的情勢，遂於開元十八年（730）主動遣使至李唐邊境，要求談和。[35]《新唐書・吐蕃傳》載其事云：

　　　　吐蕃令曩骨委書塞下，言：「論莽熱、論泣熱皆萬人將，以贊普命，謝都督刺史：二國有舅甥好，昨彌不弄羌、党項交構二國，故失懽，此不聽，唐亦不應聽。」都督遣腹心吏與曩骨還議盟事。曩骨，猶千牛官也。[36]

34　宋・司馬光，《資治通鑑》卷235，德宗貞元十五年（799）十二月辛未條，頁7585。

35　宋・司馬光，《資治通鑑》卷213，玄宗開元十八年（730）五月條，頁6789。

36　宋・歐陽修、宋祁等，《新唐書》卷216上、〈吐蕃傳上〉，頁6084。

據上引文所載，吐蕃所派出的求和使者之銜稱為「曩骨」，並解釋「曩骨」之吐蕃官稱，猶如李唐之「千牛官」。按李唐之「千牛官」，據《通典》記載：

> 千牛，刀名。後魏有千牛備身，掌執御刀，因以名職。北齊千牛備身屬左右將軍。隋有左右領左右府，大將軍一人，將軍二人，掌侍衛左右，供御兵仗。領千牛備身十二人，掌執千牛刀；備身左右十二人，掌供御刀箭；備身十六人，掌宿衛侍從。煬帝改左右領左右府為左右備身府，置備身郎將等官。大唐貞觀中，復為左右領左右府。顯慶五年，始置左右千牛府。龍朔二年，改左右千牛府為左右奉宸衛，後改為左右千牛衛。神龍二年，各置大將軍一人，所掌與隋同，總判衛事，將軍各一人以副之。中郎將各一人，通判衛事。掌執御刀宿衛侍從。[37]

依上引文所示，「千牛官」應即為執掌護衛皇帝人身安全的帶刀侍衛，或帶領帶刀侍衛的官長。亦即唐人將吐蕃求和來使的官職「曩骨」，理解為掌管贊普人身安全的帶刀侍衛官長。

吐蕃「曩骨」銜稱的吐蕃文應如何還原？迄今筆者僅見及加羊達傑所譯注的《漢文史籍中有關藏族史料選譯（4）－通典、新舊唐書》之中，將「曩骨」譯寫成藏文「nang kuvu」，並疑「曩骨」可能是從和闐軍鎮所出土木簡中所載的 nang rje po（內主，同於 nang blon）官職，或者是當時所成立衛藏四翼之贊普親衛千戶（sku srung stong sde）中的將領？[38] 然而，nang kuvu 於今傳世之吐蕃文獻中，如《敦煌古藏文卷子》、吐蕃碑銘等，似未見如是官稱，況且 nang kuvu 於蕃文似無類似詞彙，本身亦無意義，此可能是加羊達傑將漢文「曩骨」讀音，直譯為蕃文。但按「曩」一字之漢讀音於蕃文作 nang，已確定無誤，[39] 漢字「骨」

---

37 唐‧杜佑撰‧王文錦、王永興等點校，《通典》（北京：中華書局，1988）卷 28，職官十，左右千牛衛條，頁 790。

38 加羊達傑譯注《漢文史籍中有關藏族史料選譯（4）－通典、新舊唐書》（北京：中國藏學出版社，2015）頁 181，註 3。加羊達傑氏已在註釋中提及藏文本《Thang yig gsar ma》（新唐書）一書將「曩骨」譯作 nang vkhor，惜未詳加說明。

39 例如《新唐書‧吐蕃傳》所記載的「曩論掣逋」（大內臣），即為蕃文的 Nang blon ched po、「曩論覓零逋」（中內臣），即為蕃文的 Nang blon vbring po。另〈唐蕃會盟碑〉碑銘右面吐蕃與誓官員名列，

於吐蕃文音譯作 kur 或 kor，[40]是以「曩骨」於吐蕃文應作 nang kur 或 nang kor。此一銜稱出現於墀松德贊贊普時期，約於西元 763 年以後為褒揚立下大功的恩蘭達札路恭（Ngan lam stag sgra klu khong），為其所豎立的紀功碑之碑銘當中，該碑銘於 13 至 17 行有如下記載：

Zla gong gi bu tsha rgyud vpheld las gcig / zham vbring na nang kor yan cad du gzhug cing tshal zar rtag du mchis par gnang ngo //[41]

王堯氏譯之為：

詔令「大公」之子孫後代中一人充任內府官員家臣以上職司，並可常侍於贊普駐牧之地。[42]

英國理查遜氏（H.E. Richardson）譯為：

One of the decendants of Zla-gong shall be appointed to be in personal attendance ranking above the private retinue and be present always at the royal table.[43]

「大公」的子孫之一，將被任命為贊普隨身侍從之中，位階高於個人扈從之上的位置，且可隨侍於王室的餐桌之旁。

李方桂、柯蔚南二氏則譯為：

第 26 行 nang blon，其下對應之漢文為「曩論」。詳見王堯，《吐蕃金石錄》，頁 18。

[40] 周季文、謝後芳，《敦煌吐蕃漢藏對音字匯》（北京：中央民族大學出版社，2006），頁 20、頁 158、159。

[41] 詳見王堯，《吐蕃金石錄》，頁 63-64，〈恩蘭達札路恭紀功碑〉正面碑銘第 13-17 行。

[42] 王堯，《吐蕃金石錄》，頁 83。

[43] H.E.Richardson, A Corpus of Early Tibetan Inscriptions. *Royal Asiatic Society*, Hertford. 1985. pp.18-19.

One of the Zla-gong's son or descendants shall be placed above the inner corps of the King's retinue, and shall be forever provided with food to eat.[44]

「大公」之一子或後代之一，將被置於贊普侍從中，高於內宮侍衛隊之上的位置，且將永遠獲得供食。

姑不論上述諸位大家對上引碑銘有著不同的翻譯，但對於 nang kor 一詞的理解，卻相近似。王堯氏譯作「家臣」，理查遜氏譯為「the private retinue」（個人隨扈），李方桂、柯蔚南二氏則譯為「the inner corps」（內宮侍衛隊）。但上述諸位大家並未將 nang kor 銜稱特別列出為一詞條，加以說明為何如此翻譯。

恰巧，筆者於研究吐蕃職官 sPyan（悉編：監軍）時，[45]查閱《敦煌古藏文卷子》P.T.1089〈吐蕃官吏呈請狀〉，亦閱及 nang kor 此一詞彙。筆者試說明如下：

P.T.1089 於第 37 行記載：「ru spyan nang kor nas bskos pa」[46]，上引文之「kor」，似與今詞「vkhor」同一，因為 v 前音不發音，另古藏文之正字法仍未確立，因此古藏文字母的使用仍不穩定，同一類字母中之不送氣清音子音字母與送氣清音子音字母之間，有互相通用的現象，是以古藏文字母 kh 與 k 之間可互相通用，是故「nang kor」又可作「nang khor」，亦同於「nang vkhor」。上引文之藏文文意為：「從 nang kor 中所任命的 ru spyan」，其中之「ru spyan」一職，係吐蕃於涼州軍鎮（Khar tsan khrom）的下屬「翼 ru」建制中所設置的「翼監軍」，為位居「翼」中各級主官之後，各級副官與僚佐之首，是為蕃廷所派出的監軍，代表蕃廷監督「翼長（ru dpon）」，並與翼長及其他主官共治翼中所有事務。[47]按今詞「nang vkhor」的詞義有內眷、內侍從、近友、近侍、家僕等，[48]依照上述

---

[44] 李方桂、柯蔚南（W. South Coblin）《古代西藏碑文研究》（台北：中研院史語所，1987）（A Study of the Old Tibetan Inscriptions.Taipei.1987）頁 170。

[45] 林冠群，〈吐蕃職官 spyan（悉編）研究－－吐蕃地方職官委員制的形成與發展〉文刊《敦煌學輯刊》2019 年第 2 期，頁 1-25。

[46] 詳見王堯、陳踐，〈吐蕃職官考信錄〉文刊《中國藏學》1989 年第 1 期，頁 105。

[47] 林冠群，〈吐蕃職官 spyan（悉編）研究－－吐蕃地方職官委員制的形成與發展〉，頁 21-22。

[48] 請見格西曲吉札巴著，法尊、張克強等譯，《格西曲札藏文辭典》（北京：民族出版社，1990），頁 460；另見張怡蓀主編，《藏漢大辭典》（北京：民族出版社，1993），頁 1503。

nang vkhor 的詞義,吾人可大致將之分類為:1, 內眷 2, 近侍、家僕 3, 近友。「內眷」意為贊普的眷屬,就目前所知,贊普的眷屬從未受命出外任官的記錄,因此並不適用;「近友」似亦不適用,因贊普以一國之君身份,生長於護衛重重的宮帳之中,少有私人近友;較有可能者為「近侍」或「內侍從」,意為常侍候於贊普身邊之臣子,或贊普週遭的近臣。亦即「監軍」係由贊普身邊受到信任的臣子 nang kor 所出任。由此吾人可以理解所謂的「曩骨」是吐蕃文 nang kor 的漢音譯,詞義是為贊普之「近侍」或「內侍從」。上述並非孤例,另於《敦煌古藏文卷子》編號 P.T.997〈瓜州榆林寺之寺戶、奴僕、牲畜、公產物品之清冊〉一文中,將翼監軍直接記載為 nang khor(贊普內侍),[49] 可見 nang khor(又作 nang kor)為 ru spyan(翼監軍)的代稱,由此可見翼監軍一職似由贊普身邊的侍臣所出任,顯見蕃廷對翼監軍的重視。

　　上述所提及的翼監軍不是出自涼州就是瓜州,似乎均屬吐蕃邊境軍區之中的官屬,其他如吐蕃本部的五翼六十千戶,是否亦如吐蕃軍事佔領區般,於各級主官之側近設置 spyan(監軍)職官?答案是肯定的,但仍有些差異。近於巴桑旺堆所解讀新近發現的古藏文文書〈吐蕃兵律文書〉中,[50] 有如下記載:

　　…mnangs chod do vtshald / la //dra ma de vi tshe dpav bo bgyiste // dpav mtshand la ma thug pa man chad // srang grangsu / nod de chog // dmag phond dang spyan gyis // bkav grims bzhin du // stsiste stsold cig //[51]
　　…繳獲戰利品過程中,若以作戰中勇猛而獲得,則獲賞者是具勇士標幟以下者,其[賞賜]按秤數來領取,由將軍和監軍依欽命法計算後給予。[52]

---

[49] 詳見 Ariane Spanien & Yoshiro Imaeda , Fonds Pelliot Tibetain in Choix de Documents Tibetains conserves a la Bibliotheque Nationale Paris,1978,1979. vol.2.P.T.997.pl.305. 第 7 行。

[50] 敦煌古藏文〈吐蕃兵律文書〉係由西藏百慈古藏文研究所負責人噶瑪德萊先生提供給巴桑旺堆氏之電子圖版。原件為長卷式的殘本,長約 8-9 米,寬約 0.3-0.35 米左右。與敦煌古藏文文書風格完全一致。據巴桑旺堆氏研判,該文書似屬西元 784 年至 848 年間的產物。圖版請見巴桑旺堆,〈一份新發現的敦煌古藏文吐蕃兵律文書(下卷)初步解讀〉文刊《中國藏學》2015 年第 S0 期,頁 49-61。另見巴桑旺堆,〈一份新發現的敦煌古藏文吐蕃兵書殘卷解讀〉文刊《中國藏學》2014 年第 3 期,頁 5。

[51] 巴桑旺堆,〈一份新發現的敦煌古藏文吐蕃兵律文書(下卷)初步解讀〉,頁 10,第 213-215 行。

[52] 譯文參酌巴桑旺堆氏之翻譯,並作部份調整,詳見巴桑旺堆,前引文,頁 30。

上引文記載蕃軍於分配戰爭所得戰利品之規範，係由「dmag phond dang spyan」（將軍和監軍）共同處理。設若戰利品甚夥，仍可分與翼長以下，平民以上之時，該文書載及翼監軍所分的數量等級如下：

> stong phond lug gnyis stsold chig / stong phond gyis // lug gnyis thob na // ru vu chung gi mnangs skal du lug gsum stsold cig // ru vu chung gis lug gsum thob na / // ru vbring lug bzhi stsold cig // ru dpond vbring pos lug bzhi thob nav // ru dpond chen pho lug lnga stsold cig // mnangs ji las bgo vang/ /rung shas vdi bzhin // du goste stsold cig // khrom gyi vog dpond ni // ru dpon dang thang mnyam bar stsold cig // ru spyan gyi rnams gyang // ru vbring dang thang mnyamo // dmag phond chen pho dang //spyan chen po ni // mnangs sa las myi stsald to //[53]
>
> 千戶長分得兩隻羊為例進行分配。若千戶長分得 2 隻羊，則賞給小翼長的戰利品為 3 隻羊。小翼長若分得 3 隻羊，賞給中翼長 4 隻羊。中翼長若分得 4 隻羊，賞給大翼長 5 隻羊。戰利品無論如何分配，宰羊數目按此分配。賞給軍鎮下級官員之標準與翼長等同。翼監軍之標準與中翼長標準等同。大將軍與大監軍使之賞賜則不從戰利品出。[54]

按上引文所示，吐蕃翼（ru）之建制設置有大翼長、中翼長、小翼長等官職，而翼監軍的地位等同於中翼長。由於〈吐蕃兵律文書〉應屬針對全蕃軍事作戰方面的法規，並非片面針對邊區或軍事佔領區。由是得知，蕃廷於全蕃各地翼（ru）之層級均設置了監軍官職，地位低於翼長，卻能與翼長共同議決地方軍、民之政。

筆者之所以不厭其煩地將吐蕃監軍一職述說分明，目的在於突顯出任翼監軍的「曩骨」（nang kor 或 nang khor）身份之性質。另《舊唐書・德宗本紀》記載於貞元二十年（804）夏四月丙寅，吐蕃派遣使團 54 人赴唐，唐方將蕃使

---

[53] 巴桑旺堆〈一份新發現的敦煌古藏文吐蕃兵律文書（下卷）初步解讀〉頁 10，第 220-224 行。

[54] 譯文參酌巴桑旺堆氏之翻譯，並作部份調整，詳見巴桑旺堆，前引文，頁 30-31。

團團長之官銜載為「臧河南觀察使」，[55]筆者深以為不妥。上引「臧河南」應即
為吐蕃雅魯藏布江南岸，是為吐蕃左翼軍區。「觀察使」於李唐官制中地位低於
節度使，性質為地方軍政長官。[56]然而按照吐蕃地方體制，吐蕃於本部所設立
的五個軍區，每個軍區（翼 ru）分為上下二翼，各設一翼長（ru dpon 茹本）。[57]
倘若吐蕃派出左翼軍區的一位翼長作為使團團長，李唐將此翼長在比照自身體
制時，應比擬為李唐之節度使，抑或觀察使？答案應為前者，而非後者。因為
左翼軍區並未設立統領上下二翼的最高長官，因此左翼上翼長就是左翼上翼軍
區最高長官，同理，左翼下翼長就是左翼下翼軍區最高長官，左翼上翼長與左
翼下翼長二者並大，彼等之上司，就是吐蕃中央的眾相。[58] 由是觀之，貞元二
十年（804）夏四月的吐蕃訪唐使團團長似非「翼長」的身份，應是翼長身邊的
翼監軍（ru spyan），因翼監軍（ru spyan）本身是贊普身邊的近臣所出任，受到
贊普的信任，因此受命領團往使李唐，唐方將此 spyan 官銜，譯成了「觀察使」，
顯然有所誤解。其實際的身份是翼監軍，「監軍」與「觀察使」是不同性質的職
官，一為代表中央監督地方督帥，一為地方軍政長官。

綜上所述，吾人可以確認，蕃廷於各地方及各軍事佔領區之各級主官側近，
均配置了監軍（spyan），與各級主官共同召開議會，共同處理事務。吐蕃王室
透過上述途徑，由監軍（spyan）分攤了地方及軍事佔領區各級主官的職權，共
同處理大大小小的各種事務，並由 spyan 官稱之用字瞭解其為蕃文「眼睛」的
敬語，而且 ru spyan 又有 nang khor 之代稱，係由贊普側近親信所擔任者，由此
角度視之，即知 spyan 為代表蕃廷監督地方及軍事佔領區各級主官，希冀藉之
避免因天高「贊普」遠，所帶來的弊病，因此唐人及吐蕃治下的唐人均理解為
「監軍」。

---

[55] 後晉‧劉昫，《舊唐書》卷 13，〈德宗本紀下〉，頁 399。

[56] 宋‧王溥，《唐會要》（臺北：世界書局，1968）卷 79，會昌三年五月條，頁 1449 記載：「節度使移
鎮。軍將至隨身不得六十人。觀察使四十人。經略都護等三十人。宜委監察軍使。及知留後判官具
名聞奏。」由此即知觀察使具地方首長之身份，其地位次於節度使，高於經略都護。

[57] 林冠群，《唐代吐蕃史研究》，頁 653-654。

[58] 林冠群，《唐代吐蕃宰相制度之研究》，頁 269-273。

吾人由 spyan 官職角度觀「曩骨」（nang kor,nang khor），即知「曩骨」並非職官之職稱，而是一種身份的表達，有如《史記‧李將軍列傳》所載之「中貴人」,[59]是為統治者所寵幸且受信任的近臣，這些受寵的近臣均隨侍於贊普身邊。由是觀之，王堯氏所譯之內府官員「家臣」，李方桂、柯蔚南二氏所譯之「the inner corps」（內宮侍衛隊）與理查遜氏所譯之「the private retinue」（個人隨員）等，似乎都不夠準確。因為內府官員「家臣」易遭誤解為內府官員的家臣，另方面內府官員也絕非「家臣」之身份，更何況 nang kor 並無「家臣」之義；李方桂、柯蔚南二氏所譯之「the inner corps」（內宮侍衛隊），則有可能受到《新唐書‧吐蕃傳》將「曩骨」解釋為「千牛官」的影響，而作如是譯解；理查遜氏所譯之「the private retinue」（個人隨員），則因「隨員」或「扈從」之中，有官有僕，實則 nang kor 身份為官員，並非奴僕，如此譯釋並未說明清楚，易生誤解矣。

由此觀《新唐書‧吐蕃傳》將玄宗開元十八年（730），蕃方所遣使者之銜稱「曩骨」，比擬有如中土之「千牛官」，乃「只知其一，不知其二」，李唐確知「曩骨」為贊普身邊的近臣，卻將其誤解為掌管護衛贊普人身安全侍衛的官員。

四、吐蕃邊境軍區官員銜稱

李唐於德宗時期為扭轉唐蕃之間的情勢，轉變對吐蕃的戰略，改採「北守南攻」策略。原本吐蕃不斷由河隴地區攻入李唐，直搗李唐京畿地區，造成李唐莫大的壓力。李唐為紓解吐蕃經由北路的進逼，遂改與南詔合作，共攻吐蕃，試圖支使南詔出兵北上，經由鐵橋城(今雲南省麗江縣塔城) 突出吐蕃怒江與瀾滄江之間的察瓦崗，再往西前進，即是波窩、工布、達布等地，對蕃廷立即產生嚴重威脅，吐蕃勢必分重兵防堵此處。另劍南西川節度使韋皋則由成都西山出兵攻打戰略要地維州，如此不但可以紓解北方軍事的困境，且可牽制吐蕃。

---

[59] 漢‧司馬遷，《史記》（臺北：鼎文書局點校本，1979）卷 109，〈李將軍列傳〉，頁 2868。

李唐北方則改採於重要通道上構築城池，以屯兵力守。[60]韋皋奉命執行此策，乘吐蕃與迴鶻於北庭血戰，而重斂南詔之際，多次招懷南詔。南詔遂於德宗貞元十年（794）襲擊吐蕃於神川（雲南金沙江），取鐵橋等十六城，虜其五王，降其眾十餘萬。[61]自此以後，蕃、詔由與國轉為敵國，蕃唐形勢為之逆轉。德宗貞元十七年（801），李唐與吐蕃打了一場決定性戰爭，戰後近 20 年，吐蕃未敢再向李唐生事。[62]此決定性的戰事，《舊唐書·韋皋傳》記載云：

> （貞元）十七年，……贊普以其眾外潰，遂北寇靈、朔，陷麟州。德宗遣使至成都府，令皋出兵深入蕃界…兵馬使何大海、靖義等及磨些蠻、東蠻二部落主苴那時等兵四千進攻昆明城、諾濟城…遂進攻維州。救軍再至，轉戰千里，蕃軍連敗。於是寇靈、朔之眾引而南下，贊普遣論莽熱以內大相兼東境五道節度兵馬都群牧大使，率雜虜十萬而來解維州之圍。蜀師萬人據險設伏以待之……發伏掩擊……蕃軍自潰，生擒論莽熱，虜眾十萬，殲夷者半。[63]

據上引文所示，吐蕃為解維州之圍，派遣論莽熱以「內大相兼東境五道節度兵馬都群牧大使」，率軍赴援，遇伏遭擒，蕃軍大敗。另《舊唐書·吐蕃傳》記載論莽熱銜稱為：「內大相兼東境五道節度兵馬使、都統羣牧大使」[64]。《新唐書·吐蕃傳》則作如下記載：

> 時皋圍維州，贊普使論莽熱沒籠乞悉蓖兼松州五道節度兵馬都統、羣牧大使，引兵十萬援維州。皋率南詔兵薄險設伏以待，纔使千人嘗敵。乞

[60] 林冠群，《玉帛干戈─唐蕃關係史研究》，頁 510-511。

[61] 宋·司馬光，《資治通鑑》卷 234，德宗貞元十年(794)春正月條，頁 7552-7553。

[62] 王吉林，〈從大非川之役到中宗時代與吐蕃的關係〉文刊《西藏研究論文集》第 2 輯（台北：西藏研究委員會，1989），頁 23。

[63] 後晉·劉昫，《舊唐書》卷 140，〈韋皋傳〉，頁 3824。

[64] 後晉·劉昫，《舊唐書》卷 196 下，〈吐蕃傳下〉，頁 5260。

悉蓖見兵寡，悉眾追，墮伏中，兵四合急擊，遂禽之，獻京師。[65]

上引《新唐書‧吐蕃傳》之記載，不但有《舊唐書》所失載的論莽熱全名，且將論莽熱之官稱載為：「兼松州五道節度兵馬都統、羣牧大使」。兩唐書二者所載論莽熱之官稱明顯不同，究竟二者孰正？抑或二者均有正有誤？

按吐蕃於完成本土的建制後，陸續向外擴張，其擴張順序係依照青康藏高原的地形地勢，依序由本部朝東北，拿下青海高原，同時由青海高原的玉樹地區東南下，經營今日西康之地，直抵川邊及雲南北境；接著由青海高原東北向，朝李唐河隴地區進迫，最後盡下李唐河隴之地；復由青海高原北及西北向，配合吐蕃本部向其西北，經帕米爾高原出口經略新疆與西域。吐蕃於控制且鞏固統治青海地區後，為能發揮青海地區居中後援東西南北諸道之功能，設立青海道，由一位德論（bde blon）統領。吐蕃於攻下李唐隴右道後，成立吐蕃東道節度使，下轄鄯、河、蘭、渭、洮、岷、秦、成等州，再加上 783 年之清水會盟後所奪取之會、原、安樂三州，設立的目的與任務，為面向李唐慶、涇、隴、鳳等諸州西緣，針對李唐的攻防；於完成攻佔原李唐河西道後，成立吐蕃河西北道節度使，簡稱北道節度使，下轄原唐河西道之瓜、沙、肅、甘、涼、伊、西等七州及北庭、安西二都護府，設立目的與任務為針對北方迴鶻的攻防，另方面也負責對李唐靈、夏、豐、鹽等州的攻防；於攻下李唐劍南西山道之後，成立吐蕃南道節度使，下轄松、翼、悉、當、柘、靜、恭、保、維諸州，為針對李唐劍南道以及南詔二者的攻防；於佔領新疆南域及帕米爾高原區後，成立吐蕃西道節度使，下轄安西四鎮及帕米爾高原區，為針對西方大食的攻防。上述東、西、南、北四道，各由一位德論（bde blon）統領，聯同青海道，合稱bde blon khams chen po（德論所領大區域），簡稱 bde khams（幸福之區），由於上述五道，提供了源源不絕的人力、物力資源，為吐蕃王朝建立幸福之道，因而命名之。[66]

吾人於瞭知吐蕃邊境軍區的建制佈署以後，回首檢視維州的地理位置（請

---

[65] 宋‧歐陽修、宋祁等，《新唐書》卷 216 下，〈吐蕃傳下〉，頁 6099-6100。

[66] 以上詳見林冠群，〈再論唐代吐蕃軍事佔領區之建制〉文刊《臺灣東亞文明研究學刊》第 14 卷 1 期，2017，頁 33-34。

見附圖：吐蕃軍事佔領行政區劃示意圖）。按維州位於吐蕃南道節度使所轄的境內，維州之北有拓州、翼州、松州等，再往北則為吐蕃東道節度使，靈州適位於吐蕃東道節度使與北道節度使之間；緊臨吐蕃南道節度使之西境為吐蕃青海道節度使，東為李唐之成都府。依照《舊唐書·韋皋傳》所載，吐蕃發動原有進襲靈、朔二州之蕃軍南下救維州，吾人觀當時所牽涉到的相關吐蕃軍區，包括了吐蕃東道節度使、北道節度使、青海道節度使以及南道節度使等四個軍區，蕃廷為救受困的維州，免於失陷，勢必動員與維州相關的上述四個軍區的兵眾與物資。能夠號令且調動上述軍區之人員、物資者，依照吐蕃體制應為吐蕃首席宰相（Blon chen po）以及眾相（Chab srid kyi blon po chen po bkav la gtogs pa宰相同平章事），[67]但當時贊普所派遣的論莽熱本職官銜為「內大相」，此一看似地位崇高的銜稱，事實上僅屬吐蕃寮寀級的官員。原因在於「內大相」的漢文譯寫蕃文官稱 nang blon chen po 時，錯誤地將 nang 作一字，將 blon chen po作一詞，而成了「內」修飾「大相」，誤解成其亦為吐蕃宰相群中之一員。然而，應將 nang blon（內臣）視為一官稱，chen po（大）為修飾 nang blon，表示為 nang blon 之中的最高層級，是以 nang blon chen po 應譯為「大內臣」，是為事務性質的官屬，為決策階層眾相的下屬。明乎此，即知蕃廷派遣「大內臣」主解圍維州事時，因「大內臣」本身職權並未具備有號令邊境軍區的權限，是以必須臨時賦予可以號令邊境軍區的銜稱。基於上述的認知，吾人可據以審視漢史籍的載記。

就《舊唐書·韋皋傳》所載論莽熱的銜稱「東境五道節度兵馬都群牧大使」，以及《舊唐書·吐蕃傳》所載「東境五道節度兵馬使、都統羣牧大使」而言，所謂「東境五道」，係以吐蕃為中心，李唐位於其東，吐蕃自李唐所奪取的土地，對吐蕃的方位觀念而言，均屬東土，因此「東境五道」就是指吐蕃攻佔唐土以後，所成立的 bde blon khams chen po（德論所領大區域），簡稱 bde khams（幸福之區），就是包括吐蕃東、西、南、北及青海等五道。所謂「節度兵馬」或「節度兵馬使」，均非吐蕃本身的銜稱，係唐人所比擬的官稱，意為能夠指揮調動「東境五道」部隊的長官；「群牧大使」則完全是李唐的使職銜稱，職掌李唐全國馬

---

[67] 林冠群，《唐代吐蕃宰相制度之研究》，頁 269-273。

政者。[68]顧名思義，依照唐人的理解，吐蕃解維州之圍主帥的銜稱，為蕃廷所賦與臨時性任務形態者，屬於非常態性質。是以吾人似亦不宜以吐蕃常制官稱目之。然而按照吐蕃地方體制係軍民合一形態，地方主官兼管軍民，[69]因此，「兵馬使」與「群牧大使」之銜稱，對於吐蕃地方體制而言，即顯多餘。事實上以「東境五道節度使」之銜稱，已足以表達論莽熱所肩負的職權與任務。

　　《新唐書・吐蕃傳》所載「松州五道節度兵馬都統、羣牧大使」，則更顯無稽，因為松州位於吐蕃南道節度使的轄區內，故此，「松州五道」所指，充其量僅能是吐蕃南道節度使，與其他如東、西、北、青海等諸道節度使無涉。若如此，擁有此頭銜者如何號令其他四道節度使？其餘如「兵馬都統、羣牧大使」，前文已云，概屬唐人所附加而上者，並非吐蕃本身的銜稱。有關於此，另有一事例可茲佐證。李正宇曾綴合編號 ДХ.1462 與 P.3829 兩件文書，是為〈吐蕃論董勃藏修伽藍功德記〉，[70]其上所載論董勃藏的官銜為：「沙州行人三部落兼防御兵馬及行營留後大監軍使」，[71]上引銜稱中之「防御兵馬及行營留後」，即為漢人所填加上去的「空銜」，因為在現存傳世的吐蕃文獻之中，例如 P.T.1089 並不存有以蕃文書寫的「防御兵馬及行營留後」等字樣的銜稱，這是典型的漢式官稱，是為吐蕃實際不存在的官員銜稱，其所以如是書寫，目的在於借用華麗的漢式官銜加以美化。因此論董勃藏的實際銜稱應為「沙州行人三部落大監軍使」，易言之，就是「沙州節兒監軍」，二者同一。基於以上所述，吐蕃於德宗貞元十七年（801）所派出解維州之圍的論莽熱，其銜稱似應為「大內臣兼吐蕃東境五道節度使」。準此而言，兩唐書記載論莽熱的官稱，似無一正確。

68 宋・王溥，《唐會要》卷 66，〈群牧使〉，頁 1145-1146 記載：「貞觀十五年，尚乘奉御張萬歲，除太僕少卿，勾當群牧，不入官銜。至麟德元年十二月，免官。三年正月，太僕少卿鮮於正俗，檢校隴右群牧監，雖入銜未置使。上元五年四月，右衛中郎將邱義，除檢校隴右群牧監。儀鳳三年十月，太僕少卿李思文，檢校隴右諸牧監使。自茲始有使號。」

69 林冠群，《唐代吐蕃史研究》，頁 661。

70 李正宇，〈吐蕃論董勃藏修伽藍功德記兩殘卷的發現、綴合及考證〉文刊《敦煌吐魯番研究》（北京：北京大學出版社，1995），頁 249-257。

71 俄羅斯科學院東方研究所聖彼得堡分所、俄羅斯科學出版社東方文學部、上海古籍出版社編，《俄藏敦煌文書》（上海：上海古籍出版社，1992），頁 192。

五、結論

　　吾人於上文審視了漢史籍所記載相關之吐蕃官稱，發現有些與原吐蕃官稱相較的結果，屬「一知半解」的情況下，作了不完全正確的載記，有些則屬「只知其一，不知其二」，有些則為「無一正確」的情況，有如上述。此令吾人大感意外。因為吐蕃自唐高宗時期開始，即已成為李唐最大的邊患，據《新唐書・吐蕃傳》贊曰：

> 唐興，四夷有弗率者，皆利兵移之，蹶其牙，犁其廷而後已。惟吐蕃、
> 回鶻號強雄，為中國患最久。贊普遂盡盜河湟，薄王畿為東境，犯京師，
> 掠近輔，殘齕華人。謀夫虓帥，圜視共計，卒不得要領……[72]

《唐會要》則記載唐宣宗於大中三年（849）所發佈之敕書曰：

> 每念河湟土疆，綿亙迢闊。自天寶末，犬戎（吐蕃）乘我多難，無力禦
> 姦，遂縱腥羶，不遠京邑。事更十葉，時近百年。進士試能，靡不竭其
> 長策。朝廷下議，亦皆聽其直詞，盡以不生邊事為永圖，且守舊地為明
> 理。荏苒於是，收復無由。[73]

由上二引文得知，歷朝歷代之李唐君臣對於來自西方的邊患，束手無策的窘況。

　　按情論理，吐蕃既為李唐最棘手的邊患，李唐君臣首要之務，當為深入瞭解吐蕃，包括吐蕃所有的政治、經濟、社會狀況，以及吐蕃文化與思維等等。然而，當吾人翻閱兩唐書等史籍所載記的吐蕃官稱時，赫然發現受吐蕃侵擾之害甚深的唐人，竟然對互動頻仍，且經常交手、接觸的吐蕃官員，甚至連其最起碼的銜稱，都無法辨識清楚，更遑論對更深層的吐蕃文化以及吐蕃人的行為思維等，其隔閡如此。

---

[72] 宋・歐陽修、宋祁等，《新唐書》卷 216 下，〈吐蕃傳〉，頁 6109。

[73] 宋・王溥，《唐會要》卷 97，〈吐蕃〉，頁 1740。

　　毋怪乎，吐蕃邊患長達二百年，李唐始終無法找出妥適的對策，其原因即在於此。所謂「知彼知己，百戰不殆」的古訓，似乎李唐君臣充耳未聞。

附圖：吐蕃軍事佔領行政區劃示意圖

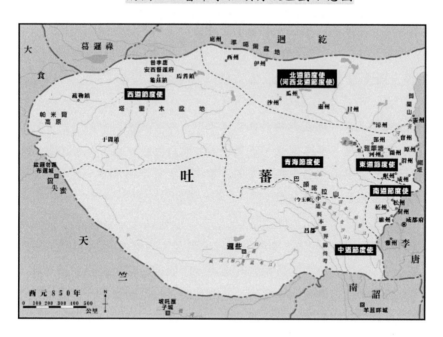

象徵重建傳統宇宙秩序觀的探討
──以台灣當代家將團的八卦陣為例

賴亮郡*

一、前言

　　中外學者均指出，不論是定期或不定期的廟會活動與醮典活動，是一連串的儀式表演，這些儀式表演，乃藉由非日常性的社會角色扮演，解決世俗生活中集體性緊張與焦慮等諸多問題，其最終目的，是重建宇宙的平安與和諧；因此，「合境平安」、「風調雨順」是慶典活動參與者的共同期望，所謂的「平安祭典」、「祈安清醮」就是這個意思。[1]

　　而家將的職責之一，是驅惡除魔，捕捉陰陽兩界的惡徒，解救生靈於苦難之中；其行軍與布陣，一方面是懲罰冥界的惡棍，另一方面則藉著遊巡展現神威，向圍觀的群眾教示絕對不可為惡，否則會受到家將的懲罰。[2]廟會活動中出現的家將團及其演出，對其所屬廟宇而言，是神明的護衛、高尚莊嚴的驕傲象

* 臺東大學文化資源與休閒產業學系教授

[1] 參閱 Michael R. Saso, *Taoism and the Rite of Cosmic Renewal*. Pullman: Washington State University Press, 1972；劉枝萬，〈醮祭釋義〉，收入氏著，《台灣民間信仰論集》(台北，聯經出版事業公司，1986)，頁 1-24；康豹，〈屏東縣東港鎮的建醮儀式──兼探討火醮、水醮和瘟醮的關係〉，刊於莊英章、潘英海合編，《台灣與福建社會文化研究論文集(三)》(台北，中央研究院民族學研究所，1996)，頁 179-220；李豐楙，〈迎王與送王：頭人與社民的儀式表演──以屏東東港、臺南西港為主的考察〉，《民俗曲藝》129(2001.1)。

[2] 家將其實具備鬼與神、陰與陽的雙重性質，其身份是「似神非神」、「似鬼非鬼」的，因此既可懲戒冥界的凶徒，也可以教訓陽界的惡人與壞蛋。又因為家將處於穿梭陰、陽兩界的「模稜兩可」狀態，更強化其高深的法力，成就其執行緝捕、驅除邪惡與危害的司法神明任務。以上，詳見拙稿，〈家將的裝扮與傳說〉，《興大歷史學報》24(臺中，國立中興大學，2012.6)，頁 130-131，142-143。

徵;對一般群眾而言,則是陰陽兩界法律與秩序的維護者,具有調整民間社會秩序、重整宇宙秩序的宗教功能。[3]

　　家將演出的陣法有許多種,最常看到的是「四門陣」、「五行陣」、「七星陣」與「八卦陣」,這許多陣法中又有不少複雜的大、小橋段,每一橋段都有特殊的涵義。[4]全面論述所有陣法及橋段非單篇論文所能容納,因此,本文依序先介紹家將行軍與布陣的概況,且將重點放在最大規模的八卦陣,敘明其陣法的開合、將爺的走位、行進方式,闡述此一陣法的「陰陽」、「四象」、「五行」、「八卦」等重建宇宙秩序的內在邏輯,以及形成陣團間彼此差異的原因、陣法或步法不斷革新的意義;至於「四門陣」、「五行陣」、「七星陣」等,強調的是攻擊、圍捕、捉拿陰陽兩界的惡徒,主旨是恢復陰陽界的社會秩序,關於這一點,筆者將另文論述。

　　許多家將團的教頭都口頭上謙虛,表示自己能力不足,但事實上,不少家將團的行軍與布陣,確實展現相當高的藝術成就與懾人的視覺效果。[5]然而,絕大部分家將團傳承時,都採「口傳師授」的方式,大多數有關家將的排演方式,都只記在教頭(師傅)腦中,僅少數陣團有一小部分文字記錄,因而導致徒弟所學未必完整,而且與師傅所教有所出入。這其中,又以陣法最難傳承,也最難理解或詮釋。臺灣各個衍派的臉譜及「安館」、「謝館」等儀式,一般都有具體的文本(文字或圖像)及操作流程,可供後人模仿學習,但家將陣法及橋段的傳承則大異其趣,必須經由師傅親自費心的指導,才能小有所成。大體上,各陣團的師傅都將陣法視為一種「心法」,或者說是某種程度上的不傳之秘,沒有圖譜可以按圖索驥,只能由師傅親自下場,一個動作接一個動作的示範與教導。

　　家將團的教頭,通常稱其所傳授的陣法為「腳步」或「步法」。此一稱法,有時只是單純的表示一種肢體的擺動方式,或陣團的行進方式,或者某一個橋

---

[3]　關於家將團及其演出的儀式意義及宗教性功能,參看拙著,〈家將「四季大神」初探〉,《興大歷史學報》18(臺中,國立中興大學,2007.6);〈家將的裝扮與傳說〉;〈釋「坐筊」──一個難解的家將儀式展演橋段〉,《媽祖與民間信仰:研究通訊》5(臺北,博揚文化事業有限公司,2013.6)。

[4]　例如幾乎每一衍派在演出時都有的「坐筊」橋段,就有相當豐富的內涵。參看前引拙著,〈釋「坐筊」──一個難解的家將儀式展演橋段〉。

[5]　參看前引拙著,〈家將的裝扮與傳說〉、〈釋「坐筊」──一個難解的家將儀式展演橋段〉。

段；但對大多數精通陣法的陣團老師傅而言，「步法」或「陣法」的「法」字，就有如道士的步虛、存想，代表一種具有法力的儀式與「法度」，有一定的規矩和格式，不能輕易更改。[6]在廟會活動或醮典中，家將團透過「四門陣」、「五行陣」、「七星陣」、「八卦陣」等陣法的展演，可以啟動某種法力，重新調整業已混亂的宇宙與人間秩序，恢復天地間的和諧狀態。而各種陣法的核心思維，就是傳統中國的「陰陽」與「五行」思想。

「陰陽」與「五行」的概念起源於先秦，自鄒衍以後到漢代，此一思維與政治、宗教有密不可分的關係。[7]這種傳統中國哲學思維，有些西方學者稱之為「關聯性宇宙論」(correlative cosmology)，這是由於陰陽或五行的元素，彼此間相生相剋，循環不已。[8]正因為相生相剋循環不已，此種思維並不指定最終的「德」或「正統」，而是自鄒衍以下並漢代諸儒，以異說、異象警惕人君，使其知主運可移而威權難恃。[9]「主運可移而威權難恃」，可以說是知識上的大傳統，此一觀念反映在家將文化的小傳統中，就成為各個陣團創新的重要契機。

台灣擁有家將團的廟宇甚多，在「輸人不輸陣」的心理作用下，廟宇與廟宇、陣團與陣團之間，難免有彼此競爭炫耀的心態，於是在原有的陣法之外，不少陣團的師傅又力求創新，傳衍出各種新式的陣法，並宣稱其傳衍的「腳步」，是最正統的。於是，我們在台灣的廟會現場中，很難認定究竟哪一個家將團的

6 許多家將團的老師傅，或者本身就是道士、法師，或者從道士、法師處學到一些法術，因此，家將的許多宗教儀式，如「安館」、「開館」、「謝館」等，經常可以發現道門、法門的影子。見 Donald S. Sutton, "Ritual Drama and Moral Order: Interpreting the God's Festival Troupes of Southern Taiwan". *Journal of Asian Studies*, 49(3)，1990, pp.535-554；另見同氏，"Transmission in Popular Religion: The Jiajiang Festival Troupe of Southern Taiwan". in Meir Shahar and Robert P. Weller ed. *Unruly Gods: Divinity and Society in China.* Honolulu: University of Hawaii press, 1996. pp. 230-233.

7 王夢鷗認為，明堂月令的構想，早就詳見於《呂氏春秋‧十二月紀》，《禮記‧月令》乃轉輯〈十二月紀〉而成。〈月令〉是依天文而施行政事的綱領，就是將古代的天文知識應用於陰陽五行之說，因此，〈月令〉也可以視為依據陰陽五行學說而設計的王制。說見王夢鷗，《禮記今註今譯》(台北，台灣商務印書館，1970)第六〈月令〉，頁 255 以下。另可參閱史華慈(Schwartz, Benjamin Isadore) 著、程鋼譯，《古代中國的思想世界(*The World of Thought in Ancient China*)》(南京，江蘇人民出版社，2004)，第 9 章〈相關性宇宙論──陰陽家〉，頁 379-388；徐復觀，〈陰陽五行及其有關的文獻的研究〉，收入氏著，《中國人性論史》(台北，台灣商務印書館，1984)，頁 574、581。

8 見史華慈(Schwartz, Benjamin Isadore) 著、程鋼譯，《古代中國的思想世界(*The World of Thought in Ancient China*)》第 9 章〈相關性宇宙論──陰陽家〉，頁 362-368。

9 見蕭公權，《中國政治思想史》(台北，中國文化大學出版部，1980)第九章，頁 289-303。

步法或陣法才是最原始、最傳統、最「正港」的。

在田野過程中，筆者經常聽說某家將團過去曾有一些特殊的、其他家將團所沒有的陣法。例如，1993年，筆者在高雄市郊觀賞某一家將團「打臉【繪面】」時，一位具有法師背景的教頭向筆者說明，家將的陣法共有太極、兩儀、三合、四象、五行、六斷、七星、八卦、九宮等九種，並強烈的表示，唯有九種陣法全部都學全的家將團，才是真正的家將團。從名稱上看，這似乎都是《周易》與陰陽思維的延伸，其中，「三合」、「六斷」更明顯是乾卦、坤卦的象徵。不過，筆者從未看過有陣團能夠布出上述所有陣法，更懷疑是否真有這麼完整的陣法。雖然這麼完整而有序的陣法不一定存在，但從此也可以了解，家將陣法的核心概念，正是源自於古老的太極與陰陽五行思維。

目前，各家將團間都儘量避免明著來一較高下，但暗地裡，互相競爭、嘲笑、揶揄對方的言語從來不曾間斷。另一方面，由於大部分的家將團都視臉譜、陣法、「手路」為不傳之秘，一個旁觀者很難取得某一個陣團的文字或圖譜資料，也很難完全摸清每一個陣法的意義。每個陣團的「路數」或多或少都有差異，如果認真追究起來，每一個師傅都有自己的一套說法，言人人殊，很難斷定哪一個說法才是對的。同時，由於很少有陣法的圖譜留傳下來，即使有，也幾乎沒有人願意把其辛苦學來(或創新而得)的陣法圖譜輕易公開，因此，筆者分析陣法時，所仰賴的就是大量田野工作時所拍的照片、影帶紀錄，以及少數師傅慷慨借閱的影像資料。[10]

二、家將的行軍與布陣概說

家將奉主神之命出發繞境時，稱為「出將」或「出軍」。由於家將既是廟宇

---

[10] 三五甲鎮山宮第三代總教頭林裕章先生頗通道、法二門，2000年起，已將家將事務交出，由第四代之林榮俊、林金興接任總教頭之職。筆者曾數次拜訪林裕章先生，獲贈其排演家將的手稿數種，分別是《應元宮丁卯年(1987)蜈蚣遶境資料》(1987年手寫本)、《三五甲鎮山宮八家將排演資料》(1988年手寫本)、《佳里三五甲鎮山宮八家將排演彙集》(1992年手寫本)、《佳里三五甲鎮山宮八家將誌》(1996年手寫本)等，特此致謝。

主神駕前的護衛，又是宇宙秩序的恢復者，因此，這種軍事化陣團的展演，有時用以迎神護駕，有時又用來驅邪除魔，端視不同的場合而定。本廟主神出巡的神轎之前，家將分左、右兩儀，列為兩路寬闊的縱隊面向廟門，眾將爺整齊畫一的以弓箭步俯首屈身禮敬，稱作「總參」(見圖1)。等神轎從中間通過後，再同時起身，快步趕到神轎之前，仍以左、右儀的兩列縱隊前進。同時在巡境繞街時，家將是主神的駕前護衛，也是位於神轎的前方的開路先鋒，此時家將團採「虎字步」(八字步)行軍方式，以左、右儀兩列縱隊前進，類似軍隊的行軍(見圖2)。若是友廟神明壽誕時，家將必須奉命護衛本廟的主神向友廟祝壽，這屬於迎神祝賀的場合，一般也是兩縱隊前進，在廟埕的天公爐前，與各自的「對手」兩兩成對，以左儀高於右儀的停駐方式，依次向該當廟宇的主神祝賀，一般稱此一場合的展演為「拜神」或「參禮」(見圖3、4、5)。

大體而言，受賀的廟方會準備一個臨時的香案，稱作「淨爐」，由執事人員迎接家將，家將團則是由刑具爺與對方互踩「三川步」，彼此禮敬；其他家將成員則以其特有的步法慢慢前進，接近香案時，兩兩一對，依次行禮如儀。每一對的動作都相當一致，先面向對方「對照(笑)」，[11]然後再轉身面對廟門，加快腳步來到天公爐前，以整齊的動作將羽扇猛力下揮三次；[12]再轉身背對而行，各自繞一個大圓到廟埕外方，等待整個隊伍完成儀式後整隊離開。

有時，迎神祝壽儀式會較為複雜，也占用較多的時間，而家將表演儀式的繁簡，乃根據友廟的規模、威望、其與本廟的親疏關係，或者廟會慶典活動的重要性而定。

一旦家將施展緝捕法力以驅邪除魔時，就搖身一變，成為捉拿陰陽兩界邪魔惡徒的司法神明，此時布出各式陣法，由行軍時的兩列縱隊，變換成另外一種相當複雜的展演形式，其步法手勢也由「虎步」(「八字步」)轉為拳法或步虛之法，所有將爺或兩員一組、或四員一組、或八員一組，開始彼此間複雜的

---

[11] 「對照(笑)」是家將團的共同用語，意指二位將爺會面時，互相注視對方，齜牙裂嘴，喉嚨發出低沉的嘶吼，以下巴水平畫「8」字緩慢搖頭。至於「對照(笑)」的意義，各家說法不同：有人說是展現將爺們的威嚴；有人說是象徵將爺們互相尋找其伙伴；有人說是將爺們彼此溝通，但因是神明，其語言無法為常人所理解，因此喉嚨發出低吼聲，表示是神明在說話。

[12] 某些家將團參禮時，是由每一對成員將羽扇猛力下揮二次，各自轉身360度，再面對廟門(天公爐)以羽扇下揮一次，完成禮敬儀式。

移位交換，象徵各將爺間的合作無間。但不論如何變化，陣法的核心思維，始終環繞著陰陽五行觀念。

當家將「出軍」時，整個隊伍的行進相當整齊畫一。一個訓練有素的陣團，不論是八人、十人、十二人、十三人成軍，不僅步伐整齊、羽扇揮舞的跨度一致，而且所有的肢體動作充滿了力道與韻律感。重要的廟會慶典活動期間，陣法的儀式展演，通常先會在廟埕中以兩列縱隊的形式先繞行一圈，其趾高氣昂並近似武術的肢體表演、一對對協調的步法搭配、整齊的揮扇動作、精準的時間差控制，在在顯示廟會期間的「非常」氛圍。

最基本的家將展演，由「前四班」及「後四貴(季)」[13]組成。一般而言，「八家將」就是以此 8 位基本成員為主，再加上小差(文、武差)、刑具爺，共 11 人；而「什家將」則又加入文判、武判，共 13 員。[14]有些陣團，小差爺、文武判官、刑具爺，僅在陣法外圍繞圈，另一些陣團，則是所有成員都加入布陣的表演中。不論哪一種組合的展演，處處都展現出家將是兩兩成對、互補調和，卻又高低有別的陰陽思維。

正如過去筆者所述，每一對家將都不是完全對等的。二爺位在右儀(陰)，戴的是下窄上寬的矮方帽，大爺在左儀(陽)，戴的是下寬上窄的高方帽，而且此一最原始的配對，其行動的主控權是在大爺身上。其他文武差、甘柳爺、四季大神、文武判等，也都兩兩成對，在左儀(陽位、高班)者是文差、甘爺、春大神、秋大神、文判，在右儀(陰位、低班)者是武差、柳爺、夏大神、冬大神，這些兩兩成對的將爺，都是大、二爺陰陽二儀的延伸，[15]就連單獨一員而不成對的刑具爺(什役)，其手中所持者也是陰陽一對的虎頭和鯉魚刑具板。

家將跟隨主神出巡繞境的過程中，如果沒有特別的儀式展演，只是一般的行進，俗稱「開步行」，其步伐呈現出誇張的趾高氣昂態勢，虎虎生風，稱作「八

---

[13] 家將成員中，甘爺、柳爺、大爺(七爺)、二爺(八爺)是四大將軍，一般稱「前四班」；春大神、夏大神、秋大神、冬大神是四季大神，一般稱「後四貴(季)」。

[14] 有些八家將的陣團只有一位小差，是將文、武二差整合為一個角色，而什家將則一律都配有文、武二差及文、武判。

[15] 大爺、二爺(或稱七爺、八爺)其實是所有家將團成員的原型，而其所表現的核心思維就是「無常」與「陰陽」，參看前引拙著，〈家將的裝扮與傳說〉，頁 158-167。

字步」或「虎步」;有些陣團則舉膝過腰,小腿往外踢出,類似道士步虛時的步
法。當將爺們「對照(對看、對笑)」時,每一對都向彼此齜牙裂嘴、好像在怒
視對方,並舉扇緩慢但有力的由臉前弧狀揮下,在大腿側停頓。但此時位於左
儀(陽位、高板)者採高姿態,挺直身軀;位於右儀(陰位、低板)者則屈膝蹲低或
跪姿,仰頭凝視對方。就算是展開陣法如「四門陣」、「八卦陣」時,上述兩兩
成對但高低有別的陰陽組合,仍然是最基本的準則。(見圖 3、4、5)

　　陣法展演過程中,眾將爺手持羽扇及法器(刑具)[16]行使不同的拳路:大爺行
大開大闔的白鶴拳,二爺行屈膝蹲低的猴拳,甘柳爺行太祖長拳,四季大神行
花草拳或羅漢拳。甘、柳爺常在每一次會合時,以板筊 (板批、竹板)互相敲擊,
交錯成「X」型(見圖 4、5)。刑具爺則繞行陣法週圍,不時以彎腰屈膝之姿用
兩面刑具板敲擊地面。

　　一般群眾觀賞家將表演時,大都認為其「步法(腳步)」大同小異,其實不
然。雖然大部分將團的陣法名稱的確沒有太大差異,但各陣團間的陣法設計及
肢體動作卻顯然有別。

　　以肢體動作而言,源自於東港衍派的步法剛強有力、虎虎生風,舉手投足
間力道十足,整體看起來就像是一場武術表演或對打;而傳承嘉義衍派的家將
團,其舉手投足間較為溫和,動作較為流暢,看來似是一場精心設計的舞蹈表
演,又像是道士的凌空步虛(見圖 6)。

　　以臉譜彩繪而言,台南、東港衍派基本上以紅、黑、白三色為主,其他顏
色並不多見,且其構圖簡單俐落而樸素,較易辨別;而有些將團的臉譜,則用
色多樣,構圖雖柔和,但複雜且抽象,尤其是嘉義地區將團的臉譜,線條細緻
花俏,與台南、東港地區的臉譜大異其趣。

　　以抬腳的高度而言,東港衍派行軍時不會舉膝過腰,但每一步都孔武有力,
似欲震動山河;另一些陣團行軍時,則抬腳時往往舉膝過腰,往外張開,空中
停頓的時間較久,再緩緩落下,類似道士或法師的步罡踏斗。以搭配演出的樂
器而言,什家將用手鑼、板鼓、水鈸合成節奏,而八家將則常用「更鑼」。[17]

---

[16] 將爺們各自所持的法器(刑具),一般稱之為「寶」。

[17] 「更鑼」是一種敲擊樂器,本來類似報時作用的鬧鐘,後來在傳統戲曲裡被借用為控制節奏的樂器。
　八家將使用的更鑼較一般更鑼小得多,左手持鑼,右手持竹板,以清(高)、悶(低)二聲控制家將的行
　進節奏。

三、家將的八卦陣

　　八卦圖式常見於道士的步虛及宋江陣的演出，[18]然其潛在的意涵仍有待進一步深究。不過，家將的八卦陣(大部分陣團稱之為「安八卦」或「排八卦」)是其「四門陣」的延伸，也是古代「陰陽」、「四象」、「五行」思維的進一步發展，更均衡的守住代表宇宙週邊的八個方位，而且更致力於表達整體的勻稱。八卦陣不只關心想像中城門(四正)及城牆所在的四個基點(四隅)，而是超越城門防禦及城牆巡邏；其所建立的秩序，不是憑藉堅固的城牆及攻擊或防禦陣式，而是更強烈表達出多方力量的互補與融合，以便更進一步創造天地宇宙秩序的和諧。另一方面，八卦陣的排演，也更清楚的反映台灣的道士或法師，的確對家將團的儀式與陣法產生重大的影響。

　　八卦一般又稱為小成卦，此八者為乾、兌、离、震、巽、坎、艮、坤，分別以天、澤、火、雷、風、水、山、地八種自然界的元素做為表徵。每卦由三爻所組成，由下而上分別是地、人、天，此三者又稱三才，有此三者方能構成事物，故三爻成一卦，稱之為小成。應注意的是，易經的爻位是由下而上算的，以之代表萬物由下而上成長。

　　而八卦圖有兩種：一種名為先天八卦 (見圖7)，另一種則名為後天八卦 (見圖8)。據傳，先天八卦依伏羲歸納之理而來，故又稱伏羲八卦；後天八卦依據文王演繹卦辭而來，故又稱文王八卦。此二者皆以方位排列畫出，但卻截然不同，也就是說在先天和後天上，八卦所代表的方位有所不同。先天八卦依八卦的順序，分別是乾、兌、离、震，巽、坎、艮、坤。由於它依《易》理而來，所以兩兩陰陽相對，每卦的對面都是對應的卦，所以陰陽爻一定相反。例如，「乾」卦以三直線代表天與至陽，其相對的「坤」卦就以三斷線代表地與至陰。左位的乾兌離震是陽儀，右位的巽坎艮坤是陰儀。八卦的三爻經過自迭或互迭，又構成了六十四卦。八卦的每一卦分散獨立，視其爻數總計後是偶數或奇數來區

---

18 「宋江陣」是台灣人所共知的藝陣，其演出人數遠較家將為多，且其陣法之中，的確有聲勢浩大的「八卦八門金鎖陣」。見陳丁林，〈梁山好漢話宋江：安定新吉村宋江陣〉，氏著，《南瀛藝陣誌》(台南，台南縣政府，1997)，頁37-45。

分陰儀或陽儀。八卦(八方、八位)的中心，則是由陰、陽二極所構成的太極。[19]

　　一般而言，早期家將團的師傅(現多超過八十歲)大多能清楚的說出八卦之名，但很少有人能詳細闡釋八卦的原理。不過，台南佳里三五甲鎮山宮吉興堂八家將的前代教頭林裕章先生，曾出示該堂的家將資料及圖譜，用《易經・繫辭》中「易有太極，是生兩儀，兩儀生四象，四象生八卦」幾句話，以及八卦圖式，向筆者說明無極、陰陽、兩儀、四象、八卦的道理：

　　　　宇宙最初是一團無邊無際的混元之氣，稱作「無極」。它一分為二而成陰氣與陽氣，由陰氣與陽氣而凝固成天與地。有天地兩儀，就形成四象，於是就有了春、夏、秋、冬四時的運行，隨著四時的運行，而產生了天、地、雷、風、水、火、山、澤八種基本物質。這八種基本物質各有特性與功能，其特性與功能對萬物的產生和發展又各有所用。陰陽兩儀的相反相成中，又演化出五行。從陰陽兩儀的兩兩對立統一，以及相反相成，才得以推動萬物生生化化，終始無窮。[20]

在林裕章先生看來，四象、八卦及萬物的生成，其推動之力就是陰陽兩儀的生

---

[19] 學者指出，八卦的構成是在結繩之後，改結繩為書契時，以「—」代表一大結，以「--」代表兩小結，三大結「☰」為乾，六個堆疊小結「☷」為坤。「☰」代表天文之事，「☷」代表地理之事。「☳」為雷(震)，「☴」為風(巽)，「☵」為水(坎)，「☲」為火(离)，「☶」為山(艮)，「☱」為澤(兌)。這裡用的是象徵表示法，奇數的八卦的自疊或互疊，就構成六十四卦。《易經》講的是六十四個「大成卦」的「爻動現象」，一個大成卦是由兩個「小成卦」上下相疊而來，在上邊的小成卦就叫「上卦」，下邊的則叫「下卦」。八個小成卦(合稱八卦)，就是上述的天(乾)、澤(兌)、火(離)、雷(震)、風(巽)、水(坎)、山(艮)、地(坤)。六十四卦中，每個大成卦為兩個小成卦的疊置，每一個卦圖都有六行，即六個爻，每一行稱作一爻，爻的位置就叫「爻位」，爻位由下往上數，因此第一爻(稱為「初爻」)在最下面，相當於下卦的第一爻；而第六爻(稱為「上爻」)在最上面，也就是上卦的第三爻。每個爻位上會用不同的陰或陽來作記號，因此每個大成卦都會有個特有的符號。古代用「九」代表「陽」，用「六」代表「陰」，因此每個大成卦的符號，根據每一爻的位置、性質，就可以用六、九跟爻位的組合來記錄，安上「初九」、「六四」之類的稱呼。參閱李鏡池，《周易通義》(北京，中華書局，1981)，頁6-7。另參閱，Chung-ying Cheng(成中英), "Zhouyi and Philosophy of Wei (positions)", in: *Extreme-Orient, Extreme-Occident*, Paris, France, No.18, 1996, pp. 149-176.

[20] 這段引文，是筆者根據林裕章先生手寫本《三五甲鎮山宮八家將排演資料》、《佳里三五甲鎮山宮八家將排演彙集》，以及拜訪林先生的訪談紀錄整理而成。

息與變化,因而八卦圖示也代表天地萬物的等級次第。

依據八卦圖式而設計的家將團的八卦陣,看似含糊而曖昧,但其實頗有理路可循。有一次,筆者看到台南某家將團的師傅,就以道士步虛之法,腳踩後天八卦,召喚眾將爺的神靈在裝扮者身上「安坐」(見圖9),也就是「降神」。

另一位台南著名陣團的執事則告訴筆者,真正的八卦陣,必須讓所有將爺全部走完六十四卦,這恐怕要花去大半天的時間,事實上,要讓家將排演出六十四卦不但耗時,也幾乎無法成陣。因此,這個陣團的執事認為,以家將團的人數而言,根本不可能完整排演出所謂的八卦陣。

然而,許多將團的前代教頭或師傅,卻以高超的編排,師八卦之意而非其形,依以下幾種方式,創造出令人眩目驚奇的陣法。

其一,運用前文一再強調的陰陽相對思維,這是家將步法及各種橋段的基本原則,每一對將爺都有左儀(陽)和右儀(陰),兩兩相對但高下有別。

其二,編排匠心獨運的移位路線及方式,使每一對將爺都能走完八個方位。

其三,家將中的八個主要成員(四大將軍、四季大神),正好相應於八卦,其數目不多不少,正好可以形成一個八卦的循環,也不致於因人數太多,使陣法複雜到難以控制,有利於陣法的傳授;而且,陰陽兩儀的排列,又正好使每兩對形成四個方位,交叉重疊後,就是八卦的方位。

其四,在每一個定點的停駐時,運用家將特有的停駐手勢及持扇動作,使陣法看起來更容易突顯八個方位。

台灣不同家將衍派間,甚至同一衍派間不同的陣團,其排演八卦陣的方式差異極大。大體而言,東港地區及其衍派的家將團以四大將軍為演出八卦陣的主力,四季大神為輔;台南、旗山及嘉義的拱吉堂,則以四大將軍及四季大神共同加入排演;三五甲鎮山宮吉興堂及其衍派,則再加上二位小差爺。

台南白龍庵如意增壽堂什家將的八卦陣法如圖10,[21]四大將軍從兩列縱隊

---

[21] 由於全台白龍庵如意增壽堂什家將近年來已不出軍,筆者也僅看過該團排演四門陣,從未見過其八卦陣,目前如意增壽堂的執事者也一再強調該團沒有所謂的八卦陣。不過,2001年,筆者訪談一位早年與如意增壽堂頗有淵源的「老將爺」,他向筆者口述記憶中的八卦陣,圖10所示,就是依其口述所繪製。然而,當年此「老將爺」年事已高,這個陣法是否真如其所述不無疑問,此處暫時保留該陣法,疑以傳疑,聊備一說。

行進的原位先走到震(大爺)、巽(二爺)、兌(甘爺)、艮(柳爺),然後再各自移位,大爺至乾位、二爺至坤位、甘爺至坎位、柳爺至离位;接著,四季大神分占艮、震、巽、兌四卦,與四大將軍正好是兩個正方形的 45 度交錯。四大將軍走的是直線,直接移到定位,四季大神則各自都走了三個方位。

接著,甘、柳爺從城牆的左右門,四季大神從城牆的四個角,大、二爺從城牆的上下門,將爺們依此次序再從八個方位回到中心。再來,八位將爺結成一牢固的防守方陣,將文、武判保護在中心,二位小差爺則在側翼巡護。最後,眾將爺們從八卦方位,再集結成更具軍事形式的架構,表示召集全宇宙所有的天兵天將。

此一陣法,非常清楚而具體的顯示了陰陽思維的互依互存與相對性。其特徵之一,就是在陣法的輪動中,眾將爺雖然經常移位,左儀(文位、陽儀、高班)的將爺會移至右儀,右儀(武位、陰儀、低班)的將爺也會移到左儀;然而,到了最後,眾將爺各自歸位,回到其在天地中的初始位置,回復到陰陽思維高下有別的等級秩序。這一點,從大、二爺的移位中看得最清楚。

若依先天八卦圖,至陽者是位於南方的乾位(卦),與位於北方(廟宇的對立方)至陰的坤位(卦)相對,大爺、二爺的確在最後分別定位於乾、坤二卦。然而,在陣法的開展中,其他將爺並不全然依其左、右儀的特性走位,有時會走到不同的儀位。例如,有些右(武、陰)儀的將爺(柳爺、夏大神)並不在其相應的位置上,而且,四季大神也並不總是在相對的位置上。就這一點而言,白龍庵的八卦陣似乎在某些部分違背了傳統的陰陽思維。

東港共善堂什家將的八卦陣則另具特色。先是柳爺走到甘爺的對面,二爺走到大爺的對面,然後四大將軍依序沿著八卦邊緣的四個廣角三角形(他們稱為「四片花瓣」)繞圈而前行或後退;當到達一定的停駐點時,眾將爺同時往後高舉羽扇,這個動作看來像是花朵的開合,稱為「開蓮花」或「倒踩蓮花」;開畢蓮花後,四大將軍回到內圈。當四大將軍暫時停駐時,先後圍成大小不同、呈 45 度切角的兩個正方形,這兩個正方形的四個角,分別代表八卦的八個方位(見圖 11 及說明)。

東港共善堂的八卦陣,藉由每一位將爺從外圍到中央的移動,很清楚的傳達了八卦的變動本質。此陣團的教頭告訴筆者,八卦陣的特徵,就是不間斷的

移動，將爺不會固定在同一個位置上。

這個八卦陣法另有三個值得注意的變化：

一是在坐筊(坐寶)之後，二爺將其羽扇放在地上，表示八卦圖中的太極位置，眾將爺環繞太極，顯示太極之神聖不可侵犯；在陣法結束前，二爺才會檢起扇子(見圖12)。

二是如果空間允許的話，將爺會以廟前的天公爐為中心，象徵太極，在此演出八卦陣。

三是最近此堂的八卦陣，刑具爺、文武差、文武判在中央形成太極、兩儀，其餘將爺則在外圍分走八卦的八個方位，稱為「太極八卦陣」(見圖13、14)

嘉義鎮南聖神宮拱吉堂本館什家將的八卦陣與前述東港共善堂不同，分別由四季大神、四大將軍排演。四季大神排出的八卦陣，如圖15所示。每位大神從其左高右低的最初始位置開始，分別同時以「之(Z)」字形路線移位，各自在八卦的兩個方位短暫停駐。左儀(陽儀)的春、秋兩大神先移到陰儀的方位，再走到陽儀的方位；右儀(陰儀)的夏、冬兩大神則反是。當四季大神順著八邊形移位時，是各自獨立走動，但每位大神移動的路線及短暫停駐的方位，都在八卦的相對位置上。

令人好奇的是，此八卦陣在結束時，四季大神並沒有回歸到原來的位置上，而是展現出一個循環的圖像：春大神位於右位上方，夏大神在其左，秋大神在夏大神之後，冬大神則在春大神之後。此一蓄意更動的次序與移位排列，陣團師傅稱之為「踩颱風」、「颱風步」或「醉步」。很明顯，此陣團的八卦陣以颱風像徵陰陽關係的週期性不穩定，有待重整。在「醉步」之後，才又重建了宇宙天地間的秩序。

拱吉堂本館由四大將軍所演出的另一種八卦陣法，如圖16所示。甘爺從八卦的陰儀走位到陽儀，二爺從陽儀走位到陰儀，而大爺卻在兩個陰卦間移動，柳爺也在兩個陽卦間移動。此一反轉的八卦陣法，由四大將軍走與其屬性相反的方位，極有可能是從正一道士的步虛法中得到啟發而來。[22]當大爺、柳爺移位到相應的方位時，大爺揮舞其分叉的鯉魚枷法器，看起來好像是在描繪捉拿

---

[22] 拱吉堂第三代教頭林錦祿先生，為道教正一派第六十三代授籙道長。

陰間惡鬼的圖像。此一陣法，似乎反映了更多樣化的陰陽屬性，家將在此所表達的，是一種陰間冥吏的形像。

台東忠合宮源自於東港共心堂，而共心堂又來自於東港共善堂，因此其八卦陣的排演，與東港共善堂雷同，不同之處，是由刑具爺與小差爺代表中央的太極與兩儀，如圖 17 所示。

首先由四大將軍踩定四柱(四隅)，刑具爺帶領文武差進入陣法中央，面向四個不同的方位進行「開卦」。「開卦」時，刑具爺以刑具板敲擊地面，二位小差爺以刑具爺為中心環繞，象徵兩儀；刑具爺每敲擊一次地面，便與小差爺「對照(笑)」。第一次敲擊時，四季大神由陣後踏入陣中，踩定四方，與四隅的四大將軍構成八卦狀，每一位將爺代表一個卦象，外圍則由文武判官圍繞巡視。

刑具爺每開一次卦象，四大將軍與四季大神就先後依順時針、逆時針方向進行換位。刑具爺開完四次卦象，四大將軍與四季大神每人皆走完八個方位，一共就是六十四卦。最後，八位將爺分由八方向中央靠攏，以象徵太極、兩儀的刑具爺及小差爺為中心，八方匯集，高舉羽扇，如同蓮花盛開一般。

蓮花開閉，八位將爺向外圍倒退三大步，回到原位，再開一次大蓮花，稱作「倒踩蓮花」。刑具爺接著率領文武差踩出陣外，其餘將爺各自踩花步，回到兩兩成對之行軍縱隊，進行拜廟。

如果把台東忠合宮什家將八位將爺的走位分段圖示，就如圖 18。

台南佳里三五甲鎮山宮吉興堂的八卦陣，則是一個非比尋常的大陣法，除四大將軍、四季大神外，文武差也加入此陣法的演出。大體而言，此陣團的八卦陣包含了三個部分(見圖 19、20、21)。

第一部分(圖 19)，是眾將爺沿著八卦外圍的八個方位快速移動，四大將軍在外順時針方向而行，四季大神依序在內逆時針方向而行，兩組將爺會快速的依序交錯而過。當前後兩組將爺交會時，兩人一組背對背反頭互視對方的肩膀，張臂揮舞羽扇及法器對照。此步法的某些動作，看起來像是八人制的蘇格蘭舞步(Eightsome Reel Scottish Dance)，[23]差別只在於將爺們交會時，不像蘇格蘭舞

---

[23] 有關八人制蘇格蘭舞步示範教學，參看 http://www.youtube.com/watch?v=mk9AmaQWEqw，擷閱時間：2019 年 12 月 1 日。

步會互相踫觸到對方。與此同時，二位小差則以相反方向在最外圍快步繞圈兩次。

第二、三部分，當每位將爺都巡行過外圈的每一個方位後，四大將軍迅速離開外圍，跳進內圈各占方位，與其各自的對手對角線而立，形成一個菱形。然後四大將軍面朝外圈，停駐三次，舉起羽扇行「三獻」禮後，再跳開至外圍，與四季大神交換位置，四季大神則在內圍形成一個正方形(如圖19、20)。

此一陣法結束時，就有如其四門陣一般，經由三個交錯步法，回到兩兩成對的二列縱隊。此陣法特別強調左、右兩儀陰陽相對的原則。四大將軍先是面對面形成兩列，接著一起轉身，背對背對照交會，然後再回過頭來形成左儀俯視右儀的姿勢，接著左儀的兩位將爺同步躍起，跳過右儀將爺。後方的四季大神，接著連續與對角線的對手交換位置兩次，但這六次的交錯步法，並未依照四季大神相應的次序排列。

這是一個充份表達生生不息、創造和諧、陰陽交替概念的陣法。此陣團的前任教頭林裕章先生對此也有高度的認知：

當刑具爺在左側初獻後，文武差接著分別在前方及左右側行禮如儀，這叫「三陽開泰」。接著甘、柳爺以板笈敲出吉祥，陰陽二無常導出光輝的陰、陽二道氣，然後在前方開啟兩儀以納吉。後面的四季大神接著加入甘、柳爺的行列，佈出四個吉位，即中間的小菱形，反射出千萬吉祥。接下來，四季大神構成四正，即小正方形，與菱形共同構成八卦，再轉化出六十四卦。隨後，眾將爺各自回到兩儀方位，互相照映出萬道光芒，象徵富足安樂的吉兆。[24]

這個稍帶神秘的分析，涉及較多設計的效果，而較少談到表演的形式，因而可以討論更多的細節。

例如，在第一部分(圖19)，八位將爺先後踩過八卦的八個方位，總共就是六十四個方位，實際上就是六十四卦。

---

[24] 見林裕章，《佳里三五甲鎮山宮八家將排演彙集》，1992。

　　又如，在第二、第三部分(圖 20、21)，前方的四大將軍組與後方的四季大神組，交替在八卦的週邊與中心(太極)形成菱形與方形，形成八卦。

　　再如，菱形與方形交疊後形成一個小八卦。又如，在太極中心聚集或分散而出時，八大將爺又各自分占八卦的八個角。

　　此陣團八卦陣充滿了傳統中國《易經》、「八卦」的哲學思維，但筆者根據現場觀察及影帶分析，可以發現更多六十四卦的意涵。四大將軍和四季大神在外圍繞行時，都在八個方位停駐過(圖 19、20、21)，形成了六十四卦。八位將爺在內外圈的總共各繞 3 圈，共 48 個點，加上小差在最外圍反向繞行兩圈，共 16 個點，合計是六十四個點，這又是另外一個六十四卦。

　　如果再仔細觀察，就可以發現此陣法暗示了更多與太極、陰陽、兩儀、四象、八卦、六十四卦等思維。首先，在圖 19 中，四季大神的移位都是「S」形路線；在圖 21 中，春大神與冬大神、夏大神與秋大神移位到中心的路線，合起來也是一個「S」形，甚至跳離中心的四大將軍，其路線也是「S」形。

　　圖 20 中，四大將軍從邊緣移至中央的路線，連起來也是「S」形；這些都是太極生兩儀、兩儀生四象、四象生八卦，陰陽交錯、衍生萬物、生生不息的象徵。

　　其次，四季大神的 24 次交錯，與四大將軍的 40 次交錯，合計為 64；四次繞圈，四條對角線移位，以及 56 條線，合計為 64；四大將軍交會時，各自揚扇 16 次，合計又是另一個 64。如此看來，三五甲鎮山宮的八卦陣表面上僅是簡單的八卦，實際卻是八個八卦，處處顯露出八重的八卦。

　　除了第一、二部分的六個八卦，及第三部分的兩個八卦外，在第二部分另有兩個「S」形所構成的太極(當四人走到中央面對外圍形成方形與菱形時)，此外，四季大神接踵而至的六次相互交換位置，也形成六個太極，因為四季大神在相互交換位置，共走了六次的「S」形路線。因此，總共合起來，就有八個太極與八個八卦，這代表完整詳盡的宇宙秩序。

　　三五甲鎮山宮吉興堂家將團八重的八卦，除了上文的圖示之外，亦可根據筆者觀看影片多次的推敲，將相關的數字統計如下：

　　1、八卦方位的移位(圖 19，第一部分)

　　四大將軍及四季大神，都輪流走過八卦的八方位。

$$(4×8)+(4×8)＝64$$

2、交錯(圖 20、21，第一、第二部分)

四大將軍及四季大神，繞第一圈時各自與他人交錯一次，其次是背對背的交錯各有兩次。在第二部分，每一組都環繞另一組一次。

$$(4×4)+(4×4)+(4×4)+(4×4)＝64$$

3、繞行交錯(圖 19、20，第一、第二部分)

第一、第二部分，小差爺的繞圈共 4 次。第一部分，兩位小差爺繞行八位將爺 2 次(共 32 次)；第二部分，四大將軍及四季大神，各自繞行另一組一次。

$$(2×2×8)+(4×4)+(4×4)＝64$$

4、方形與菱形的互疊(圖 20，第二部分)

四大將軍與四季大神所形成方形與菱形的互疊及走位，形成另一個 64。

$$(4×8)+(4×8)＝64$$

5、第二次八卦方位的移位(圖 20，第二部分)

在第二部分的繞圈時，四大將軍及四季大神，又各自巡行了八個方位。

$$(4×8)+(4×8)＝64$$

6、四人斧錘(圖 20，第二部分)

與此同時，繞行與每繞行的將爺，當其交錯時(4×4)＋(4×4)，形成四個短暫的斧錘。先前在第一部分，小差爺繞外圍兩圈時，形成八個斧錘(8×4)。

$$(4×4)+(4×4)+(8×4)＝64$$

7、再度交錯(圖 21，第三部分)

四大將軍共交錯 40 次，四季大神交錯 24 次。

$$40+24＝64$$

8、揚扇

在第三部分的交錯步法時，四大將軍各舉臂揚扇 16 次。

$$16×4＝64$$

以上各種代表六十四卦的數字計算，並非直接來自於家將師傅的解說，而是筆者推算出來的。

除此之外，四大將軍的步法值得再進一步討論。

第一次交會時，是柳爺展臂俯視甘爺；第二次時，柳爺和大爺的位置都亂

了序。到了最後一次交會時，才回復到甘爺、大爺位於左儀俯視右儀的位置。當柳爺、甘爺同時自旋一圈並面對廟宇時，二人互敲板笅，稱為「開城門」，是唯一與四門陣有關的元素。

陰儀與陽儀的不斷交錯，最後以互敲板笅，象徵開啟陰陽交替與萬物的生生不息；左儀將軍最後跳躍跨過右儀，則代表最終的萬物回復秩度，宇宙秩序得到重整。

如果換一個觀點綜觀整個陣法，很明顯可以看出，此陣法努力想表達陰界與陽界的交互作用。

在第一部分，就如同陣團前教頭林裕章所說，陰陽兩儀是分別由前四班(四大將軍)與後四貴(四季大神)演出，四大將軍處於繞行的、優勢的陽位。兩組人馬各自與每一成員以背對背步法交會，但並不混合攙雜在一起。

第二、第三部分，則是試圖表達在太極之位統合陰陽二儀。此二部分，由正方形與菱形所交疊而成的八卦，是依次形成而非同時完成。在三重交錯後，甘、柳爺以板笅完成架橋動作，「收」八卦陣時，陰、陽二儀才回復為兩列縱隊的行軍陣勢，不再由四大將軍和四季大神分別代表陰、陽二儀。也就是說，此陣法在重複不斷的交換陰陽方位，以及特別引人注目的三次跳躍後，宇宙秩序才完全整合成功。此陣法的三個部分，所傳達的訊息也極為清楚，處處呈現生動的陰陽對比，以及八卦生生不息的概念。

然而，不論陣法如何創新，都受到某些中國傳統思維的制約。就如同其他將團的八卦陣法，也遵守同樣合乎宇宙秩序的陰陽尊卑觀念與定向原則。

上述粗略的描述，實在很難充分說明八卦概念的靈活性，因為八卦的概念來自於《易經》，而「易」之本義，正如鄭玄在《易贊》及《易論》中所釋：「易一名而含三義：易簡，一也；變易，二也；不易，三也。」[25]即「易」包含了「簡易」、「變易」、「不易」三義。[26]嘉義拱吉堂家將團的老教頭林錦祿道長告

---

[25] (魏)王弼、(晉)韓康伯注，(唐)孔穎達等正義，《周易正義》(台北，藍燈文化事業公司，影印阮元校刊《十三經注疏》本，1984)卷1，〈論易之三名〉，頁3。

[26] 孔穎達等人釋《易》之三名時：「《繫辭》云：『易則易知，簡則易從。』此言其『易簡』之法則也。又云：『為道也屢遷，變動不居，周流六虛，上下無常，剛柔相易，不可為典要，唯變所適。』此言順時變易，出入移動者也。又云：『天尊地卑，乾坤定矣。卑高以陳，貴賤位矣。動靜有常，剛柔斷矣。』此言其張設布列『不易』者也。」又說：「易者謂生生之德，有易簡之義。不易者，言天地定位，不可相易。變易者，謂生之道，變而相續。」見前引《周易正義》卷1，頁3。

訴筆者，一個八卦陣的排演，很難總是與廟宇的方位完全一致，如果排陣時不因地制宜，順時變易的話，就是一個死的陣法。這個說法，很確切的反映《易》的本質之一，就是變易。[27]

正如前述許多中外學者所說，各類慶典活動的共同目的，都是為了祈求平安，以及重建和諧的秩序。儘管各家將團排陣的儀式不一，但都能以其自圓其說的排演方式達到重整秩序的目的。就如筆者一再強調，家將實際上扮演三種角色：一是神明的護衛侍從，二是滌罪驅邪者，三是群眾及神明的娛樂表演者。[28]這三種角色正代表三種秩序的概念，即煉獄中的秩序、世俗中的懲罰秩序、表演操作的秩序，這三種秩序的概念，都深深烙印在各種陣法與橋段之中。

首先，煉獄的概念與恐怖的地獄十殿連結，以枉死與厲鬼的產生表達宇宙秩序正處於崩解的危機之中。其次，甘、柳爺手上的板笶、大爺所持的鯉魚枷、二爺所持「善惡分明」的虎頭牌，此四大將將陰森恐怖的形像，象徵維護世俗秩序的威權，這種感覺，尤其是經常往來廟宇的民眾更能深切體認。第三，每一對將爺彼此間的關係，在自然(身體)與社會本質上，都呈現出高下有別的不對等關係，例如，身材高挑的大爺與矮小的二爺，在「坐笶」儀式中就一再的被渲染誇大，暗示其不對等的社會階序；而在行進時，每一對將爺又呈現出森然有別的軍事秩序。

家將扮演的三種角色，也分別代表天、地、人的秩序。神明的護衛是維護天上的秩序，驅惡除魔是維護地下的秩序，排演中兩兩成對、高下有別的思維，則代表俗世與人間的秩序。家將的「坐笶」儀式及其他陣法，藉著將爺們的動作、步法、臉譜、傳說等元素，闡明天、地、人三界的秩序，最後也重建了天、地、人三界的和諧。

就陰陽關係而言，大部分的家將團刻意挑選較身材較高的人擔任左班(高班、左儀、上位)的將爺，且當每一對將爺交錯會面「對照」時，左班的將爺總是採取較高的姿態，右班的將爺採較低的姿態，正有如大爺之俯視二爺。高雄

---

[27] 「易簡」、「變易」、「不易」三義，本是《易》學的要義，可說是知識上的「大傳統」，此大傳統數衍之後，相當程度上成為民間的「小傳統」。時至今日，坊間命理之書，凡談及紫微斗數、《易經》卦象者，大多先從易之三義說起。

[28] 前引拙著，〈家將的裝扮與傳說〉、〈釋「坐笶」──一個難解的家將儀式展演橋段〉。

某陣團,則是將爺「對照」時,左班將爺全部採大爺單腳獨立姿態俯視其對手(伙伴),有如三五甲鎮山宮左班將爺俯身向前、單腳獨立、另一條腿則水平後舉、雙臂往兩側張開,俯視其對手一般(見圖3、4、5)。有些嘉義的陣團,則是在演出時的某橋段,所有右儀(右班)將爺均採類似二爺的猴拳之姿,以「之」字形前進或移位。這些不同形式的表演身段,在在都顯示大爺(謝將軍)、二爺(范將軍)是陣團中的靈魂人物,而且這種陰陽對立、高低有別的身段,其實是根據謝、范二人的死亡傳說為核心而設計。[29]

四、結　語

很明顯的,家將陣法的共通性,並不是建立在其表面的名稱上(如四門、八卦),這些名稱實際上掩飾了各陣團的極大差異。但是,就算是不同的衍派中,各有其特殊的表演形式或橋段,也到處都呈現出極為明顯的不變原則。邏輯上,每一種形式都利用陰、陽的概念。陰儀(右儀)將軍先行動,但總是下位的,從屬於陽儀(左儀)的將軍;而陽儀(左儀)將軍雖然較晚動作,但當左、右儀將軍會面時,陽儀(左儀)的將軍總是居於上位。陣團中兩兩一對的成員,不論在任何陣法或步法中,一定是兩人輪流交替位置,但總是立於相反位置上「對照(笑)」。以上都是陰、陽二元觀的表現。八卦陣中,將爺們輪流走位,與其「對手」「對照」,就有如陰陽準則,也到處呈現成雙成對及循環不已的規則,表達出矛盾而統一,對立而和諧的陰陽思維。

不過,最令人讚嘆的,是表面上看來似乎受到規範限制的家將陣法與橋段,並未限制早期民俗藝師(陣團教頭)的創意,反而促使他們默默的耕耘、創新與精益求精,因而產生豐富多樣的橋段與步法。雖然各衍派的陣法或橋段,總會有些小部分的增刪流傳下來,但並非所有的陣團師傅都願意大事改革與創新。引發陣團改革創新陣法或橋段的,是道士或法師(或可稱為「儀式專家」)所傳授的相關專業知識,但陣團教頭並非照單全收,而是選擇性的吸收。

---

[29] 參看前引拙著,〈釋「坐笠」——一個難解的家將儀式展演橋段〉。

例如，各陣團對八卦陣就有許多不同的詮釋，也因此各家將團對八卦的運用就有所差異。不過，不論各陣團、各衍派的陣法表演形式有多大的差異，悲天憫人、共創和諧平安社會秩序及重整宇宙秩序的理念，均在不同形式的八卦陣中表露無遺。家將的儀式性表演，不僅表達出其恢復宇宙秩序職責，也更明白的呈現出其驅魔除惡的功能，在理念上，家將團的職責，正是重整天界與人世間的所有秩序。

儘管各陣團一直都宣稱其系出正統，但事實上，大部分陣團的師傅，不論是前任或現任，都已經有意無意的做了不少改動及創新。很明顯的，本文所著重論述的幾個陣團，其創新與改革，並未侵蝕或損害其表演的藝術性，以及道教與傳統中國的核心思維。

在此要特別說明的，首先是其藝術上的思維看似簡單，卻有豐富的內涵與多樣的表演形式。其次，是書寫語言或圖譜，實際上或許反而掩蓋了其多樣化的可能性。就操作面而言，許多陣團的表演形式當然是豐富的，但他們始終認為自己的形式才是唯一正統與正確的。就對所謂「正統」的堅持而言，任何一位師傅若有創造性的改革(貢獻)，都會被認為是不足取的，而大部分的創新者，會將其創意蓄意的、小心翼翼的隱藏在傳統陰陽、四象、五行、八卦思維的身後，這正符合孔子所說的「述而不作」原則。

《易》學中的陰陽二股力量，是在彼此相互對立、互涵、滲透、交感、互補的關係下創生，其過程是生生不已、往復無窮的動態發展，由一而二，又由二又為一，顯示出多元而一體，一體而多元的的宇宙整體；陰陽當然有其內在的區別，但這種區別並非絕對對立的畫分，而是兼有確定性和變易性，所以能夠創生多元的的宇宙整體。[30]而這種環繞古代陰陽思維的宇宙秩序概念，不斷的重複出現在家將的步法及陣法之中，其目的正是強調八卦陣法重建宇宙秩序的主旨。

家將團的八卦陣，可以說是透過儀式展演，來創造全宇宙的和諧，表達出對短暫失序的克服與超越。此陣法強調宇宙的穩定秩序，就算整個宇宙曾經有所混亂與變動，最終總會復歸穩定及統一的常態；同樣的，一切人間的苦難與

---

[30] 見成中英，〈論易哲易文化圈〉，《周易研究》1993 年 1 期，頁 30。

失常，終將得到補償與調整。廟會節慶中，家將八卦陣的排演，最常用於開啟廟門或大型的除煞活動。

家將臉譜上的蓮花或陣法中的開蓮花，將爺們的自轉或繞行，各種卦象的移位與交換，在在都象徵宇宙秩序的重建，而八卦方位的輪轉，則表達出傳統中國的哲學思維。在陰陽的變異中，正蘊含了動極則靜，靜極則動的變駁可能，以及生生不息的創造性，讓人了解宇宙的森羅萬象，會因時間空間變遷而有所不同。無論陰陽、柔剛、靜動、隱顯、弱強、小大、開合等，都會變易而不易，複雜而簡單，矛盾而統一，對立而和諧，這正是古代中國《易》學及陰陽五行的中心思想。

家將在廟埕前展開表演時，都從神明護衛的兩列縱隊隊形，變為或方形、或對角線、或菱形、或環形的隊形，最後在陣法結束前，則兩兩一對，依序向神明致敬(拜廟、參禮)。在此過程中，家將處處呈現陰陽二元的交替與協調原理，讓這些來自陰間的救星保持其模棱兩可的性質，既暗示失序的威脅(凶兆)，也提供恢復秩序的保證。在每一次的演出中，危險的雙重性(二元性)首先在暴力(剛強)及對立衝突狀態的暗示下產生，例如家將手上驅邪法器以及其受難的二元性、生與死的二元性、陽間與冥界的二元性，這些都在家將的陣法中轉化為陰、陽之間相當和諧的輪流與交替。互相獨立、相對，但並不對等，而是高下有別的陰陽思維，使得家將團中的每一對成員，其步法、姿態看似雷同，實際上卻有所差異，最主要的就是呈現高下有別的秩序。

同樣的，五行相關思維的運用，就使各家將團呈現彼此互異的情況。例如，東港共善堂，就將四季大神的法器解釋為春神的水桶，是用來澆息夏神的火盆；而秋神的金槌，是用來打冬神的蛇。

對家將技藝的傳承而言，多樣化的形式與變異，大多是口頭傳授，而非見諸白紙黑字的文字記載，因此相對而言不具權威性，一直以來也常常遭到社會菁英的鄙視，僅少數具有道士或法師背景的師傅默默耕耘。在傳統中國陰陽五行、宇宙秩序的思維中，早期每一代的藝師，都稍越雷池一步地努力耕耘，因此，臺灣各衍派的陣法、橋段，才會有這麼多不同的表演形式。

筆者要特別指出，家將文化在文字記載之外的豐富創造力及其成就，乃是由某些技藝精湛的前代師傅，被尊稱為「老將」的藝師長期努力的結果。這些

或識字、或不太識字的老師，從道士或法師身上學到儀式專業知識，無意間扮演了文化的中介者及傳授者，用強而有力的肢體語言，傳達(授)社會大眾有關道教及傳統中國的核心思維，同時也提供台灣的地方文化一種生動且充滿活力的藝術表演方式。

圖1：家將拜廟或迎神時的「總參」(台
　　　東忠合宮什家將)

圖2：家將兩列縱隊行軍圖，行進方向
　　　的左方為左儀(陽儀、高班)，右
　　　方為右儀(陰儀、低班)，(東港南
　　　平共心堂什家將)

圖3：家將左儀(班)高於右儀(班)-1(嘉義
　　　山海鎮刑堂什家將文【圖右】、武
　　　【圖左】差參禮)

圖4：家將左儀(班)高於右儀(班)-2(台東
　　　忠合宮什家將甘【圖右】、柳【圖
　　　左】爺參禮)

圖5：家將左儀(班)高於右儀(班)-3(台東
　　　忠善堂什家將甘【圖右】、柳【圖
　　　左】爺參禮)

圖6：家將團類似道士步虛的步法(嘉義
　　　山海鎮刑堂什家將)

圖7：先天八卦圖式。一般家將團所採用的
先天八卦圖式，據傳由北宋理學家劭
雍所繪製。對角細線代表陰、陽兩儀
的區隔，連續的爻為陽，斷裂的爻為
陰，底線是連續實線者為陽卦，是斷
裂虛線者為陰卦。對角實線代表陰、
陽爻的分界，陽爻多者屬陽，陰爻多
者屬陰。八卦圖的方位與一般慣用的
地圖剛好相反，方位是上南下北，左
東右西。卦的排法則是由圓心向外看。

圖8：後天八卦圖式。後天八卦主要代表易
的應用，天地間的許多東西都是後天
八卦推演出來的。一般用天、澤、火、
雷、風、水、山、地配合方位來記。
西北是天，西南是地，東北是山，東
南是風；南為火，北為水，東為雷，
西為澤。

圖9：台南西港某家將團師傅踩後天八卦式，
為其將爺「降神」。

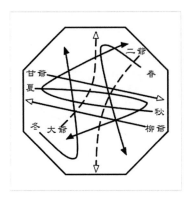

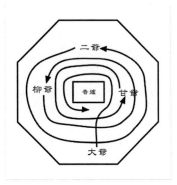

圖 10：傳說中的台南元和宮全台白龍
庵如意增壽堂八卦陣。此八卦
陣中，四季大神首先從兩列縱
隊的原位先後各自動作，然後
同時轉換方位至艮、震、巽、
兌。雖然目前白龍庵如意增壽
堂都對外宣稱，白龍庵從未排
演過八卦陣，但這張據者老口
述製成的八卦陣圖，則呈現了
此陣法的精巧思維。

圖 11：東港共善堂及其衍派八卦陣之 1。
這一種形式八卦陣，是將爺們圍著
一個中心或前行或後退繞圓，此中
心有一座香爐，代表太極。如果受
到空間狹小的限制，此種形式的八
卦陣無法形成星形或花瓣形，但眾
將爺會以手勢或法器、羽扇的動作
穿過香爐指向其對手。同時，外圍
的四季大神也以逆時針方向走
位，形成一個菱形。

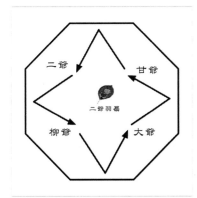

圖 12：東港共善堂及其衍派八卦陣之 2。
此八卦陣的另一種形式，是在「坐
筊」儀式結束前，二爺置其羽扇
於中央，眾將爺兩兩一對，逆時
針而行，各自在三個方位停駐。
接著二爺快速而敏捷地跳回中心
點(第九個點)，收回其羽扇。

圖 13：東港共善堂太極八卦陣 1

圖 14：東港共善堂太極八卦陣 2

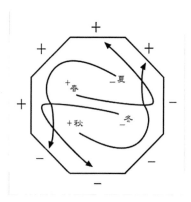

圖 15：嘉義拱吉堂八卦陣四季大神走位示

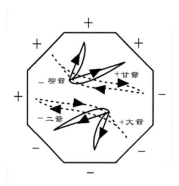

圖 16：嘉義拱吉堂四大將軍八卦陣走位示意
圖。四大將軍各自從八卦的中央位置
巡行兩個卦位。

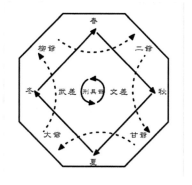

圖 17：台東忠合宮什家將八卦陣排
演走位示意圖。

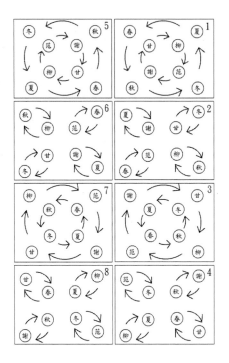

圖 18：台東忠合宮什家將八卦陣分段走
位示意圖。

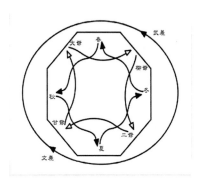

圖 19：三五甲鎮山宮八卦陣之 1。四大
將軍各自從八卦的中央位置巡
行兩個卦位。四大將軍順時針而
行，與逆時針而行的每一位四季
大神交會，張臂揮舞羽扇及法器
兩次，背對背交會對照後回到原
位。八位將爺輪流在八卦的每一
個方位短暫停留，二位小差則以
相反方向繞圓而行。

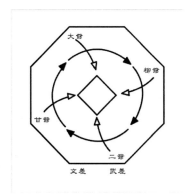

圖 20：三五甲鎮山宮八卦陣之 2。在每一位將
爺都彼此對照過後，四大將軍迅速移位
到中心的太極位置，構置一個菱形，此
時，四季大神轉向順時針而行，文、武
差爺則在八卦之外最外圍繞著八卦而
行。

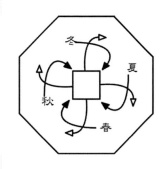

圖 21：三五甲鎮山宮八卦鎮之 3。四季大神
順時針方向繞圈後，與中心太極位置
的四大將軍交換位置，在內圍的太極
之位形成一個正方形，四大將軍則在
外圍順時針而行，八位將爺正好分占
八卦的八個方位。

製作女皇帝：武則天巡幸與祀典改革

古怡青*

一、前　言

　　天子當巡行天下，蔡邕《獨斷》:「天子以天下為家，不以京師宮室為常處，則當乘車輿以行天下。」唐代皇帝巡遊名勝，並非單純遊樂，如祭奠先賢時，皇帝往往引以為鑑，在政治上，具有見賢思齊的警惕作用。唐代皇帝藉由巡幸親自深入民間、瞭解民情、掌握百姓的生活，也是皇帝考核官員，加以賞罰的重要途徑，帶有最高統治者政治視察的作用。皇帝在巡幸過程中，一方面，親自深入查核瞭解沿途諸州刺史的處政優劣，發現與派使臣調查所得結論有所出入，可即時取得第一手訊息，對於政績卓著或不稱職的官員，可迅速地嘉獎或罷免；另一方面，探訪關照轄境內的高年耆老，形式上是統治者維持體訓民情、長治久安的舉措，但實際上展現出統治者提高敬老尊賢的全民教化作用，與戰戰兢兢力求良治的意圖。

　　唐代皇帝巡幸不僅是遊樂，更重要是為了維護政治秩序，巡幸原因與目的包括封禪、祀后土、訪問高年、巡遊名勝、祭奠先賢、巡視地方、軍事征伐、獎勵官吏、來往兩京避暑就食等。巡幸內容，分為微行、行駐蹕禮、臨幸、播遷幸、蒐狩幸、遊幸等。武則天身為中國第一位也是絕無僅有的女皇帝，究竟巡幸過程中，以何種巡幸活動為主？此外，自光宅元年（684）以來，武則天的

* 淡江大學歷史系副教授。拙稿撰寫期間獲科技部研究計畫（編號 MOST107–2410–H–032–003–）專題研究計畫補助，特此致謝！

「革命」計畫便開始有條不紊地進行，[1]武則天如何透過巡幸奠定武周政權的政治與文化基礎？

「行駐蹕禮」是唐代皇帝在政治上重要巡幸的活動之一。「行駐蹕禮」不僅限於封禪的親祭，還包含郊廟與宗廟祭祀，均是皇帝透過巡幸在禮制上的實踐。學界對明堂研究甚豐，多集中於明堂的禮制，然而唐代皇帝親享明堂，其實是皇帝巡幸中重要的一環，皇帝郊祀的親祭所展現出謁廟時重要的禮儀，與皇帝的權威息息相關。究竟武則天巡幸是否符合祭祀的規範？武則天如何透過封禪、郊廟和宗廟祭祀，建立周朝帝國的帝王地位？武則天是否巡幸行宮，貪玩享樂呢？此均為本文不可忽視的重要論題。

有關唐代皇帝巡幸研究，以張琛《唐代皇帝行幸禮儀制度研究》是目前有關皇帝巡幸的較完整的專論，[2]惜全文偏向禮制論述，對於武則天皇帝巡幸的目的與政治關係等問題，並未加以探討。拜根興〈唐代帝王的巡幸〉主要探討唐代皇帝巡幸的目的。[3]梁克敏〈隋唐時期皇帝巡幸洛陽探析〉分析隋唐皇帝巡幸洛陽的原因與影響。[4]兩篇短文均未論及武則天巡幸在禮制與政治層面的運作及影響等問題，值得再深入探究。吳宏岐〈隋唐行宮制度與宮廷革命──兼論陳寅恪「玄武門學說」之拓展〉，[5]及吳宏岐、郝紅暖〈隋唐行宮制度與中央政治空間格局的變化〉論述隋唐行宮的類型與對政治空間的影響，[6]然兩文僅限於唐前期，有關武則天的行宮制度仍付之闕如，本文擬進一步深入探究。張敏探討武則天封禪嵩山，包含政治與文化中心轉移、思想界對封禪批判、嵩山優越地

---

1 雷家驥認為「太后下制改元『光宅』，旗幟改以金色，東都改為『神都』，而宮名改為『太初』，並且大改宮名，隱然有改正朔、易服色、定官名、興禮樂，以示革命更化之意。」參見雷家驥，〈第九章大周革命〉，《武則天傳》，新北市：臺灣商務印書館股份有限公司，2015，頁271。孫正軍，〈二王三恪所見周唐革命〉，《中國史研究》第4期，2012，頁102。

2 張琛，《唐代皇帝行幸禮儀制度研究》，廣州：暨南大學博士論文，2013。

3 拜根興，〈唐代帝王的巡幸〉，《唐代朝野政治與文化研究》，北京：中國社會科學出版社，2016-2，頁188-196。

4 梁克敏〈隋唐時期皇帝巡幸洛陽探析〉，《乾陵文化研究》第1期，2014，頁109-117。

5 吳宏岐，〈隋唐行宮制度與宮廷革命──兼論陳寅恪「玄武門學說」之拓展〉，《陝西師範大學學報：哲學社會科學版》37卷3期，2008，頁101-106。

6 吳宏岐、郝紅暖〈隋唐行宮制度與中央政治空間格局的變化〉，《暨南史學》第5輯，2007，頁362-379。

理位置與嵩岳崇拜、崇奉佛教等原因，[7]惜未詳細探討武則天封禪嵩山次數與情況，本文欲進一步考證武則天封禪在巡幸中的意義。

　　學界有關明堂、封禪與宗廟祭祀研究甚豐，但鮮少將南郊祭祀、封禪與明堂等議題結合，而皇帝赴宗廟、南郊祭祀均是巡幸活動的一環，本文欲藉由武則天巡幸的地點與頻率次數，從整體角度考察武周帝國的建立過程，對於武則天政權統治的經營規劃與建構，均具有重大的意義。

二、武則天巡幸

　　本文所謂「武則天時期」，廣義指武則天干政到建周時期，即顯慶元年（656）至長安五年（705），前後長達 50 年，期間武則天的身分可分為三分期，分別為皇后時期（656-683A.D.）、皇太后時期（684-689 A.D.）、稱帝時期（690-705 A.D.）。本文論述以武則天巡幸活動為主，將焦點集中於武則天建周稱帝時期（690-705 A.D.）。

　　茲將武則天稱帝期間歷次巡幸，製作「表一」：[8]

表一　武則天巡幸表（688-704A.D.）

次數	時間	地點	備註	出處
1	垂拱四年(688)正月	宗廟 1	東都立高祖、太宗、高宗三廟	通典 47
2.	垂拱四年(688)5 月戊辰（11 日）	南郊(洛陽)1	告謝昊天上帝	舊唐 24、通鑑 204

7　參見張敏《唐代封禪研究》，濟南：山東師範大學碩士論文，2007，頁 36-43。

8　本表出處自《舊唐書》卷 6〈則天皇后本紀〉、《舊唐書》卷 22-25〈禮儀志〉、《新唐書》卷 4〈則天皇后本紀〉、《資治通鑑》卷 204-207〈則天皇后紀〉。

3	垂拱四年(688)12月己酉（25日）	拜洛受圖1	「寶圖」為「天授聖圖」	舊唐6、新唐4、
4	永昌元年（689）正月乙卯朔元日	親享明堂1(萬象神宮)	縱東都婦人及諸州父老入觀	舊唐6、舊唐22、新唐4、通鑑204、太平御覽533
5	載初元年（690）正月庚辰朔(初一)	親享明堂2(萬象神宮)	大赦，以「曌」字為名，改詔書為制書	舊唐6、舊唐22、通鑑204
6	載初元年（690）春二月	親享明堂3(萬象神宮)	九月九日，革唐命，改國號為周。改元為天授，大赦。乙酉(20日)加尊號聖神皇帝	舊唐6、舊唐22、通鑑204
7	天授二年（691）正月癸酉朔（初一）	親享明堂4(萬象神宮)	受尊號於萬象神宮，祀昊天上帝，百神從祀，武氏祖宗配饗，唐三帝亦同配	舊唐6、通鑑204
8	天授三年（692）正月戊辰朔（初一）	親祀明堂5(萬象神宮)	大赦天下，改元如意	舊唐6、通鑑205
9	長壽二年（693）春一月壬辰朔（初一）	親祀明堂6(萬象神宮)	以魏王承嗣為亞獻，梁王三思為終獻。太后自制神宮樂，用舞者九百人	舊唐6、通鑑205

10	長壽二年（693）九月乙未（初九）	親祀明堂7(萬象神宮)	受「金輪聖神皇帝」尊號，大赦天下	舊唐6、通鑑205
11	長壽三年(694) 春一月丙戌（初一）	親祀明堂8(萬象神宮)	五月加尊號為越古金輪聖神皇帝，大赦天下，改元為延載	舊唐6、通鑑205
12	證聖元年（695）九月甲寅（初九）	合祭天地於南郊(洛陽)2	一月初一，加尊號「慈氏越古金輪聖神皇帝」，大赦，改年證聖九月初九加尊號「天冊金輪大聖皇帝」，大赦，改年天冊萬歲	舊唐6、通鑑205
13	萬歲登封元年(696)臘月(12月)甲申(11日)至癸巳（20日）	嵩嶽封禪1	臘月(12月)丁亥(14日)少室山封禪	舊唐6、舊唐23、新唐4、通鑑205
14	萬歲登封元年(696)臘月(12月)甲午(21日)	親謁太廟2	大赦天下，改元萬歲登封	舊唐6、舊唐23、新唐4、通鑑205
15	萬歲通天元年（696）夏四月朔日（初一）	親享明堂(通天宮)9	大赦天下，改元萬歲通天	舊唐6、舊唐22、新唐4、通鑑205
16	萬歲通天二年（697）正月己亥朔（初一）	親享明堂(通天宮)10	4月造九州鼎	舊唐6、舊唐22、新唐4、

17	神功元年(697)九月	親享明堂(通天宮)11	大赦天下，改元神功	舊唐22、通鑑206
18	神功元年(697)七月	萬安山玉泉寺1	封石泉子	舊唐89
19	聖曆元年（698）正月甲子朔	親享明堂(通天宮)12	大赦天下，改元聖曆	舊唐6、舊唐22、新唐4、通鑑206
20	聖曆元年（698）四月初一	親祀太廟3	曲赦東都	舊唐25、通鑑206
21	聖曆二年（699）正月丁卯朔	親享明堂(通天宮)13	行「告朔」之禮	通鑑206
22	聖曆二年(699)春二月戊子(2日)至丁酉(17日)	嵩嶽封禪2	幸緱山過王子晉廟	舊唐6、
23	聖曆二年（699）九月乙亥(13日)至戊寅（26日）	幸福昌縣1	曲赦	舊唐6、新唐4、通鑑206
24	聖曆二年(699)臘月（12月）乙巳（24日）	嵩嶽封禪3		新唐4、通鑑206

25	聖曆三年(700)春一月丁卯(17日)至戊寅(28日)	幸汝州之溫湯 1	造三陽宮	舊唐6、新唐4、通鑑206
26	聖曆三年(700)夏四月戊申(28日)，至久視元年(700)閏九月戊寅(初二)	幸三陽宮 1	大赦天下，改元久視	舊唐6、新唐4、通鑑207
27	久視元年(700)十一月丁卯(22日)至壬申(27日)	新安縣 1	曲赦新安縣	舊唐6、新唐4、通鑑207
28	大足元年(701)五月乙亥(3日)至七月甲戌(3日)	幸三陽宮 2	曲赦告成縣	舊唐6、新唐4、通鑑207
29	長安元年(701)冬十月至辛酉(22日)	幸京師長安	壬寅(3日)西入潼關	舊唐6、新唐4、通鑑207
30	長安二年(702)十一月戊子（25日）	親祀南郊(長安)3	大赦	舊唐6、新唐4、通鑑207
31.	長安四年(704)四月丙子(21日)至7月甲午(11日)	幸興泰宮		舊唐6、新唐4、通鑑207

　　從上述「表一　武則天巡幸表（688-704A.D.）」可知，武則天稱帝期間共巡幸 31 次，包括親享明堂（萬象神宮、通天宮）13 次，親享宗廟（太廟）3 次，親祀南郊 3 次，嵩山封禪 3 次，幸三陽宮 2 次，巡幸洛水 1 次，萬安山玉泉寺 1 次，幸福昌縣 1 次，幸汝州之溫湯 1 次，巡幸新安縣 1 次，長安 1 次，幸興泰宮 1 次。

　　武則天巡幸基本上可分為四階段：第一階段「稱帝準備時期」，第二階段「稱帝親享明堂時期」，第三階段「稱帝嵩山封禪時期」，第四階段「晚年巡行地方與行宮時期」。

　　第一階段，稱帝準備時期。垂拱四年(688)，武則天稱帝前二年，武則天藉由親享宗廟、親祀南郊與拜洛授圖，奠定武則天稱帝的基礎。

　　第二階段，稱帝親享明堂時期。永昌元年（689）武則天正式稱帝後，至長壽三年（694）五年間，連續 8 次親享明堂（萬象神宮），至此武則天政治地位已然確立。

　　第三階段，稱帝嵩山封禪時期。證聖元年（695）至聖曆二年(699)五年間，武則天首創在洛陽合祭天地於南郊、嵩山封禪，並親享太廟後，再度 3 次親享明堂（通天宮）。

　　第四階段，晚年巡行地方與行宮時期。從聖曆三年（700）至長安四年（704）五年間，武則天開始巡幸地方與建造行宮，如汝州之溫湯、新安縣、京師長安、三陽宮、興泰宮，與最後一次南郊。或許武則天執政已到晚年，開始過著巡幸地方與行宮避暑的安樂生活。

三、武則天巡幸與國家祭祀

　　《大唐開元禮》是唐代國家祭祀典範，也是中國保存最早、最完備的國家祭祀儀禮的禮典。《大唐開元禮》全部 150 卷，有關吉禮 78 卷中，卷首至卷 36 是關於皇帝祭祀天地諸神或有司代行（有司攝事），其次卷 37-44（共 8 卷）是關於皇帝御靈屋祭祀祖先的宗廟祭祀禮，卷 45 為皇帝祭拜先帝陵的拜五陵，卷 46-47 是立春之際皇帝躬耕田地預祝活動的「籍田禮」。可知，唐代皇帝祭祀活

動中，最重要是祭天地，其次是祭祀宗廟，即祭祀皇帝祖先之廟。[9]

　　令人好奇的是武則天執政對於郊廟與宗廟，何者比較重視？武則天巡幸在
郊廟祭祀中大祀、中祀、小祀的實際情況為何？本文藉由武則天歷次巡幸，探
討武則天執政期間，藉由巡幸過程中透過禮制改革，塑造武周時期的政治地位。

（一）《大唐開元禮》規範的國家祭祀

　　《大唐開元禮》卷1〈序例〉「擇日」條開宗明義記載唐代皇帝祭祀分為大
祀、中祀和小祀：[10]

> 凡國有大祀、中祀、小祀。昊天上帝、五方上帝、皇地祇、神州、宗廟，
> 皆為大祀；日月、星辰、社稷、先代帝王、岳、鎮、海、瀆、帝社、先
> 蠶、孔宣父、齊太公、諸太子廟並為中祀；司中、司命、風師、雨師、
> 靈星、山林、川澤、五龍祠等並為小祀。州縣社稷、釋奠及諸神祠，併
> 同小祀。

高明士指出秦漢以後宗廟制度的存在，不只是禮制上追養繼孝的作用而已，而
是作為皇權和國家的有形化身，隋唐以後「以禮入律」，[11]上述引文中《大唐開
元禮》的禮制，也規範於「開元七年（719）令」與「開元二十五年（737）令」
的令文中。[12]皇權的基礎建立在天命和祖靈兩大要素之下，宗廟的祖靈是皇權
的重要來源之一，於是國家祭祀典禮以郊廟之禮最為隆重，而唐代祭祀規模分

---

[9] 金子修一，〈序章　皇帝支配と皇帝祭祀──唐代の大祀・中祀・小祀を手がかりに〉，《中国古代皇
　　帝祭祀の研究》，東京：岩波書店，2001-1，頁1。中譯本見金子修一，〈序章　皇帝統治與皇帝祭祀
　　──以唐代的大祀、中祀、小祀為主〉，《中國古代皇帝祭祀研究》西安：西北大學出版社，2018-10，
　　頁1。

[10] 《大唐開元禮》卷1〈序例〉「擇日」條，頁1。

[11] 高明士，〈第四章　中古皇家宗廟的祭祀禮儀─禮律的考察〉，《中國中古禮律綜論：法文化的定型》，
　　臺北：元照出版有限公司，2014-10，頁116-123。

[12] 仁井田陞考證此條令文施行於「開元七年令」與「開元二十五年令」，見仁井田陞《唐令拾遺》（東京：
　　東京大學出版會，1964）〈祠令第八〉「大中小祀」【開元七年】【開元二十五年】，頁159。

為大祀、中祀與小祀，最早應始於隋代。[13]

「大祀」所祭諸神中，昊天上帝是宇宙主宰的天神，五方上帝是據五行思想衍生統治天上中央與東西南北五個方位的天神，皇地祇與神州是相對於昊天上帝的地神，宗廟是祭祀唐朝祖先和已故唐朝歷代皇帝的祖先，因此，「大祀」包含祭祀天地的「郊祀」和祭祀祖先的「宗廟」（廟享）。[14]

「中祀」所祭諸神中，「先代帝王」指高辛氏（帝嚳）、堯、舜、禹、商湯、周文王、周武王、漢高祖共八位。[15]「岳鎮海瀆」是五岳、四鎮、四海、四瀆，「五岳」是東岳岱山、南岳衡山、中岳嵩山、西岳華山、北岳恒山，「四鎮」是東鎮沂山、南鎮會稽山、西鎮吳山、北鎮醫無閭山，「四海」是東海於萊州、南海於廣州、西海於同州、北海於洛州，「四瀆」是東瀆大淮於唐州、南瀆大江於益州、西瀆大河於同州、北瀆大濟於洛州。[16]「中祀」祭祀對象，包括日月、星辰、社稷等祭祀諸神的「郊祀」，和孔宣父（指孔子）、齊太公（指太公望呂尚）、帝社（又稱先農，指神農氏）、先蠶、諸太子廟等傳說中有德行的君主和唐朝之前的名君的「宗廟」（廟享）。

「小祀」包含司中、司命、風師、雨師、靈星、山林、川澤、五龍祠，和州縣祭祀，《大唐開元禮》規範「中祀」以上原則上由皇帝親祭，而「小祀」規定由有司主禮祭祀活動。然而，祭祀孔宣父（指孔子）、齊太公（指太公望呂尚）的釋奠禮實際上由有司主禮，非由皇帝親祭。[17]先蠶是祭祀養蠶神，自漢代以後由皇后主禮。有關《大唐開元禮》記載唐代祭祀規模，參見「表二　唐代祭祀規模表」：

---

[13] 高明士，〈第七章　隋文帝時代的制禮作樂〉，《中國中古禮律綜論：法文化的定型》，頁185-188。

[14] 金子修一，〈序章　皇帝支配と皇帝祭祀——唐代の大祀・中祀・小祀を手がかりに〉，《中国古代皇帝祭祀の研究》，頁2-3。中譯本見金子修一，〈序章　皇帝統治與皇帝祭祀——以唐代的大祀、中祀、小祀為主〉，《中國古代皇帝祭祀研究》，頁2。

[15] 仁井田陞《唐令拾遺》〈祠令第八〉「仲春之月三年一享」【開元七年】【開元二十五年】，頁98。

[16] 仁井田陞《唐令拾遺》〈祠令第八〉「五岳等年別一祭」，頁91。

[17] 《大唐開元禮》卷54〈吉禮〉「國子釋奠於孔宣父」，頁298-303。《大唐開元禮》卷55〈吉禮〉「仲春仲秋釋奠於齊太公」，頁303-306。

表二　唐代祭祀規模表

祭祀規格	郊祀：祭祀天地諸神	宗廟：廟享	祭祀主事者
大祀	天神：昊天上帝、五方上帝 地神：皇地祇、神州	唐太祖之的諸帝神主（祭祀祖先）	皇帝親祭
中祀	五岳：東岳泰山祭於兗州、南岳衡山於衡州、中岳嵩山於洛州、西岳華山於華州、北岳恒山於定州 四鎮：東鎮沂山祭於沂州、南鎮會稽山於越州、西鎮吳山於隴州、北鎮醫無閭山於營州 四海：東海於萊州、南海於廣州、西海於同州、北海於洛州 四瀆：東瀆大淮於唐州、南瀆大江於益州、北瀆大濟於洛州、西瀆大河於同州	孔宣父、齊太公、帝社、諸太子廟	皇帝親祭
小祀	司中、司命、風師、雨師、靈星、山林、川澤、五龍祠		有司攝事

（二）武則天巡幸與大祀

　　國家祭祀中「大祀」是武則天的巡幸重要活動，「大祀」包含祭祀天地的「郊祀」和祭祀祖先的「宗廟」（廟享）。

　　1.宗廟祭祀

　　儒家禮制理想中，宗廟祭祀是祖先崇拜極為重要的表現形式。太廟為皇帝京師的宗廟，相對於官員家廟而言。中國古代郊祀禮儀與太廟祭祀是國家祭祀兩大支柱，也是君主展現「天子」和「皇帝」雙重身分最重要的禮儀舞台。尤

其是太廟祭祀，兼具公私兩種性質：「公」的方面，太廟祭祀表現皇帝受命於祖，象徵統治萬民、帝位傳承的合法性，是皇帝統治國家的權力來源之一；[18]「私」的方面，又是皇帝和宗室追緬先祖時的祭祀方式。[19]

正祭（常祀）的時祭中，武則天共三次親享宗廟祭祀，垂拱四年(688)正月，武則天稱帝前第一次於東都洛陽設立太廟，立高祖、太宗、高宗三廟，四時享祀，如京廟之儀，同時也立武氏的崇先廟。[20]萬歲登封元年（696）臘月甲午（21日）武則天稱帝從嵩山封禪後，第二次親謁太廟，此時拜謁武氏太廟。聖曆元年（698）四月庚寅朔（初一），[21]第三次親祀太廟，隨後在東都洛陽城內舉行曲赦。武則天在聖曆元年（698）已決心把帝位返還唐室，將廬陵王李哲即中宗從房州召回，中宗回到神都洛陽是 3 月戊子（28 日），距離四月庚寅朔（初一）武后祭祀太廟只有兩天，可知武則天將立中宗為太子之事告祭太廟。[22]

2.南郊舉行天地合祭

唐朝郊祀制度是唐高祖武德七年（624）透過《武德令》制定的。貞觀十一年（637），太宗制定《貞觀禮》與《武德令》最大區別在於雩祀的祭神由昊天上帝變成五方上帝。顯慶三年（658），高宗制定《顯慶禮》祭祀天神最大改革是正月祈穀、孟夏雩祀、季秋明堂、冬至圜丘均祭祀昊天上帝，孟冬（立冬）祭祀地神，不是祭祀神州（北郊），而是祭祀皇帝祇。開元二十年（732），玄宗制定《開元禮》與《顯慶禮》唯一不同是孟冬（立冬）不是祭祀皇帝祇，而是

---

[18] 甘懷真討論漢唐時期皇帝以宗廟作為國家最高象徵的公共性，見甘懷真〈中國中古時期「國家」的形態〉，《皇權、禮儀與經典詮釋：中國古代政治史研究》，台北：喜瑪拉雅基金會，2003-2，頁 254-256。

[19] 高明士最早提出太廟祭祀兼具公私兩種性質，朱溢進一步論述太廟祭祀中私家因素，見高明士〈禮法意義下的宗廟——以中國中古為主——〉，《東亞傳統家禮、教育與國法（一）：家族、家禮與教育》，臺北：臺大出版中心，2005，頁 65-66。朱溢〈唐至北宋時期太廟祭祀中私家因素的成長〉，《臺大歷史學報》第 46 期，2010-12，頁 35-39。

[20] 《通典》卷 47〈禮典〉「吉禮·天子宗廟」，頁 1312。

[21] 《資治通鑑》卷 206〈則天皇后紀〉「聖曆元年」，頁 6530：「夏，四月，庚寅朔，太后祀太廟。」但聖曆元年四月無「庚寅」，朔日應為「壬辰」。《舊唐書》卷 25〈禮儀志〉「太廟」，頁 945：「聖曆二年四月，又親祀太廟。」《舊唐書》載「聖曆二年」有誤，應為「聖曆元年」。

[22] 參見金子修一〈第七章　唐代における郊祀·宗廟の運用〉《中國古代皇帝祭祀の研究》，頁 327-328。中譯本見金子修一，〈第七章 唐代郊祀、宗廟祭祀制度的實行〉，《中國古代皇帝祭祀研究》，頁 230-233。

祭祀神州（北郊）。[23]有關唐代禮、令在郊祀祭神變化，參見「表三　唐代禮、令制定郊祀祭神表」：[24]

表三　唐代禮、令制定郊祀祭神表

唐代令禮　祭祀種類		武德令 武德七年（624）	貞觀禮 貞觀十一年（637）	顯慶禮 顯慶三年（658）	開元禮 開元二十年（732）
天神	正月祈穀	感生帝（南郊）	感生帝（南郊）	昊天上帝（圜丘）	昊天上帝（圜丘）
	孟夏雩祀	昊天上帝	五方上帝	昊天上帝（圜丘）	昊天上帝（圜丘）
	季秋明堂	五方上帝	五方上帝	昊天上帝	昊天上帝
	冬至圜丘	昊天上帝	昊天上帝	昊天上帝	昊天上帝
地神	夏至方丘	皇帝祇	皇帝祇	皇帝祇	皇帝祇
	孟冬地祭	神州（北郊）	神州（北郊）	皇帝祇（方丘？）	神州（北郊）

武則天多次南郊親祭中，有些與明堂相關，有些是獨立的。如垂拱四年(688)五月戊辰（11 日），武則天親拜洛水接受「寶圖」前，首度祭祀南郊，告謝昊天上帝，命令各州都督、刺史及宗室、外戚以祭拜洛水前十日在神都洛陽會集。[25]此次親祀南郊是武則天奪取政權的第一步，同年七月丁巳（初一）舉行大赦，

---

[23] 唐代郊祀制度在禮制上的變化討論參見金子修一，〈第二章　唐代における郊祀・宗廟の制度〉，《中国古代皇帝祭祀の研究》，頁 67-82。中譯本見金子修一，〈第二章 唐代的郊祀、宗廟祭祀制度〉，《中國古代皇帝祭祀研究》，頁 45-54。

[24] 本表修改至金子修一，〈第二章　唐代における郊祀・宗廟の制度〉，《中国古代皇帝祭祀の研究》，頁81。中譯本見金子修一，〈第二章 唐代的郊祀、宗廟祭祀制度〉，《中國古代皇帝祭祀研究》，頁 53。

[25] 《資治通鑑》卷 204〈唐則天皇后紀〉「垂拱四年二月」條，頁 6448。

雖然大赦在親祭南郊後兩個月，但武則天在稱帝前首次將親郊與政事聯繫在一起。[26]

　　證聖元年（695）春一月辛巳朔（初一），加尊號為「慈氏越古金輪聖神皇帝」，大赦天下，改年號為證聖。丙申（初八），因薛懷義不滿武則天寵幸御醫沈南璆，當晚秘密焚燒天堂，大火延燒到明堂。[27]由於明堂大火，不及重建，九月甲寅（初九），武則天合祭天地於南郊，加尊號「天冊金輪大聖皇帝」，大赦天下，改年號為「天冊萬歲」。[28]

　　證聖元年（695）武則天親祀南郊，開始出現天地合祭情形是具有深意的。從上述「表三　唐代禮、令制定郊祀祭神表」中，祭祀昊天上帝的天神於圜丘，祭祀皇帝祇的地神於方丘，天神與地神的祭祀是分開的。事實上，從天授二年（691）元日，武則天親祀明堂開始，就出現天地合祭。[29]這次南郊，也是郊廟祭祀和大赦改元同時舉行的首例，從此皇帝接受尊號、舉行郊廟等親祭、改元大赦的形式，被往後唐朝皇帝沿襲，[30]武則天時代再度出現天地合祭，天地合祭成為中晚唐和五代皇帝親郊的常見形式，最後在北宋初年制度化，[31]實具有莫大的影響。

　　長安二年(702)十一月戊子（25 日），武則天第三次親祀南郊，[32]並舉行大赦，此次是武則天最後一次親祀南郊，也是武則天稱帝期間唯一在長安舉行南

---

26 金子修一探討武周時期郊廟親祭，參見金子修一，〈第七章　唐代における郊祀・宗廟の運用〉，《中国古代皇帝祭祀の研究》，頁 325-331。中譯本見金子修一，〈第七章 唐代郊祀、宗廟祭祀制度的實行〉，《中國古代皇帝祭祀研究》，頁 229-234。

27 《資治通鑑》卷 205〈唐則天皇后紀〉「證聖元年」條，頁 6499。

28 《舊唐書》卷 6〈則天皇后本紀〉，頁 124。《資治通鑑》卷 205〈唐則天皇后紀〉「證聖元年」條，頁 6503。

29 唐朝禮令規定天地分祀，武則天大享明堂出現天地合祭。相關論證參見高明士，〈第五章　唐代禮律規範下的婦女地位〉，《中國中古禮律綜論：法文化的定型》，頁 151-152。

30 參見金子修一，〈第七章　唐代における郊祀・宗廟の運用〉，《中国古代皇帝祭祀の研究》，頁 326。中譯本見金子修一，〈第七章 唐代郊祀、宗廟祭祀制度的實行〉，《中國古代皇帝祭祀研究》，頁 230。

31 朱溢，〈從郊丘之爭到天地分合之爭—唐至北宋時期郊祀主神位的變化〉，《漢學研究》第 27 卷第 2 期，2009，頁 267-302。

32 《舊唐書》卷 6〈則天皇后本紀〉「長安二年」條，頁 131。見《新唐書》卷 4〈則天皇后本紀〉「長安二年」，頁 103。《資治通鑑》卷 207〈則天皇后紀〉「長安二年」，頁 6561。

郊親祀。由此可知，武則天準備將政權歸還李唐而回到京師長安。

（三）武則天巡幸與中祀

武則天稱帝過程中，「好祥瑞」的形象，積極為自己的政治目標製造輿論。[33]武則天稱帝前親祭南郊與洛水，藉由拜洛水受圖籙，成為天后稱帝偽托君權神授的一種手段。垂拱四年(688)五月庚申（3 日），[34]武承嗣使人在白石上鑿刻文「聖母臨人，永昌帝業」，再將紫石搗成粉末摻上藥物將字填平，再指使雍州人唐同泰上表獻石給武則天，聲稱是洛水中獲得的。太后大喜，將石頭命名為「寶圖」，同時提拔唐同泰為游擊將軍。同年五月戊辰（11 日），武則天下詔當親自祭拜洛水，接受「寶圖」。5 月乙亥（18 日），太后加尊號為聖母神皇。六月壬寅（16 日），唐朝製作神皇的三個璽印。[35]7 月丁巳（初一），武則天舉行大赦，將「寶圖」改名為「天授聖圖」，也將「天授聖圖」出現地點命名為「聖圖泉」，旁設置永昌縣，目的顯然是為再次烘托與加強君權神授的意涵，將改唐為周的帝業製造輿論基礎。

垂拱四年(688)12 月己酉(25 日)，武則天首次親拜洛水，接受「天授聖圖」。皇帝、皇太子都隨從，內外文武百僚、蠻夷酋長，各按方位排列站立。祭壇設於洛水北側，中橋左側，珍禽、奇獸、各種珍寶皆陳列於祭壇前，典禮完成當日還宮。武則天此次巡幸意義重大，唐朝開國以來從未有過如此盛大的文物、鹵簿與禮樂儀仗。[36]

---

[33] 孟憲實，〈武則天時期的「祥瑞」——以《沙州圖經》為中心〉，《敦煌吐魯番研究》第 1 期，2015，頁 261-280。

[34] 《資治通鑑》卷 204〈則天皇后紀〉載於垂拱四年四月庚午，但四月無「庚午」日，據《新唐書》卷 4〈則天皇后本紀〉當改「庚午」為「庚申」，相關考證見周紹良《資治通鑑‧唐紀勘誤》（北京：北京師範大學出版社，2001-6），頁 118。

[35] 《資治通鑑》卷 204〈唐則天皇后紀〉「垂拱四年二月」條，頁 6448。

[36] 《舊唐書》卷 24〈禮儀志〉「釋奠」條，頁 925。《資治通鑑》卷 204〈則天皇后紀〉「垂拱四年」，頁 6454。

四、武則天巡幸與親享明堂

　　明堂是天子處理政務進行政治的地方，對於儒家和歷代皇帝而言，這不單是執政的場所，而是象徵理想統治的建築物，明堂作為象徵君王理想統治的德治場所，成為歷代各王朝強烈關心的對象。[37] 明堂作為儒家理念的最高實踐儀制之一，也是統治者踐行奉天承運、調理四時、布恩施政的神聖空間。明堂的建設，象徵儒家「聖王」理念，一旦明堂建設成功，皇帝作為古代聖王的形象便會深入人心。從貞觀六年（632）至儀鳳二年（677），有關明堂建設討論已長達 45 年，若從開皇十三年（593）算起，已達 85 年，即便皇帝親自參與決斷，明堂仍停留在儒生設想的祭祀、布政景觀，明堂真正開始建設，還有待垂拱四年（688）武則天的實際行動。[38]

（一）洛陽重建明堂設計

　　垂拱四年（688）二月己亥（10 日），[39]武則天拆乾元殿，從原地興建明堂，[40]並非偶然之舉。武則天表面上認為乾元殿所佔之地政是明堂應當座落之處，[41]實際上武則天一定要拆毀乾元殿的深意在於否定乾元殿代表象徵男性帝王的概念。[42]

　　武則天重建明堂真正目的是為奠定女皇的統治地位，建設明堂是宣告政治地位的重要舉措。武后執政期間，為她正式登基稱帝作準備，決定建造明堂，令沙門薛懷義負責主持並擔任禮儀使，直到垂拱四年（688）12 月己酉（25 日）

---

[37] 金子修一〈魏晉より隋唐に至る郊祀・宗廟の制度について〉，《史學雜誌》第 88 編，第 10 號，1979，頁 49。

[38] 參見呂博，〈唐初明堂設計理念的變化〉，《魏晉南北朝隋唐史資料》第三十七輯，2018，頁 115-116、130。

[39] 史籍記載垂拱四年（688）明堂被毀日期有二說，一為正月，二為二月。今採二月說，相關論證參見高明士，〈第五章　唐代禮律規範下的婦女地位〉註釋 6，《中國中古禮律綜論：法文化的定型》，頁 144-145。

[40] 《舊唐書》卷 183〈外戚列傳・薛懷義傳〉，頁 4741-4742。

[41] 《新唐書》卷 200〈儒學列傳・陳貞節傳〉，頁 5696。

[42] 張一兵〈第五章　明堂形制考〉，《明堂制度研究》，北京：中華書局，2005，頁 411。

明堂終於建成。[43]武則天建立明堂後，所建的天堂，成為武則天另一個重要的禮制建築。[44]天堂的功用是武則天的禮佛場所，惜天堂尚未完全竣工就被大火焚燬。[45]明堂建成後，武則天頒發詔書「時既沿革，莫或相遵，自我作古，用適於事。今以上堂為嚴配之所，下堂為布政之居，光敷禮訓，式展誠敬。」[46]明確闡明新明堂是因應新時代的思想設計而創造。

（二）親享明堂（萬象神宮、通天宮）

明堂是武則天稱帝期間，巡幸最頻繁的地點，後改稱「萬象神宮」。[47]武則天重建明堂兩次，第一次是垂拱四年（688）12月己酉（25日）明堂終於建成後，從永昌元年（689）、載初元年（690）、天授二年（691）、長壽二年（693）、長壽三年（694）五年內，直到證聖元年（695）春正月，明堂被焚燬前，武則天幾乎年年元日親享明堂（萬象神宮），甚至載初元年（690）和長壽二年（693）一年兩次親享明堂。第二次是萬歲通天元年（696）春三月，再次重建明堂，稱帝期間共13次親享明堂（萬象神宮）。

永昌元年（689）正月乙卯（元日），明堂建成後，武則天稱帝後首次在元旦親享明堂，接受羣臣朝見。[48]武則天御則天門，服袞冕、搢大圭、執鎮圭為初獻，皇帝（睿宗李旦）為亞獻，太子（李成器）為終獻。同時大赦天下，改年號為「永昌」。同月戊午（4日）在此佈告政令，頒九條以訓百官。值得注意的是自垂拱四年（688）12月己酉（25日），明堂建成後，武則天「縱東都婦

---

43 史籍記載明堂完成時間有垂拱四年（688）12月，己酉（25日）與辛亥（27日）二說，今採《舊唐書》說。相關論證參見高明士，〈第五章 唐代禮律規範下的婦女地位〉註釋7，《中國中古禮律綜論：法文化的定型》，頁145。

44 史鵬飛《隋唐洛陽規劃設計的佛道文化元素研究》，西安美術學院碩士論文，2015，頁46-50。

45 《舊唐書》卷22〈禮儀志〉「明堂」，頁865。

46 《舊唐書》卷22〈禮儀志〉「明堂」，頁851。

47 南澤良彥論述武則天建設明堂從萬象神宮得建立與基能，至通天宮的建立過程，參見南澤良彥，〈第七章 唐代 私が古典を創作する〉「第二節 則天武后の明堂」，《中國明堂思想研究——王朝をささえるコスモロジー》，東京：岩波書店，2018-2，頁226-232。（原載：南澤良彥〈唐代の明堂〉，《中国哲学論集》，第36期，2010-12，頁1-27。）

48 《唐大詔令集》卷73〈典禮〉載垂拱四年十二月「親享明堂制」，頁372。

人及諸州父老入觀，兼賜酒食，久之乃止」，[49]陳弱水指出武則天讓大量洛陽女性進入明堂參觀的特權，「諸州父老」顯然是地方長官選派入京，直到永昌元年（689）正月己未（5日）才停止，前後共12日，在中國歷史上首度大量開放讓婦女得以自由參觀明堂的創舉，武則天提高婦女地位的作為，實為了兩年後登基稱帝做準備。[50]

　　隔年改永昌元年十一月為載初元年正月。載初元年（690）武則天一年兩次親祀明堂，正月庚辰朔（初一），武則天第二次親祭明堂，並大赦天下，武則天自己命名為「曌」，改稱「詔」為「制」。同年二月，武則天第三次親臨明堂，大開三教。九月戊寅（初五），羣臣進言有鳳凰從明堂飛入上陽宮，又飛回停在左肅政臺的梧桐樹上，過了很久，才向東南方飛去，還有赤雀數萬隻集結在朝堂上，武則天藉由鳳凰與赤雀群集而來的異象，反映政權的正當性。九月九日壬午，改唐國號為周，改年號為天授，亦大赦天下，乙酉（20日），加尊號為聖神皇帝。[51]武則天正月和二月連續兩次親祭明堂，正式確立武周皇帝的政治地位。

　　自天授二年（691）、天授三年（692）、長壽二年（693）、長壽三年（694）連續四年，武則天在正月初一元日親祭明堂。天授二年（691）正月癸酉朔（初一），武則天首次在萬象神宮接受「聖神皇帝」的尊號。武則天為更強化李唐政權結束，正式邁入武周政權，甲戌（初二）改在神都洛陽設立社稷壇，辛巳（初九）安置武氏神主於太廟，唐朝在長安的太廟改名為享德廟，四季只祭祀高祖以下三廟，其餘宣帝、元帝、光帝、景帝四室關閉不再祭祀。乙酉（13日），冬至日，武則天合祭天神與地神於明堂，祭祀昊天上帝，百神陪從受祭，武氏祖宗配享，唐朝三位已故皇帝也一同配享。[52]此為武則天第四次親祀明堂，從

[49] 《舊唐書》卷22〈禮儀志〉「明堂」，頁864。同條見《太平御覽》卷533〈禮儀部〉「明堂」，頁2549-2。

[50] 陳弱水指出「垂拱四年（688）正月，武則天在東都洛陽建成，……，民眾參觀活動持續整整一年。」然前述垂拱四年（688）12月己酉（25日）明堂建成，至永昌元年（689）正月5日結束婦女及諸州父老參觀活動，前後共12日。參見陳弱水〈初唐政治中的女性意識〉，《隱蔽的光景：唐代的婦女文化與家庭生活》，桂林：廣西師範大學出版社，2009-7，頁185-186。

[51] 《舊唐書》卷6〈則天皇后本紀〉，頁120-121。《舊唐書》卷22〈禮儀志〉「明堂」，頁864。《資治通鑑》卷204〈則天皇后紀〉「載初元年」，頁6462。

[52] 《舊唐書》卷6〈則天皇后本紀〉「天授二年」，頁121。《資治通鑑》卷204〈則天皇后紀〉「天授二年」，頁6470。

宗廟祭祀中正式宣告武周政權的來臨。天授三年（692）正月戊辰朔（初一），武則天第五次親祀明堂，大赦天下，改年號為如意。[53]

長壽二年（693）武則天一年兩次親祀明堂，春一月壬辰朔（初一）武則天第六次親享明堂，以魏王武承嗣為亞獻，梁王武三思為終獻。武則天以武家人為亞獻和終獻，與永昌元年（689）親享萬象神宮相較，亞獻、終獻易人，固然不能說明武則天傳位給武家子弟，但一定程度上表明武則天這時候是想要把皇位傳給武氏子弟，對於李家皇嗣的排斥是顯而易見的。[54]崔融〈請封中嶽表〉提及「祕籙有云：『中岳之神姓武』」，更加表明武則天把嵩山和武姓聯繫的印證。[55]武則天自編神宮樂，用樂舞人員達九百人。[56]長壽二年（693）九月乙未（初九）武則天第七次親享明堂，接受魏王承嗣等五千人上表請求加尊號為「金輪聖神皇帝」，製作金輪寶、白象寶、女寶、馬寶、珠寶、主兵臣寶、主藏臣寶等七寶，並舉行大赦。[57]

長壽三年（694）春一月丙戌（初一）武則天第八次親享明堂，五月，魏王武承嗣等二萬六千餘人上奏，加尊號為「越古金輪聖神皇帝」。甲午（11日），武則天駕臨則天門城樓接受尊號，同時大赦天下，改年號為「延載」。[58]證聖元年（695）春一月丙申（初八），因薛懷義不滿武則天寵幸御醫沈南璆，當晚秘密焚燒天堂，大火延燒到明堂。[59]武則天下令依照舊有規格重建明堂，至萬歲通天元年（696）春三月丁巳（16日），再次重建的新明堂竣工，高290尺，方300尺，規模大致小於被焚燬的明堂，另造由羣龍捧著銅火珠，定名「通天宮」，

---

[53] 《舊唐書》卷6〈則天皇后本紀〉「天授三年」，頁122。《資治通鑑》卷205〈則天皇后紀〉「天授三年」，頁6481-6482。

[54] 武則天對於皇嗣問題探討參見孫正軍，〈二王三恪所見周唐革命〉，《中國史研究》第4期，2012，頁103-105。

[55] 《文苑英華》卷600〈請勸進及封岳行幸〉「為朝集使于思言等請封中岳表」條，頁3116-2。

[56] 《舊唐書》卷6〈則天皇后本紀〉「長壽二年」，頁123。《資治通鑑》卷205〈則天皇后紀〉「長壽二年」，頁6488。

[57] 《舊唐書》卷6〈則天皇后本紀〉「長壽三年」，頁123。《資治通鑑》卷205〈則天皇后紀〉「長壽三年」，頁6493。

[58] 《舊唐書》卷6〈則天皇后本紀〉「長壽三年」，頁123。《資治通鑑》卷205〈則天皇后紀〉「長壽三年」，頁6493。

[59] 《資治通鑑》卷205〈唐則天皇后紀〉「證聖元年」條，頁6499。

改年號為「萬歲通天」。明堂落成隔月，萬歲通天元年（696）夏四月朔日（初一），武則天第九次親享明堂，並舉行大赦。[60]

明堂第二次重建開始，武則天連續三年元日親享明堂。萬歲通天二年（697）同年兩次親享明堂。萬歲通天二年（697）正月己亥朔（初一），武則天第十次親享明堂。同年4月，武則天鑄造冀州鼎名武興、雍州鼎名長安、兗州名日觀、青州名少陽、徐州名東原、揚州名江都、荊州名江陵、梁州名成都為「九州鼎」，移置於通天宮，命司農卿宗晉卿為九鼎使。[61]同年九月武則天第11次大享通天宮，舉行大赦，改年號為「神功」。[62]聖曆元年（698）正月甲子朔元日，武則天第12次親享通天宮，舉行大赦，改年號為「聖曆」，並下制每月一日在明堂舉行告朔的禮儀。[63]聖曆二年（699）正月丁卯朔，武則天第13次在通天宮行「告朔」之禮。[64]

武則天稱帝期間從永昌元年（689）正月乙卯（元日）第一次親享明堂，直到聖曆二年（699）正月丁卯朔最後一次親享明堂，十年間共13次，執政晚年不再親享明堂，可見武則天藉由親享明堂確立皇帝的統治地位。明堂是武則天政治生命中具有紀念碑性的建築物，武則天藉由明堂展現政治號召力，明堂從「萬象神宮」到「通天宮」的轉變，完成李唐王朝到武周政權的轉換，也是武則天從臨朝稱制的太后轉變成武周政權的皇帝。[65]武則天從皇后到天后，再

---

[60] 《舊唐書》卷6〈則天皇后本紀〉「萬歲登封元年」，頁125。《新唐書》卷4〈則天皇后本紀〉，頁97。《資治通鑑》卷205〈唐則天皇后紀〉「萬歲登封元年」條，頁6503。《舊唐書》卷22〈禮儀志〉「明堂」，頁867。

[61] 《舊唐書》卷6〈則天皇后本紀〉「萬歲登封元年」，頁126。《新唐書》卷4〈則天皇后本紀〉，頁97。《資治通鑑》卷206〈唐則天皇后紀〉「萬歲通天二年」條，頁6512、6517。《舊唐書》卷22〈禮儀志〉「明堂」，頁867-868。

[62] 《資治通鑑》卷206〈唐則天皇后紀〉「萬歲通天二年」條，頁6523。《舊唐書》卷22〈禮儀志〉「明堂」，頁868。

[63] 《舊唐書》卷6〈則天皇后本紀〉「聖曆元年」，頁127。《新唐書》卷4〈則天皇后本紀〉，頁98。《資治通鑑》卷206〈唐則天皇后紀〉「聖曆元年」條，頁6525。《舊唐書》卷22〈禮儀志〉「明堂」，頁868。

[64] 《資治通鑑》卷206〈唐則天皇后紀〉「聖曆二年」條，頁6538。

[65] 武則天對於明堂設計意涵，參見韓建華，〈東都洛陽武則天明堂初探〉，《中原文物》第6期，2019，頁113-121。

由聖母皇帝、聖神皇帝、金輪聖神皇帝、越古金輪聖神皇帝、慈氏越古金輪聖神皇帝、天冊金輪皇帝，[66]武則天尊號的每一次變化，都濃縮地反映在政治上前進的軌跡。明堂成為武則天塑造君主形象的重要空間。[67]

五、武則天巡幸與嵩山封禪

封禪祭禮是國家最隆重的祀典，作為皇權核心，其儀式象徵有極重要的意義，武則天以一系列宗教祭祀活動，親自主持封禪大典儀式，標誌武周革命的成功，[68]正式宣告武周時代的來臨。

陳弱水指出「封禪」是中國政治傳統中最特殊、最隆重的皇帝祭天地之禮，唐代觀念需同時具備內外安輯、年穀豐登、福瑞畢至等條件下，才能舉行的曠代大典，重要性不可言喻。[69]歷史上真正舉行過完整封禪禮的皇帝大概只有秦始皇、漢武帝、漢光武帝、唐高宗、唐玄宗、宋真宗六位。武則天曾參與高宗麟德三年（666）正月舉行封禪大典，不但是重要支持者，更要求由她和外命婦參加祭祀地祇的「禪禮」，以女性配享為口實參加國家大典，使得婦女在封禪中扮演重要角色，更加樹立武則天的威望和權力的正當性。[70]

---

[66] 武則天利用佛教宣揚自己統治合法性，參見孫英剛，〈武則天的七寶——佛教轉輪王的圖像、符號及其政治意涵〉，《世界宗教研究》第 2 期，2015，頁 43-53。

[67] 呂博，〈明堂建設與武周的皇帝像——從「聖母神皇」到「轉輪王」〉，《世界宗教研究》第 1 期，2015，頁 42-58。

[68] 何平立，〈第四章 魏晉至隋唐的巡狩與封禪〉，《巡狩與封禪：封建政治的文化軌跡》，濟南：齊魯書社，2003-1，頁 341。

[69] 有關唐代封禪性質與狀況參見，Howard J. Wechsler, *Offerings of Jade and Silk: Ritual and Symbol in the Legitimation of the T'ang Dynasty.* Chapter 9: "The Feng and Shan Sacrifices", Yale University Press, 1985, pp.170-194.

[70] 陳弱水提出獨到見解提出武則天要求加入禪禮，使用正統的婦女觀作為理論根據，相關論述參見陳弱水〈初唐政治中的女性意識〉，《隱蔽的光景：唐代的婦女文化與家庭生活》，桂林：廣西師範大學出版社，2009-7，頁 173。

（一）武則天嵩山封禪

武則天稱帝後連續七次親享明堂後，於萬歲登封元年（696）臘月（12月）首次至嵩山封禪，臘月（12月）甲戌（初一），武則天從神都洛陽出發，甲申（11日）登嵩山封禪，並大赦天下，改年號為萬歲登封，允許官民盡情聚飲九天。三日後（丁亥，14日）登少室山封禪，六日後（癸巳，20日），返回神都洛陽，[71]實現武則天成為帝王的天命思想。武則天為了與洛陽百姓共同慶祝「順天命」的夙願，臘月（12月）己丑（16日），宣布洛州百姓免除徭役二年，登封縣、告成縣免除徭役三年，[72]武則天拉攏民心的手段由此可見。

武則天第二次巡幸嵩山，聖曆二年（699）春二月戊子（2日）從神都出發前往嵩山。二月己丑（3日）至洛州緱氏縣，緱氏縣位於往來洛陽與嵩山之間交通要道，距河南府洛陽63里。[73]值得說明的是武則天中途再次特別謁周靈王的王子晉廟，即升仙太子廟。[74]然而，武則天為何特地在巡幸途中再次謁王子晉廟？從洛陽東南到陽翟縣為崿嶺路，共240里。[75]王子晉廟在緱氏山，在緱氏縣東南29里，[76]並不在崿嶺路的主要道路上。事實上，武則天長子李弘，亦即孝敬皇帝的「恭陵」，位於緱氏縣東北五里的懊來山上。[77]恭陵所在的緱氏縣成為武則天往來兩地的必經之地，[78]兩次嵩山之行都取道此地，甚至還在緱氏

---

[71] 《舊唐書》卷6〈則天皇后本紀〉，頁124。《新唐書》卷4〈則天皇后本紀〉，頁95-96。《資治通鑑》卷204〈則天皇后紀〉「萬歲登封元年」，頁6503。

[72] 《舊唐書》卷6〈則天皇后本紀〉，頁124。《新唐書》卷4〈則天皇后本紀〉，頁95-96。《資治通鑑》卷204〈則天皇后紀〉「萬歲登封元年」，頁6503。

[73] 嚴耕望遺著、李啟文整理，〈篇伍陸 洛陽鄭汴南通漢東淮上諸道〉，《唐代交通圖考》（第六卷 河南淮南區），台北：中央研究院歷史語言研究所，2003-4，頁1869。

[74] 神功元年（697），武后專程尋訪王子晉遺跡，參見《陳子昂集》卷6〈真宴君古墳誌銘〉，頁138。

[75] 《元和郡縣圖志》卷5〈河南道〉「河南府」，頁2-1：「東南取崿嶺路至陽翟縣二百四十里，從縣至許州九十里。」

[76] 《元和郡縣圖志》卷5〈河南道〉「河南府·緱氏縣」，頁4-1。

[77] 《新唐書》卷38〈地理志〉「河南道·都畿採訪使·河南府河南郡」，頁982-983。

[78] 《舊唐書》卷38〈地理志〉「河南道·河南府」，頁1423：「緱氏 隋縣。貞觀十八年省。上元二年七月復置，管孝敬陵，舊縣治西北澗南。上元中，復置治所於通谷北，今治是。」

縣北十里建起行宮，[79]在行宮東南五里有餘，恭陵幾乎就在行宮旁邊。可推知武則天謁代表孝敬皇帝的王子晉廟，也緬懷長子李弘的「恭陵」。[80]

二月辛卯（5 日）至嵩陽，壬辰（6 日）武則天得病，命給事中欒城人閻朝隱向少室山神祈禱請求代替武則天承擔病痛，武則天病癒後賜給豐厚賞賜，丙申（10 日）武則天巡幸緱山，丁酉（17 日）從嵩山返回洛陽。[81]武則天洛陽至嵩山的里程，洛陽至嵩山約 143 里，來回共 16 日，平均日程 17.87 里。萬歲登封元年（696）武則天嵩山封禪平均日程約 14.3 里，此次日程 17.87 里較慢，或因武則天途中身體欠安稍作停留有關。

聖曆二年(699)臘月（12 月）乙巳（24 日），武則天第三次至嵩山，[82]也是武則天稱帝期間最後一次巡幸嵩山，武則天執政最後五年再也沒有至嵩山封禪。

（二）封禪嵩山原因

洛陽位於「天下之中」，水陸交通發達，利於漕運，便於向四方行使王權。武則天定都洛陽，以神都為政治中心，目的在於遠離李唐統治中心長安，另建新政治格局。[83]武則天封禪嵩山，也是對李唐政權的重要改革。

令人好奇的是武則天因改唐為周的需要，封禪的地點反對李唐封禪於東岳泰山，但五岳另有西岳華山、北岳恆山、南岳衡山，為何武則天情有獨鍾地選擇中岳嵩山？愚意以為武則天於嵩山封禪可能有以下四個原因：[84]

第一，武則天嵩山封禪目的在於辨方正位，為武周政權正名。嵩山為五岳之中岳，居於五方之中位。政治視野下，東南西北四岳象徵被統轄的四疆域，

---

[79] 《太平寰宇記》卷 5〈西京〉「緱氏縣條」，頁 75：「則天行宮，在縣北十里。」

[80] 唐雯，〈女皇的糾結——《昇仙太子碑》的生成史及其政治內涵重探〉，榮新江主編，《唐研究》第 23 卷，北京：北京大学出版社，2017，頁 238-239。

[81] 《舊唐書》卷 6〈則天皇后本紀〉，頁 128。《新唐書》卷 4〈則天皇后本紀〉，頁 99。《資治通鑑》卷 204〈則天皇后紀〉「聖曆二年」，頁 6538。

[82] 《新唐書》卷 4〈則天皇后本紀〉，頁 100。《資治通鑑》卷 204〈則天皇后紀〉「聖曆二年」，頁 6545。

[83] 何平立，〈第四章 魏晉至隋唐的巡狩與封禪〉，《巡狩與封禪：封建政治的文化軌跡》，頁 350。

[84] 張敏探討武則天封禪嵩山，包含政治與文化中心轉移、思想界對封禪批判、嵩山優越地理位置與嵩岳崇拜、崇奉佛教等原因，參見張敏《唐代封禪研究》，頁 36-43。

泛稱所有的政治領土。嵩山作為中岳,標誌五岳的中心,也是核心地域,更是
中央集權正統性的象徵。武則天在嵩山封禪,象徵「天地之中」,表示加強皇權
的正統性。[85]

　　第二,嵩山地理位置靠近神都洛陽。武則天選擇嵩山封禪的優點是便於女
皇巡幸封禪,避免路途勞頓。以萬歲登封元年(696)武則天嵩山封禪為例,臘
月(12月)甲戌(初一)從神都洛陽出發,甲申(11日)登嵩山封禪,癸巳(20
日)即可還宮,前後共20日。洛陽至嵩山封禪的里程,洛陽向東微南行63里
至緱氏縣,又東南中經緱嶺37里至崿嶺,又約9里至轘轅,又約26里至登封
縣,故洛陽至登封縣135里。[86]嵩山在登封縣北8里,[87]洛陽至嵩山約143里,
武則天從洛陽至嵩山封禪,來回各約10日,平均日程約14.3里。每日里程之
所以緩慢,因皇帝封禪巡幸「大駕」隨行鹵簿1838人,分為24隊,列為214
行,[88]隨從王宮貴族、官僚及警衛部隊,人數動輒千計。若女皇遠赴泰山封禪,
依照皇帝巡幸的大駕鹵簿儀仗,實勞師動眾,也勞民傷財。

　　第三,武則天嵩山封禪,與周代崇拜崇拜嵩岳天神有關。根據《新唐書・
宰相世系表》武氏出自姬姓,最早祖先可溯源至居於洛陽的周平王少子。[89]因
此,武周政權追尊周文王為始祖文皇帝、周公為褒德王。而周人以嵩山為祖先
神,因而武則天於嵩山封禪,與周代崇拜崇拜嵩岳天神有關。[90]

　　第四,武則天利用佛教的宗教思想力量,為奪位稱帝和強化統治的背景,
以神權抬高皇權地位。[91]封禪是皇帝巡幸活動之一,唐代皇帝對山岳祭祀和封
禪地點多元化,不僅局限於泰山,如嵩山、華山等五岳都是被封禪對象,封禪

---

[85] 李丹丹、王元林〈唐代嵩岳崇祀之禮與意象新探〉,《廣西社會科學》第8期,2015,頁111。

[86] 嚴耕望遺著、李啟文整理,〈篇伍陸 洛陽鄭汴南通漢東淮上諸道〉,《唐代交通圖考》(第六卷 河南淮南區),台北:中央研究院歷史語言研究所,2003-4,頁1869。

[87] (唐)李吉甫撰,《元和郡縣圖志》(北京:中華書局,1995)卷5〈河南道〉「河南府登封縣」,頁139。

[88] 《唐六典》卷14〈太常寺〉「鼓吹署」,頁408。

[89] 《新唐書》卷74〈宰相世系表〉,頁3136:「武氏出自姬姓。周平王少子生而有文在手曰『武』,遂以為氏。」

[90] 何平立,〈第四章 魏晉至隋唐的巡狩與封禪〉,《巡狩與封禪:封建政治的文化軌跡》,頁351。

[91] 何平立,〈第四章 魏晉至隋唐的巡狩與封禪〉,《巡狩與封禪:封建政治的文化軌跡》,頁356。

地點取決於政治需要。唐朝皇帝巡狩五岳祭祀有增無減，武德二年（619）10月，李淵曾就祠於華山，隔年4月再祠華山。而太宗繼位屢次欲封禪泰山不果告終，唐高宗、玄宗封禪泰山，離長安近，也是五岳唯一道教山岳。武則天篤信佛教，嵩山是佛教聖地，武則天當然不可能在道教濃厚的泰山封禪。武則天在嵩山封禪，打破泰山獨尊的地位，也就代表打破男性皇帝一統天下的神話。[92]

（三）首創為山川神加封人爵

甘懷真指「具有神格的自然神，或超自然的自然神」概念，[93]雷聞進一步論述隋唐時期，轉變成現實，使真正具有人格化的特點，最明顯的表現就是偶像崇拜的祭祀方式，給「岳、鎮、海、瀆」等山川神添加人間封爵。[94]唐代獨創給山川神加封人爵，首創此舉的帝王就是武則天。垂拱四年(688) 7月丁巳（初一），武則天為感謝洛水神，將洛水改名為永昌洛水，首次給洛水加封人爵，封洛水神為顯聖侯，加位特進，禁止在洛水上捕漁垂釣，祭祀洛水的禮儀如同四瀆，也是武則天時期唯獨一次給洛水神封人爵。

武則天時期，共四次在巡幸嵩山後加封人爵。垂拱四年(688) 7月丁巳（初一），因嵩山與洛水接近，武則天改嵩山為神岳，封其神為天中王、太師、使持節、大都督。[95]此應為中國歷史上首次給「岳、鎮、海、瀆」加封人爵，具有極為重大的意義。

第二次為證聖元年（695），武則天於嵩山封禪，尊嵩山為神岳，尊嵩山神

---

[92] 高文文，〈第三章 唐代巡狩制度的內容及其文化內涵〉，《唐代巡狩制度研究》，陝西師範大學碩士論文，2009，頁16-17。

[93] 甘懷真指出西漢以後儒家經典中「氣化宇宙觀」對神祇的理解方式，儒教中諸天神，如天、日、月、星辰等稱為具有神格的自然神，或超自然的自然神，以區別當時流行的佛道教中的人格神的觀念。儒教道類天神的形象就是自然，不具有人的樣子。天子祭祀的目的，不在祈福或除穢，而在於促進天地間諸氣的和諧運作。參見甘懷真，〈《大唐開元禮》中的天神觀〉，《皇權、禮儀與經典詮釋：中國古代政治史研究》，頁198。

[94] 雷聞，〈第一章 隋唐國家祭祀的神祠色彩〉，《郊廟之外：隋唐國家祭祀與宗教》，北京：生活‧讀書‧新知三聯書店，2009-1，頁38-42。

[95] 《舊唐書》卷6〈則天皇后本紀〉，頁119。《新唐書》卷4〈則天皇后本紀〉，頁87。《資治通鑑》卷204〈則天皇后紀〉「垂拱四年」，頁6449。

為天中王，夫人為靈妃。[96]第三次萬歲登封元年（696）臘月（12月）甲戌（初一），武則天從神都洛陽出發，甲申（11日）登嵩山封禪，三日後（丁亥，14日）登少室山封禪，六日後（癸巳，20日）返回神都洛陽。[97]武則天因封禪之日被嵩山神靈保佑，尊嵩山神天中王為神岳天中皇帝，靈妃為天中皇后，夏后啟為齊聖皇帝，封啟母神為玉京太后，少室阿姨神為金闕夫人，王子晉為昇仙太子，另外為他立廟。武則天親自作《昇中述志碑》立於登封壇南方。[98]最後一次為神龍元年（705）二月，嵩山神復為天中王。[99]

除中岳嵩山以外，武則天也為萬安山加封「石泉子」。神功元年(697)七月武則天曾巡幸至萬安山玉泉寺。萬安山位於河南府河南郡壽安縣西南四十里，[100]因山路陡峭，武則天欲乘坐人挽的「腰輿」通過陡峭山路，「輦」是人抬的交通工具，抬至腰平則稱為「腰輿」。[101]但王方慶勸諫乘坐「腰輿」通過崎嶇山路，比昔日漢元帝曾乘船祭廟更加危險，令人擔憂。武則天聽從建言而停駐，可見武則天巡幸時習慣乘坐腰輿登山。但同年武則天封萬安山「石泉子」。[102]

六、武則天巡行地方與行宮

武則天執政晚期，從聖曆元年（698）至長安元年(701)四年間連續四次巡幸地方，同時舉行曲赦，唯有最後一次在長安舉行大赦。第一次是聖曆元年（698）四月初一，[103]第三次親祀太廟，隨後在東都洛陽城內舉行

---

96 《舊唐書》卷23〈禮儀志〉「封禪」條，頁891。

97 《舊唐書》卷6〈則天皇后本紀〉，頁124。《新唐書》卷4〈則天皇后本紀〉，頁95-96。《資治通鑑》卷204〈則天皇后紀〉「萬歲登封元年」，頁6503。

98 《舊唐書》卷23〈禮儀志〉「封禪」條，頁891。

99 《唐會要》卷47〈封諸嶽瀆〉，頁833。《舊唐書》卷23〈禮儀志〉「封禪」條，頁891。

100 《新唐書》卷38〈地理志〉「河南道‧都畿採訪使‧河南府河南郡」，頁983。

101 《資治通鑑》卷198〈唐太宗紀〉「貞觀二十年」胡三省注云，頁6235。

102 《舊唐書》卷89〈王方慶傳〉，頁2898。同條見《新唐書》卷116〈王綝傳〉，頁4224。

103 《資治通鑑》卷206〈則天皇后紀〉「聖曆元年」，頁6530：「夏，四月，庚寅朔，太后祀太廟。」但聖曆元年四月無「庚寅」，朔日應為「壬辰」。《舊唐書》卷25〈禮儀志〉「太廟」，頁945：「聖曆二年四月，又親祀太廟。」《舊唐書》載「聖曆二年」有誤，應為「聖曆元年」。

曲赦。第二次是聖曆二年（699）九月乙亥(13 日)，武則天巡幸福昌縣，舉行曲赦，至戊寅（26 日）回到神都洛陽。[104]武則天從福昌縣回到洛陽，回程共 14 日，福昌縣隸屬東都洛陽，距洛陽 150 里，[105]平均日程 10.71 里。第三次是久視元年(700)十一月丁卯（22 日），武則天巡幸新安隴澗山，新安舉行曲赦，11 月壬申（27 日），返回神都洛陽。[106]新安縣距離洛陽 70 里，[107]此行回程共 6 日，平均日行 11.66 里。此外，武則天第二次巡幸三陽宮期間，六月辛未（30 日），曲赦告成縣。

長安元年(701)冬十月壬寅（3 日），太后從洛陽西行入潼關，至辛酉（22 日）抵達京師長安，並舉行大赦，改年號「長安」，[108]從此顯示出武則天反唐李唐政權的決心與意圖。長安東至洛陽 680 里，長安東至潼關 120 里，[109]此行共 20 日，平均日行 6 里。

武則天執政晚年巡幸汝州溫湯、三陽宮與興泰宮。聖曆三年(700)春一月丁卯（17 日），武則天前往汝州溫湯，甲戌（24 日），從溫湯返回，並在嵩山告成縣石淙建造三陽宮，戊寅（28 日）返還神都洛陽。[110]來回共 12 日，三陽宮距離洛陽 160 里，平均日程 20 里。

三陽宮建成後，武則天同年四月第一次巡幸三陽宮，聖曆三年(700)夏四月戊申（28 日），武則天至三陽宮避暑時，曾有位胡僧邀請武則天參觀埋葬佛舍利，武則天允諾，但狄仁傑勸諫「山路險狹，不容侍衛，非萬乘所宜臨也。」

---

[104] 《舊唐書》卷 6〈則天皇后本紀〉「聖曆二年」條，頁 128：「冬十月」有誤，應為「九月」。見《新唐書》卷 4〈則天皇后本紀〉「聖曆二年」，頁 100。《資治通鑑》卷 206〈則天皇后紀〉「聖曆二年」，頁 6542。

[105] 《元和郡縣圖志》卷 5〈河南道〉「河南府・福昌縣」，頁 9-2。

[106] 《舊唐書》卷 6〈則天皇后本紀〉「久視元年」條，頁 129-130。《新唐書》卷 4〈則天皇后本紀〉「久視元年」，頁 101。《資治通鑑》卷 207〈則天皇后紀〉「久視元年」，頁 6553。

[107] 《元和郡縣圖志》卷 5〈河南道〉「河南府・新安縣」，頁 11-2。

[108] 《舊唐書》卷 6〈則天皇后本紀〉「長安元年」條，頁 130。《新唐書》卷 4〈則天皇后本紀〉「長安元年」，頁 102。《資治通鑑》卷 207〈則天皇后紀〉「長安元年」，頁 6557。

[109] 《元和郡縣圖志》卷 2〈關內道〉「華州」，頁 7-2。

[110] 《舊唐書》卷 6〈則天皇后本紀〉「聖曆三年」條，頁 128：「戊寅」臘月無此日，有誤，應為「丁卯」。見《新唐書》卷 4〈則天皇后本紀〉「久視元年」，頁 100。《資治通鑑》卷 206〈則天皇后紀〉「聖曆二年」，頁 6545。

可見皇帝巡幸時鹵簿儀仗隊伍人數眾多。5月癸丑（4日），舉行大赦，改年號
為「久視」，取消「天冊金輪大聖」稱號。至久視元年(700)閏九月戊寅（初二），
才從三陽宮返回洛陽。[111]武則天此次巡幸是登基以後在行宮停留最長的一次，
從夏四月戊申（28日）從洛陽出發赴三陽宮，至閏九月戊寅（初二）返回洛陽，
共停留三陽宮180日，長達半年時間。

隔年武則天再度巡幸三陽宮，大足元年(701)夏五月乙亥（3日）至三陽宮，
七月甲戌（3日）回到神都洛陽，此次武則天停留60日，武則天第二次巡幸三
陽宮期間，六月辛未（30日），曲赦告成縣。[112]

長安四年（704）正月丁未（21日），武則天下令拆毀三陽宮，以拆下來的
木石材於萬安山修建興泰宮。萬安山位於洛州壽安縣西南40里。三陽宮和興泰
宮都是武三思建議武則天修建，由於工程浩大，左拾遺盧藏用上疏建議，見《資
治通鑑》卷207〈則天皇后紀〉「長安四年」條：[113]

> 左右近臣多以順意為忠，朝廷具僚皆以犯忤為戒，致陛下不知百姓失業，
> 傷陛下之仁。陛下誠能以勞人為辭，發制罷之，則天下皆知陛下苦己而
> 愛人也。

武則天未接受盧藏用認為修建興泰宮勞民傷財的建言，同年四月丙子（21日）
駕幸興泰宮，至七月甲午（11日）返洛陽。[114]此次巡幸興泰宮是武則天晚年最
後一次巡幸，停留興泰宮長達79日。

---

[111] 《新唐書》卷4〈則天皇后本紀〉「久視元年」，頁101：「閏七月戊寅，復于神都。」有誤，應為閏
九月。見《舊唐書》卷6〈則天皇后本紀〉「聖曆三年」條，頁129。見《新唐書》卷4〈則天皇后本
紀〉「久視元年」，頁101。《資治通鑑》卷207〈則天皇后紀〉「久視元年」，頁6546。

[112] 《舊唐書》卷6〈則天皇后本紀〉「大足元年」條，頁130。《新唐書》卷4〈則天皇后本紀〉「久視
元年」，頁102。《資治通鑑》卷207〈則天皇后紀〉「長安元年」，頁6555。

[113] 《資治通鑑》卷207〈則天皇后紀〉「長安四年」條，頁6569。

[114] 《舊唐書》卷6〈則天皇后本紀〉「長安四年」條，頁131-132。《新唐書》卷4〈則天皇后本紀〉「長
安四年」，頁104。《資治通鑑》卷207〈則天皇后紀〉「長安四年」，頁6569。

七、結論

　　武則天作為女子稱帝，不僅在唐代以前是絕無僅有的大革命，也是中國歷史上空前絕後的唯一女皇帝。武則天取代李唐，作為女皇另闢蹊徑，不但立武氏宗廟、洛陽建明堂、嵩山封禪都是突破傳統禮制規範，挑戰舊制陳規，在政治與禮制上革新。[115]

　　從武則天巡幸地點，可知稱帝前一年積極塑造女皇帝的形象與地位。稱帝初期連續八次親享明堂，再藉由嵩山封禪達到皇帝政治地位的高峰，隨後伴隨著 3 次親祀南郊與 5 次親享明堂，武則天為了奠定女皇帝的統治，透過歷次親享明堂、南郊親祭與宗廟祭祀，逐步奠定皇帝地位。直到執政晚年，武則天才開始巡幸地方與行宮。可知武則天藉由巡幸過程中，在禮制上開創不少的新舉措，為了武周政權製造合法性依據，也為自己增添神聖光環。

---

[115] 何平立，〈第四章 魏晉至隋唐的巡狩與封禪〉，《巡狩與封禪：封建政治的文化軌跡》，頁 349-350。

社會篇

唐代代北胡族家族的婚宦與門風
——獨孤氏、竇氏及長孫氏再探

宋德熹*

一、前言

　　中唐時人柳芳的〈氏族論〉，曾通盤檢討中古門第士族的發展梗概及區域異同時，[1]指出「關中之人雄，故尚冠冕，其達可與也。代北之人武，故尚貴戚，其泰可與也。及其弊，則……尚冠冕者略伉儷、慕榮華，尚貴戚者徇勢利、亡禮教。」概括言之，北朝末隋唐前期關隴集團政權中的代北外戚家族，憑藉尚武軍功入仕和貴戚身份榮寵，勾勒出代北外戚的尊貴地位和崇高待遇。[2]朱大渭探討代北豪強酋帥時，進一步釐清代北尚武精神與軍功致仕通顯現象的因果關係，認為代北豪強酋帥尚武精神以及由軍功起家，同內地士人憑家資及儒學入仕，形成了鮮明的對比。[3]當然代北胡族於北朝末隋唐初，確實有不少與皇室通婚者，其中獨孤氏、竇氏及長孫氏是最為長期顯貴的三家，他們泰半經由軍功致仕通顯，又皆為唐初與皇室最具血濃於水姻親關係的家族。故柳芳所謂「代北之人武，故尚貴戚」一語，相信是影射隋唐初這三家代北外戚家族尊貴形象

---

*　中興大學歷史學系教授

[1]　詳參何啟民，〈柳芳氏族論中的一些問題〉，收入《國際漢學會議論文集(歷史考古組)》(台北：中央研究院，1981)，以及宋德熹，〈中古門第觀念探微〉，收入《興大歷史學報》第五期，1995，頁12~26。有關唐代代北胡族的婚姻關係，可參郭莉，〈唐朝代北虜姓婚姻關係研究〉，四川師範大學歷史系碩士論文(2007)。

[2]　詳參宋德熹，〈關隴集團中代北外戚家族的角色與地位〉，《大陸雜誌》86卷1期，1993。

[3]　朱大渭，〈代北豪強酋帥崛起述論〉，《文史》31輯，(北京：中華書局有限公司，1988)頁75，註1。

而說。不過,尊貴外戚的虛像與位高權重的實態仍有區別,而且權力的繼替經常隨著家族精英、政治局勢以及文化傳承而有所變化,因此全唐時期此三個代北外戚家族的發展動態和文化表現,仍值得繼續注意。

　　針對唐代前期獨孤氏、竇氏及長孫氏三大代北外戚家族興衰的課題,筆者曾個別專題討論[4],宥於昔日拙論所用材料局限於發表的上世紀九〇年代以前,故除部分石刻史料已從他處資訊轉引外,未及參考周紹良主編趙超副主編《唐代墓誌彙編》、周紹良與趙超主編《唐代墓誌彙編續集》(以下分別簡稱《唐代彙編》或《唐代續集》),以及《隋唐五代墓誌彙編》(簡稱《隋唐匯編》)、 胡戟與榮新江主編《大唐西市博物館藏墓誌》(簡稱《大唐西市》)、毛陽光與余扶危主編《洛陽流散唐代墓誌彙編》(簡稱《洛陽流散》)、齊運通編《洛陽新獲七朝墓誌》(簡稱《洛陽新獲》)、齊運通等編《2015 洛陽新獲墓誌》 (簡稱《洛陽(2015)》)等所收相關墓誌。[5]茲為材料求全責備起見,以下勉力再行補遺。誠如陳寅恪所指出的「一時代之學術,必有其新材料與新問題。取用此材料,以研求問題,則為此時代學術之新潮流」,晚近陸揚也呼籲墓誌研究應「從內容和方法比較單一的史料考證走向對墓志的內涵作全面的史學分析」,陳爽更進一步指出「墓志研究繁榮的背後存在著歧路亡羊的『碎片化』隱憂。有一些學者盲目地跟風追新,使得很多新出石刻的學術價值尚未被充分挖掘,便已成為少人關注的舊史料」[6],本文擬一方面補充所謂舊史料引證之為德不足,二方面也證成新材料詮釋之推陳出新。

4　〈獨孤氏興衰史論〉,《興大歷史學報》2 期 (1992)、〈「關隴集團」政權中的河南竇氏〉,《興大文史學報》22 期 (1992),〈中古時期長孫氏家族盛衰及其政治動向〉,收入鄭欽仁教授七十壽慶論文集編輯委員會編,《鄭欽仁教授七秩壽慶論文集》(臺北:稻鄉出版社,2006)。

5　《唐代彙編》(上海:上海古籍出版社,1992)、《續集》(上海:上海古籍出版社,2001)、《隋唐匯編》(天津:天津古籍出版社,1991,不同卷冊引用時另行註記編者)、《大唐西市》(北京:北京大學出版社,2012)、《洛陽流散》(北京:國家圖書館出版社,2013)、《洛陽新獲》(北京:中華書局,2012)、《洛陽(2015)》(北京:中華書局,2017,承蒙復旦大學陳尚君教授惠傳所需電子資料,特此致謝)。

6　分別參陳寅恪,〈陳垣燉煌劫餘錄序〉,收入《金明館叢稿二編》(台北:里仁書局,1981),頁 236、陸揚,〈從墓志的史料分析走向墓志的史學分析─以《新出魏晉南北朝墓志疏證》為中心〉,《中華文史論叢》2006~4,也收入氏著《清流文化與唐帝國》(北京:北京大學出版社,2016)、陳爽,〈中古墓志研究三題〉,《隋唐遼宋金元史論叢》第七輯(上海,上海古籍出版社,2017)。

二、雲中獨孤氏的掙扎

(一)概說

　　雲中獨孤氏在唐代前期的重要官宦人物（指官居五品以上者）共有 23 人，其中一、二、三世的五品以上得官率皆頗高，特別是入唐一世高達百分之百，多少與其外戚（高祖舅子）身分有關。不過此一輩也是獨孤家族最為多災多難的時期，有不少人死於非命，[7] 一位減死徙邊[8]。又，入唐四世的五品以上得官率大幅度降低（37.5%），五世、六世且掛零，顯示安史之亂前夕，獨孤家族逐漸銷聲匿跡，官宦事業也步入尾聲。另一值得注意的現象是，由於人口結構寡少且脆弱，乃是家族發展的致命傷，即使與皇室權貴聯姻[9]，似也未能大幅度提升家族權位。在門第世族一波一波由武質傾向文質化的潮流趨勢中，誠如毛漢光所指出：

> 士族文武性質之轉變，北朝胡姓比較明顯。⋯⋯。同時在另一方面，胡姓亦開始學文，這是漢化的重要部分，⋯⋯，在這種潮流之中，使許多胡姓亦傾向於學術，其中變遷，並非一朝一夕可成，要之，有關一個家族性質的轉變，要以代(generation)為單位來觀察，因為在中古時期，一般社會的變動速率並不很大，要接受一種較為生疏而又涉及性質改變時，似乎要透過孩童時期的教育，所以轉變是緩慢的。[10]

---

[7]　獨孤開徽為叛附劉黑闥的州民所害，《通鑑》卷 190〈唐紀〉武德五年，頁 5943。獨孤懷恩謀反伏誅，籍沒其家，參《新唐書》卷 206〈外戚・獨孤懷恩傳〉，頁 5834。

[8]　獨孤晟出兵失期，詳參《通鑑》卷 190〈唐紀〉武德五年，頁 5950、李樹桐，〈補兩唐書李大恩傳並序〉(收入《唐史研究》，台北：台灣中華書局，1979)，頁 358~9。

[9]　獨孤信孫女為唐高祖宰相蘭陵蕭瑀之妻、獨孤諶娶太宗女安康公主、獨孤奉先女嫁博陵崔氏第二房海州刺史大方之子（另詳下文）。

[10]　毛漢光，《中國中古社會史論》總論第四篇〈中古士族性質之演變〉（臺北：聯經出版公司，1988），頁 92。

可惜獨孤氏家族顯然文化氣息仍顯薄弱，且獨孤氏入唐後頗多出任地方官者，雖然上州刺史品階高達三品，但畢竟唐代前期的官場習慣是「重內（官）輕外（官）」，[11]這似乎也顯示絕大多數的獨孤氏遠離權力核心圈，並非實權人物，與其三代外戚及八柱國家「貴不可言」的身分，頗有落差。

　　(二)墓誌所見

　　《隋唐匯編》陝西卷錄有〈唐左衛將軍上開府考城縣開國公獨孤使君（開遠）墓誌銘〉，開遠之父為獨孤信長子獨孤羅，早年流落北齊，北周亡齊後始入關，雖無尺寸之功，隋文帝因其外戚嫡長子身分下詔襲爵趙國公[12]。開遠為獨孤羅庶長子，於隋末江都之變死裡逃生，入唐後擔任禁衛軍將領，表現可圈可點，卒於貞觀十六年（642，第一冊頁 12）。《唐代續集》神龍〇〇五〈隴西郡君獨孤夫人墓誌銘〉提及隴西郡君為「魏武帝之玄胄，大唐高祖姚元貞皇后之族孫」，雖然魏武帝之玄胄一語疑有漏字，不知何所指，但自稱唐高祖母獨孤氏的族孫，[13]意謂其為雲中獨孤信的曾孫，誌文稱其祖德為唐同州刺史、藤國公，頗疑此獨孤德應為曾任同州刺史獨孤修德的省稱。[14]其父晶為武周泗州司馬(從五品下)，相當等於入唐三世。獨孤夫人所嫁李思愛，官至通議大夫行都水使者(正五品上)，可惜家族世系不明。《唐代彙編》景龍〇〇九〈大唐故朝散大夫東都苑總監元府君夫人河南獨孤氏墓誌并序〉，前揭拙論獨孤氏一文已輾轉引用，元夫人（卒於中宗景龍二年，708）為獨孤信子獨孤藏的曾孫女，其祖獨孤機為隋末王世充所害，獨孤機子修德、修本兄弟於唐初代父報仇。[15]元夫人即

---

11 詳參趙翼，《陔餘叢考》十七〈唐制內外官輕重先後不同〉（臺北：世界書局，1978），頁 15~17。另參王壽南，《唐代藩鎮與中央關係之研究》（臺北：嘉新水泥公司文化基金會，1969），頁 413~5。

12 詳參《隋唐匯編》王仁波主編陝西卷第一冊，頁 12、《隋書》卷七十九〈外戚傳〉，頁 1789-1790、岡崎敬〈隋趙國公獨孤羅の墓誌銘の考證〉，收入《中國の考古學•隋唐篇》（京都：同朋舍，1987），頁 73-86。

13 《續集》頁 409~410，吳鋼主編《全唐文補遺》第六輯(西安：三秦出版社，1999)，頁 366 則錄為「大唐高祖姚元貞皇后之秩孫」。

14 郁賢皓，《唐刺史考全編》1，第一編京畿道卷四同州(馮翊郡) (合肥：安徽大學出版社，2000)，頁 107 有所考訂。

15 詳參《通鑑》卷一八九〈唐紀〉高祖武德四年，頁 5923~4。另參《新唐書》卷八五〈王世充傳〉，頁 3695~6。

為獨孤修本之女,修本官至朝請大夫(從五品上)行瀛州司馬,相當等於入唐二世。《唐代彙編》開元四四三〈大唐我府君故漢州刺史獨孤公墓誌銘并序〉,前揭拙論獨孤氏也已輾轉引用,誌文提及獨孤炫(卒於玄宗開元二十四年,736)為獨孤信子陁的曾孫,其祖為唐光祿卿(從三品)、太常卿(正三品),父為朝散大夫(從五品下文散官),[16]值得注意的是入唐三世的獨孤炫,誌文稱其:

> 述作文儒,尤邃風雅。⋯⋯羽檄交馳,書記兼掌,⋯⋯秉筆司勾,⋯⋯廉使表第一,⋯⋯在昔過庭,小子最幼,薄聞詩禮,⋯⋯(《唐代彙編》頁 1462)

由前述文字(以下凡有文質風格表現者,皆以加底線重點顯示)的描述,可以看出獨孤炫為頗有文采的良吏。《唐代彙編》天寶〇三五〈大唐故奉義郎行洪州高安縣令護軍崔府君夫人河南獨孤氏墓誌銘并序〉,前揭拙論獨孤氏也曾輾轉引用,墓誌主崔夫人為獨孤信五世孫女,其父獨孤奉先,相當等於入唐二世,官至果州長史(正六品上),襲蜀國公。誌文稱崔夫人:

> 祖姑三代,作配君王。⋯⋯周族□□□□母儀,受訓貴門,□天盛族(《唐代彙編》頁 1554、《隋唐彙編》張寧等主編北京卷附遼寧卷第一冊頁 183)

此獨孤氏頗有貴戚盛族母儀之風,而其所嫁崔府君,為博陵崔氏第二房海州刺史崔大方之子,為北朝隋唐以來的山東士族,[17]獨孤氏能與鼎族盛門通婚,其門風文化不可小覷。

《大唐西市》一七四〈□□□武威衛長史獨孤府君(賢道)墓誌銘并序〉提到,獨孤賢道屬隋獨孤順支,輩份上相當等於入唐二世,其父安誠為唐殿中監(從三品),前揭拙論獨孤氏一文考訂世系,指出安誠名為晟(安成),官職為殿

---

[16] 蘇慶彬,《兩漢迄五代入居中國之蕃人民族研究－兩漢至五代蕃姓錄》(香港:新亞研究所,1967),頁 260。載獨孤炫父名節,為兵部郎中,乃係參考宋・鄧名世《古今姓氏書辯證》卷三十五(商務印書館四庫全書珍本別集),未詳何據?

[17] 博陵崔氏第二房家世《新唐書》卷七二下〈宰相世系表〉,頁 2793。

中少監(從四品上)，此獨孤晟有子賢意，但官宦不詳，晟孫慶之為左武衛將軍(從三品)，曾孫克忠為漢州刺史(從三品)。頗疑賢道與賢意為同一人，賢道誌提及：

> 時則天多君從母弟，親賢備嘉。……始君乃佳公子，生於貴，長於貴……十五誦詩書，文也。廿專俎豆，禮也。恥學劍而耽鼓琴，正也。(《大唐西市》頁 387)

以上顯示獨孤賢道生存於武周朝以前，享年六十八歲，卒官□□□武威衛長史為正七品上武職，但其平日作風頗見人文氣息，並娶烏丸王氏（誌文載為太原王氏，顯為偽託之習，貞觀名相王珪也出自此族），為梁末名將王僧辯後裔，與玄宗王皇后父王仁皎為同輩兄妹。《大唐西市》二一三〈唐故雅州功曹獨孤府君（朏）墓誌銘〉，墓誌主獨孤朏為前述賢道之子，輩份上相當等於入唐三世，誌文稱其「括羽以文」(頁 471)，似乎也有文質傾向，獨孤朏卒於玄宗開元十九年（731），官止卑品，享年六十六，所娶滎陽鄭氏，為陰平令鄭鼎之女，惜其家世不詳。《大唐西市》三三一〈大唐獨孤氏女（保生）墓誌銘并序〉，墓誌主獨孤保生出自中唐卑品地方僚佐之家的次女，僅享年十五，誌文謂其「言詞有□，禮度無替」(頁 717)，可能是其父獨孤士衡親筆回顧保生短促生命的人文寫照，誌文並提及家世「我家三朝后族」，研判保生應也是獨孤信的後裔。以上總括唐代獨孤氏墓誌，可知雖號稱三朝后族出身，與部分名族也有通婚，但皆屬低品官的家庭，值得一提的倒是稍見零星的文風寫照。

三、河南竇氏的浮沉

（一）概說

河南竇氏人口較為眾多，區分為三祖房支，各支發展情況有同有異。其中竇熾支由於竇熾身為全族支柱之故，因而西魏北周時期發展最盛，惟竇熾卒於隋初之後，此支即後繼無人，出現了斷層現象，至唐初始又恢復核心地位。竇

善支自北周以迄唐初,呈穩定成長的趨勢,在高祖、太宗初,其核心人物數量躍居全族之冠,惟此後出現兩次斷層現象,其中一次乃人為因素,此即武周中葉竇孝諶家人之罹罪流放,有以致之。至於竇岳支,同樣也曾出現過兩次斷層現象,一次在隋末唐初之際,乃是由於高祖竇后父兄兩輩官宦人物相繼凋零所造成;另一次則是竇懷貞之依附太平公主,引發玄宗的反撲,太平公主黨羽的權勢地位盡被剷除,竇懷貞且投水而死。

依前揭拙論竇氏一文指出其家族入唐後的發展動態,整體而言,計出二皇后(高祖竇后屬竇岳支、睿宗竇后屬竇善支)、五宰相(竇岳支有高宗相德玄、睿宗相懷貞,竇善支有高祖相竇抗、德宗相竇參,竇熾支高祖相竇威),其餘駙馬、王妃及高品官宦人物更是不可勝計,《舊唐書》卷六一〈竇威附孝諶傳〉即曾歸納其盛況有云「再為外戚,一品三人,三品已上三十餘人,尚主者八人,女為王妃六人,唐世貴盛,莫與為比。」故而柳芳〈氏族論〉將竇氏列為代北「虜姓」首族七姓之一。竇氏全族在唐代前期的重要官宦人物(官居五品以上者)計有 133 人,占男口總數 355 人之 37.4%,比率稍嫌偏低(惟竇熾支之 65.4%、竇善支之 61.9%的比率則頗高,竇岳支僅 22.8%,顯示該支成員仕宦能力不強),其中入唐一二三世的五品以上得官率較高,四世以後則依次遞減,至七世跌入谷底,比率僅 19%。如果由分支的角度個別言之,則竇岳支的唐代前期重要官宦人物有 51 人,其中入唐一世二世三世(相當於高祖太宗時期)只 1 人,此與唐初竇岳支的老成凋零有關;四世五世(相當於高宗武周時期)有 18 人,其中包括竇德玄及竇懷貞父子兩人蟬連宰相;六世七世(中宗迄玄宗)雖多達 32 人,但卻是一種假像,蓋此兩輩竟有 152 人官居五品以下甚或無官。另竇善支及竇熾支於唐初(一二三世)人才輩出,官居五品以上者分別有 9 人及 11 人,比率皆高,顯示高祖太宗之世乃此兩支官宦事業的黃金時期。而由於玄宗崇重舅氏,故竇善支於五世六世官居五品以上者高達 36 人,展現外戚家族的第二春。至於竇熾支於唐初黃金期過後,至四世五世的重要官宦人物降為 6 人,六世七世且掛零,則又似乎與其單薄的人口結構有關。史稱竇氏「再為外戚」,所出王妃主婿也不在少數,故竇氏無疑是唐代皇室婚姻圈的重要對象,[18]竇氏也

---

[18] 竇誕娶高祖女襄陽公主、竇奉節娶高祖女房陵公主、竇璡女嫁高祖子鄷王元亨、竇懷哲娶太宗女蘭陵公主、竇逵娶太宗女遂安公主、竇希瑊女嫁玄宗子慶王琮、竇鍔娶玄宗女昌樂公主、竇繹娶玄宗

與某些重要家族有通婚記錄（竇誕女嫁關中郡姓河東西眷柳亨、竇孝諶女嫁肅
宗張后之祖父、竇覦娶德宗相韓滉之女）。值得注意的是隋唐之際竇氏家族文質
化的現象頗為顯著，唐代前期的後半葉且有三名經由貢舉登第而入仕，顯示竇
氏門風已由武質成功轉型。[19]《舊唐書·竇威傳》末史臣總括指出：

> （竇）威守道，（竇）軌臨戎，（竇）抗居喪，（竇）靜經略，（竇）璡音律，仍以懿
> 親，俱至顯位，才能門第，輝映數朝，豈非得人歟？……諸竇戚里，榮
> 盛無比。[20]

相當言簡意賅地描繪出竇氏人才輩出與家族興旺的寫照，更值得注意的是入唐
前後，竇氏部分精英人物由武入文轉型，以及竇氏與不少名門大族通婚，促成
家族文質化的傾向。

（二）墓誌所見

《陝西新見隋朝墓誌》收入兩方竇氏墓誌，其一為〈大隋故河堤使者西河
公竇君（儼）墓誌〉，其二為〈大隋工部侍郎檢校西平太守通議大夫鉅鹿公竇府
君（彥）墓誌銘〉，竇儼和竇彥皆屬竇岳支，誌文稱竇儼「未及三家，已通五典，
追荀孟之伏膺，陋惠□之誕放，……清談謐坐，亹亹泉流；雅步來儀，軒軒霞
舉。……優遊無綜，幸事琴書，肴核日陳，足賞風月，英俊並遊，得其所
好。」[21]《唐代續集》貞觀〇六一〈大唐故光祿大夫工部尚書使持節都督荊州
刺史駙馬都尉上柱國莘安□竇公墓誌銘并序〉，墓誌主竇誕（卒於貞觀二十二

女常山公主、竇克良娶代宗女壽昌公主、竇姚女嫁肅宗子杞王倕、竇覦妹嫁淮南王神通之玄孫李國
貞。詳參宋德熹，〈「關隴集團」政權中的河南竇氏〉、李向群，〈唐室與原代北竇姓的聯姻〉，《陝西
師範大學學報》1991~4。

[19] 譬如竇岳支高祖竇后善書工篇章、竇賢誌業通敏、竇德明頗涉文史、竇姚舉明經，設冠婚喪紀法教
縣民、竇庭華（華）歷官翰林學士及中書舍人。竇善支竇抗少入太學略涉書史、竇慶頗工草隸、竇
璡工草隸頗解鐘律、竇師綸工繪畫、竇維鎏好學以撰為業、睿宗竇后熏循禮則、竇參兄弟竇蒙撰
有《畫拾遺》及《青囊書》十卷、弟竇泉飼詞藻精草隸撰〈述書賦〉論書家、竇敬賓以明經上第、
竇說以崇文生擢第。詳參宋德熹，〈「關隴集團」政權中的河南竇氏〉。

[20] 《舊唐書》卷六十一〈竇威傳〉末史臣曰及贊曰，頁2372。

[21] 劉文編著：《陝西新見隋朝墓誌》（西安：三秦出版社，2018），頁109。

年，648）屬竇善支，即後文所提《唐代彙編》天寶一四○墓誌主竇含的曾祖，
為入唐三世的代表人物，其家世與事蹟詳見《舊唐書》卷六一本傳及《新唐書》
卷七一下〈宰相世系表〉（頁2321），前揭拙論竇氏曾據史傳評斷其無才無行，
卻是唐高祖最為寵信的愛婿，惟誌文盛稱其兩拜太常卿，職司禮樂，曾先後兩
拜刑部尚書，並曾兼國子祭酒與擔任大理卿，以上官職皆帶有專業性或學術性，
誌文還大加渲染竇誕：

> 博聞該於書圖，縟藻麗於詞林，獨步帝京，高視戚里。……翊贊軍機，
> 緝諧兵略。英謀秘計，孕郭吞程」（《唐代續集》頁43）

固然諛墓之文，不可盡信，但基本上可以認定竇誕頗諳為官之道[22]，撇開誌文
浮誇之辭，似仍有其一定的文化水準。

《唐代續集》永隆○○四〈大唐故竇希寂銘并序〉，墓誌主屬竇熾支，高祖
竇熾與曾祖竇恭皆為周隋顯赫軍政大臣（誌文將兩人輩份誤置），祖竇琮為太原
元從功臣，官至右領軍大將軍檢校晉州總管，[23]父孝勣相當等於入唐三世，官
至朝散大夫行涇州司馬（從五品下），誌文稱其：

> 率由禮義，鎔範人物，亮采當時。如以□過志學，□□□□□□立□而
> 後趨奉示兄，長，禮逾於常。撫念□□，情同寮友。同居率務□六十年，
> □□□□□□□老，工於篆隸，雅妙篇章。

竇希寂娶雄州韓使君第三女，合祔葬於高宗永隆二年（681），誌文則稱竇希寂：

> 博總群典，尤練□論。……爰自聖唐，亦姻后族，……高尚丘園，雅好
> 墳典，豪素既染，風雲□□。（《唐代續集》頁248、《隋唐匯編》吳鋼主
> 編陝西卷第三冊，〈竇希寂妻韓氏合祔墓誌〉頁90）

---

[22] 詳參魯才全，〈竇誕職官年表—以《竇誕墓志》為中心〉，《魏晉南北朝隋唐史資料》16(1998)。

[23] 誌文稱「曾祖倧，譙國公、駙馬都尉、左衛大將軍」（頁1625)，駙馬都尉不知何據？竇琮家世參《新
唐書》卷七一下〈宰相世系表〉，頁2329。

以上顯示墓誌主竇希寂父子雖出自外戚官宦之家，皆有相當濃厚的文化素養，而其中孝勖頗見兄弟同居倫理之情，希寂則因秉性高潔而無意出仕。《唐代續集》長壽○一二〈唐故司衛正卿田府君夫人扶風竇氏墓誌銘并序〉，墓誌主司衛正卿田府君夫人竇琰，屬竇善支，曾祖榮定為周隋軍政大臣，娶隋文帝姐，祖竇抗為唐高祖宰相，琰父名諱不詳，與前述《唐代續集》貞觀○六一竇誕則為兄弟輩，相當等於入唐三世，官至東宮左內率（正四品上）、銀青光祿大夫（從三品文散官）、右光祿大夫（從二品文散官）。竇琰(卒於武周長壽三年，694)出自累世官宦之家，同時也是虔誠的佛教徒，誌文稱其：

> 祖妣豆盧氏（即竇抗之妻），夜中讀經，遽而燈滅，有取火者，久而不至。夫人在侍，因徒催之。將出戶庭，空裡有燭影，隨夫人所召，直指經處，讀之乃畢。列於唐臨《冥寶記》焉。

以上感應故事不只詳載於墓誌，也輾轉傳播於大正新修大藏經本唐臨《冥報記》卷中。

《洛陽(2015)》一二八〈大周前中散大夫檢校同州長史樊君故妻美陽縣君竇氏(字)墓誌銘並序〉，指出竇字(卒於武周聖曆元年，698)出身於當朝重妃后之家，其家風寫照如下：

> 訓子停機□深於長□□馳婦則禮□□於如賓□□□母儀教必申於舉按……惟夫人端□行婉順其容□大□之□文成家誠樂羊子之室野有遺金閨□欽四德之風

雖然前述引文殘缺不清，但仍斑斑可見樊夫人竇字門風文質愪愪款款的情態。《大唐西市》一九四〈大唐故婺州永康縣令樂平縣開國男竇府君（知節）墓誌銘并序〉，可知竇知節同樣也屬竇岳支，前揭拙論竇氏雖未及引用此誌，但曾建構其家族世系，其輩份上相當等於入唐五世，較前述竇思仁高出一輩，其父德遠為高宗宰相德玄之弟，誌文稱其：

自成童尚道，隱廿餘載。……常著《大乘論》十餘篇，傳於族。

此處云著作傳於族，而不說是傳於世或行於世，表示其書文並未殺青正式發行，
而只是流傳於家族之間，兩《唐書》〈經籍志〉或〈藝文志〉皆所未載，而知節
則以官學弘文生擢第入仕，誌文指其：

厝官清白，理家和義。忠實之譽，揚於王庭；孤藐之親，撫如己子。中
外飲惠，姻枝被德(頁431)

知節卒於武周長安二年(702)，官止縣令，享年七十二，其兄即睿宗宰相竇懷貞。
以上顯示生存於武周時期以前的此兩世代竇氏家庭，有一定程度的優美門風和
文化水準。而竇知節所娶河南元氏，則為《隋書》卷七一〈誠節傳〉忠臣元文
都的孫女，也屬北族名門。《洛陽新獲》一四四〈大唐故太中大夫使持節德州諸
軍事守德州刺史上護將軍竇公墓誌銘并序〉，墓誌主竇懷讓(卒於中宗神龍二
年，706)，族屬竇岳支，其祖竇彥為隋兵部侍郎，已見於前揭《陝西新見隋朝
墓誌》，父則為高宗宰相德玄(頁144)，次子思仁事蹟另詳下文。《全唐文補遺》
第八輯〈大唐故燕國夫人（竇淑）墓誌銘并序〉提及竇淑（卒於開元九年，721）
為睿宗竇后之姐，「今天子（玄宗）第二姨」，屬於竇善支，曾祖抗為唐高祖宰
相，祖即前揭竇誕，父孝諶官至三品，誌文彰顯竇淑為賢妻良母的典範，夫死
之後勤儉持家，寡婦撫孤培養張去奢等諸子成材，號為三戟張家，其中一子去
盈為玄宗常芬公主駙馬，一孫女為肅宗張皇后。[24]《洛陽(2015)》一六九〈唐竇
舜舜墓誌并蓋〉提及墓誌主為嗣趙王妃(字惠，卒於玄宗開元十年，722，嗣趙
王為太宗曾孫李琚)，族屬竇善支，曾祖即為前揭高祖愛婿竇誕，祖父孝慈為禮
部尚書、尚書右僕射，父則官止縣令。[25]《大唐西市》一九二〈唐故銀青光祿
大夫使持節相州諸軍事相州刺史上柱國扶風郡開國公竇府君（思仁）墓誌銘并

---

[24] 《舊唐書》卷52〈肅宗‧張皇后傳〉。

[25] 李明、劉呆運、李舉綱主編《長安高陽原新出土隋唐墓誌》(文物出版社，2016)六〇《唐嗣趙王妃竇
嫩(卒於開元十一年)墓誌》，由於未見原書，未知此竇嫩是否即是本文所說的竇舜舜？參陳麗萍〈唐
《嗣趙王妃竇氏墓誌》釋讀〉，北京《故宮博物院院刊》2019年第11期，頁57～64。

序〉，墓誌主竇思仁（卒於開元十一年，723）屬三祖房竇岳支，輩份上相當等
於入唐六世，前揭拙論竇氏雖未及引用此誌，但曾建構其家族世系，其曾祖為
前揭隋代兵部侍郎竇彥，祖父德玄為高宗宰相，父即前揭懷讓，官至地方刺史，
顯示思仁出自官宦世家，由門蔭入仕。其誌文為國子祭酒《初學記》編纂名臣
徐堅所撰，盛稱其歷官內外，出入榮寵四十餘年，雖遭逢玄宗與太平公主所謂
先天政變的宮廷政爭，但因其並未依附其叔竇懷貞（太平黨羽宰相），仍然在玄
宗朝受到重用[26]，官至使持節相州諸軍事相州刺史，誌文稱其：

> 文史足用，不傲譽於時倫；智勇過人，不衒能於當代。……又平生祿俸，
> 散及親戚。身歿之日，家無餘財。清白詒於子孫，政術流於氓誦(頁 426)

由此頗見其重視家族倫理特別是親屬周濟的優美門風，[27]與前述竇希寂父孝勸
的案例，可以相互輝映。竇思仁妻李拏(卒於開元十四年，726)墓誌，見於《洛
陽新獲》一八九〈大唐故相州刺史竇府君元妃隴西李夫人墓誌并序〉，其家族郡望
雖號稱為隴西或趙郡，實則是遼東李氏，源自西魏北周大柱國李弼之後，李弼
子李衍即為李拏曾祖父，周隋之際頗見功勳，李拏父祖也皆為高官顯宦，所以
誌文稱「夫人生於公宮，成於胎教。未識師訓，自閑母儀。不窺群書，言成女
史。是以彩筆垂露，香牋散霞。文章光兩族之賢，草隸工一家之美」(頁 189)，
顯示竇思仁妻頗見文章草隸雙美之才華。

　　《唐代彙編》天寶一三三〈大唐前漢中郡都督府西□李少府公故夫人扶風
竇氏墓誌銘并序〉，前揭拙論竇氏業已輾轉引用，墓誌主李夫人(卒於天寶二載，
743)屬竇熾支，其曾祖竇琮即前述竇希寂的祖父，可知李夫人為前揭竇希寂同
族之侄女，李夫人祖孝謙先後為六州刺史(三品)，父宣文相當等於入唐四世，
惟僅官至縣令，誌文稱其外祖為光祿大夫隴西李景晤，可惜連同夫人所嫁李少
府的名諱不詳，皆無家族世系可考，而竇氏本家則「內外榮宗，姻連帝戚，世

---

26 詳參張明〈唐《竇思仁墓志》研究：以「先天政變」為中心〉收入李鴻賓主編《中古墓志胡漢問題
研究》(銀川：寧夏人民出版社，2012)，頁 207~228，特別是頁 217 以下。

27 〔日〕谷川道雄著，馬彪譯，《中國中世社會與共同體》(北京：中華書局，2002)第三編士大夫倫
理與共同體及其國家(特別是第一章)、第四編六朝名望家統治的構想(特別是第一章及第三章)。

業貴冑，門襲公名」（頁1625），仍一定程度反映其家族貴戚盛況。《洛陽流散》下一六九〈大唐故銀青光祿大夫壽王府長史竇府君(誠盈)〉提及誠盈(卒於天寶五載，746)為竇岳支，曾祖彥已見於前述《陝西新見隋朝墓誌》，祖德沖、父義節皆任官三品，誠盈弱冠以諸親出身，歷任地方太守刺史，乃為官清廉的良吏(頁 339)。《唐代彙編》天寶一四〇〈大唐前趙郡司士參軍王昔故妻扶風竇氏墓誌銘并序〉，墓誌主竇含(卒於天寶七載，748)屬竇善支，為前揭唐高祖駙馬竇誕的曾孫女，祖孝諶為睿宗竇后之父，也是玄宗的外祖，相當等於入唐四世，曾於武周朝遭致迫害，但也因睿宗竇后之故，竇含父希瓛一門昆仲皆為玄宗朝所寵遇的外戚，故竇含出生於貴戚之家，因而「幼有美麗，長多柔慎，夙承胎教之姿，自有成人之德，閑和婉孌，<u>備習詩書</u>」（頁1630），可惜所嫁太原王昔參軍，家族世系不詳。《洛陽流散》下一八一〈唐故銀青光祿大夫北海郡太守竇成公夫人成安郡夫人(蘇氏)墓誌銘并序〉，蘇氏即上述竇誠盈妻(卒於天寶八載，749)，其曾祖世長為秦王府十八學士之一，祖父良嗣為睿宗宰相，誌文指出蘇氏「夫假玉質，代推蘭芬，幾承詩禮之訓，更發閨房之矩」（頁363），其子華(庭華)後來官拜<u>中書舍人</u>(詳下)。《唐代彙編》天寶一五九〈唐故朝議郎行新安郡長史竇君（說）墓誌并序〉，前揭拙論竇氏也已輾轉引用，竇說（卒於天寶九載，750）世系不詳，但誌文稱其為睿宗竇后再從弟，則其應屬竇善支，相當等於入唐五世，誌文稱其「<u>少富文學，長多才能</u>」（頁1643），<u>以崇文生擢第</u>，官至朝議郎行新安郡長史（從五品上）。《洛陽(2015)》〈魏郡頓丘縣尉隴西李日就故夫人河南竇氏墓誌銘并序〉，提及李日就妻竇氏（卒於天寶十一載，752）祖即前揭誠盈，父庭芝官拜太府少卿兼司農少卿，竇氏頗見知書達禮，所以能「<u>婉詩禮之內儀，洞勾萌之密識，……恆言逸於陳詩，通藝踰於古訓</u>」（頁214）。2009年陝西省考古研究院考古發掘出土〈大唐贈司畢國公扶風竇府君（希瓛）神道碑〉，可知墓誌主希瓛（卒於天寶十三載，754）出自竇善支，與前揭玄宗姨母竇淑為兄妹關係，由於玄宗相當崇重舅氏外戚，故希瓛一門高官厚爵，生活奢華，誌文保留一段珍貴的別業（別墅）的記實史料，迻錄如下：

> 每至椒花始獻，菰葉初開，紺幰朱蒙，外因及門□□數；高冠長劍，群從開堂者百人，有以見公之貴也。鳳城之外，別業在焉。山對千峰，池

含萬象,人間廬確,闕下江湖。竹徑松門,前通於籥〔御〕宿;蘭舟桂
檝〔楫〕,右□□昆明。及夫朝罷北宮,宴終西第,窺臨澗戶,偃臥郊扉。
枕石漱流,長為寄□之地;觀魚狹鳥,曾是采真之游,有以見公之高
也。[28]

可見希璀除了為官貪腐之外,生活富貴至極,其居家別業的寫照,相當傳神地
勾勒出玄宗一朝外戚權貴的形象。《大唐西市》四八三〈唐故左清道率譙國公竇
府君(宣禮)墓誌銘并序〉,宣禮屬竇熾支,輩份上相當等於入唐四世,其祖竇
琮為太原元從、右領軍大將軍檢校晉州總管,父孝謙歷任六州刺史,襲封譙國
公,宣禮與前揭《唐代彙編》天寶一八三李夫人父宣文應為兄弟輩。誌文稱宣
禮「弓裘不替,克襲勳業」(頁1045),一生所任官職遷轉於地方僚佐與中央武
職之間,銘文則謂「文武經才,弓裘世業」,宣禮卒官從四品上左清道率。可以
一提的是墓誌銘為宣禮侄女婿馬觀所撰,顯示馬竇兩家有婚姻關係,馬觀族屬
茌平馬氏,為唐太宗布衣宰相馬周之孫。

　　《唐代續集》乾元〇〇七〈大唐故左金吾衛長史故妻竇夫人墓誌并序〉,裴
夫人竇氏(卒於肅宗乾元二年,759)為河南郡太守懷亮之孫,駙馬都尉延祚之
女,惟前揭拙論竇氏一文曾考訂延祚為鄆州刺史,並無駙馬都尉的記錄,懷亮
應為懷恪之誤,且其官職為天水都督(正三品),研判裴夫人屬竇岳支。至其所
嫁左金吾衛長史裴利物,則出自河東裴氏大族,「這個家族在唐代或聯姻皇室,
或聯姻士族,或傳承家族傳統,長期在中央和地方擔任中下級官職,以致瓜瓞
綿遠,累世不絕。」[29],《洛陽流散》下〈大唐故正議大夫定州竇別駕(全交)石
誌銘并序〉,指出竇全交(卒於代宗永泰二年,766)屬竇善支,曾祖師倫(綸)為左
丞相,相當等於入唐四世,全交之姑即為睿宗竇后,誌文稱其:

體貌瑰偉,……秀出士林,……少有流譽,長而益高,公望攸歸,時英
多許,氣俠蓋代,瞻略絕倫,涉獵群書,專精七德。開元中,武貢擢第,……

---

[28] 李明、劉呆運,〈唐竇希璀神道碑研究〉,《考古與文物》2014年第5期,頁95~101。撰碑者為同族
　　著名的書法家竇息。

[29] 詳參周征松、高洪山,〈唐代河東裴氏墓誌述論〉,《文獻》第2期(1997),頁185-186。

而追遊俠豪，招聚賓客。……志量豁達，談笑風流，……，至如投壺擊
劍，樗蒲奕棋，聽絲竹而宮徵必分，察坦廚而鹽梅適中。……盡善群藝，
前賢罕儔。……屬成德軍節度使、左僕射、清河郡王李公曰寶臣契深遇
厚，舉能惜賢。……**藝總書劍，位兼文武**……。(頁 407)

誌文相當詳盡的描繪竇全交頗有文武書劍之才，既有豪俠風範，且武舉出身，
又博覽群書，多才多藝，深獲藩鎮節帥李寶臣的賞識。與全交同輩堂兄弟的竇
蒙、竇臮，書法馳名，文風鼎盛。前揭拙論竇氏曾有論及。[30]《唐代彙編》大
曆〇一四〈唐濮州臨濮縣尉竇公故夫人崔氏（縕）墓誌銘并序〉，崔縕（卒於肅
宗寶應二年，763）出自山東士族博陵崔氏第二房，其族叔即德宗宰相崔佑甫，
史稱其「家以清儉禮法，為士流之則」[31]；崔夫人所嫁竇叔華，官止縣尉，屬
於竇善支，相當等於入唐六世，其弟竇牴，前揭拙論竇氏已有考究其家世，為
前揭竇誕的曾孫，父祖皆為中央重要官員，竇牴女且嫁肅宗子為杞王妃。誌文
稱竇叔華：

識微通變之士也。頃屬時難流離，遷徙江介，夫人攻苦食淡，罄心勞力，
綢繆牖戶，以成其家；撫育支庶，薦慰嬪妾，不忌不刻，得其歡心。（頁
1769）

由竇叔華一家顛沛流離的境遇，「其時中原寇獮未平」具體而微地描述安史之亂
迫使一批門閥士族為身家安全計，因而南遷的寫照。[32]《唐代彙編》大曆〇五
三〈前京兆府藍田縣丞竇公夫人弘農楊氏（瑩）墓誌銘并序〉，楊瑩（卒於代宗
大曆十二年，777）出自楊氏觀王房的官宦世家，[33]其所嫁縣丞竇公名諱不詳，
但誌文稱楊氏「出自竇氏，復歸竇家」（頁 1794），多少說明了竇楊兩家連續兩

---

[30] 另詳趙超編著，《新唐書宰相世系表集校》上（北京：中華書局，1998），頁 92~93。

[31] 《舊唐書》卷一一九〈崔佑甫傳〉，頁 3437，其家世詳參《新唐書》卷七二下〈宰相世系表〉，　頁
2800。

[32] 詳參宋德熹，〈安史之亂前後唐代門第家族勢力的推移〉，《興大歷史學報》第八期（1998），頁 59~94，
特別是頁 84。

[33] 家世詳參《新唐書》卷七一下〈宰相世系表〉，頁 2352。

代通婚的密切關係。《唐代彙編》大曆〇八〇〈唐故河南府洛陽縣尉竇公（寓）墓誌〉，前揭拙論竇氏一文雖未及見，但曾建構其家族世系，竇寓（卒於大曆十四年，779）也屬竇善支，相當等於入唐七世，其高祖即為前揭竇誕，祖竇璡為京兆少尹（從四品下），父竇紹為給事中（正五品上），皆為中央重要官員，竇寓叔竇繹娶玄宗女，官至衛尉卿(從三品)，[34]誌文稱竇寓「<u>少而好學，博綜群書</u>」（頁 1817），<u>弱冠以明經擢第</u>，惜官止縣尉。值得注意的是，以上同屬竇善支的竇說和竇寓兩人，皆由貢舉入仕，並皆有相當的文化水準，在在顯示了竇氏家族朝主流文化轉型的努力。《唐代彙編》貞元〇一〇〈唐故淮南節度使司徒同平章事贈太尉陳公女婦竇氏墓誌銘并序〉，墓誌主陳夫人（卒於德宗貞元三年，787）屬竇善支，其高祖竇衍相當等於入唐三世，官至左武衛將軍，[35]惟自曾祖至父三世官卑，誌文仍盛稱「夫人貴自高門，榮歸盛族」（頁 1844），其所嫁盛族，指的是德宗朝淮南節度使同平章事後為叛臣的陳少遊。[36]《大唐西市》三八七〈唐故朗州司馬扶風竇府君（靖）墓誌銘并序〉，誌文稱竇靖出自「二后五相」（頁 835）之家，其家族世系與《新唐書》卷七一下〈宰相世系表〉稍有出入，研判應屬竇善支，輩份上相當等於入唐八世，其曾祖竇瑾為尚衣奉御（從五品以上），祖慎言為縣令，其父竇載則官至泉州長史（從五品上），與德宗宰相竇參應為兄弟輩，<u>竇靖以明經上第</u>，官至朗州司馬（從六品上），卒於憲宗元和七年（812）。《唐代彙編》元和〇九八〈唐故處州刺史崔公後夫人竇氏墓誌并銘〉[37]，前揭拙論竇氏業已輾轉引用，崔夫人（卒於憲宗元和十二年，817）也屬竇善支，其五世祖竇璡為太宗朝將作大匠，<u>頗曉音律，工於書法</u>。[38]誌文稱竇氏為「北部貴族」（頁 2017），其曾祖竇總為太常卿、汾州刺史，相當等於入唐四世，惟其祖弘儼、其父少廣皆為卑品官，而崔夫人實際上是處州刺史崔公

---

[34] 家世參《新唐書》卷七一下〈宰相世系表〉，頁 2325。

[35] 誌文稱竇衍為唐駙馬都尉，其它史料未見，不知何據？其家世詳參《新唐書》卷七一下〈宰相世系表〉，頁 2320。

[36] 陳少遊家世及事蹟，詳參《舊唐書》卷一二六本傳，頁 3562~6 及《新唐書》卷二二四上〈叛臣傳〉，頁 6379~6381 以及前揭《長安高陽原新出土隋唐墓誌》六八唐〈陳少遊墓誌〉。

[37] 另見《隋唐彙編》陳長安主編洛陽卷十三冊，頁 28。

[38] 詳參《舊唐書》卷六一〈竇威附竇璡傳〉，頁 2371、《新唐書》卷九五〈竇威附竇璡傳〉，頁 3850。其家世參《新唐書》卷七一下〈宰相世系表〉，頁 2329。

（名諱家世皆不詳）的續弦。《隋唐彙編》洛陽卷十三冊〈唐故茂州刺史扶風竇
君（季餘）墓誌并序〉，墓誌主季餘卒於文宗大和八年（834），曾祖懷宣官至洪
州刺史，父祖官卑，雖非竇氏三祖房主支，但「姻聯帝室為清河望族，後居右
扶風為平陵人」（頁126），族屬平陵房，趙超曾對其世系有詳細考訂[39]。

最後，附帶一提的是唐代河南竇氏諸多墓誌，普遍記載其郡望多喜自稱東
漢外戚名族扶風竇氏，這自然是北族偽冒漢族大姓的通例，其實河南竇氏源自
匈奴部落大人紇豆陵氏，學界已有定說，毋庸贅論。

四、河南長孫氏的中落

（一）概說

唐初長孫氏家族成員多人與皇室通婚，出現了一門一皇后四駙馬的盛況，
除太宗長孫皇后外，長孫孝政娶高祖女高密公主、長孫沖娶太宗女長樂公主、
長孫曄娶太宗女新興公主、長孫詮娶太宗女新城公主。而且在軍政舞臺上，長
孫氏表現傑出，有多位為創業功臣和新朝權貴，除長孫無忌為玄武門之變首要
功臣外，叔父長孫敞與敞從父弟長孫操分別為名臣或良吏，無忌從叔長孫順德
為太原元從和玄武門之變功臣。凡此充分印證了柳芳〈氏族論〉所說「代北之
人武，故尚貴戚」的性格。唐代前期長孫氏家族成員的政治地位，入唐一世官
至五品以上者占居男口總數45%（其中三品以上27%，四、五品18%），入唐
二世五品以上70%（其中三品以上50%，四、五品20%），入唐三世五品以上
48%（其中三品以上19%，四、五品29%），入唐四世五品以上4%，入唐五世
五品以上25%，入唐六世五品以上33%。由此顯示，作為家族政治指標人物的
長孫無忌，對於整體家族的興衰具有關鍵與決定性的影響，長孫氏入唐一世至
三世在無忌與長孫皇后雄厚的權力保護傘之下，政治地位顯赫，但由於無忌捲

---

[39] 趙超前揭，《新唐書宰相世系表集校》上，頁97~104。此支竇氏，晚唐子弟輩出，竇季餘從兄弟常年
群庫輋皆進士出身，且有詩名，乃至家族以書法世家聞名，詳參魏曉帥〈《竇叔向碑》所關涉竇氏家
族家學、家風及婚媾問題再探〉《唐史論叢》第26輯（2018），頁359~361。

入與武則天集團對立的政治風暴，牽連整個家族皆遭致政治迫害，長孫氏因而衰微。值得注意的是，北朝末年以來長孫氏家族門風有由武職走向文職化的傾向[40]，其後子孫漸覽書記，且多具謀略之資，轉而成為文武雙全之才，出現通經史、諳音律的專業技術官僚；入唐之後，長孫皇后「少好讀書，造次必循禮則」、「后喜圖傳，視古善惡以自鑒，矜尚禮法」，曾編著《女則》十卷，貞觀之治前期堅持扮演賢內助的角色。至於長孫無忌則史稱貴戚好學，該博文史，且雅有武略，並曾監修國史，領銜編纂《唐律疏議》。

(二)墓誌所見

前揭〈陝西新見隋朝墓誌〉收錄隋代長孫璹、長孫懿、長孫行布等三方墓誌，其中長孫璹與長孫懿為叔姪關係，皆出自魏周名臣長孫儉，長孫璹典兵禁衛，最終戰死邊垂；長孫懿文武全才，官至刺史，誌文稱其「容儀雅麗，風調閒華，儕輩許其逸群，宗族推為千里。」(頁 37)。[41]長孫行布則多謀略，有其父(隋代名臣長孫晟)風，事跡附見於《隋書》五一〈長孫晟傳〉，為長孫無忌的長兄，誌文稱其「性好經史，偏工武用」，卒因捲入漢王諒之叛而亡。以上三位長孫家族成員的行誼風格，已初步揭開唐代長孫家族由武轉文的形象轉型之跡。《唐代彙編》貞觀〇四九〈□□門大夫長孫府君墓誌〉，墓誌主長孫家慶(卒於貞觀九年，635)為將門相門的公子公孫，所謂「尚書之嫡孫，舍人之元子也」，相當等於入唐三世，此處尚書指的是隋戶部侍郎長孫熾，為隋代名臣長孫晟之兄，舍人則是隋通事舍人長孫安世，前揭拙論長孫氏一文已有所考訂，屬於西魏名臣長孫稚支，其家世可參《新唐書》卷七十二上〈宰相世系表〉(頁 2412)；誌文稱長孫家慶：

> 侍讀文館，對揚談說，未嘗不吐微，言以索幽隱，精義入神，光登重席(頁 40)

---

40 馬靜，〈由武入文—從墓誌看長孫氏家族在隋唐時代的發展歷程〉，收入《中古墓志胡漢問題研究》，頁 105～129。有關長孫氏系譜及漢化的探討，可參陝西師大歷史系兩本碩士論文，徐鳳霞，〈唐代長孫家族研究〉(2004)、常靖，〈北魏至隋唐長孫家族漢化過程分析〉(2007)。

41 長孫懿誌也見於《洛陽(2015)》五一。

惜長孫家慶官卑早卒，未能盡其才學。《唐代彙編》貞觀〇五九〈隋通事舍人長孫府君并夫人陸氏墓誌〉，墓誌主長孫仁(字安世，卒於高祖武德四年，621)與妻陸氏實即前述《唐代彙編》貞觀〇四九長孫家慶的父母，陸氏為北周名臣陸通的孫女，誌文稱長孫安世「博覽經籍，兼綜文史」，陸氏則「夫人家傳禮訓」(頁47)，顯然長孫家慶的文化氣息承自其父母的薰陶。《續集》貞觀〇三六〈大唐故長樂公主墓誌銘〉，長樂公主為太宗之女，嫁長孫沖，即無忌之子，惜早卒，故也幸而未捲入長孫家族遭致武則天迫害的風波。

王仁波主編《隋唐匯編》陝西卷第一冊〈長孫君妻段簡璧墓誌〉指出段簡璧(卒於高宗永徽二年，651)，母為唐高祖女高密公主(嫁長孫孝政，為長孫順德堂兄弟)，父為紀國公段綸，祖為隋朝兵部尚書段文振(頁19)，所嫁長孫君研判應為無忌家屬。《唐代彙編》上元〇〇八〈□唐故刑部尚書長孫府君墓誌銘并序〉，墓誌主長孫祥(卒於高宗顯慶四年，659)也是前述長孫安世之子，與前述長孫家慶為兄弟，但其仕途頗為平順，曾任中書舍人、吏部侍郎、御史大夫及刑部尚書等中央重要文官，故銘文稱其「士緯模楷，人倫領袖」(頁598)。《唐代彙編》開元一三九〈唐故青州長史長孫府君（安）墓誌銘并序〉，長孫安（卒於高宗賢亨二年，671）為隋太常卿長孫緯之孫，蜀王府長史曜之子，研判其為北周大將軍長孫澄的曾孫，也屬於西魏名臣長孫稚支，相當等於入唐二世，誌文稱其：

> 聞喜則學，……才為文宗，……公才行獨高，藝能兼美(頁 1253)

官至青州長史(從五品上)，並娶同郡獨孤氏為妻，惜其世系不詳。《大唐西市》一一二〈大唐故均州司戶參軍柳君（沖）夫人長孫氏墓誌銘并序〉，長孫氏（卒於高宗上元元年，674）為北周柱國大將軍長孫儉的後裔，曾祖隆為北周荊州總管，但其祖為隋縣令，其父則為唐安州都督府司馬(正五品下)，輩份相當等於入唐一世。其夫柳沖墓誌另見《大唐西市》九五〈大唐故均州司戶參軍事柳君墓誌銘并序〉，族屬河東柳氏，《新唐書》卷七三上〈宰相世系表〉(頁 2836)載有其曾祖北周名臣柳慶以下主支世系，未及柳沖父祖，但依誌文所描寫柳沖相當具有書香色彩，所謂「幼而誌學，端雅自居。口無妄談，手不釋卷」(頁

211)，惜只位居卑品。

　　《唐代彙編》長安〇五四〈□□□□□王美暢夫人長孫氏墓誌銘并序〉，墓誌主王美暢夫人長孫氏(卒於武周大足元年，701)，屬西魏名臣長孫稚支，為入唐一世代表人物宗正少卿長孫敞的曾孫女，其祖義常為通議大夫(正四品下文散官)，其父名諱不詳，為朝散大夫瀛州司馬(從五品下)，拙論長孫氏一文曾據《八瓊室金石補正》四九〈潤州刺史王美暢妻長孫氏墓誌〉有所考訂，王美暢屬烏丸王氏，其家世可參《新唐書》卷七十二中〈宰相世系表〉(頁 2643)，女為睿宗妃；誌文稱其「稟三靈之淳粹，挺四德之英姿。敬慎禮儀，允恭箴訓」(頁1029) ，顯然同時深受儒釋二家的影響，其後捲入武周迫害風波因而病死，由於長孫氏深悟法門，認為合葬非古，夫妻何必同墳，故遺命於龍門山寺旁「梯山鑿道，架險穿空」(頁 1030)，可知其終葬的最後抉擇為佛教信仰。[42]《唐代彙編》景雲〇〇二〈大唐故南海縣主福昌縣令長孫府君夫人李氏墓誌銘并序〉，誌主為唐高祖子韓王元嘉之女南海縣主(卒於睿宗景雲元年，710)，法號彌勒，虔信佛教，所嫁長孫氏為福昌縣令，有長孫昕等二子：

　　　　箕裘共習，禮儀相熏，言尋受業之師，不見送終之禮」(頁 1117)

誌文隱約透露出李氏二子未能盡孝子終葬之道，所幸其幼女八娘隨侍左右並送終，以上可以推測長孫氏家庭因信仰分歧導致母子分居與儒釋衝突形成對峙的一面，與前述《唐代彙編》王美暢夫人長孫氏臨終葬法所透露的訊息頗有異曲同工的現象。

　　《洛陽新獲》一四八〈大唐衛尉卿上柱國昌寧郡開國公韋府君（紀）妻故霍國夫人河南長孫氏墓誌銘并序〉，指出長孫氏（卒於睿宗景雲元年，710）曾祖儉為北周名臣，祖璥（璈）官至刺史，已見前揭隋誌，誌文稱長孫氏「習以禮經，觀乎俎豆，中閫譽籍，……精心法門博施淨財偏鈔真偈……」(頁148)，顯示長孫氏頗為知書達禮，同時也是虔誠的佛教徒。其夫韋紀墓誌另見同書一

---

[42] 詳參劉淑芬，〈六朝家訓、遺令中的佛教成分──喪葬的新元素〉，收入陳玨主編，《漢學典範大轉移──杜希德與「金萱會」》(臺北：聯經出版事業公司，2014)，頁 91-128。另參氏著〈石室瘞窟──中古佛教露屍葬研究之二〉，收入《中古的佛教與社會》(上海：上海古籍出版社，2008)。

五五（頁155），出自京兆韋氏勛公房，為北周名將韋孝寬之後。[43]《唐代彙編》先天○○一〈夫人長孫氏墓誌銘并序〉應即前述長孫家的幼女八娘（卒於玄宗先天元年，712），父長孫希古為洛州福昌縣令，相當等於入唐一世，拙論前揭長孫氏一文曾建構其家族世系，屬於西魏名臣長孫稚支，誌文稱八娘出身衣冠禮樂的「后戚王姻」，因而：

> 巧思織工，遊微陟奧。裁紈剪紗，花藥□葺於彩刀；裂素圖真，煙露巉岩於畫筆(頁1143)

誌文刻劃，微地描繪八娘畫筆巧手，由此側面可見其人文藝術的深厚涵養。《洛陽(2015)》一八三〈大唐故雲麾將軍左監門衛將軍上柱國趙國公長孫府君（元翼）墓誌銘并序〉，可知元翼（卒於開元十一年，723）為長孫無忌曾孫，武周篡唐的政治風暴導致家道中落，雖元翼平反復出，娶妻崔氏（家世不詳），官拜左監門衛將軍，襲趙國公，但整體家運已繁華不再。《唐代彙編》開元三三四〈唐故通直郎前行延州都督府士曹參軍事長孫府君墓誌銘并序〉，誌主長孫昕（卒於開元十九年，731）即前述南海縣主和長孫希古之子，也是長孫八娘之兄，誌文稱其「誌於學，恥一物之不知，敏於行，必三省而後作」（頁1387），中宗神龍初以外戚陪位放選，出任基層卑官，再而丁母憂罷祿之後，家無餘產乃告糴戚屬，最後因疾暴死。連結前文兩方長孫一家母女的墓誌文合觀，顯示其家運不濟與家庭關係不諧的窘況。《唐代續集》顯慶○○一〈大唐故公子長孫白澤墓誌銘并序〉，墓誌主（卒於貞觀九年，635）也為前述長孫澄的曾孫，相當等於入唐二世，惜早卒，祖長孫愷為隋上開府車騎將軍，父長孫敬道為唐左親衛隊正(正九品下衛官)，兄長孫曄娶太宗女，其叔即太原元從功臣長孫順德。《唐代續集》顯慶○二八〈大唐故太子中舍人蔣縣公夫人魏郡君長孫氏（弄珪）墓誌銘并序〉，弄珪（卒於貞觀十年，636）的高祖為北周名臣長孫儉，其曾祖長孫隆及祖長孫懿也皆重臣，惟其父長孫穎，不詳何故並未出仕，誌文稱其「道優運短，時命不俱」（頁102）。弄珪所嫁太子中舍人尚書主客郎中蔣縣公名緯不詳，經查《唐

---

[43] 詳參趙超《新唐書宰相世系表集校》下，頁641~644。

尚書省郎官石柱題名考〉、《郎官石柱題新著錄》以及《郎官石柱題名新考訂》，研判弄珪所嫁的主客郎中應是高純行，為太宗宰相高士廉之子。[44]

《大唐西市》一八一〈唐故三品子吏部常選長孫君（全義）墓誌銘并序〉，全義為長孫無忌曾孫，其輩份相當等於入唐六世，曾祖沖為駙馬都尉、秘書監娶太宗女，祖延為通事舍人（從六品上），父元翼墓誌已見前文《洛陽(2015)》，官至從三品，故誌文誇稱其家世「人稱萬石之孫，俗號千金之子」（頁403）。不過由於長孫無忌遭武則天迫害，誠如誌文所描寫「屬家君出佐，遽適南吳」，導致顛沛流離之下，長孫全義卒於武周長安四年（704）僅活至二十八歲，其兄全節也於開元九年（721）以縣丞卒官，遲至文宗大和八年（834），孫子輩長孫鈞書銘立記，當時其官職為朝議郎行河中府河東縣尉，由此透露出長孫家族業已長期中衰的窘況。《洛陽(2015)》二三六〈大唐故成都府士曹參軍河南長孫府君（晛）墓誌銘并序〉，可知長孫晛（卒於德宗貞元六年，790）也是北魏名臣上黨王道生之後，其高祖澄為北周大將軍，其曾祖至父三代皆為卑官，但「<u>公幼有文學該通經術</u>」（頁236），可見其尚文風格。《大唐西市》三九七〈唐故京兆府富平縣太原郭公夫人河南長孫氏墓誌銘并序〉太原郭公夫人長孫氏，據誌文敘及太宗文德皇后與長孫無忌，研判應也是無忌的後人，其祖元適為通州刺史，父從重為銀州防禦使兼御史中丞，皆為五品以上重要官員。誌文提及德宗貞元末年，其夫郭氏卒，長孫氏攜三子二女寡居別墅，皈依佛教，並提及幼子「以母后之蔭，陪位出身」（頁857），研判所謂母后，可能是指墓誌撰者郭承嘏(自稱墓誌主長孫氏之侄)家族太原郭氏出身的憲宗郭后，即郭子儀孫女[45]，由此證實長孫氏與太原郭家有婚姻關係。《隋唐匯編》洛陽卷十三冊〈唐故朝議大夫守國子祭酒致仕上騎都尉賜紫金魚袋贈右散騎常侍楊府君（寧）墓誌〉，提到楊寧出自隋內史令文昇，由高祖至其父官宦不顯，不過與妻長孫氏（為長安縣令繽之女）生有汝士、虞卿、漢公、殷士等四子，[46]皆為晚唐官場顯赫人物。《大唐

---

44 分別參清·勞格、趙鉞，《唐尚書省郎官石柱題名考》卷二十五〈主客郎中〉(北京：中華書局，1992)，頁935、岑仲勉，〈郎官石柱題名新著錄〉，《中研院史語所集刊》8：1，頁70，以及岑仲勉，《郎官石柱題名新考訂》(上海：上海古籍出版社，1984)，頁179。高純行家世另參《新唐書》卷七十一下〈宰相世系表〉，頁2390~2392，為避唐憲宗之諱，改為高質行。

45 詳參《新唐書》卷七七〈后妃傳〉下，頁3504。

46 詳參趙超《新唐書宰相世系表集校》上，頁139~141。

西市》四四六〈大唐故綿州魏城縣令長孫府君（仿）墓誌銘并序〉，長孫仿為前述北周名臣長孫儉的後裔，卒於懿宗咸通元年（860），官止縣令，且由曾祖至其父連續幾輩皆為卑品官，顯示其家族業已長期衰微。比較可以一提的是其外祖天水尹嶠，為德州刺史，而長孫仿娶北平田氏，為右金吾將軍的次女，雖姻親家世背景不詳，但皆為政界官宦角色，長孫仿有子三人，誌文稱「皆進藝修身，祈以自立」(頁 959)，但事蹟皆所不詳。

五、小結：鼎食之家還是「鐵爐步」？

經由以上的探討，雖然獨孤氏、竇氏及長孫氏如柳芳〈氏族論〉所宣稱「代北之人武，故尚貴戚」，事實上柳芳所言的歷史時間，側重於北朝末隋唐初，代北貴戚三族經歷唐初的榮華富貴後，除竇氏由武入文轉型較為成功之外，獨孤氏和長孫氏已精英凋零，家運獨木難支。安史之亂前夕，獨孤家族逐漸銷聲匿跡，官宦事業已步入尾聲，如所週知，安史之亂迫使一批門閥士族為身家安全計，因而被迫南遷，代北三族家運和經濟不免也深受影響。號稱三朝后族出身的獨孤氏，雖局部出現文質化的精英，且有族人與部分名族有通婚記錄，但皆屬低品官的家庭，對整體獨孤氏的家運並無太大提升作用。惟值得一提的倒是稍見零星的文風寫照，可惜整體由武入文的轉型結果功虧一簣。

竇氏在高祖太宗時期屬於官宦事業的黃金時期，而由於玄宗崇重舅氏，故竇善支一枝獨秀展現外戚家族的第二春，顯露出貴戚官宦之家的盛況。入唐前後，竇氏門風已由武質成功轉型為文質，譬如同屬竇善支的竇說和竇寬等人，皆由貢舉入仕，竇岳支的竇知節以官學弘文生擢第，竇善支的竇靖以明經上第，並皆有相當的文化水準和優美門風，顯示了竇氏家族朝主流文化轉型的努力，也有一些案例（竇孝勱、竇思仁）頗見其重視家族倫理特別是親屬周濟的優美門風。

北朝末年以來長孫氏家族門風有由武質走向文質化的傾向，其後子孫漸覽書記，且多具謀略之資，轉而成為文武雙全之才，出現通經史，諳音律的專業技術官僚。唐初由於長孫無忌和太宗長孫后的權力保護傘，所以家族政治地位

顯赫，惟由於無忌後來捲入武周繼替的政治風暴，牽連整個家族皆遭致政治迫
害，長孫氏因而中衰。值得一提的是，長孫晟與八娘兄妹的案例，透露出長孫
氏家庭分居與儒釋衝突對峙的一面，與王美暢夫人長孫氏臨終葬法所透露的訊
息頗為異曲同工。

　　何啟民曾以鼎食之家形容中古門第，基於思想文化史觀的側重，認為門第
種族需為漢族，空間僅限中原，故而柳芳〈氏族論〉所謂東南吳姓和代北虜姓
不在其列。[47]加以代北胡姓三族在唐代宦海浮沉的境遇，自已無法延續前代累
世簪纓的盛況，故鼎食之家之名自然名不符實。再者，一代文豪柳宗元曾因捲
入順宗過渡到憲宗的永貞內禪（即二王八司馬事件），事敗貶為永州（在今湖南）
司馬，曾心有所感撰寫一篇短文〈永州鐵爐步志〉，文中提到：「予曰：『嘻！世
固有事去名存而冒焉若是耶？』步之人曰：『子何獨怪是？今世有負其姓而立於
天下者，曰：吾門大，他不我敵也。問其位與德，曰：　久矣其先也。然而彼猶
曰我大，世亦曰某氏大。其冒於號有以異於茲步者乎？』」（《柳河東集》卷二十
八）子厚感慨前代鐵爐步事去名存，中古門閥世族同樣也是事去名存。觀乎唐
代代北外戚家族的官宦地位、社會聲望及文化水平，除竇氏家族較為族大房支
人口較繁因而官宦事業的安全係數較高，家運仍能局部起衰振疲之外，獨孤氏
及長孫氏曇花一現於唐代前期之後，大抵已江河日下，退出歷史圈外。整體上，
唐代代北外戚家族的角色與地位，安史之亂前後大抵也是事去名存。

---

[47] 詳參宋德熹，〈中國中古門第社會史研究在台灣──以研究課題取向為例（1949~1995）〉，《興大歷史學報》第六期（1996）。

從北宋的夫妻關係一瞥唐宋之變革

劉燕儷*

一、前　言

　　唐代在禮制禮教規範上是一個總結上古以來發展的朝代，唐代夫妻禮教規範也呈現相同的特點，達到一個成熟、完備的時期。隋唐以下的北宋，對於夫妻禮教的規範，是沿襲這個大方向，僅做細部的變更？抑或有大的變革？中古的士族，到了五代宋初已經是一去不復返，因而要瞭解北宋時期的夫妻禮教規範，觀察北宋的新興科舉士大夫階層，不啻是一個適合的切入點。北宋夫妻關係在禮制規範上呈現出何種風貌？這部分的探索，有助於明瞭唐宋變革期的歷史性質。

　　除此之外，對於北宋新興的科舉士大夫們，認知當代本身是不同以往的新型態家族，因而汲於建構新型態家族內涵、家內關係等，其中夫妻關係也是他們營構家內理想關係的一部分。那麼，這種理想夫妻關係的內涵為何？墓誌銘中的夫妻關係論述，表現就是禮制規範內容，顯然是回答這個問題的好線索。

　　因此拙稿主要為整理北宋墓誌中的夫妻關係內容，並淺述分析比較唐宋之間墓誌銘呈現的夫妻關係的異同，來觀察唐宋間歷史變革的性質。

* 嘉南藥理大學休閒保健管理系副教授

二、北宋男性墓誌中的夫妻關係

　　一般而言，墓誌銘語多諛誇之詞，通常不被視為實錄，不過正是因為墓誌所反映是當時眾人所追求的德行表率，顯現其時的社會理想價值，所以它的「諛墓之文」性質，恰好可做為瞭解當代規範的內容，墓誌銘中對於夫妻關係的描述，大致可視為北宋新興科舉士大夫階層認知的禮教規範之夫妻關係。以下先敘述男性墓誌中的夫妻關係，然後再說明女性墓誌呈現的夫妻關係。

　　北宋墓誌中最典型的夫妻關係的論述，在士大夫為主體的墓誌中，男性墓誌大多以妻的官品邑號、家世背景為主流的論述。諸如〈太常少卿致仕王公墓誌銘〉云：

> 公前後三娶，皆顯族。初配高氏，秘書監志寧之女；次配許氏，刑郎中韓之女，並早亡，不及封。今夫人李氏，亳州刺史周之女，號金城縣君。[1]

又如：〈龍圖閣待制揚州楊公墓誌銘〉所記：

> 公諱景略，字康功。……初，監咸平縣酒務，已有能稱。……<u>夫人嘉興縣君，故太師周忠憲公諱億之孫、今門下侍郎維之女</u>，賢慧得其門法，治辦家政，無不如禮者。[2]

楊景略的墓誌銘中，對於妻子的描寫雖不只有妻的家世、封號，但是對於夫妻關係也無言及。

　　即使是妻子的親人所寫墓誌，對於夫妻關係的描寫也是如此，例如北宋名相蘇頌寫其妹婿的墓誌，〈穎州萬壽縣張君墓誌銘〉云：

---

[1] （宋）蘇頌著，王同策等點校《蘇魏公文集》(北京：中華書局，2004)，卷56〈墓誌·太常少卿致仕王公墓誌銘〉，頁859。

[2] （宋）蘇頌著，王同策等點校《蘇魏公文集》，卷53〈碑銘·龍圖閣待制揚州楊公墓誌銘〉，頁849、852。

斯立，名挺卿，太常博士、集賢校理宗古之子，……始娶晁氏，又娶蘇氏。蘇氏，予長妹也。……。[3]

相同情形的誌文也出現在蘇頌寫姑丈的墓誌銘中，文云：「建安胡氏……生大夫諱及，字考父，……夫人蘇氏，封仙源縣君，予之姑也」。[4]

同樣地，名臣王安石所寫〈贈司空兼侍中文元賈魏公神道碑〉亦云：

元配王氏，尚書兵部郎中、集賢殿修撰軫之女，追封莒國夫人。繼配陳氏，武信軍節度使康肅公饒諮之女，封魏國夫人。……。[5]

這件安石所述上層官員(賈昌朝，死時贈贈司空兼侍中)的墓誌中，書寫其妻的內容，也是妻的官品邑號、家世背景。相類似的內容也見於安石所記中下層官員與平民墓誌中。例如，〈廣西轉運使屯田員外郎蘇君墓誌銘〉云：

君娶南陽郭氏，又娶清河張氏，為清河縣君。[6]

次如〈孔處士旻墓誌銘〉寫著：

而以夫人李氏祔。李氏故大理評事昌符之女，……。[7]

詩人秦觀所載墓誌友人亦同，見於他所記故友李常事蹟〈故龍圖閣直孛士中夫夫知成都軍府事管內勸農使充成都府利州路兵馬鈐轄上護軍隴西郡國侯……李

[3] （宋）蘇頌著《蘇魏公文集》，卷58〈碑銘·潁州萬壽縣張君墓誌銘〉，頁887-888。

[4] （宋）蘇頌著《蘇魏公文集》，卷60〈墓誌·朝奉大夫提點廣西刑獄公事胡公墓誌銘〉，頁916、918。

[5] （宋）王安石撰，李之亮箋注《王荊公文集箋注》(成都：巴蜀書社，2005)，卷50〈神道碑·贈司空兼侍中文元賈公神道碑〉，頁1715。

[6] （宋）王安石撰，李之亮箋注《王荊公文集箋注》，卷55〈墓志·廣西轉運使屯田員外郎蘇君墓志銘〉，頁1919。

[7] （宋）王安石撰，李之亮箋注《王荊公文集箋注》，卷61〈墓志·孔處士旻墓誌銘〉，頁2088。

公行狀〉一文。文曰：

> 南康軍建昌縣李常，……初娶狄氏，襄陽遵度主簿之女，蚤卒，贈某縣
> 封。……再娶魏氏，光祿卿琰之女，亦蚤卒，贈遂寧縣君。又娶遂寧之
> 弟，封安康郡君。……。[8]

亦見於他所寫親翁葛書舉墓誌，文曰：「娶夏侯氏，故司門員外郎淇之女」。[9]

其餘如北宋名士曾鞏所記男性墓誌銘，也是如同前述王安石所寫一般，不
論是寫平民、述官員，都還是僅以妻子官品邑號、家世背景為主。曾氏所記像
是〈天長朱君墓誌銘〉云：「君娶沈氏，諫議大夫立之女，早卒；再妻王氏，殿
中丞鼎臣之女。」，[10] 這是平民的墓誌中所談及妻子部分；〈太子賓客致仕陳公
神道碑〉云：「娶張氏，尚書屯田員外郎詡之女，封清河縣君。再娶王氏，尚書
都官員外郎告之女，封同安郡君」，[11] 這是上層官員的墓誌記載其妻相關者；〈光
祿寺丞通判太平州吳君墓誌銘〉云：「君娶陳氏，尚書職方員外郎亢之女，前君
一年死。」，[12] 這是下層官員的墓誌載記其妻事蹟。

此外，文學大家蘇軾好友張耒，為名相歐陽修之子歐陽伯和所記墓銘，文
中對於歐陽伯和的妻子載記，也是說她：

8　周義敢等編注《秦觀集編年校注》（北京：人民文學出版社，2001），卷 33〈墓誌 行狀・故龍圖閣直
　　學士中夫夫知成都軍府事管內勸農使充成都府利州路兵鈐轄上護軍隴西郡國侯食邑一千百戶食實
　　封三百戶賜紫金魚袋李公行狀曾祖諱宗誼故不仕祖諱知至故不仕諱東故任江寧溧水縣尉累贈特
　　進〉，頁 720。

9　周義敢等編注《秦觀集編年校注》，卷 33〈墓誌 行狀・葛宣德墓銘〉，頁 724。

10　（宋）曾鞏撰，陳杏珍、晁繼周點校《曾鞏集》（北京：中華書局，1998），卷 46〈誌銘・天長朱君墓
　　誌銘〉，頁 632。

11　（宋）曾鞏撰，陳杏珍、晁繼周點校《曾鞏集》，卷 47〈碑銘・太子賓客致仕陳公神道碑銘〉，頁
　　641。

12　（宋）曾鞏撰，陳杏珍、晁繼周點校《曾鞏集》，卷 44〈誌銘・光祿寺丞通判太平州吳君墓誌銘〉，
　　頁 596。

夫人吳氏，故丞相正憲公允之女，封壽安縣君。[13]

其餘如寫友人父親吳君的墓誌，墓誌中的妻子是：「公娶張氏，繼李氏。封德清縣君。」；[14]張耒寫他父親朋友的墓誌銘，也是云：「先娶林氏。繼室龔氏，先公二年卒。」。[15]這些男性墓誌銘的內容，對於妻子都僅於姓氏、家世及封號的描寫。

北宋名士蘇舜欽所寫的男性墓誌銘，也是不出於上述的模式，他寫岳父的墓誌銘，提及岳母部分僅有：「夫人趙氏，封天水縣君，先沒於公。」數語；[16]同樣地，有關母舅的墓誌，也是這樣寫著：「二夫人皆先公沒：前李氏，大理卿湘之女；後呂氏，即文靖許國公之女，始封東平縣君，許公薨，進封安康郡君」。[17]

即使蘇舜欽所寫男性墓誌中，有出現較多於妻子家世、封號的內容，也幾乎沒有提到夫妻關係的文字。例如，蘇氏所寫劉文質的墓誌銘，論及劉文質之妻，云：「夫人李氏，保順軍節度使溥之女，封隴西縣君，生於公族，<u>慎淑有儀，撫育諸子，嫡孽無異心</u>，稟年不遐，先歿於公。」；[18]而蘇氏寫父親的墓誌銘中，提到母親的部分，也只說她是「專以<u>孝承嚴姑，禮弼先公</u>」。[19]對於蘇舜欽而言，家內生活中與父母親相處的時間應該不短，但是他對父母的相處情形，僅簡單書以母親以禮來輔佐父親的情景。

總上而論，可知北宋男性墓誌中對於夫妻關係的論述，主要以妻的官品邑號、家世背景為為主，對於夫妻間的關係的論述，大多無所著墨，有的話也是「

---

[13] （宋）張耒撰，李逸安等點校《張耒集》(北京：中華書局，2000)，卷59〈墓誌銘・歐陽伯和墓誌銘〉，頁877。

[14] （宋）張耒撰，李逸安等點校《張耒集》，卷59〈墓誌銘・吳大夫墓誌銘〉，頁881。

[15] （宋）張耒撰，李逸安等點校《張耒集》，卷60〈墓誌銘・李參軍墓誌銘〉，頁884。

[16] （宋）蘇舜欽著，傅平驤等校注《蘇舜欽集編年校注》(成都：巴蜀書社，1991)，卷6〈屯田郎滎陽鄭公墓誌〉，頁376。

[17] （宋）蘇舜欽著，傅平驤等校注《蘇舜欽集編年校注》，卷9〈兩浙路轉運使司封郎中王公墓表〉，頁634。

[18] （宋）蘇舜欽著，傅平驤等校注《蘇舜欽集編年校注》，卷7〈內園使連州刺史知代州劉公墓誌〉，頁452。

[19] （宋）蘇舜欽著，傅平驤等校注《蘇舜欽集編年校注》，卷7〈先公墓誌銘〉，頁470。

如禮」、「禮弼」之語。

三、北宋女性墓誌銘中的夫妻關係

北宋士大夫所寫女性墓誌的內容，有關夫妻關係的描寫，主要是強調妻的順從，例如王安石所記外祖母黃氏，就說她是：

> 事舅、姑、夫、……皆順適。[20]

又如〈鄱陽李夫人墓表〉亦云：

> 鄱陽處士贈大理評事黃加諱某之妻，太平縣君鄱陽李氏者，……<u>相其夫以正而順</u>，……。[21]

次如〈仙源縣太君夏侯氏墓碣〉云：

> 仙源縣太君夏侯氏，……尚書兵部員外郎、知制誥、知鄭州軍州事陽夏公謝氏諱絳之夫人，……<u>夫人以順為婦</u>，而交族親以謹；以嚴為母，……。[22]

再如〈揚州進士滿夫人楊氏墓誌銘〉云：

> 揚州進士滿涇之夫人楊氏者，……<u>承其夫以順</u>，勵其子以善，……。[23]

---

[20] （宋）王安石撰，李之亮箋注《王荊公文集箋注》，卷53〈行狀 墓表‧外祖母黃夫人墓表〉，頁1861。

[21] （宋）王安石撰，李之亮箋注《王荊公文集箋注》，卷53〈行狀 墓表‧鄱陽李夫人墓表〉，頁1859。

[22] （宋）王安石撰，李之亮箋注《王荊公文集箋注》，卷62〈墓志‧仙源縣太君夏侯氏墓碣〉，頁2113。

〈同安郡君劉氏墓誌銘〉云：

> 尚書戶部侍郎致仕廬陵王公贄之夫人，……能相其夫以順，……。[24]

以上王安石所寫的女性墓誌中，若是有談到夫妻關係，則妻的順從於夫是主要的夫妻關係論述。

曾鞏所記女性墓誌中，提及夫妻關係者，也書以妻順從的舉止。例如，他所寫的妹婿母親墓誌，說她是：

> (傅氏)其事關公正以從，其教子慈以肅。[25]

又如，〈永安縣君李氏墓誌銘〉云：

> 夫人姓李氏，……其夫諱與京，為某官，檢校某官，知某州。……夫人仁孝慈恕，言動必擇義理。……事夫順而有以相其善，遇子至於……。[26]

永安縣君李氏是曾鞏岳父的姐姐，曾鞏寫她的美行是「事夫順而有以相其善」；次如，〈夫人周氏墓誌銘〉云：

> 夫人諱琬，字東玉，姓周氏，父兄皆舉明經。……既嫁，無舅姑，順夫慈子，嚴饋祀，……。其夫來乞銘，予與之親舊，故為之序而銘之。[27]

---

23 （宋）王安石撰，李之亮箋注《王荊公文集箋注》，卷 62〈墓志・揚州進士滿夫人楊氏墓志銘〉，頁 2115。

24 （宋）王安石撰，李之亮箋注《王荊公文集箋注》，卷 63〈墓志・同安郡君劉氏墓志銘〉，頁 2152。

25 （宋）曾鞏撰，陳杏珍、晁繼周點校《曾鞏集》，卷 45〈誌銘・福昌縣君傅氏墓誌銘〉，頁 620。

26 （宋）曾鞏撰，陳杏珍、晁繼周點校《曾鞏集》，卷 45〈誌銘・永安縣君李氏墓誌銘〉，頁 615。

27 （宋）曾鞏撰，陳杏珍、晁繼周點校《曾鞏集》，卷 45〈誌銘・夫人周氏墓誌銘〉，頁 613。

曾鞏為這個親舊的妻子所寫的墓誌，對於夫妻關係與相處，也是書以「順夫」二字。再者，曾鞏為謝姓友人的祖母纂述墓誌銘中，曾聽聞這位享壽九十的老夫人「其為婦順，為母慈」的事蹟。[28]

北宋名士蘇舜欽為姨母所寫的墓誌中，也是寫著她的恭順夫婿，稱她是：「果能上承尊嫜，奉忠憲公(夫婿)恂恂然，舉動無一不容禮者。」，[29]「恂恂然」就是恭順的樣子。

此外，北宋名相蘇頌所記的女性墓誌中，也多出現以「妻順夫」為夫妻關係的載記。諸如他寫外祖母墓誌，稱她是：

> 夫人恭靜和順，能成君子之志。[30]

他所記壽昌縣君王氏墓誌，曰：

> (王氏)在夫室七年，謙恭柔順，無媢妒之行。[31]

他所記姻親張氏之母錢氏的墓誌銘云：

> 載世嫺睦，婦順夫良。[32]

綜上所論，當時士大夫階層所理想中的夫妻關係，「妻順從夫」是主要的內容。這樣的夫妻關係的論述，是延續於唐代的夫妻關係論述，強調「妻從夫」的夫妻觀。

然而前引曾鞏所寫的女性墓誌中，除「妻順從於夫」的夫妻關係描寫外，尚出現有「妻盡妻道」及「妻助其夫」的論述。此見於他為姐姐所寫的墓誌〈江

---

[28] （宋）曾鞏撰，陳杏珍、晁繼周點校《曾鞏集》，卷45〈誌銘・永安縣君謝氏墓誌銘〉，頁614。

[29] （宋）蘇舜欽著，傅平驤等校注《蘇舜欽集編年校注》，卷8〈太原郡太君王氏墓誌〉，頁594。

[30] （宋）蘇頌著，王同策等點校《蘇魏公文集》，卷62〈墓誌・長安郡太君高氏墓誌銘〉，頁950。

[31] （宋）蘇頌著，王同策等點校《蘇魏公文集》，卷60〈墓誌・壽昌縣君王氏墓誌銘〉，頁950。

[32] （宋）蘇頌著《蘇魏公文集》，卷62〈墓誌・彭城縣君錢氏墓誌銘〉，頁953。

都縣主簿王君夫人曾氏墓誌〉，其文曰：

> 曾氏為塚婦，而其姑蚤世，獨任家務，能精力，躬勞苦，理細微，隨先
> 後緩急為樽節，各有條序。有事於時節，朝夕共賓祭奉養其門內，皆不
> 失所時，將以恭嚴誠順，能得屬人。……其夫歎曰：「我能一意自肆於
> 官學，不以私累其志，<u>曾氏助我也</u>。」……。[33]

從墓誌內容可知，曾鞏和姐姐的感情深厚，所以對於姐姐的美德，有非常細膩、
詳實的記載。墓誌中也特別引出姐夫王無咎的感歎，王無咎指出他能夠盡心於
個人志業，是因為他的妻子曾氏打理家內外的事務十分完善，所以讚歎其妻是
「助我也」。相類似情形，亦見於他所寫的母姨與其夫的關係，稱姨母是：「有
助於君(姨丈)」；[34]再見於外叔祖母戴氏墓誌銘，云：「夫受其助」。[35]

　　此種夫妻關係強調「夫受妻助」，即是所謂的「賢內助」夫妻觀，除在墓誌
銘中看到外，在正史的載記中也有出現。《宋史》中寫著，北宋哲宗親自冊封他
的孟皇后，他的母親宣仁太后就告誡他說：「得賢內助，非細事也。」。[36]

　　北宋女性墓誌銘中，相類似於「賢內助」夫妻觀的主張，出現在王安石所
記的女性墓誌，他所記〈仙游縣太君羅氏墓誌銘〉曰：

> 仙游縣太君羅氏，……秘書少監陳君諱某之妻，……皆由<u>太君善相其夫</u>
> 而能教子。陳氏之所以興，太君與有力焉。……<u>乃相君子</u>，陳宗以
> 興。……。[37]

---

[33] （宋）曾鞏撰，陳杏珍、晁繼周點校《曾鞏集》，卷 46〈墓表・江都縣主簿王君夫人曾氏墓誌〉，頁
626。

[34] （宋）曾鞏撰，陳杏珍、晁繼周點校《曾鞏集》，卷 46〈墓表・故太常博士君墓誌銘〉，頁 627。

[35] （宋）曾鞏撰，陳杏珍、晁繼周點校《曾鞏集》，卷 46〈墓表・知處州青田縣朱君夫人戴氏墓誌銘〉，
頁 628

[36] 《宋史》卷 243〈列傳・后妃下〉「哲宗昭慈聖獻孟皇后」，頁 8633。

[37] （宋）王安石撰，李之亮箋注《王荊公文集箋注》，卷 63〈墓志・仙游縣太君羅氏墓志銘〉，頁 2139-2140。

及〈仁壽縣太君徐氏墓誌銘〉云:

> 夫人徐氏,……夫曰尚書屯田郎中金君諱某,……故以事其舅姑而順,
> 以相其君子而宜,……。[38]

「相」者,輔助、協助意思,因此羅氏「善相其夫」、徐氏「相其君子而宜」,
指的都是相贊夫婿,所以「相夫」的夫妻觀,指的就是「賢內助」的夫妻關係。

顯然北宋時期,士大夫階層眼中所見的夫妻關係,強調妻為夫之賢內助的
看法,是相當流行的。

此外,〈金華縣君曾氏墓誌銘〉云:

> 夫人嫁王氏,為侍御史諱平妻,姓曾氏,……既嫁,夫家貧,養姑盡婦
> 道。輔其夫盡妻道……若為妻母,皆盡其道。[39]

這是曾鞏也同遊舊友所寫其母的墓誌銘,強調朋友之母的夫妻關係是:「輔其夫
盡妻道……若為妻母,皆盡其道」;妻子與夫婿的關係是妻盡妻道。夫妻關係中
提到「妻道」的見解,同樣也見於曾氏所纂〈沈氏夫人墓誌銘〉中,文云:

> 夫人為人柔閒靜專,父母盡子道,事姑長興縣太君賈氏盡婦道,事夫盡
> 妻道,為母及與內外屬人接,一皆盡其道。故其處也,愛於其家;其嫁
> 也,夫之屬人上下遠近皆愛之;而其歿也,哭之者皆哀。[40]

沈夫人是曾鞏母舅的妻子,也就是他的姻親,所以應該對於舅舅的妻子行誼是
有相當認識的,而寫舅舅的夫妻關係,書以「事夫盡妻道」。

從以上女性墓誌銘中所記,所謂夫妻關係中的「妻道」、「助夫」、「相夫」

---

[38] (宋)王安石撰,李之亮箋注《王荊公文集箋注》,卷63〈墓志‧仁壽縣太君徐氏墓志銘〉,頁2154。

[39] (宋)曾鞏撰,陳杏珍、晁繼周點校《曾鞏集》,卷45〈誌銘‧永安縣君李氏墓誌銘〉,頁606-607。

[40] (宋)曾鞏撰,陳杏珍、晁繼周點校《曾鞏集》,卷45〈誌銘‧沈氏夫人墓誌銘〉,頁621。

內涵，從墓誌內容來推敲，不外強調妻子對內操持事務處置妥當，不論人際關係、經濟收支，奉侍尊長、教養子女等；對外則是能得內外親屬之歡心，家族和睦等。

四、淺析唐代與北宋之間墓誌銘呈現的夫妻關係之異同

　　李唐王朝統治下的社會，王室以「禮教鬆弛、閨門不肅」著稱，同時女性的地位亦較高，束縛較少，以好武、強悍，具陽剛之氣聞名。[41]雖是如此，不過因於唐代夫妻禮教的規範，是總結上古以來的發展，達到成熟、完備的階段，所以在以官人階層為主的墓誌銘載記中，除了墓主官品邑號、家世背景述說外，提及夫妻關係仍是以儒家禮制所規範的夫妻觀為主。筆者統計近人周紹良纂編《唐代墓誌匯編》中，夫妻關係的就有以下數項[42]：

　　甲、夫為妻天，有 115 例

　　乙、秦晉為匹，有 50 例

　　丙、三從，有 81 例

　　丁、齊體、合體，有 25 例

　　戊、義合禮容，有 2 例

　　這些夫妻關係，大致可分為三種類型。第一類是綱常的上下關係，主要書以「夫為妻天」、「三從」的妻從夫；[43]第二類是對等關係，寫夫妻關係為「齊

---

[41] 參見高世瑜《唐代婦女》(西安：三秦出版社，1988)第一章〈唐代婦女社會面貌概說〉，頁 5-7；閔家胤主編《陽剛與陽柔的變奏——兩性關係和社會模式》(北京：中國社會科學出版社，1995)第六章〈定勢與錯位——隋唐五代宋時期的兩性關係〉，頁 201-202。

[42] 根據筆者統計周紹良主編、趙超副編《唐代墓誌匯編》(上海：上海古籍出版社，1992)，以下簡稱《周編·墓誌匯編》，在墓誌文就有 115 例提到「夫為妻天」的夫妻關係。此一數據就數千則的墓誌銘來計，數量算是十分稀少，但是相較於墓誌銘中提及的其他夫妻關係看來，數量可謂是較豐者。有關《唐代墓誌匯編》中的夫妻關係統計資料，參見筆者所著《唐律中的夫妻關係》(台北：五南圖書出版股份有限公司，2007)，附錄一〈唐代墓誌匯編中的夫妻關係與相處統計表〉，頁 384-415。

[43] 由於「陽(夫)唱陰(妻)和」的夫妻關係，也是屬於妻從夫的「三從」關係，故列入「三從」的夫妻關係項目中。

體」、「合體」；第三類為客體的敵、賓關係，大都稱夫妻是「秦晉相匹」。[44]

　　唐代墓誌銘的這三種類型夫妻關係中，以第一類型最多，第三類型次之，第二類型殿後。第一類型中的「夫為妻天」有 115 例、「三從(妻從夫)」有 81 例，二者合起來有 196 例，約佔全部的 72%多(196/271=72%+)。第二類型的夫妻關係，「夫妻齊體」有 17 例、「夫妻合體」有 8 例，二者共 25 例，約佔全部 9%(25/271=9%+)。第三類型的「秦晉相匹」有 50 例，約佔近全部 19%(50/271=19%)。

　　有關唐代代墓誌銘中看到唐代禮教規範的夫妻相待之道，主要有相敬如賓與琴瑟和諧二大項。[45]夫妻相處賓敬，是將對等的夫妻敵體關係，引入夫妻的相處生活中；夫妻相待琴瑟和諧，以琴與瑟二種樂器代表夫妻，夫妻相處要能如同琴瑟合鳴，這也是將對等、合體的夫妻齊體關係，引入夫妻的相處生活中。換言之，墓誌銘中呈現的禮教規範夫妻相處之道，是比較近於夫妻齊體的夫妻關係。即夫妻在日常生活中，彼此是較平等的「夫妻齊體」般長幼相待，多於嚴肅的「夫為妻天」般父子相處。

　　相較於唐代墓誌銘對於夫妻關係與相處之道的敘述，表達著禮制規範之夫妻觀，而且在夫妻相處的描寫上是較傾向於平等的「夫妻齊體」觀念。北宋男性墓誌中對於夫妻關係的論述，主要以妻子的官品邑號、家世背景說明為主，夫妻關係在墓主的誌銘中大多沒有提及，有的話也僅是「如禮」、「禮弼」之語。

　　至於北宋女性墓誌中的夫妻關係描寫，有一貫延續著唐代以來的「三從」禮教規範，強調著妻子的順從；也有出現新的夫妻觀，所謂「妻道」、「助夫」、「相夫」的夫妻關係，即是妻子的角色是輔助夫婿，以興旺家族。這種禮所規範的「賢內助」的行為，從墓誌銘所描述「賢內助」行事，在家內是舉凡操持事務、家人關係、經濟收支、奉侍尊長、教養子女……等，都是處置妥當合宜；對外則是能得內外親屬之歡心，和睦家族等。

　　這種新的禮制規範之「賢內助」夫妻觀，初見於營建新的家內理想關係的北宋新興士大夫階級，轉而影響到往後的各朝各代。此類的夫妻關係注重的是妻

[44] 表中所述三種類型的夫妻關係外，尚有「義和禮容」等 2 則。這 2 則的代表性不足，故不列討論之中。

[45] 參見附錄一〈唐代墓誌匯編中的夫妻關係與相處統計表〉。有 243 則書「相敬如賓」，253 則寫為「琴瑟和諧」。書寫其他者有 10 則。由此可見唐代禮教規範的夫妻相處，以此二種為大宗。

子在家庭中、家族內的所應扮演的角色，而夫妻間私人的情感，特別是源自唐代禮制規範的夫妻相處之道，唐人非常重視的夫妻私人情感描寫，諸如相敬如賓、琴瑟和諧、畫眉之樂等，已非是北宋士大夫所追求的理想夫妻相處之道。

五、結論

拙稿從北宋士大夫階層的墓誌銘內容切入，由此推敲此一時期的禮制規範之夫妻關係，兼論由唐宋夫妻關係變化一窺唐宋之變革。

首先，在夫妻關係方面，北宋新興的士大夫階級一方面承續著唐代以來的傳統禮制觀，妻順從於夫的「三從」夫妻觀；另一方面也發展出新方向的禮制觀，強調妻道，以「助夫」、「相夫」來描寫夫妻關係，所謂「賢內助」的夫妻觀是也。這種新規範的夫妻關係之內涵，追求的是妻子在家庭內，家族中扮演的合宜角色，為妻者要能夠條序家族內外各種事態，也會得到家族內外族人的愛戴，使其夫婿不為私（家內關係等諸種事宜）所累，能夠心無旁礙的盡展其志。

因此，北宋墓誌銘呈現的夫妻相處之道，在妻子角色由重視與夫婿的互動轉為注重家內關係的互動背景下，唐人所追求的相敬如賓、琴瑟和諧等以兩性情感為主調的夫妻相處之道，不為宋人所重視，亦即是北宋時期的夫妻兩性相處，對於身為妻子的女性來說，她個人是更淹沒在家族的枷鎖中，更看不到她個人獨特的身影。

所以，從唐代到北宋墓誌銘中呈現的夫妻關係演變，可以看到妻子的角色是更往家族內靠攏。這種朝向「賢內助」走向的夫妻觀，多少是壓抑女性自我追求的兩性關係，可視為唐宋變革下的家內關係變化之一個縮影。

唐宋傳記書寫初探

翁育瑄*

一、前言

墓誌在民國初年陸續出土之後,除了獲得金石學家的重視之外,也得到岑仲勉、陳寅恪等現代史學大家的注意。近二十年來,利用墓誌作為研究題材,是唐史研究的趨勢與風潮。透過考古活動的發掘與出土,大量唐代墓誌得以問世。這些出土墓誌也提供傳統史料所未見的記載。對於中古史的研究,墓誌可以說是有著重要的貢獻。

墓誌的起源,說法各有不同。墓誌的意義為何?如同福原啟郎所述,墓誌表現出追慕死者,也就是哀悼亡魂的意義一點,[1]是無庸置疑的。各個時代流行的文體不同,墓誌也呈現出多樣的面貌。並且隨著時代的演變墓誌所傳達的意義也有了一些變化,這就是本文所嘗試的方向,也就是藉由書寫內容方式上的變化所帶來的實質意義上的變化。墓誌雖然牽涉文學研究層面,但是由於文學非筆者專長之故,本文重點不在文學理論分析,而是在於墓誌的傳記性,意即與歷史學有關的傳記研究。

本文主要探討從西晉、南北朝墓誌到唐代墓誌的演變過程,唐代前後期墓誌的變化,以及唐代與北宋書寫方式的比較。重點在從書寫方式的流變中探究墓誌的性質與寫作的重心,藉以考察唐宋變遷的時代意義。

---

* 東海大學歷史學系副教授

[1] 福原啟郎,〈西晉の墓誌の意義〉,收入礪波護編《中國中世の文物》(京都:京都大學人文科學研究所,1993)。

二、唐以前的墓誌

　　從考古上的發現看來，後漢已經出現了「墓記」、「封記」、「畫像石題字」、「石槨題字」、「墓甎」等刻在墓室內記錄墓主相關資料。另一方面，後漢起流行的墓碑、墓闕在魏晉的薄葬政策之下，頒布的幾次立碑禁令之後開始衰微，[2]取代而起的是西晉時出現的置放於墓室內的小型碑，也就是所謂的墓誌。

　　對於後漢的「墓記」等類型態的石刻史料和西晉的小型碑的墓誌，那一種才是墓誌的起源的這個問題，水野清一〈墓誌について〉認為兩者都可以說是墓誌，主張兩者同時盛行於當代。[3]中田勇次郎〈中國の墓誌〉將前者定位為「與墓誌接近的東西」，具備誌（序）和銘的文體的後者，從實際的意義來說，才是真正的墓誌銘。[4]日比野丈夫〈墓誌の起源について〉則以為前者中的「畫像石」所見的說明文（即「題字」）就是墓誌的起源，之後獨立成為「墓記」、「封記」。日比野氏以為後者的小型碑型態早在後漢時就已存在，並非遲至西晉才出現。[5]

　　福原啟郎〈西晉の墓誌の意義〉同意中田氏的看法，以為墓誌起源於西晉，對於中田氏所強調的書寫格式上的差異，福原氏的重點在墓誌出現的內發性因素與時代背景。福原氏發現就墓地地點而言，其所反映的多為「假葬」，即由家鄉遷到現住地或京師洛陽；就血緣關係而言，其所反映的為由宗族分支出來的個別的小家庭。西晉墓誌的誌主多是以京師洛陽為根據地，由地方士族轉化而來的中央官僚。不同於後漢墓碑的外在、物質性，西晉墓誌的內面、精神性象徵著由厚葬轉變為薄葬的時代風氣。福原氏強調西晉墓誌所展現的追慕死者的特質，從後漢墓碑到北魏墓誌銘的演變過程中，扮演過渡時期的角色。[6]

---

[2]　參考魏鳴，〈魏晉薄葬考論〉，《南京大學學報（哲學社會科學）》1986-4（1986，南京）。

[3]　水野清一，〈墓誌について〉，收入《書道全集》第六卷〈中國・南北朝Ⅱ〉（東京：平凡社，1958）。

[4]　中田勇次郎，〈中國の墓誌〉，原載《中國墓誌精華》（東京：中央公論社，1975），收入《中田勇次郎著作集心花室集》第二卷〈中國書道史論考魏晉南北朝篇〉（東京：二玄社，1984）。

[5]　日比野丈夫，〈墓誌の起源について〉，收入《江上波夫教授古稀記念論集民族文化篇》（東京：山川出版社，1977）。

[6]　參見前引福原啟郎，〈西晉の墓誌の意義〉。

　　一般說來，墓誌包含「題」、「序」、「銘」三種書寫文體，「題」是雕刻於「蓋」上的標題，「序」是以散文書寫，「銘」則是以韻文書寫。通常是先看到「題」，接著是「序」，「銘」則通常被放到最後。這樣的書寫格式事實上是在後漢的墓碑即可見到，除了這三種文體之外，後漢墓碑的「碑陰」（即背面）通常可見到門生故吏等立碑者的姓名。北魏墓誌基本上繼承後漢墓碑的寫法，具備「題」、「序」、「銘」三種文體。至於西晉墓誌，格式則有不一致的現象。有的是「題」、「序」、「銘」三種皆完備，有的缺「銘」，只有「題」和「序」，有的則是只有「序」而無「題」和「銘」。不管是三種完備或是闕其中之一二，它們有一個共同特色就是都有「序」。

　　目前可見的西晉墓誌數量並不多，和北魏墓誌比起來，西晉墓誌在內容上也無固定的寫法。這裡說的內容指的是「序」的部分，即前述用散文書寫的部分。西晉墓誌篇幅字數不定，從個位數到千字以上這樣的差距。簡單的是記載誌主的基本背景，詳細的則是誌主的生平和其家庭狀況，甚至是誌主所歷經的時代大事，這也是墓誌之所以受到高度重視的原因。

　　其次，西晉墓誌的書寫風格也並未一致。以千字以上的墓誌——徐義墓誌和王浚妻華芳墓誌——的寫作風格為例。徐義（221~298）是晉惠帝皇后賈氏的乳母，隨賈后入宮，被封為美人。墓誌於 1953 年在洛陽出土，全誌 1001 字，正反面皆刻字。[7]墓誌首先見到「晉賈皇后乳母美人徐氏之銘」的「題」，接下來就進入「序」的部分，名諱、籍貫、先祖、夫婿等誌主個人背景資料的記載之後，接著描述誌主的品德言行，說明誌主的高尚品德以及其在家庭、鄰里的表現傑出，受到尊敬等頌揚之辭。內容運用許多典故，以古人比擬誌主，而四字與六字之組合也表現出對仗工整的特色。文字運用表現可以說是接近南北朝墓誌的駢體文風。

　　在品德言行的描寫之後，緊接著就是誌主個人特殊經歷的描寫。其與賈家關係、以及伴隨賈后入宮，參與宮廷鬥爭等。這一部分所佔篇幅最廣，也是全誌的中心所在。之後便是誌主患病到去世、安葬的經過，賈后的特別關照與往生時辰都記載於其中。再來是傳達對誌主的哀悼之意，類似祭文的書寫方式。

7　〈洛陽晉墓的發掘〉，《考古學報》1957-1（1957，北京）。

最後才是「銘」的部分，四字對仗，用辭華麗為其特徵。[8]

　　另一方面，王浚妻華芳墓誌的寫法就不太一樣。王浚出身太原王氏，是西晉末鎮守幽、冀二州的軍閥，建興二（314）年為石勒捕殺（《晉書》卷 39）。華芳（271~307）是他的第三任妻子，在稍早的永嘉元（307）年去世。墓誌為 1965 年北京出土，全文 1630 字，開頭「題」為「晉使持節侍中都督幽州諸軍事領護烏丸校尉幽州刺史驃騎大將軍博陵公太原晉陽王公故夫人平原華氏之銘」。[9]像這樣詳細記載官名爵位的方式為後世的南北朝及唐宋墓誌所繼承。「序」方面，第一部分為家族的介紹。首先是王浚的父祖介紹，包括其曾祖父、祖父及父的名諱字號與官位，還有他們的妻子與墓地地點，這裡出現 8 位人名。接著出現的是王浚的兩位前妻文氏、衛氏的父祖與文氏的三名子女及其婚配對象在內等 35 人。再來才是華芳個人的名諱字號、兩名子女以及父祖 19 人的介紹。像這樣子詳細地介紹家世背景與婚姻關係充分表現出門第社會的矜持。

　　第二部分為誌主個人品德言行的描寫，首先是婚前在娘家的生活。表現的是誌主早年喪父，居喪有禮，在家孝順，德容兼備等讚美言辭。接著是描述誌主婚後在夫家的生活，強調誌主十八歲以繼室身份嫁入夫家後，盡心照顧公婆，並且用心教養前妻的子女。在其夫奉詔南征之際，能夠安頓家內，使其夫無後顧之憂。即使是在本身封得命婦之後，也能嚴守家風，自奉簡約，無驕奢之氣。更甚者，為了後嗣著想，勸丈夫置妾，並視庶子如同親生。這段文字多為四字與六字的對仗組合，並且援用典故。此外，像這樣描述誌主婚前、婚後生活的書寫方式為後世女性墓誌所承襲，成為女性墓誌的特徵。

　　第三部分是記載誌主的兩名子女、兄姐四人的姓名及其婚配對象，還有臨終前後的描寫。敘述誌主感歎自己早死，無法奉養雙親到老。在家人圍繞之下，出錢三百萬送予身邊的人，並遺言交待後事要薄葬。此外，這個部分還包括墓誌撰者的評論。從敘述語氣看來，墓誌的撰者應該就是誌主華芳的丈夫，也就是王浚本人。王浚讚揚其妻的賢德，對其妻的人格做了「貴而無驕，富而不奉」、「終始不玷，存亡無虧」的評論。

---

[8]　參見前引《漢魏南北朝墓誌彙編》，頁 8~10。

[9]　〈北京西郊西晉王浚妻華芳墓清理簡報〉，《文物》1965-12（1965，北京）。

　　像這種近親者或配偶為死去的親人寫的墓誌在唐代後期可以大量地見到。也因為是由熟悉死者的近親者或配偶所寫的緣故，更能將死者不為人知的私生活展現出來。華芳墓誌的這一點特質可以說為唐代後期墓誌開了先鋒。

　　最後的部分是提到誌主丈夫因為任官在外，加上局勢險惡，暫時無法將誌主歸葬家鄉，只得選擇權葬任官地的說明。「序」之後是「銘」，和徐義墓誌一樣，也是四字對仗，用詞華麗，表達其哀悼之意。[10]

　　從東晉到北魏初期，墓誌有一段斷層期，東晉墓誌多是簡單地記載誌主姓名、官位、歿年，有時也有一些家族成員姓名的記載。上述西晉長篇記載要到南北朝以後才可見。比起南朝出土的少數墓誌，北朝墓誌的數量算是相當多，其中最多的是北魏宗室元氏的墓誌。北魏墓誌的大量出現是在太和二十三（499）年以後，初期的墓誌與東晉墓誌一樣，記述簡略，太和二十三年以後才可見到長篇墓誌。

　　文體方面，南北朝墓誌用的是當代流行的四六駢體文，四字與六字的組合，其特徵是對仗工整，援引典故，用詞華麗為其主要特徵。一般而言，北魏墓誌的格式有固定寫法的傾向，首先是「題」，之後的「序」的部分，第一部分是介紹誌主的家世背景，祖先淵源，父祖姓名與官職，有時也會加以簡單說明父祖為人，多半是評價式的文字敘述。第二部分是誌主個人的介紹，起家前的表現，起家後的官職經歷，以及其任官期間的表現或其所經歷的特殊事件。女性墓誌在這個部分則是以家庭生活的描述為主，重點在於強調其對夫家的貢獻，如相夫教子，孝順公婆，友愛兄弟等。第三部分是臨終前後的描述，通常會記載死亡的年月日與年齡、地點，以及埋葬的時間、地點等。

　　「序」之後是「銘」，多為四字的組合。此外，北魏有很多的墓誌會在「銘」之後記錄家庭成員的姓名和官職，這個部分並未有固定的寫法，少則只是記載妻子，多則提到兄弟姐妹和父祖。

　　窪添慶文〈墓誌の起源とその定型化〉詳細考察唐以前的墓誌型式，具備誌額（包含碑額與標題）、銘辭兩者，或有誌額無銘辭，亦或誌額、銘辭皆無，等各種類型，皆見於西晉墓誌。但東晉初以後不見具備誌額（包含碑額與標題）、

---

[10] 參見前引《漢魏南北朝墓誌彙編》，頁 12~15。

銘辭兩者的墓誌,並且東晉許多誌額、銘辭皆無的墓誌,記載內容、字數亦寡,家族的記載約不到三分之一。至南朝宋元嘉(424~453)年間墓誌附加銘辭成為慣例,但穩定書寫格式至南朝梁時期才成立。北朝方面,可能也受到南朝的影響,具備誌額、銘辭兩者的墓誌在北魏遷都後成為主流,字數 200 字以上的墓誌也增多。[11]

此外,久田麻實子〈墓誌の成立過程について——北魏墓誌銘の意義〉對墓誌的起源、成因與形成等亦有論述。北魏墓誌部分,久田氏特別指出孝文帝的兩項政策——禁止歸葬(改貫洛陽)與改姓(改胡姓為漢姓),促使墓誌必須詳述死者家世與葬地所在,於北魏墓誌有重要的意義。從內容來看,南朝墓誌重點在頌揚死者生前功德,北朝墓誌則是記載死者的經歷與葬地,即與死者有關的記錄。隨著南北統一,兩者結合,成為後世墓誌的基礎。[12]

以下就各舉男性、女性墓誌一例,比較其書寫方式的異同。男性墓誌方面,以崔猷為例。「魏故員外郎散騎常侍清河崔府君墓誌銘並序」記載崔猷(454~511)出自清河崔氏,墓誌的開頭是敘述清河崔氏的起源。追溯清河崔氏起源,從遠古傳說的少典、伯夷、禹等到「穆伯」的「分封命氏」。像這樣的從遠古時代開始追溯一個家族的起源,尤其是像清河崔氏南祖的大士族,是很普遍的作法。接著是介紹誌主的七世祖岳、高祖父蔭、祖父曠、父親靈瓛及從父兄「故太傅領尚書令文宣公」。一般墓誌都會記載直系家族的父祖,但有時也會介紹旁系家族中的名士高官,像崔猷墓誌當中就特別介紹誌主的堂兄崔光(《魏書》卷 67)。

墓誌的第二部分便是敘述誌主的個人事蹟部分,首先是入仕前的青少年時期。敘述誌主的言行品德,稱讚他孝友守禮,家風嚴謹等。之後是詳述從 36 歲起補州主簿開始,到 56 歲的定州安北府司馬為止的二十年間,誌主所經歷的十二任官職,並做了評論,對誌主的為官政績表示肯定。

第三部分是死亡年月、地點、享年及埋葬年月、地點等死亡記事。然後才是「銘」。「銘」之後是家庭成員的記錄部分,包括誌主的妻子房氏與其父祖,子女與其婚配對象。崔猷墓誌有一個和別的墓誌很不一樣的地方,就是它記載

---

[11] 窪添慶文,〈墓誌の起源とその定型化〉,收入氏著《墓誌を用いた北魏史研究》(東京:汲古書院,2017),頁 5~54。

[12] 久田麻實子,〈墓誌の成立過程について——北魏墓誌銘の意義〉,《中國學志》大有號(1999,大阪)。

了子女的年齡,應該是墓誌製作當時的年齡。從這個部分的記載可以知道崔猷的四男七女的名字與年齡,還有他們的配偶與其父祖。[13]

女性墓誌方面,司馬景和妻孟敬訓墓誌記述了一位典型傳統女性的一生。「魏代楊州長史南梁郡太守宜陽子司馬景和妻墓誌銘」的「題」之後,與一般墓誌一樣,「序」的一開頭是記述誌主的名字與出身。不過,只簡單記載孟氏父親與兄長。或許是因為清河孟氏不像清河崔氏來的有聲望,所以這部分的記述較為簡略。

其次是敘述誌主個人事跡的部分。除了讚美誌主氣質高雅,卓越突出外,也肯定她在嫁入夫家後的表現。孝敬公婆,以謙虛友愛態度與小姑弟婦相處,充分融入大家庭的生活。更難得的是,誌主容忍丈夫納妾,不妒嫉。墓誌以「桃夭」、「小星」等詩經的篇名來比喻妻妾關係。在教育子女方面,也肯定誌主的用心,強調其五男三女皆得到良好的教養。

再來寫的是對誌主的評價。點出誌主為人五個方面——侍奉長上、謹守婦道、行善、聯絡親族等優點,給予贊賞。

第三部分是死亡記事,最後是「銘」。孟敬訓墓誌並未記載兒女等家庭成員的名字。[14]

以上比較崔猷墓誌和孟敬訓墓誌的寫法異同後,可知男性墓誌著重官場職歷的描寫,而女性墓誌則花大篇幅在家庭生活的刻劃。像這樣的墓誌書寫模式一直持續到後世,成為墓誌的書寫特色。

三、唐代的墓誌

唐代墓誌的數量比前代多很多,大部分於洛陽出土。唐代中期以前的墓誌基本上是繼承南北朝墓誌的寫作風格,用駢體文書寫,但是格式上有一些差異。首先是北朝墓誌的「銘」之後的家庭成員記述,此部分不見於唐代的墓誌。取

---

[13] 參見前引《漢魏南北朝墓誌彙編》,頁 66~68。

[14] 參見前引《漢魏南北朝墓誌彙編》,頁 72~73。

代的是主葬者的記載，通常是被放在「銘」之前的死亡記事的部分。

關於主葬者的身分，大部分是誌主的子女，但是也有子女以外如配偶、父母、伯叔、兄弟、姪孫等人。主葬者的擔任，通常與誌主的年齡身分有關，年少早死無子女者，就由父母、兄弟、配偶等人主葬，長壽高齡者則有可能是由孫子來擔任主葬。子女主葬方面，唐代初期的墓誌大部分都只出現一位子女的名字，大部分是長子，也有寫作嗣子、世子。有的則寫作哀子、孝子、孤子，或子、男、息等。其他少數為長子以外的次子、女兒等。兩人以上的記載，要到唐高宗以後才慢慢地增多。不過，唐中期以前對子女的記載，大部分還是以兒子為主，女兒的記載要到唐後期以後才較多見。

其次，唐代以後，夫妻合誌的數量明顯地增加。夫妻合誌，也就是夫妻合葬的書寫格式，最早見於西晉的張朗墓誌。[15]不過，魏晉南北朝的夫妻合誌數量很少，大部分還是個人墓誌，夫妻合誌的大量出現是在唐代以後。據學界研究顯示，《唐代墓誌彙編》[16]所收的夫妻合誌佔墓誌總數的約30%。夫妻合誌又多集中於高宗到玄宗期間，佔夫妻合誌總數的約 68%。[17]也就是說，一半以上的夫妻合誌是高宗到玄宗期間的產物。而夫妻合誌的書寫格式，又可區分為以夫為中心、以妻為中心、兩人並列的三種寫法。在以夫或妻任一方為中心的墓誌當中，另一方的描述篇幅當然很小，有時甚至只是簡單地記載死亡年月日、享年、葬地等死亡記事。[18]

統計結果顯示，約76%的夫妻合誌是採取以夫為中心的寫法。同樣地，以夫為中心的夫妻合誌也集中於高宗到玄宗期間。在以夫為中心的墓誌當中，妻的記載一般是很簡略的，有時甚至只有記載姓名與死亡時間而已。

除了以上所述的格式上的變化以外，對於誌主個人的描述部分，基本上沿襲南北朝墓誌的寫法，沒有太大的改變。墓誌書寫格式的大幅變化要到唐代中期以後。唐代墓誌在體裁上的革新，主要在中期以後。陳尚君〈新出石刻與唐

---

[15] 《漢魏南北朝墓誌彙編》，頁 11~12。

[16] 周紹良主編，《唐代墓誌彙編》(上海：上海古籍出版社，1992)。

[17] 以張瓊文〈唐代の墓誌から見た夫婦合葬〉(お茶の水女子大學修士論文，2002-3，東京) 研究唐代夫妻合誌的提示資料，整理後所得數據結果。

[18] 同上。

代文學研究〉將墓誌文體分為五類文體考察,認為玄宗時期文體已有明顯變化,少見全駢體作品,得到天寶以後,「散體已逐漸占據主流位置」的結論。[19]

講述唐代文學史,不能不提及唐代後期的文學運動——古文運動。古文運動反對當時流行的駢體文,提倡古文,也就是散文。雖然說古文運動的倡導者韓愈的重點在思想層面上,但是很明顯地,它的貢獻在於書寫文體上。除了古文家之外,當時興起的元稹、白居易等元和詩人也散播著白話文的氣息。但陳氏反而據上述墓誌文體變化推論,韓愈、柳宗元寫作古文的時期,駢文影響力就已經大不如前,是處於衰退期。[20]

以駢體文書寫的墓誌,用典故譬喻事物,以古人比擬誌主,所強調的是典故的引用與字句的雕琢,文章艱深難懂。文風的改變,也影響了墓誌的書寫方式。唐代後期的墓誌,典故的引用與華麗的詞藻明顯地減少,文章也不那麼艱深難懂,對誌主個人的事跡開始有了具體的描述。

博陵崔氏第二房家族墓誌當中的崔眾甫妻李金墓誌,具體地描述出一位生活在大家族的女性的一生。李金(727~794)是崔眾甫的繼室,墓誌由眾甫之弟夷甫的兒子契臣所撰寫。誌主的丈夫崔眾甫繼承祖父崔曒的安平縣男的爵位,官位至著作佐郎,在家族中居於嫡長子的地位,因此墓誌中特別強調誌主的「宗婦」角色。除了克盡家族的祭祀重責之外,墓誌也肯定誌主融入大家庭的生活,對伯叔、同輩、甥姪、姻親,甚至是庶生子女,都以禮相待,相處和睦,所以得到了宗族姻親的贊賞。接著墓誌描述戰亂帶給了家族的影響。為了照顧前妻的子女,誌主離開洛陽至丈夫的任官地。在安史之亂發生之後,誌主又與家人逃難到南方的洪州。這段期間,丈夫因為跟隨玄宗到四川,一直不在自己的身邊。等到內外親族一百八口齊聚,誌主又無怨無悔地承擔家庭重責。

墓誌並且敘述誌主拿出自己的嫁妝供應大家庭的生活。這當中,丈夫去世,誌主竭盡所有,辦妥喪事。之後誌主帶著子女依靠丈夫的堂弟,當時任洪州司馬的崔祐甫。誌主依然守著自己本份,過著大家族的生活。墓誌並引用了誌主的談話:

[19] 陳尚君〈新出石刻與唐代文學研究〉,收入氏著《貞石詮唐》(上海:復旦大學出版社,2016),頁 1~25。
[20] 參見前引陳尚君〈新出石刻與唐代文學研究〉,頁 18。

> 每歎曰：「浸潤之譖，狙詐之行，緝緝幡幡，諂以求媚，吾所甚惡
> 也。」[21]

厭惡謠言，諂媚不實，表現出誌主做人處世的態度。像這種引用誌主個人言論
的書寫方式，更可以具體地呈現出誌主的個性。

回到北方後，誌主所面對仍然是一波又一波的衝擊。安史之亂後，北方的
局勢仍不穩定。建中四年李希烈叛變之際，親友皆逃散，誌主獨居洛陽，安然
渡過穀價上漲，疫疾流行的恐慌時期。避難河南濟源時，姪兒去世，當時局勢
不安，家境貧困，誌主仍然主喪，連同兩名未成年即過世的家庭成員，皆歸葬
邙山的家族墓地。唐代墓誌常可以見到「歸葬」的記載，一些女性墓誌甚至對
竭盡家產，完成歸葬的寡婦，大加稱頌，反映出當時人對歸葬的重視。之後即
使健康狀況不佳，誌主仍然堅守「宗婦」的職責，親營祭祀的重責，毫不鬆懈。

在戰火的摧殘之下，傳統的大家族也面臨沒落的困境，墓誌描述誌主的臨
終時，親族凋零，無依無靠，入殮時無華服與布帛，只有手寫的詩賦舊衣罷了。
最後，撰者崔契臣敘述自己三歲喪母，逃難南方的途中，又遭喪父之痛。撰者
感念誌主四十餘年來的照顧提攜。還未來得及報答撫育之恩，誌主就撒手人寰，
無限追思，只能借由墓誌傳達。[22]可說是充分表達了撰者對誌主的深厚感情。

唐代前期以前的墓誌多不記載撰者姓名，記載撰者姓名的墓誌要到開元以
後才慢慢地增多。在眾多的墓誌撰者當中，令人印象最深刻的，莫過於像上述
李金墓誌這樣由近親者所寫的墓誌。由於熟悉死者的關係，近親者所撰寫的墓
誌往往道出死者不為人知的一面。也正由於撰者是死者的近親，墓誌更能表達
出對死者的追思之情。張士階在為廿歲即過世的女兒張婉（804~823）寫的墓
誌中，回憶女兒生前的種種。撰者寫道自己公事應酬回家，酒醉不醒之時，女
兒在一旁看護，整夜未曾闔眼。又同母兄過世，喪期已過，每次見到其生前遺
物，仍然痛哭流涕，旁人皆為之動容。女兒天資聰穎，通曉經書，與大家族堂
兄弟姐妹相處時，氣質超眾，眾所佩服。以上種種回憶，怎奈天不從人願，女

---

[21] 參見前引《唐代墓誌彙編》，頁 1881~1882。

[22] 參見前引《唐代墓誌彙編》，頁 1881~1882。

兒因病過世，墓誌寫到女兒於彌留之際，仍不忘安慰傷心的父母。正要為女兒物色佳婿之時，怎奈事與願違，撰者感歎萬分。[23]以父親的立場為早死的女兒書寫的墓誌，充分流露親情。

19歲去世的孫俪（837~855）墓誌中，父親孫向亦表現出痛失愛子的悲傷。墓誌寫道兒子患病之時，自己剛好不在家中，兒子一直等到父親到來才斷氣。[24]撰者悲痛心情，如實陳述於文字之間。

李琯為妾張留客（842~871）所撰寫的墓誌，表現出的是患難夫妻的情誼。撰者敘述自己雖為官，但貧窮且負債。任期滿了，困居洛陽時間甚久，誌主並未表露出不悅的神色。撰者為自己無法提供誌主與子女一個好環境，而感到羞愧，沒想到誌主反過來安慰他說，人生最快樂莫過於全家團聚，不需為此煩心。[25]

楊牢在為妻鄭瓊（809~841）所撰寫的墓誌中，則是感謝妻子的寬宏大量。三十歲在洛陽金屋藏嬌，並生下一子的撰者，被侍女洩露秘密，正覺得羞愧難當之時，誌主反而獎賞洩密的侍女，並敞開心胸，接受丈夫私生子及私生子之母。更難得的是，誌主對此私生子關愛有加，親戚以外的人皆不知其非己出。[26]

李陲為姐姐李愍寫的墓誌中，則是看到了戰亂下的悲歡離合。撰者的姐夫崔德涯於任期滿了回河南澠池縣奉養母親，不到一個月，澠池就發生變亂，撰者趕緊將姐姐一家接到洛陽自己的家中。才離開澠池，果然盜匪就燒殺城內，無人倖免。正慶幸姐姐一家逃離兵禍之時，沒想到姐姐就因病過世，天人永隔。[27]撰者的悲痛之情，透過文字表現其中。

藉由這些近親者的筆調，所表現出其對親人的追思與哀悼。此外，唐代後期的墓誌也較多有關家庭成員，尤其是對子女的記述。除了名字、官職、婚配

---

23 參見前引《唐代墓誌彙編》，頁278。此誌年代應該為長慶三年，諸墓誌皆誤植為顯慶三年，參見饒宗頤《唐宋墓誌：遠東學院藏拓片圖錄》（香港：香港中文大學出版社，1981）346號。

24 參見前引《唐代墓誌彙編》，頁2321。

25 參見前引《唐代墓誌彙編》，頁2457~2458。

26 參見前引《唐代墓誌彙編》，頁2213~2214。

27 參見前引《唐代墓誌彙編》，頁2483~2485。

對象之外，甚至可以看到庶生子女的出現。[28]唐代中後期墓誌發展出不同於前期墓誌的書寫方式。

值得一提的是，唐代已經有少數墓誌，描述誌主作為官員政績的具體事跡。如杜牧所撰的李方元（803~845）墓誌，提到誌主任江西觀察判官時，為某殺人案「訊覆」，數日內替被判死刑的 12 人雪冤。[29]甚至有如楊漢公（806~861）墓誌般，詳述案情始末，茲引如下：

> 又選授鄠縣尉。京兆尹始見公，謂之曰：「聞名久矣，何相見之晚也」
> 且曰：「邑中有滯獄，假公之平心高見，為我鞠之。」到縣領獄，則邑
> 民煞妻事。初邑民之妻以歲首歸省其父母，逾期不返。邑民疑之。及歸，
> 醉而殺之。夜奔告于里尹曰：「妻風恙，自以刃斷其喉死矣。」里尹執
> 之詣縣，桎梏而鞠焉。訊問百端，妻自刑無疑者。而妻之父母冤之，哭
> 訴不已。四年，獄不決。公既領事，即時客繫，而去其械。間數日，引
> 問曰：「死者何所指？」曰：「東。」又數日，引問曰：「自刑者刃之靶
> 何向？」曰：「南。」 又數日，引問曰：「死者仰耶？覆耶？」曰：「仰。」
> 又數日，引問曰：「死者所用之手左耶？右耶？」曰：「右。」即詰之曰：
> 「是則果非自刑也。如爾之說，即刃之靶當在北矣。」民扣頭曰：「死
> 罪，實某煞之，不敢隱。」遂以具獄，正其刑名矣。[30]

楊漢公以類似重演案發現場的方式，戳破兇嫌的謊言，成功地使其俯首認罪。陳尚君以為撰者詳述的手法接近《折獄龜鑑》一類公案故事，表現出誌主的「斷事能力」。[31]事實上，像這樣的敘述案情的手法常見於唐代以後的宋代墓誌中，楊漢公墓誌可說是為宋代墓誌開了先河。

---

28 參見拙稿，〈唐代における官人階級の婚姻形態──墓誌を中心に〉，《東洋學報》83-2（2001-9，東京）。

29 參見陳允吉點校，《樊川文集》（上海：上海古籍出版社，1978），卷八〈唐故處州刺史李君墓誌銘〉，頁 130~131。

30 參見周紹良、趙超主編，《唐代墓誌彙編續集》（上海：上海古籍出版社，2001），頁 1036~1039。

31 參見前引陳尚君〈新出石刻與唐代文學研究〉，頁 16。

四、北宋的墓誌

　　北宋墓誌的出土數量雖然比唐代少很多，但是在宋人文集裡收有大量的墓誌。不同於唐代墓誌集中洛陽的情況，宋人文集所見的墓誌遍及各地，有濃厚的地方特色。而各個墓誌作家，也都有自己的書寫風格，表現出個人的文風特色。

　　如前所述，唐代中後期墓誌已經漸漸脫離駢體文的書寫架構，開創出獨特的書寫方式，不再拘泥於典故和修辭，而是試圖表達出追思與哀悼，表現出的是情感的文學。古文運動在唐代並未得到生根，在韓愈、柳宗元之後，就消沉一段時間，經過北宋初年的古文家的努力，到了歐陽修主試科舉時才得以落實文壇，成為文學主流。[32]事實上，這一段期間的文學走向，並未走回過去重視典故和修辭的駢體文風，而是慢慢地走向淺顯易懂的散文之路。即使是古文運動未全面發展的北宋初期，墓誌的文體也不像過去的駢體文一般艱深，典故的引用不但越來越少，文章本身也比唐代墓誌來的淺顯易懂。

　　其次，北宋墓誌有長篇化的傾向，對誌主的描述也明顯地比唐代來得詳細。另外，與唐代墓誌相比，可以發現北宋墓誌並不拘泥於傳統的書寫順序。墓誌的書寫順序，如前所述，在北魏時就有了固定的寫法。除去「題」與「銘」之外，「序」通常由誌主的名諱、祖先的記載開始，其次是入仕前的青少年時期及入仕後的官員經歷，其中穿插個人的特殊經驗，最後是死亡記事。唐代墓誌基本上也是遵守著這種書寫順序。但是北宋墓誌並不遵守這個規則。

　　以范仲淹的〈東染院使種君墓誌銘〉為例，墓誌的開頭便是說明誌主與自己的關係。范仲淹敘述自己受誌主種世衡(985~1045)之子的囑託寫墓誌。因為自己曾經略陝西，與誌主有共事的經歷，因此接下撰寫墓誌的任務。接下來，范仲淹用一半以上的篇幅敘述康定年間誌主經略西北的經歷過程。然後是死亡年月、享年和葬地。這之後才是誌主的個人描寫。父祖的名諱與官位，誌主的青少年與入仕後的地方官經歷。最後是家庭事務的介紹，包括誌主的家風與妻

---

[32] 關於北宋古文運動，參見何寄澎，《北宋的古文運動》（臺北：幼獅文化，1992）。

子、子女的名字、官職以及其婚配對象。[33]

　　很明顯地，這樣的書寫順序就不符合前代墓誌的書寫原則。北宋很多墓誌撰者在一開頭說明自己受人之託寫墓誌，可以看出墓誌寫作的變化。很多人喜歡找有名的文人為自己的家人寫墓誌，當然如果不是和撰者是有某種程度的交情，撰者也不會答應寫墓誌。

　　劉靜貞〈北宋前期墓誌書寫活動初探〉論述北宋墓誌寫作的意義與寫作重點的變化。劉氏指出墓誌寫作的意義在於表彰死者的功德善業，使之流傳久遠。但是隨著印刷術發達，文集出版普遍化，社會變遷當中，墓誌寫作的重點也有了變化。墓誌雖然以死者為中心，但是生者也開始在墓誌中佔有一席之地，顯示社會理念的改變。[34]

　　此外，北宋墓誌多強調誌主在職場上的表現，也就是官員任內的政績。從北宋中期慶曆、皇祐年間，范仲淹、胡宿、宋祁等人所撰寫的墓誌開始，可以看到記載誌主在地方官任內所解決的訴訟紛爭。宋祁所撰的〈故光祿卿葉府君墓誌銘〉描述誌主葉參(964~1043)在地方官任所遭遇的各種事件，茲引如下：

　　歷澤州、清海軍軍事、節度二推官。……盜伍持仗劫民牢豬，吏結重辟，
　　君獨謂從二人當上讞。既報不死，州將始憾，終謝曰：「微從事，吾坐
　　入矣。」……移知遂州小溪縣，授永康軍青城令。時大阜江瀯溹溢湧，
　　邑守百丈堰，沒不盈服，皆搏手相視。君謁李冰祠，盛服立雨中，邀神
　　為助，有頃少霽，水波為卻。歲饑，君毀家困，賑流人。豪大姓聞之，
　　相率助貸，蒙袟數十萬，咸得更生。以檢書丞知光州固始，有孤女擁高
　　貲，病甚困，叔規取其家，陽為授婿。二夕，女死。君廉得其情，坐叔
　　罪，簿入女財，直鉅百萬。乙太常博士通判宣州軍州事。越人訟分財，
　　七劾不承，君被制往按，不旬日而決，果若吏受賕而導其欺。以屯田員
　　外郎通判揚州，民冒鹽榷，乾沒不悛，君建弛禁與民，可以省罪均利者，
　　切切數千言。……改工部、刑部二郎中，又為蘇州。會水災，農乏食，

---

[33] 參見李勇先、王蓉貴點校，《范仲淹全集・范文正公文集》(成都：四川大學出版社，2002) 卷 15〈墓誌〉，頁 354~360。

[34] 劉靜貞〈北宋前期墓誌書寫活動初探〉，《東吳歷史學報》11 (2004.6，臺北)。

相與持穢矜強乞丐，吏欲以盜論。君原其窮餒，一皆未遣，人人感愧，汔歲定，不復為盜。[35]

以上提及誌主值得稱頌的七件政績，整理如下：

1、為犯強盜罪的二位民眾上讞，使其得以免於死罪。（澤州或清海軍）
2、親謁李冰祠祈求雨停，免除地方遭受洪水之害。（遂州小溪縣或永康軍青城縣）
3、出己財救助災民，感動大姓豪族，使其加入賑災行列。（遂州小溪縣或永康軍青城縣）
4、視破謀取孤女家產的叔父，使其姦計無法得逞。（光州固始縣）
5、解決上訴七次，卻無法平息的財產紛爭，證實主事胥吏受賕枉法。（宣州）
6、為民喉舌，向朝廷建言放寬鹽禁以利民。（揚州）
7、寬恕因災為盜的農民，使地方安寧，不再有類似事件發生。（蘇州）

像以上這樣詳述誌主的地方官任內的政績，可以說是北宋墓誌的一大特色。而從北宋墓誌所見到發生在各地的案件，一方面可以看出北宋重視地方官的政績，另一方面，也可以顯示不同的地方文化。根據筆者統計北宋墓誌所見的家產訴訟案件的地區分佈顯示，此類訴訟集中在經濟發展先進的四川和兩浙地區。[36]從北宋墓誌的記載，可以看到唐代墓誌少見的地方史料，相信這對區域研究將有很大的幫助。而像北宋墓誌詳述地方訴訟的作法，唐代只能見到兩三個例子，這也可以為法制史研究提供不少實例來佐證。

五、古文運動與墓誌寫作——以歐陽修為例

前述論及墓誌寫作的演變與古文運動的發展，有著某種程度的關係。一般

---

[35] 《宋景文集》卷58。

[36] 參見拙稿，〈北宋墓誌に見える財產權に關する史料について〉，《上智史學》48（2003，東京）。

論古文運動，多以唐宋八大家為典範。唐宋八大家之首的韓愈所撰之墓誌，宋以後的金石學家多有論述。葉國良〈韓愈塚墓碑誌文與前人之異同及其對後世之影響〉探討韓愈碑誌作品的特色與對後世的影響。葉氏指出韓愈對碑誌文進行有全面與多方面的改革，並且運用寫作技巧，使碑誌這種應用文，轉化為表現作者感情與見解的文學體裁。但是在中晚唐影響不大，宋代古文運動展開之後，才可見到廣泛的影響。[37]

葉氏論述韓愈墓誌於「題」、「序」、「銘」皆有創新之處。但本文因著眼墓誌傳記化之問題，所以只就「序」的部分進行討論。葉氏提出韓愈墓誌（以下簡稱「韓誌」）之「序」的特色有以下四點：

　1、著重大節，文字簡短；

　2、於敘事為主之文體中作大篇幅且深切之議論；

　3、使用對話及轉換敘述觀點，技巧近乎小說；

　4、與前人相比，儷語極少；

可見韓誌體現了古文運動的精神。不過，以上四點並不完全為韓愈所獨創，葉氏指出某些技巧已見於李觀、李華等古文先驅所撰之墓誌。[38]

此外，葉氏又論韓誌風格，影響同時代的元稹，以及韓愈門生李翱、皇甫湜，「唯大體言之，韓『序』在唐代並未成為顯著之模仿。但宋代古文運動開始以後，韓『序』即廣泛影響後代文士」。他以北宋歐陽修、王安石、明代歸有光、清代方苞等人所撰之墓誌為例，論證韓誌對後世的影響。[39]提出「宋代古文運動展開後，著名文士如歐陽修等撰碑誌多以韓愈為宗，於是學韓蔚為風氣。元明石例學者論碑誌文作法，遂以韓愈為始祖，……清代金石學大昌，學者漸知注意漢魏六朝，但文士仍追步韓愈，……韓愈實為碑誌文發展史上最重要的人物」的看法。[40]

---

[37] 葉國良，〈韓愈塚墓碑誌文與前人之異同及其對後世之影響〉，收入氏著《石學蠡探》（臺北：大安出版社，1989）。

[38] 同上，頁60~69。

[39] 同上，頁86~84。

[40] 同上，頁98。

　　葉氏雖論韓誌在唐代的影響力不大，但觀看近三十年出版的各種墓誌集，合乎葉氏所論韓誌四項特色的實例，應當不少。雖然筆者無法斷定韓誌在唐代到底有多大的影響力，但是從陳尚君前引文論述唐代中期以降墓誌，普遍跳脫駢文風格一點看來，顯現當時的時代風潮有利於散文、古文的發展。

　　歐陽修是北宋古文運動的重要人物，因為他的倡導而使古文得以完全取代駢文。由於歐陽修傳世的書信亦論述墓誌撰寫的問題，因此本節主要討論歐陽修的墓誌寫作，兼論墓誌與古文運動的關係。

　　歐陽修受韓愈影響極深，已為前輩學者所述。寫了上百篇碑誌的歐陽修可以說是專業碑誌作家，但即使是碑誌寫作老手，歐陽修其實也有無奈之感，如嘉祐四年（1059）給劉敞的信中，就表露出因催稿而產生的壓力。即使炎熱難耐，但葬日已近，仍然得打起精神為友人王堯臣撰誌。想起劉义譏諷韓愈「諛墓」之事，[41]而興起「絕筆」的念頭，不過終究還是得下筆，完成墓誌。[42]

　　嘉祐五年（1060）給劉敞的另一封信裡，說明友人孫甫家派遣僕人來要墓誌，所以兩日無法至史館工作。大熱天家中兒女吵鬧，還得趕稿，感歎自己何時才可以擺脫寫稿壓力。[43]

　　嘉祐二年（1057）撰寫杜衍墓誌時更由於遇上兒子染患傷寒，以致於無心寫作。因此歐陽修建議杜衍之子杜訢，若葬期已近，不如將韓琦所撰之行狀修改為墓誌即可。[44]同書信後半部，歐陽修闡述個人的墓誌風格與寫作經驗：

　　　若以愚見，誌文不若且用韓公行狀為便，緣修文字簡略，止記大節，期於久遠，恐難滿孝子意。但自報知己，盡心於紀錄則可耳，更乞裁擇。范公家神刻，為其子擅自增損，不免更作文字發明，欲後世以家集為信，續得錄呈。尹氏子卒，請太尉別為墓表。以此見朋友、門生、故吏，與孝子用心常異，修豈負知己者！范、尹二家，亦可為鑒，更思之。然能

---

[41] 韓愈為人撰寫墓誌，獲利甚豐，門客劉义譏其「諛墓」，奪金而去。見《新唐書》卷176〈劉义傳〉。

[42] 參見李逸安點校《歐陽修全集》（北京：中華書局，2001）卷148〈書簡〉「與劉侍讀（原父）十二（嘉祐四年）」，頁2422。

[43] 《歐陽修全集》卷148〈書簡〉「與劉侍讀（原父）十六（嘉祐五年）」，頁2424。

[44] 《歐陽修全集》卷70〈居士外集‧書〉「與杜訢論祁公墓誌書（嘉祐二年）」，頁1020。

有意於傳久，則須紀大而略小，此可與通識之士語，足下必深曉此。[45]

歐陽修稱自己「文字簡略，止記大節」，這一點可以看出，他深到韓愈影響。歐陽修又說此舉「恐難滿孝子意」，這是因為碑誌內容與家屬的期待不符之故。歐陽修更以自己所撰范仲淹神道碑與尹洙墓誌為例，表示家屬期許發揚死者的功績，作家則需兼顧寫作理念，因此「朋友、門生、故吏，與孝子用心常異」，道出家屬與作家認知有差的現實狀況。

范仲淹神道碑與尹洙墓誌，是歐陽修碑誌撰寫生涯中的兩大事件。[46]先論時間較早的尹洙墓誌事件。尹洙病重之際，范仲淹於探病時徵得尹洙同意，由韓琦、歐陽修撰寫碑誌，而韓琦又提議由孫甫撰寫行狀。行狀完成之後，慶曆七年（1047）韓琦致范仲淹書表示對行狀的內容不甚滿意：

> 某又嘗接師魯言，以為天下相知之深者，無如之翰（孫甫）。則於紀述之際，宜如何哉？今所誤書，若不先由之翰刊正，遂寄永叔（歐陽修）。彼果能斥其說，皆以實書之，則行狀與墓銘二文相戾，不獨惑於今世，且惑後世，是豈公許死者之意果可不朽邪？之翰果盡相知之誠不負良友邪？[47]

孫甫以身為死者好友而接下書寫行狀之大任，但是韓琦以為其行狀內容若不能使人信服，與墓銘內容有所牴觸的話，就失去傳於後世的意義，因此要求孫甫先修改行狀之後，再送歐陽修撰寫墓誌（以下簡稱「歐誌」）。書信的後半段提到了行狀的問題：

45　《歐陽修全集》，頁1020。

46　《歐陽修全集》卷21〈居士集‧碑銘〉「資政殿學士戶部侍郎文正范公神道碑銘」，頁332~336；卷28〈居士集‧墓誌〉「尹師魯墓誌銘」，頁432~434。

47　李之英、徐正英箋注《安陽集編年箋注》（成都：巴蜀書社，2000）卷37〈書啟〉「與文正范公論師魯行狀書（慶曆七年）」，頁1111~1113。

師魯有經濟之才，生不得盡所蘊，謫非其罪而死，又為平生相知者所誣，以惡書之，是必不瞑於地下矣！實善人之重不幸也！且前賢行狀，必求故人故吏為之者，不徒詳其家世、事跡而已，亦欲掩疵揚善，以安孝子之心，況無假於掩而反誣之乎？夫生則賣有以買直，死則加惡以避黨，此固庸人之不忍為，豈之翰之心哉！但恐不知其詳耳。然不知其詳而輕書之，以貽今世，後世之惑，使師魯不瞑於地下，為交友者，不得無過。[48]

尹洙為屬下誣告貪汙，於貶謫途中得病過世。韓琦要求孫甫於行狀中詳細書寫事件經過，以告慰死者在天之靈。韓氏並且明白指出行狀之所以委託「故人故吏」寫作，不只是為求詳細交待「家世、事跡」而已，也要「掩疵揚善，以安孝子之心」，更何況死者為人誣告貶官，身為死者友人，行狀作者更應該詳細說明，以使後世之人清楚明白。

　　不過，在墓誌完成之後，卻發生尹洙家屬不滿歐誌內容簡略的事件。為此事件，歐陽修特地寫了「論尹師魯墓誌」一文，為自己辯護。他說尹洙最值得稱述之處在於「文學、議論、材能」三樣，因此他從這三方面為其撰寫墓誌。又說尹洙撰文「文簡而意深」，因此「師魯（尹洙字）之誌用意特深而簡」。[49]范仲淹在給韓琦的信中也提及此事：

近永叔（歐陽修）寄到師魯墓誌，詞意高妙，固可傳於來代。然後書事實處，亦恐不滿人意。請明公更指出，少脩之。永叔書意，不許人改也。然他人為之雖備，卻恐其文不傳於後。或有未盡事，請明公於墓表中書之，亦不遺其美。又不可太高，恐為人攻剝，則反有損師魯之名也。乞審之。[50]

---

[48] 前引《安陽集編年箋注》，頁1111~1113。

[49] 《歐陽修全集》卷72〈居士外集・雜題跋〉「論尹師魯墓誌（皇祐元年）」，頁1045~1047。

[50] 《范仲淹全集・范文正公尺牘》（成都：四川大學出版社，2002）卷中〈交遊〉「韓魏公」，頁675~676。

范仲淹肯定歐誌「詞意高妙」,但又說「恐不能滿人意」。之後請韓琦指正,「少
脩之」,卻又謂歐誌「不許人改也」。最後才是請韓琦在撰寫墓表時,務必詳細
交待死者的事跡,以補墓誌不備之處。可見范仲淹既要委婉傳達家屬意見,又
要尊重作家寫作理念,務求碑誌圓滿完成。事實上,在尹洙碑誌的撰寫過程中,
范仲淹奔走尹家與碑誌作者之間,擔任居中協調的角色。

　　不同於歐陽修行文簡練的風格,韓琦強調撰寫碑誌務求詳盡。尹洙事件後,
至和元年(1054)歐陽修給韓琦的信中,稱讚他所撰寫之墓表(以下簡稱「韓
表」)內容詳盡:

> 師魯及其兄子漸,皆以今年十二月葬。某昨為他作墓誌,事有不備。知
> 公為作表甚詳,使其不泯於後,大幸大幸。[51]

尹洙死於慶曆七(1047)年,歐誌寫成於次年,而韓表卻遲至至和元(1054)
年始成。韓表載尹洙妻張氏「後公七年而亡」,「至和元年十二月□日,沂(尹
洙子)、材(尹洙兄源之子)舉公、夫人之喪,葬於緱氏縣某鄉之某原」。[52]同
一年,歐陽修為尹洙兄尹源撰寫墓誌(尹源死於慶曆五年),內載「至和元年十
有二月十三日,其子材葬君于河南府壽安縣甘泉鄉龍潤里」。[53]所以說,尹洙妻
張氏過世的這一年,尹氏子孫將張氏與尹洙合葬,另外也改葬尹源於河南。韓
琦與歐陽修接受家屬囑託分別寫成尹洙墓表與尹源墓誌。而由歐陽修為尹源撰
寫墓誌一事看來,歐陽修與尹家並未因為尹洙墓誌事件導致關係惡化。

　　歐陽修的「簡略」與韓琦的「詳盡」,分別代表了當代墓誌寫作的兩種風格。
以尹洙經歷中的四件重要大事——「首次貶官」、「西北經略挫折」、「水洛修城
異議」、「公使錢貸部將」為例,對照歐誌、韓表與正史的原文,就可以發現其
書寫方式各有特色。(詳見附表)歐誌行文簡潔,清楚易懂,但是韓誌敘述詳實,
使後人得以瞭解事件始末。如「首次貶官」一事,范仲淹與宰相呂夷簡不合遭

51　《歐陽修全集》卷144〈書簡〉「與韓忠獻王(稚圭)十七(至和元年)」,頁2338~2339。

52　《安陽集編年箋注》卷47〈墓誌〉「故崇信軍節度副使檢校尚書工部員外郎尹公墓表」,頁1446~1462。

53　《歐陽修全集》卷30〈居士集·墓誌〉「太常博士尹君墓誌銘」,頁451~453。

貶，尹洙上書願同貶謫。歐誌只說尹洙上書，願與范仲淹同受貶官之罰。而韓表則告訴我們，同受貶官之罰的，除了尹洙之外，還有余靖與歐陽修兩人。又如「西北經略挫折」一事，尹洙任西北經略判官時，因邊將兵敗為夏竦所劾。歐誌只簡單地說好水川兵敗，但韓表敘述部將任福被殺來由，此部分正可與正史互補長短。「水洛修城異議」與「公使錢貸部將」亦有類似情況，尹洙以水洛修城之事，與守將意見不合，導致日後為人所訟，最後以公使錢私貸部將一事，再度遭遇貶謫的際遇。相對於歐誌的簡潔敘述，韓表則是描述詳盡，使後人得知事件的來龍去脈。

至於范仲淹神道碑事件，又是另一種情況。范仲淹碑誌的撰寫過程，也是歷經多方會商，才得以定案。首先由孫沔撰寫行狀，完成後送交歐陽修。皇祐四年（1052）歐陽修寫信促請孫沔早日完成行狀：

> 某平生孤拙，荷范公知獎最深，適此哀迷，別無展力，將此文字，是其職業，當勉力為之。更須諸公共力商搉，須要穩當。承公許作行狀，甚善。便將請諡、議官文書，有司據以為議，大是一重公據，請早揮筆。[54]

可知不但碑誌依行狀所述而作，官方追贈死者諡號、官位也依據行狀而來，所以行狀需於死者亡後盡速完成，作為碑誌寫作、官方贈諡追官的依據。又文中提及「更須諸公共力商搉，須要穩當」，可見行狀、碑誌寫作其實需要多方會商，方得定稿。歐陽修完成范仲淹神道碑之後，又將碑文送請韓琦過目，表示其慎重之意，務求內容完備無誤，說明瞭碑誌撰寫的過程繁複。

儘管多方會商，延宕了「十五個月」才完成的神道碑，最後還是免不了為家屬擅自修改。劉子健指出這個事件其實關係到當年范仲淹和呂夷簡的政爭，不但家屬不滿意歐陽修對范呂政爭的描述手法，連幫范仲淹寫墓誌的富弼也批評他。對此，歐陽修自我辯解，說自己是以持平之心寫作，還說富弼所撰墓誌「嫉惡之心勝」。劉氏解釋「歐陽行文，喜歡簡練。他以為這樣簡單寫法，含蓄

---

[54] 《歐陽修全集》卷 145〈書簡〉「與孫威敏公（元通）二（皇祐四年）」，頁 2362。

很多。『如此下筆』思慮兩年的結果。希望面面俱到,『上不損朝廷事體,下不
避怨仇側目』」[55]

上述二事件起因於歐陽修「著重大節,文字簡短」的寫作風格,反映了家
屬對碑誌的高度期待。家屬要求作家於碑誌中詳述死者事跡,是因為碑誌不僅
是為了使死者流芳後世,也為死者家屬帶來了現世的榮耀。前引劉靜貞〈北宋
前期墓誌書寫活動初探〉一文指出,「唐宋以降,墓誌寫成以後,除了誌石被藏
埋墓中,誌文往往被收入文集,或直接描摩鈔刻以廣流傳。這種墓誌撰述活動
走向公開化的發展,一方面導引出曾鞏等人所言,墓誌無論『納於廟』,還是『存
於墓』,『一也』的思考方向。而其另一個影響,則是生者在墓誌銘文中的份量
也有了變化」。[56]而死者家屬在墓誌比重大幅度增加,劉氏認為這「突顯了墓主
只是在表面上佔據了墓誌書寫的中心;事實上,墓誌書寫真正要去滿足的,乃
是活著的人的關心」。[57]

歐陽修墓誌寫作遭遇的兩個挫折,不代表他的「簡略」風不受歡迎,因為
這只是他撰寫的百餘篇墓誌中的兩篇罷了。曾鞏尚言「非畜道德而能文章者無
以為也」,也就是說墓誌一定要找道德高尚,文筆亦佳者來撰寫。[58]當然這是他
寫給歐陽修答謝他為其祖父撰寫碑銘的書信,不無恭維之意,但是也顯示歐陽
修為當代人所重之事實。「簡略」風與「詳盡」風的並存,代表了北宋墓誌寫作
的多元發展。

六、結語——從傳記角度看唐宋墓誌寫作

從西晉開始出現墓誌以後,墓誌所展現的是追慕死者的特質。但是西晉的
墓誌並無固定書寫格式。南北朝以後,墓誌的書寫格式才有了定型化的傾向。

---

55 劉子健,《歐陽修的治學與從政》(臺北:新文豐出版,1984補正再版)下編〈歐陽修與北宋中期官
   僚政治的糾紛〉,頁150~153。

56 見前引劉靜貞〈北宋前期墓誌書寫活動初探〉,頁74。

57 前引劉靜貞〈北宋前期墓誌書寫活動初探〉,頁76~77。

58 陳杏珍、晁繼周點校,《曾鞏集》(北京:中華書局,1984)卷16〈書〉「寄歐陽舍人書」,頁253~254。

而從西晉至唐中期為止的墓誌，基本上是用當代流行的駢體文所書寫的。由於駢體文強調典故與修辭的走向，讀者難以由墓誌當中得知誌主的具體言行。

至唐代中後期，隨著古文運動的興起，墓誌的文體起了變化。隨著駢體文色彩的淡薄，墓誌更能具體地描寫誌主的事跡。而唐代後期也能見到許多近親者為死去的親人所寫的墓誌。藉著近親者感性的筆調，更能傳達其對死者的無限追思。

到了北宋，可以發現墓誌又經歷了一次變化。北宋的墓誌完全拋開駢體文的束縛。因此可以說，唐代中後期墓誌已經慢慢地跳脫前期的駢文風格，演變為半韻文半散文的文體，至北宋中期以後，徹底轉為散文風格。

此外，北宋的墓誌加強敘述誌主的事跡，尤其是詳細敘述誌主地方官政績的作法，使得墓誌的內容看起來，與行狀、傳等傳統傳記資料並無太大的不同。唯一的差別在於前面的「題」與後面的「銘」而已。墓誌最主要的部分——「序」，其所表現的方式，相當接近行狀、傳等傳統傳記資料。比起前代墓誌，北宋墓誌顯然具備了傳記的特徵。

歐陽修的墓誌寫作經驗則是提供了一些訊息，一方面得知古文運動落實於墓誌寫作的深厚程度。另一方面，反映出墓誌作家與死者家屬的認知差距。宋以後印刷術發達，文集出版興盛。墓誌不但榮耀死者，也造福家屬，因而家屬對於墓誌內容有著高度的期待。委託名人撰寫墓誌蔚為風氣，家屬也干預作家寫作。墓誌在這樣的環境之下，發展出「簡略」與「詳盡」這兩種寫作風格，各有其特色。

綜合以上所述，可以說北宋墓誌的發展，實際上已經成為傳記體材的一種。只是墓誌與正史傳記，終究無法混為一談，原因在於寫作目的之差異性。墓誌目的為榮耀死者，代表家族的立場。隱惡揚善，在所難免。不過，以墓誌來補充正史之不足，為家族史研究提供一手史料，以此而言，墓誌仍可說是一種有意義的史料。

附表　尹洙墓誌、墓表、傳之比較

尹洙重要經歷	歐陽修〈尹師魯墓誌銘〉	韓琦〈故崇信軍節度副使檢校尚書工部員外郎尹公墓表〉	《宋史》卷295〈尹洙傳〉
一、首次貶官	天章閣待制范公貶饒州，諫官、御史不肯言；師魯上書，言仲淹之師友，願得俱貶。貶監郢州酒稅。	時文正范公治開封府，每奏事見上，論時政，指丞相過失，貶知饒州。余公安道上疏論救，坐以朋黨，貶監筠州酒稅。公慨然上書曰：「臣以仲淹忠諒有素，義兼師友，以靖比臣，臣當從坐。」貶崇信軍節度掌書記，監郢州商稅。歐陽公永叔移書讓諫官不言，又貶夷陵令。當是時，天下稱為四賢。	會范仲淹貶，敕牓朝堂，戒百官為朋黨。洙上奏曰：「仲淹忠亮有素，臣與之義兼師友，則是仲淹之黨也。今仲淹以朋黨被罪，臣不可苟免。」宰相怒，落校勘，復為掌書記、監唐州酒稅。
二、西北經略挫折	趙元昊反，陝西用兵，大將葛懷敏奏起為經略判官。師魯雖用懷敏辟，而尤為經略使韓公所深知。其後諸將敗於好水，韓公降知秦州，師魯亦徙通判濠州。	趙元昊反，康定元年春，寇延州。大將劉平逆戰陷虜，天子乃命文莊夏公都部署陝西之兵，開府永興軍，以經略招討之，予與范公為之副，公為判官。未幾，上遣翰林學士晁公宗愨、入內都知王守忠督出兵攻賊。合府議，奏曰：「今將興兵，尚未習練。願謹邊防，期以歲月平之。」使還，而賊復寇鎮戎軍，部將劉繼宗禦之，為賊所敗。詔下切責，俾以進兵月日來上。府中復議曰：「將在軍，雖得以自便，然攻守大計，當稟算於朝廷。」乃畫攻守二策。余與公詣闕奏之，唯上所擇。詔取攻策，已	趙元昊反，大將葛懷敏辟為經略判官。洙雖用懷敏辟，尤為韓琦所深知。頃之，劉平、石元孫戰敗，朝廷以夏竦為經略、安撫使，范仲淹、韓琦副之，復以洙為判官。洙數上疏論兵，請便殿召對二府大臣議邊事，及講求開寶以前用兵故實，特出睿斷，以重邊計。又請減併柵壘，召募土兵，省騎軍，增步卒。又上鬻爵令。時詔問攻守之計，竦具二策，令琦與洙詣闕奏之。帝取攻策，以洙為集賢校理。洙遂趨延州謀出兵，而仲淹持不可。還至慶州，會任福敗于好水川，因發慶州部將劉政銳卒數千，趨

		而難之。事方寢，賊復遣人以書叩延州偽請和，而大舉兵寇涇原之山外，弒部署任福。公時在慶州，得涇原求援書，即移文慶帥，率其部將劉政銳兵數千人便道走鎮戎。未至，賊引去。夏公奏公為專，徙通判濠州。	鎮戎軍赴救，未至，賊引去。夏竦奏洙擅發兵，降通判濠州。當時言者謂福之敗，由參軍耿傅督戰太急。後得傅書，乃戒福使持重，毋輕進。洙以傅文史，無軍責而死於行陣，又為時所誣，遂作憫忠、辨誣二篇。
三、水洛修城異議	遷知涇州，又知渭州兼涇原路經略部署。坐城水洛與邊臣異議，徙知晉州。	遷知涇州，徙渭州，兼管勾涇原路經略部署司事。涇原乘葛帥懷敏覆軍之後，傷夷殘缺，千矬百漏。公夙夜撫葺，一道以完。時宣徽使鄭公為陝西四路帥，主靜邊寨主劉滬議，遣其屬官著作佐郎董士廉與滬于章州堡南入諸羌中，開道二百里，修水洛城，以通秦之援兵。公曰：「賊數犯塞，必開兵一道。五路帥之戰兵，不登二萬人，而當賊昊舉國之眾，吾兵所以屢為賊困者。由黃石河路來援，雖遠水洛路二日，而援師安然以濟。今無故奪諸羌田二百里，列堡屯師，坐耗芻糧不勝計，以冀秦援一二日之速，則吾兵愈分而邊用不給矣！」乃奏罷之便，詔從之。會鄭以府罷，改知永興軍，乃署前帥牒，飭滬等督役如初，二人者遂不奉詔，興作不已。公遣人召滬者再，不至，乃命瓦亭寨主張忠代滬。滬復不受代。部署狄公於是親至德順	改太常丞、知涇州。以右司諫、知渭州兼領涇原路經略公事。會鄭戩為陝西四路都總管，遣劉滬、董士廉城水洛，以通秦、渭援兵。洙以為前此屢困於賊者，正由城砦多而兵勢分也。今又益城，不可，奏罷之。時戩已解四路，而奏滬等督役如故。洙不平，遣人再召滬，不至；命張忠往代之，又不受。於是諭狄青械滬、士廉下吏。戩論奏不已，卒徙洙慶州而城水洛。又徙晉州。

		軍，攝滬、士廉下獄，差官按問。而鄭比奏本道沮滬等功，朝廷卒薄滬等罪，徙公慶州，而城水洛焉。會慶帥孫公請終任，改知晉州。	
四、公使錢貸部將	初，師魯在渭州，將吏有違其節度者，欲按軍法斬之而不果。其後吏至京師，上書訟師魯以公使錢貸部將，貶崇信軍節度副使，徙監均州酒稅。	士廉者即詣闕上書，以水洛事訟公，且誣公在渭有盜贓，制使承風指，按驗百端，不能得一毫以汙公。有部將孫用者，出於軍校，嘗自京取民息錢，至官，貧不能償，公與狄公惜其材，乃分假公使俾償其民，而月取其俸償於官。逮按問，而錢先已輸官矣。坐此，貶公崇信軍節度副使，徙監均州酒稅。	會士廉詣闕上書訟洙，詔遣御史劉湜就鞫，不得他罪。而洙以部將孫用由軍校補邊，自京師貸息錢到官，亡以償。洙惜其才可用，恐以犯法罷去，嘗假公使錢為償之，又以為嘗自貸，坐貶崇信軍節度副使，天下莫不以為湜文致之也。徙監均州酒稅。

後記：本文乃據 2003 年「宋代墓誌史料的文本分析與實證運用研討會」之宣讀論文〈唐宋墓誌的書寫方式比較──從哀悼文學到傳記文學〉，修改內容，擴大篇幅而成。

日本古碑所見律令制初期的家族關係
——以山上‧金井澤碑為例兼論與唐制關係

嚴茹蕙[*]

一、前言

　　比較唐日法令規範，可知中國的親屬關係，基本上是以家父長為中心，重視父方家族血統。至唐的武則天時期，延長了為母服喪的時間，意在提升母親地位，使母親在家庭中具有與父親相當的尊崇地位，可謂創舉。[1]同時期的日本尚在律令制初期，屬母系社會，[2]母親的血緣和家庭中的主婦地位本是較唐為尊崇，但在模傲了唐的法令之後，社會結構開始朝向父系社會過渡，女性的法律地位逐漸降低。

　　日本現存實物中，足以佐證七、八世紀時母親地位崇高的金石類文獻，是位在今天日本群馬縣，古代上野國的山上碑和金井澤碑。碑刻文獻均以漢字撰成，山上碑內容為紀念雙親，金井澤碑的記事中，除基於佛、儒兩教觀念為父母祈福之外，並強調是以母系、主婦家族血緣為中心結為「知識」。碑

---

[*] 北京理工大學珠海學院民商法律學院助理教授

[1] 參見高明士，《中國中古禮律綜論——法文化的定型》第五章〈唐代禮律規範下的婦女地位——以武則天時期為例〉（臺北：元照出版社，2014），頁137-161。

[2] 例如戰前日本學者高群逸枝作品《母系制の研究》（收入氏著，《高橋逸枝全集》第1卷，東京，理論社，1991）探討日本古代母系社會的成因及樣態，批判後世父系社會，在日本家族史研究中，可謂母系社會說之始。近年明石一紀在《日本古代の親族構造》（東京：吉川弘文館，1990）中認為，當時的家庭是「以母親與未婚子女，以及夫」為主要成員，和後世的家父長制家族結構相異。另在義江明子專著《日本古代女性史論》（東京：吉川弘文館，2007）則認為當時的家庭主要結構是「母子+夫」。

文中除反映出律令制初期日本地方豪族的家族關係與宗教信仰、受亞洲大陸及朝鮮半島文化影響的一面，也顯示了當時日本地方社會中，重視的親屬範圍、血緣關係，與現存法制文獻中所見的家族結構重心有所不同。兩碑均歷史悠久，若再加上撰成時間相近（約西元 711 年），碑文主旨不同，但亦豎立於附近的多胡碑，則三者合稱為「上野三碑」，除於 1954 年全數受到日本政府指定為特別史蹟，並已於 2017 年由聯合國教科文組織登錄，列入「世界記憶」名單。[3]

關涉唐日古代禮令、家族制度相關專著專論，列舉不盡，蔚為大觀。在法制層面，直接說明復原唐令（尤其天一閣藏明抄本北宋《天聖令》）與此主題相關條文者，除《天聖令校證》內所收唐令復原研究[4]之外，並可參考高明士主編《天聖令譯注》[5]內容。日本令方面，除傳世文獻《令義解》、《令集解》外，尚可舉今人所編《律令》[6]為例。比較中日家族制度專著作品，如李卓《中日家族制度比較研究》，論及中日家族的歷史及制度層面、唐五服制和日本五等親制比較，[7]拙作《唐日文化交流探索——人物、禮俗、法制作為視角》[8]的三章二節及五章三節亦有所論及，但在討論日本古代家族制度時均未運用金石資料。著力於討論日本律令制中親屬制度的專書，近年具代表性者，可舉明石一紀《日本古代親族構造》[9]中所輯諸文，義江明子作品《日本古代女性史論》[10]針對八世紀日本各階層女性在家庭及社會中的地位進行詳盡探討。關於近年禮令研究，拙文〈唐日文化、人物及禮令交流研究述評〉[11]已介紹概況，

3　世界記憶計畫，詳情可見 https://twh.boch.gov.tw/world-memory/about.aspx（世界記憶），查閱日期：2019.05.31。

4　參見天一閣博物館、中國社會科學院歷史研究所天聖令整理課題組校證，《天一閣藏明鈔本天聖令校證附唐令復原研究》下冊，北京：中華書局，2006。

5　高明士主編，《天聖令譯注·喪葬令喪葬年月附》（臺北：元照出版社，2017），頁 611-694。

6　（日）井上光貞等校注，《律令》，東京：岩波書店，1976。

7　李卓，《中日家族制度比較研究》（北京：人民出版社，2004），頁 89-98。

8　拙作，《唐日文化交流探索——人物、禮俗、法制作為視角》，臺北：元華文創，2019。

9　（日）明石一紀，《日本古代の親族構造》，東京：吉川弘文館，1990。

10　（日）義江明子，《日本古代女性史論》，東京：吉川弘文館，2007。

11　拙稿，〈唐日文化、人物及禮令交流研究述評〉，收入《中國唐代學會會刊》21 期（臺北：中國唐代學會，2015.12），頁 135-186。修改增補後收入拙作，《唐日文化交流探索——人物、禮俗、法制作為

為省篇幅，必要時再於行文中簡介較相關論著。

在華文世界中，與山上碑、金井澤碑相關先行研究方面，清人透過朝鮮通信使得到上野三碑拓本，針對上野三碑書法碑刻價值，一度曾有熱心的研究考索，拜根興撰有〈清代學者對日本古代金石文的探索〉[12]說明此事。近年因上野三碑獲列世界記憶遺產，論其在東亞史上乃至世界金石文獻中的價值者不乏其人，[13]亦有日本學者透過細密的分析史料及碑石形制、石料選擇等，論證出上野三碑深受六世紀朝鮮半島歸化人（今所謂「渡來人」）傳入文化的影響。[14]已集結成論文集者，如《東國石文古代史》[15]。針對碑文內容反映儒家孝道及祭祖思想、東亞宗教關係進行考論的專書，可舉《東亞古代金石文研究》為例。[16]日本方面對於上野三碑的考古、研究史，參考文獻，尤其是關於多胡碑，可參考「無屋頂博物館（屋根のない博物館）」網站於 2018 年六月所整理網頁「多胡碑・上野国三碑関連資料集」[17]。中日前賢論上野三碑，從東亞交流史、金石考據學、朝鮮碑刻文化、宗教思想、書法藝術、政治結構等面向著眼，但筆者以為在切入面向上仍有可開拓空間。

由於一時力有未逮，拙稿先整理山上、金井澤二古碑現存文字內容，進行介紹。後續為免重複前賢成果，擬藉由現存碑刻文獻與日本法令相較，兼與唐制相較，從禮法制度的觀點來凸顯日本律令制初期，社會實際結構與律令規範制度之間的落差，亦即與唐的家族結構重心結構迥異之處，並提出個人看法。

視角・序論》，頁 1-70。

[12] 拜根興，〈清代學者對日本古代金石文的探索〉，《地域文化研究》2018.01，頁 85-94。

[13] 如研討會論文集：《上野三碑日中韓国際シンポジウム記録集：ユネスコ「世界の記憶」登録記念》，日本前橋：上野三碑世界記憶遺產登錄推進協議会，2018。

[14] 諸如（日）田淵保夫〈書道史上からみた「上野三碑」〉（《立正大学文学部論叢》，1983）、東野治之《日本古代金石文の研究》第九章〈上野三碑〉（東京：岩波書店，2004）、（日）前澤和之《古代東国の石碑》（東京：山川出版社，2008）等著作，亦可參見拜根興，〈清代學者對日本古代金石文的探索〉說明，頁 85、91、92。

[15] （日）平野邦雄監修，あたらしい古代史の会編，《東国石文の古代史》，東京：吉川弘文館，1999。

[16] （日）門田誠一，《東アジア古代金石文研究》，京都：法藏館，2016。

[17] 詳見 http://yanenonaihakubutukan.net/tagohi.html（多胡碑・上野国三碑関連資料集），查閱日期：2019.07.31。

二、唐日法令中對家族結構的規範概說

　　五服制是遠從周代以來即存在的規範,以喪禮時的穿著來表現與亡者的親屬關係遠近,質料及做工差者為重服,細緻者為輕服,前者近而後者遠,再加上服喪的時間依與亡者關係的親疏遠近不同,有著時期長短之分,故可據以計算親等制度。[18]由於古禮未必適合今用,在中國中古時期,會依社會現實需要,對守喪時間及服制適當做調整增減,即所謂「變禮」,[19]其原理原則和規範,除見於唐朝傳世禮典諸如《大唐開元禮》及政書《通典》、《唐會要》外,現存唐代法律所規範的服飾、服敘及守喪時間,亦即家族結構規範,尚可以參考《天聖‧喪葬令》附令第1至9條,以及《天聖‧假寧令》宋6條。[20]這是因為古代禮法合一,用法律保障禮的施行之故。其中《天聖‧假寧令》宋6條是回歸《大唐開元禮》時期的服敘,反映由初唐至北宋,女性在家內地位的改變,[21]用已規範的親屬範圍,給予官員遇親屬喪事的服喪時間,血緣越親近者,服喪時間越長,但仍顯示朝廷所重視的親屬關係,是側重於父系親屬的血緣,至於唐宋之際,服制中如何看待外家尊親地位,有待深入探討。

　　在日本令中,是以雙軌制規範了服紀與親等,分別見於《養老‧儀制令》「五等親」條,[22]與《養老‧喪葬令》「服紀」條。[23]然而,此規範是吸收唐制

---

[18] 參見前引李卓,《中日家族制度比較研究》,頁89,及拙作《唐日文化交流探索——人物、禮俗、法制作為視角》三章二節〈日本喪服制與唐代禮令〉,頁186-197對日本服制的說明。

[19] 參見吳麗娛,《唐禮摭遺——中古書儀研究》(北京:商務印書館,2002)13章〈喪服制度Ⅱ〉,頁481-494內容。

[20] 《天聖‧假寧令》宋6條是用已規範的親屬範圍,給予官員遇親屬喪事的服喪時間,越親近者越長,所以它可以說明朝廷所重視的親屬關係。內容為:「諸喪,斬哀(衰)三年、齊衰三年者,並解官。齊哀(衰)杖朞及為人後者為其父母,若庶人(子)為後為其母,亦解官,申其心喪。母出及嫁,為父後者雖不服,亦申心喪。〔註云:皆為生已(己)者。〕其嫡、繼、慈、養,若改嫁或歸宗經三年以上斷絕,及父為長子、夫為妻,並不解官,假同齊哀(衰)朞。」文本參見天一閣博物館、中國社會科學院歷史研究所天聖令整理課題組校證,《天一閣藏明鈔本天聖令校證附唐令復原研究》下冊(北京:中華書局,2006),頁322。追溯現存史料,其典據至少可上溯至《大唐開元禮》卷三〈雜制〉所記載內容。

[21] 參見張文昌,〈服制、親屬與國家〉,收入臺師大歷史系、中國法制史學會、唐律研讀會主編,《新史料‧新觀點‧新視角——天聖令論集》(下)(臺北:元照出版公司,2011),頁225。

[22] 《養老‧儀制令》中「五等親」條,其令文為:「凡五等親者,父母、養父母、夫、子,為一等。祖

而來，並非日本本土產物，因和日本社會原本的家族結構重心不同，故在制定時就加以取捨簡化，[24]規範不盡時，於日後的新法令中補充。由是令人好奇，七世紀初期以前，日本社會長時期從朝鮮半島輾轉吸收大陸文化，至七世紀末八世紀初，在唐令甫進入日本施行初期，以天皇為中心的貴族政權尚未能深入地方末端，[25]新繼受的中國服制規範及禮俗，對日本地方社會及家族結構影響如何？藉近世發現的山上碑及金井澤碑，或可窺知一斑。

三、日本古碑中所見家族團體概觀

（一）山上碑

山上碑原始位置不明，自明治時代以來，已置於現地點超過一世紀，原豎立地點，據學者考證，當亦距現址不遠，[26]即日本的高崎市山名町。

父母、嫡母、繼母、伯叔父姑、兄弟、姊妹、夫之父母、妻、妾、姪、孫、子婦，為二等。曾祖父母、伯叔婦、夫姪、從父兄弟姊妹、異父兄弟姊妹、夫之祖父母、夫之伯叔姑、姪婦、繼父同居、夫前妻妾子，為三等。高祖父母、從祖祖父母、從祖伯叔父姑、夫兄弟姊妹、兄弟妻妾、再從兄弟姊妹、外祖父母、舅姨、兄弟孫、從父兄弟子、外甥、曾孫、孫婦、妻妾前夫子，為四等。妻妾父母、姑子、舅子、姨子、玄孫、外孫、女智（按，婿），為五等。」參見（日）黑板勝美、國史大系編修會編，《新訂增補國史大系》冊22《令義解》卷6（東京：吉川弘文館，1974），頁211-212。

23 《養老‧喪葬令》「服紀」條置於《喪葬令》末做為附則，內容為：「凡服紀者，為君、父母、及夫、本主一年。祖父母、養父母，五月。曾祖父母、外祖父母、伯叔姑、妻、兄弟姊妹、夫之父母、嫡子，三月。高祖父母、舅姨、嫡母、繼母、繼父同居、異父兄弟姊妹、眾子、嫡孫，一月。眾孫。從父兄弟姊妹、兄弟子，七日。」同前引（日）黑板勝美、國史大系編修會編，《新訂增補國史大系》冊22《令義解》卷6，頁295。

24 參見（日）明石一紀，〈大宝律令と親等法──服紀条・五等親条の意義〉，收入氏著《日本古代の親族構造》（東京：吉川弘文館，1990），頁98-134之說明。

25 說見（日）古瀬奈津子，《遣唐使の見た中国》（東京：吉川弘文館，2003），頁47。

26 （日）筱川賢，〈山上碑を読む──「佐野三家」を中心として──〉，收入前引（日）平野邦雄監修，あたらしい古代史の会編，《東国石文の古代史》，頁54。

圖1：上野三碑今日位置圖(取自 Google map)　　　　圖2：山上碑拓本[27]

　　首先看山上碑的碑文內容。

> 辛己(巳)歲集月三日記
> 佐野三家定賜健守命孫黑賣刀自此
> 新川臣兒斯多多弥足尼孫大兒臣娶生兒
> 長利僧母為記定文也　　放光寺僧[28]

據解讀，此辛巳歲當為日本天武天皇十年(681)或聖武天皇天平十三年(741)，
通說以為是前者，事涉日本律令制推行程度，以及唐本身制度的更定，是否
影響及於日本。此外，書寫方式雖是以漢字寫作，實際順序是依日文語順，

27　圖片取自 http://np-schools.com/news/3850，並見於 https://ja.wikipedia.org/wiki/%E4%B8%8A%E9%
87%8E%E4%B8%89%E7%A2%91#/media/%E3%83%95%E3%82%A1%E3%82%A4%E3%83%AB:Ya
manoue_stele.jpg (Yamanoue stele - 上野三碑 - Wikipedia)。

28　由於拙稿寫作目的並非針對碑刻本身形制及碑刻文字做考證，山上、金井澤二碑釋文，原則上採用前
引（日）平野邦雄監修，あたらしい古代史の会編，《東国石文の古代史》中〈古代東国石文釈文〉
公刊內容（頁300「一、山上碑」，頁302「三、金井沢碑」）。如日後出現更有力釋文，自當修正。

還原為漢語語順，即「長利僧為母記定文也」。[29]

　　另對內容略做說明。第一行記寫作時間，「集月」者，此為孤例，未知實際月分。通說以為日語「集」發音與「十」幾乎相同，當為 681 年 10 月。[30]第二行以下，所謂「三家」（漢字亦有寫作「屯倉」、「屯家」、「官家」者），是日本於六世紀後半至七世紀間行政制度中的專有名詞，能受當時的大和政權指派於某地創設屯倉者，常為當地有力豪族，或由中央派遣至地方的技術擁有者，後者可能為從三韓而來的歸化人。[31]其分布地區可參考圖示。

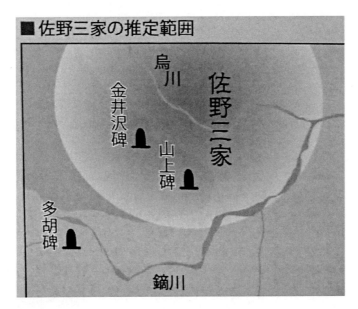

圖 3：佐野三家推定範圍[32]

[29] 學者以為此內容是仿效新羅「壬申誓記石」的文體。按，日語文句結構順序與韓語略同，而與漢語不同。持此說者，如（日）三上喜孝，〈金石文─上野三碑を中心に〉，收入佐藤信、小口雅史編，《古代史料を讀む》（上）（東京：同成社，2018）頁 294-295、（日）熊倉浩靖，〈上野三碑と韓国石碑文化──日本と新羅はなぜ統一国家建設に成功しえたのかの一側面──〉，《群馬県立女子大学紀要》39(2018)，頁 3-4。

[30] 同前引（日）三上喜孝，〈金石文─上野三碑を中心に〉，頁 295。

[31] 詳可參見（日）八代国治等編，《國史大辭典》「三宅」（みやけ）條（東京：吉川弘文館，1929），頁 2245-2246，並見 http://dl.ndl.go.jp/info:ndljp/pid/1172046，查閱（日）期：2019.06.02。

[32] 圖片取自日本高崎市教育委員會文化財保護課編，〈上野三碑〉（介紹折頁），2017.09。

　　後續內容為姓名及碑文中家族人物（刀自為女性尊稱，足尼為男性尊稱）。其中值得注意者，名字中有「兒」字者，反映出當事人為繼承家族宗子地位，意即長利僧平等的記載了父母雙方家族系譜，但偏重於父系家族。[33]據此可解讀出文中人物關係，繪出系譜如圖4。（放光寺僧表明長利僧所屬寺院，不視為單一人物）

圖4：山上碑家系

如此，山上碑碑文中記載了自長利僧起，上遡父母雙方至少三代尊親的家系。

（二）金井澤碑

　　金井澤碑，距山上碑不遠，現址同在高崎市山名町。其碑文為

[1]上野国群馬郡下贊鄉高田里
[2]三家子□為七世父母現在父母
[3]現在侍家刀自他田君目頬刀自又兒加
[4]那刀自孫物部君午足次駆(=蹄)刀自次乙駆
[5]刀自合六口又知識所結人三家毛人
[6]次知万呂鍛師礒マ君身麻呂合三口
[7]如是知識結而天地請願仕奉
[8]石文
[9]神亀三年(726)丙寅二月廿九日

圖5：金井澤碑拓本[34]

33　同前引（日）三上喜孝，〈金石文—上野三碑を中心に〉，頁296-297。

34　圖片取自 http://np-schools.com/news/3866，並見 https://ja.wikipedia.org/wiki/%E4%B8%8A%E9%87%

據以上碑文，可獲得如下資訊：[1]段為碑文作者住所。[2]段揭示碑文作者（姓名不明，所屬家族及姓氏亦未有定說，暫稱之為「某」）及贈予對象。[3]~[6]段是贊同作者並參與行動的人物，以及這些人的人際關係。[7]段說明碑文寫作目的，[8]段說明或確認碑文材質，最後[9]段說明碑文寫定的年月日。[35]文字內容尚令人想起中國北朝時期的造像記，[36]而使得金井澤碑具備資格成為佐證東亞歷史、文化交流及傳布結果的世界記憶遺產。

解讀此段碑文的關鍵在於[2]段的「三家子□」，它究竟是一個人的姓名，還是說明一群人的屬性？作者的姓氏到底為何？歷來有諸多不同解讀。[37]參考過去日本學者所考訂的系譜，可舉例如下：

8E%E4%B8%89%E7%A2%91#/media/%E3%83%95%E3%82%A1%E3%82%A4%E3%83%AB:Kanaizawa_stele.jpg。

[35] 並參見前引（日）熊倉浩靖，〈上野三碑と韓国石碑文化——日本と新羅はなぜ統一国家建設に成功しえたのかの一側面——〉，頁6。

[36] 相關事例與分析可參考侯旭東《北朝村民的生活世界—朝廷、州縣與村里》（北京：商務印書館，2005），頁251-264「從造像活動看村民生活」一節。

[37] 參見（日）勝浦令子，〈金井沢碑を読む〉「『子』の字を冠する男性人名」及註30說明一節，七世紀末至八世紀間，有代表姓人名諸如「子老」「子首」「子蟲」，甚至「子孫」也可能是人名。見氏著《日本古代僧尼と社会》（東京：吉川弘文館，2000），頁396-397。

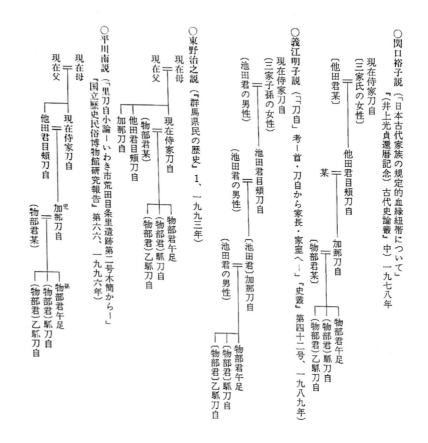

圖 6：關於碑文系譜諸說示例[38]

拙稿旨趣並非欲對碑文解讀內容提出新說，僅就碑中所見親屬關係討論。碑
文作者「某」，為紀念岳母或太岳母，與家族子孫或同宗族成員起誓結為「知
識」，並刻石銘記。參考以上所舉諸系譜，可看出女性，尤其是妻子與母親地
位崇高，遠勝過山上碑。此現象亦與中國傳統注重以父系家族為中心迥異。

　　由於山上碑與金井澤碑地點接近，故可能是同一豪族於前後時期所立紀
念碑，亦即兩碑的立碑者之間可能屬於同一宗族。在山上碑中，是均等的提

38　圖片引自日本国立歷史民俗博物館編，《古代の碑—石に刻まれたメッセージ—》(千葉：日本国立歷
史民俗博物館，1997)，頁 31。

及父母雙方的血緣，而稍偏重父方，但在金井澤碑中，則明顯可看出是以女婿為發起人，為紀念妻方家族尊親而組成團體——「知識」，由此可以藉團體力量及族中有力女性的名號或聲望，進而在地方進行社會公益如造橋鋪路、傳布佛教教義及儒家的孝道思想，進行活動。人類心懷孺慕親情，進而設法加以紀念，此固然是天性，但從日本在不同時期繼受唐令，並由國家之力推動施行的事實思考，從 681 年 10 月山上碑文寫定，到 726 年 3 月金井澤碑碑文寫定，恰好也是日本從飛鳥時代進入律令國家的時期。兩碑中的女性在碑文中呈現的地位，除了可說明在八世紀初期，日本地方社會女性地位崇高之外，亦可能是《大寶令》吸收《永徽令》等唐初禮法，其中又反映武則天時期女性禮法地位提升的結果，並且旁證唐文化向外傳播至東亞的實況。

四、餘論：家庭成員性別與結構重心的關係？

唐令中，偏向以男性直系血緣為家族主要結構重心，日本令則因應社會風土民情修改唐制，使家庭核心成員——夫婦，男女雙方較為平等。[39]但在山上碑與金井澤碑的碑文中，則看到在八世紀初期，女性地位崇高的實例，亦即在法律中，中國的家庭結構重心是取決於父系血緣，但日本在採用中國的法令以前，可能本是母系社會，而正在向父系或雙系社會過渡，故地方的金石碑刻史料裡留有女性在家族中地位遠較男性崇高的實例。即使有政府力量推動法律施行，不一定能立即改變社會風氣及習俗偏好。筆者受益於恩師高明士教授長年來的教誨與啟發，嘗試對兼具家庭結構及社會法制層面的日本古代金石史料——山上碑、金井澤碑進行探究。唯囿於日本文獻資料取得不易，寫作時間有限，僅能先就唐令向日本傳布後，日本推行令制初期的家族結構提出些許看法，未盡之處，盼日後有機會做更深入探討。

---

[39] 說見前引拙作，《唐日文化交流探索——人物、禮俗、法制作為視角》三章二節〈日本喪服制與唐代禮令〉頁 186-197。

　　附記：筆者因緣幸會，大學畢業後，先在母校擔任高師專任助理，後續更承蒙首肯，得入師門成為門生，經研究所階段乃至步入杏壇，其間受關照提攜之多，如江海不可斗斛，對恩師敬仰感激之情，言語難以道盡。欣逢高師嵩壽，借文末一隅，誠摯祝願恩師福壽綿長，每日健朗愉悅。

人物思想篇

朱子學的核心價值及其 21 世紀新意義

黃俊傑[*]

一、引言

在東亞儒學史上，孔子（551-479BCE）與朱子（晦庵，1130-1200）雙峰並峙，各自融舊鑄新、開宗立範，並遙相呼應，引領思潮，開創新局，「前聖後聖，其揆一也」。[1]朱子進《四書》而退《五經》，並對《四書》施以章句集注，開啟中國歷史進入「近世」之先聲，[2]並融貫漢注唐疏與北宋諸老先生精義，建立一個嶄新的以「理」為中心的思想世界，對 14 世紀以後東亞思想界影響深遠。[3]善夫錢穆（賓四，1895-1990）先生之言也：「自有朱子，而後孔子以下之儒學，乃重獲新生機，發揮新精神，直迄於今日。〔……〕蓋自有朱子而儒學益臻光昌。自有朱子，而儒學幾成獨尊。」[4]在朱子的思想世界中，朱子繼程頤（伊川，1033-1107）之後賦「理一分殊」說以新義；朱子對「仁」學的新詮釋，激起日韓儒者巨大之迴響，開啟東亞儒家仁學傳統之新境界；朱子對「公共」精神之強調，則在東亞儒者中更獨具慧眼，別樹一幟。朱子學所開啟之新

---

[*] 臺灣大學特聘講座教授；歐洲研究院院士。

[1] 《孟子・離婁下・1》，見〔宋〕朱熹：《孟子集注》，收入《四書章句集注》（北京：中華書局，1983 年），卷 8，頁 289。

[2] 〔日〕宇野精一：〈五經から四書へ：經學史覺書〉，《東洋の文化と社會》第 1 輯（京都，1952 年），頁 1-14。

[3] Wing-tsit Chan (陳榮捷), "Chu Hsi's Completion of Neo-Confucianism," in *Études Song in Memoriam Étienne Balazs*, Editées par Françoise Aubin, Serie II, #I (Paris: Mouton & Co., and École Practique de Haute Études, 1973), pp. 60-90。

[4] 錢穆：《朱子新學案（一）》，收入《錢賓四全集》（臺北：聯經出版事業公司，1998 年），第 11 冊，頁 2-3。

典範，在 21 世紀具有深刻的啟示與當代之價值。

本文主旨在於論證朱子學中「理一分殊」、「仁」與「公共」等三項核心價值，在 21 世紀「全球化」與「反全球化」潮流激盪的新時代中之新意義，全文論述從下列兩大問題依序展開：

(一) 21 世紀世局主要問題何在？

(二) 從 21 世紀觀點來看，朱子學的核心價值理念何在？對新時代有何新啟示？

二、當前世局的根本問題：「全球化」與「反全球化」的激盪

首先，我們宏觀 21 世紀的世界局勢。人類進入 21 世紀以後，國際秩序從單極邁向多極結構，權力關係重組，世局劇變，輿圖換稿，但我想指出的是：當前世局之所以風狂雨驟的根本原因，在於「全球化」與「反全球化」兩大潮流的激烈震盪。

所謂「全球化」趨勢，雖然有學者追溯到哥倫布（Cristoforo Colombo，1450-1506）開啟的大航海時代，但是「全球化」之成為近代世界史的主流，實開始於 19 世紀的工業革命。誠如青年馬克思（Karl Marx，1818-1883）與恩格斯（Friedrich Engels，1820-1895）在《共產黨宣言》中所說：「資產階級，由於開拓了世界市場，使一切國家的生產和消費都成為世界性的了。〔……〕古老的民族工業被消滅了〔……〕」，[5] 19 世紀開始快速發展的工業化使世界成為一個巨大市場，開啟了全球化的潮流。20 世紀下半葉，隨著通訊科技之突飛猛進，「全球化」趨勢迅猛發展，國家之間的藩籬逐漸消融，全球化造成了德國學者貝克（Ulrich Beck，1944-2015）所說的「解疆域化」的效果，[6] 世界各地區與各國之間的相互連結性（interconnectedness）[7] 與日俱增，產業、資訊、

---

5 馬克思、恩格斯：〈共產黨宣言〉，收入《馬克思恩格斯選集》（北京：人民出版社，1972 年），第 1 卷，引文見頁 254。

6 貝克著，孫治本譯：《全球化危機》（臺北：臺灣商務印書館，1999 年），〈中文版序〉，頁 4。

7 Anthony Gidden, *Beyond Left and Right: The Future of Radical Politics* (Cambridge: Polity Press, 1994), pp. 4-5.

投資以及個人愈來愈快速地自由流動,使管理學家大前研一(Kenichi Ohmae,1943-)所說的「無國界的世界」[8]的新時代逐漸形成。19 世紀以來的「民族國家」(nation state)在「解疆域化」過程中逐漸走向終結,區域經濟(regional economy)已經隱然形成,[9]歐盟(EU)的形成與發展,可以具體說明 20 世紀下半葉「全球化」的主流趨勢。

但是,在「全球化」快速發展的同時,也埋下了「反全球化」的種子。英國管理學家羅格曼(Alan Rugman,1945-2014)就宣稱,所謂企業的「全球策略」其實只是一個神話,真正重要的是區域市場,因為全球 80 %的外國直接投資,以及超過一半的世界貿易活動,都是在區域經濟的範圍內進行,各國之間嚴格的政府法規以及巨大的文化差異,使全世界的經濟活動形成北美、歐洲與日本等三大區塊,他稱為「三極」(triad)。羅格曼強調:所謂「全球化」的驅動力,其實是來自於全球前 500 家大企業的執行長(CEO)。[10]管理學大師彼得杜拉克(Peter Drucker,1909-2005)也曾指出,在「全球化」時代裡「國家」(state)的力量仍不可忽視,各國的中央銀行仍主掌貨幣政策,主導著國際間的貿易活動。[11]

不論「全球化」本質上是不是一個「神話」,「全球化」所造成的許多負面效應已經非常嚴重,尤其是在國際間以及各國國內,M 型社會都加速發展,全球財富集中在北美、歐洲和部分亞洲國家,各國國內貧富鴻溝之現象也日益加深。「全球化」所造成的種種負面效應,遂激起了「反全球化」的滔天巨浪。2017 年在德國漢堡舉行的 20 大工業國(G20)高峰會,就吸引了十萬名反全球化群眾的抗議。在政治上的「反全球化」最具代表意義的事件有二,首先是 2016年 1 月川普(Donald Trump,1946 -)當選美國總統,並在就任後宣佈美國退出

---

[8] 〔日〕大前研一,黃柏祺譯:《無國界的世界》(臺北:聯經出版事業公司,1993 年)。

[9] 參考:Kenichi Ohmae, *The End of the Nation State: The Rise of Regional Economies* (New York: Mckinsey & Company, Inc., 1995),中譯本,李宛容譯:《民族國家的終結:區域經濟的興起》(臺北:立緒文化事業公司,1990 年)。

[10] Alan Rugman, *The End of Globalization: Why Global Strategy Is a Myth & How to Profit from the Realities of Regional Markets* (New York: Amacom, 2001)。

[11] Peter F. Drucker, "The Global Economy and the Nation State," *Foreign Affairs*, Vol. 76, No. 5 (September/October, 1997), pp. 159-171。

「跨太平洋夥伴協議」（TPP）、聯合國國際教科文組織（UNESCO）、聯合國人權委員會、巴黎氣候協定，與加拿大、墨西哥重新談判「北美自由貿易區聯盟」（NAFTA），最近並對中國產品以加稅為手段展開中美貿易戰，對各國影響深遠。其次是 2016 年 6 月 23 日英國經由公民投票，參與投票民眾的 51.9％選擇退出歐盟。在 21 世紀「反全球化」的新浪潮之中，各國的經貿保護主義捲土重來，政治唯我論（political solipsism）再度興起，各國民族主義也甚囂塵上，而與「全球化」潮流相激相盪。

三、朱子學的核心價值及其新啟示

朱子學博大精深，顯微無間，在東亞儒學史上，影響深遠。在朱子龐大的思想體系中，對 21 世紀「全球化」與「反全球化」潮流的激盪最具有時代相關性與啟示意義的，至少有以下三大核心價值理念：

（一）「理一分殊」說

第一是朱子所提出的「理一分殊」理論。朱子主張「天下事雖千頭萬緒，其實只一箇道理，『理一分殊』之謂也」，[12]「理一」與「分殊」之關係乃相即而不相離，我過去的研究曾指出：「在朱子學的『理一分殊』論中，『理一』與『分殊』並不相離，『理一』融滲於『分殊』之中。換言之，只有從具體而特殊的『事』之中，才能觀察並抽離出抽象而普遍的「理」。也就是說，『共相』存在於『殊相』之中。」[13]「理一」與「分殊」在理論上可以區分，但是在實際運作中卻是不斷為兩橛，「理一」通貫於「分殊」之中，又在「分殊」之中才能體現「理一」。

朱子的「理一分殊」說在 21 世紀之所以取得新意義，主要原因在於「全球化」與「反全球化」兩大潮流的激盪，涉及「一」與「多」的互動與爭衡，迫

---

[12] 〔宋〕黎靖德編：《朱子語類》，卷 136，「謨錄」，收入《朱子全書》（上海與合肥：上海古籍出版社與安徽教育出版社，2002 年），第 18 冊，頁 4222。

[13] 黃俊傑：〈全球化時代朱子「理一分殊」說的新意義與新挑戰〉，收入拙著：《儒家思想與中國歷史思維》（臺北：臺大出版中心，2014 年），引文見頁 297。

切需要從朱子「理一分殊」的智慧中汲取新的靈感，在諸多不同宗教與文化的
碰撞之中，求同存異，在「分殊」之中求其「理一」。在中國古代思想史中，
「同」的重要性特受重視，孟子（372?-289?BCE）稱讚舜「善與人同」，[14]並
告訴齊宣王（350?-301?BCE）田獵場應「與民同之」。[15]洎乎漢末儒學衰微，
新道家興起，「異」的價值才受到重視。[16]但是，在 21 世紀中國文化與域外文
化接觸互動時，如何在「異」中求「同」，才更是值得深思的問題。正是在求
「同」存「異」這個問題上，朱子的「理一分殊」說特別具有當代的新啟示。

　　朱子的「理一分殊」說建立在的「理」「氣」不離不雜的哲學基礎之上。
既受程頤與張載（橫渠，1020-1077）的啟發，又與佛教華嚴哲學有其淵源關係。[17]
抽象的「理」既存乎具體的各別現象或存在（「氣」）之中，又超越於其上。
朱子的學說對「全球化」與「反全球化」激盪的新時代具有極為重要的啟示。

　　但是朱子「理一分殊」說的「理」的性格卻值得進一步分析。我過去的研
究曾歸納朱子思想中的「理」的特質有五：（1）「理」（或「道」）是一元的；
（2）「理」可以在林林總總的具體歷史事實之中以不同方式呈現出來；（3）
「理」是超越時間和空間的存在，它是永不滅絕的；（4）「理」的延續或發展，
有待於聖賢的心的覺醒與倡導；（5）歷史中之「理」具有雙重性格，「理」既

---

[14] 《孟子·公孫醜上·8》：「孟子曰：「子路，人告之以有過則喜。禹聞善言則拜。大舜有大焉，善與人同。舍己從人，樂取於人以為善。[……]」，見〔宋〕朱熹：《孟子集注》，收入《四書章句集注》，頁 239。

[15] 《孟子·梁惠王下·2》：「[……]文王之囿方七十裡，芻蕘者往焉，雉兔者往焉，與民同之。民以為小，不亦宜乎？[……]」見〔宋〕朱熹：《孟子集注》，收入《四書章句集注》，頁 214。

[16] 參看 Ying-shih Yü, "Individualism and the Neo-Taoist Movement in Wei-chin China," in his *Chinese History and Culture* (New York: Columbia University Press, 2016), vol. 1, pp. 134-165.中譯本：李彤譯：〈魏晉時期的個人主義和新道家運動〉，收入余英時著，程嫩生、羅群等譯：《人文與理性的中國》（臺北：聯經出版公司，2008 年），頁 23-58。

[17] 陳榮捷先生已指出此一事實，見陳榮捷著，楊儒賓等譯：《中國哲學文獻選編》（臺北：巨流圖書公司，1993 年），下冊，頁 753。《華嚴經》云：「譬如淨滿月，普現一切水」，見〔唐〕實叉難陀譯：《大方廣佛華嚴經》卷 23，第 24 品，收入《大藏經刊行會編：《大正新脩大藏經》（臺北：新文豐出版公司，1983 年），第 10 冊，頁 122；《華嚴經疏》的「大海十相」之喻（見〔唐〕澄觀撰：《華嚴經疏》卷 44，收入《大正新脩大藏經》，第 35 冊，頁 833），《大集經》的「大海印」之喻（見〔北涼〕天竺三藏曇無讖譯：《大方等大集經》卷 15，收入《大正新脩大藏經》第 13 冊，頁 106），均可視為「理一分殊」思想之淵源。

是規律又是規範，既是「所以然」，又是「所當然」。[18]具有這種特質的「理」既存在於聖人的心中，又可以如朱子所說「流出來」[19]「仁」、「義」、「禮」、「智」、「信」等行為。那麼，這種意義下的「理」是否具有某種「獨斷論」（dogmatism）的色彩，而難以因應多元文化並存的 21 世紀之新挑戰呢？

　　上述質疑引領我們進入朱子「理一分殊」說之思想史背景。西元第 10 世紀以後，最早提出「理一分殊」說這個思想內涵的是北宋大儒程頤。伊川在與學生楊時（龜山，1053-1135）討論張載的《西銘》一文時，提出「理一而分殊」的說法，他說：[20]

> 《西銘》明理一而分殊，墨氏則二本而無分。分殊之蔽，私勝而失仁；無分之罪，兼愛而無義。分立而推理一，以止私勝之流，仁之方也。無別而迷兼愛，至於無父之極，義之賊也。子比而同之，過矣。且謂言體而不及用，彼欲使人推而行之，本為用也，反謂不及，不亦異乎？

楊時由此而卻除在此之前他對《西銘》「言體而不及用」[21]的懷疑，從而肯定「天下之物理一而分殊。知其理一，所以為仁；知其分殊，所以為義。」[22]

　　朱子也是從對張載《西銘》的解釋出發，而提出「理一分殊」說，朱子說：[23]

> 《西銘》一篇，始末皆是「理一分殊」。以乾為父，坤為母，便是理一而分殊；「予茲藐焉，混然中處」，便是分殊而理一。「天地之塞吾其體，天地之帥吾其性」，分殊而理一；「民吾同胞，物吾與也」，理一而分殊。逐句推之，莫不皆然。某於篇末亦嘗發此意。

18　黃俊傑：《儒家思想與中國歷史思維》，頁 202。

19　〔宋〕黎靖德編：《朱子語類》，卷 98，「義剛錄」，收入《朱子全書》，第 17 冊，頁 3321。

20　〔宋〕程頤：〈答楊時論西銘書〉，收入《二程集》（北京：中華書局，1981 年），第 2 冊，頁 609。

21　〔宋〕楊時：〈寄伊川先生〉，收入《楊龜山全集》（臺北：學生書局，1974 年），第 2 冊，卷 16，頁 740-742，引文見頁 742。

22　〔宋〕楊時：〈答胡康侯其一〉，收入《楊龜山先生集》，第 3 冊，卷 20，頁 855-858，引文見頁 857。

23　〔宋〕黎靖德編：《朱子語類》，卷 98，「張子之書」，收入《朱子全書》，第 17 冊，總頁 3316。

在《西銘解》之末，朱子進一步提出他自己的解釋說：[24]

> 天地之間，理一而已。然「乾道成男，坤道成女，二氣交感，化生萬物」，則其大小之分、親疏之等，至於十百千萬不能齊也。不有聖賢者出，孰能合其異而會其同哉！《西銘》之作，意蓋如此。程子以為明理一而分殊，可謂一言以蔽之矣。蓋以乾為父，以坤為母，有生之類，無物不然，所謂「理一」也。而人、物之生，血脈之屬，各親其親，各子其子，則其分亦安得而不殊哉！一統而萬殊，則雖天下一家、中國一人，而不流於兼愛之弊；萬殊而一貫，則雖親殊異情、貴賤異等，而不梏於為我之私。此《西銘》之大指也。

將朱子的解釋與程頤的解釋互作比較，我們就可以發現：程頤對《西銘》的解釋，主要是以君臣父子之倫理為中心，朱子雖然也循著程頤的倫理學思路，但更將「理一分殊」提昇到形上學之層次，《朱子語類》有這一條對話：[25]

> 問理與氣。曰：「伊川說得好，曰：『理一分殊。』合天地萬物而言，只是一箇理；及在人，則又各自有一箇理。」夔孫

經過這種「形上學的翻轉」之後，朱子將每個人所具有的「殊別之理」等同於天地萬物的「共同之理」，因此而將宋儒所追求的「大我之尋證」（錢穆先生語）[26]提升到一個新的高度。

但是，我們在這裡不免滋生疑問：朱子從《西銘》所開展的「理一分殊」新說，從程頤的倫理學層次提升到形上學的高度，是否潛藏著以「理一」宰製

---

[24] 〔宋〕朱熹：《西銘解》，收入《朱子全書》，第 13 冊，頁 139-150，引文見頁 145。

[25] 〔宋〕黎靖德編：《朱子語類》，卷 1，「理氣上」，收入《朱子全書》，第 14 冊，引文見頁 114。陳榮捷先生已指出朱子的「理一分殊」說之形上學內涵，參考 Wing-tsit Chan, "Patterns for Neo-Confucianism: Why Chu Hsi Differed from Ch'eng I," *Journal of Chinese Philosophy*, 5:2 (June, 1978), pp. 101-126. 本文中文版見：陳榮捷：〈新儒家範型：論程朱之異〉，收入氏著：《朱學論集》（臺北：臺灣學生書局，1982 年），頁 69-97。

[26] 錢穆：《國學概論》，收入《錢賓四先生全集》（臺北：聯經出版公司，1998 年），第 1 冊，頁 278。

「分殊」，使「一」成為「多」之上（the "one" over the "many"）的主宰力量呢？果如是，則朱子「理一分殊」說是否可能充分因應 21 世紀多元宗教與文化交流互動，所帶來的新挑戰呢？

　　以上的質疑固然持之有故，言之成理，但是，在朱子思想中「理一」實貫乎「分殊」之中，兩者乃是相即而不相離之關係，所以，朱子學中的「理一」並不會出現宰製性之性格。朱子在答郭仲晦書中這樣說：[27]

> 蓋乾之為父，坤之為母，所謂理一者也。然乾坤者，天下之父母也；父母者，一身之父母也，則其分不得而不殊矣。故以「民為同胞，物為吾與」者，自其天下之父母者言之，所謂理一者也；然謂之「民」，則非真以為吾之同胞，謂之「物」，則非真以為我之同類矣，此自其一身之父母者言之，所謂分殊者也。〔……〕其所謂理一者，貫乎分殊之中，而未始相離耳。

在朱子哲學裡，「理一」存在於「分殊」之中，而不是在「分殊」之上。這項事實既是宇宙萬物之所以然，又是人事之所當然。朱子說：[28]

> 天下之理，未嘗不一，而語其分，則未嘗不殊，此自然之勢也。蓋人生天地之間，稟天地之氣，其體即天地之體，其心即天地之心，以理而言，是豈有二物哉？〔……〕若以其分言之，則天之所為，固非人之所及，而人之所為，又有天地之所不及者，其事固不同也。

「理一」與「分殊」之間有其不可分割性，所以朱子解釋孔子「吾道一以貫之」一語時就說：「蓋至誠無息者，道之體也，萬殊之所以一本也；萬物各得其所

---

27 〔宋〕朱熹：〈與郭沖晦二〉，《朱子文集》（臺北：德富文教基金會，2000 年），第 4 冊，卷 37，頁 1517-1518。關於朱子《西銘》解釋中所見的「理一」與「分殊」的關係的討論，參看〔日〕市川安司：〈朱晦庵の理一分殊解〉，收入氏著：《朱子哲學論考》（東京：汲古書院，1985 年），頁 69-86，尤其是頁 73-79。

28 〔宋〕朱熹：《中庸或問》，收入《朱子全書》，第 6 冊，頁 595-596。

者，道之用也，一本之所以萬殊也。」[29]朱子在此運用「體」「用」這一組概念，以「體」「用」之不可分，喻「理一」與「分殊」之互滲。[30]朱門高第陳淳（北溪，1159-1223）說：「理一所以包貫乎分殊，分殊只是理一中之差等處，非在理一之外也」，[31]最能說明朱子雖重「理一」但不遺「分殊」之思想內涵；而且，「理一」存在於「分殊」之中，而「分殊」也不是「在理一之外」。

從朱子「理一分殊」說中「理一」與「分殊」之互相滲透關係出發，我們可以說：朱子的「理一分殊」說，完全可以因應 21 世紀諸多不同宗教與文明互動新時代的新挑戰，朱子所強調的「理一」並不會成為壓制異文化的「殊別之理」的意識型態工具，因為在朱子學的思想體系之中，「理一」正如「太極」，正是存在於「兩儀」、「四象」、「八卦」之中，朱子說：「太極便是一，到得生兩儀時，這太極便在兩儀中；生四象時，這太極便在四象中；生八卦時，這太極便在八卦中。」[32] 這段話將「理一」存在於「分殊」之中的朱子學精神，完全顯露無遺。

朱子進一步指出他所謂的「理一」有其普遍性：「蓋萬物各具一理，而萬理同出一原，此所以可推而無不通也。」[33]那麼我們要問：「萬理同出一源」的「一源」何在呢？關於這一點，朝鮮儒者樸知誠（字仁之，號潛治，1573-1635）推衍朱子之意而指出「心即一本，理即萬殊也」，[34]主張「理一」之源頭在於人的「心」，因為「心」具有同然性。這樣理解下的「理一分殊」說，既強調

---

[29] 〔宋〕朱熹：《論語集注》，收入《四書章句集注》（北京：中華書局，1983 年），卷 2，頁 72。

[30] 陳榮捷先生曾說「理一」與「分殊」以及「體」與「用」是兩組最重要的「新儒學範型」，見氏著：《朱學論集》，頁 69-97。

[31] 〔宋〕陳淳：《北溪先生大全》卷 8，收入四川古籍整理研究所編：《宋集珍本叢刊》（北京：線裝書局：2004 年），第 70 冊，頁 48。參考：〔日〕市川安司：〈北溪字義に見える理一分殊の考え方〉，收入氏著：《朱子哲學論考》，頁 195-238，尤其是頁 230-234。

[32] 見〔宋〕黎靖德編：《朱子語類》，卷 27，「道夫錄」，收入《朱子全書》，第 15 冊，頁 967。關於朱子對周敦頤（1017-1073）《太極圖說》與《通書》的解釋，可以參考 Joseph A. Adler, *Reconstructing the Confucian Dao: Zhu Xi's Appropriation of Zhou Dunyi* (Albany: State University of New York Press, 2014)。

[33] 〔宋〕朱熹：《大學或問》下，收入《朱子全書》，第 6 冊，頁 525。

[34] 樸知誠：《劄錄－論語》，見氏著：《潛治集》，卷 10，收入《韓國經學資料集成》（首爾：成均館大學校大東文化研究院，1988 年），第 18 冊，論語一，頁 232-234。

人「心」的普同性，又指出「理一」存在於「分殊」之中，很可以為 21 世紀指出在諸多文明互動或衝突之中求同存異的新方向。陳來（1952-）曾呼籲：在全球化時代中，必須弘揚中國文化「和而不同」之精神，建立「多元普遍性」之概念。[35]朱子的「理一分殊」說，正是建立「多元普遍性」最重要的本土思想資源。

（二）「仁」說

朱子學中第 2 項具有 21 世紀新啟示的核心價值在於「仁」說。「仁」字乃儒門第一義，在《論語》58 章中共 105 見，但先秦孔門師生論「仁」均作為社會倫理言之，孔子答弟子問「仁」，或曰：「愛人」，[36]或曰：「己所不欲，勿施於人」，[37]或曰：「己欲立而立人，己欲達而達人」，[38]孟子亦云「仁者無不愛也」，[39]均與「仁」之古義為「愛人」[40]一脈相承。漢儒均承古義以「愛」言「仁」，董仲舒（約 179-104 BCE）「仁之法在愛人」[41]一語最為漢儒代表。[42]

朱子在儒家「仁」學詮釋史上之卓越貢獻，在於將「仁」從社會倫理學提升至形上學與宇宙論之層次，賦予人之存在以超越之意義。朱子撰寫《論語》與《孟子》集注，常將「仁」詮釋為「心之德，愛之理」，[43]在南宋孝宗乾道 9 年（1173 年）所撰〈仁說〉一文中，更宣示：「吾之所論，以『愛之理』而名

---

[35] 陳來：〈走向真正的世界文化：全球化時代的多元普遍性〉，《文史哲》總第 293 期（2006 年第 2 期），頁 133-139。

[36] 〔宋〕朱熹：《論語集注》，收入《四書章句集注》，卷 6，頁 139。

[37] 〔宋〕朱熹：《論語集注》，卷 6，頁 132。

[38] 〔宋〕朱熹：《論語集注》，卷 4，頁 92。

[39] 〔宋〕朱熹：《孟子集注》，卷 9，頁 305。

[40] 廖名春根據出土文獻，論證「仁」之古義為「愛人」，見廖名春：〈「仁」字探源〉，《中國學術》總第 8 輯（2001 年 4 月），頁 123-139。

[41] 〔清〕蘇輿著，鍾哲點校：《春秋繁露義證》（北京：中華書局，1992 年），卷 8，〈仁義法〉，頁 250。

[42] 關於早期中國儒家「仁」學之演變，參考 Wing-tsit Chan, "The Evolution of the Confucian Concept of Jen," *Philosophy East and West*, Vol. 4, No. 4 (Jan., 1955), pp. 295- 319.

[43] 例如《孟子集注・梁惠王上・1》之朱註，收入〔宋〕朱熹：《四書章句集注》，卷 1，頁 201；又如《論語集注・學而・2》之朱註，收入《四書章句集注》，卷 1，頁 48。

『仁』者也。」[44]誠如李明輝（1953-）所說，〈仁說〉一文列舉人「心」的四種秩序：「存有論的秩序（元、亨、利、貞）、宇宙論的秩序（春、夏、秋、冬）、存有－倫理學的（onto-ethical）秩序（仁、義、禮、智）、倫理－心理學的（ethico-psychological）秩序（愛、恭、宜、別）」，[45]並以「仁」通貫之。

在朱子的「仁」學新詮中，「仁」的涵義不再是先秦古義中的「愛人」，而躍昇成為「愛」之所以然之「理」。當代新儒家牟宗三（1909-1995）先生說：[46]

> 仁是愛之所以然理，而為心知之明之所靜攝（心靜理明）。常默識其超越之尊嚴，彼即足以引發心氣之凝聚向上，而使心氣能發為「溫然愛人利物之行」（理生氣）。久久如此，即可謂心氣漸漸攝具此理（當具），以為其自身之德（心之德，理轉成德）。

> 簡言之，即是：仁者，愛之所以然之理，而為心所當具之德也。

牟宗三先生進一步解釋朱子的「仁者，愛之理」的涵義是指「愛之存在的存在性」，[47]最能探驪得珠，切入朱子「仁」學之肯綮。

朱子「仁」說東傳日韓地區之後，引起極大迴響。朝鮮時代（1392-1910）儒者如鄭介清（1529-1590；中宗 24 年-宣祖 23 年）、[48]尹舜舉（1596-1668；宣祖 29 年-顯宗 9 年）、[49]柳致明（1777-1861；正祖元年-哲宗 12 元）、[50]徐聖

---

[44] 〔宋〕朱熹：〈仁說〉，收入《朱子文集》，卷 67，頁 3391。

[45] 李明輝：《四端與七情——關於道德情感的比較哲學探討》（臺北：臺大出版中心，2005 年），頁 88。Ming-huei Lee, *Confucianism: Its Root and Global Significance* (Honolulu: University of Hawaii Press, 2017), pp. 41-53.

[46] 牟宗三：《心體與性體》（臺北：正中書局，1968 年，1973 年），第 3 冊，頁 244。

[47] 牟宗三：《心體與性體》，第 3 冊，頁 244。

[48] 〔韓〕鄭介清：〈修道以仁說〉，收入民族文化推進會編：《韓國文集叢刊》第 40 集（首爾：民族文化推進會，1989 年），《愚得錄·釋義》，卷 2，頁 365b-365c。

[49] 〔韓〕尹舜舉：〈公最近仁說〉，收入民族文化推進會編：《韓國文集叢刊》第 100 集（首爾：民族文化推進會，1992 年），《童土集·雜著》，卷 5，頁 54a-55c。

[50] 〔韓〕柳致明：〈讀朱張兩先生仁說〉，收入民族文化推進會編：《韓國文集叢刊》第 297 集（首爾：民族文化推進會，2002 年），《定齋集·雜著》，卷 19，頁 404a-405b。

喬（1663-1735；顯宗 4 年-英祖 11 年）、[51]李野淳（1755-1831；英祖 31 年-純祖
31 年）、[52]李滉（1501-1570；燕山君 7 年-宣祖 3 年）[53]、金昌協（1651-1708；
孝宗 2-肅宗 34）[54]、李喜朝（1655-1724；孝宗 6-景宗 4）[55]、李縡（1680-1746；
肅宗 6-英祖 22）[56]、韓元震（1682-1751；肅宗 8-英祖 27）[57]、金樂行（1708-1766；
肅宗 34-英祖 42）[58]、李象靖（1711-1781；肅宗 37-正祖 5）[59]、金履安（1722-1791；
景宗 2-正祖 15）[60]、李震相（1818-1886；純祖 18-高宗 23）[61]、郭鍾錫（1846-1919；

[51] 〔韓〕徐聖喬：〈仁說圖〉，收入民族文化推進會編：《韓國文集叢刊》第 53 集（首爾：民族文化
推進會，2008 年），《訥軒集·雜著·學理圖說（下）》，卷 5，頁 542c-543d。

[52] 〔韓〕李野淳：〈仁說前圖〉，收入民族文化推進會編：《韓國文集叢刊》第 102 集（首爾：民族
文化推進會，2010 年），《廣瀨集·雜著》，卷 7，頁 571b。

[53] 〔韓〕李滉：〈答李叔獻〉，收入民族文化推進會編：《韓國文集叢刊》第 29 集（首爾：民族文化
推進會，1989 年），《退溪集·書》，卷 14，頁 379c-383a。

[54] 〔韓〕金昌協：〈與李同甫（丙戌）〉，收入《韓國文集叢刊》第 161 集（首爾：民族文化推進會，
1996 年），《農巖集·書》，卷 13，頁 558c-564a。

[55] 〔韓〕李喜朝：〈答金仲和（乙酉）〉，收入《韓國文集叢刊》第 170 集（首爾：民族文化推進會，
1996 年），《芝村集·書》，卷 8，頁 170a-173c。

[56] 〔韓〕李縡：〈答南宮道由（楗）問目（甲寅）〉，收入《韓國文集叢刊》第 194 集（首爾：民族
文化推進會，1997 年），《陶菴集·書（十）》，卷 18，頁 393a-394d。

[57] 〔韓〕韓元震：〈上師門（辛卯五月）〉，收入《韓國文集叢刊》第 201 集（首爾：民族文化推進
會，1998 年），《南塘集·書（師門稟目）》，卷 7，頁 174b-177b；韓元震：〈農巖四七知覺說辨〉，
收入《韓國文集叢刊》第 202 集（首爾：民族文化推進會，1998 年），《南塘集·雜著》，卷 6，
頁 435a-448b。

[58] 〔韓〕金樂行：〈答李景文〉，收入《韓國文集叢刊》第 222 集（首爾：民族文化推進會，1999 年），
《九思堂集》，卷 4，〈書〉，頁 343a-348d；金樂行：〈擬與李景文（丙戌）〉，收入《韓國文集
叢刊》第 222 集，《九思堂集》，卷 4，頁 350a-357c；金樂行：〈朱書愛之之理便是仁辨〉，收入
《韓國文集叢刊》第 222 集，《九思堂集》卷 3，〈雜著〉，頁 488a-489b。

[59] 〔韓〕李象靖：〈再答金退甫論朱書疑義〉，收入《韓國文集叢刊》第 226 集（首爾：民族文化推
進會，1999 年），《大山集》，卷 12，〈書〉，頁 255a-256c；李象靖：〈重答別紙〉，收入《韓
國文集叢刊》第 226 集，《大山集》，卷 12，頁 256c-266d；李象靖：〈與崔立夫（丁醜）〉，收入
《韓國文集叢刊》第 226 集，《大山集》卷 15，頁 303b-305a；〈答趙聖紹〉，收入《韓國文集叢刊》
第 227 集（首爾：民族文化推進會，1999 年），《大山集》，卷 28，〈書〉，頁 028b-031d。

[60] 〔韓〕金履安：〈答兪擎汝〉，收入《韓國文集叢刊》第 238 集（首爾：民族文化推進會，1999 年），
《三山齋集》，卷 5，〈書〉，頁 392b-393d。

[61] 〔韓〕李震相：〈答張仲謙別紙〉，收入《韓國文集叢刊》第 317 集（首爾：民族文化推進會，2003
年），《寒洲集》，卷 12，〈書〉，頁 287d-290c。

憲宗 12-日據時代)[62]、李顯益(1678-1717；肅宗 4-肅宗 43)[63]、楊應秀(1700-1767；肅宗 26-英祖 43)[64]、柳長源(1724-1796；景宗 4-正祖 20)[65]、金宗變(1743-1791；英祖 19-正祖 15)[66]、李仁行(1758-1833；英祖 34-純祖 33)[67]、柳栻(1755-1822；英祖 31-純祖 22)[68]、李秉遠 (1774-1840；英祖 50-憲宗 6)[69]等人，均撰文探討朱子的仁學論述，各家論述雖有不同，但祖述朱子仁學則無二致。德川時代的日本儒者如伊藤仁齋（維楨，1627-1705）、[70]豐島豐洲（1736-1814）、[71]賴杏坪（1756-1834）、[72]淺見炯齋（1652-1711）[73]、山崎闇齋（1619-1682）、[74]都

[62]　〔韓〕郭鍾錫：〈答金獻納（丁醜）〉，收入《韓國文集叢刊》第 340 集（首爾：民族文化推進會，2004 年），《俛宇集》，卷 15，〈書〉，頁 320d-321a；郭鍾錫：〈答姜士行（道熙○丙辰）〉，收入《韓國文集叢刊》第 343 集（首爾：民族文化推進會，2005 年），《俛宇集》，卷 120，〈書〉，頁 268d-269b。

[63]　〔韓〕李顯益：〈上遂菴先生（乙酉）〉，收入《韓國文集叢刊》第 60 集（首爾：民族文化推進會，2008 年），《正菴集》卷 3，〈書〉，頁 197a-199c；李顯益：〈上遂菴先生別紙〉，收入《韓國文集叢刊》第 60 集，《正菴集》，卷 3：〈書〉，頁 199d-203c。

[64]　〔韓〕楊應秀：〈知覺說〉，收入《韓國文集叢刊》第 77 集（首爾：民族文化推進會，2009 年），《白水集》，卷 6：〈說〉，頁 158c-160c；楊應秀：〈不仁故不智說〉，收入《韓國文集叢刊》第 77 集，《白水集》，卷 6：〈說〉，頁 160c-161d。

[65]　〔韓〕柳長源：〈答金道彥〉，收入《韓國文集叢刊》第 88 集（首爾：民族文化推進會，2009 年），《東巖集》卷 3，〈書〉，頁 213b-214b；柳長源：〈答金定之別紙〉，收入《韓國文集叢刊》第 88 集，《東巖集》卷 4，〈書〉，頁 230d-231c。

[66]　〔韓〕金宗變：〈讀朴南野甲乙錄箚疑〉，收入《韓國文集叢刊》第 99 集（首爾：民族文化推進會，2010 年），《濟庵集》卷 7，〈雜著〉，頁 230d-232c。

[67]　〔韓〕李仁行：〈與壺谷柳丈〉，收入《韓國文集叢刊》104 集，《新野集》卷 3：〈書〉，（首爾：民族文化推進會，2010 年），頁 470d-472d。

[68]　〔韓〕柳栻：〈上立齋先生〉，收入《韓國文集叢刊》第 103 集（首爾：民族文化推進會，2010 年），《近窩集》，卷 2，〈書〉，頁 438d-433d。

[69]　〔韓〕李秉遠：〈答姜擎廈（庚寅）〉，收入民族文化推進會編：《韓國文集叢刊》第 115 集（首爾：民族文化推進會，2011 年），《所菴集》，卷 5，〈書〉，頁 098a-099c。

[70]　〔日〕伊藤仁齋：〈仁說〉，《古學先生詩文集》，收入《近世儒家文集集成》（東京：株式會社ぺりかん社，1985 年），第 1 冊，卷 3，頁 60-61。

[71]　〔日〕豐島豐洲：〈仁說〉，收入關儀一郎編：《日本儒林叢書》（東京：鳳出版，1978 年），第 6 冊，頁 1-8。

[72]　〔日〕賴杏坪：《原古編》，收入井上哲次郎、蟹江義丸編：《日本倫理彙編》（八）（東京：育成會，1903 年），朱子學派の部，卷 3，〈仁說〉，頁 449-454。

[73]　〔日〕淺見絅齋：〈記仁說〉，收入《絅齋先生文集》，收入《近世儒家文集集成》（東京：ぺりかん社，1987 年），第 2 冊，卷 6。

撰有以〈仁說〉為題的論文。此外，伊藤東涯（名長胤，字原藏，1685-1780）、[75] 貝原益軒（名篤信，號損軒，1630-1714）、[76] 荻生徂徠（物茂卿，1666-1728）、[77] 久米訂斎（順利，1699-1784）、[78] 高半、[79] 大高阪芝山（1647-1713）、[80] 蟹維安（號養齋，1705-1778）、[81] 平瑜（平俞）、[82] 中井竹山（號積善，1730-1804）、[83] 上月專庵（信敬，1704-1752）、[84] 太宰春台（1680-1747）、[85] 海保漁村（1798-1866）、[86] 藪愨（藪孤山，1735-1802）、[87] 渡辺弘堂（1689-1760）、[88] 藤原惺窩（肅，斂夫，1561-1619）、[89] 山鹿素行（名高興、高祐，1622-1685）、[90] 雨森芳洲（名俊良，字伯陽，號芳洲，1668-1755）、[91] 中村惕齋（1629-1702）、[92] 佐藤一齋

[74] 〔日〕山崎闇齋：《仁說答問》，收入井上哲次郎、蟹江義丸編：《日本倫理彙編》（東京：育成會，1903 年），第 8 冊，頁 378-387。

[75] 〔日〕伊藤東涯：《閒居筆錄》，收入關儀一郎編：《日本儒林叢書·隨筆部第一》，第 1 冊。

[76] 〔日〕貝原篤信（貝原益軒）著·大野通明（大野北海）校：《大疑錄》，收入關儀一郎編：《日本儒林叢書·續編解說部第二》，第 6 冊，頁 29-30。

[77] 〔日〕荻生徂徠：《護園十筆》，收入關儀一郎編：《日本儒林叢書·續編隨筆部第一》，第 7 冊。

[78] 〔日〕久米訂斎：《晚年謾錄》，收入關儀一郎編：《日本儒林叢書·隨筆部第二》，第 2 冊。

[79] 〔日〕高半：《難徠学》，收入關儀一郎編：《日本儒林叢書·儒林雜纂》，第 14 冊。

[80] 〔日〕大高坂芝山：《南学遺訓》，收入關儀一郎編：《日本儒林叢書·史伝書簡部》，第 3 冊。

[81] 〔日〕蟹維安：《非徂徠学》，收入關儀一郎編：《日本儒林叢書·論弁部》，第 4 冊。

[82] 〔日〕平瑜（平俞）：《非物氏》，收入關儀一郎編：《日本儒林叢書·論弁部》，第 4 冊。

[83] 〔日〕中井竹山：《閒距余等》，收入關儀一郎編：《日本儒林叢書·論弁部》，第 4 冊。

[84] 〔日〕上月信敬：《徂徠学則弁》，收入關儀一郎編：《日本儒林叢書·論弁部》，第 4 冊。

[85] 〔日〕太宰春台著·稲垣白嵒·原尚賢校：《斥非》（付春台先生雜文九首），收入關儀一郎編：《日本儒林叢書·論弁部》，第 4 冊。

[86] 〔日〕海保漁村：《論語駁異》，收入關儀一郎編：《日本儒林叢書·儒林雜纂》，第 14 冊。

[87] 〔日〕藪愨：《崇孟（付読崇孟·崇孟解）》，收入關儀一郎編：《日本儒林叢書·論弁部》，第 4 冊。

[88] 〔日〕渡辺弘堂：《字義弁解》，收入關儀一郎編：《日本儒林叢書·儒林雜纂》，第 14 冊。

[89] 〔日〕藤原惺窩《惺窩先生文集抄錄》，收入井上哲次郎，蟹江義丸共編：《日本倫理彙編》（東京：育成會，1903 年），朱子学派之部，卷之 7，〈五事之難〉。

[90] 〔日〕山鹿素行：《山鹿語類》，收入井上哲次郎，蟹江義丸共編：《日本倫理彙編》（東京：育成會，1903 年），古學派之部，卷之 4，卷 37，〈聖學〉。

[91] 〔日〕雨森芳洲：《橘窓茶話》，收入井上哲次郎，蟹江義丸共編：《日本倫理彙編》（東京：育成會，1903 年），朱子學派之部，卷之 7，卷上。

（坦，大道，1772-1859）、[93]帆足萬裡（1778-1852）、[94]大塩中齋（平八郎，1794-1837）[95]等人在各自著作中，也對朱子「仁」學多所探討。我們如果將日韓儒者對朱子「仁」學之論述比而觀之，即可發現朝鮮儒者浸潤在朱子學思想巨流之中，登堂入室，深入朱子仁學的「詮釋之環」（Hermeneutical circle），至於行文通暢，文理密察，則猶其餘事也。相對於韓儒而言，日本儒者卻努力解消朱子「仁」學的形上學基礎，常以「氣一元論」批判朱子學的倫理學二元架構。日韓儒者對朱子「仁」學之討論意見，與 17 世紀以降日韓地區實學思想之昂揚頗有關係。[96]東亞各國儒者可以反對朱子，可以批判朱子，可以與朱子論諍，但卻不能跳過朱子所建立的「仁」學新典範。朱子「仁」學在日本與韓國的影響，至今餘波蕩漾，綿延不絕。[97]

那麼，朱子的「仁」學新說，在 21 世紀全球化時代具有何種新意義呢？21 世紀是一個不同文明互相碰撞的新時代，早在上世紀末美國政治學家杭亭頓（Samuel Huntington，1927-2008）就預言，21 世紀國與國之間的傳統戰爭會日趨減少，戰爭最容易爆發於文明與文明的斷層線上。[98]杭亭頓學說的創見在於

92　〔日〕中村惕齋：《講學筆記》，第 1 冊，收入井上哲次郎，蟹江義丸共編：《日本倫理彙編》（東京：育成會，1903 年），朱子學派之部，卷之 7。

93　〔日〕佐藤一齋：《言志晚錄》，收入國語漢文研究會編，簡野道明校閱：《言志四錄：新註》（東京：明治書院，1936 年）。

94　〔日〕帆足萬里：《入學新論》，收入五郎丸延，小野精一編：《帆足萬里全集》（日出：帆足記念図書館，1926 年），上卷，〈原教第一〉。

95　〔日〕大塩中齋：《洗心洞箚記》（東京：松山堂，1907 年），〈後自序〉，頁 3-4；大塩中斎：《儒門空虛聚語》，收入井上哲次郎，蟹江義丸共編：《日本倫理彙編》（東京：育成會，1903 年），陽明學派之部，卷之 3，附錄，〈答弟子學名學則〉。

96　我最近曾詳論朱子「仁」學在日韓之新發展，參看黃俊傑：《東亞儒家仁學史論》（臺北：臺大出版中心，2017 年），第 6、7 章，頁 299-350。

97　韓國成均館大學辛正根教授曾著二書，詳論儒家仁學，見신정근：《사람다움의 발견》（서울：이학사，2005）；신정근：《사람다움이란 무엇인가》（한국국학진흥원 교양총서 1）（파주：글항아리，2011）；日本土田健次郎教授主張以江戶儒家「仁」學，做為經歷大地震災難之後，回歸日本生活的精神資源，見〔日〕土田健次郎：《「日常」の回復―江戶儒学の「仁」の思想に学ぶ》（早稲田大学ブックレット〈「震災後」に考える〉）（東京：早稲田大學出版部，2012 年）。

98　Samuel Phillips Huntington, *The Clash of Civilization and the Remaking of World Order* (New York: Simon & Shuster, Inc., 1996)。

他指出「文化認同」（cultural identity）問題在 21 世紀國際政治中的重要性。當代國際關係著名學者如入江昭（Akira Iriye，1934-）[99]與平野健一郎（1937-），[100]也都強調國際關係中「文化認同」的重要性，但是，杭廷頓的論述仍不免帶有 19 世紀德國俾斯麥（Otto Eduard Leopold von Bismarck，1815-1898）以降，以「國家利益」為核心的「現實政治」（Realpolitik）的舊思維。正是在這一點上，儒家政治思想可以補當代政治學說之不足。[101]

自孔子以降，東亞各國儒家學者思考「自我」與「他者」之互動，以及「政治認同」與「文化認同」之抉擇問題時，均以「文化認同」為最居首出之地位。孔子早已說過「遠人不服，則修文德以來之，既來之，則安之。」[102]唐代魏徵（580-643）寫〈九成宮醴泉銘〉說唐太宗（598-649）「始以武功一海內，終以文德懷遠人」，[103]以文化價值理念作為「自」「他」互動之基礎，始終是東亞儒家文化圈知識分子的共同理想。所以，17 世紀日本古學派大儒伊藤仁齋（1627-1705）的長子伊藤東涯（1670-1736），聽到山崎闇齋（1619-1682）弟子轉述山崎先生所提出，如果中國攻打日本而以孔孟為大將及副將之問題時，笑曰：「子幸不以孔孟之攻我邦為念，予保其無之」；[104]當 18 世紀朝鮮大儒丁茶山（1762-1836）讀過日本儒者著作後，就寫信給兒子說不必擔心日本攻打朝鮮。[105]上述中日韓儒者對國際關係的看法，都是以「文化認同」作為基礎而提出的。

---

[99] Akira Iriye, *Cultural Internationalism and World Order* (Baltimore and London: Johns Hopkins University Press, 1997), pp. 177-185。

[100] 〔日〕平野建一郎：《國際文化論》（東京：東京大學出版會，2000 年），頁 189-200。

[101] 我以前曾對杭亭頓學說有所探討評論，見 Chun-chieh Huang, "A Confucian Critique of Samuel P. Huntington's Clash of Civilization," *East Asia: An International Quarterly*, Vol.16, No.1/2, spring/ summer 1997, pp. 146-156。

[102] 《論語·季氏·1》見〔宋〕朱熹：《論語集注》，收入《四書章句集注》，頁 170。

[103] 〔唐〕魏徵：〈九成宮醴泉銘〉，收入周紹良等編：《全唐文新編》（長春：吉林文史出版社，2000 年），第 3 冊，卷 141，頁 1603-1604。

[104] 〔日〕原念齋：《先哲叢談》（江戶：慶元堂、擁萬堂，1816〔文化 13〕年刊本），第 3 卷，頁 4-5。

[105] 〔韓〕丁若鏞：〈示二兒〉，收入《與猶堂全書》（首爾：民族文化文庫，2001 年），第 3 冊，〈集 1·詩文集〉，卷 21，頁 373；〔韓〕丁若鏞：〈日本論一〉，收入《與猶堂全書》，第 2 冊，〈集 1·詩文集〉，卷 12，頁 282-283。

在 21 世紀東亞傳統文化中，最具有理論潛力而可以成為人類共同接受的普世價值的，就是儒家的「仁」學。東亞儒家「仁」學特重人與人相與之際應有的行為準則（如「仁者，愛人」、「克己復禮為仁」）與倫理規範。用現代的語言來說，儒家「仁」學的核心價值在於強調「主體間性」（inter-subjectivity）的重要性。陳來最近撰書有心於綜攝自古至今之中國儒家「仁」學論述，摶成新仁學體系。[106]

但是，在 21 世紀多元主體並立而且互相衝突的新時代理，如果只講屬於現實生活層面的「愛人」，可能尚難以因應 21 世紀複雜的問題，因為不同文明可能有不同的「愛人」之具體方式或思維，因而衝突仍難以完全避免。在這一點上，朱子以「愛之理」言「仁」，就取得了新意義。朱子「仁」學的核心理念就是牟宗三先生所謂「愛之存在的存在性」，是「愛」之所以然的原理，它屬於本體界而不是現象界。如果 21 世紀各不同文明與社會，都接受作為形上原理的「愛之理」，然後因人因時因地而制宜，形成各自不同的「愛人」之具體方法，當可為 21 世紀帶來更大的和平。事實上，這項願景也與朱子學「理一分殊」的原則若合符節，並互相呼應。

（三）「公共」精神

朱子學中對 21 世紀具有新啟示的第 3 個核心價值是「公共」這個概念。我過去的研究曾說：孔孟都認為「公」乃「私」之擴大與延伸，荀子（約 298-238BCE）才明辨「公」「私」，朱子常以「天理之公」與「人欲之私」對舉，主張以前者克後者。[107]到了 17 世紀日本古文辭學派儒者荻生徂徠（物茂卿，1666-1728），更嚴格峻別「公」「私」之分際。[108]至於「公共」一詞首次出現於史書，則是在西漢文帝（在位於 179-157BCE）之時宰相張釋之對文帝曰：「法者，天子

---

[106] 陳來：《仁學本體論》（北京：生活・讀書・新知三聯書店，2014 年）。

[107] 參看黃俊傑：〈東亞近世儒者對「公」「私」領域分際的思考：從孟子與桃應的對話出發〉，收入拙著：《東亞儒學：經典與詮釋的辯證》（臺北：臺大出版中心，2007 年），頁 395-418；Chun-chieh Huang, *East Asian Confucianisms: Texts in Contexts* (Goettingen and Taipei: V&R unipress, National Taiwan University Press, 2015), chapter 3, pp. 57-80。

[108] 〔日〕荻生徂徠：《辨名》，收入井上哲次郎、蟹江義丸編：《日本倫理彙編》（東京：育成會，1901-1903 年），第 6 冊，古學派の部（下），卷上，〈公正直〉，頁 69。

所與天下公共也」[109]一語。

朱子「仁」學論述特重「公」之一字，朱子所說「公是仁底道理」[110]一語，非常受到朝鮮儒者的重視，17 世紀尹舜舉（字魯直，號童土，1596-1668）就曾撰文長篇大論「公」與「仁」之關係。[111]朱子在〈仁說〉與〈克齋記〉（完成於〈仁說〉之前一年，南宋孝宗乾道 8 年，西元 1172 年）中，雖然未出現「公是仁底道理」這句話，但在《朱子語類》中卻常見朱子與學生討論「公是仁底道理」。這句話出自程頤所說：「公只是仁之理，不可將公便喚作仁」[112]一語，朱子極看重這句話，在各種場合一再發揮這句話的義理。朱子說：「公了方能仁，私便不能仁。」又說：「仁是愛底道理，公是仁底道理。故公則仁，仁則愛。」朱子又強調：「公是仁之方法，人身是仁之材料。」、「無公，則仁行不得。」朱子又說：「惟仁，然後能公。[......] 故惟仁然後能公」、「公不可謂之仁，但公而無私便是仁。」「無私以間之則公，公則仁。」[113]可見在朱子思想中，「仁」與「公」實不可分割。

最近有學者統計發現：「公共」一詞在約 5,400 萬字的《朝鮮王朝實錄》中，共 623 見；但在約 3,900 萬字的中國《二十五史》（含《清史稿》）中，卻只出現 14 次，在約 300 萬字的《資治通鑑》中只出現 6 次，在約 1,600 萬字的《明實錄》中，只出現 10 次，在約 3,100 萬字的《清實錄》中只出現 34 次。[114]中韓兩國史書中「公共」一詞出現次數之強烈對比，不知是否與朝鮮時代朝鮮君臣與史官深刻地浸潤在朱子學的思想氛圍中有關係？這是一個值得進一步

---

109 〔漢〕司馬遷：《史記》（北京：中華書局，1959 年），第 9 冊，卷 102，〈張釋之馮唐列傳〉第 42，頁 2751-2762，引文見頁 2754。

110 〔宋〕黎靖德編：《朱子語類》，卷 6，〈性理三・仁義禮智等名義〉，收入《朱子全書》，第 14 冊，頁 258。

111 〔韓〕尹舜舉：〈雜著・公最近仁說〉，見《童土先生文集》，第 1 冊，卷 5，收入《韓國歷代文集叢書》，第 2353 冊，頁 199-201。

112 〔宋〕程頤：〈伊川先生語一〉，見《河南程氏遺書》，卷 15，收入《二程集》，上冊，頁 153。

113 以上引文均見〔宋〕黎靖德編：《朱子語類》，卷 6，〈性理三・仁義禮智等名義〉，收入《朱子全書》，第 14 冊，頁 258。

114 〔日〕片岡龍：〈『朝鮮王朝実録』に見える「公共」の用例の檢討〉，法政大學國際日本學研究所編：《相互探究としての国際日本学研究：日中韓文化関係の諸相》（東京：法政大學國際日本學研究所，2013 年），頁 247。

探討的問題。

朱子不僅說「公」是「仁」的原理，而且也常將「公」與「理」、「氣」、「法」等概念連結，例如朱子說：「祖考亦只是此公共之氣」、[115]「道是個公共底道理」、[116]「此理亦只是天地間公共之理」、[117]「蓋法者，天下公共。」[118] 朱子對「公共」精神的強調，在中國思想家中最為特出。

那麼，朱子學中的「公共」精神，與 21 世紀又有什麼關聯呢？我認為，由於 21 世紀「全球化」的發展，使得世界各國之貧富差距擴大，各國國內貧富鴻溝也日益嚴重，使 M 型社會成為事實。「反全球化」浪潮主要是由受到「全球化」傷害的弱勢群體所激起。我們只要檢視當前各國貧富不均的數據，就會為之觸目驚心，舉例言之，2018 年法國經濟學家皮凱提（Thomas Piketty）率領研究團隊發表的《世界不平等報告 2018》（*World Inequality Report, 2018*），其中所提出的數據顯示，截至 2016 年為止，中國最富裕的 10%人的收入佔全國人民收入的比例達 41%、俄羅斯為 46%，先進的民主國家美國和加拿大是 47%；相對落後貧窮的撒哈拉以南非洲為 54%。中東國家貧富差距最大，中東國家最富有 10%人的收入佔全國國民收入的 61%。收入分配最平均的是歐洲，10%最富有的人收入仍佔全國人民總收入的 37%。這篇報告也指出，在過去數十年中，世界各國的收入差距均呈擴大趨勢，而經濟政策與社會制度，正是形成收入差距懸殊的重要因素。[119]

2011 年 9 月 17 日開始於紐約市的「佔領華爾街」（Occupy Wall Street）運動，後來蔓延到美國其他城市以及世界各地，訴求 99%的弱勢人民對抗社會金字塔頂端最腐敗豪富的 1%，反抗大企業之不公不義，同情庶民的哀苦無告。21 世紀各國社會不「公」的狀態，使強淩弱、富欺貧的現狀，將隨著「人工智

---

[115] 〔宋〕黎靖德編：《朱子語類》，卷 3，〈鬼神〉，收入《朱子全書》，第 14 冊，頁 170。

[116] 〔宋〕黎靖德編：《朱子語類》，卷 31，〈賢哉回也章〉，收入《朱子全書》，第 15 冊，頁 1124-1133，引文見頁 1130。

[117] 〔宋〕黎靖德編：《朱子語類》，卷 117，〈訓門人五〉，收入《朱子全書》，第 18 冊，頁 3687。

[118] 〔宋〕黎靖德編：《朱子語類》，卷 60，〈桃應問曰章〉，收入《朱子全書》，第 16 冊，頁 1965-1966。

[119] 阿瓦列多（Facundo Alvaredo）等著，劉道捷譯：《世界不平等報告 2018》（新北：衛城出版社，2018 年）。

慧」（AI）等高新科技的發展而如脫韁野馬，使人類面臨不可測的深淵。[120]21
世紀世局的變化，都使哲學家羅爾斯（John Rawls，1921-2002）所分析的「分
配正義」（distributive justice）[121]問題，取得新的重要性。

　　除了以上所說隨著「全球化」而來的貧富差距擴大的問題之外，21世紀的
世介面臨的另一個新挑戰，就是進入21世紀以後許多民主國家出現的所謂「民
主退潮」（Democratic recession）的問題。[122]這個問題對東亞地區而言，更形
複雜而重要。東亞地區共有17個國家，總人口佔全球人口百分之30。政治體
制多元多樣，有「自由民主政體」（Liberal democracy）、「選舉的民主政體」
（Electoral democracy）、「選舉的威權政體」（Electoral authoritarianism）與
「政治封閉的威權政體」（Politically closed authoritarianism）等不同政體，雜
然紛陳，前景未卜。雖然有些政治學家對全球民主政治的前途頗為悲觀，[123]但
是，也有政治學家樂觀地預測在未來一個世代左右，大部分的東亞地區都將轉
型成為民主國家。[124]東亞地區數千年來浸潤在儒家傳統之中，因此，東亞地區
民主的願景必然與儒家政治思想有其關係。事實上，早在1980年「當代新儒家」
徐復觀（1904-1982），就首先提出以儒家的「德」與「禮」融入近代西方民主
政治之中，以補西方民主之不足。徐復觀說：[125]

[120] 關於這個問題，最近論述最深刻的是曾任蘋果、微軟、谷歌公司全球副總裁的李開復，參看：李開
　　復：《AI新世界：中國、矽谷和AI七巨人如何引領全球發展》（臺北：遠見天下文化公司，2018
　　年），頁272-276。

[121] 約翰・羅爾斯著，何懷宏等譯：《正義論》（北京：中國社會科學出版社，2009年）。

[122] 這是Larry Diamond的名詞，見Larry Diamond, "Facing up to the Democratic Recession," in Larry
　　Diamond and Marc F. Plattner eds., *Democracy in Decline?* (Baltimore: Johns Hopkins University Press,
　　2015), pp. 98-118。

[123] Jason Brennan, *Against Democracy* (Princeton: Princeton University Press, 2016); David Runciman, *How
　　Democracy Ends?* (New York: Hachette Books Group, 2018).

[124] 參看Larry Diamond, Marc F. Plattner, and Yun-han Chu eds., *Democracy in East Asia: A New Century*
　　(Baltimore: Johns Hopkins University Press, 2013)。

[125] 徐復觀：〈儒家政治思想的構造及其轉進〉，《（新版）學術與政治之間》（臺北：臺灣學生書局，
　　1980年），引文見頁46-47。

　　民主之可貴，在於以爭而成其不爭：以個體之私而成其共體的公，但這
裡所成就的不爭，所成就的公，以現實情形而論，是由互相限制之勢所
逼成的，並非來自道德的自覺，所以時時感到安放不牢。儒家德與禮的
思想，正可把由勢逼成的公與不爭，推上到道德的自覺。民主主義至此
才真正有其根基。

徐復觀先生首倡之「儒家民主」之說，[126]雖然也受到一些學者的質疑，[127]但是
近十餘年來卻受到許多國際學者的支持並有進一步發揮。有人建議取杜威（John
Dewey，1859-1952）實用主義（pragmatism）與儒家融合以創造儒家式的民主
政治。[128]有人指出儒家的「仁」與「君子」等價值理念，可以與民主相融。[129]也
有人強調儒家價值可以補西方的「自由主義民主政治」之不足。[130]更有人指出
儒家的政治「完美主義」採取的是「責任本位」的進路，所接受的是「天下為
公」的政治生活方式，絕不接受「贏者全拿」的選舉政治。[131]以上所簡述當代
學者對所謂「儒家民主」（Confucian democracy）的各種理論推衍，均在不同
程度之內涉及「公」與「私」的分際問題。[132]

　　就在這樣貧富不均與民主在十字路口徬徨的 21 世紀新時代背景之中，朱子
學中「公是仁底道理」這項命題，提醒世人在 21 世紀思考「儒家民主」的前景
與儒家「仁」學的弘揚，必須建立在「公」的精神之上。朱子強調「公」作為

---

[126] 關於 20 與 21 世紀儒家學者對民主政治的論述之回顧，參看 David Elstein, *Democracy in Contemporary Confucian Philosophy* (London: Routledge, 2015)。

[127] Li Chenyang, *The Tao Encounters the West* (Albany: State of University of New York Press, 1999), pp. 172-180.

[128] Sor-Hoon Tan, *Confucian Democracy: A Deweyan Reconstruction* (Albany: State of University of New York Press, 2003), p. 8, 123, 138.

[129] Brooke Ackerly, "Is Liberalism the Only Way toward Democracy? Confucianism and Democracy," in *Political Theory*, vol. 33, no. 4 (Aug., 2005), pp. 547-576.

[130] Albert H. Y. Chen, "Is Confucianism Compatible with Liberal Constitutional Democracy?" in *Journal of Chinese Philosophy*, 2007, pp. 196-216, esp. p. 211.

[131] Joseph Chan, *Confucian Perfectionism: A Political Philosophy for Modern Times* (Princeton: Princeton University Press, 2014), pp. 22-23, 224-232.

[132] 我最近曾討論徐復觀的「儒家民主政治」說及其理論的問題，參看黃俊傑：《東亞儒學視域中的徐復觀》（臺北：台大出版中心，2019 年增訂新版），頁 119-130。

行「仁」的原則，確實對 21 世紀具有其高度的相關性。朱子說得好：「公不可謂之仁，但公而無私便是仁」，[133]當今各國主政者中能免於「私」字者幾希？朱子學中的「公共」精神對於當今世界各國甚囂塵上的「政治唯我論」，確實是一劑清涼散。事實上，進入 21 世紀以後，國際學術界對「公共哲學」的興趣正方興未艾，日本東京大學出版社從 2001 年起，由時任東京大學校長的佐佐木毅與韓裔學者金泰昌合編《公共哲學》系列叢書，至 2004 年共出版 15 卷。[134]這套叢書有心於跳脫「奉公滅私」的舊思維，邁向「活私開公」之新思維，重視由市民與中間團體扮演重要角色的「公共性」（publicness），並在「全球化」的層次上重新思考「公共性」問題。上述新研究動向，都讓我們看到朱子學中特重之「公共」精神雖歷久而彌新，對 21 世紀具有重大啟示。

四、結論

總結本文論述，站在 21 世紀的地平線上，我們可以提出兩項結論性的看法：

第一，朱子學中「理一分殊」、「仁」與「公共」三個核心價值之間，實有其連環互動之關係。首先，正如本文起首所說，「全球化」趨勢使「全球化」的「理一」被以美國、歐盟、日本所形成的「三極」所掌控，所以激起「反全球化」浪潮。但是「反全球化」趨勢卻又只求「分殊」，經貿保護主義與政治唯我論的再興，都使世界一步一步走向裂解。朱子學核心價值在於在「分殊」之中求其「理一」，確實具有紓解「全球化」與「反全球化」緊張性的潛力。其次，在「分殊」之中求「理一」，必須以作為「心之德，愛之理」的「仁」作為運作的形上學原理，並落實在世界中成為政治經濟學的「公共」精神之基礎。

---

[133] 〔宋〕黎靖德編：《朱子語類》，卷 6，〈性理三・仁義禮智等名義〉，收入《朱子全書》，第 14 冊，頁 258。

[134] 〔日〕佐佐木毅、金泰昌編：《公共哲學》（東京：東京大學出版會，2001-2004 年），共 15 卷。

　　第二，朱子學核心價值的「理」、「仁」與「公共」，均以「普遍性」（universality）為其特質，這三項核心價值理念，均指向牟宗三先生所謂「存在之存在性」，因此可以引導世界的新動向而不受現實世界之宰製。朱子詩云：「問渠那得清如許？為有源頭活水來」，[135]朱子學正是療癒今日世界紛擾的源頭活水。

---

[135] 〔宋〕朱熹：〈觀書有感二首〉，收入陳俊民校訂：《朱子文集》（臺北：財團法人德富文教基金會，2000 年），卷 2，頁 73。

貞觀君臣法律思想與法制建設試析

桂齊遜*

一、前　言

在帝制中國時代，漢唐並稱盛世。然就立國規模之恢宏與文化各個方面之發展，漢似不及唐。[1]是以大唐聲威遠播，懾服四海，向來被視為當時亞洲世界第一帝國，殆非虛言。

惟李唐帝室何以能夠建立此一震古爍今之盛世？易言之，大唐帝國賴以為治者，主要為何？前賢已就多方面立說，[2]就中「律令體制」對大唐盛世所發揮之影響層面，可謂至關緊要。

按中國法制之史，[3]源遠流長，姑不論古史傳說中所謂：「象以典刑，流宥五刑，鞭作官刑，朴作教刑，金作贖刑」，[4]或《左傳・昭公六年》所載叔向之

---

* 中國文化大學史學系所教授

1. 嚴耕望〈唐代文化約論〉（臺北：《大陸雜誌》4-8，1952），頁 1 參照；林天蔚《隋唐史新論》（臺北：東華書局，1978），頁 65。

2. 如李樹桐氏認為，大唐盛世形成的因素，約有以下三大端：國民身心的健全、制度的完善、政策的寬宏，參見氏著〈唐代四裔賓服的文化因素〉（臺北：《幼獅月刊》47-5，1978-5）；嚴耕望氏則自制度規模之宏遠等八點，闡述了唐代文化之鼎盛，參見氏著前引〈唐代文化約論〉一文；日籍學者池田溫氏則認為唐代是中國「律令制支配體制」的成熟期，依律令以為治，參見氏著《中國古代籍帳研究——概觀・錄文》，（東京：東京大學東洋文化研究所，1979），頁 5。

3. 按「法制」之範疇極為廣泛，舉凡國家政治、軍事、經濟、社會、法律、禮儀……等等制度，均可包羅在內；即以我國固有律來說，大別言之，亦可區分為「禮」與「刑」兩大範疇。惟本文暫採較為狹義之定義，即以「律令體制」（法律）有關者為限。

4. （漢）孔安國傳，（唐）孔穎達疏，李學勤主編《尚書正義》（北京：北京大學出版社，1992），卷 3〈虞書・舜典〉，頁 65。

言：「夏有亂政，而作禹刑；商有亂政，而作湯刑；周有亂政，而作九刑」；[5]即自李悝之制定《法經》，[6]商鞅傳授，改法為律，[7]漢相蕭何，更加〈戶〉、〈興〉、〈廄〉三篇，以為《九章》之律以來，迄今亦已二千四百年有餘，[8]其間歷代法典代代相傳，從未中斷，是為人類法制史上一大奇蹟。此所以無論就世界十六法系、[9]乃至五大法系[10]立言，中華法系均占有一席不可輕忽之地位。

而唐律在吾國法制史之發展過程上，實居於承先啟後之地位，[11]並影響及於東亞諸國，如日本、朝鮮、越南等是。[12]即便在今日，我國現行法雖曰繼受自歐西之大陸法體系，[13]然現行刑法中，固仍多見唐律之影響，[14]此誠堪注目。

---

[5] （周）左丘明傳，（晉）杜預注，（唐）孔穎達疏，李學勤主編《春秋左傳正義》（北京：北京大學出版社，1992），卷43〈昭公六年〉引叔向書，頁1228。

[6] 《晉書·刑法志》曰：「……秦漢舊律，其文起自魏文侯李悝。悝撰次諸國法，著《法經》。以為王者之政，莫急於盜賊，故其律始於〈盜〉、〈賊〉。盜賊須劾捕，故著〈網〉、〈捕〉二篇。其輕狡、越城、博戲、借假不廉、淫侈、踰制以為〈雜律〉一篇，又以〈具律〉具其加減」，參見（唐）房玄齡等撰《晉書》（北京：中華書局，1996），卷30〈刑法志〉，頁922。

[7] 語見（唐）長孫無忌等撰，劉俊文點校《唐律疏議》（北京：中華書局，1993），卷1〈名例律〉頁2。惟近來大陸學者祝總斌以為此說並不可信，渠主張「改法為律」一事當在西元前260年左右，稍早於西元前252年魏國頒訂〈戶律〉與〈奔命律〉，然去商鞅變法之時已將近一世紀矣，參見氏著〈關於我國古代「改法為律」問題〉（北京：《北京大學學報·哲社版》，1992-2）。然此說尚有待商榷，今暫仍《唐律疏議》之舊說。

[8] 李悝生卒年代約在西元前455-395年間，其相魏文侯在西元前413年以後，而著《法經》，當在斯時前後，故曰自李悝撰次《法經》以來，距約二千四百年有餘。關於李悝生卒及相關事蹟，參見錢穆《先秦諸子繫年》（香港：香港大學出版社，1956），頁132-133、頁537及頁616參照。

[9] 所謂世界十六法系，分別是：埃及、巴比倫、希臘、猶太、克勒特、寺院、羅馬、日耳曼、海洋、中國、印度、日本、斯拉夫、穆哈默德、歐陸及英美法系等是，轉引自陳顧遠《中國法制史》（上海：上海商務印書館，1935；北京，中國書店重印），頁52。

[10] 世界五大法系則指印度、回回、羅馬、英吉利及中國法系等五種，參見陳顧遠《中國法制史》頁52。

[11] 關於唐律在我國法制史發展過程中，實居承先啟後之地位，任一研究唐律之專著，均持此論，如：徐道鄰《唐律通論》（臺北：臺灣中華書局，1958），頁6；戴炎輝《唐律通論》（臺北：正中書局，1977），頁2；楊廷福《唐律初探》（天津：天津人民出版社，1982），頁144。類似觀點甚夥，實不勝枚舉。

[12] 關於唐律對東亞諸國所發生之影響，一如前註所謂任一研究唐律之專著，多少均有所論述，比較具有代表性與全面性的論著，當推楊鴻烈所著《中國法律在東亞諸國之影響》（臺北：臺灣商務印書館，1971）一書，可以參考。

[13] 展恆舉《中國近代法制史》（臺北：臺灣商務印書館，1973）〈導言〉頁2-6；羅志淵《近代中國法制演變研究》（臺北，正中書局，1976），頁187-218等參照。

[14] 舉例來說，論者以為我國現行刑事訴訟法第167、168及173條，即與固有律（唐律）中所含之「親

即使今日流傳的《唐律疏議》，到底是何時製頒的，學界迄今仍存在著爭議；[15]然而，唐初武德、貞觀年間先後的訂頒律令，[16]對於日後流傳的《唐律疏議》定本，當然是有著極大的影響；故本文擬以貞觀君臣的法律思想與法制建設，做為主要探究的重點。

二、貞觀君臣的法律思想

唐太宗是有唐一代最主要的明君，且初唐國家規模與制度，大多是在太宗時代建構完成，故太宗君臣的法律思想與法制建設，影響唐代法制甚距，以下分別闡述之。

屬犯罪相容隱」之精神若合符節，參見鄭聯方〈論親屬犯罪相容隱〉（臺北：《法學叢刊》8-1，1963），頁104所論；此外，有關此一課題，亦可參看拙作：〈我國固有律關於「同居相為隱」的理論而與實務面——以唐律為核心〉，收入高明士主編，《唐代身分法制研究——以唐律名例律為核心》（臺北：五南圖書出版公司，2003），頁55-88。

[15] 仁井田陞、牧野巽早在1931年提出今本《唐律疏議》是開元二十五年（737）的定本，見仁井田陞、牧野巽合撰〈故唐律疏議製作年代考（上）、（下）〉（東京：《東方學報》1、2，1931-4、1931-12）。近些年來，中國大陸諸多學者對此提出異說，見楊廷福〈《唐律疏議》製作年代考〉（北京：《文史》5，1978）、蒲堅〈試論《唐律疏議》的製作年代問題〉（收入：《法律史論叢（二）》，北京：中國社會科學出版社，1982）及鄭顯文〈現存的《唐律疏議》為《永徽律疏》之新證——以敦煌吐魯番出土的唐律、律疏殘卷為中心〉（上海：《華東政法大學學報》2009-6，2009），楊、蒲、鄭等三人，皆主張今本《唐律疏議》應是《永徽律疏議》。而岳純之〈仁井田陞等《《故唐律疏議》製作年代考》及其在中國的學術影響〉（上海：《文史》2010-5，2010）一文，則指出楊、蒲、鄭等三人的論文，旨在批判仁井田陞等的說法，但三篇論文的理據皆不很完整，頗有缺失。

[16] 參見高明士〈論武德到貞觀律令制度的成立——唐朝立國政策的研究之二〉（臺北：《漢學研究》11-1，1993）一文（頁159-207）。又，拙作〈唐代法文化變遷分析——以中晚唐、五代為核心〉（發表於：中國唐代學會、逢甲大學中文系聯合舉辦「第十屆唐代文化國際學術研討會」，2012-5-19），亦曾指出唐高祖武德元年（618）十一月曾頒行《武德新格》53條；武德七年（624）三月，又頒行《武德律》12卷、《武德令》31卷、《武德式》14卷；唐太宗貞觀十一年（637），亦曾頒行《貞觀律》12卷、《貞觀令》27卷、《貞觀格》18卷、《貞觀式》33卷，可參見該文〈表一　唐代前期（618-755）主要立法活動一覽表〉；而前述史料出處，見（唐）杜佑撰，王文錦等點校《通典》（北京：中華書局，1988），卷165〈刑法三·刑制下〉（頁4243）；（後晉）劉昫《舊唐書》（北京：中華書局，1997），卷1〈高祖本紀〉（頁8）、同書卷50〈刑法志〉（頁2134-2138）；（宋）歐陽修、宋祁《新唐書》（北京：中華書局，1997），卷58〈藝文志二〉（頁1494）；（宋）王溥《唐會要》（上海：上海古籍出版社，1991），卷39〈定格令〉（頁819）。

　　貞觀君臣的法律思想，散見於《貞觀政要》、《通典》與《太平御覽》等古籍中。《貞觀政要》十卷，作者吳兢（670～749），為唐初重要史官，所撰《貞觀政要》一書，記載了唐太宗與其身邊近臣如魏徵、王珪等45人的政論，史料價值極高。今略述其梗概。

　　　　貞觀元年，太宗謂侍臣曰：「死者不可再生，用法務在寬簡。古人云，鬻棺者欲歲之疫，非疾於人，利於棺售故耳。今法司核理一獄，必求深刻，欲成其考課。今作何法，得使平允？」諫議大夫王珪進曰：「但選公直良善人，斷獄允當者，增秩賜金，即奸偽自息。」詔從之。太宗又曰：「古者斷獄，必訊於三槐、九棘之官，今三公、九卿，即其職也。自今以後，大辟罪皆令中書、門下四品以上及尚書九卿議之。如此，庶免冤濫。」由是至四年，斷死刑，天下二十九人，幾致刑措。[17]

本段君臣對話，吳兢繫於貞觀元年（627），是太宗即位之初，主要顯示的法思想就是「用法務在寬簡」，王珪並建議選擇公直良善之人，且斷獄允當者，增秩賜金，或許可以防止用法深刻之風息，太宗接受了王珪的建議。嗣後，並規定自此以後，凡決死罪（大辟）皆令中書、門下四品以上及尚書、九卿等官員共議之，庶免於冤濫。[18]其效果是，自此以後直到貞觀四年（630），天下斷死刑者才29人，刑法幾至備而不用矣。

　　與此有關聯者，即太宗曾於貞觀六年（632）十二月十二日錄囚後，縱放死刑犯390人回家辭行，並令翌年秋天自行前來領死；至期果然全部390人都回來受死，太宗全數免除其死罪，史載：

---

[17] （唐）吳兢，《貞觀政要》（北京：中華書局，2011），卷8〈刑法第三十一〉，頁525-526。

[18] 關於決大辟罪，應由中書、門下四品以上及尚書、九卿等官員共同商議此一規定，《資治通鑑》卷192〈唐紀八・貞觀二年〉，是繫於貞觀二年（628）三月壬子（五日），見《資治通鑑》云：「（貞觀二年三月）壬子，大理少卿胡演進每月囚帳；上命自今大辟皆令中書、門下四品已上及尚書議之，庶無冤濫」，頁6048。而《通典》卷170，〈刑法八・寬恕〉，亦繫於貞觀二年三月（頁4411）。

（貞觀）六年十二月十日，親錄囚徒，放死罪三百九十人歸於家，令明
年秋來就刑。其後應期畢至，詔悉原之（《唐會要》，卷40〈君上慎恤〉，
頁840）。

嗣後，歐陽修曾針對此事，大肆批判，主張：

信義行於君子，而刑戮施於小人。刑入於死者，乃罪大惡極，此又小人
之尤甚者也。寧以義死，不苟幸生，而視死如歸，此又君子之尤難者
也……夫意其必來而縱之，是上賊下之情也；意其必免而復來，是下賊
上之心也。吾見上下交相賊以成此名也，烏有所謂施恩德與夫知信義者
哉？[19]

可知，歐陽修認為「視死如歸」的精神，連君子都很難做到，更遑論這390名
「罪大惡極」的小人呢？所以，貞觀六年發生的此樁「縱囚案」，在歐陽修眼中，
正是一場「上下交相賊以成此名」的戲碼，故歐陽修非常不以為然。

姑且不論唐太宗是否有沽名釣譽之嫌，390名死刑犯是否有冀圖恩赦之虞，
但若將前引《貞觀政要》所述自貞觀元年以迄四年，四年之內天下斷死罪者不
過29人，對照到貞觀六年時，一年斷為死罪者就有390人──這到底是出了什
麼問題？是《貞觀政要》的數字有問題？或《唐會要》與《通典》的數字有問
題？不得而知。

不過，正是在「用法務在寬簡」此一思想的指導下，貞觀初年在法制建設
上最大的變革，就是將舊律絞刑之屬五十條，先改成斷其右趾；日後進而改成
「加役流」（詳見下文「太宗年間的法制建設」）。

其次，對於奴告主的行為，太宗至為反感，故《貞觀政要》又載：

貞觀二年，太宗謂侍臣曰：「比有奴告主謀逆，此極弊法，特須禁斷。
假令有謀反者，必不獨成，終將與人計之；眾計之事，必有他人論之，

---

[19] （宋）歐陽修撰，李逸安點校，《歐陽修全集》（北京：中華書局，2001），卷17〈縱囚論〉，頁288。

　　豈藉奴告也？自今奴告主者，不須受，盡令斬決」（《貞觀政要》，卷 8
〈刑法第三十一〉，頁 527）。

貞觀二年（628）時，唐太宗有鑑於奴婢告主謀逆，恐涉虛妄；因為他認為眾人
共同謀畫叛逆，必有他人來告，何須奴婢來告，故規定今後若有奴婢告主者，
盡令斬決。因此，《唐律疏議·鬪訟律》雖然規定，知謀反大逆而不告官者，要
處以絞刑，[20]但太宗卻不准許奴婢告主人謀逆之行為。
　　復次，貞觀五年（631）時，太宗因盛怒之下，斬了大理丞張蘊古，旋又後
悔，《貞觀政要》載此事曰：

　　　貞觀五年，張蘊古為大理丞。相州人李好德素有風疾，言涉妖妄，詔令
　　　鞫其獄。蘊古言：「好德癲病有徵，法不當坐。」太宗許將寬宥。蘊古
　　　密報其旨，仍引與博戲。治書侍御史權萬紀劾奏之。太宗大怒，令斬於
　　　東市。既而悔之，謂房玄齡曰：「公等食人之祿，須憂人之憂，事無巨
　　　細，咸當留意。今不問則不言，見事都不諫諍，何所輔弼？如蘊古身為
　　　法官，與囚博戲，漏洩朕言，此亦罪狀甚重。若據常律，未至極刑。朕
　　　當時盛怒，即令處置。公等竟無一言，所司又不覆奏，遂即決之，豈是
　　　道理。」因詔曰：「凡有死刑，雖令即決，皆須五覆奏。」五覆奏，自
　　　蘊古始也。又曰：「守文定罪，或恐有冤。自今以後，門下省覆，有據
　　　法令合死而情可矜者，宜錄奏聞」（《貞觀政要》，卷 8〈刑法第三十一〉，
　　　頁 527-528）。

按《唐律疏議·名例律》之規定，「癲病」屬於篤疾，[21]若犯謀反、大逆等重罪，

---

[20] 見《唐律疏議》卷 23〈鬪訟律〉第 39 條「知謀反大逆不告」（總第 340 條）規定：「諸知謀反及大叛
　　者，密告隨近官司，不告者，絞。知謀大逆、謀叛不告者，流二千里。知指斥乘輿及妖言不告者，
　　各減本罪五等。官司承告，不知掩捕，經半日者，各與不告罪同；若事須經略，而違時限者，不坐」，
　　頁 427。

[21] 見《唐律疏議》卷 4〈名例律〉第 30 條「老小及疾有犯」第 2 款規定：「八十以上、十歲以下及篤疾，
　　犯反、逆、殺人應死者，上請；盜及傷人者，亦收贖。有官爵者，各從官當、除、免法。餘皆無論。」
　　（頁 82）；至於「癲病」之定義，參見仁井田陞原著，栗勁等編譯《唐令拾遺》（長春：長春出版社，

應上請聽裁；故貞觀五年（631）時，李好德因言涉妖妄被下獄，但他患有風疾，故張蘊古向太宗請示後，太宗同意不處分李好德。後來，張蘊古在和李好德博戲時，將皇帝的處分說了出來，觸犯了唐律上關於「漏泄非大事應密」之規定，[22]罪本不至於死；[23]但太宗在盛怒之下，將張蘊古處以死刑。事後，太宗至為後悔，不但責怪宰臣房玄齡等人竟無一言，進而乃有「五覆奏」的規定出現（亦詳見下文「太宗年間的法制建設」）。於此可知，太宗是一個深知自我檢討的君主，雖然亡羊補牢，猶未晚也。

再者，太宗年間，甚少大赦天下，《貞觀政要》曾記載了太宗對於大赦的看法，其文曰：

> 貞觀七年，太宗謂侍臣曰：「天下愚人者多，智人者少，智者不肯為惡，愚人好犯憲章。凡赦宥之恩，惟及不軌之輩。古語云：『小人之幸，君子之不幸。』『一歲再赦，善人喑啞。』凡『養稂莠者傷禾稼，惠姦宄者賊良人』。昔『文王作罰，刑茲無赦。』又蜀先主嘗謂諸葛亮曰：『吾周旋陳元方、鄭康成之間，每見啟告理亂之道備矣，曾不語赦。』故諸葛亮治蜀十年不赦，而蜀大化。梁武帝每年數赦，卒至傾敗。夫謀小仁者，大仁之賊。故我有天下以來，絕不放赦。今四海安寧，禮義興行，非常之恩，彌不可數，將恐愚人常冀僥倖，惟欲犯法，不能改過」（《貞觀政要》，卷8〈赦令第三十二〉，頁550-551）。

太宗於貞觀七年（633）時，對左右侍臣說明了他不肯輕易大赦天下的原因，主要是他認為「一歲再赦，善人喑啞」、「謀小仁者，大仁之賊」，何況文王作罰，

1989），〈戶令〉第9條「開元二十五年令‧殘疾廢疾篤疾」規定：「惡疾、癲狂、兩肢廢、兩目盲，如此之類，皆為篤疾」（頁136-137）。又，關於「篤疾」及其他疾病或因年齡而在刑事責任上所應負之責任，唐律有明確之規範，參見拙作〈唐律「刑事責任能力」規定及其相關規範分析〉（新竹：《元培學報》5，1998-12）一文（頁97-119）。

22　《唐律疏議》卷9〈職制律〉第19條「漏泄大事應密」（總第109條）規定：「諸漏泄大事應密者，絞。大事，謂潛謀討襲及收捕謀叛之類。非大事應密者，徒一年半；漏泄於蕃國使者，加一等。仍以初傳者為首，傳至者為從。即轉傳大事者，杖八十；非大事，勿論」（頁82）。

23　所謂「大事」，依前條註腳所引律注之解釋，只限於「潛謀討襲及收捕謀叛之類」，故本案張蘊古所漏泄之事，並非大事，罪不至死。

刑茲無赦；且諸葛亮治蜀十年不赦，而蜀大化，故太宗自稱有天下以來，絕不
放赦。

　　第五，對於秦王府舊部，若有所犯，太宗亦不肯輕易赦免其罪，《貞觀政要》
云：

　　　　貞觀九年，鹽澤道行軍總管、岷州都督高甑生，坐違李靖節度，又誣告
　　　　靖謀逆，減死徙邊。時有上言者曰：「甑生舊秦府功臣，請寬其過。」
　　　　太宗曰：「雖是藩邸舊勞，誠不可忘。然理國守法，事須畫一，今若赦
　　　　之，使開僥幸之路。且國家建義太原，元從及征戰有功者甚眾，若甑生
　　　　獲免，誰不覬覦？有功之人，皆須犯法。我所以必不赦者，正為此也」
　　　　（《貞觀政要》，卷8〈刑法第三十一〉，頁536-537）。

本案發生在貞觀九年（635），鹽澤道行軍總管、岷州都督高甑生，因為誣告謀
反之罪，[24]減死徙邊；事後，有人因為高甑生是秦王府功臣，請太臣寬恕其過。
但太宗認為，即使是秦王府舊臣，他也不會破例特赦，避免開啟了僥倖之路；
因而，太宗此一決定，正符合了法家「不別親疏，不殊貴賤，一斷於法」的法
思想。[25]不過，依唐律之規範，誣告謀反大逆者，應處以斬刑，太宗允許高甑
生減死徙邊，不無從寬虛置之實。

　　第六，太宗要求國家法令，務求簡約，《貞觀政要》載此一思想云：

　　　　貞觀十年，太宗謂侍臣曰：「國家法令，惟須簡約，不可一罪作數種條。
　　　　格式既多，官人不能盡記，更生奸詐，若欲出罪即引輕條，若欲入罪即
　　　　引重條。數變法者，實不益道理，宜令審細，毋使互文」（《貞觀政要》，
　　　　卷8〈赦令第三十二〉，頁552）。

---

[24] 依《唐律疏議》卷23〈鬥訟律〉第40條「誣告知謀反大逆」（總第341條）之規定：「諸誣告謀反及
　　大逆者，斬；從者，絞。若事容不審，原情非誣者，上請。若告謀大逆、謀叛不審者，亦如之」（頁
　　428），高甑生依律應處以斬刑，可能因為軍功或「八議」的緣故，才被判處減死徙邊。

[25] （漢）司馬遷，《史記》（北京：中華書局，1982），卷130〈太史公自序〉，頁3291。

此段對話，發生在貞觀十年（636），太宗主張國家法令宜以簡約為要，更不可以一罪卻涉及數種條文，因為格式既多，易生奸詐；同時，他也不贊成數度變法，於治道無益。

第七，不僅太宗皇帝稍明治道，連長孫皇后亦不肯因個人休咎禍福，而倒行逆施，如《貞觀政要》有言：

> （貞觀十年）長孫皇后遇疾，漸危篤。皇太子啟后曰：「醫藥備盡，今尊體不瘳，請奏赦囚徒並度人入道，冀蒙福祐。」后曰：「死生有命，非人力所加。若修福可延，吾素非為惡者；若行善無效，何福可求？赦者國之大事，佛道者，上每示存異方之教耳，常恐為理體之弊。豈以吾一婦人而亂天下法？不能依汝言」（《貞觀政要》，卷8〈赦令第三十二〉，頁554）。

雖然《貞觀政要》並未明確記載長孫皇后與太子之間的這段對話，發生在哪一年；但《舊唐書·太宗本紀》曾記載長孫皇后薨於貞觀十年（636）六月己卯（21日）[26]，故本文將此段對話繫於貞觀十年。由於母后疾篤，故時為皇太子的李治，建議赦囚與度人入道，來為母后祈福，希望母后能夠消災延壽。然而，長孫皇后卻認為不應該為了自己的生死，紊亂了國家之法，因此長孫皇后斷然拒絕了太子所請。正由於長孫皇后觀念正確，並主張「豈以吾一婦人而亂天下法」，故於薨後會被謚為「文德」皇后。[27]

第八，貞觀中葉時，魏徵曾上疏言及近來刑賞有過濫之虞，據《貞觀政要》云：

> 貞觀十一年，特進魏徵上疏曰：「……夫刑賞之本，在乎勸善而懲惡，帝王之所以與天下為畫一，不以貴賤親疏而輕重者也。今之刑賞，未必盡然。或屈伸在乎好惡，或輕重由乎喜怒；遇喜則矜其情於法中，逢怒

---

[26] 《舊唐書》，卷3〈太宗本紀下〉，頁46。

[27] 《舊唐書》，卷172〈蕭俛附蕭倣傳〉，頁4481。

則求其罪於事外;所好則鉆皮出其毛羽,所惡則洗垢求其瘢痕。瘢痕可
求,則刑斯濫矣;毛羽可出,則賞因謬矣。刑濫則小人道長,賞謬則君
子道消。小人之惡不懲,君子之善不勸,而望治安刑措,非所聞也……
頃者責罰稍多,威怒微屬,或以供帳不贍,或以營作差違,或以物不稱
心,或以人不從命,皆非致治之所急,實恐驕奢之攸漸。是知「貴不與
驕期而驕自至,富不與侈期而侈自來」,非徒語也……伏惟陛下欲善之
志,不減於昔時,聞過必改,少虧於曩日。若以當今之無事,行疇昔之
恭儉,則盡善盡美矣,固無得而稱焉。」太宗深嘉而納用(《貞觀政要》,
卷 8〈刑法第三十一〉,頁 538-546)。

貞觀年間最常進諫的大臣就是魏徵,似為眾所周知之事,而魏徵在貞觀十一年
(637)所提出的這段諫言,主旨雖在冀望太宗「欲善之志,不減於昔時,聞過
必改,少虧於曩日」,但魏徵也明確指出:「今之刑賞,未必盡然。或屈伸在乎
好惡,或輕重由乎喜怒;遇喜則矜其情於法中,逢怒則求其罪於事外;所好則
鉆皮出其毛羽,所惡則洗垢求其瘢痕」——若與前引貞觀初以迄貞觀四年斷死
刑者天下僅二十九人相互對照,可知貞觀中葉,已有刑賞過濫的現象,此所以
魏徵要提出這樣的諫言,而太宗也欣然接受並付諸施行。
　　第九,與此相呼應者,即貞觀十一年(637)五月,太宗曾與大理卿劉德威
曾討論到,何以近來刑網稍密:

　　(貞觀)十一年五月,上問大理寺卿劉德威曰:「近來刑網稍密,何也?」
　　對曰:「誠在君上,不由臣下。主好寬則寬,好急則急。律文失入減三
　　等,失出減五等。今則反是,失入則無辜,失出則獲大罪。所以吏各自
　　愛,競執深文,畏罪之所致耳。」太宗然其言,由是失於出入者,各依
　　律文(《唐會要》,卷 39〈議刑輕重〉,頁 827)。

據唐律之規範,官司斷獄失入者減三等處分,失出者則減五等處分;[28]但劉德

────────────────────

[28] 見《唐律疏議》卷 30〈斷獄律〉第 19 條「官司出入人罪」(總第 487 條)第 4 款之規範:「即斷罪失

威指出，近來恰好相反，失入者常被判為沒罪，失出者則獲以罪，是以法司輕罪重判，以致刑網稍密——這正可以與前述魏徵上疏相互呼應。由於太宗皇帝對於此一狀況的重視，遂使官取出入人罪者，恢復到依律文來判決。

第十，太宗亦曾指示國家法令（詔令格式），應該畫一，如《貞觀政要》所云：

> 貞觀十一年，太宗謂侍臣曰：「詔令格式，若不常定，則人心多惑，奸詐益生。《周易》稱『渙汗其大號』，言發號施令，若汗出於體，一出而不復也。《書》曰：『慎乃出令，令出惟行，弗為反。』且漢祖日不暇給，蕭何起於小吏，制法之後，猶稱畫一。今宜詳思此義，不可輕出詔令，必須審定，以為永式」（《貞觀政要》，卷8〈赦令第三十二〉，頁552-553）。

同樣是在貞觀十一年，太宗重申朝廷的詔令格式應求畫一，並不宜輕出詔令，否則人心多惑，奸詐益生——此與貞觀十年對侍臣說國家法令宜以簡約為要，有著前後呼應之效。

最後，太宗也一再申明「用刑務在寬平」的原則，如《貞觀政要》所載：

> 貞觀十六年，太宗謂大理卿孫伏伽曰：「夫作甲者欲其堅，恐人之傷；作箭者欲其銳，恐人不傷。何則？各有司存，利在稱職故也。朕常問法官刑罰輕重，每稱法網寬於往代，仍恐主獄之司，利在殺人，危人自達，以釣聲價。今之所憂，正在此耳。深宜禁止，務在寬平」（《貞觀政要》，卷8〈刑法第三十一〉，頁548）。

於此可見，太宗深恐法官們為了沽名釣譽，而用刑過重，故於貞觀十六年（642）時，對大理卿孫伏伽表示，希望法官用刑，務在寬平；而此一思想，亦充分表現在太宗時代的法制建設上（詳見下文）。

於入者，各減三等；失於出者，各減五等」，頁564。

三、貞觀年間的法制建設

如前所述，唐太宗在位期間，曾制頒《貞觀律》12 卷、《貞觀令》27 卷、《貞觀格》18 卷、《貞觀式》33 卷，法制建設成果，堪稱輝煌。除此之外，對於刑制的諸多改革，益彰顯了唐太宗「刑法以簡約為要」與「用刑務在寬平」等法律思想，今略述如下。

首先，就是以「加役流」取代死刑。《唐律疏議‧名例律》第 11 條「應議請減（贖章）」，對「加役流」曾以疏議說明：

> 加役流者，舊是死刑，武德年中改為斷趾。國家惟刑是恤，恩弘博愛，以刑者不可復屬，死者務欲生之，情軫向隅，恩覃祝網，以貞觀六年奉制改為加役流（《唐律疏議》，卷 2〈名例律〉第 11 條「應議請減（贖章）」，頁 35）。

事實上，杜佑所撰《通典》一書，對於此事，記載尤為詳盡，見《通典‧刑法門》曰：

> 及太宗初，令公卿更議絞刑之屬五十條，免死，唯斷其右趾，應死者多蒙全活。太宗尋又矜其受刑之苦，謂蕭瑀曰：「前代不行肉刑久矣，今斷人右趾，念其受痛，意甚不忍。」瑀曰：「古之肉刑，乃死刑之外。陛下於死刑之內，降從斷趾，便是以生易死，足為寬法。」上曰：「朕意以為如此，故欲行之。又有上書言此非便，公可更思之。」其後，蜀王府法曹參軍裴弘獻上疏駁律，遂令參掌刪改之。於是與房玄齡等建議，以為古肉刑既廢，制為死、流、徒、杖、笞凡五等，以備五刑，今復設刖足，是為六刑。減死意在於寬，加刑又如煩峻。與八座定議奏聞。於是又除斷趾法，改為加役流三千里，居作二年（《通典》卷，170〈刑法八‧寬恕〉，頁 4411）。

據此可知，太宗即位之初，即令公卿更議絞刑之屬五十條，免除其死刑，僅斷其右趾，故原判死罪而因此而活下來的人數不少。而《唐律疏議‧名例律》中所謂的「武德年中」，實際上應是武德九年（626）八月癸亥（八日），[29]唐太宗登基之後的事，故《唐律疏議‧名例律》本條史料應記作「武德末年」方是。惟太宗仍感肉刑過於殘害人體，且前代不行肉刑久矣，故有詔更議其制；嗣後，蜀王府法曹參軍裴弘獻上疏駁律，太宗允其參掌刪改律令，又經過尚書省八座會議議定，乃將斷趾之法廢除，改為加役流三千里，居作二年。

故知太宗即位之初，即將五十條絞刑之罪（死罪）改為「斷右趾」；後來又進一步改為「加役流」（流三千里，居作二年），符合太宗始終提倡要「用刑寬平」的法律思想。

至於「加役流」施行的時間，《通典》未能記載明確的時間，《唐會要》則繫於貞觀元年（627）三月，[30]此雖符合《通典》所謂「及太宗初」一語，但《唐律疏議‧名例律》又明言「以貞觀六年（632）奉制改為加役流」——鄙意以為，裴弘獻上疏駁律是在貞觀元年三月，然後太宗允其參掌刪定律令；但茲事體大，應該是經過長期討論，又經過尚書省八座會議討論通過，才由太宗明詔頒行，故其正式施行的時間，或許應從《唐律疏議‧名例律》所載：「以貞觀六年（632）奉制改為加役流」。

其次，就是對於兄弟緣坐之刑的放寬。其事起於房強（彊）緣坐其弟房任謀反事件，[31]按律應處以死刑，《文獻通考》記載本案曰：

---

[29] 據《舊唐書》，卷2〈太宗本紀〉，唐高祖是於武德九年（626）八月癸亥傳位於太宗（頁30）。

[30] 見《唐會要》，卷39〈議刑輕重〉所載：「貞觀元年三月，蜀王府法曹參軍裴宏〔弘〕獻，駁律令不便於時者四十事。宏〔弘〕獻於是與房元齡建議，以為古者五刑，刖居其一，及肉刑既廢，制為死、流、徒、杖、笞五等，以備五刑。今復設刖足，是謂六刑。然減死意在於寬，加刑又加繁峻，乃與八座定議奏聞。於是又除斷趾法，改為加役流三千里，居作二年」（頁826）。

[31] 本案當事人「房強」，《舊唐書》卷50〈刑法志〉（頁2136）及（元）馬端臨《文獻通考》（杭州，浙江古籍出版社，1988），卷169〈刑考八‧詳讞‧平反〉（頁1469上-中），皆作「房強」；《新唐書》卷56〈刑法志〉（頁1409），則作「房彊」。又，兩唐書的〈刑法志〉均未繫年，僅《文獻通考》，繫於貞觀元年，今從之。

貞觀元年，同州人房任統軍於岷州，以謀反伏誅，任兄強從坐當死。舊
條，兄弟分後，蔭不相及，連坐俱死；祖孫配流。帝令百官詳議。房元
齡等定議曰：「按禮，孫為王父尸。按令，祖有蔭孫之義。然則祖孫親
重而兄弟屬輕，應重反流，合輕反死，據禮論情，深未為愜。請定律，
祖孫與兄弟緣坐，俱配流。其以惡言犯法不能為害者，情狀稍輕，兄弟
免死，配流為允。」從之（《文獻通考》，卷 169〈刑考八・詳讞・平
反〉，頁 1469 上-中）。

據此可知，貞觀元年（628）同州統軍房任因謀反伏誅，其兄房強（彊）從坐應
死，太宗憫之，故令百官詳議其刑。最後由宰相房玄齡領銜建議：「請定律，祖
孫與兄弟緣坐，俱配流。其以惡言犯法不能為害者，情狀稍輕，兄弟免死，配
流為允」，太宗從之。

《新唐書・刑法志》並曰：

於是令：反逆者，祖孫與兄弟緣坐，皆配沒；惡言犯法者，兄弟配流而
已。玄齡等遂與法司增損隋律，降大辟為流者九十二，流為徒者七十一，
以為律（《新唐書》卷 56〈刑法志〉，頁 1410）。

也就是說，由於太宗憐憫房強（彊）從坐謀反案件，連帶將隋律死罪（大辟）
降為流罪者凡 92 條，由流罪降為從罪者凡 71 條，並著為律。故《舊唐書・刑
法志》亦曰：

於是玄齡等復定議曰：「案禮，孫為王父尸。案令，祖有蔭孫之義。然
則祖孫親重而兄弟屬輕，應重反流，合輕翻死，據禮論情，深為未愜。
今定律，祖孫與兄弟緣坐，俱配沒。其以惡言犯法不能為害者，情狀稍
輕，兄弟免死，配流為允。」從之。自是比古死刑，殆除其半（《舊唐
書》卷 50〈刑法志〉，頁 2136）。

即使《舊唐書·刑法志》所謂：「自是比古死刑，殆除其半」一語，稍嫌過於溢美；然而，房強（彊）連坐一案，對於唐初定律，影響可謂至為深遠。

到了貞觀末年，刑部曾經想要推翻謀反大逆之罪，兄弟只處以流刑的處分，史載：

> （貞觀）二十一年，刑部奏言：「准律：『謀反大逆，父子皆死，兄弟處流。』此則輕而不懲，望請改重法。」制遣百僚詳議。司議郎敬播議曰：「昆弟孔懷，人倫雖重，比於父子，情理有殊。生有異室之文，死有別宗之義。今有高官重爵，本蔭唯逮子孫；胙土析珪，餘光不及昆季。豈有不霑其蔭，輒受其辜，背理違情，恐為太甚。必其反茲春令，踵彼秋荼，創次骨於道德之辰，建深文於刑措之日，臣將不可，物論誰宜！」詔從之（《通典》，卷 167〈刑法五·雜議下〉，頁 4319）。

於此可見，貞觀二十一年（647）時，刑部上奏，企圖推翻貞觀元年「兄弟免死配流」的規定，好在在司議郎敬播上疏奏議後，太宗駁回了刑部的奏疏，仍維持了律文原有的規定。

復次，太宗年間法制建設同樣引人注目者，即「五覆奏」制度的出現。關於此制，《唐律疏議·斷獄律》第 29 條「死囚覆奏報決」規定：

> 諸死罪囚，不待覆奏報下而決者，流二千里。即奏報應決者，聽三日而行刑，若限未滿而行刑者，徒一年；即過限，違一日杖一百，二日加一等（《唐律疏議·斷獄律》第 29 條「死囚覆奏報決」，總第 497 條，頁 572）。

不過，覆奏制度在太宗時代，一度規定在京諸司要「在京諸司奏決死囚，宜二日中五覆奏，天下諸州三覆奏」，而其起因，吳兢《貞觀政要》主張是因為太宗怒殺張張蘊古事件，故曰：「五覆奏，自蘊古始也」（已見前引）——實則不然。

關於此事，《通典·刑法門》的記載，最為詳盡：

因大理丞張蘊古、交州都督盧祖尚並以忤旨誅斬，帝尋追悔，遂下制，
凡決死刑，雖令即殺，二日中五覆奏，下諸州三覆奏。初，河內人李好
德風疾瞀亂，有妖妄之言，詔大理丞張蘊古按其事。蘊古奏好德顛病有
徵，法不當坐。理書侍御史權萬紀劾蘊古貫屬相州，好德兄厚德為其刺
史，情在阿縱。又，盧祖尚固辭交州。並處斬。既而悔之，遂有此制……
其五覆奏，決以前一日一覆奏，決日又三覆奏。唯犯惡逆者，一覆而已。
著之於令（《通典》，卷 170〈刑法八‧寬恕〉，頁 4411-4412）。

關於盧祖尚忤旨被殺一事，《新唐書‧盧祖尚傳》是這樣記載的：

貞觀二年，交州都督以賄敗，太宗方擇人任之，咸以祖尚才備文武，可
用也。召見內殿，謂曰：「交州去朝廷遠，前都督不稱職，公為我行，
無以道遠辭也。」祖尚頓首奉詔，既而託疾自解，帝遣杜如晦等諭意曰：
「匹夫不負然諾，公既許朕矣，豈得悔？三年當召，不食吾言。」對曰：
「嶺南瘴癘，而臣不能飲，當無還理。」遂固辭。帝怒曰：「我使人不
從，何以為天下！」命斬朝堂。既而悔之，詔復其官（《新唐書》，卷 94
〈盧祖尚傳〉，頁 3834）。

據此可知，本案發生在貞觀二年（628），盧祖尚先同意太宗的任命，出任美州
都督，事後又反悔，太宗一再好言相勸，祖尚始終不聽，太宗盛怒之下，將盧
祖尚斬之於朝，不久就後悔，乃復其官爵。[32] 平心而論，唐代官吏若拒不赴任，
在唐律中並無具體懲治條文；[33] 故其原始設計，可能就是要由君主斷自誠衷，
惟太宗一怒而殺之，未免太過，此所以太宗事後又後悔了。

由於本案發生在貞觀二年，[34] 在貞觀五年張蘊古被殺之前，故杜佑《通典》
主張太宗制定「五覆奏」之制，起因兼含盧祖尚、張蘊古先後被殺事件，其說

---

[32] 《舊唐書》卷 69〈盧祖尚傳〉（頁 2521-2522），所載略同。

[33] 檢索《唐律疏議》，本案無論用〈職制律〉第 5 條「官人無故不上」（總第 95 條）或同律第 6 條「之
官限滿不赴」（總第 96 條），均不適宜。

[34] 《資治通鑑》卷 193〈唐紀九‧貞觀二年〉，紀此事發生於貞觀二年十月（頁 6058）。

比吳兢《貞觀政要》合理，今從之。[35]

不過，「覆奏」制度在高宗以後，曾多次發生變化，如至唐高宗上元元年（674）閏四月十九日的赦文，又將死刑犯覆奏之制，恢復為全國一致性的「三覆奏」。故以高宗上元元年赦文與前引《唐律疏議・斷獄律》第 29 條「死囚覆奏報決」對照，亦為今本《唐律疏議》應是《永徽律》的旁證。

到了唐玄宗開元年間，又改回依照貞觀舊制：「京城五覆奏，在外諸司三覆奏」。[36]至若觸犯「惡逆以上，及部曲、奴婢殺主者」等重大犯罪，則僅「一覆奏」，則自貞觀以迄開元，均維持此一規定，並無任何更改。

降及德宗時代，又於建中三年（782）十一月十四日的敕節文中，將死刑覆奏之制再度變更，[37]在京者由原來的「決前一日二覆奏，決日三覆奏」合計五覆奏的規定，變更為「行決之司三覆奏，決日一覆」的四覆奏之制。在外者，也由原先的「初日一覆奏，後日再覆奏」的三覆奏，變成由所司兩覆奏，且每覆不得過三日。

一般認為，「覆奏」制度是唐律中「恤刑主義」具體表徵之一，然自太宗以迄德宗，變化多端，[38]吾人不可不查；且此制在唐文宗時代又有所改變，[39]只是史文缺載，所以我們不得而知。

---

[35] 《唐會要》卷 40，〈司上慎恤〉亦載：「（貞觀）五年八月二十一日詔：『死刑雖令即決，仍三覆奏，在京五覆奏。以決前一日三覆奏，決日三覆奏。惟犯惡逆者，一覆奏。著於令』。」，頁 840。

[36] 見（唐）李林甫（唐）等奉敕撰，陳仲夫點校《唐六典》（北京：中華書局，1992），卷 6〈尚書刑部・郎中員外郎條〉云：「凡決大辟罪，在京者，行決之司五覆奏；在外者；刑部三覆奏。在京者，決前一日二覆奏，決日三覆奏；在外者，初日一覆奏，後日再覆奏。縱臨時有敕不許覆奏，亦準此覆奏。若犯惡逆已上及部曲、奴婢殺主者，唯一覆奏」（頁 189）。又見：（日）仁井田陞原著，栗勁等編譯《唐令拾遺》（長春：長春出版社，1989），〈唐令拾遺・獄官令〉第 6 條「決大辟罪覆奏」引《開元七年令》、《開元二十五年令》曰：「諸決大辟罪，在京者，行決之司五覆奏；在外者，刑部三覆奏。在京者，決前一日二覆奏，決日三覆奏；在外者，初日一覆奏，後日再覆奏。縱臨時有敕，不許覆奏，亦准此覆奏。若犯惡逆以上及部曲、奴婢殺主者，唯一覆奏」（頁 693）。

[37] 見（宋）竇儀等詳定，岳純之點校，《宋刑統校證》（北京：北京大學出版社，2015），卷 30〈斷獄律〉，引唐德宗建中參年拾壹月肆日敕節文曰：「應決大辟罪，自今以後，在京者宜令行決之司三覆奏，決日一覆。在外者，所司兩覆奏，仍每覆不得過三日。餘依令式」（頁 413）。

[38] 詳參侯怡利，〈從「節文」看唐五代法制的變化〉（臺北：中國文化大學史學研究所博士論文，2007），頁 131-132。

[39] 見前引《宋刑統校證》，卷 30〈斷獄律〉載：「准唐開成貳年拾壹月捌日敕節文，諸道以（下缺）」（頁 413）。

再者，太宗不願意高階官員受到一般囚犯的待遇，故於貞觀二年（628）時，曾規定三品以上官只犯罪，只要在朝堂人等候發落，不得與一般囚犯共進止，如《資治通鑑》所載：

> （貞觀二年三月）壬子（五日）……既而引囚至岐州刺史鄭善果，上謂胡演曰：「善果雖復有罪，官品不卑，豈可使與諸囚為伍。自今三品已上犯罪，不須引過，聽於朝堂俟進止」。[40]

按太宗之意，殆以三品以上官員，皆屬朝廷重臣，如與一般囚犯共進止，實在有失官員本身及朝廷顏面，故有此制的頒行。[41]

第五，在唐太宗以前，決答、杖等刑罰，並未明確規定受刑部位，以致罪人常因身體要害遭受重擊，以致死於杖下，至唐太宗時代才有受改革，史載：

> （貞觀）四年十一月十七日制：「決罪人不得鞭背。」初，太宗以暇日閱《明堂孔穴圖》，見五臟之系咸附于於背，乃嘆曰：「夫箠，五刑之最輕者也，豈容以最輕之刑，而或致之死。古帝王不悟，不亦悲夫！」即日遂下此詔（《唐會要》，卷40〈君上慎恤〉，頁840）。[42]

原來貞觀四年（630）時，太宗在閒暇時間閱覽《明堂孔穴圖》，發現人體五臟的重要器官具在背部，若背部受刑，很容易致死，這才下令決答、杖等刑罰，不得鞭背。

第六，太宗貞觀年間，亦曾規定每年有一些固定的時間，不得處決死刑犯，史載：

---

[40] （宋）司馬光撰，（元）胡三省音注《資治通鑑》，北京：中華書局，1995），卷192〈唐紀八·貞觀二年〉，頁6048。

[41] 《唐會要》卷40，〈君上慎恤〉載：「（貞觀）七年十二月十二日詔：『三品已上。犯公罪流。私罪徒。送問皆不追身』。」（頁841），疑即此詔。但《唐會要》與《通典》關於貞觀七年的紀事，頗有誤謬之處（參見本文註69所論），故此處亦從《資治通鑑》之繫年。

[42] 《通典》卷170，〈刑法八·寬恕〉亦載此事（頁4413）；惟《通典》只記「（貞觀）四年十一月」，未如《唐會要》連日期都有記載，故從《唐會要》。

又制：「在京見禁囚，刑部每月一奏。從立春至秋分，不得奏決死刑。其大祭祀及致齋日、朔望、上下弦、二十四氣、雨未晴、夜未明、斷屠日月及假日，並不得奏決死刑」（《通典》，卷 170〈刑法八·寬恕〉，頁 4412）。

此即今本《唐律疏議·斷獄律》第 28 條「立春後秋分前不決死刑」（總第 496 條）之根源。[43]

第七，太宗也規定，只要京師處決人犯的當天，皇帝應該撤樂、不進酒肉，史載：

上又曰：「古之行刑，君為徹樂減膳。朕庭無恒設之樂，莫知何徹。然對食即不啖酒肉。自今以後，令尚食相知，刑人日勿進酒肉。內教坊及太常，並宜停教」（《通典》，卷 170〈刑法八·寬恕〉，頁 4413）。

此一規定，疑似貞觀四、五年間頒布；[44]太宗勅令京師處決人犯之日，君主本身應該撤樂、不食酒肉，以示「萬邦有罪，罪在朕躬」，進而發揮自我警惕與告誠後代帝王之意。到了貞觀五年十一月，太宗更擴大到外州決死囚的第三日，

---

[43] 見《唐律疏議》卷 30〈斷獄律〉第 28 條「立春後秋分前不決死刑」（總第 496 條）之規定：「諸立春以後、秋分以前決死刑者，徒一年。其所犯雖不待時，若於斷屠月及禁殺日而決者，各杖六十。待時而違者，加二等」（頁 571）。本條疏議曰：「依〈獄官令〉：『從立春至秋分，不得奏決死刑。』違者，徒一年。若犯『惡逆』以上及奴婢、部曲殺主者，不拘此令。其大祭祀及致齋、朔望、上下弦、二十四氣、雨未晴、夜未明、斷屠月日及假日，並不得奏決死刑。其所犯雖不待時，『若於斷屠月』，謂正月、五月、九月，『及禁殺日』，謂每月十直日，月一日、八日、十四日、十五日、十八日、二十三日、二十四日、二十八日、二十九日、三十日，雖不待時，於此月日，亦不得決死刑，違而決者，各杖六十。『待時而違者』，謂秋分以前、立春以後，正月、五月、九月及十直日，不得行刑，故違時日者，加二等，合杖八十。其正月、五月、九月有閏者，令文但云正月、五月、九月斷屠，即有閏者各同正月，亦不得奏決死刑」（頁 571-572）。其中，禁殺的「十直日」正與佛教「十齋日」完全吻合，此似為唐代統治階層與唐代文化受到佛教影響之旁證，惟此事當另文為之。

[44] 從下引貞觀五年（631）十一月九日勅：「前勅在京決死四日，進蔬食」（《唐會要》卷 40，〈君上慎恤〉，頁 840），可知太宗規定在京決人犯日應進蔬食的勅令，是在貞觀五年十一月九日以前頒布的。雖然《太平御覽》載此一勅令頒布於「貞觀中」，如《太平御覽》卷 636，〈刑法部二·敘刑下〉云：「貞觀中制：古者行刑，君為徹樂減膳。今庭無恒設之樂，莫知何徹。然對食即不啖酒肉。自今以後，刑人日勿進酒肉。內教及太常，并宜停教」（頁 2B），今不取。

皇帝也應該進蔬食,如《唐會要》所載:

> 其年（貞觀五年）十一月九日敕:「前敕在京決死囚日,進蔬食。自今
> 已後,決外州囚第三日,亦進蔬食」(《唐會要》卷40,〈君上慎恤〉,頁
> 840)。

第八,太宗又規定,凡自行戕害身體,企圖逃避賦役者,應予科罪,並仍要負
擔賦役,史載:

> （貞觀）十六年七月敕:「今後自害之人,據法加罪,仍從賦役。」自
> 隋季政亂,徵役繁多,人不聊生。又自折生體。稱為「福手」「福足」。
> 以避征戍。無賴之徒,尚習未除,故立此例(《唐會要》,卷39〈君上慎
> 恤〉,頁827)。

這是因為自隋末大亂以來,賦役繁重,民不聊生,所以有人自行戕害身體,藉
此逃避賦役,並號為「福手」、「福足」;唐初以來,此風未息,故太宗規定對於
這些戕害身體,企圖逃避賦役的人,不但要依法科罪,並且仍要他們擔負賦役,
希望藉此整頓歪風。

最後,太宗也廢止了部內有人觸犯「十惡」大罪時,要連坐其刺史的規定,
如《貞觀政要》所載:

> 貞觀十四年,戴州刺史賈崇以所部有犯十惡者,被御史劾奏。太宗謂侍
> 臣曰:「昔陶唐大聖,柳下惠大賢,其子丹朱甚不肖,其弟盜跖為臣惡。
> 夫以聖賢之訓,父子兄弟之親,尚不能使陶染變革,去惡從善。今遣刺
> 史,化被下人,咸歸善道,豈可得也?若令緣此皆被貶降,或恐遞相掩
> 蔽,罪人斯失。諸州有犯十惡者,刺史不須從坐,但令明加糾訪科罪,
> 庶可肅清奸惡。」(《貞觀政要》,卷8〈刑法第三十一〉,頁547)。

貞觀十四年（640），由於戴州境內有人觸犯十惡重罪，[45]刺史賈崇因而被御史
劾奏。太宗以為，唐堯氏之子丹朱尚且不肖，柳下惠之弟盜跖尚且為盜，朝廷
又怎能奢望地方刺史真能做到移風易俗呢？況且，若因此而連坐刺史，太宗深
恐各州刺史反而包庇境內的犯罪事件，其弊更大。因此，太宗規定，自今以後，
諸州若再有犯十惡者，不要連坐刺史；只要求各州刺史，明查暗訪，肅清此類
犯罪即可。

　　姑不論唐太宗時代制頒的律令格式有多少篇，即以上述九項法制改革來看
（以加役流取代死刑、放寬兄弟從坐之刑、五覆奏的規定、三品以上官員有罪
應於朝堂候進止、決笞杖不得鞭背、禁決死刑之日、京城決死刑之日皇帝應撤
樂進蔬食、禁止戕害身體逃避賦役、諸州有犯十惡者不連坐其刺史），即可知太
宗時代的法制建設可謂多采多姿，且能與其「刑法以簡約為要」與「用刑務在
寬平」等法律思想相互輝映。

四、結　論

　　唐太宗是有唐一代最重要的明君之一，且初唐的國家規模與制度，大多是
在太宗時代建構完成，故太宗君臣的法律思想與法制建設，值得探究。

　　從《貞觀政要》及其他相關史籍之記載可知，太宗君臣的法律思想，主要
表現在「用刑務在寬平」、「禁止奴隸告主」、「不輕易言赦」、「親故有犯，亦不
寬貸」及「國家法令，務求簡約、畫一」等等方面，而這些法思想，也具體落

---

[45] 所謂「十惡」，見《唐律疏議》卷1〈名例律〉第6條「十惡」之規範：「十惡：一曰謀反。謂謀危社
稷。二曰謀大逆。謂謀毀宗廟、山陵及宮闕。三曰謀叛。謂謀背國從偽。四曰惡逆。謂毆及謀殺祖
父母、父母，殺伯叔父母、姑、兄姊、外祖父母、夫、夫之祖父母、父母。五曰不道。謂殺一家非
死罪三人，支解人，造畜蠱毒、厭魅。六曰大不敬。謂盜大祀神御之物、乘輿服御物；盜及偽造御
寶；合和御藥，誤不如本方及封題誤；若造御膳，誤犯食禁；御幸舟船，誤不牢固；指斥乘輿，情
理切害及對捍制使，而無人臣之禮。七曰不孝。謂告言、詛詈祖父母父母，及祖父母父母在，別籍、
異財，若供養有闕；居父母喪，身自嫁娶，若作樂，釋服從吉；聞祖父母父母喪，匿不舉哀，詐稱
祖父母父母死。八曰不睦。謂謀殺及賣緦麻以上親，毆告夫及大功以上尊長、小功尊屬。九曰不義。
謂殺本屬府主、刺史、縣令、見受業師，吏、卒殺本部五品以上官長；及聞夫喪匿不舉哀，若作樂，
釋服從吉及改嫁。十曰內亂。謂姦小功以上親、父祖妾及與和者」，頁6-16。

實在太宗時代的法制建設上。

因此，在唐太宗在位期間，曾經制頒《貞觀律》12 卷、《貞觀令》27 卷、《貞觀格》18 卷、《貞觀式》33 卷，法制建設成果，堪稱輝煌；除此之外，對於刑制的諸多改革，如以加役流取代死刑、放寬兄弟從坐之刑、五覆奏的規定、三品以上官員有罪應於朝堂候進止、決笞杖不得鞭背、禁決死刑之日、京城決死刑之日皇帝應撤樂進蔬食、禁止戕害身體逃避賦役、諸州有犯十惡者不連坐其刺史等等，可知太宗時代的法制建設可謂多采多姿，且能與其「刑法以簡約為要」與「用刑務在寬平」等法律思想相互輝映。

陸贄的國家治理與法律思想

陳登武[*]

　　陸贄（754～805），是中晚唐一大名相，論者多高度肯定他的成就。兩唐書
對他有很高的評價，《舊唐書‧陸贄傳》說他：「居珥筆之列，調飪之地，欲
以片心除眾弊，獨手遏群邪」，只可惜「君上不亮其誠，群小共攻其短」，[1]最
終遭到貶逐的命運。《新唐書‧陸贄傳》說他「譏陳時病，皆本仁義，可為後
世法」。[2]北宋蘇東坡也高度肯定他，說他「才本王佐，學為帝師，論深切於事
情，言不離於道德」。[3]南宋呂祖謙特別注意到他「再造唐室」有功，尤其注重
其人格特質，說他「闔戶」、「避謗」、「畏天命、畏大人」，「其至念深矣」，[4]凸
顯陸贄幽微細膩的處世之道。明代薛瑄更明確地標舉陸贄在治道上的具體建
言，用以論其具王佐之才，並感嘆因德宗不能用其言，而失去臻於盛世的機會。[5]

　　學界對於陸贄之研究，談其事功與政治思想者較多，注意其法律思想者甚
少。陸贄生平最重要的職務為翰林學士。他在擔任翰林學士期間，恰好是唐德
宗遭逢藩鎮稱王、涇原兵變等劇烈動盪的時期，他為德宗草擬詔書，或時受德
宗垂問，在回覆德宗問題的同時，展現他對君道的看法，對國家治理的理解，
以及他的法律思想，值得深入討論。

---

[*]　臺灣師範大學歷史學系教授
[1]　《舊唐書‧陸贄傳》，卷 139，頁 3817。
[2]　《新唐書‧陸贄傳》，卷 157，頁 4932。
[3]　（宋）蘇軾撰、孔凡禮點校，《蘇軾集》（北京：中華，1982），卷 36，〈乞校正陸贄奏議上進劄子〉，
　　頁 1012。
[4]　呂祖謙撰，黃靈庚、吳戰壘等主編，《呂祖謙全集‧東萊呂太史文集》（杭州：浙江古籍出版社，2008），
　　卷 6，〈秀州陸宣公祠堂記〉，頁 98。
[5]　（明）薛瑄撰、孫玄常等點校，《薛瑄全集》（太原：山西人民出版社，1990），文集卷之 19，〈唐陸宣
　　公廟記〉，頁 847。

一、君道與國家治理

唐德宗建中三年（782），河北藩鎮朱滔、田悅、王武俊、李納皆稱王；淮西李希烈亦反，一時五王分立，同時反抗中央。朝廷命李懷光、李抱真、馬燧、李晟等將抗敵。陸贄時任監察御史，但時時入翰林，從德宗游。建中四年（783）3月，陸贄以祠部員外郎充翰林學士。10月，涇原兵變，德宗倉皇逃出長安，奔奉天（今陝西乾縣）；朱泚據長安稱帝。興元元年（784）2月，李懷光勾結朱泚倒戈，德宗南奔梁州（今陝西漢中），直到本年7月亂平，德宗回京。[6]

上述德宗一生最慘烈的出奔逃亡歲月中，陸贄始終相隨，並以翰林學士參與機要，因受德宗信任，而屢屢垂問時局與政務的看法。陸贄發文常保留德宗詔旨提問，隨即以解惑釋疑和運籌帷幄的雙重視角，具體而翔實提出分析與見解，讓後人有機會看到其君臣動態式的對話與互動，德宗的所作所為與處世心態因得以一一呈現，陸贄的忠誠無私與敢於諫言，也躍然紙上。

《舊唐書·陸贄傳》形容他：「以受人主殊遇，不敢愛身，事有不可，極言無隱。朋友規之，以為太峻，贄曰：『吾上不負天子，下不負吾所學，不恤其他』」，[7]可說深得其要。「以為太峻」，顯然是指他責君之失，太過嚴厲。「不敢愛身」、「極言無隱」、「不恤其他」，可說是一種義無反顧的「殉道」精神，[8]從他最後被貶逐遠惡之處來看，應該也是求仁得仁的結果。《新唐書·陸贄傳》論贊提及德宗後來對陸贄「追仇盡言」，[9]確實相當精準地掌握到陸贄最終命運轉變的關鍵點。

陸贄的「盡言」，就是他的「極言無隱」，也就是他責君「太峻」。不過，從他的角度看，這也正是為了報效皇恩應有的作為。當五王並起，兵威中央時，德宗透過太監朱冀寧傳聖旨：「緣兩河寇賊未平殄，又淮西凶黨攻逼襄城，卿識古知今，合有良策，宜具陳利害封進者」，奉命要「具陳利害」的陸贄，確實善

---

[6] 上述背景，可參看《舊唐書·德宗本紀》、《舊唐書·陸贄傳》；另可參看王素，《陸贄評傳》（南京：南京大學出版社，2001），頁50-69。

[7] 《舊唐書·陸贄傳》，卷139，頁3817。

[8] 此處「殉道」精神，是徐復觀先生的用語。參看〈中國的治道—讀陸宣公傳集書後〉，收入李維武編，《徐復觀文集（二）》（武漢：湖北人民出版社，2002），頁271。

[9] 《新唐書·陸贄傳》，卷157，頁4932。

盡其責，知無不言，言無不盡。在〈論兩河及淮西利害狀〉說：「薦承過恩，文學入侍，每自奮勵，思酬獎遇，感激所至，亦能忘身」、「心蘊忠憤，固願披陳，職居禁闈，當備顧問。承問而對，臣之職也；寫誠無隱，臣之忠也」，[10]在〈論裴延齡姦蠹書〉中，他也說：「憂深故語煩，懇迫故詞切，以微臣自固之謀則過，為陛下慮患之計則忠」，[11]這些文字正是陸贄忠君心態與自我認知的展現。考其具體內容，則多論及君道與國家治理的要義，所檢討者則多涉及德宗之失，值得深究。

〈論敘遷幸之由狀〉寫於建中四年（783），正是德宗出奔奉天後，與陸贄論及涇原兵變與德宗出奔的原因，在對話之中呈現德宗的心態與陸贄的極言無隱。這篇文章其實涵蓋了陸贄與德宗兩次的對話。先是，德宗與陸贄論及涇原兵變，似乎頗有自責之辭，陸贄認為「辭旨過深」，而認為「致今日之患者，群臣之罪也」。德宗則又回以「卿以君臣之禮，不忍歸過於朕，故有此言。然自古國家興衰，皆有天命，今遇此厄運，雖則是朕失德，亦應事不由人」，等於將一切過失歸咎於「天命」，而認為「事不由人」。陸贄雖不以為然，但因當時有其他事影響君臣繼續對話，因退而復撰此文，詳解其意。

陸贄主要針對所謂「群臣之罪」與「天命」之說進行論辯。「群臣之罪」主要都在指責德宗即位以來的諸多不當舉措，致使國家動盪不安，而德宗「有股肱之臣，有耳目之任，有諫諍之列，有備衛之司」，這麼多的文武官員，竟然「見危不能竭其誠，臨難不能效其死」，這就是他所說的「群臣之罪」。可知其根源還是在指責德宗的諸多不是，也就是造成國家動盪的原因。

陸贄認為一切的根源來自於安史亂後，國家對於藩鎮的姑息政策，致使藩鎮坐大，他們的所作所為，「事多僭越，禮闕會朝」。德宗即位，為了集權中央，「將壹區宇」，亦即希望統一天下，而征戰四方，三年來兵連禍結，所造成的影響包括：

---

[10] 陸贄撰、王素點校，《陸贄集》（北京：中華書局，2006），卷11，〈論兩河及淮西利害狀〉，頁316。本文所引《陸贄集》均以此版本為準，以下不一一註明。

[11] 陸贄，〈論裴延齡姦蠹書〉，頁691。

（一）百姓出征，閭里不寧

因征戰四方，使得「父子訣別，夫妻分離」；因戰爭帶來的龐大經費，使得「一人征行，十室資奉，居者有饋送之苦，行者有鋒刃之憂，去留騷然，而閭里不寧矣」，也就是出征的人有生命的危險，留在家的人有送別親人和承擔高賦稅的痛苦，鄉里社會自然就充滿各種騷動與不安。

（二）沈重賦稅，郡邑不寧

「聚兵日眾，供費日多，常賦不充，乃令促限；促限才畢，復命加徵；加徵既殫，又使別配；別配不足，於是權算之科設，率貸之法興」，因供給軍需的費用日增，尋常的賦稅已經不足以應付，因而不斷衍生各種額外名目的稅收項目，從「常賦」到「促限」，到「加徵」，到「別配」，到「權算之科」，再到「率貸之法」，既可以想見軍需之迫切，又可以看到人民面對各種稅務負擔之沈重。「禁防滋章，條目纖碎，吏不堪命，人無聊生」，「市井愁苦，室家怨諮，兆庶嗷然，而郡邑不寧矣」，各種禁令和細瑣的法規，造成天下百姓仇苦哀嘆，民不聊生，州郡城市自然也不得安寧。

（三）中央空虛，京邑關畿不寧

陸贄認為國家最重要的國防武備，一個是邊陲駐軍，「用保封疆」；一個是京師禁衛，「以備巡警」，即中央禁軍防衛體系。德宗為了急於平定地方亂事，這兩大系統的軍隊都被「累遣東征」，其結果是「邊備空虛，親軍寡弱」。因而，只好又在關中京畿地區「搜閱私牧以取馬，簿責將家以出兵」，這些「私牧者」，大部分又都出自「元勳貴戚之門」；這些「將家者」，又主要都是「統帥岳牧之後」，他們或者因受君上親自委派，或者因忠心勞苦，而得以免除「征徭」，可說「固有常典」。如今突然「奪其畜牧，事其子孫」，造成他們或「乞假」，或「破產」，「道路凄憫，部曲感傷，貴位崇勳，孰不解體」？加上京畿地區賦稅聚斂更為苛刻嚴厲，「邸第侯王，咸輸屋稅」，讓生活在京畿地區的貴族集團，「貴而不見優，近而不見異」，他們內心憤慨激動，當然更甚於其他地方，因而「群情動搖，朝野囂然，而京邑關畿不寧矣」。

　　陸贄更認為造成以上這些困境的根源，又主要都來自德宗性格上的缺失。
他說：

> 神斷失於太速，睿察傷於太精。斷速則寡恕於人，而疑似之間不容辯也；
> 察精則多猜於物，而臆度之際未必然也。寡恕則重臣懼禍，反側之釁易
> 生；多猜則群下防嫌，苟且之風漸扇。是以叛亂繼起，怨讟並興，非常
> 之虞，億兆同慮。

正因為德宗太過聰明，判斷事務往往太快，沒有機會讓當事人辯解，因而很少
寬恕人，國家重臣恐懼禍害，遂而容易滋生造反；正因為觀察太精明細微，容
易陷於猜疑，導致百官充滿預防被猜疑的心，反產生得過且過的風尚。
　　總結這麼多的時代問題，卻又跟德宗性格密切相關，而群臣無人敢於進諫
言，陸贄因而說這是「群臣之罪」，實則表面說「群臣之罪」，卻句句在檢討德
宗的過失。
　　另一方面，針對德宗將一切動亂歸於「天命」之說，陸贄也引述儒學經典
一一加以駁斥，他說：

> 六經會通，皆為禍福由人，不言盛衰有命。蓋人事著於下，而天命降於
> 上，是以事有得失，而命有吉凶，天人之間，影響相準。《詩》、《書》
> 已後，史傳相承，理亂廢興，大略可記。人事理而天命降亂者，未之有
> 也；人事亂而天命降康者，亦未之有也。

極言禍福由人，從而闡述「人事」與「天命」相應之理。建議德宗「鑒既往之
深失，建將來之令圖」，最重要的是要「審察時變，博詢人謀，王化聿修，天祐
自至」。
　　針對德宗所說「事不由人」，陸贄繼而闡述他的「治亂觀」，從而與德宗談
到君道與治亂的關係，相當深刻：

臣聞理或生亂，亂或資理，有以無難而失守，有因多難而興邦。理或生
亂者，恃理而不修也；亂或資理者，遭亂而能懼也。無難失守者，忽萬
機之重而忘憂畏也；多難興邦者，涉庶事之艱而知敕慎也。今生亂失守
之事，則既往不可復追矣，其資理興邦之業，在陛下勉勵而謹修之。當
至危至難之機，得其道則興，失其道則廢，其間不容復有所悔也。

唐人諱「治」，「理亂」即「治亂」。陸贄認為人君對於治亂應有深刻體會與認識，
處於治世，如果忘記「居安思危」（他在其他文章中也不斷檢討德宗過去居安忘
危的態度），反而「無難失守」，導致亂世降臨；即使處於亂世，如果知道多難
興邦的道理，或者恰好有助於治世的重現，其關鍵則在於「得道」與「失道」。
他希望德宗能夠「勤思焉，熟計焉，捨己以從眾焉，違欲以遵道焉」，「己」是
指德宗性格上的缺失，包括他過於聰明敏銳，以致自以為是，不易接納諫言，
猜疑心過重；「欲」是指德宗貪財好利，屢徵重稅。他所說的「得道」、「失道」、
「遵道」，所說之道都是「治道」，他的「治道」並不是虛無飄渺或難以企及的
論說，他的具體建議是希望德宗「推至誠而去逆詐焉，杜讒沮之路、廣諫諍之
門焉、掃求利之法、務息人之術焉，錄片善片能、以盡群材焉，忘小瑕小怨、
俾無棄物焉」，可見他非常清楚德宗一人繫乎天下，他的一言一行關乎國家治
理，是以不厭其煩的論說詳解，他進一步說：

斯道甚易知，甚易行，不勞神，不苦力，但在約之於心耳。又陛下天資
睿哲，有必致之具，安得捨而不為哉！斯道夕誓之於心，則可以感神明，
動天地；朝施之於事，則可以服庶類，懷萬方。何憂乎亂人，何畏乎厄
運，何患乎天下不寧？……東北群孽，茌苒逋誅，涇原亂兵，倉卒犯禁，
蓋上天保祐陛下，恐陛下神武果斷，有輕天下之心，使知艱難，將永福
祚耳。伏願悔前禍以答天戒，新聖化以承天休。勿謂時鍾厄運而自疑，
勿謂事不由人而自解。勤勵不息，足致昇平，豈止蕩滌妖氛，旋復宮闕
而已。[12]

---

[12] 以上所論，參見陸贄，〈論敘遷幸之由狀〉，頁 354-365。

陸贄之所以說他所謂的「道」易知易行，既不勞神也不苦力，就是因為只在於德宗的「心」，這裡的心，可以是心念、態度或者行事作風，不假外求，只要他願意調整，自然可以感動天地、服懷萬方。他勸誠德宗以眼前災難為戒，視為來自上天的警戒與提醒，因為他「神武果斷，有輕天下之心」，勸他千萬不要以「事不由人」來自我開脫。

從〈論敘遷幸之由狀〉可瞭解陸贄對於德宗性格的分析、當時國情的判斷、國家治理的建議，其中論及治道與德宗得失之處最多。陸贄論德宗，既看到他的才華洋溢、聰明過人，也看到他因過於聰明而猜忌寡恕的性格，與史書評價相去不遠。

《舊唐書·德宗本紀》史臣總評德宗，說他「天才秀茂，文思雕華。灑翰金鑾，無愧淮南之作；屬辭鉛槧，何慚隴坻之書」，「淮南之作」，說的是西漢淮南王劉安及其幕下的士人編纂的《淮南子》；「隴坻之書」，用的是西漢揚雄的典故。揚雄《解嘲》有「留侯畫策，陳平出奇，功若泰山，嚮若坻隤」，應劭以為「坻隤」指天水隴氏（同坻），[13]故以「隴坻之書」指《解嘲》，在此也泛指揚雄的著作。就是形容德宗才思敏捷、文采極佳，因此，「出震承乾之日，頗負經綸」；卻也因而招來遍地烽火，「出車雲擾，命將星繁，罄國用不足以餽軍，竭民力未聞於破賊」、「五盜僭擬於天王，二朱憑陵於宗社」。甚至批評他不能知人善任，「雖知非竟逐於楊炎，而受佞不忘於盧杞。用延賞之私怨，奪李晟之兵符；取延齡之姦謀，罷陸贄之相位。知人則哲，其若是乎！」[14]「知人則哲」出自《尚書·皋陶謨》：「知人則哲，能官人。」鄭玄注：「哲，智也。無所不知，故能官人。」孔穎達正義：「知人善任，則為大智。能用官，得其人矣」。[15]

陸贄深知德宗猜忌防嫌，刻薄寡恩，不能以寬恕待人，因此屢屢藉機曉以君道。據〈興元論續從賊中赴行在官等狀〉，德宗出奔梁州期間，陸續有低階官員從長安逃出來，德宗認為這些官員大都不是良善之人，其中有一位叫邢建的人尤其讓德宗厭惡，因而加以囚禁，並以此事詢問陸贄的看法。陸贄透過對德

13 《漢書·揚雄傳下》，卷87下，頁3573-5。
14 《舊唐書·德宗本紀》，卷13，「史臣曰」，頁401。
15 十三經注疏整理委員會（李學勤等），《尚書正義》（北京：北京大學出版社，2000），〈皋陶謨第四〉，頁123-4。

宗的釋疑，從尊卑差異說到「天子之德」，再次申論「君道」與國家治理之關係。他從「尊領其要，卑主其詳；尊尚恢宏，卑務近細」破題，提醒德宗以天子之尊，應該氣度恢弘，掌握要領即可。從這個大前提出發，他說：

> 是以練覈小事，糾察微姦，此有司之守也。維御萬樞，選建庶長，總綱而眾目咸舉，明邇而群方自通，此大臣之任也。愚智兼納，洪纖靡遺，蓋之如天，容之如地，垂旒黈纊而黜其聰察，匿瑕藏疾而務於包含，不示威而人畏之如雷霆，不用明而人仰之如日月，此天子之德也。以卑而僭用尊道，則職廢於下；以尊而降代卑職，則德喪於上。職廢則事不舉，德喪則人不歸。事不舉者，弊雖切而患輕；人不歸者，釁似微而禍重。茲道得失，所關興亡。

德宗有「有司」，有「大臣」，何勞事事費心？何需大小都管？他認為「天子之德」應該「垂旒黈纊」、「匿瑕藏疾」、「不示威」、「不用明」，這些似乎都是針對德宗而發，有所期待於德宗而寫。德宗性格上的最大問題恰好就是太過「聰察」，太過猜忌，太容易看到別人的壞，太容易對官員示以威嚴、用其明智，以致身為天子之尊，卻常常關心那些「有司」該做的事，其嚴重後果就是德喪於上而民不歸心，民不歸心最終當然可能造成國家禍害。「茲道得失」，也就是攸關「治道」當然就關乎國家興亡。為什麼陸贄認為這關乎國家興亡？他進一步說：

> 聖王知宇宙之大，不可以耳目周，故清其無為之心，而觀物之自為也。知億兆之多，不可以智力勝，故壹其至誠之意，而感人之不誠也。異於是者，乃以一人之聽覽，而欲窮宇宙之變態，以一人之防慮，而欲勝億兆之姦欺。役智彌精，失道彌遠。……以虛懷待人，人亦思附；任數御物，物終不親。情思附則感而悅之，雖寇讎化為心膂有矣；意不親則懼而阻之，雖骨肉結為仇慝有矣。臣故曰：茲道得失，所關興亡。

極陳君王不能只想靠一個人的耳目、智力、聽覽、防慮，面對天下宇宙的變態與姦欺，人君只能清靜無為，以「至誠」之心，虛懷待人。

　　以上看似泛論具有普遍意義的「君道」，其實都是針對德宗性格而來，以下則更直指德宗的問題。他說：「陛下睿哲文思，光被四表，孝友勤儉，行高百王」，但為什麼「化未大同，俗未至理」？陸贄的觀察是：

> 良以智出庶物，有輕待人臣之心；思周萬幾，有獨馭區寓之意。謀吞眾略，有過慎之防；明照群情，有先事之察；嚴束百辟，有任刑致理之規；威制四方，有以力勝殘之志。由是才能者怨於不任，忠藎者憂於見疑，著勳業者懼於不容，懷反側者迫於攻討。馴致離叛，構成禍災，兵連於外，變起於內，歲律未半，乘輿再遷，國家艱屯，古未嘗有。

陸贄甚且追憶朝廷征戰之初，德宗本來可以有機會迅速弭平禍端，可惜他錯失良機。當時很多效忠朝廷的「義烈之徒」，有的「捨逆歸款」，離開叛徒，歸順朝廷；有的「陳謀諫失」，提供建言。如果德宗能夠「虛襟坦懷，海納風行，不疑不滯」，對於這些人，「功者報之，義者旌之，直者獎之，才者任之」，即使是「有志而無補於時，敢言而不當其理」，也能夠以寬恕的心，「恕其妄作，錄其善心，率皆優容，以禮進退」，倘能如此，「則海內風靡，翕然歸心」。但德宗「獨斷宸慮，專任睿明」，在他眼中，「降附者意其窺覦，輸誠者謂其遊說，論官軍撓敗者猜其挾姦毀沮，陳凶黨強狡者疑其為賊張皇，獻計者防其漏言，進諫者憚其宣謗」，舉凡這些人，「咸使拘留，謂之安置」，等同軟禁，「解釋無期，死生莫測，守護且峻，家私不通，一遭繫維，動歷年歲」，當然就「歸化漸稀，而上封殆絕矣」。

　　對於以上這些現象，偏偏德宗身邊的「貴近之臣，往來之使」，又都只會揣摩上意，阿諛奉承，誇讚德宗「聖謀深遠，策略如神」，終於造成「人心轉潰，寇亂愈滋」，才會先有「奉天之幸」，後有「梁岷之遊」。陸贄希望德宗能夠誠心「謝過萬方」，「敘忠良見忌之冤，而舉其尤鯁亮者，加之厚秩；糾阿諛不實之罪，而數其極姦妄者，處之大刑」，自然能夠天下懷服。

　　對於陸贄而言，明賞罰，辨忠邪，也是關乎國家治理極為重要的治道，「賞罰既明，忠邪畢辨，以此臨下，誰敢不誠？以此懷人，何有不服？」

　　陸贄借邢建一事，深論德宗猜忌苛刻，於君道有虧的面向，最後並給予具

體建言，希望德宗禮遇來降者，推心接待，能夠悅近懷小，「蓋悅近者來遠之資，懷小者致大之術也」，殷殷企盼於德宗「固不可以小失為無損而不悔，亦不可以小善為無益而不行」、「願陛下惟事無大小，皆以覆車之轍為戒」。[16]

對陸贄而言，「君道」就是得民心，得民心要倚賴君王面對天下事務的態度與作為。君王本身不必太過聰敏睿智，即使天縱英明，也應集結「眾智」，而不應凡事親力親為。但德宗恰好就是「頗負經綸」、才華洋溢的人，因此陸贄只能不斷地闡述其君道思想，特別是對德宗的期待。當他被問到「審思當今所務，何者最切」？他毫不隱諱地說一切的根本在於德宗的言行與態度，「陛下一言失，則四方解體；一事當，則萬姓屬心」，並認為「當今急務，在於審察群情」。如果「審察群情」有一個主體，當然就是德宗；「群情」做為客體，也就是「民心」所向，「若群情之所甚欲者，陛下先行之；群情之所甚惡者，陛下先去之」、「夫理亂之本，繫於人心，況乎當變故動搖之時，在危疑向背之際。人之所歸則植，人之所去則傾，陛下安可不審察群情」。唐人避李世民名諱，稱「民」為「人」，「人心」即「民心」（全文皆同）。可知陸贄認為治亂的根本在於民心，而民心就經由「群情」表現出來的。

問題是德宗的施政是不是已經符合「天下所欲」、滿足人民的期待？陸贄說：

> 今天下之所欲者，在息兵，在安業；天下之所惡者，在斂重，在法苛。陛下欲息兵，則寇孽猶存，兵固不可息矣；欲安業，則征徭未罷，業固未可安矣；欲薄斂，則郡縣懼乏軍用，令必不從矣；欲去苛，則行在素霽威嚴，言且無驗矣。此皆勢有所未制，意有所未從，雖旋於德音，足慰來蘇之望，而稽諸事實，未符悔禍之誠。

正因為情勢所迫，顯然天下所欲「息兵、安業」似乎都不可能獲得滿足；天下所惡「斂重、法苛」也都暫時不可能去除。那多說何用呢？「動人以言者，其感不深；動人以行者，其應必速」，陸贄要斷絕政府停留在空言的應對，而要求直接以具體行動因應時局的變化。因為「言因事而易發，行違欲而難成」，如果

---

16 以上所論，參見陸贄，〈興元論續從賊中赴行在官等狀〉，頁471-480。

天下民心所希望去除的具體作為，違背德宗內心的慾望，當然就難以實行。因此希望期待德宗「當違欲以行己所難，布誠以除人所病」。

另一個問題是如何能更具體深入掌握「群情」？陸贄說「竊聞輿議，頗究群情」，可見文武官員之中，掌握輿情的並不在少數。可是「四方則患於中外意乖，百辟又患於君臣道隔」、「上澤闕於下布，下情壅於上聞」，因為君臣道隔，上下阻絕，因此陸贄建議德宗要廣納建言，「含宏聽納，是聖主之所難；鬱抑猜嫌，是眾情之所病」，只有誠心「延接」，「親與敘言，備詢禍亂之由，明示咎悔之意，各使極言得失，仍令一一面陳」，如此一來，即可「總天下之智以助聰明，順天下之心以施教令，則君臣同志，何有不從，遠邇歸心，孰與為亂？」[17]

以上〈奉天論奏當今所切務狀〉所論要點，為陸贄奉旨回覆當今切急要務的具體內容。但書狀上呈超過 10 日，「不聞施行，不賜酬詰」，陸贄又上〈奉天論前所答奏未施行狀〉，再度申述君王從善納諫以得民心的重要。「臣聞立國之本，在乎得眾，得眾之要，在乎見情」、「君澤下流，臣誠上達，然後理道立」、「喻君為舟，喻人為水，水能載舟，亦能覆舟。舟即君道，水即人情」、「舟順水之道乃浮，違則沒；君得人之情乃固，失則危」、「古先聖王之居人上也，必以其心從天下之心，而不敢以天下之人從其欲」。陸贄還從歷史經驗，印證「王業盛衰」與「君道得失」的關係。他的結論是「與眾同欲靡不興，違眾自用靡不廢，從善納諫靡不固，遠賢恥過靡不危」。

從歷史經驗看，堯、舜、禹、湯、文王、武王，他們能夠「務同欲」、「納諫」、「從善」，「此六君者，天下之盛王也，莫不從諫以輔德，詢眾以成功」；桀、紂等君，則因「違眾」、「遠賢」、「自用」、「恥過」導致「失道」而衰。從歷史證明「失眾必敗，得眾必成，與堯舜禹湯同務者必興，與桀紂幽厲同趣者必覆」。繼而又論德宗「以明威照臨，以嚴法制斷」，「遠者驚疑而阻命，逃死之亂作；近者畏懾而偷容，避罪之態生。君臣意乖，上下情隔」，[18]不斷期許德宗能夠廣納諫言。

陸贄深知德宗猜忌多智，不納諫言，曾勸以「夫君天下者，必以天下之心為心，而不私其心；以天下之耳目為耳目，而不私其耳目」、「以天下之耳目為

耳目，則天下之聰明，皆我之聰明也」、「與天下同欲者，謂之聖帝；與天下違欲者，謂之獨夫」。[19]又勸以「有天下而子百姓者，以天下之欲為欲，以百姓之心為心，固當遂其所懷，去其所畏，給其所求，使家家自寧，人人自遂。家苟寧矣，國亦固焉；人苟遂矣，君亦泰焉」，[20]凡此皆「君道」。

　　陸贄所期許於德宗者，除不斷提醒他要推誠「納諫」之外，還希望他誠心悔過，且不只「知過」，還要「能改」。「夫《禮》、《易》、《春秋》，百代不刊之典也，皆不以無過為美，而謂大善盛德，在於改過日新」、「聖賢之意，較然著明，唯以改過為能，不以無過為貴。蓋謂人之行已，必有過差，上智下愚，俱所不免。智者改過而遷善，愚者恥過而遂非」。[21]〈奏天論赦書事條狀〉說：「知過非難，改過為難」；[22]〈奉天請罷瓊林大盈二庫狀〉說：「將卒慕陛下必信之賞，人思建功；兆庶悅陛下改過之誠，孰不歸德」。[23]這也就是陸贄在為德宗所擬的赦書〈奉天改元大赦制〉充滿悔過之意的原因。該文即以「致理興化，必在推誠；忘已濟人，不吝改過」起始，[24]《通鑑·唐紀》載：「赦下，四方人心大悅。及上還長安明年，李抱真入朝為上言：『山東宣布赦書，士卒皆感泣，臣見人情如此，知賊不足平也！』」、「王武俊、田悅、李納見赦令，皆去王號，上表謝罪」。[25]可知陸贄代擬的赦書發揮了穩定政局的作用。

二、論先德後刑

　　陸贄所發議論，大抵均因時而發、因人而論。因時，即他所處的五王並起、涇原兵亂等一連串事端之後的時局。因人，即他時時因而與德宗論君道，希望可以經由德宗的省悟，民心得以歸附，天下得以太平。所論既多，自然也兼及

[19] 陸贄，〈論裴延齡姦蠹書〉，頁 682。
[20] 陸贄，〈收河中後請罷兵狀〉，頁 527。
[21] 陸贄，〈奉天請數對群臣兼許令論事狀〉，頁 392。
[22] 陸贄，〈奏天論赦書事條狀〉，頁 415。
[23] 陸贄，〈奉天請罷瓊林大盈二庫狀〉，頁 426。
[24] 陸贄，〈奉天改元大赦制〉，頁 1。
[25] 《通鑑·唐紀》「唐德宗興元元年（784）」條，頁 7392。

其法律思想。其中，首先值得注意的是他的德刑觀。

在〈論關中事宜狀〉中，他說：「君人有大柄，立國有大權，得之必強，失之必弱，是則歷代不易，百王所同」，至於何為君人大柄？何為立國大權？陸贄說：

> 夫君人之柄，在明其德威；立國之權，在審其輕重。德與威不可偏廢也，輕與重不可倒持也。蓄威以昭德，偏廢則危；居重以馭輕，倒持則悖。恃威則德喪於身，取敗之道也；失重則輕移諸已，啟禍之門也。[26]

事實上，〈論關中事宜狀〉主旨在論關中之重要，天子應「居重以馭輕」，全文要點在論關中形勢之要，以及國家軍事防衛佈局之現況，因非本文要旨，暫置而不論。此處陸贄提出「德與威不可偏廢」，所謂「威」即指威加四方，對天子而言，「威」可以指依法、行刑、用兵等。古謂大刑用甲兵，用兵本來就是大刑之一，自然也是天子之威。「蓄威以昭德」，可見陸贄認為威與德並重；「恃威則德喪於身」，如只想倚賴「威」，則必造成失德。

陸贄在〈收河中後請罷兵狀〉中，用了另一組文字「惠」與「威」表達類似的意思。該文寫於德宗貞元元年（785），朱泚已於前一年敗亡；本年6月，朱滔亦死。10月李懷光自縊，收復河中。德宗在李懷光死後，問陸贄後續施政應如何？陸贄勸德宗在兵威有成效之後，應即罷兵，施以恩惠。

他先從最初引發征戰四起的情勢，談到「人不見恤，惟戮是聞，有辜無辜，不敢自保。是以抱釁反側者，懼鈇鉞之次加；畏禍危疑者，慮猜譖之旋及」，就是兵威加於四方，仁德無以施行的情況，造成接下來的兵連禍結。在德宗頒佈大赦詔書，深切悔過之後，「德澤將竭而重霑，君臣已絕而更交，天下之情，翕然一變」，可知「聖王之敷理道、服暴人，任德而不任兵明矣」。如果說，「兵者，刑也」，那麼，這也是陸贄德先於刑的論述。陸贄又說：

如或昧於懷柔，務在攻取，不懲教化之未至，不疵誠感之未孚，惟峻威
是臨，惟忿心是肆，視人如禽獸，而曝之原野；輕人如草芥，而劗之鈇
鋒。叛者不賓，則命致討；討者不克，則將議刑。是使負纍者懼必死之
誅，奉辭者慮無功之責，編以困於杼柚而思變，士卒以憚於死喪而念歸。
萬情相攻，亂豈有定？一夫不率，闔境罹殃；一境不寧，普天致擾；兵
連禍結，變起百端。

這裡的「懷柔」、「教化」、「誠感」，都是「德」，都是「惠」的同義詞。「攻取」、
「峻威」、「忿心」、「曝之原野」、「劗之鈇鋒」、「致討」、「議刑」，則都是「威」，
都是「刑」的同義詞。因此，以德為先，則可以悅近來遠；以威為重，自然兵
連禍結。因此，陸贄總結說：

夫君之大柄，在惠與威，二者兼行，廢一不可，惠而罔威則不畏，威而
罔惠則不懷。苟知夫惠之可懷，而廢其取威之具，則所敷之惠，適足以
示弱也，其何懷之有焉。苟知夫威之可畏，而遺其施惠之德，則所作之
威，適足以召敵也，其何畏之有焉？故善為國者，宣惠以養威，蓄威以
尊惠，威而能養則不挫，惠而見尊則有恩，是以惠與威交相畜也，威與
惠互相行也。人主之欲柔遠人而服強暴，不明斯術之要，莫之得焉。

這裡的「惠」與「威」，猶如上文之「德」與「威」。施惠猶仁德之表現。此處
則再申論「惠」與「威」之相互為用的重要性。在反逆者陸續弭平之後，陸贄
認為應該「誠宜上副天眷，下收物情，布恤人之惠以濟威，乘滅賊之威以行惠」，
更應該「宥河中染汙之黨，悉無所問；赦淮右僭逆之罪，咸與維新」。[27]
　　陸贄的先德後刑論，更明確而具體地呈現於他為德宗所寫的〈平朱泚後車
駕還京大赦制〉一文中。他說：「致理之體，先德後刑。禮義興行，故人知恥格；
教令明當，則俗致和平。然後姦慝不萌，暴亂不作。古先哲後，莫不由斯」。陸
贄屢勸德宗應深自悔過，以安天下。這篇大赦制書就是最具體的罪己書。其中

---

[27] 陸贄，〈收河中後請罷兵狀〉，頁519-534。

提到：

> 君者所以撫人也，君苟失位，人將安仰？朕既不德，致寇興禍，使生靈
> 無告，受制凶威。苟全性命，急何能擇？或虧廢名節，或貪冒貨利，陷
> 於法網，事匪一端，究其所由，自我而致。不能撫人以道，乃欲繩之以
> 刑，豈所謂恤人罪己之誠，含垢布和之義。滌清汙俗，咸與更新，可大
> 赦天下。[28]

德宗既承認自己「不德」，也就是「失德」，自然不應再予「行刑」，因此對於所
有戰爭期間誤觸法網，或投靠逆臣者，均予以特赦。這也是陸贄先德後刑思想
的具體落實。

陸贄對於「先德後刑」的重視，還表現在他為貶責在外的官員爭取量移甚
或起用的機會。他在〈再奏量移官狀〉[29]一文說：

> 伏以國之令典，先德後刑。所後者法當舒遲，故決罪不得馳驛行下，所
> 先者體宜疾速，故赦書日以五百里為程。誠以聖王之心，務宏慶惠，必
> 迴翔於行罰，而企躍於舒恩。不加罰於典法之外，不虧恩於德令之內，
> 則受責者莫得興怨，荷貸者咸思自新。所謂威之斯懲，宥之斯感，懲以
> 致理，感以致和。致理則尊，致和則愛，為人父母，必在兼行。

「決罪」、「行罰」為「刑」，「赦書」、「舒恩」為「德」，以「先德後刑」而言，
自然「赦書」應儘速頒行天下，「決罪」應遲緩執行。德刑固然需要兼顧，但先
德後刑才是陸贄的核心法律思想。

---

[28] 陸贄，〈平朱泚後車駕還京大赦制〉，頁19-39。
[29] 陸贄，〈再奏量移官狀〉，頁659-661。

三、論情法之間與罪疑惟輕

德宗興元元年（784），李懷光勾結朱泚，命部將趙貴先築壘於同州，反抗唐廷，裴向曉諭貴先，貴先降附中央。德宗與陸贄商量是否論罪趙貴先，已達成「欲恕其罪」的共識，後來德宗又問了其他將領，都說「貴先順從朱泚，則是逆人，合依常刑，不可寬捨」，德宗以「眾人意既如此，應難釋放」轉知陸贄，似已論定。陸贄卻仍堅持應寬恕趙貴先之罪。他說：

> 臣愚以為貴先從逆之罪，法當不容；貴先陷身之由，情則可恕。陛下所議矜宥，原其情也；諸將所請誅戮，據於法也。據法而除君之惡者，人臣之常志；原情而安眾之危者，人主之大權。臣主之道既殊，通執之方亦異，言各有當，體各有宜，事或相駁而無傷，此之謂也。

從逆之罪，論法不容；陷身之由，情有可原。德宗之前同意陸贄寬恕其罪，是從「原情」的立場出發；諸將請以逆罪誅殺，是從「據法」的角度論處。陸贄首先就是以「原情」與「據法」的差異著手，認為雙方議論都沒錯。

惟筆觸一轉，陸贄從貴先雖身陷賊中，但既未見被信任，也無具體反狀，情節似在疑似之間，而認為「凡所議讞，蓋緣獄疑罪疑惟輕，實編令典，脅從罔理，亦載聖謨」，主張應以寬恕其罪。陸贄對於疑似之間的罪狀，本來就傾向採取「罪疑惟輕」的寬恕態度，也可以在〈謝密旨因論所宣事狀〉看到：

> 夫聽訟辯讒，貴於明恕，明者在驗之以跡，恕者在求之以情。跡可責而情可矜，聖王懼疑似之陷非辜，不之責也；情可責而跡可宥，聖王懼逆詐之濫無罪，不之責也。惟情見跡具，詞服理窮者，然後加刑罰焉。是以下無冤人，上無謬聽，苛慝不作，教化以興。[30]

---

[30] 陸贄，〈謝密旨因論所宣事狀〉，頁 560-573。

陸贄反覆論證審理獄案，要辯證「跡」與「情」之間的關連。「跡」就是指犯罪事實；「情」應該是指犯罪緣由或當時處境。只有在「情見跡具，詞服理窮」的情況下，「然後加刑罰」，庶幾能達到無冤濫的地步。

在「原情」與「據法」都沒有錯的情況下，除了「罪疑惟輕」的原則之外，陸贄還從另一個更現實的角度論述對趙貴先應採取寬恕的理由。那就是當時李懷光尚未被消滅，李希烈聲勢也還頗為浩大，此時「遭罹誘陷，其類實繁」，也就是相同處境的將官可能不少，如何處理趙貴先？可能會有警示作用。「所用刑章，尤宜審慎，一輕一重，理亂攸生。宥之以恩，則自新者咸思歸命；斷之以法，則懷懼者姑務偷生」。

陸贄更以安史亂後，肅宗曾頒佈詔書，「罪止渠魁，餘所不問」，使河朔官民「既聞德澤之宏被，且幸脅汙之見原」。但後來政府官員面對所謂「從逆」官員，又以「三司按罪，繼用嚴科」，遂使安慶緒、史思明得以再度集結官眾，陸贄認為這就是「任法吏而虧權道，小不忍而亂大謀」的結果。因此，他主張「圖霸王者，不牽於常制，安反側者，罔念於宿瑕」，對於趙貴先的罪狀，「加戮不足威暴逆，矜全可以定危疑。明恕而行，盛德斯在，何所為慮，尚勞依違」。更重要的是，他認為寬恕趙貴先，可以「為將來張本，凡非首惡，皆願從寬，庶使負累之徒，莫不聞風而化，消姦凶誘惑之計，開叛亂降附之門，此其大機，不可失也」。[31]

陸贄這種具有現實取向的法律立場，也出現在〈收河中後請罷兵狀〉，「宥河中染汙之黨，悉無所問；赦淮右僭逆之罪，咸與維新」，他認為這樣的處置具有宣示性的作用：「凡在危疑懼討者必將曰：『淮右僭逆之罪且赦矣，吾屬何患焉！』凡在脅從同惡者必將曰：『河中染汙之黨且宥矣，吾屬何疚焉！』」[32]

不過，陸贄這種現實取向的法律態度，遭到對他極為肯定的明末思想家王夫之的批判。王夫之看到陸贄「本理原情，度時定法」，但對於他請罷兵一事，則批評其「失其樞機也」，甚至認為「原情定罪，而罪有等差；飭法明倫，而法有輕重。委之鬼誅，則神所弗佑；待之人禍，則眾難方興」。[33]

---

[31] 陸贄，〈請釋趙貴先罪狀〉，頁510-513。

[32] 陸贄，〈收河中後請罷兵狀〉，頁519-534。

[33] 王夫之，《讀通鑑論》（北京：中華書局，1975），卷24，〈德宗〉，頁1962。

四、論賞罰嚴明

在陸贄為德宗所寫的罪己詔書〈平朱泚後車駕還京大赦制〉中,「賞罰乖當」也是德宗自我反省的罪責之一。[34]這和陸贄本來就非常重視嚴明賞罰的思想有關。

德宗曾透過同為翰林學士的顧少連以密旨傳話陸贄,提及玄宗、肅宗朝的大臣苗晉卿「有不臣之言」,他的兒子苗粲等姓名與古代帝王相同,因而想要貶逐他們,並提醒陸贄多加防範。陸贄對德宗這種猜疑的心態深不以為然,因而論及賞罰之義:

> 伏以理國化人,在於獎一善使天下之為善者勸;罰一惡使天下之為惡者懲。是以爵人必於朝,刑人必於市,惟恐眾之不睹,事之不彰,君上行之無愧心,兆庶聽之無疑議,受賞安之無怍色,當刑居之無怨言,此聖王所以宣明典章,與天下公共者也。獎而不言其善,斯謂曲貸;罰而不書其惡,斯謂中傷。曲貸則授受不明,而恩幸之門啟;中傷則枉直莫辨,而讒間之道行。此柄一虧,為害滋大。

這段文字作為陸贄論述的基礎,談到賞罰對於國家治理的意義,並闡述「曲貸」與「中傷」,就是賞罰不明的結果,不僅於君道有虧,也深有害於國家統治。他對於苗晉卿父子一事的看法是:

> 陛下若以晉卿跡實姦邪,粲等法應坐累,則當公議典憲,豈令陰受播遷?陛下若察晉卿見誣,又知粲等非罪,則合隨才獎用,不宜降意猜防。今忽不示端由,但加斥逐,謂之掄材則失序,謂之行罰則無名,徒使粲等受錮於聖朝,晉卿銜憤於幽壤,以臣蔽滯,未見其宜。[35]

有罪則當罰；無罪則應隨才獎用。至於有罪無罪，則應「聽訟辯讒」，且宜「貴於明恕」。

陸贄非常重視賞罰嚴明，是因為他深以為：

> 夫賞以存勸，罰以示懲，勸以懋有庸，懲以威不恪。故賞罰之於馭眾也，猶繩墨之於曲直，權衡之於重輕，輗軌之所以行車，銜勒之所以服馬也。馭眾而不用賞罰，則善惡相混，而能否莫殊；用之而不當功過，則姦妄寵榮，而忠實擯抑。夫如是，若聰明可衒，律度無章，則用與不用，其弊一也。自頃權移於下，柄失於朝，將之號令，既鮮克行之於軍，國之典常，又不能施之於將，務相遵養，苟度歲時。欲賞一有功，翻慮無功者反側；欲罰一有罪，復慮同惡者憂虞。罪以隱忍而不彰，功以嫌疑而不賞，姑息之道，乃至於斯！[36]

賞罰本是「國之典常」，自有其功能與意義，但如果賞罰失當，造成「善惡相混，能否莫殊」，朝廷失其可用之權柄，國家養成姑息之風尚，可說影響深遠。

在所有的濫賞之中，最讓陸贄感到無法理解的是德宗竟然要對那些在他出奔梁州之時，獻瓜果的百姓，給予散試官封爵。陸贄說：

> 伏以爵位者，天下之公器，而國之大柄也。唯功勳才德，所宜處之。非此二途，不在賞典。恒宜慎惜，理不可輕。若輕用之，則是壞其公器，而失其大柄也。

「爵位」是國家「公器」，不宜輕授。「因饋酬官，恐非令典」，[37]這是陸贄的堅持。但德宗似未同意其看法，認為「試官虛名，無損於事，宰臣已商量進擬，與亦無妨」，陸贄因而再上第二狀，他說：

---

[36] 陸贄，〈論緣邊守備事宜狀〉，頁 616-7。
[37] 陸贄，〈駕幸梁州論進獻瓜果人擬官狀〉，頁 445。

臣愚以為信賞必罰，霸王之資；輕爵褻刑，衰亂之漸。信賞在功無不報，必罰在罪無不懲。非功而獲爵則爵輕，非罪而肆刑則刑褻。爵賞刑罰，國之大綱，一綱或紊，萬目皆弛，雖有善理，未如之何？[38]

陸贄所論仍堅持賞罰嚴明的態度。特別是「爵賞」與「刑罰」可說是「國之大綱」，當然應該審慎而為。

五、結語

唐德宗建中四年（783）3月，陸贄以祠部員外郎充翰林學士，開始參與機要，因受德宗信任，而屢屢垂問時局與政務的看法。陸贄以「學」為「帝王師」的精神，對德宗「極言無隱」，期能對匡復王業有所助益，以報效皇恩。他的言論多觸及君道與國家治理的要義，所檢討者則又多涉及德宗之失，在顛沛之際，確實發揮穩定政局的作用；但在王業中興之後，很快就遭到德宗「追仇盡言」，貶逐至四川忠州，以致老死。

德宗出奔奉天之後，陸贄屢屢勸德宗勇於認錯，並力求改過。面對德宗意圖將一切過失歸咎於「天命」，認為「事不由人」。陸贄則認為國家動盪的根源在德宗所為諸多不是，直指德宗君道有虧，失德於民，才會獲譴於天。

陸贄指出德宗性格上的問題，並非庸碌無能，而是太過於聰明敏銳，自負其太有才華，以致判斷事務往往太快，不易接納諫言，猜疑心過重；又貪財好利，屢徵重稅，終至盡失民心。他反覆地建議德宗要「推誠」、「納諫」，去除個人慾望，極陳君王不能只靠一個人的耳目、智力、聽覽、防慮，面對天下宇宙的變態與姦欺。只能清靜無為，以「至誠」之心，虛懷待人。

對陸贄而言，「君道」並不是虛無飄渺、難以企及的學說。「君道」可以說就是面對天下事務的一種意念或態度，就是君王懂得自省，能夠知過，更重要的是改過，自然能得民心，得民心就是得「君道」。君王本身不必太過聰敏睿智，

---

[38] 陸贄，〈又論進獻瓜果人擬官狀〉，頁447-453。

即使天縱英明，也應集結「眾智」，而不應凡事親力親為。

陸贄所發議論，大都因時而發、因人而論。所論兼及其法律思想。首先是主張先德後刑。陸贄提出「德與威不可偏廢」，他以「懷柔」、「教化」、「誠感」，作為「德」與「惠」的同義詞；以「攻取」、「峻威」、「忿心」、「曝之原野」、「剿之鉷鋒」、「致討」、「議刑」，作為「威」與「刑」的同義詞。主張以德為先，則可以悅近來遠；以威為重，自然兵連禍結。德刑固然需要兼顧，但先德後刑才是他的核心法律思想。

其次，陸贄對於司法案件，在「原情」與「據法」之間，他更重視當事人的具體動機與「罪疑惟輕」的寬恕態度。但他同時也注意到法律在實際上的效果問題，而有現實取向的立場，包括對於來降者給予寬恕，以期產生對於其他人的示範作用，借用王夫之的話說，似乎是一種「度時定法」的態度，因而遭到王夫之的嚴厲批判。

最後是陸贄非常重視嚴明賞罰。陸贄曾論及賞罰對於國家治理的意義，不斷強調就是賞罰不明，不僅於君道有虧，也深有害於國家統治。有罪則當罰；無罪則應隨才獎用。至於有罪無罪，則應「聽訟辯讒」，且宜「貴於明恕」。

陸贄非常重視賞罰嚴明，是因為他深以為：賞罰本是「國之典常」，自有其功能與意義，但如果賞罰失當，造成「善惡相混，能否莫殊」，朝廷失其可用之權柄，國家養成姑息之風尚，可說影響深遠。

在所有的濫賞之中，最讓陸贄感到無法理解的是德宗竟然要對那些在他出奔梁州之時，獻瓜果的百姓，給予散試官封爵。德宗認為「試官虛名，無損於事」，陸贄則堅持賞罰嚴明，認為「爵賞」與「刑罰」是「國之大綱」，當然應該審慎而為。

論曹操「唯才是舉」及用人評價

朱祖德*

一、前言

　　三國時期的一代梟雄曹操，可以說是一位多面向的人物，因此曹操也擁有多方面的特色。這些特色從公允的角度來看，有優點，也有缺點，呈現出曹操的內心是複雜而不容易被瞭解的。

　　曹操也是一位不易評價的歷史人物，他既有平定北方，使百姓免於長期戰亂，又大興屯田解決了糧食不足的問題，對於國計民生可以算是有功的。[1]但另一方面，曹操善忌，如有能力超過他，或對他不夠恭謹的名士或大臣，動輒遭到殺害，[2]又以報父仇為名血洗徐州，使百姓生靈塗炭，也令一些人才對其失去信心。

　　同時曹操的選擇人才的方法相當值得我們注意，他用人的標準是「唯才是

---

* 環球科技大學通識教育中心教授

[1] 參見張大可，〈論曹魏屯田〉，收入氏著，《三國史研究》(北京市：華文出版社，2003)，282~283。有關曹魏屯田的相關問題，參見高敏，〈曹魏屯田的分佈地區與經營年代考略〉，收入氏著，《魏晉南北朝史發微》(北京：中華書局，2005)，頁 16~56、高敏，〈再論曹魏屯田制的幾個問題〉，《史學月刊》1991: 4(1991.4)，頁 14~22、張澤咸，〈曹魏屯田制和漢末農民革命〉，收入氏著，《晉唐史論集》(北京市：中華書局，2008)，頁 250~265、張澤咸，〈東晉南北朝屯田述略〉，收入氏著，《晉唐史論集》(北京市，中華書局，2008)，頁 266~281。鄭欣，〈曹魏屯田制度研究〉，收入氏著，《魏晉南北朝史探索》(濟南市：山東大學出版社，1997)，頁 63~103 及黎虎，〈曹魏屯田的歷史作用與地位〉，收入氏著，《魏晉南北朝史論》(北京：學林出版社，1999)，頁 203~208。

[2] 參見張大可，〈論曹操〉，收入氏著，《三國史研究》(北京市：華文出版社，2003)，頁 155~156。

舉」，[3]即用人唯才，或重才不重德。因曹操力圖矯正東漢以來，選拔人才較重視名聲及評價，而較不重視才能的弊病，同時他對於收編其他勢力的降將，均加以重用，使得大批謀士猛將如荀彧、荀攸、程昱、郭嘉、賈詡、張遼、張郃、徐晃及張繡等人才均為其所用。此外，對於手下將領官吏等，曹操的原則，是有功必賞，有過必罰，也是他的用人方式。

本文主要探究曹操的用人政策——唯才是舉及不念舊惡外，為了明瞭曹操的人才觀，並將對於曹操的生平處世以及用人評價等方面加以論述，試圖從不同的角度，來瞭解曹操的用人方面的原則。

此外，曹操的領導統御方式，在漢末群雄中可以說是獨樹一幟，最明顯的是他經常親自帶兵出征，如攻呂布收復兗州、襲取徐州劉備、數次攻打張繡、與袁紹官渡對戰、北征烏丸、赤壁之戰及關中之戰等，幾乎所有重要戰役，曹操本人均是無役不與。

有看法認為是曹操總是親自帶兵打仗，是信不過自己的手下將領，怕他們靠不住，打不贏敵人。事實上更有可能是因曹操本人熟嫻兵法，並曾為《孫子兵法》作注，[4]因此本人對於領兵打仗是相當有自信的，也因此曹操不辭辛勞，常親率軍隊與敵人對戰。

還有一個原因是，青州兵是曹操的步兵主力，是由青州黃巾賊中簡拔出來的精銳部隊，[5]在曹操過世後，青州兵即譁變，不受將領節制，[6]可見其性質屬於曹操的親衛隊，因此若不由曹操自帶兵，其他將領可能無法指揮青州兵團。

---

[3]　(西晉)陳壽撰，(南朝宋)裴松之注，《三國志》(北京：中華書局，1994)，卷1，〈武帝紀〉，頁32，建安十五年春令。有關曹操的人才觀及求賢令文，參見王仲犖，〈曹操〉，收入王仲犖，《𪇃華山館叢稿續編》(濟南：山東人民出版社，1993)，頁280~282。

[4]　《三國志》，卷1，〈武帝紀〉，頁3裴松之注引孫盛《異同雜語》。曹操的《孫子兵法》注文，參見曹操撰，《曹操集》(臺北：純真出版社，1982)，〈《孫子》注〉，頁75~126。

[5]　《三國志》，卷1，〈武帝紀〉，頁9~10。青州兵為原青州黃巾軍所組成，成員皆為精壯農民，所向無前，故曹操以為中堅部隊，常以自衛。

[6]　《三國志》，卷18，〈臧霸傳〉，頁538裴注引《魏略》云「會太祖崩，(臧)霸所部及青州兵，以天下將亂，皆鳴鼓擅去」，曹操平日御軍極嚴，但曹操一死，青州兵即鳴鼓擅去，足見青州兵與其他部隊性質不同。

二、曹操的生平

曹操字孟德，一名吉利，小名阿瞞，沛國譙縣人(安徽省亳州市)，祖父曹騰，為朝廷宦官，順帝即位時為中常侍、大長秋，桓帝即位，封費亭侯，加位特進，[7]「歷事四帝，未嘗有過」，[8]因其功得收養繼子，即為曹操父親曹嵩，[9]因此曹操是出身在宦官家庭。曹操在舉孝廉後，出任洛陽北都尉，隨被外放為頓丘縣令，徵拜議郎，黃巾兵起，為騎都尉，遷濟南國相，所在均有治績。[10]董卓專政後，曹操返回故鄉募兵，響應起兵反董義舉，可惜在追擊董卓途中，遇上大將徐榮，寡不敵眾，大敗而歸。[11]

其後，曹操聲勢復振，率軍東征西討，因此在官渡之戰前已南服張繡，西取呂布、劉備，掃平敵對勢力，為對付袁紹作好準備。在曹操與袁紹爭戰數年後，終於戰勝袁紹，至此，曹操已完成北方的統一。其後曹操大舉南征，劉表

---

[7] 《三國志》，卷1〈武帝紀〉，頁1裴注引馬彪《續漢書》。

[8] 《三國志》，卷1〈武帝紀〉，頁1裴注引馬彪《續漢書》。

[9] 《三國志》，卷1，〈武帝紀〉，頁1，曹嵩的本姓無考，《三國志·武帝紀》云「莫能審其生出本末」，見《三國志》，卷1，〈武帝紀〉，頁1。裴松之注云「吳人作《曹瞞傳》及郭頒《世語》並云『嵩，夏侯氏之子夏侯惇之叔父。太祖於惇為從父兄弟』」，見《三國志》，卷1，〈武帝紀〉，頁2。(清)梁章鉅，《三國志旁證》，卷1云：「潘眉曰『陳志於帝紀云，莫能審其生出本末，於列傳則以夏侯惇、夏侯淵、曹仁、曹洪、曹休、曹真、夏侯尚為一卷，是顯以夏侯氏為宗室矣。』何焯曰『夏侯惇之子夏侯楙尚清河公主，淵子衡亦娶曹氏，則謂嵩夏侯氏之子者，蓋敵國傳聞蓋不足信』」，見(清)梁章鉅撰，《三國志旁證》，收入《三國志注補》(外四種)(上海，上海古籍出版社，2008)，卷1，頁507上；(清)趙一清，《三國志注補》，卷9云：「承祚以夏侯與諸曹互列一卷，正隱寓操為夏侯氏子。至操以女妻楙，蓋欲掩其跡，所謂奸也。而何氏轉據此力辨操非攜養，不亦慎乎！」，參見(清)趙一清撰，《三國志注補》，收入《三國志注補》(外四種)(上海，上海古籍出版社，2008)，卷9，頁118上；是何焯據曹氏與夏侯氏互為婚姻，而認為曹操並非夏侯氏後裔，潘眉、趙一清則認為陳壽將諸曹與諸夏侯放在一傳，足以說明曹操為夏侯氏之後，言之成理。觀曹操與夏侯惇兄弟之親密狀，顯與其他元從武將有別，如《三國志》，卷9，〈夏侯惇傳〉提到「太祖軍于摩陂，召惇常與同載，特見親重，出入臥內，諸將莫得比也」，見《三國志》，卷9，〈夏侯惇傳〉，頁268，夏侯惇雖為元從武將，也有相當功勞，但卻得到曹操特殊的禮遇，可以說應有其他原因，本為同宗族，是非常有可能的。張大可及趙文潤亦持此說，見張大可，〈論曹操〉，收入氏著，《三國史研究》，頁139、趙文潤，〈治世能臣 亂世奸雄－東漢末年傑出的政治家曹操〉，收入氏著，《漢唐人物述評》(西安市：陝西師範大學出版社，1997年12月)，頁66。

[10] 《三國志》，卷1，〈武帝紀〉，頁2~3。

[11] 《三國志》，卷1，〈武帝紀〉，頁5~7。

病死，劉琮投降，曹操兵不血刃取得荊州。赤壁之戰，曹操軍大敗，退回許都，其後曹操又親征關中諸將，大勝而歸。

在赤壁之戰後，曹操統一天下的美夢無法實現，魏、蜀、吳三分天下之勢已形成，要打破這個僵局，並不容易，因此無論是曹魏的南征或蜀、吳的北伐，大都無法取得太大的戰果。

曹操有治理國家的能力，早在曹操入仕之初，以「月旦評」聞名於時的許子將，[12]認為曹操是「治世之能臣，亂世之姦雄」，[13]許子將的評論，實有見識。曹操在頓丘令及濟南國相任內有治績，與他勵精圖治和善用人材有密切關連。治世能臣是說曹操擁有良好的治理能力，如曹操任洛陽北都尉時設五色棒，不避權貴，犯門禁者均加重爵，曾棒殺後來成為十常侍之一蹇碩的叔父，威名遠播，同時也使宵小之徒束手，因此社會治安改善甚多。[14]

曹操的父親曹嵩是宦官曹騰的養子，換言之，曹操是當時社會上名聲及評價均不佳的宦官後代。由於東漢末年宦官專政，在曹操舉孝廉並從政時，適在黨錮之禍後，當時社會上的氛圍，相當不利於出身於宦官集團的曹操。因此他為了擺脫家族與宦官集團的緊密連繫，並且有利於未來的吸納人才，特別是士家大族的人才，因此採取了一些作法，在擔任洛陽北都尉時，嚴懲宦官親戚一事，可作為指標。

---

[12] 許劭字子將，是東漢末年品評人物的專家，主持汝南「月旦評」，《後漢書·許劭傳》云許劭「少峻名節，好人倫，多所賞識。若樊子昭、和陽士者，並顯名於世。故天下之拔士者咸稱許、郭。……初，劭與(許)靖俱有高名，好共覈論鄉黨人物，每月輒更其品題，故汝南俗有「月旦評」焉，見(南朝宋)范曄，(西晉)司馬彪等撰，《後漢書》(台北：鼎文書局，1977)，卷68，〈許劭傳〉，頁2234~2235；許靖，許劭之從兄，與許劭俱知名，後因戰亂流寓交州，後至益州，劉備克蜀後，許靖因其名望受到重視，初為左將軍長史，劉備稱漢中王，許靖為太傅，及劉備稱帝，許靖為司徒，見《三國志》，卷38，〈許靖傳〉，頁963~966。

[13] 《三國志》，卷1，〈武帝紀〉，頁3裴注引孫盛《異同雜語》。

[14] 參見《三國志》，卷1，〈武帝紀〉，頁3裴注引《曹瞞傳》。

三、曹操的唯才是舉

在選用人才方面，人才為強國之本，因此曹操可以說是相當重視人才的選用，在徵聘人才方面可謂極其用心，曹操的用人哲學，「唯才是舉」，[15]是在第一次求賢令中提到的用人原則，「唯才是舉」也就是重才不重德，是曹操選擇人才的重要原則和條件；同時曹操亦不念舊惡，是曹操對於其他陣營降將的一貫態度，是用人不疑，疑人不用，因此有大批能人猛將為他所用。

曹操曾三次下求賢令，[16]並且特別強調「唯才是舉」，[17]換言之，即用人唯才，也可以說是重才不重德，這是為了矯正東漢以來的積弊，即尚名背實，朋黨結交的選舉弊端，[18]因此曹操極力徵求有才能的人，而不拘其品性、名聲。曹操的三次求賢令文內容如下：

> 《建安十五年春令》曰：「自古受命及中興之君，曷嘗不得賢人君子與之共治天下者乎！及其得賢也，曾不出閭巷，豈幸相遇哉？上之人不求之耳。今天下尚未定，此特求賢之急時也。『孟公綽為趙、魏老則優，不可以為滕、薛大夫』。若必廉士而後可用，則齊桓其何以霸世！今天下得無有被褐懷玉而釣於渭濱者乎？又得無盜嫂受金而未遇無知者乎？二三子其佐我明揚仄陋，唯才是舉，吾得而用之。」[19]

---

15 《三國志》，卷1，〈武帝紀〉，頁32，《建安十五年春令》。

16 這三次求賢令分別是《建安十五年春令》、《建安十九年十二月乙未令》及《建安二十一年秋八月令》；見《三國志》，卷1，〈武帝紀〉，頁32、《三國志》，卷1，〈武帝紀〉，頁44及《三國志》，卷1，〈武帝紀〉，頁49~50注引《魏書》。並參見王仲犖，〈曹操〉，收入氏著，《𪩘華山館叢稿續編》(濟南：山東人民出版社，1993)，頁281~282。

17 參見趙文潤，〈治世能臣 亂世奸雄－東漢末年傑出的政治家曹操〉，收入氏著，《漢唐人物述評》(西安市：陝西師範大學出版社，1997年12月)，頁80。

18 唐長孺，〈東漢末年的大族名士〉，收入氏著，《魏晉南北朝史論拾遺》(北京：中華書局，1983)，頁41。當時選舉如孝廉、茂才等和鄉里清議有密切關連，因此「主持鄉里清議的則是所謂的『名士』」，如主持「月旦評」的許劭即為名士，見唐長孺，〈東漢末年的大族名士〉，頁27~28。並且由於名士多出自大姓、冠族，因此唐長孺亦認為「名士通過功曹職位和主持鄉里清議來操縱選舉，實質上也就是當地大姓、冠族操縱選舉」，見唐長孺，〈東漢末年的大族名士〉，頁29。

19 《三國志》，卷1，〈武帝紀〉，頁32，《建安十五年春令》。

《建安十九年十二月乙未令》曰：「夫有行之士未必能進取，進取之士未必能有行也。陳平豈篤行，蘇秦豈守信邪？而陳平定漢業，蘇秦濟弱燕。由此言之，士有偏短，庸可廢乎！有司明思此義，則士無遺滯，官無廢業矣。」[20]

《建安二十一年秋八月令》曰：「昔伊摯、傅說出於賤人，管仲，桓公賊也，皆用之以興。蕭何、曹參，縣吏也，韓信、陳平負汙辱之名，有見笑之恥，卒能成就王業，聲著千載。吳起貪將，殺妻自信，散金求官，母死不歸，然在魏，秦人不敢東向，在楚則三晉不敢南謀。今天下得無有至德之人放在民間，及果勇不顧，臨敵力戰；若文俗之吏，高才異質，或堪為將守；負汙辱之名，見笑之行，或不仁不孝而有治國用兵之術：其各舉所知，勿有所遺。」[21]

在其先後三次求賢令文中，除一再申明有能力者未必有德行，如「夫有行之士未必能進取，進取之士未必能有行也」，[22]同樣強調「行」與「進取」未必對等，即品行與能力未必對等。甚至特別強調曾犯有「盜嫂受金」、[23]「不仁不孝」[24]等違法或違反倫理、道德的不名譽事跡者，只要真有才能本事，一律聘用。這是因曹操為了要矯正漢末名實不符的風氣，因此特別強調有真才實學，而尚未知名的人才，或是品行、名聲較差，卻有滿腹經略或治國能力的人才都十分歡迎。

不過事實上曹操陣營中，像令文中所說「盜嫂受金」、[25]「負汙辱之名，見笑之行」、[26]「不仁不孝而有治國用兵之術」[27]等，這類人在曹操陣營中可以說

---

[20] 《三國志》，卷1，〈武帝紀〉，頁44，《建安十九年十二月乙未令》。

[21] 《三國志》，卷1，〈武帝紀〉，頁49~50裴注引《魏書》，《建安二十一年秋八月令》。

[22] 《三國志》，卷1，〈武帝紀〉，頁44，《建安十九年十二月乙未令》。

[23] 《三國志》，卷1，〈武帝紀〉，頁32，《建安十五年春令》。

[24] 《三國志》，卷1，〈武帝紀〉，頁49裴注引《魏書》。

[25] 《三國志》，卷1，〈武帝紀〉，頁32，《建安十五年春令》。

[26] 《三國志》，卷1，〈武帝紀〉，頁49裴注引《魏書》。

[27] 《三國志》，卷1，〈武帝紀〉，頁49裴注引《魏書》。

是鳳毛麟角，在其幕僚中僅有戲志才、郭嘉有「負俗之譏」，[28] 雖不知其詳情，應不是嚴重的道德問題，其他如荀彧、荀攸及程昱等大多是才德兼備之士。

曹操發跡時適逢漢末大亂，各地諸侯都在大肆招兵買馬，並且積極地收攬人才。曹操深知人才的重要性，因此非常重視人才的選拔及進用。除了有親戚關係的子弟兵，如曹仁、曹洪、夏侯淵及夏侯惇等外，曹操復起用了不少優秀的人才。

如曹操的首席謀臣荀彧，字文若，史稱他有「王佐」之才，[29] 曹操將他比喻為漢初三傑之一的張子房(張良)，[30] 是與諸葛亮在伯仲之間的棟樑之才，為曹操出謀畫策不遺餘力。如在眾人意見分歧時，荀彧首倡迎接漢獻帝，為曹操取得一張王牌；在官渡之戰前夕，荀彧因曾在袁紹陣營待過一陣子，熟悉袁紹的個性及謀臣的優缺點，[31] 因此提出了相較於袁紹，曹操有度勝、謀勝、武勝及德勝等四項勝於袁紹之處[32]，曹操得以統一北方，荀彧可說是居功厥偉。

並且荀彧前後又推薦了不少人才給曹操，《三國志》中記載明確由荀彧引薦的有戲志才、郭嘉、鍾繇、閻象及韋康等謀士，[33] 依裴松之注所引《彧別傳》所載，除戲志才、郭嘉、鍾繇、閻象及韋康外，荀彧又舉薦了荀攸、陳羣、杜畿及司馬懿等曹魏股肱之臣，此外，還有郗慮、華歆、王朗、荀悅、杜襲、辛毗及趙儼等當世知名的人，均為荀彧所引致，[34] 這些人才對於曹操的建功立業可以說是幫助相當大。並且這些人才「終為卿相，以十數人」，[35] 表明荀彧所推

---

[28] 《三國志》，卷10，〈荀彧傳〉，頁318裴注引《彧別傳》。

[29] 《三國志》，卷10，〈荀彧傳〉，頁307。

[30] 《三國志》，卷10，〈荀彧傳〉，頁308。

[31] 曹操陣營中的荀彧及郭嘉均曾在袁紹陣營待過，見袁紹不足以成事，於是改投曹操。官渡之戰前二人不論是「四勝四敗」或所謂「十勝十敗」等評論，均為精闢的分析，實與他們曾在袁紹幕下一段時間，盡知其虛實有關。

[32] 《三國志》，卷10，〈荀彧傳〉，頁313。賈詡及郭嘉等謀臣亦有提出類似看法，不過因郭嘉的十勝十敗之策，是記載在注文中，而不是在傳文中，賈詡的四勝四敗論，雖是記載在本文中，但內容過簡，因此比較起來，荀彧的計謀應略勝一籌，參見《三國志》，卷14，〈郭嘉傳〉，頁432裴注引《傅子》及《三國志》，卷10，〈賈詡傳〉，頁330。

[33] 《三國志》，卷10，〈荀彧傳〉，頁313。其後閻象及韋康雖因事敗亡，然應與其志節無關。

[34] 《三國志》，卷10，〈荀彧傳〉，頁318裴注引《彧別傳》。

[35] 《三國志》，卷10，〈荀彧傳〉，頁318裴注引《彧別傳》。

舉人才均能適才適任。

　　同時曹操有識人之明，容人的雅量，如在呂布襲取下邳，劉備投靠曹操時，謀臣程昱認為劉備必不久居人之下，宜除之以絕後患，[36]郭嘉則認為「今劉備有英雄名，以窮歸己而害之，是以害賢為名，則智士將自疑，回心擇主，公誰與定天下」，[37]曹操即表示此時正是收攬人心之際，不可因猜忌劉備的才能而壞了名聲，因此對劉備是相當禮遇，《三國志》則云曹操對劉備「禮之愈重，出則同輿，坐則同席」，[38]劉備所受到的重視，可見一斑。

四、曹操用人評價

　　曹操任用人才，「唯才是舉」是其所強調的原則，曹操不但有一套與眾不同的選用人才標準，曹操知人善用，並且往往是適才適用，宋代洪邁的《容齋隨筆》一書中，有一篇談到「曹操用人」，認為：

　　曹操為漢鬼蜮，君子所不道，然知人善任使，實後世之所難及。荀彧、荀攸、郭嘉皆腹心謀臣，共濟大事，無待贊說。其餘智效一官，權分一郡，無小無大，卓然皆稱其職。恐關中諸將為害，則屬司隸校尉鍾繇以西事，而馬騰、韓遂遣子入侍。當天下亂離，諸軍乏食，則以棗祗、任峻建立屯田，而軍國饒裕，遂芟群雄。欲復鹽官之利，則使衛覬鎮撫關中，而諸將服。河東未定，以杜畿為太守，而衛固、范先束手禽戮。并州初平，以梁習為刺史，而邊境肅清。揚州陷於孫權，獨有九江一郡，付之劉馥，而恩化大行。馮翊困於鄜盜，付之鄭渾，而民安寇滅。代郡三單于，恃力驕恣，裴潛單車之郡，而單于讋服。方得漢中，命杜襲督留事，而百姓自樂，出徙於洛、鄴者，至八萬口。方得馬超之兵，聞當

36　《三國志》，卷1，〈武帝紀〉，頁14。

37　《三國志》，卷14，〈郭嘉傳〉，頁433裴注引《魏書》。

38　《三國志》，卷32，〈先主傳〉，頁874。

發徒，驚駭欲變，命趙儼為護軍，而相率還降，致於東方者亦二萬口。
凡此十者，其為利豈不大哉！張遼走孫權於合肥，郭淮拒蜀軍於陽平，
徐晃卻關羽於樊，皆以少制眾，分方面憂。操無敵於建安之時，非幸
也。[39]

除荀彧、荀攸、郭嘉、張遼、郭淮及徐晃外，洪邁又列舉了鍾繇、棗祗、任峻、
衛覬、杜畿、梁習、劉馥、鄭渾、裴潛、杜襲及趙儼等十個曹操用人得當的例
子加以說明，[40]足見曹操用人的確有高明之處，並認為曹操的成功在於用人得
當。

　　曹操任用人才的原則或特色，除「唯才是舉」外，還有一個特殊之處，就
是「不念舊惡」，[41]如曹魏的五子良將中的張遼、徐晃、張郃等，在投效曹操之
前，均是其他陣營的降將，如張遼曾是呂布陣營健將，徐晃是楊奉部將，張郃
則原是袁紹軍的大將。[42]對於這些降將，曹操均待之如故人。因此這數位將領
也都在戰場上為曹操建立了不少汗馬功勞。

　　如張遼在呂布陣營時雖為八健將之一，然功名未顯，但在曹操陣營中則是
鋒芒畢露。[43]官渡之戰時關鍵時刻，大將張郃建議力保烏巢糧倉，但意見未為
袁紹所接納，[44]曹操親自率軍擊敗淳于瓊等烏巢守軍，致使袁紹軍糧付之一炬，
軍心動搖，張郃、高覽乃投降曹操，結果袁紹大敗，只和 800 騎回到鄴城。[45]史
言曹操得到張郃「甚喜」，[46]張郃在曹操陣營也表現不俗，劉備率黃忠、張飛攻

---

[39]　(宋)洪邁撰，《容齋隨筆》(上海，上海古籍出版社，1996)，卷 12，〈曹操用人〉，頁 155~156。

[40]　(宋)洪邁撰，《容齋隨筆》，卷 12，〈曹操用人〉，頁 155~156。

[41]　《三國志》，卷 1，〈武帝紀〉，頁 55 傳末陳壽評語。

[42]　見《三國志》，卷 17，〈張遼傳〉，頁 517、《三國志》，卷 17，〈張郃傳〉，頁 524~525 及三國
　　志》，卷 17，〈徐晃傳〉，頁 527~528。

[43]　東海之戰，張遼說服敵將來降；柳城之戰大敗烏丸軍，斬單于蹋頓；討陳蘭、梅成，張遼勇登天山，
　　斬陳蘭、梅成，盡虜其部眾；合肥之戰，張遼復與樂進、李典等，以寡擊眾，大敗孫權十萬之眾，
　　尤為奇功，見《三國志》，卷 17，〈張遼傳〉，頁 517~520。

[44]　《三國志》，卷 17，〈張郃傳〉，頁 525。

[45]　《三國志》，卷 6，〈袁紹傳〉，頁 199。

[46]　《三國志》，卷 17，〈張郃傳〉，頁 525。

漢中,夏侯淵戰歿,張郃領兵穩住局勢,眾心乃安。[47]諸葛亮第一次北伐出祁山道,張郃在街亭一役,擊敗馬謖,又平定叛應諸葛亮的南安等三郡,厥功甚偉。[48]在三國時期,由於戰爭頻仍,大小勢力相互傾軋,如能吸收敵對勢力的優秀人才,以壯大自己的隊伍,是明智之舉,在這方面,曹操可以說是佼佼者。

其中比較特殊的例子是張繡,在宛城之役前,張繡原已投降曹操,復因曹操納張繡寡嬸,造成雙方矛盾,張繡採謀士賈詡之計謀,先移動佈防軍隊,張繡軍在夜間突襲了曹操大寨,因曹操陣營猝不及防,故曹操的長子曹昂、姪子曹安民及大將典韋,均在此役中因力戰或讓座騎給曹操而陣亡。[49]

之後曹操又二次嘗試攻下宛城,因張繡與劉表互為表裡未果。[50]不過張繡在官渡之戰前,接納謀臣賈詡的建議而投降曹操。曹操不但未追究之前的舊恨,反是讓雙方結成兒女親家,曹操這種不念舊惡,寬大的心胸,實非常人所能,所以用眾人之力,成其霸業。

後來蕭梁時臨川王蕭宏記室丘遲,為了規勸原蕭梁大將陳伯之回歸南朝,而舉三國時期曹操原諒張繡曾加害其愛子曹昂的典故為例,勸陳伯之反正,丘遲所撰《與陳伯之書》中,所引「張繡剚刃於愛子」典故,[51]即為此事,足見曹操此事相當有名。

張繡的主要謀士賈詡,曾數次獻計大敗曹軍,宛城之役亦出自賈詡之謀,然投曹後,曹操待之如故,也因賈詡在官渡之戰前夕,力勸張繡投降曹操,從而解除了後顧之憂,使得曹操得以全力對付袁紹,最終取得官渡之戰的勝利,[52]賈詡後來也因其功勞,在文帝時為太尉、魏壽鄉侯。[53]

但在另一方面,曹操卻又展現他個性上極端且兇狠的一面,對才高而不遜

[47] 《三國志》,卷17,〈張郃傳〉,頁526。

[48] 朝廷嘉其功,「增邑千戶,並前四千三百戶」,參見《三國志》,卷17,〈張郃傳〉,頁526。

[49] 其經過參見《三國志》,卷1,〈武帝紀〉,頁14及《三國志》,卷8,〈張繡傳〉,頁262。

[50] 《三國志》,卷1,〈武帝紀〉,頁14~16。

[51] (南朝梁)蕭統編,(唐)李善注,《文選》(臺北:華正書局,1984),卷43,頁608。

[52] 《三國志》,卷10,〈賈詡傳〉,頁329。

[53] 《三國志》,卷10,〈賈詡傳〉,頁331。

者，多所迫害，如濫殺兗州名士邊讓、[54]前北海太守孔融、[55]崔琰[56]等名士大臣，以及因理念不同而逼死功臣荀彧。[57]再者，他挾持天子(漢獻帝)以令諸侯的方式，也頗受非議。

從張繡的例子來看，必需承認曹操不但知人善用，並且的確也善待曾背叛他的將領或臣子，不過這也是有階段性的，在他擊敗袁紹統一北方，又兵不血刃取得荊州後，對待人才的態度是有所轉變。[58]同時對於一些故舊大臣，或因恃功而驕，或直言犯諫，甚至只因有所顧忌，均找機會加以誅殺，《三國志‧崔琰傳》云「初，太祖性忌，有所不堪者，魯國孔融、南陽許攸、婁圭，皆以恃舊不虔見誅，而琰最為世所痛惜，至今冤之。」[59]確切說明曹操對於「恃舊不虔」[60]的故舊，往往是毫不留情。

54　邊讓是兗州名士，曾任九江太守，曹操殺邊讓的原因及經過，參見田餘慶，〈曹袁之爭與世家大族〉，《歷史研究》1974：1(北京市，1974.1)，修訂後收入氏著，《秦漢魏晉史探微》(北京：中華書局，2004新1版)，頁152。

55　孔融係孔子二十世孫，因恃才傲物，得罪曹操，建安十三年因對孫權使者不敬，坐棄市，參見《三國志》，卷12，〈崔琰傳〉附孔融，頁370及頁371裴注引張璠《漢紀》、《魏氏春秋》。另參孟祥才，〈論孔融的悲劇〉，《山東大學學報》(哲社版)2001：4(濟南市，2001.7)，後收入氏著，《秦漢人物散論》(上海：上海古籍出版社，2011)，頁535~544。

56　崔琰出身大族名士，是大儒鄭玄的學生，但因曹操稱魏王後，崔琰被誣指言辭不遜，因此被賜死，令人十分惋惜，參見《三國志》，卷12，〈崔琰傳〉，頁369。參見田餘慶，〈曹袁之爭與家大族〉，《歷史研究》1974：1(北京市，1974.1)，修訂後收入氏著，《秦漢魏晉史探微》(北京：中華書局，2004新1版)，頁152。

57　董昭等謀讓曹操進爵國公，荀彧不贊成，於是曹操心不能平，後來荀彧疾留壽春時「以憂薨」，見《三國志》，卷10，〈荀彧傳〉，頁317。《三國志‧荀彧傳》裴注引《魏氏春秋》云「太祖饋彧食，發之乃空器也，於是飲藥而卒」，見《三國志》，卷10，〈荀彧傳〉，頁317，二說雖不同，但荀彧都是因反對曹操進爵國公一事，不見容於曹操，而憂病或服毒自盡。

58　趙翼的《廿二史劄記》舉出臧霸、畢諶、魏種等例子，並云「此等先臣後叛之人，既已生擒，誰肯復貸其命？乃一一棄嫌錄用。蓋操當初起時，方欲藉眾力以成事，故以此奔走天下。楊阜所謂『曹公能用度外之人也』及其削平群雄，勢位已定，則孔融、許攸、婁圭等，皆以嫌忌殺之；荀彧素為操謀主，亦以其阻九錫而脅之死。甚至楊修為操所賞拔者，以厚於陳思王而殺之。崔琰素為操所倚信者，亦以疑似之言殺之。然後知其雄猜之性，久而自露，而從前之度外用人，特出於矯偽以濟一時之用。所謂以權術相駈也。」，見(清)趙翼撰，杜維運考證，《廿二史劄記》(臺北：華世，1977)，卷7，〈三國之主用人各不同〉，頁138，趙翼此評，意即曹操之「寬」是有目的性的，待達到目的後的作法就大不相同。

59　《三國志》，卷12，〈崔琰傳〉，頁370。

60　《三國志》，卷12，〈崔琰傳〉，頁370。

五、結語

歷史上的曹操可以說是一位多面向的人物，同時曹操也是一位不易評價的歷史人物。曹操的識人之明及用人得當是曹操得以成功的主要因素，是值得後世學習的，曹操用人的標準是「唯才是舉」，意即用人唯才，也可以說是重才不重德。

曹操用人特別強調唯才是舉，是因曹操力圖矯正東漢以來，選用人才較重視名聲或評價，而不重視真才實學的弊病，同時他對於其他勢力的降將的來歸，大致採用人不疑，疑人不用的原則，使得大批謀士猛將如荀彧、荀攸、賈詡、郭嘉、程昱、張遼、張郃、徐晃及張繡等均為其所用，並均是適才適用。

本文探究曹操的生平、曹操的「唯才是舉」用人策略，以及曹操用人方面的評價等，期望對於明瞭曹操的舉才政策及用人原則，以及曹操的成功因素有所裨益。

宋人對西漢名法官張釋之的評價

李如鈞*

一、前言

傳統中國歷來出現不少著名好法官，流傳千古者，如西漢張釋之、于定國（？－前40），唐代的徐有功（636－703），最為人津津樂道當是北宋的包拯（999－1062）。但透過學者對包公歷代形象演變的研究，可知宋代以降對這位「青天」的評價，實有不同發展變化，也反映了各時代的司法實況與法治觀念演變。[1]同樣地，西漢名法官張釋之亦有類似情況，自西漢起其人即受高度評價，不但執法公正，更敢於向文帝（前203－前157）直言上諫，使其名聲廣佈，成為理想法曹典範，是傳統中國司法實踐上的指標人物，對後世發揮仿效作用與重要影響。

但是，這位被歷朝官吏百姓尊崇不墜的司法楷模，在宋代卻陸續出現不同評價，特別是一些士大夫、道學家對張釋之抱持保留態度，紛紛提出批評意見。認為他不該說重話刺激皇帝，倘非文帝寬厚，不然下場必然不同。就直觀而言，似乎暗合坊間泛論傳統中國因宋代儒學復興，造成法治不利影響的誤解印象。[2]另一方面，也與目前法史學界從法律制度、司法實踐諸方面，高度讚譽宋代是

---

* 中國文化大學史學系助理教授

[1] 簡要言之，包拯的實際行事與宋代司法實況，相較流傳的「包公故事」差距頗大。包拯的形象是逐漸累加層疊，越到後世愈見神奇。見徐忠明，《包公故事：一個考察中國法律文化的視角》（北京：中國政法大學出版社，2002）。陳景良，〈清明時節說包公：包公「司法之神」形象的形成動因與觀念基礎〉，《法學評論》2014年第3期，頁185～193。

[2] 當討論中西法制差異、近代西方法律體系移植取代傳統中華法系等中西法律比較議題時，常一股腦兒認為儒家文化是造成傳統中國法律制度、法治文化不如近代西方的重要原因。

歷代法治高峰的說法,有所扞格。[3]故張釋之何以在宋代受到諸多反面評價?頗值得一探。目前,對此議題雖有討論卻仍有可深入之處,[4]本文將細梳宋人對張釋之的正反評價,並藉此探討宋代法治思想的時代特色。[5]

二、張釋之生平與司法表現

張釋之,字季,南陽人,西漢文帝、景帝(前 188－前 141)兩朝名臣。早年因家有資產,捐官為騎郎,為官十年卻未顯貴,遂想辭官。袁盎頗為惋惜,知其可為文帝所用,特薦之。釋之面見文帝,陳述經國利民大計,但文帝卻要他「毋甚高論」,應直述務實可行之事。故釋之以「秦漢之閒事,秦所以失而漢所以興者久之」為題,表述己見,深得文帝認同,命其為謁者僕射,展開向上晉陞之路。[6]

某次,張釋之隨文帝至上林苑觀虎,文帝向上林尉連番提問,未獲滿意答覆。反觀負責虎圈的嗇夫,「從旁代尉對上所問禽獸簿甚悉,欲以觀其能口對響應無窮者」,頭頭是道的回答,讓文帝相當滿意。遂認是上林尉失職,命嗇夫取代之,但釋之並不認同,反問文帝對絳侯周勃(?－前 169)、東陽侯張相如的看法:

---

3 陳景良,〈「文學法理,咸精其能」:試論兩宋士大夫的法律素養(上、下)〉,《南京大學法律評論》1996 年秋季號、1997 年春季號,頁 84～95、頁 89～106;〈宋代司法公正的制度性保障及其近世化趨向〉,《河南大學學報‧社會科學版》第 55 卷第 1 期(2015 年),頁 103～111;〈宋代司法傳統的現代解讀〉,《中國法學》2003 年第 3 期,頁 123～138。

4 徐公喜、萬愛玲,〈宋明理學皇權法權兩平論:以楊時為中心〉,《江南大學學報‧人文社會科學版》第 14 卷 1 期(2015 年),頁 5～10。吳鈞,〈一位公正的法官為什麼受到「圍攻」?〉網址:https://kknews.cc/ztw/history/g8j4p4y.html

5 目前對宋代法律思想的研究,多偏重於程朱理學、功利學派。見楊鶴皋,《宋元明清法律思想研究》(北京:北京大學出版社,2001),頁 64～115。陳景良,〈南宋事功學派法制變革思想論析〉,《法律科學》1992 年第 1 期,頁 18～24。

6 (漢)司馬遷,《史記》(臺北:鼎文,1986),卷 102,〈張釋之傳〉,頁 2751。

釋之久之前曰：「陛下以絳侯周勃何如人也？」上曰：「長者也。」又復問：「東陽侯張相如何如人也？」上復曰：「長者。」釋之曰：「夫絳侯、東陽侯稱為長者，此兩人言事曾不能出口，豈斅此嗇夫諜諜利口捷給哉！且秦以任刀筆之吏，吏爭以亟疾苛察相高，然其敝徒文具耳，無惻隱之實。以故不聞其過，陵遲而至於二世，天下土崩。今陛下以嗇夫口辯而超遷之，臣恐天下隨風靡靡，爭為口辯而無其實。且下之化上疾於景響，舉錯不可不審也。」

目的是勸諫文帝，不應僅從表面認定不善言辭者就是失職，而欲破格提拔伶牙俐齒但僅懂自身業務的嗇夫。此舉可能造成上行下效的不正風氣，進而導致如秦朝重用文筆能力雖高，但嚴厲苛刻缺少惻隱之心的文書吏員，終傳二世亡國的悲劇。漢文帝聞後採納其議，車駕回宮時還一路詢問秦朝施政誤失之處，肯定之餘，改張釋之任為公車令。[7]

公車令職責主管宮門衛禁，某日太子劉啟（日後的景帝）與梁王一同乘車入朝，竟未在司馬門依規下車，直入禁宮，觸犯法令。張釋之連忙追上兩人，硬是攔阻他們入宮，並以「不下公門不敬」之罪，上奏彈劾。面對皇帝、太后的寬恕請求，毫不妥協，最後方在文帝親自摘帽陪罪，薄太后特下赦令，才使太子與梁王免罰。張釋之依法行事毫不妥協，無懼冒犯太子的可能，堅守職權，秉持「王子犯法與庶民同罪」的不畏權貴態度，再讓文帝見其果是與眾不同，改命為中大夫。不久，又任中郎將、廷尉，深獲皇帝欣賞。[8]

張釋之最為人熟知的司法表現，是在廷尉任內的兩個案件。一是「犯蹕案」，文帝某日出巡至中渭橋，突然有人自橋下竄出，驚動皇帝座駕，立馬遭到逮捕，交張釋之審訊：

釋之治問。曰：「縣人來，聞蹕，匿橋下。久之，以為行已過，即出，見乘輿車騎，即走耳。」廷尉奏當，一人犯蹕，當罰金。

7　《史記》，卷102，〈張釋之傳〉，頁2752～3。

8　《史記》，卷102，〈張釋之傳〉，頁2753。

此人辯稱自長安縣來，聽聞皇帝車馬即將路過，遂躲橋下等待。許久卻未見隊
伍行跡，誤認車隊已過，一出來不巧撞見皇帝座車，嚇得趕緊逃跑。張釋之將
審問結果上呈文帝，認為此人違反「蹕」（交通管制法令），依法需處罰金四兩。
但皇帝深不以為然，認為判決過輕：

> 文帝怒曰：「此人親驚吾馬，吾馬賴柔和，令他馬，固不敗傷我乎？而
> 廷尉乃當之罰金！」釋之曰：「法者，天子所與天下公共也。今法如此
> 而更重之，是法不信於民也。且方其時，上使立誅之則已。今既下廷尉，
> 廷尉，天下之平也，一傾而天下用法皆為輕重，民安所錯其手足？唯陛
> 下察之。」良久，上曰：「廷尉當是也。」[9]

文帝大為動怒，認為若非是座騎溫馴柔和，換作其他馬匹，此番驚嚇豈不會讓
自己摔傷？但廷尉竟只判此人罰金！意欲施以重刑。但張釋之認為法律應是天
子與天下臣民共同遵守，如果超過規定再加重罰，是讓法律不能取信於百姓。
更放言直指若要如此，當時皇帝直接處決便罷，現在交由廷尉審理，廷尉是執
行法律的準繩，一旦發生偏傾，天下用法就會不公，民眾又該如何是好！如此
嚴守職責，拒絕皇帝要求堅持直諫的態度，讓文帝沉默許久，終於同意張釋之
的意見。
　　另一則是「盜環案」，起因是有人將宗廟內漢高祖的玉環盜竊，被捕後交由
張釋之審理：

> 其後有人盜高廟坐前玉環，捕得，文帝怒，下廷尉治。釋之案律盜宗廟
> 服御物者為奏，奏當棄市。上大怒曰：「人之無道，乃盜先帝廟器，吾
> 屬廷尉者，欲致之族，而君以法奏之，非吾所以共承宗廟意也。」釋之
> 免冠頓首謝曰：「法如是足也。且罪等，然以逆順為差。今盜宗廟器而
> 族之，有如萬分之一，假令愚民取長陵一抔土，陛下何以加其法乎？」

9　《史記》，卷102，〈張釋之傳〉，頁2754～2755。

久之，文帝與太后言之，乃許廷尉當。[10]

按律文，該人當依「盜宗廟服御物」重罪，處死棄市。文帝不接受，大怒，認為犯行實在可惡，交由廷尉審理是希望行連坐法滅族之。張釋之依法處理，實是不理解皇帝愛護祖宗之意。但釋之卻高舉烏紗帽，磕頭堅持依法處死就已足夠，並認為罪罰本應相當，故才區分輕重差別。不然盜宗廟器物就要滅族，以後若有人只挖了高祖陵墓一塊土，又要施何重刑？文帝與太后商談許久，認為張釋之的主張還是有理。

此種堅持依法公正審判，直言勸諫皇帝的態度，深受中尉條侯名將周亞夫（前199－前143）、梁國國相山都侯王恬啟（？－前178）讚歎，紛紛與他結為好友，張釋之也由此受到天下人稱頌。而《史記》的「太史公曰」還提到：

> 張季之言長者，守法不阿意；馮公之論將率，有味哉！有味哉！語曰：不知其人，視其友。二君之所稱誦，可著廊廟。書曰：不偏不黨，王道蕩蕩；不黨不偏，王道便便。張季、馮公近之矣。

張釋之此種守法態度，可與經典相互輝映。而司馬遷（前145－？）在〈太史公自序〉也再言：「守法不失大理，言古賢人，增主之明」，如此秉公守法態度，不愧是幫助君主明辨是非之舉。[11]雖然張釋之最後因堅持「王子犯法與庶民同罪」，彈劾景帝於太子時「過司馬門不下車」的不當之舉，在文帝過世後稱病辭官隱退，之後更謫為淮南王國相。但他在廷尉時，於「犯蹕」、「盜環」兩案的執法公正，敢於與皇帝力爭而歷代聞名，成為日後傳頌的優良執法者。

---

10 《史記》，卷102，〈張釋之傳〉，頁2755。

11 《史記》，卷130，〈太史公自序〉，頁3316。

三、從東漢到兩宋的正面評價

　　張釋之雖是晚景可嘆，但自此受到高度評價，如東漢時班固（32－92）《漢書》對「犯蹕案」的敘述：

　　　頃之，上行出中渭橋，有一人從橋下走，乘輿馬驚。於是使騎捕之，屬廷尉。釋之治問。曰：「縣人來，聞蹕，匿橋下。久，以為行過，既出，見車騎，即走耳。」釋之奏當：「此人犯蹕，當罰金。」上怒曰：「此人親驚吾馬，馬賴和柔，令它馬，固不敗傷我乎？而廷尉乃當之罰金！」釋之曰：「法者天子所與天下公共也。今法如是，更重之，是法不信於民也。且方其時，上使使誅之則已。今已下廷尉，廷尉，天下之平也，壹傾，天下用法皆為之輕重，民安所錯其手足？唯陛下察之。」上良久曰：「廷尉當是也。」[12]

「犯蹕案」的事發經過與《史記》記載略有不同，但關於張釋之不懼皇權直諫文帝，堅持依法審判的內容則完全相同。而「盜環案」在《漢書》、《史記》的記述也是幾同，[13]可見班固十分認同張釋之的行為與司馬遷筆法。甚而，班固更敘述：「選張釋之為廷尉，罪疑者予民，是以刑罰大省，至於斷獄四百，有刑錯之風。」表彰張釋之任廷尉時，刑獄案件激減，大為改善當時風俗。[14]並提到：「張釋之之守法，馮唐之論將，汲黯之正直，鄭當時之推士，不如是，亦何以成名哉」，[15]給予高度評價。

　　敘述西漢另一名法官于定國時，又將兩人同列稱之：

---

[12]　（漢）班固，《漢書》（臺北：鼎文，1986），卷50，〈張釋之傳〉，頁2310。

[13]　《史記》，卷102，〈張釋之傳〉，頁2755。

[14]　《漢書》，卷23，〈刑法志〉，頁1097。

[15]　《漢書》，卷50，〈張釋之傳〉，頁2326。

其決疑平法，務在哀鰥寡，罪疑從輕，加審慎之心。朝廷稱之曰：張釋
之為廷尉，天下無冤民；于定國為廷尉，民自以不冤。[16]

可見身為廷尉的張釋之，堅持法律應是皇帝與天下臣民共同遵守，不懼威權，
讓「天下無冤民」自此成為張釋之的代表名句。而在「犯蹕」、「盜環」兩案中
直諫皇帝，堅守司法公正之舉，使其名列歷代好法官之林，此二案也為人廣為
流傳，家喻戶曉。[17]

　　但是，雖然張釋之頂著冒犯皇帝，恐遭罷官甚至喪命、株連禍家的巨大風
險，捍衛司法公正之行，確實令人敬佩。卻也不應忽視此與文帝執政時，警惕
秦代法家嚴酷之弊，崇尚黃老無為之治，而民間依然存留東周百家爭鳴之風，
讓法家依法行事、儒家強調明德慎行，得以共同並存的大環境有關。而文帝在
「犯蹕」、「盜環」兩件與皇帝切身及皇家有關的案件中，震怒之下仍克制皇權
獨斷，得以讓張釋之對其展現直諫無畏之姿，也無愧為一代明君。如此多重因
素，方使得張釋之秉公執法，文帝的寬容納諫，成就一段千古君臣佳話，成為
傳統中國司法之典範表率。

　　此後，歷代對張釋之仍有高度評價，西晉武帝時：

咸寧中，詔頌與散騎郎白褒巡撫荊揚，以奉使稱旨，轉黃門郎。遷議郎，
守廷尉。時尚書令史扈寅非罪下獄，詔使考竟，頌執據無罪，寅遂得免，
時人以頌比張釋之。[18]

扈寅無辜下獄，在劉頌（？-300）以證據力主無罪之下，才得以洗冤免刑，被
人稱頌可媲美張釋之。隋文帝時的柳莊：

[16] 《漢書》，卷71，〈于定國傳〉，頁3043。
[17] 《漢書》，卷50，〈張釋之傳〉，頁2326。
[18] （唐）房玄齡等，《晉書》（臺北：鼎文，1986），卷46，〈劉頌傳〉，頁1293。

> 尚書省嘗奏犯罪人依法合流，而上處以大辟，莊奏曰：「臣聞張釋之有
> 言，法者天子所與天下共也。今法如是，更重之，是法不信於民心。方
> 今海內無事，正是示信之時，伏願陛下思釋之之言，則天下幸甚。」帝
> 不從，由是忤旨。[19]

面對皇帝不顧依法當論處流刑的案件，非要處死，柳莊以張釋之為例直諫之。
雖然終究未果且忤逆文帝，但也在正史留下名聲。

　　入唐之後依舊如此，如狄仁傑（630－700）任大理丞時，「周歲斷滯獄一萬
七千人，無冤訴者」，因將軍權善才誤砍昭陵柏樹一案，上疏勸諫高宗：

> 時武衛大將軍權善才坐誤斫昭陵柏樹，仁傑奏罪當免職。高宗令即誅之，
> 仁傑又奏罪不當死。帝作色曰：「善才斫陵上樹，是使我不孝，必須殺
> 之。」左右矚仁傑令出，仁傑曰：「臣聞逆龍鱗，忤人主，自古以為難，
> 臣愚以為不然。居桀、紂時則難，堯、舜時則易。臣今幸逢堯、舜，不
> 懼比干之誅。」

類似漢文帝時的「盜環案」，皇帝認為若不能對犯罪者的行徑嚴懲，將使其背負
對祖宗不孝之名。為化解皇帝之怒，狄仁傑先是讚頌高宗如同堯、舜兩位古代
聖君，進而指出：

> 昔漢文時有盜高廟玉環，張釋之廷諍，罪止棄市。魏文將徙其人，辛毗
> 引裾而諫，亦見納用。且明主可以理奪，忠臣不可以威懼。今陛下不納
> 臣言，瞑目之後，羞見釋之、辛毗於地下。陛下作法，懸之象魏，徒流
> 死罪，俱有等差。豈有犯非極刑，即令賜死？法既無常，則萬姓何所措
> 其手足！陛下必欲變法，請從今日為始。古人云：「假使盜長陵一抔土，
> 陛下何以加之？」今陛下以昭陵一株柏殺一將軍，千載之後，謂陛下為
> 何主？此臣所以不敢奉制殺善才，陷陛下於不道。」帝意稍解，善才因

---

[19] （唐）魏徵等，《隋書》（臺北：鼎文，1986），卷66，〈柳莊傳〉，頁1552。

　　而免死。[20]

　　一方面將張釋之、曹魏辛毗勸諫皇帝之事舉出，強調依法處理的重要，進而再把高宗比喻為明君漢文帝，應要納諫直言。此法果然奏效，不僅權將軍免死，數日後更將狄仁傑升為侍御史。從此案中，也可見張釋之與「盜環案」在唐代的知名程度。

　　武后時，出現了另一位不亞於張釋之的名法官徐有功。[21]徐有功，本名弘敏，舉明經科，先任蒲州司法參軍，後累遷大理（司刑）丞、刑部（秋官）郎中。當時，正值武后運用酷吏施行恐怖統治，無辜枉死者不少。徐有功身處艱困之際，仍堅持依法審案，公正判決，更時常與武后意見不合，屢屢頂撞遭到嚴斥。卻依舊不畏君主壓力，決不肯曲法妄殺。尤其，當來俊臣陷害狄仁傑等一干重臣謀反，堅持必須處死，徐有功與武后當面爭駁，力辯不已，方改以流刑免死。故時人有言：「遇徐、杜者必生，遇來、侯者必死」。[22]徐有功前後屢被貶官，後再起復，「前後為獄官，以諫奏枉誅者，三經斷死，而執志不渝，酷吏由是少衰，時人比漢之於、張焉。」[23]甚而三次瀕臨死罪威脅，但終以堅守法律之姿，獲得高度評價，時人還稱其與西漢張釋之、于定國並列之。

　　但是，玄宗時的潘好禮卻提出不同看法。潘好禮，明經出身，累升至上蔡令，以政績擢為監察御史。開元三年（715）為邠王府長史，時常規勸親王不該放縱遊獵。某次潘好禮為攔阻邠王，甚至臥倒路上以身阻擋馬匹前進，大喊：「今正是農月，王何得非時將此惡少狗馬踐暴禾稼，縱樂以損於人！請先蹋殺司馬，然後聽王所為也。」[24]如此激烈舉措，目的是勸諫應要遵守農時習慣，不該打擾百姓，這讓邠王既懼且愧，只好取消出獵之行。

---

[20] （後晉）劉昫等，《舊唐書》（臺北：鼎文，1986），卷89，〈狄仁傑傳〉，頁2886。。

[21] 徐有功的司法表現，詳見桂齊遜，〈唐律落實程度檢驗之一例：以徐有功斷案為例〉，《王吉林教授80嵩壽紀念論文集》（臺北：中國文化大學華岡出版部，2018），頁62～87。

[22] 《舊唐書》，卷89，〈杜景儉傳〉，頁2911～2922。

[23] 《舊唐書》，卷89，〈徐有功傳〉，頁2819～2820。

[24] 《舊唐書》，卷185下，〈潘好禮傳〉，頁4818。

或許是出於守法的共同堅持，潘好禮對徐有功備加推崇，在〈徐有功論〉說到：

> 問曰：何如張釋之。答曰：釋之為廷尉，天下無冤人，此略同耳。然而釋之所以者甚易，徐公所行者甚難，難易之間，優劣可知矣。問曰：張公、徐公，皆是國士，至於斷獄，俱守正途，事跡既同，有何難易。答曰：張公逢漢文之時，天下無事，至如盜高廟玉環，及渭橋驚馬，守法而已，豈不易哉。徐公逢革命之秋，屬維新之命，唐朝遺老，或有包藏禍心，遂使陶公之璧，有所疑矣。至如周興、來俊臣者，更是堯舜之四凶也，掩義隱賊，毀信廢忠，崇飾惡言，以誣盛德，遂使忠臣側目，恐死亡無日矣。徐公守死善道，深相明白，幾陷圜圄，數掛網羅，此吾子所聞，豈不難矣。易曰：知進退存亡而不失其正者，徐公得之矣。[25]

同時期的起居舍人盧若虛也認為：「徐公當雷霆之震，而能全仁恕，雖千載未見其比。」[26]確實，張釋之、徐有功都是依法審判的名法官，但以大環境設身處地觀之，釋之位在西漢文帝平和之時，決不似徐有功於武后恐怖統治之際的「殺身以成仁」、「豈以貴賤生死而易其操履哉」之處境。[27]

宋代立國之初，如同唐代以前各朝，對於張釋之的評價亦高。如太祖相當重視司法刑獄之事，「留意聽斷，專事欽恤，御史、大理官屬尤加選擇」。開寶六年（973），馮炳任侍御史知雜，曾對其當面說到：「朕每讀漢書，見張釋之、于定國治獄，天下無冤民，此所望於汝也」，並賜金紫勸勉之。[28]可見宋太祖雖為武人出身，也深知張釋之的司法典範效果，用以勸勉臣下效法。

---

[25] （清）董誥等編，《全唐文》（北京：中華書局，1987），卷279，潘好禮，〈徐有功論〉，頁2830-2～2831-1。

[26] （宋）歐陽修，《新唐書》（臺北：鼎文，1986），卷113，〈徐有功傳〉，頁4191～4192。

[27] 北宋時期，歐陽修《新唐書》、司馬光《資治通鑑》也都認同此種評價。

[28] （宋）李燾著，上海師範大學古籍整理研究所、華東師範大學古籍整理研究所點校，《續資治通鑑長編》，卷14，太祖開寶六年五月條，頁301～302。。

對於司法興革的討論，宋人也會舉張釋之為例，如王巖叟（1044-1094）〈請罷試中斷案人入寺奏〉：

> 臣聞維天下之勢者存乎法，持天下之法者存乎平。權之而後行，議之而後用，使不失其平者存乎其人。當張釋之為廷尉，人有盜高廟坐前玉環者，奏當棄市，文帝大怒曰：吾屬廷尉者致之族，而以法奏之。釋之謝曰：今盜高廟器而族之，有如萬分一，假令愚民取長陵一抔土，陛下且何以加其法乎？文帝乃許廷尉。臣以謂此不出於法之文，而出於一時議論，能推明輕重之意，以釋上心，而使天下後世莫不稱其當。由是言之，廷尉之選豈當忽哉？[29]

雖然應否讓更專業的人擔任刑獄之官，還是依舊可由一般官僚出任，在宋代是項爭論不已，難分孰者優劣的法治議題，但不妨礙宋代官員認為張釋之是司法官員的崇敬榜樣。而在宋代官方文書，對於張釋之的評價亦高，如給予新任法律官員的制書，就屢以張釋之為勸效之例，如蔡幼學（1154-1217）的〈宇文紹彭大理少卿制〉：

> 張釋之為廷尉，持平守法，下無冤民。考其論議，乃貴長者而惡利口，亦可以知其為人矣。爾回翔州縣，克繼家聲。選自使軺，來踐近列。靖共爾位，不祿其華。容止退然，其言如不出諸口，非釋之所謂長者乎？陟之九卿，付以臬事。片言折獄，毅然不可奪者，朕所以望爾也。尚其勉之。[30]

而樓鑰（1137-1213）也在〈知廬州許及之大理少卿制〉寫到：

---

[29] （宋）呂祖謙，《皇朝文鑑》（四部叢刊本），王巖叟，〈請罷試中斷案人入寺奏〉。

[30] （宋）蔡幼學，《育德堂外制》（上海：上海古籍出版社，1997，《續修四庫全書》據宋鈔本影印），卷3，〈宇文紹彭大理少卿制〉。

敕具官某：朕承累聖仁厚之餘，雖罔敢兼於庶獄，而明罰敕法，求惟厥
中。乃者播告之修，孚於中外矣。爾以諫省之舊，知予德意，而明敏詳
練，無施不宜。召自邊閫，用為廷尉之貳。昔張釋之使天下無冤民，于
定國為之，民自以為不冤。汝往哉！其為朕持天下之平，且以行汝學道
愛人之志。[31]

可見到了南宋，張釋之在官方上的形象仍舊如此崇高，依然是皇帝勸勉司法官
員恪守職任的效法對象。

在宋代重要法律典籍的《折獄龜鑑》，亦是同樣如此：

謹密郎中，初為萬州南浦令，嘗攝州幕。時廷尉駁州獄失出死罪。謹密
以為：「法者，天下共守。今罪於法不當死，不爭則不可。」州將曰：「可
與廷尉爭耶？」謹密愈執不奪。及詔下他司議，而卒得不入死，州將始
愧服。

蒲慎密[32]以縣官暫代州衙幕職官，不聽知州勸解，與大理寺力爭不已，認為犯
人實不當死，被駁回的案件並非輕判。最終皇帝將此案改交其他部門審理，終
是改判不死，讓其獲得上級肯定。故鄭克有言：「古人守法，如張釋之、徐有功，
皆與天子爭者也。而謂不可與廷尉爭，繆矣！且苟憚我之爭，則不恤彼之死，
豈君子哀矜之義耶？」[33]認為蒲慎密僅為地方僚佐，竟能堅持與中央司法機關
不停的據理爭辯，決不妄治人死罪。此精神可說如同張釋之、徐有功，敢於當
面與天子爭論一般。

---

[31] （宋）樓鑰，《攻媿集》（四部叢刊本），卷34，〈知廬州許及之大理少卿制〉。

[32] 謹密當為蒲慎密，字叔榮，果州人，北宋仁宗朝進士，因避南宋孝宗諱《折獄龜鑑》改「慎」為「謹」
字。見 （宋）鄭克，劉俊文點校，《折獄龜鑑譯注》（上海：上海古籍出版社，1988），卷4，〈議罪‧
蒲謹密敢爭〉，頁225。

[33] 《折獄龜鑑譯注》，卷4，〈議罪‧蒲謹密敢爭〉，頁225。

四、宋人對張釋之的批評意見

因此，自西漢到兩宋，張釋之的依法判決、規諫皇帝之行，使其倍受推崇，獲得高度讚譽。但其間也絕非無批評者，且不乏知名之士，如三國時期曹魏經學大家王肅（195-256），魏明帝景初年間以常侍領祕書監兼崇文觀祭酒，上書勸諫時提到：

> 凡陛下臨時之所行刑，皆有罪之吏，宜死之人也。然眾庶不知，謂為倉卒。故願陛下下之於吏而暴其罪。鈞其死也，無使汙於宮掖而為遠近所疑。且人命至重，難生易殺，氣絕而不續者也，是以聖賢重之。孟軻稱殺一無辜以取天下，仁者不為也。漢時有犯蹕驚乘輿馬者，廷尉張釋之奏使罰金，文帝怪其輕，而釋之曰：「方其時，上使誅之則已。今下廷尉。廷尉，天下之平也，一傾之，天下用法皆為輕重，民安所措其手足？」臣以為大失其義，非忠臣所宜陳也。廷尉者，天子之吏也，猶不可以失平，而天子之身，反可以惑謬乎？斯重於為己，而輕於為君，不忠之甚也。周公曰：「天子無戲言；言則史書之，工誦之，士稱之。」言猶不戲，而況行之乎？故釋之之言不可不察，周公之戒不可不法也。[34]

明確指出張釋之的直諫放言，是不忠行為，認為臣子不可有失公正，但皇帝又豈能失公正呢？所以張釋之上言是為自己，卻忽略了皇帝，可謂不忠。但是，這段話放在當時脈絡下，也可解釋王肅是以「犯蹕案」暗諷，勸諫魏明帝不該隨興擅殺，應當將案件交由相關部門審理。[35]

---

[34] （晉）陳壽撰，（劉宋）裴松之注，《三國志‧魏書》，卷13，《王肅傳》，頁416～418。

[35] 王肅對張釋之此番批評，有正反兩面解讀。就宋代而言，李彌遜就認為是阻止皇帝擅殺：「王肅以謂：『廷尉天子吏，猶不可以失平，而天子之身，反可以繆惑乎？斯重於為己而輕於為君也。』謂之不忠，雖已甚，然舉其失以救魏明好殺之弊，亦知言乎！」（宋）李彌遜，《竹谿先生文集》（四庫全書本），卷8，〈張釋之奏犯蹕當罰議〉，頁9～10。同時期的劉才邵，卻肯定王肅的說法，提到：「張釋之奏犯蹕者使罰金，文帝怪其輕，而釋之曰：『方其時，上使使誅之則已。』王肅以其言重為己，輕於為君，不忠之甚。」（宋）劉才邵，《檆溪居士集》（四庫全書本），卷10，〈叔孫通論〉，頁7。

到唐代，《通典》作者杜佑（735-812）對張釋之也有另番評價：

> 議曰：釋之為理官，時無冤人，綿歷千祀，至今歸美。所云：「法者，
> 天子所與天下公共。廷尉，天下之平。若為之輕重，是法不信於民也。」
> 斯言是矣。又云：「方其時，帝使誅之則已。」斯言非矣。王者至尊無
> 畏忌，生殺在乎口，禍福及乎人。故易旅卦曰：「君子以明慎用刑。」
> 周官司寇，察獄至於五聽、三訊，罪惡著形，方刑於市，使萬人知罪，
> 而與眾棄之。天生烝民，樹之以君而司牧之，當以至公為心，至平為治，
> 不以喜賞，不以怒罰。此先哲王垂範立言，重慎之丁寧也。

雖然贊同釋之之堅持依法，勸諫文帝之舉，卻亦認為「方其時，帝使誅之則已」
此話十分不妥。主因帝王握有生殺大權，影響範圍甚大，之所以刑獄案件要經
由繁複嚴謹的審理程式，就是為讓犯人罪行昭然若揭，以求執法公正。

> 猶懼暴君虐後，倉卒震怒，殺戮過差，及於非辜。縱釋之一時權對之詞，
> 且以解驚躍之忿，在孟堅將傳不朽，固合刊之，為後王法。以孝文之寬
> 仁，釋之之公正，猶發斯言，陳於斯主；或因之淫刑濫罰，引釋之之言
> 為據，貽萬姓有崩角之憂，俾天下懷思亂之志，孫皓、隋煬旋即覆亡，
> 略舉一二，寧唯害人者矣。嗚呼！載筆之士，可不深戒之哉！[36]

如此謹慎目的，就是防範君主暴虐或一時震怒下，造成殺戮過多，造成官民無
辜受害。杜佑更認為班固的《漢書》，應將「方其時，帝使誅之則已」該句刪去。
雖然因文帝寬厚，張釋之公正直言，成就千古君臣佳話，但這句為解文帝一時
驚恐憤怒的權宜用語，卻也可能留下後患。或讓昏庸無道的君主「淫刑濫罰，
引釋之之言為據」，藉此讓百姓受苦。故史臣記載史事，當要深深警惕之。

但是，「方其時，帝使誅之則已」這段話並非自班固開始，自司馬遷的《史
記》就已存在，兩位著名史家所以留下這段記載，無非是藉由此番生動敘述，

---

[36]　（唐）杜佑，《通典》，卷169，〈刑法七〉，頁4368。

反襯張釋之堅守司法公正的精神。或因如此，王肅、杜佑兩位名家雖對張釋之
分別提出批評，但就現有史料觀之，此種說法在當時未見明顯影響。可是，到
了北宋中葉卻陸續出現類似看法。如張唐英（1029－1071）在〈戴冑論〉提到：

> 貞觀中，詐偽資蔭者許自首免罪，不首者死。俄有詐偽者敗露，冑斷流
> 以奏之，帝曰：「下敕令死，今斷從流，示天下以不信也，卿欲賣獄乎？」
> 冑曰：「陛下當即殺之，非臣所及；即付所司，臣不敢虧法。」觀冑之
> 言，乃效張釋之為心也。然而釋之已失對於孝文，冑亦失言於文皇。

戴冑（573－633）於貞觀時任大理少卿，唐太宗妻兄長孫無忌（594-659）入宮
不解佩刀犯禁，尚書右僕射封德彝以監門校尉不察覺，當死；長孫無忌誤帶刀，
罰銅二十斤。但戴冑上言反對，認為：「陛下若錄其功，非憲司所決；若當據法，
罰銅未為得衷」，因威脅對象是皇帝，依法皆該嚴懲。但「校尉緣無忌以致罪，
於法當輕。若論其誤，則為情一也，而生死頓殊，敢以固請」，若兩者都犯過失，
長孫無忌可因功減刑，監門校尉就也不該處死。最終，太宗認同戴冑建議，監
門校尉免死。

又「于時朝廷盛開選舉，或有詐偽資蔭者，帝令其自首，不首者罪至於死。
俄有詐偽者事洩，冑據法斷流以奏之。」太宗不滿官員舞弊，更認為已親自下
詔，令不自首者當死，但戴冑卻依法只判流刑，豈不是讓其失信天下。故戴冑
又言：

> 陛下當即殺之，非臣所及。既付所司，臣不敢虧法。帝曰：卿自守法，
> 而令我失信邪？冑曰：法者，國家所以布大信於天下，言者，當時喜怒
> 之所發耳。陛下發一朝之忿而許殺之，既知不可而置之於法，此乃忍小
> 忿而存大信也。若順忿違信，臣竊為陛下惜之。[37]

---

37 《舊唐書》，卷70，〈戴冑傳〉，頁2532。

強調法律是天下公信，皇帝不應一時憤怒壞之，尤其「陛下當即殺之，非臣所及」之言，可說是張釋之對文帝放言上諫的唐代翻版。太宗也無愧為一代明君，讚許：「法有所失，公能正之，朕何憂也。」戴胄之後仍頻頻「犯顏執法」，而「所論刑獄，皆事無冤濫，隨方指摘，言如泉湧。」但如此君臣佳話，卻被張唐英認為有失不妥，並進一步闡述：

> 且人君執天下之柄，可生可殺，威福在己。古之聖賢，慮人主持崇高之位，而輕於刑罰，故皋陶告虞舜戒「惟刑之恤」，周公作《立政》，戒成王以庶獄。今胄之意，以為即當殺之，非臣所及，謂人君可以不用法而殺人。使為人主者皆如太宗，固無慮有淫虐之刑；設使兇暴如桀、紂者，謂有司執法不可委之於有司，乃任情殺人，則恐無辜者無告矣。若胄者，宜曰：「聖人之制，必關盛衰；王者之法，不枉輕重。陛下亦不可得而私之，臣豈敢得而專之？」必歸之中正，合乎王極，使人無冤枉。奈何其意反謂為君者用法不必慎，為臣者用法須慎？王子雍謂，其「輕於為君而重於為臣」，胄之謂乎！[38]

認為戴胄此番言詞，就是認同君主可不依法隨意處死他人，若是唐太宗這般好君主，當然無濫刑之憂。可是在暴君當政時，不就是讓他們有不經程序，任意殺人的託辭，這恐讓無辜者喊冤無門。故張唐英主張，戴胄應強調法律當是公正不偏，皇帝不可用己意改之，臣下更不可如此，而不是說君主可以不謹慎用法，只須要求官員即可。同時亦認為《三國志》中，王肅對張釋之「輕於為君而重於為臣」的批評，也適用於戴胄勸諫唐太宗之例，可說一次批評了兩位堅持依法判案，直諫皇帝的名法官。

類似批評言論，也見於曾肇（1047－1107）的〈書張釋之傳後〉：

> （張釋之）及為廷尉，為天子守法，則固善矣。語文帝曰：「方其時，上使使誅之則已。」以此迪上，則未忠也。何哉？先王之於刑，未嘗敢

---

[38] 傅增湘，《宋代蜀文輯存》，卷12，張唐英，〈戴胄論〉。

以私於己，故曰：「天討有罪。」其有犯法者，自五聽至於三宥，自獄吏至於三公，然後以告於王。而其罪果眾之所棄也，於是殺之，故曰眾人殺之也。慮之之詳如此，安有肆一朝之忿，專意妄殺，不以付有司者乎？推其滅先王戒慎之意，此秦所以亟亡也。釋之不知慮此，反開人主好殺之端。幸文帝仁厚，不惑其言。[39]

曾肇為唐宋八大家曾鞏親弟，學問書法為時人肯定，他亦主張「方其時，上使立誅之則已」此種勸諫方式，可謂不忠。畢竟死刑是需經審理程序，而後上報皇帝，若該人當死，則是眾人認可結果。怎說可以不經官府審理，如此或會開啟君主好殺之心，終致秦朝滅亡之果，還好文帝心存仁厚，不致被張釋之的放言激怒。

北宋晚期的李彌遜（1090－1153）亦提出類似看法。在〈張釋之奏犯蹕當罰議〉提到：

議曰：張廷尉持法之平，後世無得而議。至謂文帝「方其時，上使使誅之則已」，無乃失言乎？君側之言，甚哉其不可苟也！田千秋一言而帝悟，袁盎一言而錯誅。梁公一言，廬陵還而三思罷；李勣一言，王后廢而昭儀立。興邦喪邦，在於反掌間爾。異時人君廢法自用，以專誅殺，廷尉之言實啟之也。[40]

不僅同樣批評「方其時，上使使誅之則已」是失言之事，還連舉漢武帝的田千秋、武后時狄仁傑的上諫嘉言，並與漢景帝袁盎、唐高宗李勣的失言錯誤同列。認為臣子當要尊君修己，需十分注意自身修持與上諫用語。

同時期的劉才邵（1086—1158），也在〈論漢張釋之奏犯蹕當罰金〉提到：

---

[39] （宋）佚名輯，《新刊國朝二百家名賢文粹》（北京：北京圖書館出版社，2006），卷194，曾肇，〈書張釋之傳後〉。

[40] 《竹谿先生文集》，卷8，李彌遜，〈張釋之奏犯蹕當罰議〉頁9。

臣聞立法者存不易之規，麗法者有不齊之情。善識法者原情以定罪，因罪以用法，不隨事而為輕重，則無適而不得其平矣。文帝行出中渭橋，有犯蹕者，以屬廷尉，釋之奏當罰金，帝怒其輕，釋之曰：「法者，天子所與天下公共也。今法如是，更重之，是法不信於民也。」其言信美矣。又曰：「且方其時，上使使誅之則已，今已下廷尉，廷尉天下之平也，一傾，天下用法皆為之輕重，民安所措其手足？言至於此，何其疏也！夫廷尉者，天子之吏，用法不可以傾，而天子乃可以妄誅乎？若曰：「陛下不即誅之而以屬廷尉，正以法之所在，不敢輕也，臣豈敢阿意以屈法乎？」如此，亦因以將順其美，豈不優哉？[41]

認為張釋之的「方其時，上使使誅之則已」此話亦是不妥。若能強調正是因為有法可循，遂讓官員不敢輕慢，更不敢屈法審判，故不應立刻處決人犯，而當交由廷尉審理。據此勸諫皇帝，豈不是將此事處理得更為完善。

南宋時，洪邁（1123-1202）對於張釋之的評價不可不謂尖銳，認為：

周勃就國，人上書告勃欲反，下廷尉逮捕，吏稍侵辱之，勃以千金與獄吏，吏使以公主為證，太后亦以為無反事，乃得赦出。釋之正為廷尉，不能救，但申理犯蹕、盜環一二細事耳。[42]

對於《漢書》：「張釋之為廷尉，天下無冤民」的說法，十分不同意。並反指張釋之任職廷尉的十餘年間，發生了周勃被誣陷害之事，而他竟沒有挺身而出救援周勃，幫助洗冤。相比之下，因「犯蹕案」、「盜環案」所獲得的表揚，可謂微不足道小事而已。再則，他又提到：

漢張釋之為廷尉，文帝出行，有人驚乘輿馬，使騎捕之，屬廷尉。釋之奏當此人犯蹕，罰金。上怒，釋之曰：「方其時，上使使誅之則已。」

---

[41] 劉才邵，《檆溪居士集》，卷10，〈論漢張釋之奏犯蹕當罰金〉，頁9。

[42] （宋）洪邁，《容齋隨筆・續筆》（北京：中華書局，2005），卷2，〈張于二廷尉〉，頁232~233。

顏師古謂：「言初執獲此人，天子即令誅之，其事即畢。」唐柳渾為相，
玉工為德宗作帶，誤毀一銙，工私市它玉足之。帝識不類，怒其欺，詔
京兆論死，渾曰：「陛下遽殺之則已，若委有司，須詳讞乃可。於法，
罪當杖，請論如律。」由是工不死。予謂張、柳之論，可謂善矣，然張
云「上使使誅之則已」，柳云「陛下遽殺之則已」，無乃啟人主徑殺人之
端乎！斯一節未為至當也。[43]

認為西漢張釋之、唐代柳渾，分別勸諫皇帝不應私怒加刑，確實有理。但兩人
的「上使使誅之則已」、「陛下遽殺之則已」之放言，皆屬不當，無異是「啟人
主徑殺人之端」。洪邁熟悉歷史典故，「幼讀書日數千言，一過目輒不忘，博極
載籍，雖稗官虞初，釋老傍行，靡不涉獵」，[44]既有家學傳承又歷任地方、中央
官職，學問好，著述亦多，他對張釋之的批評或可反映一些宋代士人對張釋之
的評價。

　　而稍晚的袁說友（1140-1204），也在〈張釋之辯〉提出質疑：「或曰張釋之
能以仁恕導其君者，余曰不然，作〈張釋之辯〉」。認為人臣進言君主雖有個別
不同情況，但「人心莫不易於薄而難於厚，是故從厚而入於薄者易，從薄而入
於厚者難」。何況皇帝對於刑罰輕重影響甚大，勸諫當要以「近厚」為主，故雖
然他同意張釋之的直諫行為，卻對「上使使誅之則已」的放言深深不以為然：

今而曰：「上使使誅之則已」，是則導天子以縱殺，而不必有司之訊。凡
有干於天子者，將疾誅亟戮，必以快意為事，而有司之法，可以一切不
問，是天子之殺人無適而不可便宜也。且夫有司之設，正欲斂人主自縱
之心，守天下一定之法。今使之可以自便，雖朝殺一人而暮戮十人，不
復求證於有司矣，而可乎？吾於此不尤釋之，而幸文帝也。文帝天資仁
厚，豈肯銳於殺人哉？。[45]

---

[43]　《容齋隨筆‧五筆》，卷1，〈張釋之柳渾〉，頁817。

[44]　（元）脫脫等，《宋史》（臺北：鼎文，1986），卷132，〈洪邁傳〉，頁11570。

[45]　（宋）袁說友，《東塘集》（四庫全書本），卷20，〈張釋之辯〉頁3~4。

認為法律制度、司法機關的設立，就是防止君主不依程序，快意濫殺。幸好是
文帝英明，若是武帝之時，「吾恐天下重足而立可也」，張釋之的結局可能大不
相同。至於以心學聞名的陸九淵（1139-1193）也在〈張釋之謂今法如是〉提到：

> 張廷尉當渭橋下驚乘輿馬者以罰金，文帝怒，張廷尉爭以爲不可更重，
> 是也。然謂：「法者，天子所與天下公共也，今法如是，而更重之，是
> 法不信於民也。方其時，上使立誅之則已。今既下廷尉，廷尉，天下平
> 也，一傾，天下用法皆爲輕重」，則非也。廷尉固天下平也，天子獨可
> 不平乎？法固所與天下公共也，苟法有不當，爲廷尉者，豈可不請之天
> 子而修之，而獨曰今法如是，可乎？

他對張釋之提出了深切批評，認為既然身為廷尉，身繫天下司法公平，而天子
也當是如此。既然法律有不當之處，何不建言皇帝進行修法，不該只強調嚴守
現今法律而已。進一步他又主張：

> 《虞書》曰：「宥過無大」。《周書》曰：「乃有大罪，非終，乃爲眚災，
> 適爾，既道極厥辜，時乃不可殺」。縣人聞蹕匿橋下久，謂乘輿已過而
> 出，至於驚馬，假令有敗傷，亦所謂有大罪非終，乃爲眚災適爾，是固
> 不可殺。釋之不能推明此義，以祛文帝之惑，乃徒曰法如是。此後世所
> 以有任法之弊，而三代政刑所從而亡也。[46]

張釋之應強調經典有言，重罪者非出於故意，而是偶犯、過失且坦白罪行，當
可不判死罪。假設「犯蹕」案真有損傷，也該向文帝闡述過失者不可殺的道理。
故除了依法判決的堅持，更應依聖賢傳下的法理，讓司法執行愈加合理公正。
若僅是強調依法，恐會陷入後世法家的「任法之弊」。

　　因此，綜合上述對張釋之持有負評者的意見，他們主要基於兩點看法：一
是不當說出「方其時，上使使誅之則已」此種不適切言語，激怒皇帝。若非文

---

[46] （宋）陸九淵，《象山集》（四庫全書本），卷22，〈張釋之謂今法如是〉，頁4。

帝寬厚，不然後果不堪設想，甚而讓後世暴君可以效法，進而破壞法制。適當
作法應是依循既有法律程序，無需節外生枝，請求皇帝公正審理即可。另外，
陸九淵等人更認為，僅是強調依法審判顯有不足，當向皇帝闡明法理，進而朝
向修改法律條文，讓制度更加完善。故這些評論者並非只是表面上斥責張釋之
言詞不當，表彰文帝的寬容納諫；細而觀之，他們更是認為既有制度已能妥善
處理，並應進一步尋求從制度面著手改善。

　　這些評論者的學術脈絡，既有陸九淵的心學，與朱熹交好的袁說友，亦有
博學廣識的洪邁，並無一致共同性。但以共通性來看，文體上多以「論」闡述
之，此或與宋代科舉取士，重視策論，士人應考當要有所依據，又期許提出新
的見解有關。故這些評論者紛紛對張釋之的放言提出質疑，提出一己之見，卻
又十分推崇他的直諫行為。另就身處時期，自北宋中期到南宋中期都有人提出
評論，尤其陸九淵、袁說友身處南宋孝宗之時，當時時局平和，各路道學家抒
發己見，相互激盪彼此思想，而對張釋之的批評意見大致相似，並無明顯學派
之別，可說當是不少宋儒的共同見解。因此，從學術等時代環境觀之，可見兩
宋這些對張釋之的負面評價，實是源於宋儒強調自省修己的思想背景，此與堅
持由制度層面勸諫皇帝守法，並無衝突違和之處。由此似可對坊間誤解宋代儒
學復興，在政治、社會、經濟各領域逐步開展影響力，其中對法治思想似有妨
礙的看法有所修正。[47]

　　再則，就這些評論者的任官經歷，可知如同大部分的宋代官員，年少時努
力應舉，中舉後從地方基層官員起任，再升遷中央官職。北宋時期，如張唐英
為仁宗慶曆三年（1043）進士，初為地方官員，英宗時入中央轉秘書丞。曾肇，
英宗治平四年（1067）進士，先任黃岩主簿、鄭州教授，王安石薦為崇文殿校
書。劉才邵，大觀二年（1108）上舍釋褐，為贛、汝二州教授，宣和二年（1120）
中宏詞科，遷司農寺丞。李彌遜，同樣在大觀三年（1109）上舍釋褐，調單州
司戶，再調陽穀簿，政和四年（1114）除國朝會要所檢閱文字。南宋的洪邁，
紹興十五年（1145）進士，為福州教授，後入朝歷任要職。陸九淵，乾道八年

[47] 近代西方法律體系與傳統中華法系的差異，頗為複雜，實不應簡單比較後就提出粗泛結論，認為儒家
文化是造成西高東低的主要因素。而本文的目的之一，也是嘗試釐清歷史原貌。

（1172）進士，先任主簿，後薦為國子監正，不久又遷朝廷敕令所刪定官。袁說友，隆興元年（1163）進士，先任溧陽主簿，之後歷官太府少卿、戶部侍郎等職。

他們雖非專職於司法職位，但從宋代各官箴書與《名公書判清明集》可知官員在歷任地方、中央官職期間，必然接觸司法、行政方面事務，進一步熟悉磨練相關經驗。[48]尤其，如曾肇、李彌遜、劉才邵、洪邁都擔任過中書舍人，負責起草詔令，除熟悉制度典故外，對於皇帝下命的不合理內容也可拒絕擬草，表達反對意見，起到監督制衡皇權的作用。因此，雖無法確知這些批評張釋之的言論之確切時間，但這些持有批評意見的官員，必然對宋代法律、官方文書運作流程有相當清楚認識，故他們主張只要秉持制度規定，堅持依法審理，就能起到勸諫皇帝之效，而不必說出激烈言詞，可說是當然之理。

作為司法典範、守法榜樣的張釋之，在宋代屢屢受到批評，尤其著重於不應為了勸諫，說出激怒皇帝的言詞。此種看似責備大臣，擁護君主的話，對比現今對宋代司法高度評價的看法，頗有不合。雖然皇權在宋代，比起之前朝代更為加強，但相比張釋之所處的西漢初期，在法律規定、司法制度上亦更加完善。無論是皇帝、官員，大多有自覺守法，約束自身的自持精神，君臣共同遵守制度，秉公執法的態度，得以讓法律妥善執行。[49]故由此理解宋人對張釋之的諸番批評，堅持可依制度處理即可的看法，並非出於畏懼皇權，反是襯托了宋代君臣遵守法制的共同默契，以及當時法治環境良好的佐證。

五、結語

綜上所述，張釋之為傳統中國的著名法曹之一，在「犯蹕」、「盜環」兩案

---

[48] 梁庚堯，〈從宋代的官箴書看《名公書判清明集》的性質〉，收入武建國等主編，《永久的思念——李埏教授逝世周年紀念論文集》（昆明：雲南大學出版社，2011），頁87～90。

[49] 陳景良，〈試論宋代士大夫司法活動中的人文主義批判之精神〉，《法商研究》1997年第5期，頁87～90；〈試論宋代士大夫司法活動中的德性原則與審判藝術〉，《法學》1997年第6期，頁9～13；〈試論宋代士大夫的法律觀念〉，《法學研究》1998年第4期，頁148～159。

與漢文帝力爭，堅持依法判決，獲得高度評價。讓他自漢代到唐宋時期，依舊備受推崇讚頌。雖然因武后時的徐有功敢於對抗酷吏，與則天皇帝力爭，使某些人認為釋之略遜一籌。但至兩宋，仍在官方文書、朝野官員之間，維持高度評價。可是，歷來備受推崇的張釋之，自北宋中葉起卻陸續出現批評意見。相對於過去多著墨於堅持依法審判的公正不屈形象，宋人卻亦不斷指出張釋之不該放言激怒皇帝，若非文帝英明，不然後果不堪設想，且恐為後世暴君開啟濫刑無道之途。

經由本文細緻分梳，可知這些批評者的學術思想脈絡不一，且非不懂法律，多曾接觸司法事務。更因不少人曾任兩制官員，當是十分熟悉歷來典故與行政流程。故他們對張釋之的批評，一方面出於自身的約束修持要求，更多是反映了宋代司法制度的完善，以及君主對於法治的遵守與自持。特別是歷代正史等史料，記載了不少當時官員以張釋之為例，勸諫皇帝應當守法的情況。但就筆者目前所見宋代史料，卻未見官員以張釋之為例，勸諫皇帝不該違法濫刑。故從大環境而言，這些批評張釋之的諸番言論，非但未造成宋代君臣有「行私意、壞法制」的影響，而是映照出當時的良好法治環境，以致官員不需引張釋之為例勸諫君主。反之藉以提醒人臣，切勿說出不當放言，應要更努力於修身自持。

附記：本文原載《史學彙刊》（台北），第三十八期，2019.12，頁 131-153。謹以此小文恭祝高明士老師八秩誕辰。

問學篇

教誨、指導與鞭策
—— 回顧我與高明士教授的交往

拜根興*

今年四月下旬,偶然間收到來自臺灣的劉馨珺教授郵件,為《中國歷史文化新論》邀稿。經與桂齊遜教授、劉馨珺教授以及高明士先生本人郵件聯繫,我才瞭解到:高先生的弟子同仁們正在籌畫出版紀念先生八十壽誕文集。我與高先生多有來往,平素就對先生仰望崇拜,雖未忝列門下,但廣受他老人家的恩惠、指導與鞭策,已形同弟子。作為與高先生交往25年的學界後進,我曾想過專以「高明士教授與古代東亞史研究」為題撰文,後經再三考慮,更詢問參考高先生的意見,覺得寫一篇回顧二十餘年來與高先生交往經歷的小文更為妥當。暑假翻看此前的日記和與高先生往來書信,草成此文,謹以此恭賀敬愛的高明士先生八十壽誕!

一、初識高先生 探訪唐遺跡

我與高先生的初次見面要追溯到25年前的1994年8月中旬。記得8月15日早上,和往常一樣,我到達唐史研究所辦公室上班,副所長馬馳先生召集我及師弟王元軍、晁群(時為在讀研究生),鄭重其事談及臺灣大學高明士教授這幾天正在敦煌參加學術會議,今天將會搭機來西安,並來所裡做學術交流。高先生在西安的考察活動,所裡將安排我們幾位輪流陪同。

此前我雖參加過1989年、1992年於西安、廈門舉辦的兩屆唐史學會年會,見過幾位臺灣學者,但由於涉獵及眼界有限,我對在日本東京大學獲得博士學

---

* 陝西師範大學歷史文化學院教授

位、以研究東亞教育禮制交流史蜚聲海內外的高先生並無瞭解。不過,有機會陪同著名學者到漢唐遺跡考察,對於初出茅廬的我們來說,當然是一件非常有意義的事情。回到家裡,我通過翻閱《中國唐史學會會刊》查找資料,閱讀胡戟、黃約瑟、劉建明等先生介紹臺灣隋唐史研究現狀的文章,簡要瞭解高先生的學術研究——顯然這種程度的瞭解還相當地片面與初級。雖然如此,有與享譽海內外學術大家當面交談並請教難得的機會,當年的我還是充滿了難以言表的激動與欣慰。

16 日早上 9:00 到研究所後,我聽馬馳老師說高先生夫婦昨晚凌晨才抵達。另外,他們的行李在托運時出了差錯,未能同他們一起到達,在這炎熱的夏天,行李不在身邊,他們連換洗衣服都成了問題。到了 10:00,我們幾位去研究所附近的專家樓二層探訪,這才見到高先生。記得高先生身著一件藍色 T 恤,講一口純正國語,言談舉止頗有親和力,只是看上去有些許疲憊;高師母年輕漂亮有活力,舉止優雅。他們兩位好像都是第一次來訪西安。

我們來時,史念海、黃永年兩位先生已在現場,正與高先生親切交談。之後黃先生因故離開,又過了一會史先生也回家了。於是高先生開始向馬馳先生和我們幾人瞭解情況,我們又在一起商討先生隨後幾天的參觀考察日程。初步商定:17 日由王元軍陪同到西安東線臨潼參觀兵馬俑及華清池;18 日由我做嚮導,帶先生去西線法門寺、乾陵等地參觀;其餘時間則由晁群負責。出行交通工具方面,則暫聯繫陝西師範大學外事處的小車負責接送。

17 日晚,我與王元軍見面,向他瞭解參觀臨潼的情況。此時我突然得知,18 日外事處的小車因故不能再供我們使用,次日只能選擇聯繫計程車。因搭乘計程車存在諸多不確定因素,當晚我忐忑不安。果然,18 日早上 8:00,當我趕到學校後,前日最令我擔心的事情還是發生了。我租用的計程車出了狀況,節外生枝,無法及時趕到接人。眼看時間一分一秒地飛逝,我們沒有辦法,只好放棄原定去法門寺一線的計畫,當日只參觀市內的博物館。

我陪高先生及師母先到了陝西歷史博物館,以陝西師範大學老師找博物館朋友為由,從側門「闖關」而進,沒有買門票。對此,高先生顯出非常驚訝的神情,而我自己當時並沒有感到什麼不妥。在那個年代,作為身在西安的唐史研究者,我們覺得憑該身份免費參觀博物館是理所應當,就應該暢通無阻。但

事後再想起來，高先生驚訝的神情還是讓我有些難為情。

　　高先生觀看陳列文物非常認真，不時提問，還向我們講解其中一些文物涉及的史實。可見此前他儘管沒有看到過實物，可能是通過其他管道瞭解到了陝西歷史博物館布展文物的相關資訊。高師母雖不從事歷史研究工作，但她依然看得很仔細，提出的問題也讓我對她平添了些許敬佩。

　　從博物館出來，我們又去了不遠處的大興善寺和慈恩寺大雁塔。先生侃侃而談，提到了他正在撰寫的有關隋統一全國的論文，以及正在組織實施的唐律讀書會。他向我講述了自己對唐代律令制度的見解，同時也詢問了我的研究狀況。在談到與唐代佛教相關的事件時，高先生曾詢問我有無宗教信仰，我回答說沒有。不過作為中國人，我在內心深處對於佛教仍抱有一定的崇敬，故當我看到他們夫婦兩人面對釋迦牟尼像虔誠祈禱時，我也隨之雙手合十，在心裡默默祈禱自己家庭平安，學業如願。

　　下午 15:00 許，我們回到師大，發現高先生的行李居然還沒有送到，這可真令人惱火！

　　19 日早上 7:30 許，從師大出發，經過四個多小時的車程，我們到達陝西扶風縣的法門寺。通過拜訪法門寺博物館韓金科館長，參觀了法門寺出土文物博物館和地宮陳列。法門寺接待部的劉主任和任新來先生對我們多有幫助。高先生對館內陳列的金銀器與秘色瓷等文物興趣濃烈，看到陳列的佛骨舍利子實物時更是崇仰有加，大呼不虛此行。

　　在法門寺稍作休整，我們驅車逕向東北方，一個多小時後到達乾陵博物館，副館長樊英峰先生接待了我們。參觀永泰公主墓後，我們又驅車自南向西，走南側新建臺階道路到乾陵。天氣炎熱、萬里無雲，我們拾級而上。走到半途，高師母已經很累很累了，她問我還有多少臺階，我很誠懇地數次告訴她「馬上就到」，竟「騙」她鼓足勇氣走過了一個又一個平臺。就這樣走走停停，我們終於「登頂」，向北可以看到乾陵華表，以及御道兩旁的石刻了。高先生徜徉在盛唐波瀾壯闊的宏大歷史氛圍之中，興奮地端詳高大的翼馬翁仲、無字碑和六十一蕃臣像，以及動態十足的乾陵石獅。參觀完乾陵，我們又去了遠在興平縣的漢武帝茂陵，不過到達時天色已晚，博物館已下班關門，高先生只能在博物館門前拍了幾張照片。我們回到師大校園已是晚上 20:00 時許了。

　　20 日早上，我又陪高先生到師大院內的唐天壇遺址參觀。因高先生研究唐代祭禮，他看得十分仔細，從多個角度拍照，力圖挖掘更多的資訊。隨後漫步師大校園，先生又詢問我的學習和研究情況。我冒昧地告訴他，一年前自己曾向臺灣《歷史月刊》雜誌投稿，雖已收到編輯部的用稿通知，但一直未見刊登。高先生答應回去後幫我問問情況，並樂觀地告訴我，文章可能很快就能夠發表。為感謝我們幾天來的辛苦，中午先生請我及元軍、晁群三人吃飯，正好托運的行李也到了，他就送了我們精美的太陽能計算器，這在當時的大陸確實是稀罕物品。晚上唐史研究所請高先生吃飯，餐前胡戟、杜文玉兩位先生曾前來拜訪他，後又因有事而匆匆離開。出席晚餐的有史念海、黃永年、牛致功、馬馳諸位先生、高先生夫婦、史先生的女兒以及我們三位。大家談天說地，談兩地的唐史研究，談共同認識的學人，談共同關心的事情，近三個小時就這麼不知不覺地飛快而過。直到晚上 20:00 晚餐才結束。高先生於次日 11:00 許離開學校，乘下午 13:00 飛機先過香港，然後轉機回臺北。

　　這次陪同高先生參觀漢唐遺跡的經歷，使我得以聆聽他對諸多學術問題的高見，又得以感受他待人接物的親切從容，絲毫沒有部分大學者身上常有的高冷和輕蔑。多少年後，我尚能記得，在暖融融的氣氛中，他是如何以溫暖有力的話語鞭策鼓勵我們年輕人努力奮進的。我深切感受到：高先生不僅是一座令人崇仰的學術制高點，而且是一位可以深交的謙謙長者。

二、武漢再相見　書信頻來往

　　查看我當年的日記，其中記載了早在 9 月 10 日——與高先生分別後的一月之內，我就收到了臺灣《歷史月刊》編輯部來信，說高先生已和他們聯繫並審閱了稿件，我的論文將很快刊載。10 月中旬，我收到高先生通報拙文已發表的信件以及拙文的影本，不久編輯部的樣刊也寄來了。這樣，我發表於臺灣期刊雜誌的第一篇文章，就這樣順暢出爐了。感謝高先生！

　　1995 年 9 月初，我陪同中國唐史學會副會長，我的恩師牛致功先生，以及唐史學會秘書長馬馳先生到達武漢大學，出席中國唐史學會第六屆年會暨學術

研討會。剛下榻珞珈山賓館，就見到了高先生。記得當時，我們同在池田溫教授的房間內，與唐長孺先生的公子唐剛卯，還有韓昇、黃正建、李錦繡等先生一起，大家靜靜地聆聽唐剛卯講父親逝世前後發生的事情，共同緬懷唐先生，感念他為唐史研究事業所做的巨大貢獻。在池田溫教授講述日本唐史學界的情況後，高先生也向大家介紹了臺灣唐史學者的研究，並與大家分享了他從臺灣帶來的柚子。長期生活在內陸西安的我還是第一次吃臺灣產的柚子，感到非常新奇。開幕式後，與會者到操場拍大合照，高先生特邀我與牛致功、馬馳兩位先生，以及來自西安的王其禕研究員一起合影。會議結束後，會議承辦方武漢大學又組織與會者參觀了武昌黃鶴樓等名勝古跡，在此期間我又與高先生見面交談並合影。就是在這次會議上，我和此前已有多次見面的韓國慶北大學任大熙先生一道，見到了來自韓國忠南大學的金善昱教授。而因為高先生曾是金善昱教授的博士論文指導老師，與任大熙先生也多有交往，這次經歷對三年後我能夠獲得留學韓國的機會起了重要作用。

從 1995 年 10 月到 1999 年 5 月，我與高先生書信來往頻繁，共收到他 12 封紙質信件。在這些信件中，有先生委託我購買西安當地出版的考古文獻書籍的感謝信函，也有收到我向他郵寄的中國唐史學會出版物後親切回覆，而來信中更多的，是他對我的幫助與教誨，進而也成為推動我學問進步的重要因素。

（一）推薦論文發表

1995 年 10 月 29 日信：

根興學棣：

自武漢別後，一切都好吧？我回來後，忙於雜務，遲遲不能提筆，甚歉！關於台中東海《中國文化月刊》大作之事，我回來之後，詢問結果，答案是在登錄中並沒有發現吾兄稿子，非常奇怪，而且該刊的命運，大概只能至年底一期，其後由於無經費，有面臨停刊危機，目前正在努力挽救中，其積壓稿件說有千多件，令人驚訝。依此看來，只好考慮改投其他刊物了，可以試試《故宮文物月刊》（臺北市士林區故宮博物院）或《歷史文物月刊》（臺北市南海路歷史博物館）。……

1995 年 12 月 3 日信：

根興兄：

　　內附一函是寄給吾兄被退回的，從通訊處看並無錯誤，不知為何退回？為存真，我不再打開，請查收。先說吾兄寄給台中東海大學《中國文化月刊》的大作，據我朋友最近來電話說已找到吾兄大作，並且決定刊登，請放心。該刊物最近也接受一筆資金，大概上可維持到明年夏天，所以大作當無問題。其次，勞請寄來的《昭陵碑石》一書已收到，辛苦了，非常感謝！……

　　這兩封信的中心議題，是我向臺灣東海大學《中國文化月刊》雜誌投稿的一篇名為《試論唐高宗武則天時期民間的歌謠諺語》論文（該論文曾於 1994 年 10 月在陝西乾陵博物館舉辦的「武則天國際學術研討會」上宣讀）。因為我當時覺得選題還好，又因師弟王元軍此前也在該雜誌上發表過論文，覺得該雜誌的編排和刊登論文品質都很不錯，故我不假思索地投稿了。在武漢大學會議上見到高先生時，我不太好意思當面提及這件事，就在隨後的信中向他提起。上述信件中，先生提到他曾不厭其煩地給雜誌編輯部打電話，詢問我的稿件因何緣故失去下落。若非高先生的推薦和幫助，我的稿件是無法如願在《中國文化月刊》雜誌遭遇麻煩、行將停刊的當口，最終刊載於雜誌生命延續的最後一期（第 208 期）。

　　作為剛剛進入研究行列的年輕學者，發表論文無疑能激發潛心探究的勇氣和信心，而高先生以他的影響力和耐心，給了我在臺灣雜誌上連續發表論文的機會，給予我學術研究強勁的動力。此後我還向《歷史月刊》《故宮文物月刊》《性與命》《大陸雜誌》等雜誌投稿，均得到回應和發表。我的論文獲得臺灣雜誌刊用發表的同時，還擁有一定的稿費收入，一舉兩得。應該說，如果沒有高先生最初的啟迪和幫助，就不會有此後我多篇論文的發表。

　　（二）鼓勵鞭策

1996 年 7 月 7 日信件：

根興學棣：

六月廿日已收到惠寄馬馳先生大作《李光弼》，以及《牛李黨爭》《唐代馬政》《唐代體育》等四本書，非常感謝！其中馬俊民、王世平合著之《唐代馬政》一書，已在臺北文津出版社出版，成為一書兩地出版之例，令人注目。又，拙稿承蒙校閱，實在感謝！

……此外，可否告知你是否為博士生，敝地對貴地博士生有邀請來台作短期研究辦法，將來可以試著申請。

1997 年 3 月 29 日信件：

根興學棣：

……又，先前學棣曾提及將報考復旦博士班，不知進行如何？徐連達先生那裡，如有需我作介紹，請來函告知。

1997 年 11 月 11 日信件：

根興學棣：

七月大劄早已收到，請接收遲來的祝賀得子，又榮升副教授，可謂雙喜臨門。復旦雖以英語之故，不被錄取，明年可再試。要當學生，就要趁年輕，尤其是學語文，更是如此。厚植根基，是當學者的必要條件，望勿氣餒。

……

1998 年 4 月 18 日信件：

根興學棣：

三月廿五日大劄收到，得知你將可至韓國慶北大學留學，實是可喜。前日以航空寄了拙作《從天下秩序論古代的中韓關係》一文，請查收！此文雖已發表多時，但似仍可參考，尤其要研究古代的韓國史。韓國方

面，如需我幫忙時，請聯絡。

……

　　1995 年到 1998 年，可以說是我學術研究的探索期。那時的我沒有固定的研究方向和領域，常常是東一榔頭西一棒子。尋找相應的研究領域，得到良好的指導，對於當時的我來說當然是十分重要的事情。高先生曾在信件中詢問我是否是博士生，如果是的話就可申請到臺灣做短期研究。這種有意無意的鞭策，使我不得不認真考慮考博問題。同一時期，副所長馬馳教授也在督促研究所的年輕人儘快考博。馬先生督促我們：如不考博士，可能以後就沒這碗飯吃了。在多層的督導之下，攻讀博士成為了一件我必須儘快考慮的事情。馬馳教授和復旦大學許道勳教授多有來往，他向許教授推薦我，如此就有了報考復旦大學歷史系博士生之想法。可能因準備倉促，加之孩子剛出生，我難以專心複習，抑或因我的英文水準本來就差，難以達到招考博士的外語要求，報考復旦博士歸於失敗，辜負了馬馳、許道勳先生以及高先生的期待。而同門薛平拴師兄報考史念海教授的歷史地理專業博士卻一次中的，兩相對比下，我的情緒十分低落。此時，高先生來信鼓勵我，讓我不要氣餒，潛心學習外語。「要當學生，就要趁年輕，尤其是學語文，更是如此。厚植根基，是當學者的必要條件。」這樣的勸勉督促，重新燃起我再次複習考博的希望。

　　不過，事情的變化令我目不暇接。1997 年 5 月，我的碩士導師趙文潤先生應韓國國立慶北大學任大熙教授之邀請到韓國講學。其間風雲際會，經趙老師與韓國慶北大學師範學院、人文學院有關學者商議，韓方希望選派一位年輕學人，赴韓國攻讀韓國古代史博士學位。經多方考慮選擇，他們認為我是最佳人選，這樣我意外獲得了赴韓國留學的珍貴機會。我在給高先生的信件中談及此事，並諮詢他的看法，而他對我能到韓國留學大加讚賞支持，並即刻把大作《從天下秩序論古代的中韓關係》抽印本寄給了我。初學隋唐史出身的我，馬上要轉到相對陌生的研究領域——古代東亞史，其中的惶恐可想而知。無疑，高先生寄贈的大作，無異雪中送炭。這是我赴韓國留學前和留學期間看得最仔細的一篇論文，高先生提出的「中國的天下秩序」說令我心服口服。此後，在對比海內外與此相關的其他學說之後，我最終在博士論文中採用高先生的成說立論。

也就是說,我的博士論文也是建立在高先生的立論之上,以此找尋更多的史料,來充實完備高先生的理論。

高先生和我的這 12 封紙質信件,體現出享譽學界的學問大家對一個初出茅廬的年輕學者的支持與期待,其中蘊含的教誨和鞭策令我受用無窮,感激不盡。嚴格說,我們只在兩個時間段見過面。這短暫的相見與頻繁的書信往來,在九十年代大陸與臺灣民間往來頻繁的大背景下,顯得那樣的自然。當然,這主要歸功於高先生繼承發揚中國傳統文化中獎掖後進、與人為善的高尚品德。

（三）留學期間的學問規劃

留學韓國期間,我和高先生的書信往來仍然持續不斷。

留學期間,我仍持續收到高先生寄贈的大著及大作抽印本,其中包括《唐代東亞教育圈的形成》,《廟學教育制度在朝鮮地區的發展》,《隋唐使臣赴倭及其禮儀問題》以及《隋唐天下秩序與羈縻府州制度》。與之前的大作《從天下秩序論古代的中韓關係》一樣,這些著作對我撰寫博士論文均起到了重要作用。不僅如此,高先生依然持續地鼓勵和鞭策我,關注我畢業後的研究規劃（記得在 2001 年的後半年,我開始學習使用電腦,故此後我與高先生的通信均為電子郵件）,字裡行間浸透著他的諄諄教誨和殷切期望,這令我受用不盡。

1999 年 5 月 14 日信件:

根興兄:

　　大劄早已收悉,得知一切順利,甚感欣慰。

　　……

　　關於韓國古代史,敝地幾乎無成果而言,最大的成果仍在日本,所以研究韓國古代史,除要精通韓文而外,仍要精通日文,希望你在學習告一段落之際,至少能到日本一年,然後再回來撰寫博士論文,這樣才能達到一定的水準。

　　……

2002 年 7 月 5 日信件:

根興兄：

　　大劄及大作《劉仁願事考述試論稿》、《中國所見有關韓國古代史的金石文資料的現況與展望》二文均已收到，非常感謝。另一文也會轉交給張文昌。從大劄中得知吾兄已通過博士論文的答辯，誠是可賀也。八月中拿到學位即可返回陝西師大，多年辛苦，可告一段落。在大陸精通韓文者，除韓裔外，應當不多，吾兄是通過艱苦學習而獲得成果，在學界應該會受到重視。

　　今後要向成為國際學者行列進軍，所以希望你再申報日本學術振興會補助到日本，以及找機會到美國再進修研究，有了日本、美國的研究經歷背景後，研究角度與視野一定會再改變。這個過程，希望在近幾年內有所規劃，返國後，不要急於求名，從長遠看，趁年輕多吃苦，是值得的。至於前文大作，是有一定貢獻，因為我們對劉仁願所知無多，經你的整理，對仁願可有較多的認識。

　　……

　　我於 1998 年 5 月末到達韓國慶北大學留學，因語言及其他問題，雖得到韓國諸多老師的多方幫助，但在適應階段仍備受煎熬、歷盡艱辛。具體到學問方面，在逐漸學習韓、日學者論著並吸收其有用成分的過程中，產生諸多的疑惑不解是自然而然的。顯然，這些問題在當時狀況下並非我自己能夠解決，更因語言及其他方面的限制，交流管道並不通暢。而高先生可以說是唯一值得信賴並能讓我獲得問題答案的老師。從信件中可以看出，高先生以他對韓國古代史的爬梳瞭解和對韓日學界生態的洞察，對於我的學問如何深化並步入正軌，提出了誠懇並切實可行的步驟建議：先在韓國進行一定的學習研究，隨後去日本一年，在經過這一過程後再開始撰寫博士論文，如此方可達到較高的學術水準。可能我並不具備實現這一目標應有的資質，先生對我的期待值過高了，在我留學韓國近五年時間內，雖曾多次翻閱參考日本學者的相關論著，卻沒能爭取到去日本遊學的機會。從這一點上，當時先生肯定是有所失望。如今想來，仍感抱歉。

　　2002 年 6 月，我通過了韓國國立慶北大學韓國古代史博士學位的論文答辯，

隨後就將當年在韓國學術刊物上發表兩篇論文的抽印本寄給高先生。先生收到後非常高興，來信鼓勵我。他勉勵我要向國際學者的行列進軍，希望我能一步一個腳印地實現目標。「希望你再申報日本學術振興會補助到日本，以及找機會到美國再進修研究，有了日本、美國的研究經歷背景後，研究角度與視野一定會再改變。這個過程，希望在近幾年內有所規劃，返國後，不要急於求名，從長遠看，趁年輕多吃苦，是值得的。」不過，出於此前數年間孤身留學國外無法照顧家庭、家裡孩子還小，以及身負服務學校之羈絆等原因，返回學校後，赴日本、美國東亞史相關研究機構進修學習的勇氣信心逐漸消失，我再一次辜負了高先生的殷切期望。回國後這些年裡，雖數十次應邀赴韓、日兩國高校、學術機關出席國際學術會議，對相關問題發表自己的觀點看法，但我深知自己在古代東亞史研究方面的學術短板是什麼，而這都是因當時缺乏遠見，未聽從高先生的建議，對此的愧疚和無奈，我自己感同身受。不過，這些更加深了我對高先生的感激和崇敬。

三、撥冗寫序言　臺北再見面

2002 年 8 月 27 日，我結束海外留學生活，回到陝西師範大學，而原來服務的唐史研究所已不復存在，我成為新成立的歷史文化學院的一員。記得回校後，見面也是歷史學者的趙世超校長，想贈送我的韓文博士論文，校長很排斥地說他看不懂，並催促我儘快出版中文版。因此，經過半年多對中文稿的補充修正，次年 3 月初，中國社會科學出版社審查並接收了我的書稿，與我簽訂合同並答應很快出版。

在自己第一本真正意義上的專著即將出版的當口，對於著作序言，我首先想到的就是一直對我關心有加的高先生。因考慮到先生平時忙碌，害怕這件事會添麻煩給他，我不太好意思直接請求，就先向高先生的學生張文昌兄提及了此事。後經多日掙扎，終於向先生本人發出了求寫序言的郵件。但意想不到的是，高先生當天（2003 年 3 月 19 日）就回覆了：

根興學棣：

收到來信，知道你的博士論文即將出版，實在為你高興。寫序一事，是很樂意，雖然目前非常忙碌，我會抽空處理。我已經將先前發表有關東亞的文章加以整理成書，書名叫《東亞古代的政治與教育》，但第一版出現不少瑕疵，所以正在作第二版的修正，下周或許可出書，屆時再寄給你指教。先此回覆。

2003 年 3 月 24 日信件：

根興學棣：

茲以附加檔寄上序文，其中大作共有多少萬言，請代為填上，又文中若有欠妥或與事實不符之處，亦請代為改正。由於最近實在太忙，所以沒能仔細推敲文字，請多包涵。

另外，我有三本書即可出版，其中有關天下秩序的文章，均收在《東亞古代的政治與教育》一書中，恐怕來不及引用，連同另一本《中國傳統政治與教育》可望月底寄出。另一本《東亞教育圈形成史論》，預定在上海古籍出版社出版，這一二天我會將校稿寄到上海，相信很快可出版。

後來我瞭解到，其實高先生很少給人寫序，即就是他自己的學生，也絕少答應。到現在為止，他給別人著作寫序屈指可數。因此，對於高先生賜予我的這份榮光，我感激不盡。正是因為高先生及馬馳先生所寫序言的烘托，我的博士論文 2003 年 5 月出版後頗受學界好評，先後榮獲 2005 年陝西省高校人文社科優秀成果一等獎，2007 年陝西省政府哲學社會科學優秀成果一等獎（一等獎僅一名，四年評一次）。2006 年初版售罄，於 2008 年重印再版，在海內外學界產生了一定的影響，該書 2020 年將由中國社會科學院社科文獻出版社出版修訂本。也正是這本書的出版，增強了我在這一領域深耕鑽研的信心。此後我又有《唐朝與新羅關係史論》（2009），《唐代高麗百濟移民研究》（2012），《石刻墓誌與唐代東亞交流研究》（2015）等專著出版，這些成績，當然與以

高先生為首的師友的愛護與支持分不開的！

2005年初，我收到高先生信件，言臺灣唐代學會第7屆學術研討會將在臺北大學舉辦，他推薦我赴台參會。因為此前一直沒有機會去到寶島臺灣，能赴台再和高先生等臺灣學界同仁見面自是一次絕佳的機會。在我隨後準備論文期間，高先生又有幾封信談到了赴台的具體事宜。當年10月26日晚，我先過香港機場辦理入台手續，到達臺灣時已是凌晨，臺北大學王國良教授不辭勞苦接機。記得會議期間，我所在場次的司會為邱添生教授，台大的葉國良教授評論我的論文；我還見到了此前已認識的廖幼華、宋德熹教授，還有高先生的學生張文昌、陳俊強等先生。會議間隙，我向高先生表達一直以來的感謝，先生一笑了之。會後，先生及師母還帶著我及一同參會的王元軍、雷聞、余欣等，去他在台大的研究室參觀。十年後因赴台參會再見先生，他給我留下了更加深刻的印象。先生為人正直、樂於助人，治學嚴謹，一絲不苟，時時激勵著我的為學為人。

此後幾年，每當我有新的論文或書籍出版，第一個想到的就是高先生，迫不及待與先生分享。而2011年學界公佈了百濟移民禰軍墓誌，高先生對此極為關注，因此這也成為我們書信來往的主要話題。高先生隨後撰寫的《「日本」國號與「天皇」制的緣起：以最近發現的墓誌木簡為據》，就發表在敝校出版的《唐史論叢》第17輯上。

2013年3月初，我應邀到臺北中國文化大學出席池田大作思想國際學術研討會，又有了和高先生再見面的機會，對此我十分高興。會後，高先生及師母邀請我去臺北和平東路一段177號3樓的「春天素食餐廳」吃素食，一同參會的蕭正洪、曹婷兩位老師也同去赴宴。雖有近十年沒有見面，年過古稀的高先生卻並沒有什麼變化，依然神采奕奕容光煥發，高師母亦是如此。兩位老人的盛情令我們感動不已。此後幾年，蕭正洪教授仍頻繁提及在臺北與高先生見面的事情。同年4月末，西安大唐西市博物館舉辦石刻墓誌關聯學術會議，胡戟教授早在年初就讓我聯繫高先生，希望他也能來西安參會。之前在臺灣見面時，我也曾當面向先生提及，但高先生因忙於其他事情未能與會，在西安再次接待陪侍先生未能如願。不過，先生仍向會議提交了大作，並祝賀會議圓滿成功。

2017年9月，中國政法大學的趙晶博士曾邀請高先生到北京，先後在中國

政法大學、中國社會科學院歷史研究所等地做學術報告。我曾想再邀先生來西安，但因各種條件限制終未如願，對此感到十分懊悔和無奈。雖然如此，我們的書信來往依然頻繁不斷。在對隋煬帝的評價問題上，唐初編纂《隋書》時資料欠缺，唐初君臣對隋煬帝的評價又有誇大事實之嫌。而新世紀前後出土的隋人墓誌，為探討這一問題提供了頗為重要的依據。對此，我們在最近發表的論文中，闡述了相近或相同的看法，感謝高先生在此問題上對我的指導和教誨。

　　拉拉雜雜寫下以上文字。我深深感到，在我並不順暢的學術探索道路上，高先生無疑是一位無可替代的貴人。從最初向臺灣雜誌極力推薦我的文章，到留學前後對我的指導和鞭策，再到指點規劃我的學術道路，以及費心為我的博士論文出版撰寫序言、推薦我去臺北大學出席學術會議……高先生鼎力助我成長，催我奮進。我們在四個時段的見面、12 封紙質信件和數十封電子信件，承載了我們從結緣到勝似師生的忘年之交情誼。在此，我誠摯地感謝高先生二十餘年來對我的呵護、指導和鞭策，感恩先生的教誨和幫助。衷心祝願高先生和師母福如東海，壽比南山，健康長壽！期待著和高先生再次見面。

2019 年 7 月 27 日初稿

2019 年 10 月 22 日修改

師門雜憶

陳俊強*

　　1984 年，我終於一償宿願，從中文系轉系到歷史系。對於歷史系的課程自是充滿期待，尤其是我最感興趣的隋唐史，因此選修了高明士老師的課。老師講課並不是動聽說書型的風格，但內容卻是相當豐富與紮實。而且有別於一般從中國的角度著眼，老師是自東亞視野來剖析隋唐歷史，諸如「東亞世界」、「天下秩序」等觀念，對我這個懵懂少年而言，確實是初聞大道，眼界大開。

　　上學期的期末作業是寫一篇讀書報告，我當時是寫陳寅恪的《唐代政治史述論稿》，為此認真拜讀史學大師的經典作品。下學期的重頭戲則是史料解讀。老師給每位同學分配一段史料，要求把其中每字每詞每句弄懂，並在課堂向同學解讀。我分配到的是《舊唐書‧楊炎傳》關於楊炎推行「兩稅法」的文字。三百多字的內容，粗略瀏覽大致是看得懂的，但當仔細研讀、逐字推敲時，才發現好些字詞不易理解，箇中竟是大有學問。為了解讀這段史料，我花了數週時間翻閱《唐會要》、《冊府元龜》等史籍，亦好好研讀鞠清遠的《唐代財政史》、李劍農的《魏晉南北朝隋唐經濟史稿》、岑仲勉的《隋唐史》相關章節。除了解讀史料，期末還要交一篇報告。我當時對於兩稅以外的雜稅很感興趣，於是寫了篇關於唐代商稅的小文作為期末報告，這也是我生平第一篇研究文章。

　　隋唐史是我大學四年中收穫最豐的一門課，除了隋唐歷史知識以外，更重要的是初步學習到研讀史料的方法，略窺研究工作的門徑。認真解讀史料無疑是學術研究最基礎的一步，亦是邁出研究工作最重要的一步。這對我日後的學術生涯而言，影響甚是重大。因此，自己當老師後也會要求學生這份作業。

---

*　臺北大學歷史學系教授

　　我的碩士論文主題是中國古代帝王的恩赦,可能因為歷代皇帝頒布大赦的次數實在太頻繁了,大家習以為常反而感受不到其獨特性。因此,當我跟許多師長表示要研究這個題目時,反應竟是毀譽參半,使我躊躇不安。高老師是很支持這個課題的,認為透過恩赦制度是考察中國皇帝統治一個很好的角度。受到老師的認可與鼓勵,我決定以魏晉南朝恩赦為題,最終也完成了碩士論文。當我攻讀博士時,又在研究課題上徘徊迷茫了一段時間。老師給我的意見是碩士論文既已完成了魏晉南朝的恩赦研究,博士階段順勢把北朝隋唐的部分補上,則整個中古時期的恩赦制度研究堪稱完整。而且,日後學界提到古代中國恩赦制度研究時,馬上會想起我,這對我的學術發展而言是很重要的。老師的意見宛如醍醐灌頂,使我茅塞頓開,不再徬徨,最終亦完成了北朝隋唐恩赦制度的研究。至今我仍深深感念老師在我的研究生涯遇到困境或迷惑時,給予的鼓勵與指引。

　　2008 年的下半年,我迭逢重病,尤以年底的心肌梗塞最是凶險。我住進恩主公醫院加護病房時,情況尚稱平穩。當時老師和師母從台北市驅車來醫院探望,讓我倍感溫暖。其後病情惡化,轉送三軍總醫院緊急開刀,他們得知消息後亦趕至內湖。師母還擔心內人在一片忙亂當中隨身衣物不夠,還給她帶上外套,更陪她在手術室外守候了兩、三小時,直到我手術順利才離開。後來,我從加護病房轉到普通病房時,需要親友陪同並辦理手續,老師和師母體諒內人工作忙碌,請假不易,又抽空來醫院幫我辦理轉病房手續。命懸一線、生死交關,越發感受到老師和師母的關愛與照顧,對老師的認識與感恩亦溢出教室與論文了。

　　高老師除了是一位好老師以外,其實也是一位好學生。我不知道老師為何會起心動念去學開車,但對一個每天只需走路就能往來家裡和研究室的學者,年過五十居然有勇氣嘗試,並能手腳協調、眼觀四方,最後考到駕照且開車上路,還真的不簡單。相較於此,老師也在差不多時間認真學起電腦,更是叫我佩服不已。他老人家應該是同輩學者中,為數不多使用電腦做文書處理和查閱資料的。我讀碩士時,剛好是個人電腦開始風行的時代,自然搭上這班列車學會了基本操作。但比我稍大幾歲的學長,甚至我的同學,都還有人完全不用電腦,連郵件都不會收發。老師在知命之年毅然學習這種特別的語言與技術,除

了有遠見認識到新科技對於學術研究的幫助之外，我覺得更難能可貴的是一份「活到老、學到老」的態度與決心、毅力，這是非常值得弟子們學習的。

這些年來我曾經三次陪同老師到中國大陸開會，一次是 1991 年夏天去廣州，當時我剛碩士畢業。一次是 2017 年去北京，最近一次是 2019 年去廈門。有時除了開會以外，大學或研究機構都會爭相邀請老師演講。以老師的學術地位與成就，演講根本就是小事一樁，不必煩心，但他還是會留在酒店認真準備數小時。而且，演講題目即便是駕輕就熟，內容仍是迭有新意，包含了他最新的研究成果。可見老師雖是年近八旬，學術研究竟是絲毫沒有停歇過。

眾所週知，老師在上課、研討會、演講等場合一定是西裝革履，這樣的作風數十年如一日。2019 年 11 月和老師到廈門大學開會，會議結束後的下午大家到旁邊的南普陀寺參觀。傍晚法學院周東平兄作東請客，晚上替老師安排了一場講座。老師是一身輕裝參觀南普陀寺，但堅持在參觀後先回宿舍更換正式的服裝。我跟老師講其實身上的輕裝不算太隨便，也不一定要換穿西裝，但老師還是堅持，說：「這是一種禮貌，是一種尊重。」我想除了是對聽眾的尊重以外，更重要是對自己工作的尊重。在老師身上除了學習到知識，以及做學問的門徑以外，我也學到一種敬業的態度。我自己二十多年的教師生涯，不敢說做得多好，但至少不敢怠慢，對自己的工作一直保持住相當的敬意，我想這應是在老師身上潛移默化學來的。「師者，所以傳道、授業、解惑也。」我在老師身上看到這樣的典範。

高明士教授訪談錄
——「朝貢」不是「貿易」,「天下」不是「國際」

《澎湃新聞·私家歷史》記者　饒佳榮 採訪

澎湃新聞：

您 1965 年畢業於臺大。大學階段,您受哪些先生的影響較大?那時候臺大是怎樣的學風?

高明士：

我是臺中師範學校畢業的。戰前臺灣受日本統治,戰後很艱困,所以除非特別有背景的家庭,一般都是很窮,那時候爭相報考的學校都是師範學校,因為師範學校是公費,而且畢業之後馬上有工作。我們初中同學成績前三名,其中兩人就是考師範,我是其中之一。因為師範教育的關係,享用了公費三年,也要教書三年。這樣教了三年小學。在師範求學時,英文不受重視,數學也一樣,這方面跟一般高中生比,我們就差了一大截。如果要考大學理工科,那就更沒法跟人家競爭。在這個前提下,考中文、歷史比較方便。

教書的時候,我就在思考:如果不教書,我要做什麼?我喜歡做研究,但有什麼值得我終生研究?應該是歷史,只要書陪伴著你,就可以做研究,所以我選擇學歷史。但是那時候臺大歷史系的老師,絕大部分都是從大陸來臺的。從 1949 年到 1987 年,整個臺灣島實施戒嚴,在那種環境下,很多「禁書」不能看。當時藏書最豐富的地方就是中央研究院傅斯年圖書館,還有中央圖書館(後來改為國家圖書館),其次才是臺灣大學,因它的前身是臺北帝大。當時交通很不方便,去一趟中央研究院要一、二個鐘頭,而且開門很晚,關門很早,實際上去圖書館看一趟,收穫非常有限。凡是跟大陸有關係的書,大都被列為

「禁書」，考古材料也看不到，除非到中央研究院或者中央圖書館的特藏室，但是要提出申請，手續都很麻煩。所以對一般大學生來講，我們能看到的資料非常少。我們老師常常憑著腦袋裡的東西教書，所以在大學歷史系，說實在的，沒有學到太多。為什麼傅樂成先生的《中國通史》一下子變得非常通行？因為它算是比較新的著作，我們還開玩笑說，只要把傅老師的《中國通史》好好讀，歷史系就可以畢業了。總之非常貧乏。

　　徐先堯先生是日本東北帝大畢業的，專攻德國史。臺灣光復前，他已經在東北帝大當助教，他的兄弟在日本當醫生。光復後，回臺大也是當助教。徐老師不太會講中國話，那時候我上他的日本史。以徐老師這樣的背景回臺，成為時代的「邊際人」，註定此後在臺灣學界要走得非常辛苦。在臺大，徐老師可說是影響我較大的一位。另外一位是傅樂成先生，他是傅斯年先生的侄子。有關傅樂成先生的事情，我最近在《文匯學人》上有文章。他在臺大講授秦漢史、隋唐史兩門課，我都修了。我們的老師裡頭，他也是比較願意接近學生的。

澎湃新聞：

　　那您怎麼打算去日本留學呢？

高明士：

　　我從臺大畢業不久，就回來當助教。當時的助教和以後的助教不一樣，是佔教授缺，只要好好努力，一定會升到教授的。擔任助教至少要四年，才可以升為講師。我升上講師，再教學一年，然後申請到美國哈佛燕京學社的補助到東京大學留學。

　　1973年，我到東京大學。我上西嶋定生先生有關中國古代史的課，他帶我們讀《後漢書·禮儀志》，接著讀《白虎通》之類。池田溫先生是開古文書的課，我接觸敦煌文書就是在池田先生的課上。他們有一個律令研究會，當時在研讀唐律，這是學科整合的讀書會，包括東洋史學科、日本史學科，乃至法學部等。另外，我還去修井上光貞先生的日本古代史，他當時是東京大學文學部部長，相當於我們的文學院院長。他帶我們讀《令集解》。就是在他的課上，我接觸到日本的《養老令》。剛到日本，給我衝擊甚大的是西嶋先生。有一次他問我關於越南史上的「徵側姐妹」造反事件，我那時候對越南史一竅不通，根本沒有概

念。還有他在二戰末期提出的大學畢業論文：〈明代木棉的普及與松江棉布〉，尤其對十六、七世紀長江三角洲棉紡織業的發展，經過修正發表後，在學界曾經轟動一時。後來繼續撰寫農書、均田法等專著。為研究均田法，甚至親赴英倫調查敦煌文書。這些研究成果，均彙集在他的《中國經濟史研究》專書。令我驚訝的，在於他不久改研究中國古代帝國的結構，主要集中在戰國、秦漢，尤其從爵制入手，也引起學界相當重視。我曾請教他為何作如此大的轉變？他說不瞭解古代，實在無法瞭解中國史。使我想到民初以來的中國大學者，大都是從研究古代史入手，這是非常重要的提示。我在臺大的恩師傅樂成教授，雖然以研究隋唐史著名，但他也研究秦漢史，其故應該也是如此。

　　還沒到日本之前，我已知道有所謂「京都學派」，其與東京這邊學者的論點頗多不同，但詳情不明。在東大留學的第一年，差不多每天都在圖書館拼命閱讀，晚上九點關門才回家。我第一年在東大圖書館閱讀的書，可以說比我在臺大讀的書還要多。關於戰後日本的時代區分論戰這篇文章，基本上就是那時候整理出來的。

　　東大的東洋史學，其實是廣義的亞洲史研究。當時的師資陣容很堅強，有阿拉伯史的專家，有印度史的專家，有東南亞史的專家，西嶋先生主要研究中國史，他是東洋史學講座教授，也就是系主任。池田溫先生從東大畢業以後，最初是在北海道大學任教，我到東大的時候，他已經從北海道大學轉任東大了，不過他不在文學部，而是在東洋文化研究所，同時也在文學部上課。除了西嶋先生、池田先生，我還修過護雅夫先生的課（匈奴史、突厥史），也修過田中正俊先生的課（中國近代史），以及井上光貞先生的課（日本古代史）。

　　自 1973 年 9 月起，我在東大讀了兩年半，臺大那裏是留職帶薪。第二次到日本是 1980 年 9 月，是在東大的東洋文化研究所當外國人研究員，接受池田溫先生的指導。兩次到日本，都是獲得哈佛燕京學社的補助。第二次出國的前半年在日本，後半年在韓國漢城大學國史學科當研究教授，同時對韓國的孔廟與書院，進行實地的調查與研究。

澎湃新聞：

　　西嶋先生的「東亞世界」理論對您影響很大吧。

高明士：

東大東洋史學科在那個時期基本上是以中國史為重點，西嶋先生在岩波書店那套《世界歷史》，撰寫關於東亞世界的總論，等於是寫總序，對東亞世界的形成作了詳細論述，影響學界深遠。他所說的「東亞世界」，地理範圍包括中國本土、朝鮮半島、日本列島和越南。我完全接受這樣一個地理概念。當然東亞世界的形成，是以國家的成立為前提，朝鮮半島諸國和日本基本上是在二世紀到三世紀之間建立。西嶋先生指出東亞世界是以中國文化圈的形成為基礎，文化圈的成立有四大共通（不是共同）要素，就是漢字、儒教、佛教、律令，這是非常重要的提示。漢字、儒家經典，比較有共識。佛教指中國化的佛教，主要的特徵就是漢譯《大藏經》的流傳及其佛寺建築；律令是包括法制的。這些共通要素都是透過漢字書寫來認識，所以也可以稱做漢字文化圈，隨著時代的演變，這些要素先後傳入東亞地區。例如佛教是通過朝鮮半島傳播到日本，大概是在六世紀前半葉。關於佛寺建築，他（西嶋定生）倒沒有提到講堂。律令這個元素比較晚完成，日本要到八世紀初實施大寶律令。所以文化圈的共通要素要全部出現，須等到七、八世紀，特別是八世紀前半。這樣的文化圈共通要素學說，我認為仍欠週延，即忽略中國科技文化要素在此一地區的流通。所謂科技文化，特指官府所傳授的天文、曆法、陰陽學、算學、醫學等，都是由官方傳授，甚至設學，尤其醫學，成為官學教育項目或學館之一。所以嚴格而言，東亞文化圈的共通要素應該包括五項，此即漢字、儒教、佛教、律令及科技。

這五個要素是怎麼在東亞世界出現的？西嶋先生沒有進一步談。我提出補充，就是透過當地公私教育事業發展而展開出來的。公指官方的教育事業，私主要指佛寺教學以及若干私學。中國如此，古代的三韓，及其後的統一新羅，乃至十世紀後獨立的越南，也都是如此。

文化圈的形成跟政治秩序的建立，最大的不同在於文化圈的形成是由當地主動吸收先進文化，成為人民生活的一部分；政治秩序的推動是被動接受，是他律的，而文化的吸收是自動的，或說自律的。兩個力量的配合，形成東亞世界這樣的歷史文化。但西嶋先生只講了表面那些事實，可是底層的文化共通要素如何形成？也就是前面所說的教育事業如何推動？並沒說明清楚。政治秩序的建立，是以中國國力的強大作為前提，目標是建立以中國為中心的一元化秩

序。一旦中國衰弱，或者分裂，政治秩序就會變形。例如兩宋的弱態，一元化的政治秩序難以推動，東亞世界為之變形。可是西嶋用經濟圈來解釋，認為東亞世界是以宋錢作為通用貨幣，依然沒有解體，至明清再重建這樣的政治秩序，這也是一種重要的解釋。我是從文化傳播角度來看這個歷史世界的發展。在傳統時代，中華文化一直呈現其先進性，即使兩宋有弱態，當時的文化水準依然是先進，所以東亞世界的基礎並沒有崩壞。文化傳播的影響可分成兩個層次，第一個是局部的影響，第二個是中華文化的要素成為當地文化的一部分，甚至可說是主要部分，而形成文化圈。東亞世界就是由中華文化的基本要素構成文化圈的地區。東亞世界之外的地區，例如遊牧地區，中華文化仍有其影響存在。東亞世界為何會形成文化圈？因為這個地區都是農耕社會，而中華文化是以農耕社會作為背景發展出來，重視家庭倫理的文化，尤其是儒家倫理學說，強調穩定和諧，因而容易被吸收與融合。遊牧地區為什麼沒有成為中華文化圈的一部分，是因為遊牧社會是遊移的，它的繼承方式採用推舉，不是嫡長制，因此儒家倫理學說不易被接受，漢字文化也就不容易在當地生根發展。但他們善於利用歸化漢人為他們通譯或作公文書而與中國王朝往來，所以農耕地區與遊牧地區溝通無礙。只是整個東亞世界及其文化圈的發展，到 19 世紀中葉隨著西人船堅砲利及其強勢文明的東來而隨之解體。

澎湃新聞：

　　對於「冊封體制」，您怎麼看？

高明士：

　　我不用這個名詞，因為對於「冊封體制」概念無法完全接受。關於傳統中國的對外的政治關係，最基本的要求，其實是朝貢，跟中國最親近的國家才受到冊封，終究是少數。所以「冊封體制」概念，無法充分說明傳統中國對外的政治關係。這種政治關係，大致可分為以下三種：有貢有封、有貢無封、無貢又無封，稱為「封貢」關係比較屬實。「冊封體制」嚴格說只指有貢又有封國家，太過於狹隘。我認為有貢有封、有貢無封國家，對中國君主而而言，屬於外臣；無貢又無封國家為不臣；而君主對國內子民可稱為內臣。所以傳統中國的政治秩序，可分為如下三圈：內臣、外臣、不臣等地區。歷史上被稱為有作

為或偉大的皇帝，常致力於將外臣變成內臣，將不臣變成外臣，這也是在履行歷史的使命。其轉變的過程，用兵屬於例外，冊封即「外臣的內臣化」的和平轉變，設置羈縻府州制度也是「外臣的內臣化」的和平轉變。基於此故，古代中國並沒有明確的國界。衛戍部隊駐紮的最前線就是國界，所以國界常隨著國力的強弱而隨時變動。

至於冊封，基本上是源自周朝的封建爵制，漢以來分封異姓諸王，即相當於諸侯國王。比如朝鮮三國國王，冊封為高句麗國王、百濟國王、新羅國王，乃至倭國王等。魏晉以後，國內地方長官常須帶有都督、諸軍事等頭銜才有領兵等實權，於是也將這個制度實施於東亞諸國。就這個意義而言，正是前面所說「外臣的內臣化」表現。就「國」這個字而言，不等於今日國家的意義，它實際就是諸侯國，所以說傳統時期沒有國際關係，就是這個原因。韓國的《高麗史》，其國王傳紀稱「世家」，正是模仿《史記》體例的諸侯世家列傳，並非稱「本紀」。至李氏朝鮮時代，其宗廟仍建五廟，亦正由於此故。外臣諸國不朝貢的話，中國皇帝通常會遣使催貢，如屢戒不聽，最嚴重的，才會出兵征討，甚至皇帝親征，如隋唐出兵高麗。

澎湃新聞：
那麼，中國皇帝對朝貢國是怎樣的統治方式？
高明士：
天下秩序裡面有它的一套禮儀，這套禮儀也是法，我稱為「天下法」，在不同時代有不同的處理方式。基本的原則就是要到中國朝廷來朝貢。朝貢是上供當地土產，其實也是見面的禮儀。中國天子自古即著重禮尚往來，為呈現大國之風，除使節團入境時免費接待外，並有回賜品，若論其價值，常超過土產價格。因此就物物交換而言，朝貢國是穩賺不賠。何況使節團人數龐大，隨員們常在當地進行私下交易，以日本的遣唐使節團而言，動輒數百人，常會搜購書籍文物等，今日日本存藏有頗多中國已失傳的圖籍多半就是由此而來。所以從朝貢國的立場而言，的確有某種「朝貢貿易」的意義。但不能因為就朝貢國的立場來曲解中國傳統的規定，這是必需要澄清的歷史課題。現在學界流行著比較時髦的名詞是「朝貢貿易」。我要強調的是就傳統中國而言，朝貢是「禮」，

朝貢不是貿易，天下也不是國際，傳統裡頭沒有今日所謂的外交，也沒有國際
關係。古代有所謂「互市」，但是要經過皇帝批准，才能在指定的地方做買賣。
為什麼說朝貢不是貿易？朝貢一定要呈上國書，也就是要上表，其國王對中國
皇帝一定要稱臣，經過鴻臚寺審核，接受了以後才可以覲見皇帝。何時來朝貢？
並沒有一定，有時一年多貢，有時一年一貢、三年一貢不等。但至少不是想來
朝貢就可以朝貢。明末日本倭寇為什麼會出現？是因為這些寇沒有上表的國
書，朝貢不成，就搶劫，變成寇了。

　　中國皇帝對天下的統治方式，是建立君臣父子關係。這個天下，指內臣與
外臣地區，無含不臣地區。不臣地區因處在荒遠地帶而無接受中華文化聲教，
有些地區甚至成為敵國。君臣是公的政治隸屬關係，父子是私的家人倫常關係。
所以君父──臣子的上下關係，是構成中國天下秩序的基本圖式。中國皇帝對內
臣的統治方式，是「個別人身支配」；對外臣的統治方式，是「君長人身支配」。
所謂「個別人身支配」，指中國皇帝（天子）透過實施賦役制度來控制每一個人，
賦是租稅，役是徭役；另一方面，可利用減免賦役，甚至賜爵、賜勳，以示皇
恩。自戰國到隋唐的均田制、租庸調法、府兵制及其雜徭等，即是這種原理的
運用。但「個別人身支配」以小國寡民、戶籍正確的環境，較易實施。一旦人
口增加，產業發達，流動人口加速，就很難進行，乃至出現戶口逃亡。唐德宗
改用兩稅法，以戶為單位，就是由於時勢演變而逼出來的結果。這個政策是透
過戶長來掌握每個人，實施至最近才改成個人可以直接申報所得稅。現在國家
利用最新科技，透過身分證號碼來識別、確認個體，個人的存在成為只是一個
號碼而已，就這個意義而言，正是中國自古以來所追求的「個別人身支配」。也
就是說，今日利用科技控制個人的做法，中國早在一、二千年前就已經實現了，
只是現在更為徹底而已。

　　所謂「君長人身支配」，指中國皇帝（天子）對外臣地區的統治，是直接控
制外臣地區的君長，並不直接統治其人民，當地的人民自然不適用中國法律，
也就是無賦役問題。中國皇帝（天子）對較親近的外臣君長會給予冊封爵位，
甚至相當於內臣的官職，有時也會擴及其王妃與重要官員，以示恩德。外臣對
中國皇帝（天子）的義務就是朝貢與從征，也就是相當於內臣的賦役，但朝貢
與從征並不像賦役那樣固定，有其彈性的處理方式。

　　中國皇帝對外臣頒發的國書，可以看出具有君父臣子的親情，也就是說它是一種公文書，也是一種尺牘，所以文書最後常呈現君父的慈祥及問候百姓平安的關懷，政治帶有親情味即是由於此故。這一點與今日西方民主政治常呈現冷酷、對立的緊張關係是有極大差別。當外臣地區的君臣父子關係不能維持時，也就是中國天子的君父兩者身分不能兼得的時候，反而倒過來出現中國要向外臣稱臣，那就是最為屈辱，歷史上如五代沙陀石敬瑭為建後晉，對契丹自稱兒皇帝；南宋與金的紹興和議，宋向金稱臣。如果中國的國力爭氣一點，先排除不稱臣，但因勢弱，只好改從家人之禮來調整，如宋遼約為兄弟關係，金與南宋的隆興和議成為叔侄關係，但宋與西夏仍能維持君臣關係。到明清強盛時期，中國又再重建君父──臣子的天下秩序基本圖式。

來源：《澎湃新聞‧私家歷史》2017 年 11 月 29 日

國家圖書館出版品預行編目(CIP) 資料

中國歷史文化新論——高明士教授八秩嵩壽文集
/陳俊強 主編，劉馨珺(聯絡人)、宋德熹、賴
亮郡、桂齊遜、陳登武 編.-- 初版.-- 臺北市：
元華文創, 2020.03
面；　公分

　ISBN 978-957-711-157-9 (平裝)

　1.文化史 2.中國史 3.文集

630.07　　　　　　　　　　　　109000043

中國歷史文化新論—— 高明士教授八秩嵩壽文集

主編　陳俊強
編者　劉馨珺(聯絡人)、宋德熹、賴亮郡、桂齊遜、陳登武

發 行 人：賴洋助
出 版 者：元華文創股份有限公司
公司地址：新竹縣竹北市台元一街 8 號 5 樓之 7
聯絡地址：100 臺北市中正區重慶南路二段 51 號 5 樓
電　　話：(02) 2351-1607
傳　　真：(02) 2351-1549
網　　址：www.eculture.com.tw
E - m a i l：service@eculture.com.tw
出版年月：2020 年 03 月 初版
定　　價：新臺幣 690 元

ISBN：978-957-711-157-9 (平裝)

總經銷：聯合發行股份有限公司
地 址：231 新北市新店區寶橋路 235 巷 6 弄 6 號 4F
電 話：(02)2917-8022　　　　傳 真：(02)2915-6275